Steuerliche Aspekte einer Wohnsitzverlegung natürlicher Personen
von Deutschland nach Österreich

Europäische Hochschulschriften
Publications Universitaires Européennes
European University Studies

Reihe V
Volks- und Betriebswirtschaft

Série V   Series V
Sciences économiques, gestion d'entreprise
Economics and Management

Bd./Vol. 3157

PETER LANG
Frankfurt am Main · Berlin · Bern · Bruxelles · New York · Oxford · Wien

Marcus Müller

Steuerliche Aspekte einer Wohnsitzverlegung natürlicher Personen von Deutschland nach Österreich

PETER LANG
Europäischer Verlag der Wissenschaften

Bibliografische Information Der Deutschen Bibliothek
Die Deutsche Bibliothek verzeichnet diese Publikation in der
Deutschen Nationalbibliografie; detaillierte bibliografische
Daten sind im Internet über <http://dnb.ddb.de> abrufbar.

Zugl.: Halle-Wittenberg, Univ., Diss., 2005

Gedruckt auf alterungsbeständigem,
säurefreiem Papier.

3
ISSN 0531-7339
ISBN 3-631-54434-0

© Peter Lang GmbH
Europäischer Verlag der Wissenschaften
Frankfurt am Main 2005
Alle Rechte vorbehalten.

Das Werk einschließlich aller seiner Teile ist urheberrechtlich
geschützt. Jede Verwertung außerhalb der engen Grenzen des
Urheberrechtsgesetzes ist ohne Zustimmung des Verlages
unzulässig und strafbar. Das gilt insbesondere für
Vervielfältigungen, Übersetzungen, Mikroverfilmungen und die
Einspeicherung und Verarbeitung in elektronischen Systemen.

Printed in Germany 1 2 3 4 5 7

www.peterlang.de

Meinen Eltern

Vorwort

Die vorliegende Arbeit wurde im Dezember 2004 von der Wirtschaftswissenschaftlichen Fakultät der Martin-Luther-Universität Halle-Wittenberg als Dissertation angenommen. Die Untersuchung befasst sich mit der Frage der steuerlichen Vorteilhaftigkeit einer Wohnsitzverlegung natürlicher Personen von Deutschland nach Österreich. Hierzu werden die ertrag- und erbschaft- bzw. schenkungsteuerlichen Aspekte untersucht. Aufgrund ihrer besonderen Bedeutung werden die Entstrickungskosten und die durch die bestehenden Doppelbesteuerungsabkommen und durch das Europarecht gesetzten Schranken eingehend analysiert.

Während der Entstehung der Arbeit habe ich in vielfacher Weise Unterstützung erfahren. Ganz besonders bedanken möchte ich mich bei meinem Doktorvater, Herrn Professor Dr. Gerhard Kraft. Die fachlichen Anregungen und der stets sehr angenehme persönliche Umgang haben wesentlich zum Gelingen der Arbeit beigetragen. Den Herren Professor Dr. Ralf Michael Ebeling und Professor Dr. Christoph Spengel gebührt mein Dank für die Übernahme des Zweit- bzw. Drittgutachtens.

Besonderer Dank gilt an dieser Stelle schließlich meinen Eltern, ohne deren Unterstützung diese Arbeit nicht zustande gekommen wäre. Zu wissen, dass sie stets für mich da sind, war und ist mir eine unersetzliche Stütze.

Berlin, im Februar 2005

Inhaltsverzeichnis

Teil 1: Grundproblematik und Rechtsgrundlagen 19
1. Darstellung der Grundproblematik 19
1.1 Wettbewerb der Steuersysteme 19
1.2 Zunahme der Mobilität der Menschen 20
1.3 Untersuchungsziel 22
1.4 Untersuchungsplan 22
2. Die Verlegung des Wohnsitzes als steuerplanerische Aufgabe 23
2.1 Grundlagen der Steuerplanung 23
2.2 Steuerplanung bei einem beabsichtigten Wohnsitzwechsel nach Österreich 25
2.2.1 Entscheidung über den Ort der vornehmlichen Ansässigkeit 26
2.2.1.1 Wohnsitznahme in Österreich aufgrund nicht-steuerlicher Gründe 26
2.2.1.2 Steuerbelastungs- und Steuerrechtsvergleiche als Entscheidungshilfe bei steuerlich motivierter Wohnsitznahme 27
2.2.1.2.1 Festlegung des Untersuchungsumfangs 28
2.2.1.2.2 Abgrenzung des Untersuchungsumfangs 28
2.2.1.2.3 Auswahl der Analysetechnik 29
2.2.1.2.4 Grenzen von Steuerbelastungsvergleichen 31
2.2.2. Einkommensteuer- und Erbschaftsteuerplanung im Anschluss an die Wahl des geeigneten Ansässigkeitsortes 33
2.2.2.1 Maximierung des Vermögensendwerts 33
2.2.2.2 Relative Minimierung der Planungsungewissheiten und Risiken 34
2.2.2.2.1 Ermittlung der Unsicherheitsfaktoren 34
2.2.2.2.2 Reduzierung der Planungsunsicherheiten und -risiken 35
3. Steuerrechtsvergleich zwischen den Steuersystemen Deutschlands und Österreichs 36
3.1 Historische Grundlage des österreichischen Steuerrechts 36
3.2 Grunddarstellung des österreichischen Steuerrechts im Vergleich zum deutschen Steuerrecht 37
3.2.1 Einkommensbesteuerung im österreichischen und deutschen Steuerrecht 37
3.2.2 Körperschaftsbesteuerung im österreichischen und deutschen Steuerrecht 44
3.2.3 Erbschafts- und Schenkungsbesteuerung im österreichischen und deutschen Steuerrecht 47
3.3 Die österreichischen Steuerreformen ab 1988 52
3.3.1 Die Steuerreform 1988 52
3.3.2 Änderungen des österreichischen Steuerrechts im Vorfeld der Steuerreform 1994 52
3.3.3 Die Steuerreform 1994 53

3.3.4 Steuerrechtliche Anpassungsmaßnahmen im Rahmen des EU-Beitritts Österreichs ... 55
3.3.5 Die Steuerreform 2000 ... 56
3.3.6 Das Budgetbegleitgesetz 2001 und das Kapitalmarktoffensive-Gesetz ... 59
3.3.7 Das Budgetbegleitgesetz 2003 und das Steuerreformgesetz 2005 ... 60
3.4 Zwischenergebnis aus dem Steuerrechtsvergleich ... 61
4. Stand und Entwicklung der deutsch-österreichischen Doppelbesteuerungsabkommen ... 63
4.1 Das Doppelbesteuerungsabkommen auf dem Gebiet der Steuern vom Einkommen und Vermögen 1954/92 ... 63
4.1.1 Persönlicher Anwendungsbereich ... 64
4.1.2 Sachlicher Anwendungsbereich ... 64
4.1.2.1 Einkünfte aus unbeweglichem Vermögen ... 65
4.1.2.2 Einkünfte aus Gewerbebetrieb ... 66
4.1.2.3 Einkünfte aus der Veräußerung wesentlicher Beteiligungen ... 67
4.1.2.4 Einkünfte aus selbständiger Arbeit ... 67
4.1.2.5 Einkünfte aus nichtselbständiger Arbeit ... 68
4.1.2.6 Einkünfte aus Kapitalvermögen ... 70
4.1.2.7 Sonstige Einkünfte ... 72
4.2 Das Doppelbesteuerungsabkommen auf dem Gebiet der Steuern vom Einkommen und Vermögen 2003 ... 72
4.2.1 Voraussetzungen für das Inkrafttreten des Abkommens ... 72
4.2.2 Persönlicher Anwendungsbereich ... 73
4.2.3 Sachlicher Anwendungsbereich ... 74
4.2.3.1 Begriffbestimmungen und Auslegung des Abkommens ... 74
4.2.3.2 Einkünfte aus unbeweglichem Vermögen ... 76
4.2.3.3 Einkünfte aus Gewerbebetrieb ... 77
4.2.3.4 Einkünfte aus selbständiger Arbeit ... 79
4.2.3.5 Einkünfte von Künstlern und Sportlern ... 80
4.2.3.6 Vergütungen für Geschäftsführer, Vorstände, Aufsichtsräte und Verwaltungsräte ... 82
4.2.3.7 Einkünfte aus nichtselbständiger Tätigkeit ... 84
4.2.3.8 Ruhegehälter und Renten ... 85
4.2.3.9 Einkünfte aus Kapitalvermögen ... 86
4.2.3.10 Sonstige Einkünfte ... 89
4.2.3.11 Einkünfte aus der Veräußerung von Vermögen ... 89
4.2.3.12 Vereinbarung zur abkommensrechtlichen Zulässigkeit der Wegzugsbesteuerung ... 90
4.3 Das Doppelbesteuerungsabkommen auf dem Gebiet der Erbschaftsteuern . 91
5. Einfluss des EU-Rechts und der EuGH-Rechtsprechung auf im Zusammenhang mit der Wohnsitzverlegung und der Vermögensumstrukturierung stehende Normen ... 93

5.1 Notwendigkeit der Berücksichtigung europäischen Rechts 93
5.2 Verhältnis europäischen Rechts zu nationalem Recht 94
5.3 Diskriminierungsverbote des Vertrags zur Gründung der Europäischen Gemeinschaft 96
5.4 Voraussetzung der Einschlägigkeit des Vertrags zur Gründung der Europäischen Gemeinschaft 98
5.5 Reichweite der Diskriminierungsverbote 99
5.6 Verhältnis der allgemeinen Diskriminierungsverbote zu den Grundfreiheiten 102
5.7 Verhältnis der Grundfreiheiten zueinander 103
5.8 Rechtfertigungsgründe für Beschränkungen 105
5.9 Verfahrensrechtliche Möglichkeiten bei ungerechtfertigter Verletzung des EG-Vertrags durch nationale Vorschriften 108

Teil 2: Der Ansässigkeitswechsel 111
1. Verlegung des Mittelpunkts der Lebensinteressen nach Österreich unter Aufgabe der Ansässigkeit in Deutschland 111
1.1 Unbeschränkte Einkommensteuerpflicht 112
1.2 Unbeschränkte Erbschaft- und Schenkungsteuerpflicht 114
1.3 Wohnsitz 115
1.3.1 Vorliegen einer Wohnung 116
1.3.2 Tatsächliche Verfügungsmacht über die Wohnung 118
1.3.3 Berücksichtigung zusätzlicher äußerer Umstände 118
1.3.4 Aufgabe eines steuerrechtlichen Wohnsitzes 120
1.4 Gewöhnlicher Aufenthalt 122
1.4.1 Tatsächlicher Aufenthalt 123
1.4.2 Nicht nur vorübergehendes Verweilen 124
1.4.3 Aufgabe des gewöhnlichen Aufenthalts 129
1.5 Beschränkte Steuerpflichten 129
1.5.1 Beschränkte Einkommensteuerpflicht 130
1.5.1.1 Umfang der von der beschränkten Einkommensteuerpflicht erfassten Einkünfte 130
1.5.1.2 Erhebung der Steuer 132
1.5.1.3 Besonderheiten bei der Veranlagung beschränkt Steuerpflichtiger 134
1.5.2 Beschränkte Erbschaft- und Schenkungsteuerpflicht 136
1.6 Erweitert beschränkte Steuerpflichten 138
1.6.1 Erweitert beschränkte Einkommensteuerpflicht 139
1.6.1.1 Voraussetzungen für eine Anwendbarkeit der erweitert beschränkten Einkommensteuerpflicht 139
1.6.1.1.1 Das Erfordernis der Niedrigbesteuerung 140
1.6.1.1.2 Das Erfordernis der wesentlichen wirtschaftlichen Interessen 143

1.6.1.2 Umfang der von der erweitert beschränkten Einkommensteuerpflicht erfassten Einkünfte 144
1.6.1.3 Erhebung der Steuer 145
1.6.2 Erweitert beschränkte Erbschaft- und Schenkungsteuerpflicht 146
1.7 Erweitert unbeschränkte Erbschaft- und Schenkungsteuerpflicht 147
1.8 Die Umgehung von Steuerpflichten durch Aufgabe der Staatsbürgerschaft 148
1.8.1 Die Aufgabe der deutschen Staatsangehörigkeit 149
1.8.2 Der Erwerb der österreichischen Staatsangehörigkeit 150
1.8.3 Zivilrechtliche Auswirkungen eines Staatsangehörigkeitswechsels....... 151
1.8.3.1 Bestimmungen des deutschen internationalen Privatrechts 152
1.8.3.1.1 Personalstatut 152
1.8.3.1.2 Erbstatut 153
1.8.3.1.3 Güterrechtsstatut 154
1.8.3.1.4 Schenkungsstatut 155
1.8.3.1.5 Form letztwilliger Verfügungen 155
1.8.3.2 Bestimmungen des österreichischen internationalen Privatrechts 156
1.8.3.2.1 Personalstatut 156
1.8.3.2.2 Erbstatut und Verlassenschaftsabhandlung 157
1.8.3.2.3 Güterrechtsstatut 159
1.8.3.2.4 Schenkungsstatut 159
1.8.3.3 Erwerb von österreichischen Liegenschaften 160
1.9 Fiktiv unbeschränkte Einkommensteuerpflicht 160
1.10 Zeitpunkt des Wechsels der Ansässigkeit 163
1.10.1 Unterjähriger Wechsel der Ansässigkeit 163
1.10.2 Progressionsvorbehalt 164
1.10.3 Zusammenveranlagung von Ehegatten 166
1.10.4 Fristen bei den erweitert beschränkten Steuerpflichten 166
1.10.5 Zuflusszeitpunkte 167
1.11 Europarechtliche Bedenken gegen die Ausgestaltung der Steueranknüpfung 168
1.11.1 Unterscheidung zwischen beschränkter und unbeschränkter Einkommensteuerpflicht 168
1.11.2 Unterscheidung zwischen beschränkter und unbeschränkter Erbschaftsteuerpflicht 170
1.11.3 Mindeststeuer bei beschränkter Einkommensteuerpflicht 171
1.11.4 Anwendung des Progressionsvorbehalts bei unterjährigem Ansässigkeitswechsel 172
1.11.5 Diskriminierungen bei der erweitert unbeschränkten Erbschaftsteuerpflicht und den erweitert beschränkten Steuerpflichten 173

1.11.6 Fiktion der schädlichen Verwendung der privaten Altersvorsorge bei Ausscheiden aus der unbeschränkten Steuerpflicht 174
1.11.7 Fehlender Abschluss eines Doppelbesteuerungsabkommens für Vermögensübertragungen unter Lebenden 177
2. Verlegung des Mittelpunkts der Lebensinteressen nach Österreich unter Aufrechterhaltung der Ansässigkeit in Deutschland 178
2.1 Voraussetzungen für die Begründung der abkommensrechtlichen Ansässigkeit in Österreich 178
2.1.1 Kollisionsregeln bei Doppelansässigkeit 178
2.1.2 Mittelpunkt der Lebensinteressen 179
2.1.2.1 Wohnsitz bzw. ständige Wohnstätte 179
2.1.2.2 Persönliche Beziehungen 181
2.1.2.3 Wirtschaftliche Beziehungen 181
2.1.2.4 Bestimmung des Mittelpunkts der Lebensinteressen bei gegenläufigen persönlichen und wirtschaftlichen Beziehungen 182
2.1.2.5 Praktische Probleme bei der Bestimmung des Mittelpunkts der Lebensinteressen 182
2.2 Weiterbestehen der deutschen unbeschränkten Steuerpflichten bei Einschränkung durch die Doppelbesteuerungsabkommen 184
3. Abwägung der Vor- und Nachteile zwischen der Aufgabe und der Aufrechterhaltung eines Nebenwohnsitzes in Deutschland 186
3.1 Einkommensteuerliche Vorteile bei Aufrechterhaltung eines Nebenwohnsitzes in Deutschland 186
3.2 Einkommensteuerliche Nachteile bei Aufrechterhaltung eines Nebenwohnsitzes in Deutschland 191
3.3 Erbschaftsteuerliche Vorteile bei Aufrechterhaltung eines Nebenwohnsitzes in Deutschland 197
3.4 Erbschaftsteuerliche Nachteile bei Aufrechterhaltung eines Nebenwohnsitzes in Deutschland 198
4. Begründung der Ansässigkeit in Österreich 201
4.1 Unbeschränkte und beschränkte Einkommensteuerpflicht 202
4.2 Unbeschränkte und beschränkte Erbschaft- und Schenkungsteuerpflicht .. 202
4.3 Wohnsitz 203
4.4 Gewöhnlicher Aufenthalt 205
4.5 Zuzugsbegünstigung 206
4.5.1 Historische Entwicklung der Zuzugsbegünstigung 207
4.5.2 Voraussetzungen für die Inanspruchnahme der Zuzugsbegünstigung ... 208
4.5.3 Umfang der Begünstigung 209
4.5.4 Sportler-Erlass 210
4.5.5 Europarechtliche Bedenken gegen die Zuzugsbegünstigung 210

Teil 3: Gestaltung der Vermögensstruktur 213
1. Grundlagen der Vermögensstrukturierung 213
1.1 Vermögensstrukturierung unter ausschließlich steuerlichen
    Gesichtspunkten 213
1.2 Vermögensstrukturierung unter zusätzlicher Berücksichtigung
    nichtsteuerlicher Aspekte 215
1.3 Die Entstrickungsproblematik im deutschen Steuerrecht 216
1.3.1 Leistungsfähigkeitsprinzip 216
1.3.2 Verhältnismäßigkeitsgebot 217
1.3.3 Grundsatz der Rechtssicherheit 218
1.3.3.1 Herleitung eines allgemeinen Entstrickungsgrundsatzes mittels
        Analogiebildung 218
1.3.3.2 Verhältnis des Grundsatzes der Tatbestandsmäßigkeit der
        Besteuerung zum Leistungsfähigkeitsprinzip 220
1.3.4 Steuerplanung und allgemeiner Entstrickungsgrundsatz 221
2. Gestaltung der Einkommens- und Vermögensstruktur in Deutschland 222
2.1 Beibehaltung eines unternehmerischen Engagements in Deutschland 222
2.1.1 Aufrechterhaltung eines land- und forstwirtschaftlichen Betriebs
      in Deutschland 222
2.1.2 Aufrechterhaltung eines Gewerbebetriebs in Deutschland 223
2.1.3 Aufrechterhaltung einer ständigen bzw. festen Einrichtung zur
      Ausübung einer selbständigen Tätigkeit 224
2.1.4 Aufrechterhaltung des Eigentums von in Deutschland
      steuerverhafteten Kapitalgesellschaftsanteilen 225
2.1.4.1 Die Wegzugsbesteuerung gemäß § 6 dAStG 225
2.1.4.1.1 Definition § 6 dAStG 225
2.1.4.1.1.1 Grundtatbestand 225
2.1.4.1.1.2 Voraussetzung der zehnjährigen unbeschränkten Steuerpflicht 226
2.1.4.1.1.3 Ermittlung des fiktiven Veräußerungsgewinns 227
2.1.4.1.1.4 Beschränkung auf Anteile an inländischen Kapitalgesellschaften . 229
2.1.4.1.1.5 Wegzugsbesteuerung bei Rückkehr nach Deutschland 230
2.1.4.1.1.6 Stundung der Steuerlast 231
2.1.4.1.2 Verhältnis von § 6 dAStG zu den deutsch-österreichischen
         Doppelbesteuerungsabkommen 232
2.1.4.1.2.1 Wegzugsbesteuerung im Verhältnis zum ErtSt-DBA 1954/92 232
2.1.4.1.2.2 Wegzugsbesteuerung im Verhältnis zum ErtSt-DBA 2003 233
2.1.4.1.3 Tatsächliche Veräußerung der Anteile im Anschluss
         an den Wegzug 235
2.1.4.1.4 Tatbestände zur Vermeidung von Umgehungen 236
2.1.4.1.5 Verbleibende Umgehungsmöglichkeiten 238
2.1.4.2 Einbringungsgeborene Anteile 240

2.1.4.2.1 Der Ausschluss des Besteuerungsrechts der Bundesrepublik
Deutschland hinsichtlich des Gewinns aus der Veräußerung
einbringungsgeborener Anteile 240
2.1.4.2.2 Bestimmung und Besteuerung des fiktiven Veräußerungsgewinns . 241
2.1.4.3 Nach § 23 dEStG steuerverhaftete Kapitalgesellschaftsanteile 244
2.1.5 Aufrechterhaltung des Eigentums von in Deutschland nicht
steuerverhafteten Kapitalgesellschaftsanteilen 246
2.2 Beendigung eines unternehmerischen Engagements in Deutschland 247
2.2.1 Betriebsveräußerung 247
2.2.1.1 Veräußerung eines Einzelunternehmens 247
2.2.1.2 Veräußerung eines Mitunternehmeranteils 249
2.2.1.3 Veräußerung der Beteiligung an einer Kapitalgesellschaft 249
2.2.1.3.1 Veräußerung einer im Privatvermögen gehaltenen Beteiligung
an einer Kapitalgesellschaft 249
2.2.1.3.2 Veräußerung einer im Betriebsvermögen gehaltenen Beteiligung
an einer Kapitalgesellschaft 250
2.2.2 Betriebsaufgabe 250
2.2.2.1 Aufgabe eines Einzelunternehmens oder eines
Mitunternehmeranteils 250
2.2.2.2 Auflösung und Abwicklung einer Kapitalgesellschaft 252
2.2.2.2.1 Gesellschaftsrechtliche Grundlagen 252
2.2.2.2.2 Ermittlung des Abwicklungsgewinns 253
2.2.2.2.3 Besteuerung der Anteilseigner 254
2.2.3 Verpachtung eines in Deutschland belegenen Betriebs 255
2.2.3.1 Verpächterwahlrecht bei unbeschränkter Steuerpflicht des
Unternehmers 255
2.2.3.2 Verpächterwahlrecht bei beschränkter Steuerpflicht
des Unternehmers 259
2.2.3.2.1 Gestaltungsmöglichkeiten bei Zugrundelegung der
Grundsätze des BFH-Urteils vom 13.11.1963 259
2.2.3.2.2 Einschränkung des Verpächterwahlrechts durch das
BFH-Urteil vom 12.4.1978 260
2.2.3.2.3 Das Verpächterwahlrecht als teleologische Reduktion des
Betriebsaufgabetatbestandes 263
2.2.4 Unterstützung der Beendigung eines unternehmerischen Engagements
durch eine beendigungsorientierte Steuerbilanzpolitik 265
2.2.5 Betriebsverlegung 269
2.2.5.1 Verlegung eines Einzelunternehmens oder einer
Personengesellschaft 269
2.2.5.1.1 Rechtsprechung des Bundesfinanzhofs 269
2.2.5.1.2 Abgrenzung der Betriebsverlegung von der Betriebsaufgabe 271
2.2.5.1.3 Der Strukturwandelbeschluss des Bundesfinanzhofs 274

2.2.5.1.4 Wohnsitzverlegung des Mitunternehmers einer
Personengesellschaft 275
2.2.5.1.5 Sicherstellung der stillen Reserven 276
2.2.5.1.6 Entstrickung aufgrund einer teleologischen Reduktion des
Betriebsaufgabetatbestandes 278
2.2.5.1.7 Unentgeltliche Übertragung des Betriebs auf einen beschränkt
Steuerpflichtigen 279
2.2.5.2 Grenzüberschreitender Umzug von Kapitalgesellschaften 279
2.2.5.2.1 Zivilrechtliche Bestimmungen 280
2.2.5.2.1.1 Sitztheorie 281
2.2.5.2.1.2 Gründungstheorie 281
2.2.5.2.1.3 Differenzierender Lösungsansatz 281
2.2.5.2.1.4 Herrschende Meinung in Deutschland und Österreich 282
2.2.5.2.2 Steuerrechtliche Bestimmungen 284
2.2.5.2.2.1 Die Anwendung der §§ 11 und 12 dKStG 284
2.2.5.2.2.2 Definition der Geschäftsleitung und des Sitzes 286
2.2.5.2.2.3 Schlussbesteuerung und Abkommensrecht 287
2.2.5.2.2.4 Von der Schlussbesteuerung erfasstes Vermögen 289
2.3 Beibehaltung bzw. Veräußerung unbeweglichen Inlandsvermögens 290
3. Gestaltung der Einkommens- und Vermögensstruktur in Österreich 291
3.1 Erwerb von endbesteuertem Vermögen bzw. von mit einem besonderen
Steuersatz besteuerten Vermögen 291
3.2 Erwerb von unbeweglichem Vermögen 297
3.3 Begründung eines unternehmerischen Engagements 302
3.3.1 Direktgeschäft 303
3.3.2 Errichtung einer Betriebsstätte 304
3.3.3 Gründung eines Einzelunternehmens oder einer Personengesellschaft .. 310
3.3.4 Gründung einer Kapitalgesellschaft 311
3.3.5 Überführung von Wirtschaftsgütern 313
3.3.5.1 Bisherige Rechtsprechung 313
3.3.5.2 Verwaltungsauffassung 315
3.3.5.3 Systematische Untersuchung der Übertragungsfälle 317
3.3.5.3.1 Der Entnahmebegriff 317
3.3.5.3.2 Die Vorschrift des § 6 Abs. 5 Satz 1 dEStG 319
3.3.5.3.3 Überführung eines Wirtschaftsguts bei unbeschränkter
Steuerpflicht 320
3.3.5.3.3.1 Überführung eines Wirtschaftsguts aus einer inländischen
Personengesellschaft in eine ausländische Betriebsstätte 320
3.3.5.3.3.2 Überführung eines Wirtschaftsguts aus einer inländischen
Kapitalgesellschaft in eine ausländische Betriebsstätte 323
3.3.5.3.3.3 Überführung eines Wirtschaftsguts aus einer inländischen
Personengesellschaft in eine ausländische Personengesellschaft ... 323

3.3.5.3.3.4 Überführung eines Wirtschaftsguts ins Ausland unter
  Beteiligung einer Kapitalgesellschaft 325
3.3.5.3.3.4 Überführung eines Wirtschaftsguts bei beschränkter Steuerpflicht . 325
3.3.5.3.4.1 Überführung eines Wirtschaftsguts aus einer inländischen
  Betriebsstätte in das ausländische Stammhaus 325
3.3.5.3.4.2 Auflösung der inländischen Betriebsstätte und Überführung
  aller Wirtschaftsgüter ins Ausland 326
3.4 Einbringung des Vermögens in eine Privatstiftung 328
3.4.1 Die Entstehung der Privatstiftung 329
3.4.1.1 Zivilrechtliche Grundlagen 329
3.4.1.2 Steuerliche Behandlung von Zuwendungen an die Privatstiftung 333
3.4.1.3 In Deutschland entstehende Steuerpflichten bei Zuwendungen
  an eine Privatstiftung 337
3.4.2 Die laufende Besteuerung der Privatstiftung 343
3.4.2.1 Die unbeschränkte Körperschaftsteuerpflicht von nicht
  ausschließlich gemeinnützigen Privatstiftungen 343
3.4.2.2 Deutsche Steuerpflichten bei Bestehen einer als
  Familienstiftung anzusehenden Privatstiftung 348
3.4.3 Zuwendungen einer Privatstiftung an Begünstigte und
  Letztbegünstigte 352
3.4.3.1 Die Behandlung der Zuwendungen einer Privatstiftung in
  Österreich 352
3.4.3.2 Die Beendigung der Privatstiftung 356
3.4.3.3 In Deutschland entstehende Steuerpflichten bei Zuwendungen
  von einer Privatstiftung 357
3.5 Europarechtliche Fragen bei der Vermögensumstrukturierung 359
3.5.1 Wegzugsbesteuerung gemäß § 6 dAStG 360
3.5.1.1 Der BFH-Beschluss vom 17.12.1997 360
3.5.1.2 Von der Wegzugsbesteuerung betroffene Normen 361
3.5.1.2.1 Wegzugsbesteuerung und Personenverkehrsfreiheiten 361
3.5.1.2.2 Wegzugsbesteuerung und Kapitalverkehrsfreiheit 363
3.5.1.2.3 Wegzugsbesteuerung und allgemeines Freizügigkeitsrecht 364
3.5.1.3 Rechtfertigungsprüfung 365
3.5.1.4 Einleitung eines Vertragsverletzungsverfahrens gegen
  Deutschland 368
3.5.2 Sitzverlegung und Europarecht 368
3.5.2.1 Die Sitzverlegungs-Richtlinie 369
3.5.2.2 Das EuGH-Urteil vom 27.9.1988 (daily mail) 370
3.5.2.3 Das EuGH-Urteil vom 9.3.1999 (Centros) 371
3.5.2.4 Das EuGH-Urteil vom 5.11.2002 (Überseering) 372
3.5.3 Zurechnungsbesteuerung gemäß § 15 dAStG 375
3.5.3.1 Zurechnungsbesteuerung und Niederlassungsfreiheit 376

3.5.3.2 Zurechnungsbesteuerung und Kapitalverkehrsfreiheit 377
3.5.3.3 Rechtfertigungsprüfung 378

Teil 4: Exemplarische Darstellung typischer Entscheidungssituationen... 381
1. Grundlagen 381
1.1 Entscheidungstheoretische Grundlagen 381
1.2 Der Aktionen- und Zustandsraum ohne Berücksichtigung eines
    möglichen Wohnsitzwechsels 382
1.3 Der Aktionen- und Zustandsraum unter Berücksichtigung eines
    möglichen Wohnsitzwechsels 383
1.4 Der Vermögensendwert als Zielgröße 385
1.4.1 Determinanten des Vermögensendwerts 385
1.4.2 Berücksichtigung von Unsicherheiten und Risiken 386
1.4.3 Auswirkungen von Steuerstundungen 388
1.4.4 Entstrickungskosten 388
1.4.4.1 Zwangsläufige Entstrickungskosten 389
1.4.4.2 Gewillkürte Entstrickungskosten 394
1.4.5 Außersteuerliche Kosten der Wohnsitzverlegung 396
2. Untersuchung konkreter Teilentscheidungskomplexe 397
2.1 Vermögensumstrukturierung bei Wohnsitzwechsel 397
2.1.1 Wohnsitzwechsel und Erwerb endbesteuerten Vermögens 400
2.1.1.1 Wohnsitzverlegung und Geldeinlage bei einem österreichischen
       Kreditinstitut 402
2.1.1.2 Wohnsitzverlegung und Erwerb von Anteilen an einer
       österreichischen Aktiengesellschaft 404
2.1.2 Wohnsitzwechsel und Erwerb unbeweglichen Vermögens
       in Österreich 412
2.2 Wohnsitzwechsel von Personen, die der österreichischen
    Zuzugsbegünstigung unterliegen 416
2.3 Wohnsitzwechsel und unentgeltliche Vermögensübertragung 422

Teil 5: Zusammenfassung der Untersuchungsergebnisse 431

Abkürzungsverzeichnis 435
Rechtsprechungsverzeichnis 439
Literaturverzeichnis 447

Teil 1: Grundproblematik und Rechtsgrundlagen
1. Darstellung der Grundproblematik
1.1 Wettbewerb der Steuersysteme

Die Staaten der Europäischen Union sind mit ihrer Steuerpolitik in einen internationalen Wettbewerb der Steuersysteme eingetreten, der insbesondere im Bereich der direkten Steuern für volkswirtschaftlich sinnvoll gehalten wird[1]. Die Steuerlasten einer natürlichen oder juristischen Person stellen einen Standortfaktor dar[2], der durch die zunehmende Globalisierung an Stellenwert gewinnt. Die Staatsausgaben werden durch die erhobenen Steuern finanziert und dienen dem Angebot öffentlicher Güter. Demzufolge kann der Wettbewerb der Steuersysteme die Aufgabe der Kontrolle der Staatsausgaben übernehmen[3]. Die Annahme der Vorteilhaftigkeit des Steuerwettbewerbs setzt jedoch voraus, dass das Angebot an öffentlichen Gütern der Steuerbelastung entspricht[4]. Da die Bürger aus dem Angebot öffentlicher Güter einen sehr unterschiedlichen Nutzen ziehen, kommt es aus mikroökonomischer Sicht häufig zu einer Inäquivalenz zwischen der Steuerbelastung und dem Angebot öffentlicher Güter. Einkommensteuer- und Erbschaftsteuerbelastungen werden insbesondere in den obersten Progressionszonen häufig nicht der Inanspruchnahme öffentlicher Güter entsprechen. Selbst die Einschränkung der Möglichkeit von Einkommensumverteilungen durch den Steuerwettbewerb[5] dürfte daran wenig ändern.

Als schädlich wird von allen Mitgliedstaaten der Europäischen Union ein so genannter unfairer Wettbewerb der Steuersysteme angesehen[6]. Darunter wird ein Wettbewerb verstanden, der hauptsächlich zu einer Begünstigung nicht standortbezogener Aktivitäten führt[7]. Neben den klassischen Oasenländern bieten auch Hochsteuerländer Vorzugsbesteuerungen für einzelne Nischen an[8]. In der Europäischen Union wurde mangels eines bestehenden Harmonisierungsauftrags für die direkten Steuern[9] ein Maßnahmenpaket zur Bekämpfung des schädlichen

---

[1] Vgl. Jackstein (1997), S. 179 und Hauser (1998), S. 156.
[2] So auch Menck (1993), S. 565 und Lang, J. (1997), S. 875 - 876. Wacker, W. (1998), S. 33 weist darauf hin, dass der Wettbewerb der Steuersysteme mittlerweile auch die Erbschaftsteuer umfasst.
[3] Vgl. Takacs (1998), S. 513 und Selling (2000), S. 226.
[4] So auch Lang, J. (1997), S. 886 m.w.N. und Menck (2001), S. III.
[5] Vgl. Menck (2001), S. III.
[6] Vgl. Runge (1997b), S. 961, Hauser (1998), S. 156, Takacs (1998), S. 509 - 512 und Menck (2001), S. III.
[7] Eine Auflistung von Faktoren, die einen unfairen Wettbewerb identifizieren, findet sich bei Runge (1997b), S. 961 - 962 und bei Selling (2000), S. 227.
[8] Vgl. Menck (1997), S. 174 und Runge (1997b), S. 961.
[9] Hierzu vgl. Lang, J. (1997), S. 877 - 882, der darauf verweist, dass die direkten Steuern besonders eng mit den nationalen Gesellschaftsordnungen verflochten sind und deshalb einer Harmonisierung nur schwer zugänglich sind.

Steuerwettbewerbs erarbeitet[10]. Da aufgrund des Subsidiaritätsprinzips die Steuer- und Finanzhoheit bei den Mitgliedstaaten verblieben ist[11], müssen Harmonisierungsbestrebungen dem Erfordernis der Einstimmigkeit genügen. Eingriffe in die nationalen Steuerrechtsordnungen werden daher nur schwierig umzusetzen sein. Um Schäden für die eigene Volkswirtschaft abzuwenden, haben die einzelnen Staaten Abwehrmaßnahmen ergriffen[12]. In der Bundesrepublik Deutschland manifestieren sich diese vor allem in den Regelungen des Außensteuergesetzes[13]. Daneben ist eine immer stärkere steuerliche Belastung des Faktors Arbeit zu beobachten[14]. Für einzelne natürliche Personen bietet der Wettbewerb der Steuersysteme die Möglichkeit, die Belastungsunterschiede auszunutzen[15] und unter Berücksichtigung der persönlichen Lebensumstände seinen Hauptwohnsitz dort zu begründen, wo die Gesamtsteuerbelastung am niedrigsten ist.

1.2 Zunahme der Mobilität der Menschen

Die zunehmende Besteuerung der immobilen Produktionsfaktoren zugunsten der relativ mobilen Faktoren[16] blieb nicht ohne Wirkung auf die Mobilität der Menschen. Herzig und Dautzenberg wiesen darauf hin, dass zunächst als klassisch innerstaatliche Komplexe erscheinende Gebiete wie die Familien- und Rentenbesteuerung eine latent international-steuerrechtliche Seite aufweisen[17]. Sie beobachten einen Trend, wonach der Wunsch des Verbringens des Lebensabends in einem anderen Land aufgrund des Klimas, aber auch wegen der niedrigeren Lebenshaltungs- und Pflegekosten zunimmt. Die Öffnung der Märkte und die internationale Verflechtung der deutschen Wirtschaft zwingen immer häufiger zur Annahme einer Beschäftigung im Ausland[18].

---

[10] Vgl. hierzu Menck (2001), S. III, der bemerkt, dass zwar eine „erste Umschreibung wettbewerbsverzerrender Regelungen" innerhalb der EU erfolgt ist, deren „mittelfristige Abschaffung aber Gegenstand zähen Ringens" ist. Zum Inhalt des Maßnahmenpakets vgl. Takacs (1998), S. 515 - 518. Kluge (2000), S. 48 - 49, RZ 54 verweist auf den Abschlußbericht der vom Europäischen Rat eingesetzten Gruppe „Verhaltenskodex", wonach 66 nationale Steuerregelungen innerhalb der Europäischen Union als unfair eingestuft werden. Zu dem Abschlußbericht vgl. auch Selling (2000), S. 229 - 230.
[11] Vgl. Hauser (1998), S. 156,
[12] Vgl. Menck (1993), S. 566 - 567. Eine Übersicht über die Abwehrmaßnahmen von 26 Staaten - unter anderem auch von Deutschland und Österreich - gibt de Broe (2002).
[13] So auch Hauser (1998), S. 156. Ein Außensteuergesetz existiert in Österreich zum derzeitigen Zeitpunkt nicht; jedoch ist vom österreichischen Finanzministerium ein Entwurf für ein derartiges Gesetz erarbeitet worden, der sich am deutschen Außensteuergesetz orientiert. Vgl. Gassner/Lang/Lechner (2001).
[14] Vgl. Takacs (1998), S. 513, der auf den relativen Anstieg der steuerlichen Belastung des Faktors Arbeit gegenüber den anderen Produktionsfaktoren hinweist.
[15] Vgl. Helmich (1995), S. 235.
[16] Vgl. von Wuntsch (1998), S. 735 - 736.
[17] Vgl. Herzig/Dautzenberg (2000), S. 13.
[18] So auch Schindhelm (1997), S. 1.

Bei Einbeziehung der Erbschaft- und Schenkungsteuer in die Steuerplanung muss den Diskussionen der vergangenen Jahre erhöhte Aufmerksamkeit geschenkt werden. Auch wenn noch vor einiger Zeit eine weitere Erhöhung der Erbschaftsteuer von der Bundesregierung abgelehnt wurde[19], erscheint die Forderung nach einer höheren Steuer auf unentgeltliche Vermögensübertragungen in regelmäßigen Abständen auf der politischen Tagesordnung der Bundesrepublik Deutschland[20]. Die Akkumulation privater Vermögenswerte nach Beendigung des zweiten Weltkriegs macht eine auf den Generationswechsel gerichtete Steuerplanung für immer mehr Bürger erforderlich[21, 22]. Der Wegzug von Erblassern und Erben muss zur Verringerung der Steuerbelastung in die Planungsüberlegungen einbezogen werden.

Vorteile erwachsen in den Fällen, in denen zwischen dem Wegzugsstaat und dem Zuzugsstaat Doppelbesteuerungsabkommen sowohl auf dem Gebiet der Steuern vom Einkommen als auch auf dem der Erbschaftsteuern abgeschlossen worden sind, da in vielen Fällen nicht sämtliches Vermögen in den neuen Wohnsitzstaat transferiert werden soll.

Aufgrund der Tatsache, dass die Bundesrepublik Deutschland nur mit wenigen Staaten[23] Doppelbesteuerungsabkommen auf dem Gebiet der Erbschaftsteuer abgeschlossen hat[24], wird bei Einbeziehung von unentgeltlichen Vermögensübertragungen in die Steuerplanung der Kreis der für eine Wohnsitznahme in Frage kommenden Staaten stark eingeschränkt[25]. Exemplarisch soll eine Vorteilhaftigkeitsanalyse für den Fall einer Wohnsitzverlegung nach Österreich vorgenommen werden. Gute Gründe für eine Wahl Österreichs sind das vielfach in der Literatur als fortschrittlich gepriesene Steuerrecht Österreichs, die bestehen-

---

[19] Vgl. „Die Welt" v. 9.5.2001: „Höhere Erbschaftsteuer vorläufig gestoppt: Opposition will geltende Regeln auch nach 2003", „Die Welt" v. 28.5.2002: „Neuer Streit um höhere Erbschaftsteuer" sowie Watrin (2004).
[20] Auch Göttsche (1997), S. 1 befürchtet weitere Verschärfungen im Bereich der Erbschaft- und Schenkungsteuer.
[21] Vgl. Herzig (1990), S. 71 und Arlt (2001), S. 1 - 2.
[22] Zu der veränderten Vermögensstruktur und Bevölkerungsentwicklung vgl. Wacker, W./Dann (1989), S. 441 - 443.
[23] Einen Überblick über die Erbschaftsteuersysteme von 19 verschiedenen Staaten bietet Goodman (1985).
[24] Umfassende DBA auf dem Gebiet der Erbschaftsteuer bestehen nur mit Dänemark, Griechenland, Österreich, Schweden, der Schweiz und den USA. Wegen weiterer Abkommen wurden Verhandlungen aufgenommen (Großbritannien, Niederlande) bzw. bereits abgeschlossen (Frankreich, Finnland). Darüber hinaus bestehen noch einige unvollständige bzw. außer Kraft gesetzte Abkommen.
[25] Auf die drohende hohe Steuerbelastung bei Nichtbestehen eines Doppelbesteuerungsabkommens auf dem Gebiet der Erbschaftsteuer weist auch Bader (1995), S. 71 - 72 hin.

den deutsch-österreichischen Doppelbesteuerungsabkommen und die Praxisrelevanz einer Wohnsitzverlegung nach Österreich.

1.3 Untersuchungsziel

Der Arbeit liegt die Verlegung des Mittelpunkts der Lebensinteressen[26] von Deutschland nach Österreich zugrunde. Untersucht werden sollen die einkommen- und erbschaftsteuerlichen Konsequenzen eines derartigen Schrittes. Im Einzelnen sollen folgende Teilziele erreicht werden:

- Herausarbeitung der steuerlichen Einflussfaktoren
- Analyse des Einflusses des EU-Rechts und der EuGH-Rechtsprechung auf die den Wohnsitzwechsel betreffenden Fragen
- Aufzeigen der steuerrechtlich notwendigen Voraussetzungen einer Wohnsitzverlegung
- Optimierung der Einkommens- und Vermögensstruktur im Zusammenhang mit der Wohnsitzverlegung
- Aufzeigen der Planungsunsicherheiten bei der Vermögensumstrukturierung, namentlich bei der Steuerentstrickung
- Darstellung der entscheidungstheoretischen Grundlagen für den Fall einer beabsichtigten Wohnsitzverlegung
- Untersuchung typischer Fallkonstellationen.

1.4 Untersuchungsplan

Der erste Teil der Arbeit umfasst die Erläuterung von im Zusammenhang mit der Wohnsitzverlegung stehenden Grundbegriffen. Neben der Herausarbeitung der Erkenntnis, dass ein Wohnsitzwechsel nach Österreich unter steuerlichen Gesichtspunkten sinnvoll sein kann, wird auf Grundprobleme der internationalen Steuerplanung eingegangen. Die in diesem Zusammenhang anzustellenden Überlegungen werden in besonderem Maße von den zwischen Deutschland und Österreich abgeschlossenen Doppelbesteuerungsabkommen bestimmt. Die Ratifizierung eines neuen Ertragsteuerdoppelbesteuerungsabkommens macht es erforderlich, auf die Abweichungen zwischen dem alten und dem neuen Abkommen einzugehen[27]. Anschließend wird aufgezeigt, in welcher Weise europäi-

---

[26] Der Begriff des Mittelpunkts der Lebensinteressen ist den Doppelbesteuerungsabkommen entnommen. Dieser Mittelpunkt befindet sich – vereinfacht gesagt – dort, wo der Steuerpflichtige seinen Hauptwohnsitz hat. Wird im Folgenden der Begriff Wohnsitzverlegung verwendet, ist damit immer eine Verlegung des Hauptwohnsitzes gemeint. Kein Gegenstand dieser Untersuchung ist die Verlegung bzw. Begründung eines Nebenwohnsitzes in Österreich.

[27] Aufgrund der jahrelangen Gültigkeit des alten Abkommens und dessen Bedeutung für bereits abgelaufene Veranlagungszeiträume wird neben dem neuen, am OECD-Musterabkommen orientierten Abkommen auch das alte Doppelbesteuerungsabkommen dargestellt.

sches Recht als höherrangiges Recht in der Lage ist, die nationalen Normen einzuschränken und in Folge dessen auch die internationale Steuerplanung zu beeinflussen.

Im darauf folgenden Teil werden die zu treffenden Maßnahmen für eine Verlegung des Mittelpunkts der Lebensinteressen von Deutschland nach Österreich und deren Konsequenzen für die Reichweite der Steuerpflicht erläutert. Da die zwischen Deutschland und Österreich abgeschlossenen Doppelbesteuerungsabkommen Regelungen für den Fall einer doppelten Ansässigkeit enthalten, wird untersucht, unter welchen Voraussetzungen eine Aufrechterhaltung der unbeschränkten Steuerpflicht in Deutschland bei Verlegung des Hauptwohnsitzes nach Österreich sinnvoll sein kann.

Die Gestaltung der Einkommens- und Vermögensstruktur in Deutschland, in Österreich und in Drittstaaten im Zuge der Wohnsitzverlegung bildet den Untersuchungsgegenstand des dritten Teils. Von besonderer Bedeutung sind in diesem Zusammenhang die Erkenntnisse zu Fragen der so genannten Steuerentstrickung.

Im vierten Teil werden auf der Grundlage der Entscheidungstheorie typische Fallkonstellationen untersucht. Die Untersuchung soll anhand der Konzentration auf Teilkomplexe deutlich machen, wann eine Wohnsitzverlegung nach Österreich aus steuerlichen Gründen vorteilhaft sein kann.

2. Die Verlegung des Wohnsitzes als steuerplanerische Aufgabe
Die Verlegung des Mittelpunkts der Lebensinteressen nach Österreich erfordert eine detaillierte steuerliche Planung, da die mit einem Wohnsitzwechsel verbundenen steuerlichen Fragestellungen von einem komplexen Normensystem determiniert werden. Die Planung darf sich nicht allein auf die laufenden Steuerzahlungen beschränken, sondern muss auch unregelmäßig anfallende Steuerbelastungen wie beispielsweise die Erbschaftsteuer berücksichtigen.

2.1 Grundlagen der Steuerplanung
Planung bedeutet, dass Ziele und Handlungsalternativen formuliert werden und die beste Alternative ausgewählt und realisiert wird. Die Auswahl der optimalen Alternative muss unter Einbeziehung der Chancen und Risiken und der persönlichen Präferenzen erfolgen. In dieser Arbeit wird die Steuerplanung als Bestandteil der Gesamtplanung einer natürlichen Person in den Mittelpunkt der Untersuchung gestellt[28].

---

[28] Sturies (1988), S. 234 verweist darauf, dass insbesondere das Erbrecht im Ergebnis durch das Erbschaftsteuerrecht stark eingeschränkt ist.

Steuerplanung beinhaltet die Formulierung steuerpolitischer Ziele, die Entwicklung von Handlungsalternativen und deren Untersuchung hinsichtlich der Steuerwirkung und die Auswahl einer Alternative unter dem Gesichtspunkt einer weitreichenden Zielerfüllung[29]. Die Notwendigkeit einer Steuerplanung ergibt sich aus der materiellen Gewichtigkeit der Steuerbelastung und der Gestaltungsabhängigkeit der Besteuerung[30].

Zu beginnen hat die Steuerplanung mit der Feststellung des Istzustandes. Nur so ist eine genaue Erfassung des Ausmaßes der Veränderungen durch den Einsatz steuergestaltender Maßnahmen möglich[31]. Es ist darzulegen, in welche Strukturen die beteiligten Personen eingebunden sind bzw. welche Tätigkeiten sie ausüben[32]. Neben die Beschreibung des Istzustandes zum Planungszeitpunkt muss eine Lageprognose treten, da nur diese die für die Entwicklung von Lösungsvorschlägen in zeitlicher Hinsicht geeignete Grundlage liefert[33].

Im Steuerplanungsprozess soll erreicht werden, dass die Diskrepanz zwischen dem Ist-Zustand und dem erwünschten Soll-Zustand minimiert wird. Der Soll-Zustand stellt den wirtschaftlichen Sachverhalt dar, den die beteiligten Personen erreichen wollen. Die Gestaltung dieses Zustandes soll in steuerlich optimaler Weise erfolgen. Damit ist nicht eine Minimierung der Steuern, sondern eine Maximierung des Gewinns bzw. des Überschusses nach Steuern gemeint[34]. Einschränkungen erfährt die Verwirklichung der Planungsziele durch die rechtlichen Rahmenbedingungen[35] und durch so genannte Konstanten[36].

Im Anschluss an die Feststellung der Soll-Ist-Abweichung erfolgt die Problemformulierung und -analyse, die mit der Unterscheidung von Ursachen und Folgen zu beginnen hat, um die Grundprobleme zu identifizieren. Aufgrund der

---

[29] Zu den verschiedenen Definitionen der Steuerplanung vgl. Rose (1989), Sp. 1866. Für die vorliegende Arbeit wird die mittlere Bedeutungsfassung herangezogen, wonach „die aktive Beeinflussung (Bestärkung, Korrektur, Verhinderung) von Entscheidungen wegen der mit ihnen verbundenen Steuerwirkungen" gefordert wird.
[30] So auch Rose (1989), Sp. 1867 und Kiso (1997), S. 1.
[31] Vgl. Höhn (1996), S. 221.
[32] So auch Watrin (1997), S. 16.
[33] Vgl. Kratz (1986), S. 124 - 126.
[34] So auch Wagner (1984), S. 202 und Höhn (1996), S. 223. Haberstock (1984), S. 266 bekräftigt, dass „die Steuerplanung im Grunde keine eigene (autonome) Zielsetzung verfolgt" und spricht von einer „relativen Steuerminimierung".
[35] Zur Einschränkung der Dispositionsmöglichkeiten durch den deutschen Fiskus vgl. die Übersicht bei Staks (1984), S. 198.
[36] Höhn (1996), S. 224 definiert Konstanten als „bestehende Tatsachen, welche nicht verändert werden sollen oder [...] Zustände, welche unbedingt oder bedingt verwirklicht werden sollen."

Komplexität von Steuerplanungsproblemen[37] muss versucht werden, die Grundprobleme in Teilprobleme zu zerlegen. Für diese müssen mittels einer kreativen Ideenfindung unter Berücksichtigung der Realisierbarkeit und der maßgebenden Rechtsnormen verschiedene Handlungsalternativen gefunden werden. Zur Spezifizierung des Planungsgebiets kann eine Orientierung an den einzelnen Phasen des Besteuerungsvorgangs erfolgen[38].

Nach Festlegung der zur Auswahl stehenden Alternativen sind diese zu analysieren und zu vergleichen. Abgeschlossen wird der Prozess der Steuerplanung mit einer Entscheidung darüber, welche der Alternativen aus steuerlicher Sicht am geeignetsten erscheint und realisiert wird.

2.2 Steuerplanung bei einem beabsichtigten Wohnsitzwechsel nach Österreich

Sollte ein Wohnsitzwechsel nach Österreich beabsichtigt sein, müssen einer Einkommensteuer- und Erbschaftsteuerplanung umfangreiche Feststellungsmaßnahmen vorausgehen. Im Rahmen der Bestimmung des Ist-Zustandes muss die ausgeübte Tätigkeit, die Höhe, Struktur und Belegenheit des Vermögens, der Familienstand und das Bestehen ein- oder zweiseitiger Willenserklärungen[39] des Wegzugswilligen ermittelt werden. Für Fragen der Erbschaftsteuerplanung sind darüber hinaus die Wohnsitze, ständigen Aufenthalte und Staatsangehörigkeiten der weiteren zu beteiligenden Personen zu bestimmen[40].

Für die Bestimmung des Soll-Zustandes muss unterschieden werden, ob die Wohnsitzverlegung aus nicht-steuerlichen Gründen auf jeden Fall erfolgen soll oder ob ein Umzug nach Österreich nur aus steuerlichen Gründen geplant ist. Wird die Verlegung des Hauptwohnsitzes nur aufgrund steuerlicher Aspekte erwogen, sollte der Steuerplanung ein internationaler Steuerbelastungsvergleich

---

[37] Zur Schwierigkeit der Konstruktion von Planungsmodellen bei komplexen steuerlichen Sachverhalten vgl. Kiso (1997), S. 2.
[38] Kiso (1997), S. 12 schlägt folgende fünf Bereiche für die Aufteilung des Besteuerungsvorgangs vor: ökonomischer Sachverhalt, zivilrechtliche Ausgestaltung, Transformation in steuerliche Bemessungsgrundlagen, Tarifanwendung, verfahrensrechtliche Abwicklung und Steuerzahlung. In ähnlicher Weise systematisiert Haberstock (1984), S. 211 - 213 die Ursachen steuerlicher Wirkungen in Zeiteffekte, Bemessungsgrundlageneffekte und Steuertarifeffekte.
[39] Hierunter fallen unter anderem bereits vollzogene Schenkungs- und Erbverträge, Eheverträge, Pflichtteilsverzichte, Testamente oder Gesellschaftsverträge.
[40] Sowohl das deutsche als auch das österreichische Steuerrecht knüpft zur Begründung der unbeschränkten Erbschaftsteuerpflicht an den Wohnsitz, den gewöhnlichen Aufenthalt und die Staatsangehörigkeit des Erblassers bzw. Schenkers oder des Erben bzw. des Beschenkten an.

vorangestellt werden[41]. Nur wenn dieser ergibt, dass die Steuerbelastung in Österreich unter sonst gleichen Bedingungen bei einzelnen Steuertatbeständen niedriger ist als in Deutschland, kann ein Wohnsitzwechsel unter Umständen empfohlen werden. Abgeraten werden muss von einer Wohnsitzverlegung, wenn die mit dem Umzug verbundenen Nachteile, zu denen insbesondere die Kosten des Umzugs aufgrund der Steuerentstrickung zählen, stärker wirken als die sich aus einem in Österreich befindlichen Hauptwohnsitz ergebenden Vorteile. Da eine derartige Aussage aber von dem zugrundegelegten zeitlichen Planungshorizont abhängt[42], soll eine Entscheidung über die Vorteilhaftigkeit eines Wohnsitzwechsels zunächst ohne die Einbeziehung von Umzugskosten und damit nur vorläufig erfolgen.

Der weitere Gang der Untersuchung ist unabhängig von den Motiven für einen Wohnsitzwechsel identisch. Im Hinblick auf die Definition des Soll-Zustandes soll zum einen davon ausgegangen werden, dass im Rahmen der steueroptimalen Planung die völlige Umgestaltung der Vermögensstruktur vorgenommen werden kann. Zum anderen sollen Gestaltungshinweise gegeben werden für den Fall, dass bestimmte Vermögenspositionen aus nicht-steuerlichen Gründen nicht veräußert oder aufgegeben werden können.

2.2.1 Entscheidung über den Ort der vornehmlichen Ansässigkeit
2.2.1.1 Wohnsitznahme in Österreich aufgrund nicht-steuerlicher Gründe

Der Entschluss, seinen Wohnsitz von Deutschland nach Österreich zu verlegen, kann neben dem Wunsch nach einer relativen Verringerung der Steuerbelastung auch durch andere Zielvorstellungen motiviert sein[43]. Eine berufliche Versetzung[44], die landschaftliche Attraktivität Österreichs oder der Wunsch nach Verbringen des Lebensabends im Ausland sind nur einige der Gründe für eine nicht steuerlich veranlasste Wohnsitzverlegung[45]. Ist aufgrund des Vorliegens derartiger Gründe bereits die Entscheidung gefallen, seinen Hauptwohnsitz in Österreich zu begründen, braucht eine Überlegung über die Vorteilhaftigkeit des österreichischen Steuersystems gegenüber dem deutschen nicht angestellt zu werden. Notwendig sind aber auch in diesen Fällen Planungen bezüglich der

---

[41] Ein derartiges sukzessives Planungsvorgehen wird auch von Haberstock (1984), S. 264 und Wagner (1984), S. 205 für vertretbar gehalten.
[42] Die Kosten des Umzugs fallen lediglich einmalig im Wegzugszeitpunkt an, während die Vorteile des österreichischen Steuerrechts in jedem Jahr der dortigen Ansässigkeit genutzt werden können.
[43] Fuchs/Schabe (1993), S. 45 - 46 weisen darauf hin, dass Antrieb für derartige Schritte nie nur steuerliche Aspekte sein dürfen. Als nichtsteuerliche Gründe kommen auch andere wirtschaftliche Erwägungen in Frage.
[44] Zur Besteuerung von Expatriates vgl. Tumpel (1994b).
[45] Vgl. Berger (1996), S. 153.

Gestaltung der Einkommens- und Vermögensstruktur, da regelmäßig ein beträchtlicher Teil des Vermögens in Deutschland belegen sein dürfte.

2.2.1.2 Steuerbelastungs- und Steuerrechtsvergleiche als Entscheidungshilfe bei steuerlich motivierter Wohnsitznahme

Soll der Hauptwohnsitz nur aus steuerlichen Gründen verlegt werden, ist es von Vorteil, wenn das Zielland vergleichbare Lebensumstände bieten kann. Dadurch werden Konflikte mit den Präferenzen bezüglich der persönlichen Lebensführung verringert, wenn nicht gar vermieden. Der einheitliche Sprach- und Kulturraum und die räumliche Nähe zu Deutschland zur Pflege verwandtschaftlicher und sonstiger zwischenmenschlicher Beziehungen lassen Österreich für ein derartiges Vorhaben auch unter praktischen Gesichtspunkten geeignet erscheinen. Probleme kann jedoch die Frage bereiten, welches der beiden Steuersysteme im konkreten Einzelfall zu einer niedrigeren Gesamtsteuerbelastung führt. Die Antwort darauf kann mit Hilfe von betriebswirtschaftlichen Steuerbelastungsvergleichen gefunden werden.

Ein Steuerbelastungsvergleich quantifiziert die Steuerbelastung unterschiedlicher Steuersubjekte oder Steuerobjekte. Die Belastungen werden in einem zweiten Schritt vergleichend gegenübergestellt. Sofern grenzüberschreitende Steuerwirkungen einbezogen werden, spricht man von internationalen Steuerbelastungsvergleichen[46]. Sie sind Hilfsmittel zur Verbesserung unternehmerischer Entscheidungen im internationalen Bereich. Steuerbelastungsvergleiche können und sollten in den unterschiedlichen Phasen des Steuerplanungsprozesses als Hilfsmittel zur Entscheidungsfindung herangezogen werden[47].

In Anlehnung an die Arbeit von Bone-Winkel empfiehlt sich ein dreistufiges Vorgehen zur Auswahl des für die persönliche Zielsetzung am geeignetsten erscheinenden Belastungsvergleichs[48]. Die Festlegung der Untersuchungsrichtung, die Abgrenzung des Untersuchungsumfangs und die Auswahl der Analysetechnik bestimmen in weitem Maße die Aussagekraft des gewonnenen Ergebnisses. Untersuchungen zur Steuerbelastung deutscher Unternehmen im internationalen Vergleich wiesen in der Vergangenheit eine Bandbreite von 20 % bis 70 % Steuerbelastung auf[49]. Derartig unterschiedliche Ergebnisse machen die Not-

---

[46] Vgl. Bone-Winkel (1993), S. 14.
[47] So auch Bone-Winkel (1993), S. 27 - 28.
[48] Vgl. zu den Beziehungen zwischen den methodischen Teilentscheidungen bei Steuerbelastungsvergleichen die Übersicht bei Bone-Winkel (1993), S. 115.
[49] Vgl. Kluge (2000), S. 65, RZ 3, Spengel/Lammersen (2001), S. 230 - 237 und Werra (2001), S. 60 - 61.

wendigkeit eines systematischen Vorgehens bei der Auswahl der Methoden deutlich[50].

2.2.1.2.1 Festlegung des Untersuchungsumfangs

In einem ersten Schritt muss festgelegt werden, ob ein externer oder ein interner Steuerbelastungsvergleich vorgenommen werden soll. Ein externer Belastungsvergleich liegt dann vor, wenn die zur Quantifizierung verwendeten Daten als unternehmungs- bzw. personenextern angesehen werden müssen. Vergleichsobjekte können Gesamtwirtschaften, aber auch einzelne Elemente der Gesamtwirtschaft, wie Branchen, Unternehmungen oder Produkte sein. Die steuerbelastungsrelevanten Tatbestände werden aus der Sicht der Gesamtwirtschaft betrachtet. Ziel ist die Quantifizierung des finanziellen Eingriffs der Staaten in den Wirtschaftsprozess.

Interne Steuerbelastungsvergleiche hingegen vergleichen die unterschiedlichen Steuerbelastungen konkreter Unternehmungen, Personen, Produkte oder Handlungsalternativen. Die gewonnenen Informationen sind für die Entscheidungsträger unmittelbar relevant. Die Divergenz zwischen diesen beiden Untersuchungsrichtungen liegt in dem Maß der Abstraktion von der tatsächlichen konkreten Situation. Externe Belastungsvergleiche können erste Aufschlüsse über die Struktur eines ausländischen Steuersystems geben[51]. Für die Frage, ob die Verlegung des Hauptwohnsitzes in den Hoheitsbereich eines ausländischen Steuersystems sinnvoll ist, kann ein externer Steuerbelastungsvergleich erste Anhaltspunkte geben. Durch die Vornahme eines internen Steuerbelastungsvergleichs wird hingegen die Steuerbelastung bei verlegtem Wohnsitz derjenigen Steuerbelastung gegenübergestellt, die bei Beibehaltung des Hauptwohnsitzes in Deutschland anfällt.

2.2.1.2.2 Abgrenzung des Untersuchungsumfangs

Im Rahmen der Abgrenzung des Untersuchungsumfangs ist zu bestimmen, welche natürlichen und juristischen Personen und welche Steuerarten in den Steuerbelastungsvergleich einbezogen werden sollen. Für einen im Hinblick auf die Wohnsitzverlegung anzustellenden Steuerbelastungsvergleich ist die Anzahl der einzubeziehenden Personen naturgemäß sehr groß. Neben der Steuerbelastung des zu betrachtenden Steuerpflichtigen interessieren auch die jeweiligen Belastungen der Angehörigen und Erben und des von den beteiligten natürlichen Personen gehaltenen Eigentums an juristischen Personen. Von den Steuerarten sind diejenigen in den Vergleich einzubeziehen, die eine Veränderung der Abgabenbelastung hervorrufen. Wenn eine natürliche Person mit einem Großteil seines

---

[50] So auch Winner (2000), S. 111 - 112.
[51] So auch Remberg (1983), S. 5.

Vermögens in ein anderes Land verzieht, sind in einen Steuerbelastungsvergleich nahezu alle Steuerarten der jeweiligen betroffenen Länder einzubeziehen. Der Schwerpunkt dieser Untersuchung soll auf die Steuern vom Einkommen[52] und auf die Erbschaftsteuer gelegt werden. Dennoch können andere Steuerarten in Abhängigkeit von der Struktur des Vermögens und dem Wunsch nach Vornahme einer Vermögensumstrukturierung bedeutende Steuerbelastungen hervorrufen[53] und müssen dann unter Berücksichtigung der Umstände des Einzelfalls einbezogen werden.

2.2.1.2.3 Auswahl der Analysetechnik

Die zur Verfügung stehenden Analysetechniken hängen von der Entscheidung zugunsten eines externen oder eines internen Steuerbelastungsvergleichs ab[54]. Für externe Steuerbelastungsvergleiche heranzuziehende Methoden sind die Ermittlung relativer Steuerlastquoten und effektiver Grenzsteuersätze. Interne Steuerbelastungsvergleiche werden auf der Grundlage von Veranlagungssimulationen oder aufgrund der von Rose entwickelten Teilsteuerrechnung vorgenommen.

Bei der Ermittlung relativer Steuerlastquoten wird das Steueraufkommen zu einer Größe wirtschaftlicher Leistungsfähigkeit in Beziehung gesetzt. Die im Zähler des Quotienten abzubildende Steuerbelastung kann in Abhängigkeit von der Zielrichtung der Analyse diejenige einer Volkswirtschaft[55], einer Branche, eines Unternehmens oder einzelner Produkte sein. Je stärker der zu betrachtende Bereich eingeengt wird, umso schwieriger wird die Zurechnung der Abgabeverpflichtungen[56]. Andererseits können volkswirtschaftliche Steuerbelastungsquoten nur einer ersten, allgemeinen Orientierung dienen. Die Berücksichtigung aller Steuerarten – darunter auch einmalig anfallende Steuern für bestimmte Ereignisse – lässt derartige Quoten für eine langfristige Steuerplanung, wie sie ein Wohnsitzwechsel erfordert, nur als ergänzendes Entscheidungskriterium geeig-

---

[52] Klapdor (2001), S. 24 weist auf den Umstand hin, dass bei Einbeziehung der Gewerbesteuer Deutschland nach der Unternehmenssteuerreform nur einen Mittelplatz im internationalen Vergleich einnimmt.

[53] Bei umfangreichem Immobilienbesitz können beispielsweise die Grunderwerb- und die Grundsteuer entscheidungserheblich sein.

[54] Vgl. Bone-Winkel (1993), S. 115 - 118.

[55] Remberg (1983), S. 5 weist darauf hin, dass im Gegensatz zur Steuerquote, die lediglich das Steueraufkommen in Beziehung zum Bruttosozialprodukt setzt, die Abgabenquote, d.h. das Verhältnis von Sozialabgaben und Steueraufkommen zum Bruttosozialprodukt, international aussagekräftiger ist, da die Sozialabgaben für den Steuerpflichtigen steuerähnlichen Charakter haben und häufig Interdependenzen zwischen Sozialabgaben und Steuern bestehen.

[56] In besonderem Maße gilt dies für die Zurechnung der Steuern auf Produktgruppen oder einzelne Produkte.

net erscheinen[57]. Eine Vielzahl der veröffentlichten Steuerlastquoten wird aus Daten der volkswirtschaftlichen Gesamtrechnungen hergeleitet. Problematisch ist die in den einzelnen Ländern unterschiedliche Ermittlung des Bruttoeinkommens in den volkswirtschaftlichen Rechenwerken. Um die Vergleichbarkeit der Steuerlastquoten sicherzustellen, sind detaillierte Statistiken notwendig, die es gestatten, durch Korrekturrechnungen den Gewinn- und Vermögensausweis auf eine gemeinsame Basis zu stellen.

Die Bestimmung effektiver Grenzsteuersätze dient der Abbildung der durch das Steuersystem hervorgerufenen Spar- und Investitionsanreize[58]. Das wohl bekannteste Modell stammt von King/Fullerton. Es ermittelt die Differenz zwischen Vor- und Nachsteuerrendite und setzt diese in Beziehung zur Vorsteuerrendite. Rechengrundlage sind regelmäßig die Zahlen der volkswirtschaftlichen Gesamtrechnung. Dem Modell liegt der Gedanke zugrunde, dass Investitionsanreize von der zu erzielenden Nachsteuerrendite eines Investitionsvorhabens abhängen[59]. Die umfangreichen Modellannahmen und die Vielzahl der in das Modell einfließenden Daten verbunden mit einem hohen Rechenaufwand lassen einen derartigen Steuerbelastungsvergleich für einen einzelnen Wegzugswilligen ungeeignet erscheinen. Sinnvoll kann es hingegen sein, auf eine bereits erstellte, zeitnahe Untersuchung der effektiven Grenzsteuersätze zurückzugreifen[60].

Das gebräuchlichste Verfahren bei internen Steuerbelastungsvergleichen ist die kasuistische Veranlagungssimulation. Es werden die steuerlichen Veranlagungen simuliert, die bei der Realisierung der zur Auswahl stehenden Alternativen durchzuführen wären[61]. Die Steuerbelastungen bei allen einzubeziehenden Steu-

---

[57] So auch Remberg (1983), S. 5
[58] Vgl. Bone-Winkel (1993), S. 101 - 104.
[59] Als Entscheidungskriterium gilt die Höhe der Vorsteuerrendite, bei der die Nachsteuerrenditen von Real- und Finanzinvestitionen übereinstimmen. Investoren realisieren so lange Realinvestitionen, bis die Nachsteuerrendite einer Realinvestition genau mit der Nachsteuerrendite einer Finanzinvestition übereinstimmt. Steuersenkungen führen zu geringeren Mindestvorsteuerrenditen, so dass in dem Land zusätzliche Investitionen induziert werden. Vgl. Broer (2002), S. 442.
[60] Für die Entscheidung, ob unter steuerlichen Gesichtspunkten Investitionen vorzugsweise in Österreich anstatt in Deutschland getätigt werden sollen, bietet sich die Untersuchung von Winner (2000) an. Der Arbeit liegt allerdings noch der Rechtsstand vor Verabschiedung der deutschen Unternehmenssteuerreform zugrunde, so dass deren Ergebnisse nur eingeschränkt verwendbar sind. Eine übersichtliche Zusammenfassung der umfangreichen Arbeit stellt Winner (2001) dar. Den Rechtsstand nach Verabschiedung des Steuersenkungsgesetzes berücksichtigen Spengel/Lammersen (2001), Werra (2001) und Broer (2002). Letzterer bietet eine gute Zusammenfassung von kürzlich durchgeführten Untersuchungen. Nach einer von der Europäischen Kommission durchgeführten Studie beträgt der effektive Durchschnittssteuersatz 2001 für Kapitalgesellschaften in Österreich 27,9 % und in Deutschland 34,9 %.
[61] Vgl. Schöne (1976), S. 400, Remberg (1983), S. 6 – 7 und Rose (1990), S. 32 - 38.

erarten sind zu errechnen und anschließend zu addieren. Nachteilig sind die umfangreichen Neuberechnungen bei Änderung der Alternativen. Durch die zunehmende Benutzung von EDV-Programmen tritt dieser Nachteil in den Hintergrund[62,63]. Ende der sechziger Jahre wurde von Rose das Konzept der Teilsteuerrechnung vorgestellt[64]. Eine Teilsteuer „ist die aus der Kombination von Steuerarten resultierende Be- oder Entlastung einer in den juristischen Bemessungsgrundlagen enthaltenen und nach betriebswirtschaftlichen Gesichtspunkten definierten Teilgröße"[65]. Kerngedanke der Methode ist das Aufzeigen der steuerlichen Wirkungen bei Änderung der in den jeweiligen Bemessungsgrundlagen enthaltenen ökonomischen Größen. Indem die Steuerbelastungen eines Bemessungsgrundlagenteils mit mehreren Steuerarten zusammengefasst werden, können Interdependenzen zwischen den einbezogenen Steuerarten transparenter gemacht werden. Durch die Addition der verschiedenen Bemessungsgrundlagenteile wird die Gesamtsteuerbelastung ermittelt. Der Vorteil dieser Methode besteht in der Veranschaulichung der relativ komplexen Strukturen eines Steuersystems[66]. Dem stehen als Nachteil die insbesondere bei Einbeziehung zahlreicher Steuerarten umfangreichen Arbeiten zur Gewinnung der Teilsteuersätze entgegen[67,68].

2.2.1.2.4 Grenzen von Steuerbelastungsvergleichen

Ein Problem bei allen Steuerbelastungsvergleichen ist die Berücksichtigung der staatlichen Gegenleistungen[69]. Die so genannte Nettobelastung bzw. effektive Steuerbelastung ergibt sich aus der Differenz zwischen den Leistungen der Vergleichsobjekte an den Staat und den auf diese Vergleichsobjekte entfallenden Gegenleistungen der öffentlichen Hand[70]. Eine Quantifizierung dieser öffentlichen Gegenleistungen wird nur in den wenigsten Fällen möglich sein[71]. Daher wird im Regelfall von der Einbeziehung der staatlichen Leistungen in einen Steuerbelastungsvergleich abgesehen. Durch diese Leistungen hervorgerufene Auswirkungen auf das persönliche Lebensumfeld, auf das betriebliche Gesche-

---

[62] So auch Watrin (1997), S. 131.
[63] Spengel/Lammersen (2001), S. 235 ziehen zur Messung von effektiven Durchschnittssteuerbelastungen ein Unternehmensmodell, den so genannten European Tax Analyzer, heran. Dieses computergestützte Modell bildet die ökonomische Entwicklung einer Kapitalgesellschaft über einen Zeitraum von zehn Perioden unter Berücksichtigung verschiedener variabler Annahmen ab.
[64] Vgl. Rose (1990), S. 38 - 66.
[65] Vgl. Rose (1990), S. 41
[66] Vgl. Remberg (1983), S. 9.
[67] So bereits Schöne (1976), S. 401.
[68] Zur Steuerplanung in Österreich mit Hilfe der Teilsteuerrechnung vgl. Bertl, J. (1979).
[69] Vgl. Remberg (1983), S. 10
[70] Vgl. Bone-Winkel (1993), S. 39.
[71] Eine direkte Subventionierung stellt zum Beispiel einen dieser wenigen Fälle dar.

hen oder auf die Infrastruktur des Standortes sollten jedoch zumindest in qualitativer Hinsicht berücksichtigt werden. Eine Vereinfachung wird dann erreicht, wenn für die zu vergleichenden Länderalternativen eine annähernd gleiche Ausgabenstruktur unterstellt werden kann[72]. In diesen Fällen kann einem Vergleich die Bruttobelastung gemäß der Steuerdefinition in § 3 dAO zugrundegelegt werden. Danach sind Steuern „...Geldleistungen, die nicht eine Gegenleistung für eine besondere Leistung darstellen und von einem öffentlich-rechtlichen Gemeinwesen zur Erzielung von Einnahmen allen auferlegt werden, bei denen der Tatbestand zutrifft, an den das Gesetz die Leistungspflicht knüpft...".

Für die Entscheidung, ob ein Wohnsitzwechsel aus steuerlicher Sicht in Betracht gezogen wird, muss letztendlich ein interner Steuerbelastungsvergleich unter Berücksichtigung der konkreten Verhältnisse des Einzelfalls angestellt werden[73]. Die Vielzahl der zu berücksichtigenden Daten[74] und die Gültigkeit nur für einen exemplarischen Steuerpflichtigen[75] lässt die Durchführung verschiedener interner Steuerbelastungsvergleiche im Rahmen der vorliegenden Arbeit nicht sinnvoll erscheinen. Im Folgenden wird daher auf eine Quantifizierung von Belastungsunterschieden zunächst verzichtet. Stattdessen werden die Belastungsdifferenzen in Form eines verbalen Steuerrechtsvergleichs aufgezeigt[76]. Eine qualitative Untersuchung hat den Vorteil, dass eine Scheingenauigkeit eines unter rigiden Annahmen durchgeführten Steuerbelastungsvergleichs vermieden wird. Nachteilig ist hingegen die Subjektivität bezüglich der Auswahl der zu vergleichenden Rechtsnormen[77]. Trotzdem stellen verbale Steuerrechtsvergleiche[78] eine wichtige Vorstufe für jeden nachgelagerten Steuerbelastungsvergleich dar[79]. Sollte für den Wegzugswilligen aufgrund des weiter unten anzustellenden Steuerrechtsvergleichs der Eindruck der Vorteilhaftigkeit des österreichischen Steuersystems entstehen, muss in einem zweiten Schritt ein auf die individuellen Verhältnisse abgestimmter Steuerbelastungsvergleich angestellt werden.

Unabhängig von der individuellen steuerlichen Situation kann jedoch ein Kriterienkatalog aufgestellt werden, der in weitem Maße im angestrebten Haupt-

---

[72] Vgl. Bone-Winkel (1993), S. 41.
[73] So auch Schindhelm (1997), S. 55, der einen Belastungsvergleich nur für den konkreten Einzelfall für aussagekräftig hält.
[74] Vgl. Schöne (1976), S. 401.
[75] Vgl. Remberg (1983), S. 11.
[76] Hierzu vgl. Bone-Winkel (1993), S. 104 - 105.
[77] So auch Winner (2000), S. 119.
[78] Ein Steuerrechtsvergleich unterscheidet sich von einem Steuerbelastungsvergleich dadurch, dass er auf eine Quantifizierung der Belastungsdifferenzen verzichtet.
[79] Vgl. Bone-Winkel (1993), S. 21 und Winner (2000), S. 120.

wohnsitzland erfüllt sein sollte. Danach sollte ein steuereffizienter Wohnsitz zumindest folgenden Kriterien genügen[80,81]:

- politische Stabilität und Mitgliedschaft in internationalen Organisationen
- bei internationalen Aktivitäten des Wegzugswilligen ein dichtes Netz von Doppelbesteuerungsabkommen[82]
- Auskünfte der Finanzbehörden mit einer starken Bindungswirkung (rulings)[83]
- modernes und liberales Gesellschaftsrecht
- stabile Währung
- leistungsfähiger Kapitalmarkt
- gut ausgebautes Bankensystem
- gute internationale Beziehungen
- Schutz vor staatlichen Einschränkungen in der Verfügungsfreiheit über das Kapital.

2.2.2. Einkommensteuer- und Erbschaftsteuerplanung im Anschluss an die Wahl des geeigneten Ansässigkeitsortes

2.2.2.1 Maximierung des Vermögensendwerts

Sollte die Entscheidung getroffen worden sein, den Hauptwohnsitz von Deutschland nach Österreich zu verlegen, bzw. steht diese Entscheidung an, gilt es, das Ziel der Maximierung des Vermögensendwerts zu realisieren. In engem Zusammenhang mit diesem Ziel steht die relative Steuerbarwertminimierung. Eine absolute Reduzierung der Steuerbelastung darf nicht angestrebt werden, da dies in letzter Konsequenz ein Einkommen von Null bedeuten würde[84]. Die Steuerminimierung muss unter Berücksichtigung der sonstigen persönlichen und unternehmerischen Ziele des Wegziehenden erfolgen. Bei der Einbeziehung von Erbfolgeregelungen in die Planungsüberlegungen[85] muss zudem den wechselsei-

---

[80] Vgl. Farnschläder (1994), S. 143 - 144 und Kraft (1999), S. 1540 - 1541.

[81] Weitere standortentscheidende Kriterien bei unternehmerischen Entscheidungen finden sich bei Staks (1984), S. 191 - 192. Eine Auflistung von für die Erbschaftsteuer relevanten Fragen ist dem Aufsatz von Wacker, W. (1998), S. 35 zu entnehmen.

[82] Zur deutschen und österreichischen Abkommenspolitik vgl. Loukota (1994a), Loukota (1995a), Loukota (1995b), Lang, M. (1996a), Runge (1997a), Vetter (1998) und Gassner (1999).

[83] Vgl. Winner (2000), S. 118, der auf eine Untersuchung des Instituts für Höhere Studien aus dem Jahre 1993 hinweist, wonach die Auskünfte der österreichischen Finanzbehörden im internationalen Vergleich eine zu geringe Bindungswirkung aufweisen.

[84] So auch Watrin (1997), S. 19 und Arlt (2001), S. 7 - 8.

[85] Grundlegende Ausführungen zur Erbschaftsteuerplanung macht Hartmann (1975), S. 569 - 570.

tigen Wirkungen der Erbschaftsteuer und der Einkommensteuer Aufmerksamkeit geschenkt werden.

2.2.2.2.2 Relative Minimierung der Planungsungewissheiten und Risiken
Bei der Durchführung der Steuerplanung ist als steuerliches Nebenziel die relative Minimierung von Ungewissheiten und Risiken[86] zu berücksichtigen. Internationale Steuerplanungsprobleme sind aufgrund der verschiedenen angesprochenen Rechtskreise mit einem höheren Unsicherheitsrisiko belastet als ausschließlich nationale Planungsüberlegungen[87].

2.2.2.2.2.1 Ermittlung der Unsicherheitsfaktoren
Ein in der Steuerplanung erheblicher Unsicherheitsfaktor ist die Unbeständigkeit des Steuerrechts. Die Gestaltungssicherheit wird beeinträchtigt durch die Möglichkeit von Gesetzesänderungen und den Wandel von Gesetzesinterpretationen im Zeitablauf[88]. Letzterer kann eintreten durch Veränderungen der Gesetzesauslegung durch die Finanzrechtsprechung oder durch eine modifizierte Rechtsanwendung in der Finanzverwaltung. Im Bereich der internationalen Steuerplanung erhöht sich die Ungewissheit durch die Berücksichtigung von mindestens zwei nationalen Rechtsordnungen. Bei der Lösung von Steuerplanungsproblemen innerhalb der Europäischen Union müssen ferner die Rechtsetzungen des Rats der EU bzw. der Europäischen Kommission und die Rechtsprechung des Europäischen Gerichtshofs beachtet werden.

Ein weiterer Unsicherheitsfaktor resultiert aus der Unbestimmtheit der Rechtsnormen. Derartige unpräzise Begriffe erlauben eine weitgehende Subsumption und damit die Erfassung einer Vielzahl von wirtschaftlichen Gestaltungsmöglichkeiten. Wird für einen Planungssachverhalt auf einen unbestimmten Rechtsbegriff zurückgegriffen und ist für diesen durch bisherige Auslegungen noch keine übereinstimmende Konkretisierung erfolgt, lässt sich die Ungewissheit nur durch die Einholung einer verbindlichen Zusage der Finanzverwaltung reduzieren.

Für den Bereich der Erbschaftsteuerplanung haben als zusätzliche Unsicherheitsfaktoren die Entwicklung des Vermögens und die familiären Verhältnisse des Übertragenden Bedeutung. Insbesondere bei einer unternehmerischen Tätig-

---

[86] Risiken zeichnen sich dadurch aus, dass Wahrscheinlichkeiten für das Eintreten der möglichen Umweltzustände bekannt sind. Für Ungewissheitssituationen ist eine Angabe von Wahrscheinlichkeiten nicht möglich. Vgl. zur Systematisierung der Unsicherheit Bamberg/Coenenberg (2000), S. 25.
[87] Vgl. Kiso (1997), S. 4.
[88] Auch Bone-Winkel (1993), S. 35 weist auf die internationalen Steuerbelastungsvergleichen innewohnende Unsicherheit hin.

keit kann durch hohe Gewinne oder Verluste der Vermögensbestand kurzfristig verändert werden. Eine Heirat, eine Scheidung oder der Tod einzelner Beteiligter kann eine bereits erfolgte Planung zunichte machen. Zudem ist die Unvorhersehbarkeit des Todeszeitpunktes ein weiterer Unsicherheitsfaktor, da bei der Wohnsitzverlegung des Erblassers die Erbschaftsteuerpflicht für einen bestimmten Zeitraum über den Wegzugszeitpunkt hinaus erweitert wird[89].

2.2.2.2.2 Reduzierung der Planungsunsicherheiten und -risiken

Die Existenz von Unsicherheitsfaktoren macht eine turnusmäßige Überprüfung der Planung und der in ihr verwendeten Hypothesen erforderlich. Zudem kann es empfehlenswert sein, eine kurz-, mittel- und langfristige Planung zu erstellen[90], um die in regelmäßigen Abständen vorzunehmenden Anpassungen der Steuerplanung zu erleichtern. Ungewissheiten bei der Auslegung von unbestimmten Rechtsbegriffen können durch die Einholung von Auskünften bei der Finanzverwaltung vermieden werden. Der Anwendungsbereich der gesetzlich verankerten, verbindlichen Rechtsauskünfte ist jedoch äußerst eingeschränkt[91]. Allerdings hat der Bundesfinanzhof in ständiger Rechtsprechung der Finanzverwaltung das Recht eingeräumt, unter bestimmten Bedingungen auch außerhalb gesetzlich geregelter Einzelfälle Auskünfte zu erteilen[92]. Grenzpunkte möglicher Gestaltungsmissbräuche bleiben von einer Rechtsauskunft aber ausgenommen.

Mit der Planung des Vermögensübergangs im Zusammenhang stehende Unsicherheiten können durch eine vorweggenommene Erbfolgeregelung vermindert werden. Die familiären und rechtlichen Verhältnisse und das Vermögen können steueroptimal zu einem festen Zeitpunkt geordnet werden. Der geplante Vermö-

---

[89] Vgl. § 2 Abs. 1 Nr. 1 lit. b dErbStG und § 4 dAStG. Im Rahmen dieser Arbeit wird den Abkürzungen der Gesetze ein „d" vorangestellt, wenn es sich um ein deutsches Gesetz handelt. Entsprechend werden die Abkürzungen der österreichischen Gesetze mit einem „ö" versehen.
[90] Zu den unterschiedlichen Planungshorizonten bei der Erbschaftsteuerplanung vgl. Flick (1993), S. 930.
[91] Vgl. §§ 42 e dEStG, 204 - 207 dAO, § 1 Abs. 2 öAuskG, dBMF-Schreiben v. 29.12.2003 – IV A 4 – S 0430 – 7/03, BStBl I 2003, S. 742 und Loukota (1998c), S. 278 - 279.
[92] Vgl. BFH-Urteil v. 19.3.1981 – IV R 49/77, BStBl II 1981, S. 538 und BFH-Urteil v. 16.3.1983 – IV R 36/79, BStBl II 1983, S. 459. Danach können die Finanzämter auch außerhalb der Regelungen des §§ 204 ff. dAO und des § 42 e dEStG verbindliche Auskünfte über die steuerliche Beurteilung von genau bestimmten Sachverhalten erteilen, wenn daran im Hinblick auf die erheblichen steuerlichen Auswirkungen ein besonderes Interesse besteht. Der Bundesminister der Finanzen weist jedoch mit Schreiben v. 24.6.1987, IV A 5 – S 0430 – 9/87, BStBl I 1987, S. 474 und v. 21.2.1990, BStBl I 1990, S. 146 darauf hin, dass verbindliche Auskünfte nicht in Angelegenheiten zu erteilen sind, bei denen die Erzielung eines Steuervorteils im Vordergrund steht.

gensübergang erst zum Zeitpunkt des Erbfalls macht hingegen eine ständige Anpassung der Steuerplanung erforderlich. Der permanenten Ausrichtung der Verhältnisse am Generationswechsel können betriebswirtschaftliche, rechtliche und ertragsteuerliche Aspekte entgegenstehen. Zudem lässt die unter Umständen erhebliche Gefährdung der Liquidität[93] durch unerwartet eintretende Erbschaftsteuerzahlungen die Überlegenheit vorweggenommener Erbfolgen gegenüber Übertragungen von Todes wegen deutlich werden. Für die in der vorliegenden Arbeit anzustellenden Planungsüberlegungen muss jedoch berücksichtigt werden, dass Deutschland und Österreich ein Doppelbesteuerungsabkommen nur auf dem Gebiet der Erbschaftsteuer, nicht aber auf dem der Schenkungsteuer abgeschlossen haben.

3. Steuerrechtsvergleich zwischen den Steuersystemen Deutschlands und Österreichs

Ab 1989 wurden im österreichischen Steuerrecht in mehreren Reformschritten grundlegende Veränderungen durchgeführt. Im Folgenden wird daher in einem ersten Schritt der Entwicklungsstand des österreichischen Steuerrechts bis zum Jahr 1988 dargestellt[94]. Es soll versucht werden, die Gleichheiten und Abweichungen zum deutschen Recht herauszustellen. Der Schwerpunkt wird auf der Darstellung des österreichischen Rechts liegen, da von einer Kenntnis des deutschen Steuerrechts in Grundzügen auszugehen ist. Die mit den einzelnen Steuerreformen ab 1989 vorgenommenen wesentlichen Änderungen werden in zeitlicher Abfolge dargestellt. Die Vorreiterrolle Österreichs für die Weiterentwicklung des deutschen Steuerrechts[95] und das wachsende österreichische Bewusstsein für einen Modernisierungszwang des Steuerrechts[96] wird mit dieser Art der Darstellung am besten verdeutlicht.

3.1 Historische Grundlage des österreichischen Steuerrechts

Der Steuerrechtsvergleich zwischen Deutschland und Österreich wird erleichtert durch den Umstand, dass Österreich 1938 nach seinem Anschluss an das Deutsche Reich das deutsche materielle und formelle Steuerrecht übernehmen musste. Dieses Recht wurde im Wesentlichen nach Beendigung des Zweiten Weltkrieges in Geltung belassen[97], weil es als moderner und fiskalisch ergiebiger an-

---

[93] Zum Liquiditätsabsturz durch den Erbschaftsteueranfall vgl. auch die Übersicht bei Flick (1984), S. 929.
[94] In vereinzelten Fällen werden nach 1988 erfolgte Änderungen zum besseren Verständnis bereits vor der Darstellung der einzelnen Steuerreformschritte aufgezeigt. Ebenso werden Beträge und Tarife in ihrer derzeitigen Höhe genannt.
[95] Vgl. Lang, M. (1995), S. 570.
[96] Vgl. Zöchling (1988), S. 195.
[97] Vgl. Rechtsüberleitungsgesetz v. 1.5.1945, StGBl 1945, S. 6 und Abgabenweitergeltungsgesetz v. 8.5.1945, StGBl 1945, S. 12.

gesehen wurde als das vor 1938 bestehende eigenständige österreichische Steuerrecht[98]. Die einzelnen Steuergesetze wurden in weitgehend unveränderter Form neu verlautbart[99]. Erst in den folgenden Jahren veränderte sich das Steuerrecht auch substantiell. Die übernommenen Gesetze wurden inhaltlich umgestaltet[100] und neue Steuern wurden eingeführt[101]. Andererseits wurden in der Bundesrepublik Deutschland durchgeführte Reformen in Österreich nachgebildet[102]. Vorbehaltlich aller Schwierigkeiten im Zusammenhang mit Pauschalierungen lassen sich einige grundlegende Aussagen zu den Unterschieden zwischen dem deutschen und österreichischen Steuerrecht machen[103]. Das österreichische Steuerrecht neigt zu einer geringeren Detailliertheit der Steuerrechtsnormen, so dass viele Auslegungsfragen erst im Rahmen der praktischen Rechtsanwendung beantwortet werden können. Daneben ist die österreichische Rechtsprechung von einer stärkeren Anlehnung an die Judikatur des Reichsfinanzhofs geprägt. Sie betont zudem in weit stärkerem Maße als der Bundesfinanzhof die Gültigkeit eines Urteilsspruchs nur für den Einzelfall.

3.2 Grunddarstellung des österreichischen Steuerrechts im Vergleich zum deutschen Steuerrecht

3.2.1 Einkommensbesteuerung im österreichischen und deutschen Steuerrecht

Einkommensteuerpflichtig sind sowohl nach dem deutschen als auch nach dem österreichischen Einkommensteuergesetz ausschließlich natürliche Personen[104]. Beide Einkommensteuergesetze unterscheiden zwischen sieben Einkunftsarten (§ 2 Abs. 3 öEStG, § 2 Abs. 1 dEStG). Der Einkommensteuer unterliegen:

- Einkünfte aus Land- und Forstwirtschaft (§ 21 öEStG; §§ 13, 13 a, 14, 14 a dEStG),

---

[98] Vgl. Ruppe (1982), S. 71.
[99] Dieser Vorgang wird als Austrifizierung bezeichnet.
[100] Das österreichische Einkommensteuergesetz wurde 1972 reformiert. Es erfolgte der Übergang von der Haushaltsbesteuerung zur Individualbesteuerung. Damit einher ging auch eine neue Paragrapheneinteilung. Vgl. Ruppe (1982), S. 73 und Gassner (1996), S. 1.
[101] Vgl. hierzu die Aufzählung bei Ruppe (1982), S. 73.
[102] 1967 wurde beispielsweise das System des gespaltenen Körperschaftsteuersatzes aus Deutschland übernommen. Danach wurden thesaurierte Gewinne mit 55 % und ausgeschüttete Gewinne mit dem ermäßigten Steuersatz von 27,5 % besteuert. Vgl. Ruppe (1982), S. 76 - 77 und Heidinger (1992), S. 456. Die deutsche Reform des Erbschaft- und Schenkungsteuergesetzes von 1974 wurde hingegen in Österreich nicht nachvollzogen. Das österreichische Erbschaft- und Schenkungsteuergesetz stammt in seiner Urfassung aus dem Jahr 1955 und entspricht weitgehend dem deutschen vor dessen Reform 1974. Vgl. Ruppe (1982), S. 77.
[103] Vgl. Ruppe (1982), S. 72.
[104] Vgl. § 1 dEStG und § 1 Abs. 1 öEStG.

- Einkünfte aus selbständiger Arbeit (§ 22 öEStG; § 18 dEStG),
- Einkünfte aus Gewerbebetrieb (§ 23 öEStG; § 15, 15 a, 16, 17 dEStG),
- Einkünfte aus nichtselbständiger Arbeit (§§ 25, 26 öEStG; §§ 19, 19 a dEStG),
- Einkünfte aus Kapitalvermögen (§ 27 öEStG; § 20 dEStG),
- Einkünfte aus Vermietung und Verpachtung (§ 28 öEStG; § 21 dEStG) und
- sonstige Einkünfte (§§ 29, 30, 31 öEStG; § 22, 23 dEStG).

Der Gesamtbetrag aller Einkünfte abzüglich der Sonderausgaben, der außergewöhnlichen Belastungen und einiger Freibeträge ergibt gemäß § 2 Abs. 2 öEStG das Einkommen. Bei der Ermittlung des Einkommens ist der Ausgleich von positiven Einkünften mit negativen Einkünften anderer Einkunftsarten grundsätzlich zulässig. Beschränkungen[105] bestehen unter anderem hinsichtlich des Ausgleichs von Verlusten aus Spekulationsgeschäften[106], aus der Veräußerung von Beteiligungen gemäß § 31 öEStG[107], aus Beteiligungen, bei denen das Erzielen steuerlicher Vorteile im Vordergrund steht[108], und aus der Beteiligung an Betrieben, deren Unternehmensschwerpunkt im Verwalten unkörperlicher Wirtschaftsgüter oder in der gewerblichen Vermietung von Wirtschaftsgütern gelegen ist[109]. Verluste, die innerhalb eines Kalenderjahres nicht ausgeglichen werden können, sind unter bestimmten Voraussetzungen in den Folgejahren verrechenbar. Mit dem Budgetbegleitgesetz 2001 wurde der Verlustvortrag eingeschränkt. Gemäß § 2 Abs. 2 b öEStG können vorgetragene Verluste nur im Ausmaß von 75 % der positiven Einkünfte verrechnet werden[110]. Die nicht verrechenbaren Verluste gehen aber nicht verloren, sondern können unter Berücksichtigung der 75%-Grenze in den folgenden Jahren abgezogen werden. Nicht anzuwenden ist die Begrenzung für den Fall, dass in den positiven Einkünften oder in dem Gesamtbetrag der Einkünfte Sanierungs-, Veräußerungs-, Aufgabe- oder Liquidationsgewinne enthalten sind[111]. Der dem deutschen Steuerrecht bekannte Verlustrücktrag existiert im österreichischen Recht nicht[112].

---

[105] Eine detailliertere Aufzählung der Verlustausgleichsbeschränkungen im österreichischen Einkommensteuerrecht findet sich bei Doralt/Ruppe (2000), S. 224 - 225.
[106] Vgl. § 30 Abs. 4 öEStG.
[107] Ein Verlustausgleich ist gemäß § 31 Abs. 5 öEStG nur mit Überschüssen aus anderen Beteiligungsveräußerungen möglich.
[108] Vgl. § 2 Abs. 2 a Teilstrich 1 öEStG. Diese Regelung wurde § 2 b dEStG nachempfunden.
[109] Vgl. § 2 Abs. 2 a Teilstrich 2 öEStG.
[110] Über § 7 Abs. 2 letzter Satz öKStG kommt die Beschränkung des Verlustvortrages auch bei der Körperschaftsbesteuerung zur Anwendung.
[111] Vgl. § 2 Abs. 2 b Nr. 3 öEStG.
[112] Zum deutschen Verlustrücktrag für den vorangegangenen Veranlagungszeitraum vgl. § 10 d dEStG.

Die Gewinnermittlung bei den betrieblichen Einkunftsarten[113] weist zum deutschen Steuerrecht keine nennenswerten Unterschiede auf[114]. Das österreichische Steuerrecht kennt ebenfalls die Gewinnermittlung durch Betriebsvermögensvergleich[115], die Einnahmen-Überschuss-Rechnung[116] und die Gewinnermittlung mittels der Bestimmung von Durchschnittssätzen[117]. Die österreichische Definition[118] der Betriebsausgaben entspricht weitgehend der deutschen[119]. Unterschiede ergeben sich jedoch bezüglich der Aufzählung von nichtabziehbaren Aufwendungen. Während das deutsche Einkommensteuergesetz einen expliziten Katalog von Betriebsausgaben aufführt, die den Gewinn nicht mindern dürfen[120], wählt das österreichische Recht den umgekehrten Weg, indem es eine katalogartige Aufzählung mit den Worten „Betriebsausgaben sind jedenfalls ...“[121] beginnt[122]. Besonderheiten des österreichischen Rechts sind die Beschränkung der Abschreibungsmethode auf das lineare Verfahren[123] und die Gewinnunwirksamkeit von Wertveränderungen des Grund und Bodens bei der Gewinnermittlung nach § 4 Abs. 1 öEStG[124]. Die Rückstellungsbildung und -auflösung entsprach bis vor kurzem weitgehend den deutschen Regelungen[125]. Der Investitionsfreibetrag, der bei der Anschaffung oder Herstellung von abnutzbaren Anlagegütern in Höhe von maximal 9 % der Anschaffungs- oder Herstellungskosten gewinnmindernd geltend gemacht werden konnte[126], wurde ebenso abge-

---

[113] Gemäß § 2 Abs. 4 Nr. 1 öEStG und gemäß § 2 Abs. 2 Nr. 1 dEStG sind dies die Einkünfte aus Land- und Forstwirtschaft, aus Gewerbebetrieb und aus selbständiger Arbeit.

[114] Vgl. die Übersicht bei Gahleitner/Moritz (1999), S. 468.

[115] Vgl. § 4 Abs. 1 öEStG. Die handelsrechtliche Maßgeblichkeit gilt gemäß § 5 Abs. 1 öEStG auch im österreichischen Recht.

[116] Vgl. § 4 Abs. 3 öEStG.

[117] Vgl. § 17 öEStG. Hiernach ist es bei Erfüllung der strengen Voraussetzungen des § 17 Abs. 2 öEStG möglich, für Einkünfte aus Land- und Forstwirtschaft, aus selbständiger Arbeit und aus Gewerbebetrieb pauschale Werte für die Ermittlung der Betriebsausgaben anzusetzen. Das deutsche Steuerrecht kennt die Ermittlung des Gewinns nach Durchschnittssätzen nur bei den Einkünften aus Land- und Forstwirtschaft. Gemäß § 13 a dEStG wird hierbei auch der Gewinn und nicht die Summe der Betriebsausgaben pauschal ermittelt.

[118] Vgl. § 4 Abs. 4 Satz 1 öEStG.

[119] Vgl. § 4 Abs. 4 dEStG.

[120] Vgl. § 4 Abs. 5 dEStG.

[121] Vgl. § 4 Abs. 4 Satz 2 öEStG.

[122] Wichtige dort genannte Betriebsausgaben sind unter anderem der Forschungsfreibetrag, der Bildungsfreibetrag und der Lehrlingsfreibetrag.

[123] Doralt/Ruppe (2000), S. 172 weisen darauf hin, dass eine degressive AfA im Ergebnis einer vorgezogenen Abschreibung entspricht, die mit dem öEStG 1988 beseitigt und durch den Investitionsfreibetrag ersetzt wurde. Die vorzeitige Abschreibung erlaubte neben der normalen Abschreibung eine 40%ige Abschreibung im Jahr der Anschaffung. Vgl. Ruppe (1982), S. 75.

[124] Vgl. Doralt/Ruppe (2000), S. 81.

[125] Vgl. Strunk (1995), S. 391.

[126] Vgl. § 10 Abs. 1 öEStG.

schafft wie die Möglichkeit der Übertragung stiller Reserven[127]. Damit können im Gegensatz zum deutschen Steuerrecht weder beim Ausscheiden von Wirtschaftsgütern aus dem Betriebsvermögen infolge höherer Gewalt noch bei der Vornahme von Neuinvestitionen stille Reserven übertragen werden[128].

Die bei der Gewinnermittlung von Personengesellschaften zugrundegelegten Theorien unterscheiden sich in Deutschland und Österreich[129]. Die österreichische Rechtsprechung geht weiterhin von der Bilanzbündeltheorie aus. Danach wird die Teilhabe an einer Personengesellschaft als Gewerbebetrieb jedes einzelnen Gesellschafters verstanden. Die Bilanz der Personengesellschaft stellt die Zusammenfassung der Einzelbilanzen eines jeden Gesellschafters dar[130]. Eine konsequente Anwendung der Bilanzbündeltheorie hätte zur Folge, dass die Geschäftsführung eines Gesellschafters für die Gesellschaft hinsichtlich seines eigenen Anteils als Einlage zu bewerten wäre, für die anderen Anteile jedoch ein Geschäft unter Fremden darstellen würde. In Deutschland hingegen wich der BFH Mitte der siebziger Jahre von der Bilanzbündeltheorie ab und ging zur Theorie der einheitlichen Gewinnermittlung über[131]. Danach ist die Personengesellschaft zwar kein Einkommensteuersubjekt, aber dennoch ein eigenes Gewinnermittlungsobjekt. Eingeschränkt wird diese Eigenschaft nur dort, wo das Gesetz Durchbrechungen explizit vorsieht[132]. Obwohl die österreichische Rechtsprechung weiterhin verbal beteuert, an der Bilanzbündeltheorie festzuhalten, lässt sie mittlerweile dennoch Geschäfte zwischen dem Gesellschafter und der Gesellschaft zu[133] und nähert sich damit zunehmend der deutschen Sichtweise an.

Die außerbetrieblichen Einkünfte[134] werden wie im deutschen Recht durch die Bestimmung des Überschusses der Einnahmen über die Werbungskosten ermittelt. Bei den Einkünften aus nichtselbständiger Arbeit lässt der österreichische Gesetzgeber eine Werbungskostenpauschale in Höhe von 132,- Euro zu. In

---

[127] Vgl. § 12 öEStG-alt.
[128] Die Übertragung stiller Reserven bei zwangsweisem Ausscheiden von Wirtschaftsgütern ist im deutschen Steuerrecht nicht gesetzlich kodifiziert, sondern stellt Gewohnheitsrecht dar. Vgl. R35 dEStR. Die Übertragung stiller Reserven bei Veräußerung bestimmter Wirtschaftsgüter ist hingegen in § 6 b dEStG ausführlich geregelt.
[129] Vgl. Doralt/Ruppe (2000), S. 205 - 206.
[130] Vgl. Knobbe-Keuk (1993), S. 282 - 283.
[131] Vgl. Ruppe (1982), S. 75 - 76.
[132] Vgl. § 15 Abs. 1 Nr. 2 Satz 1 dEStG. Ähnliche Durchbrechungen sind aber auch im österreichischen Steuerrecht zu finden: Vgl. §§ 23 Nr. 2, 24 öEStG.
[133] Vgl. VwGH v. 17.6.1992 – 87/13/0157, VwSlgNF 6680 F/1992.
[134] Außerbetriebliche Einkünfte sind gemäß § 2 Abs. 4 Nr. 2 öEStG die Einkünfte aus nichtselbständiger Arbeit, aus Kapitalvermögen, aus Vermietung und Verpachtung und die sonstigen Einkünfte.

Deutschland beträgt der Werbungskostenpauschbetrag hingegen gemäß § 9 a Nr. 1 dEStG 920,- Euro, wobei bei einer vergleichenden Gegenüberstellung zu beachten ist, dass auf die österreichische Werbungskostenpauschale Beiträge zur Pflichtversicherung, Pflichtbeiträge zu gesetzlichen Interessenvertretungen und einige andere Werbungskosten nicht anzurechnen sind[135]. Werbungskostenpauschalen für andere außerbetriebliche Einkünfte existieren im österreichischen Einkommensteuerrecht nicht. Unterschiede bestehen hinsichtlich der Zuordnung der Einkünfte aus der Veräußerung von Anteilen an Körperschaften, an denen eine Mindestbeteiligung gehalten wird. Während Einkünfte aus der Veräußerung von Anteilen an einer Kapitalgesellschaft, an der der Veräußerer zu mindestens einem Prozent beteiligt war, in Deutschland gemäß § 17 Abs. 1 dEStG zu den Einkünften aus Gewerbebetrieb gerechnet werden, stellen derartige Einkünfte bei einer ebenfalls mindestens 1%igen Beteiligung an einer Körperschaft in Österreich gemäß § 31 Abs. 1 öEStG sonstige Einkünfte dar[136]. Integriert in das österreichische Einkommensteuerrecht ist die Wegzugsbesteuerung[137], die in Deutschland Bestandteil des Außensteuergesetzes[138] geworden ist. Die österreichische Wegzugsbesteuerung greift im Gegensatz zur deutschen nur ein, wenn Maßnahmen des Steuerpflichtigen zum Verlust des Besteuerungsrechts Österreichs führen[139].

Nach Ermittlung des Gesamtbetrags der Einkünfte wird sowohl im deutschen als auch im österreichischen Einkommensteuerrecht der Abzug von Sonderausgaben[140] und außergewöhnlichen Belastungen[141] zugelassen. Dabei bestehen zwischen beiden Rechtskreisen mit Ausnahme des bereits weiter oben erwähnten Verlustabzugs nur geringfügige Unterschiede.

Der Einkommensteuertarif war bis zum Ende des Jahres 2004 nach dem System einer Teilmengenstaffelung mit progressiven Prozentsätzen aufgebaut[142]: Der von einer Einkommensstufe zur nächsten Einkommensstufe steigende Steuersatz war nur auf den Mehrbetrag der letzten Stufe anzuwenden. Dem Gesetzestext war daher unmittelbar nur die Grenzsteuerbelastung, nicht aber die Durchschnittssteuerbelastung zu entnehmen. Ab dem 1.1.2005 wird der Einkommen-

---

[135] Vgl. § 16 Abs. 3 öEStG.
[136] Mit dem Ende 2000 beschlossenen Kapitalmarktoffensive-Gesetz wurde das für diese Besteuerung erforderliche Mindestmaß einer Beteiligung von „mehr als 10 %" wie in Deutschland auf „mindestens 1 %" gesenkt.
[137] Vgl. § 31 Abs. 2 Nr. 2 öEStG.
[138] Vgl. § 6 dAStG.
[139] Zur österreichischen Wegzugsbesteuerung vgl. die umfangreiche Arbeit von Toifl (1996a).
[140] Vgl. § 18 öEStG bzw. §§ 10, 10 b, 10 c dEStG.
[141] Vgl. §§ 34, 35 öEStG bzw. §§ 33 - 33 c dEStG.
[142] Vgl. Domann (1994), S. 1693.

steuertarif aus Gründen der Transparenz als Durchschnittssteuersatztarif dargestellt.

Gemindert wird die ermittelte Einkommensteuer durch verschiedene Absetzbeträge, die direkt mit der Einkommensteuer verrechnet werden und nicht – wie im deutschen Recht üblich[143] – die Bemessungsgrundlage verringern. Der bis Ende 2004 abzugsfähige allgemeine Absetzbetrag wurde in den neuen Durchschnittssteuersatztarif integriert. Daneben können bei Erfüllung bestimmter Voraussetzungen weiterhin ein Alleinverdiener-, ein Arbeitnehmer-, ein Alleinerzieher-, ein Kinder-, ein Grenzgänger-, ein Verkehrs- oder ein Pensionistenabsetzbetrag angesetzt werden[144].

Bem.grdl.	dESt	dESt + dSolZ	Ø (dESt + dSolZ)	öESt	Ø (öESt)
1.000,00	0,00	0,00	0%	0,00	0%
2.000,00	0,00	0,00	0%	0,00	0%
3.000,00	0,00	0,00	0%	0,00	0%
4.000,00	0,00	0,00	0%	0,00	0%
5.000,00	0,00	0,00	0%	0,00	0%
10.000,00	398,00	398,00	4%	0,00	0%
15.000,00	1.538,00	1.622,59	11%	1.916,67	13%
20.000,00	2.836,00	2.991,98	15%	3.833,33	19%
25.000,00	4.249,00	4.482,70	18%	5.750,00	23%
50.000,00	13.029,00	13.745,60	27%	16.649,04	33%
75.000,00	23.586,00	24.883,23	33%	29.085,00	39%
100.000,00	34.086,00	35.960,73	36%	41.585,00	42%
150.000,00	55.086,00	58.115,73	39%	66.585,00	44%
200.000,00	76.086,00	80.270,73	40%	91.585,00	46%
250.000,00	97.086,00	102.425,73	41%	116.585,00	47%
300.000,00	118.086,00	124.580,73	42%	141.585,00	47%
350.000,00	139.086,00	146.735,73	42%	166.585,00	48%
400.000,00	160.086,00	168.890,73	42%	191.585,00	48%
450.000,00	181.086,00	191.045,73	42%	216.585,00	48%
500.000,00	202.086,00	213.200,73	43%	241.585,00	48%

Tab. 1: Steuertarifvergleich ab VZ 2005

Bei einer Gegenüberstellung der deutschen und der österreichischen Steuertarife ist es sinnvoll, den deutschen Solidaritätszuschlag in die Betrachtung einzube-

---

[143] So zum Beispiel durch den Kinderfreibetrag gemäß § 32 Abs. 6 dEStG.
[144] Vgl. § 33 öEStG und die Erläuterungen bei Doralt/Ruppe (2000), S. 259 - 262. Mit dem Budgetbegleitgesetz 2001 wurde der Arbeitnehmer-, der Grenzgänger- und der Pensionistenabsetzbetrag gekürzt. Vgl. § 33 Abs. 5 und 6 öEStG.

ziehen, da dessen Bemessungsgrundlage die festgesetzte Einkommensteuer ist[145].

Der tabellarische Vergleich (siehe Tab. 1) zeigt, dass der Steuertarif in Deutschland – auch bei Einbeziehung des Solidaritätszuschlages – auf allen Einkommensstufen niedriger als in Österreich ist.

Progressionsermäßigungen gewährt das österreichische Einkommensteuerrecht auf drei verschiedene Arten. Neben der Besteuerung mit dem halben Durchschnittssteuersatz kommt die Verteilung stiller Reserven auf drei bzw. auf fünf Jahre und der Gewinnrücktrag bei Einkünften aus künstlerischer oder schriftstellerischer Tätigkeit auf die beiden vorangegangenen Jahre in Frage[146]. Für die Bestimmung des halben Durchschnittssteuersatzes ist gemäß § 33 Abs. 10 öEStG von der Einkommensteuer abzüglich der Absetzbeträge auszugehen. Ein nochmaliger Abzug der Absetzbeträge nach Anwendung des Durchschnittssteuersatzes ist nicht gestattet. Die Besteuerung mit dem halben Durchschnittssteuersatz gilt unter anderem für Einkünfte aufgrund von Beteiligungen[147] und für außerordentliche Einkünfte[148]. Einkünfte aufgrund von Beteiligungen sind gemäß § 37 Abs. 4 öEStG sowohl Beteiligungserträge als auch Einkünfte aus Beteiligungsveräußerungen. Außerordentliche Einkünfte liegen gemäß § 37 Abs. 5 öEStG vor, wenn ein Betrieb deswegen veräußert oder aufgegeben wird, weil der Steuerpflichtige verstorben oder erwerbsunfähig ist oder weil er das 60. Lebensjahr vollendet und seine Erwerbstätigkeit eingestellt hat. Auf Antrag wird dem Steuerpflichtigen statt der Inanspruchnahme des halben Durchschnittssteuersatzes die Möglichkeit eingeräumt, bestimmte Veräußerungsgewinne, Entschädigungen, besondere Einkünfte aus Vermietung und Verpachtung und durch behördlichen Eingriff aufgedeckte stille Reserven auf drei bzw. fünf Jahre zu verteilen[149].

Das deutsche Einkommensteuerrecht kennt neben der Steuerermäßigung für ausländische Einkünfte[150], für Land- und Forstwirte[151] und für Mitgliedsbeiträge und Spenden an politische Parteien und Wählervereinigungen[152] die Tarifermä-

---

[145] Vgl. § 3 Abs. 2 dSolZG.
[146] Vgl. § 37 Abs. 9 öEStG.
[147] Die Inanspruchnahme des Halbsatzes bei Gewinnausschüttungen erfolgt nur dann, wenn der Gesellschafter an Stelle der weiter unten erläuterten Endbesteuerung für die Veranlagung der Dividenden optiert. Vgl. das Beispiel bei Doralt/Ruppe (2000), S. 303.
[148] Daneben wird eine Tarifermäßigung mittels des halben Durchschnittssteuersatzes noch für Einkünfte aus besonderen Waldnutzungen und für die Verwertung von Patentrechten genutzt.
[149] Vgl. § 37 Abs. 2 und 3 öEStG.
[150] Vgl. § 34 c dEStG i.V.m. § 34 d dEStG.
[151] Vgl. § 34 e dEStG.
[152] Vgl. § 34 g dEStG.

ßigung bei außerordentlichen Einkünften gemäß § 34 dEStG und die Tarifermäßigung bei Einkünften aus Gewerbebetrieb gemäß § 35 dEStG[153]. Nachdem durch das Steuerentlastungsgesetz 1999/2000/2002 die ursprüngliche Begünstigung der außerordentlichen Einkünfte mit dem halben Durchschnittssteuersatz abgeschafft und durch eine nur zu einer geringen Entlastung führende Regelung ersetzt wurde, lässt der Gesetzgeber seit Verabschiedung des Steuersenkungsgesetzes unter bestimmten Bedingungen für Veräußerungsgewinne wieder eine Tarifermäßigung in Höhe der Hälfte des durchschnittlichen Steuersatzes zu[154].

Seit 1972 ist die Besteuerungseinheit im österreichischen Einkommensteuerrecht ausschließlich das einzelne Individuum[155]. Eine Zusammenveranlagung von Ehegatten, wie sie das deutsche Recht kennt[156], ist nicht vorgesehen. Ein Splittingtarif ist dem österreichischen Steuerrecht fremd[157]. Eine geringfügige Förderung der Ehe bzw. Partnerschaft erfolgt lediglich durch die Gewährung des Alleinverdienerabsetzbetrages gemäß § 33 Abs. 4 Nr. 1 öEStG[158].

3.2.2 Körperschaftsbesteuerung im österreichischen und deutschen Steuerrecht

Die österreichische Körperschaftsteuerreform 1988 hat grundlegende Veränderungen gebracht. Das derzeit eingeführte und noch immer geltende österreichische Körperschaftsteuerrecht galt als Vorbild für die Reform des deutschen Körperschaftsteuerrechts durch das Steuersenkungsgesetz. Einbehaltene und ausgeschüttete Gewinne werden ab 2005 in Österreich einheitlich mit 25 % besteuert[159]. Die Körperschaftsteuerbelastung in Deutschland beträgt für diese Gewinne ebenfalls 25 %[160]. Es muss jedoch bei einem Vergleich berücksichtigt werden, dass unter Einbeziehung der Gewerbesteuer die Gewinne in Deutschland einer durchschnittlichen Ertragsteuerbelastung von 38,65 % unterliegen[161].

---

[153] Die Ermäßigung der tariflichen Einkommensteuer beträgt gemäß § 35 dEStG das 1,8fache des festgesetzten Gewerbesteuermessbetrages.
[154] Zu den Voraussetzungen der Inanspruchnahme vgl. § 34 Abs. 3 dEStG.
[155] Vgl. Domann (1994), S. 1693.
[156] Vgl. §§ 26, 26 b dEStG.
[157] Ruppe (1982), S. 74 weist darauf hin, dass die Verlagerung von Einkunftsquellen mittels Angehörigenvereinbarungen demzufolge eine beachtliche Rolle spielt.
[158] Zu der dem österreichischen Einkommensteuerrecht eigenen Funktion der Absetzbeträge vgl. die Ausführungen weiter oben in diesem Kapitel.
[159] 1988 wurde der einheitliche Körperschaftsteuersatz auf 30 % festgelegt. Die Erhöhung auf 34 % erfolgte im Rahmen der Steuerreform 1994, während die folgende Absenkung auf 25 % mit dem Steuerreformgesetz 2005 vollzogen wurde.
[160] Für vergangene Veranlagungszeiträume ist zu beachten, dass im Jahr 2003 der deutsche Körperschaftsteuersatz 26,5 % betrug.
[161] Unter Zugrundelegung eines Gewerbesteuerhebesatzes von 400 % unterliegt ein Gewinn von 100 einer Gewerbesteuer in Höhe von 16,67 und einer Körperschaftsteuer zuzüglich Soli-

Ergänzt wird die Besteuerung auf der Ebene der Kapitalgesellschaft durch eine reduzierte Besteuerung der ausgeschütteten Gewinnanteile auf der Ebene der Anteilseigner. Während das österreichische Steuerrecht den halben Durchschnittssteuersatz auf die bezogenen Gewinnanteile anwendet (so genanntes Halbsatzverfahren)[162], sieht der deutsche Gesetzgeber eine hälftige Befreiung der empfangenen Dividenden vor (so genanntes Halbeinkünfteverfahren). Betriebsausgaben und Werbungskosten im Zusammenhang mit den Anteilen können in Österreich gemäß § 20 Abs. 2 öEStG bei der Veranlagung nicht berücksichtigt werden[163]. In Deutschland hingegen sind die Werbungskosten gemäß § 3 c Abs. 2 dEStG i.V.m. § 3 Nr. 40 dEStG zur Hälfte abzugsfähig.

Um eine zwei- bzw. mehrfache Besteuerung inländischer Beteiligungserträge zu vermeiden, sind diese bei Bezug durch eine Körperschaft vom österreichischen Gesetzgeber freigestellt worden[164]. Die Befreiung erfolgt unabhängig vom Beteiligungsausmaß und der Beteiligungsdauer. Gewinne aus der Veräußerung der Beteiligung und Liquidationserlöse sind jedoch bei der inländischen Muttergesellschaft steuerpflichtig. Neben der nationalen Beteiligungsertragsbefreiung gemäß § 10 Abs. 1 öKStG wurde mit § 10 Abs. 2 öKStG die Umsetzung der Mutter-Tochter-Richtlinie vollzogen[165]. Eine Befreiung von Erträgen aus internationalen Schachtelbeteiligungen erfolgte in der Vergangenheit nur dann, wenn eine mindestens 25%ige unmittelbare Beteiligung an der ausländischen Körperschaft bestand, die Beteiligung seit mindestens zwei Jahren ununterbrochen gehalten wurde und die ausländische Körperschaft mit einer inländischen vergleichbar war. Mit Verabschiedung des Budgetbegleitgesetzes 2003 wurde die Mindestbeteiligungsdauer auf ein Jahr und die Mindestbeteiligungshöhe auf 10 % reduziert[166]. Im Unterschied zur nationalen Beteiligungsertragsbefreiung erstreckt sich das internationale Schachtelprivileg auch auf Veräußerungs- und Liquidationsgewinne, sofern für die Beteiligung nicht der niedrigere Teilwert angesetzt worden ist[167].

---

daritätszuschlag in Höhe von 21,98. In Österreich wurde sowohl die Gewerbekapitalsteuer als auch die Gewerbeertragsteuer abgeschafft.
[162] Durch die von Österreich eingeführte Endbesteuerung von Gewinnausschüttungen kommt das Halbsatzverfahren nur bei ausdrücklicher Option des Gesellschafters zur Anwendung. Die Ausgestaltung der Endbesteuerung wird weiter unten im Zusammenhang mit der Darstellung der Steuerreformen erläutert.
[163] Dies gilt auch für endbesteuerte Gewinnanteile.
[164] Vgl. § 10 Abs. 1 öKStG.
[165] Zur Umsetzung der Mutter/Tochter-Richtlinie in Österreich vgl. Widhalm (1996).
[166] Vgl. Göttsche/Stangl (2004b), Hasenauer/Schütte (2004), S. 846 – 848 und Wörndl/Kornberger (2004), S. 577 - 578
[167] Vgl. § 10 Abs. 3 öKStG und Doralt/Ruppe (2000), S. 337.

Die Beteiligungsertragsbefreiungen nach Verabschiedung des deutschen Steuersenkungsgesetzes sind weitreichender als die entsprechenden österreichischen Bestimmungen. Gemäß § 8 b Abs. 1 dKStG sind sowohl Inlands- als auch Auslandsdividenden unabhängig von einer Mindestbeteiligungshöhe oder Mindestfrist von der Steuer freigestellt[168]. Sind die ausländischen Einkünfte jedoch solche aus passiver Tätigkeit, die zudem niedrig besteuert werden, greift die Hinzurechnungsbesteuerung des Außensteuergesetzes. Das österreichische Recht sieht in derartigen Fällen gemäß § 10 Abs. 3 öKStG eine inländische Besteuerung mit einer indirekten Anrechnung der im Ausland gezahlten Steuern vor.

Gänzlich unterschiedlich ist seit Verabschiedung des deutschen Steuersenkungsgesetzes und des österreichischen Steuerreformgesetzes 2005 die Behandlung von Konzernstrukturen. Bis zum Ende des Veranlagungszeitraumes 2004 erforderte das österreichische Körperschaftsteuerrecht zur Begründung einer Organschaft die finanzielle, organisatorische und wirtschaftliche Eingliederung einer Organgesellschaft in das Unternehmen des Organträgers[169] und entsprach damit der alten deutschen Regelung. In Deutschland wurde das Grundkonzept der Organschaft beibehalten. Allerdings genügt nach geltendem deutschen Recht neuerdings die finanzielle Eingliederung sowie der Abschluss eines Gewinnabführungsvertrages[170]. In Österreich wurde die Organschaftsbesteuerung durch die so genannte Gruppenbesteuerung abgelöst[171].

Eine Besonderheit des österreichischen Körperschaftsteuerrechts ist die Entrichtung einer Mindestkörperschaftsteuer[172]. Gemäß § 24 Abs. 4 öKStG müssen unbeschränkt steuerpflichtige Körperschaften grundsätzlich eine Mindeststeuer von 5 % der gesetzlichen Mindesthöhe des Grund- oder Stammkapitals entrichten. Für GmbH's beträgt die Jahressteuer 437,50 Euro. Aktiengesellschaften müssen 875,- Euro bezahlen. Die Mindeststeuer stellt jedoch nur eine Vorauszahlung dar und kann in den folgenden Veranlagungszeiträumen gemäß § 24 Abs. 4 Nr. 4 öKStG zeitlich unbegrenzt auf die Körperschaftsteuerschuld angerechnet werden.

---

[168] Durch die Pauschalierungsregel des § 8 b Abs. 5 dKStG i.V.m. § 3 c Abs. 1 dEStG, wonach 5 % der Dividenden als nicht abzugsfähige Betriebsausgaben gelten, werden in Deutschland bezogene Dividenden faktisch nur zu 95 % von der Steuer freigestellt.

[169] Vgl. § 9 Abs. 2 öKStG-alt.

[170] Vgl. § 14 dKStG.

[171] Vgl. Teil 1, Kap. 3.3.7.

[172] Der EuGH entschied mit Urteil v. 18.1.2001 – C-113/99 (Herta Schmid), dass die österreichische Mindestkörperschaftsteuer nicht gegen die Richtlinie 69/335/EWG verstößt, da sich diese nur auf die indirekten Steuern auf die Ansammlung von Kapital bezieht.

3.2.3 Erbschafts- und Schenkungsbesteuerung im österreichischen und deutschen Steuerrecht

Das österreichische Erbschafts- und Schenkungssteuergesetz von 1955[173,174] gründet auf dem deutschen Erbschaftsteuergesetz von 1925[175]. Es entspricht damit in wesentlichen Punkten dem deutschen Erbschaftsteuergesetz vor dessen Reform 1974[176,177]. Der Erbschafts- und Schenkungssteuer unterliegen wie im deutschen Recht Erwerbe von Todes wegen, Schenkungen unter Lebenden und Zweckzuwendungen[178]. Besteuerungsgrundlage ist ebenfalls der Erbanfall bei dem einzelnen Begünstigten und nicht der gesamte Nachlass. Mehrere innerhalb von 10 Jahren anfallende Vermögensvorteile werden im österreichischen wie im deutschen Recht zusammengerechnet[179]. Eine Besonderheit des österreichischen Rechts ist das so genannte Grunderwerbsteueräquivalent. Da das durch Erbschaft bzw. Schenkung erworbene Vermögen nicht der Grunderwerbsteuer in Höhe von 3,5 % unterliegt, wird in Abhängigkeit vom Zuwendungsempfänger ein Zuschlag von 2 % bzw. von 3,5 % des Wertes der erworbenen Grundstücke erhoben[180].

Das österreichische Erbschaftssteuergesetz ordnet wie das deutsche Erbschaftsteuerrecht die Erwerber verschiedenen Steuerklassen zu. Die Zugehörigkeit zu einer der fünf Steuerklassen richtet sich gemäß § 7 Abs. 1 öErbStG nach dem persönlichen Verhältnis des Erwerbers zum Erblasser. Das deutsche Erbschaftsteuergesetz kennt gemäß § 15 Abs. 1 dErbStG nur drei Steuerklassen:

---

[173] Im Unterschied zum Sprachgebrauch in Deutschland wird in Österreich von einer „Erbschaftssteuer" bzw. einer „Schenkungssteuer" gesprochen. Diese Wortvariante wird im Folgenden nur verwendet, wenn explizit die österreichische Steuer gemeint ist. Andernfalls werden die deutschen Begriffe „Erbschaftsteuer" und „Schenkungsteuer" benutzt.

[174] Argumente sowohl für eine Beibehaltung als auch für eine Abschaffung der österreichischen Erbschaftssteuer finden sich bei Heidinger (1995b), S. 446 und bei Heidinger (1998), S. 156 - 163.

[175] Eine tabellarische Übersicht über die Ausgestaltung der österreichischen Erbschafts- und Schenkungssteuer findet sich bei Nagel (1998), S. 467 - 468.

[176] Vgl. Ruppe (1982), S. 77.

[177] Einen Überblick über das österreichische Erbschaftsteuerrecht bieten Helbich (1985), Strunz (1986) und Huber (1990).

[178] Vgl. § 1 Abs. 1 öErbStG und § 1 Abs. 1 dErbStG.

[179] Vgl. § 11 öErbStG und § 14 dErbStG. Wird jedoch vor der Wohnsitzverlegung eine Schenkung von deutschem Inlandsvermögen im Sinne des § 121 dBewG vorgenommen und erfolgt nach der Wohnsitzverlegung – innerhalb der Zehnjahresfrist – eine weitere Schenkung von österreichischem Inlandsvermögen, findet eine Zusammenrechnung der Erwerbe nicht statt. Zuwendungen, die zum Zeitpunkt der ersten Schenkung von der Besteuerung ausgenommen waren, sind bei der Zusammenrechnung nicht zu berücksichtigen. Vgl. auch Killius/Borschel (2002), S. 546.

[180] Vgl. § 8 Abs. 4 öErbStG.

Erwerber	deutsche Steuerklasse	österreichische Steuerklasse
Ehegatte, Kinder	I	I
Abkömmlinge der Kinder = Enkel, Urenkel	I	II
Eltern und Voreltern bei Erwerben von Todes wegen	I	III
Eltern und Voreltern, soweit kein Erwerb von Todes wegen vorliegt	II	III
Stiefeltern, Geschwister, Halbgeschwister	II	III
Schwiegerkinder, Schwiegereltern, Abkömmlinge ersten Grades von Geschwistern	II	IV
geschiedener Ehegatte	II	V
alle übrigen Erwerber, Zweckzuwendungen	III	V

Tab. 2: Steuerklassen im deutschen und österreichischen Erbschaftsteuergesetz

Die Bewertung erfolgt im österreichischen Erbschaftssteuerrecht ebenfalls durch einen Rückgriff auf das Bewertungsgesetz[181]. Danach ist gemäß § 10 öBewG im Regelfall der gemeine Wert zugrunde zu legen[182]. Nach der Legaldefinition wird der gemeine Wert durch den Preis bestimmt, der im gewöhnlichen Geschäftsverkehr nach der Beschaffenheit des Wirtschaftsguts bei einer Veräußerung zu erzielen wäre[183]. Wirtschaftsgüter, die einem Betrieb dienen, sind in Österreich gemäß § 68 Abs. 1 öBewG i.V.m. § 12 öBewG in der Regel mit dem Teilwert anzusetzen. Teilwert ist der Betrag, den ein Erwerber des ganzen Betriebes unter der Annahme der Fortführung für das einzelne Wirtschaftsgut ansetzen würde. In Deutschland hingegen sind gemäß § 109 dBewG die zu einem Gewerbebetrieb gehörenden Wirtschaftsgüter bei Steuerpflichtigen, die ihren Gewinn nach § 4 Abs. 1 oder § 5 des Einkommensteuergesetzes ermitteln, mit den Steuerbilanzwerten anzusetzen. Die stillen Reserven unterliegen somit in Deutschland im Gegensatz zu Österreich keiner Besteuerung. Ein selbstgeschaffener Firmenwert wird auch in Österreich nicht besteuert[184].

Die Bewertung nicht notierter Kapitalgesellschaftsanteile erfolgt in Österreich mittels des so genannten Wiener Verfahrens[185]. Ähnlich wie das im deutschen Recht zur Anwendung kommende Stuttgarter Verfahren wird der gemeine Wert der Anteile durch Addition eines Ertragshundertsatzes und eines Vermögenswertes bestimmt. Die Ermittlung des Vermögenswertes geht in beiden Rechts-

---

[181] Vgl. § 19 öErbStG und § 12 dErbStG.
[182] So auch im deutschen Bewertungsgesetz. Vgl. § 9 Abs. 1 dBewG.
[183] Vgl. § 10 Abs. 2 öBewG.
[184] Vgl. Ecker (1979), S. 196.
[185] Zur genauen Bestimmung des gemeinen Wertes nicht notierter Kapitalgesellschaftsanteile mittels des Wiener Verfahrens vgl. Watrin (1997), S. 136 - 138.

kreisen vom Einheitswert des Betriebsvermögens aus. Zu beachten ist jedoch, dass im österreichischen Recht der Einheitswert des Betriebsvermögens nicht aus den Steuerbilanzwerten sondern aus der Summe der Teilwerte der Wirtschaftsgüter hergeleitet wird, so dass der Unterschied bezüglich der Einbeziehung der stillen Reserven auch hier auftritt. Inländisches land- und forstwirtschaftliches Vermögen, inländisches Grundvermögen und inländische Betriebsgrundstücke werden gemäß § 19 Abs. 2 öErbStG ab dem 1.1.2001 mit dem Dreifachen des Einheitswertes bewertet[186]. Da die Einheitswerte von Grundstücken zum letzten Mal zum 1.1.1973 festgestellt wurden und diese Werte derzeit nur etwa 10 % der Verkehrswerte ausmachen[187], ist die Grundstücksbewertung in Österreich noch immer sehr niedrig[188]. Sollte der gemeine Wert dieser Vermögenswerte aber dennoch geringer sein als das Dreifache des Einheitswertes, ist der nachgewiesene gemeine Wert maßgebend.

Sowohl das österreichische als auch das deutsche Steuerrecht gewähren persönliche und sachliche Freibeträge. Die sachlichen Steuerbefreiungen des § 15 öErbStG entsprechen inhaltlich in weiten Teilen den deutschen Vorschriften[189]. Jedoch sind die wertmäßigen Grenzen in Österreich deutlich niedriger als in Deutschland. Die Gewährung der persönlichen Freibeträge richtet sich in beiden Rechtskreisen nach der Steuerklasse des Erwerbers. Erwerbern der Steuerklasse I und II wird in Österreich ein Freibetrag von 2.200,- Euro gewährt[190]. Schenkungen zwischen Ehegatten werden zusätzlich zu 7.300,- Euro von der Steuer freigestellt[191]. Für Personen der Steuerklasse III und IV besteht ein Freibetrag von 440,- Euro[192], für Erwerber der Steuerklasse V einer von 110,- Euro[193].

Die deutschen persönlichen Freibeträge zählen im internationalen Vergleich zu den höchsten[194]. Gemäß § 16 dErbStG wird Ehegatten ein Freibetrag von 307.000,- Euro und Kindern und Kindern verstorbener Kinder ein Freibetrag von 205.000,- Euro gewährt. Übrigen Personen der Steuerklasse I steht ein Frei-

---

[186] Bis zu diesem Zeitpunkt betrug die Bemessungsgrundlage 135 % des Einheitswertes. Zur schrittweisen Erhöhung der Einheitswerte bis auf 135 % vgl. Köglberger (1995), S. 29. Nach Ansicht von Doralt (1995b), S. 195 stößt die lineare Vervielfachung des Einheitswerts auf verfassungsrechtliche Bedenken.
[187] Vgl. Heidinger (1994b), S. 498 und Aigner/Ehrke/Heinrich (2001), S. 3*.
[188] Die durch das deutsche Jahressteuergesetz 1997 eingefügten §§ 138 - 150 dBewG für die Bewertung von Grundbesitz (sog. Bedarfsbewertung) haben eine vergleichsweise deutlich höhere Bewertung zur Folge.
[189] Vgl. § 13 dErbStG.
[190] Vgl. § 14 Abs. 1 Nr. 1 öErbStG.
[191] Vgl. § 14 Abs. 3 öErbStG.
[192] Vgl. § 14 Abs. 1 Nr. 2 öErbStG.
[193] Vgl. § 14 Abs. 1 Nr. 3 öErbStG.
[194] Vgl. Watrin (1997), S. 146 - 147.

betrag von 51.200,- Euro zu. Der Erwerb der Personen der Steuerklasse II ist zu 10.300,- Euro, derjenige der Personen der Steuerklasse III zu 5.200,- Euro steuerbefreit. Neben dem Freibetrag nach § 16 dErbStG wird dem überlebenden Ehegatten ein besonderer Versorgungsfreibetrag von 256.000,- Euro gewährt, der jedoch um die kapitalisierten Versorgungsbezüge, die dem Ehegatten aus Anlass des Todes des Erblassers zustehen, zu kürzen ist[195]. Kindern im Sinne der Steuerklasse I steht bis zur Vollendung des 27. Lebensjahrs ein mit zunehmendem Alter abnehmender Versorgungsfreibetrag zu[196]. Die Staffelung reicht von 10.300,- Euro bis 52.000,- Euro.

In Deutschland wurde zum Beginn des Jahres 1994 ein Freibetrag für Betriebsvermögen, land- und forstwirtschaftliches Vermögen und Anteile an Kapitalgesellschaften[197] in Höhe von nunmehr 225.000,- Euro eingeführt[198]. Das darüber hinaus verbleibende Vermögen ist nur mit 65 % seines Wertes anzusetzen[199]. Bei Erwerben im Wege der vorweggenommenen Erbfolge muss der Schenker unwiderruflich erklären, dass der Freibetrag für diese Schenkung in Anspruch genommen werden soll. Nach Ablauf von 10 Jahren kann ein Freibetrag erneut geltend gemacht werden. Durch das österreichische Steuerreformgesetz 2000 werden unentgeltliche Betriebsübertragungen zukünftig gemäß § 15 a öErbStG unter bestimmten Voraussetzungen bis zu 365.000,- Euro steuerfrei gestellt[200]. Darüber hinaus verbleibendes Vermögen ist jedoch mit 100 % seines Wertes anzusetzen.

Die Steuersätze hängen sowohl in Österreich als auch in Deutschland von der Steuerklasse des Erwerbers und dem Wert des erworbenen Vermögens ab[201]. Die Steuersätze stellen Durchschnittssätze dar, die auf den gesamten Erwerb Anwendung finden. Zur Vermeidung von ungerechtfertigten Steuerbelastungen aufgrund nur geringen Überspringens einer Wertstufe gibt es in beiden Rechtskreisen Anpassungsvorschriften[202]. Die Steuersätze stellen sich wie folgt dar:

---

[195] Vgl. § 17 Abs. 1 dErbStG.
[196] Vgl. § 17 Abs. 2 dErbStG.
[197] Der Freibetrag steht bei Anteilen an Kapitalgesellschaften gemäß § 13 a Abs. 4 Nr. 3 dErbStG nur zu, wenn die Kapitalgesellschaft Sitz oder Geschäftsleitung im Inland hat und der Erblasser oder Schenker am Nennkapital der Gesellschaft zu mehr als einem Viertel unmittelbar beteiligt war.
[198] Vgl. das Gesetz zur Verbesserung der steuerlichen Bedingungen zur Sicherung des Wirtschaftsstandorts Deutschlands im Europäischen Binnenmarkt v. 13.9.1993, BStBl I 1993, S. 1569.
[199] Vgl. § 13 a Abs. 2 dErbStG.
[200] Zu den genauen Voraussetzungen der Inspruchnahme vgl. Teil 1, Kap. 3.3.5.
[201] Vgl. § 8 Abs. 1 öErbStG und § 19 Abs. 1 dErbStG.
[202] Vgl. § 8 Abs. 2 dErbStG und § 19 Abs. 3 dErbStG.

Steuerpflichtiger Erwerb bis Euro	Steuerklasse I	Steuerklasse II	Steuerklasse III	Steuerklasse IV	Steuerklasse V
7.300	2	4	6	8	14
14.600	2,5	5	7,5	10	16
29.200	3	6	9	12	18
43.800	3,5	7	10,5	14	20
58.400	4	8	12	16	22
73.000	5	10	15	20	26
109.500	6	12	18	24	30
146.000	7	14	21	28	34
219.000	8	16	24	32	38
365.000	9	18	27	36	42
730.000	10	20	30	40	46
1.095.000	11	21	32	42	48
1.460.000	12	22	34	44	51
2.920.000	13	23	36	46	54
4.380.000	14	24	38	48	57
Darüber	15	25	40	50	60

Tab. 3: Steuersätze im österreichischen Erbschaftssteuergesetz

Steuerpflichtiger Erwerb bis Euro	Steuerklasse I	Steuerklasse II	Steuerklasse III
52.000	7	12	17
256.000	11	17	23
512.000	15	22	29
5.113.000	19	27	35
12.783.000	23	32	41
25.565.000	27	37	47
Darüber	30	40	50

Tab. 4: Steuersätze im deutschen Erbschaftsteuergesetz

Die unterschiedliche Definition der Steuerklassen, die Abhängigkeit von den gestaffelten Vermögensgrenzen und die daraus resultierende Vielzahl möglicher Fallkonstellationen lässt einen direkten Vergleich der deutschen mit den österreichischen Steuersätzen nicht sinnvoll erscheinen. Festgehalten werden kann aber, dass die Steuersätze zum Teil in Österreich, zum Teil in Deutschland niedriger sind. Auffällig sind zudem die geringen österreichischen Steuersätze, falls Ehegatten oder Kinder die Erwerber sind. Eine Besonderheit des deutschen Erbschaftsteuergesetzes stellt die Tarifbegrenzung des § 19 a dErbStG dar. Danach wird der Erwerb unternehmerischen Vermögens durch Personen der Steuerklasse II oder III nur in der Höhe besteuert, wie es bei einem Erwerb durch eine Person der Steuerklasse I der Fall wäre.

3.3 Die österreichischen Steuerreformen ab 1988
3.3.1 Die Steuerreform 1988

Die Steuerreform 1988 stellte die erste Stufe der Umgestaltung des österreichischen Steuerrechts dar[203]. Die Änderungen traten mit Wirkung zum 1.1.1989 in Kraft. Gesenkt wurden die Tarife der Einkommensteuer und der Körperschaftsteuer. Der Spitzengrenzsteuersatz bei der Einkommensteuer wurde auf 50 % begrenzt[204]. Im Bereich der Körperschaftsteuer wurde das System eines gespaltenen Tarifs für einbehaltene und ausgeschüttete Gewinne abgeschafft und durch ein System mit einem einheitlichen Körperschaftsteuersatz von 30 % ersetzt[205,206]. Ergänzt wurde dieses System durch die Einführung des Halbsatzverfahrens, wonach die auf die Dividenden inländischer Kapitalgesellschaften anteilig entfallende Einkommensteuer auf die Hälfte des auf das gesamte Einkommen entfallenden Durchschnittssteuersatzes ermäßigt wird. Ebenso wie bei dem neuen deutschen Körperschaftsteuerrecht erfolgte durch diese Änderung eine Begünstigung von thesaurierten gegenüber ausgeschütteten Gewinnen. Auf Zinserträge aus Bankeinlagen und aus Forderungswertpapieren wurde eine Kapitalertragsteuer in Höhe von 10 % erhoben, die eine Vorauszahlung auf die Einkommensteuer darstellte[207]. Teilweise gegenfinanziert wurde die Steuerreform durch den Abbau von Steuerbefreiungen und Steuervergünstigungen[208].

3.3.2 Änderungen des österreichischen Steuerrechts im Vorfeld der Steuerreform 1994

Im Vorgriff auf die zweite Etappe der Steuerreform, die 1993 mit Wirkung zum 1.1.1994 beschlossen wurde, erfolgte zum 1.1.1992 eine Neuordnung des Umgründungssteuerrechts. Das Strukturverbesserungsgesetz (öStruktVG) wurde durch das Umgründungssteuergesetz (öUmgrStG) ersetzt. Damit wurden die Umgründungstatbestände ausgeweitet und die Begünstigungen unbefristet gewährt[209].

---

[203] Vgl. Briem/Schellmann (1988) und Domann (1994), S. 1692.
[204] Vgl. Rolfs (1998a), S. 406.
[205] Heidinger (1992), S. 457 weist darauf hin, dass unter Berücksichtigung der damals noch existenten Gewerbeertragsteuer die Gesamtertragsteuerbelastung einer Körperschaft bei rund 40 % liegt.
[206] Die aus dem Systemwechsel folgende allgemeine Beteiligungsertragsbefreiung wurde bereits weiter oben dargestellt. Vgl. Teil 1, Kap. 3.2.2.
[207] Die Einführung der Kapitalertragsteuer erfolgte im Hinblick auf den geringen Erfassungsgrad der Zinseinkünfte von unter 10 %, der seine Ursache in der Möglichkeit des anonymen Sparens und im Bankgeheimnis hat. Vgl. Heidinger (1992), S. 458.
[208] Vgl. Domann (1994), S. 1692.
[209] Vgl. Gassner (1996), S. 2.

Zum 1.1.1993 wurde die 1989 als Anrechnungssteuer eingeführte Kapitalertragsteuer von 10 % auf 22 % erhöht und mit einer Abgeltungswirkung ausgestattet[210]. Die verhältnismäßig niedrige Besteuerung wird damit begründet, dass etwa die Hälfte der Zinsen der Abgeltung der Inflationstangente dient[211]. Um Bezieher niedriger Einkommen nicht schlechter zu stellen, wird eine Option zur Einbeziehung der Zinserträge unter Anrechnung der Kapitalertragsteuer gewährt.

Das österreichische Privatstiftungsgesetz trat zum 1.9.1993 in Kraft und führte die Rechtsform der Privatstiftung ein[212]. Diese ist mit weitreichenden Steuervergünstigungen ausgestattet worden[213], um dem Vermögensabfluss aus Österreich entgegenzutreten und Österreich als Investitions- und Holdingstandort interessant zu machen[214]. Zuwendungen an eine Privatstiftung unterlagen ohne Rücksicht auf deren Höhe einer Erbschaftssteuer von 2,5 %, sofern der Stifter selbst zugewendet hat. Dieser Satz ist durch das Budgetbegleitgesetz 2001 auf 5 % erhöht worden[215]. Die Attraktivität der Privatstiftung resultierte aus der Befreiung bestimmter von der Privatstiftung bezogener Einkünfte aus Kapitalvermögen von der Körperschaftsteuer[216]. Diese Befreiung ist zeitgleich mit der Erhöhung der Zuwendungsbesteuerung durch eine 12,5%ige Zwischenbesteuerung ersetzt worden. Zuwendungen einer Privatstiftung an Begünstigte oder Letztbegünstigte stellen gemäß § 27 Abs. 1 Nr. 7 öEStG Einkünfte aus Kapitalvermögen dar, die gemäß § 37 Abs. 1 und 4 öEStG mit dem halben Durchschnittseinkommensteuersatz zu besteuern sind.

3.3.3 Die Steuerreform 1994

Mit der zweiten Etappe der Steuerreform hat Österreich in einzelnen Bereichen eine internationale Vorreiterrolle übernommen und zumindest ansatzweise versucht, theoretische Erkenntnisse in die praktische Steuerpolitik einfließen zu lassen[217]. Die durch die Steuerreform 1994 erfolgte Nettosteuerentlastung wurde für den Unternehmensbereich mit 4 Mrd. öS (0,29 Mrd. Euro)[218] und für den

---

[210] Einen Überblick über die Länder in Europa, die eine Abgeltungssteuer auf private Zinseinkünfte kennen, bietet Jarass (2002).
[211] Vgl. Heidinger (1995a), S. 67.
[212] Zu den steuerplanerischen Möglichkeiten bei Einschaltung einer Privatstiftung vgl. Teil 3, Kap. 3.4.
[213] Vgl. Rolfs (1998a), S. 407.
[214] Vgl. Lang, M. (1995), S. 571.
[215] Vgl. § 8 Abs. 3 lit. b öErbStG.
[216] Vgl. § 5 Nr. 11 öKStG i.V.m. § 13 Abs. 2 öKStG.
[217] Vgl. Gassner (1994), S. 291.
[218] Einer Entlastung von 25 Mrd. öS (1,82 Mrd. Euro) stand eine Belastung von 21 Mrd. öS (1,53 Mrd. Euro) gegenüber.

Bereich der Lohn- und Einkommensteuer mit 13 Mrd. öS (0,94 Mrd. Euro) beziffert[219].

Die wichtigsten Entlastungsmaßnahmen waren die Abschaffung der Gewerbeertragsteuer[220] und der Vermögensteuer. Daneben wurde das Erbschaftsteueräquivalent abgeschafft, das eine Abgabe für Kapitalgesellschaften darstellte, deren Gesellschafter nicht der Erbschaftsteuer unterlegen haben[221]. Ebenfalls ab 1994 wurde eine neue Form der Beteiligungsfinanzierung geschaffen, die Klein- und Mittelbetriebe mit Kapital versorgen soll[222]. Ausschüttungen aus Aktien solcher Beteiligungsgesellschaften sind gemäß § 27 Abs. 3 Nr. 3 öEStG bis zu einem Betrag von 25.000,- Euro steuerfrei.

Mit der Steuerreform 1994 wurde die Endbesteuerung ausgeweitet. Die Abgeltung umfasste nun auch die Kapitalerträge, die zu den betrieblichen Einkünften gehören, und die inländischen Beteiligungserträge[223]. Ursprünglich erfolgte die erweiterte Abgeltung nur für die Einkommensteuer, nicht aber für die Erbschaftssteuer[224]. Mit dem Kapitalmarktoffensive-Gesetz wurde eine Steuerbefreiung für Erwerbe von Todes wegen von Anteilen an in- und ausländischen Kapitalgesellschaften eingeführt, sofern der Steuerpflichtige nachweist, dass der Erblasser im Zeitpunkt des Entstehens der Steuerschuld zu weniger als 1 % am Nennkapital der Gesellschaft beteiligt gewesen ist[225]. Ebenfalls der Endbesteuerung unterliegen ab 1.1.1994 Zuwendungen von Privatstiftungen[226]. Anstatt der Endbesteuerung kann für Beteiligungserträge[227] auch die Halbsatzbesteuerung gemäß § 37 Abs. 1 und 4 öEStG in Anspruch genommen werden. Diese Option sollte dann ausgeübt werden, wenn der Einkommensteuertarif eine noch niedrigere Belastung ergibt als die Endbesteuerung[228]. Werbungskosten und Betriebsausgaben im Zusammenhang mit endbesteuerten Kapitalanlagen sind nicht abzugsfähig. Abgegoltene Kapitalerträge werden beim Steuerpflichtigen nicht mehr zum Einkommen gezählt, so dass sie auch bei der Berechnung von Ein-

---

[219] Vgl. Scholtissek (1994), S. 415.
[220] Die Gewerbekapitalsteuer wurde bereits schrittweise zwischen 1984 und 1986 abgeschafft. Vgl. Gassner (1996), S. 2.
[221] Vgl. Heidinger (1995a), S. 67.
[222] Vgl. Scholtissek (1994), S. 417.
[223] Hierunter fielen insbesondere die Dividenden von inländischen Aktien- und GmbH-Anteilen. Nicht endbesteuert wurden zu diesem Zeitpunkt ausländische Beteiligungserträge.
[224] Vgl. Domann (1994), S. 1695.
[225] Vgl. § 15 Abs. 1 Nr. 17 öErbStG.
[226] Vgl. Gassner (1994), S. 290.
[227] Darunter fallen gemäß § 37 Abs. 4 lit. f öEStG auch die Zuwendungen von Privatstiftungen an Begünstigte und Letztbegünstigte.
[228] Vgl. Heidinger (1993b), S. 744 und Carl/Klos (1994), S. 611.

kommensgrenzen außer Ansatz bleiben[229]. Als Ungleichbehandlung kritisiert wird der Ausschluss von Erträgen aus Privatdarlehen von der Endbesteuerung[230].

Im Gegenzug wurde der Körperschaftsteuersatz von 30 % auf 34 % erhöht und der Abzug von Pauschalrückstellungen und die Bildung von pauschalen Wertberichtigungen für Forderungen unterbunden[231]. Abgeschafft wurde die Investitionsrücklage, die bis dahin steuerfrei bis zu einer Höhe von 10 % des Gewinns gebildet werden konnte[232]. Der Investitionsfreibetrag wurde von 20 % bzw. 30 % auf 15 % gesenkt[233]. Die bis Ende 1993 bestehende 2%ige Lohnsummensteuer wurde durch eine 3%ige Kommunalsteuer ersetzt[234]. Bemessungsgrundlage sind die Arbeitslöhne, die in einem Kalendermonat an die Arbeitnehmer einer inländischen Betriebsstätte eines Unternehmens gezahlt worden sind[235]. Von der Kommunalsteuer erfasst werden im Gegensatz zur Lohnsummensteuer alle Unternehmen und Freiberufler.

Gewinner der Steuerreform 1994 sind insbesondere vermögens- und gewinnintensive Betriebe[236]. Die Entlastung für Klein- und Mittelbetriebe, die aufgrund des Gewerbesteuerfreibetrags auch bisher keine Gewerbesteuer entrichteten, ist durch den Ersatz der Lohnsummensteuer durch die Kommunalsteuer nur wenig spürbar geworden. Verlierer sind Freiberufler und Land- und Forstwirte mit Arbeitnehmern[237].

3.3.4 Steuerrechtliche Anpassungsmaßnahmen im Rahmen des EU-Beitritts Österreichs

Der Beitritt Österreichs zur Europäischen Union erfolgte zum 1.1.1995[238]. Neben der Anpassung verschiedener Verkehrsteuern und der Umsatzsteuer[239] an geltende EU-Richtlinien wurde ferner im Einkommensteuergesetz und Körper-

---

[229] Vgl. Domann (1994), S. 1695.
[230] So auch Rolfs (1998a), S. 409.
[231] Vgl. Rattinger (1994), S. 58 und Heidinger (1995a), S. 67.
[232] Vgl. Scholtissek (1994), S. 416.
[233] Vgl. Domann (1994), S. 1694.
[234] Vgl. Rattinger (1994), S. 61 - 62, Taucher (1994) und Doralt/Ruppe (2000), S. 522 - 530.
[235] Vgl. § 1 öKommStG.
[236] Zum Einfluss der Steuerreform auf die Rechtsformwahl vgl. Heidinger (1994a). Den Einfluss der Steuerreform auf die Unternehmens-finanzierung untersucht Bertl, R. (1994).
[237] Vgl. Heidinger (1993b), S. 745.
[238] Vgl. Strunk (1995), S. 391.
[239] Vgl. Haunold (1996).

schaftsteuergesetz die Mutter-Tochter-Richtlinie[240] und im Umgründungssteuergesetz die Fusionsrichtlinie[241] umgesetzt[242].

Mit dem Strukturanpassungsgesetz 1996 wurde der Kapitalertragsteuersatz für Dividenden zum 1.1.1996 und für Bankeinlagen und Forderungswertpapiere zum 1.7.1996 von 22 % auf 25 % erhöht[243].

3.3.5 Die Steuerreform 2000

Die Steuerreform 2000 wurde im Juni 1999 beschlossen. Sie führte zu einer Gesamtentlastung von etwa 32,5 Mrd. öS (2,36 Mrd. Euro) im Jahr 2000[244]. Der Forschungsfreibeitrag wurde von 12 % für Fremdforschungsaufwendungen bzw. von 18 % für Eigenforschungsaufwendungen auf einheitlich 25 % erhöht[245,246]. Daneben wurde gemäß § 4 Abs. 4 Nr. 8 öEStG ein Bildungsfreibetrag eingeführt, der Arbeitgebern in Höhe von nunmehr 20 % der für die Aus- und Fortbildung seiner Arbeitnehmer entstandenen Kosten zusteht[247]. Voraussetzung ist, dass die Kosten von einer externen Aus- und Fortbildungseinrichtung in Rechnung gestellt wurden.

Eine Neuerung stellte auch die Verzinsung[248] des Eigenkapitalzuwachses gemäß § 11 öEStG-alt dar. Die Förderung der betrieblichen Eigenkapitalbildung sollte mittels des Abzugs einer angemessenen Verzinsung des Eigenkapitalzuwachses als Betriebsausgabe erreicht werden[249]. Beim Gesellschafter unterlagen die fiktiven Eigenkapitalzinsen nach Abzug der 25%igen Kapitalertragsteuer keiner weiteren Besteuerung[250]. Der Vorteil für den Eigentümer des Betriebes bestand in Höhe der Differenz zwischen dem persönlichen Einkommensteuersatz bzw. dem

---

[240] Vgl. Widhalm (1996).
[241] Vgl. Staringer (1996).
[242] Vgl. Gassner (1996), S. 3 und Rolfs (1998a), S. 407.
[243] Vgl. Rolfs (1998a), S. 407.
[244] Vgl. Scholtissek (2000a), S. 124 - 125.
[245] Vgl. § 4 Abs. 4 Nr. 4 öEStG.
[246] Ein erhöhter Forschungsfreibetrag von 35 % kann für den Betrag der Forschungsaufwendungen geltend gemacht werden, der das arithmetische Mittel der Forschungsaufwendungen der letzten drei Jahre übersteigt. Vgl. Aigner/Ehrke/Heinrich (1999), S. 337, Gahleitner/Moritz (1999), S. 468 - 469 und Doralt/Ruppe (2000), S. 181.
[247] Vgl. Aigner/Ehrke/Heinrich (1999), S. 337 und Doralt/Ruppe (2000), S. 121.
[248] Auf den Eigenkapitalzuwachs wurde ein vom österreichischen Bundesfinanzministerium mittels Verordnung festgesetzter Zinssatz angewendet. Dieser betrug für Wirtschaftsjahre, die im Jahr 2002 begannen, 5,5 % (Beginn des Wirtschaftsjahres in 2000: 4,9 %, Beginn des Wirtschaftsjahres in 2001: 6,2 %).
[249] Vgl. Aigner/Ehrke/Heinrich (1999), S. 337, Gahleitner/Moritz (1999), S. 469 und Hilber (1999), S. 721.
[250] Vgl. § 37 Abs. 8 öEStG-alt.

Körperschaftsteuersatz von damals 34 % und dem Kapitalertragsteuersatz von 25 %[251]. Da die Eigenkapitalverzinsung jedoch nur für den Eigenkapitalzuwachs und nicht für den Eigenkapitalbestand in Anspruch genommen werden konnte, wurde mit dieser Regelung das Ziel der Stärkung der Eigenkapitaldecke der österreichischen Unternehmen kaum erreicht[252].

Von besonderem Interesse für den Zuzugswilligen war der Erlass des Neugründungs-Förderungsgesetzes[253]. Gefördert wurden Betriebe, die nach dem 1.5.1999 und vor dem 1.1.2003 neu gegründet wurden. Voraussetzung war, dass eine bisher nicht vorhandene betriebliche Struktur zur Erzielung betrieblicher Einkünfte geschaffen wurde[254]. Inwieweit die Voraussetzung, dass die die Betriebsführung beherrschende Person sich bisher nicht in vergleichbarer Art beherrschend betrieblich betätigt haben darf[255], auch von einem zugezogenen Ausländer erfüllt sein musste, der im Ausland einen vergleichbaren Betrieb geführt hat, ist bisher noch nicht entschieden worden. Die Förderung bestand in der Befreiung von der Erhebung bestimmter Abgaben[256], die im Zusammenhang mit Vorgängen standen, die unmittelbar durch die Neugründung veranlasst wurden.

Eingang in das österreichische Einkommensteuerrecht hat eine dem § 2 b dEStG nachgebildete Regelung gefunden[257]. Gemäß § 2 Abs. 2 a öEStG sind negative Einkünfte aus einer Beteiligung an Gesellschaften, bei denen die Erzielung steuerlicher Vorteile im Vordergrund steht, ausschließlich in den Folgejahren mit positiven Einkünften aus dieser Betätigung oder diesem Betrieb verrechenbar. Im Bereich der Spekulationseinkünfte sind zwei Änderungen im Rahmen der Steuerreform 2000 erfolgt. Zum einen wurde die Spekulationsfrist für Finanzanlagen von ursprünglich einem Jahr auf zwei Jahre angehoben[258]. Zum anderen

---

[251] Zur Vermeidung der Benachteiligung von Steuerpflichtigen mit einem niedrigen persönlichen Einkommensteuertarif wurde die Verzinsung des Eigenkapitalzuwachses als Wahlrecht ausgestaltet.
[252] So auch Doralt/Ruppe (2000), S. 182. Stöber (2002) weist anhand mehrerer Beispiele nach, dass die steuerliche Gleichbehandlung von Eigen- und Fremdkapital durch die Eigenkapitalzuwachsverzinsung nur einen Schritt in die richtige Richtung darstellte. Dem standen ein hoher Datenverwaltungsaufwand für den Steuerpflichtigen und ein hoher Kontrollaufwand für die Finanzverwaltung gegenüber.
[253] Vgl. Scholtissek (2000a), S. 126.
[254] Zum Begriff der Neugründung vgl. § 2 öNeuFÖG und Aigner/Ehrke/Heinrich (1999), S. 339.
[255] Vgl. § 2 Nr. 2 öNeuFÖG.
[256] Die nicht zu erhebenden Abgaben sind nummerativ in § 1 öNeuFÖG aufgeführt. Unter anderem werden die Grunderwerbsteuer für die Einlage von Grundstücken und verschiedene Gerichtsgebühren erlassen. Vgl. auch Scholtissek (2000a), S. 126.
[257] Vgl. Aigner/Ehrke/Heinrich (1999), S. 337 und Scholtissek (2000a), S. 125.
[258] Vgl. § 30 Abs. 1 Nr. 1 lit. b öEStG-alt. Die österreichische Regelung war damit zwischenzeitlich für den Steuerpflichtigen nachteiliger, da das deutsche Recht gemäß § 23 Abs. 1 Nr. 2

wurde die Einkommensteuer auf Spekulationsgewinne als 25%ige Abgeltungssteuer ausgestaltet[259]. Bemessungsgrundlage war der Veräußerungsüberschuss ohne Abzug von Werbungskosten. Dem Steuerpflichtigen stand das Recht zu, die Spekulationseinkünfte in die Einkommensteuerveranlagung einbeziehen zu lassen. Die 25%ige Spekulationsertragsteuer galt dann als Vorauszahlung auf die Einkommensteuer. Die Spekulationsertragsteuer war nur auf Wirtschaftsgüter anwendbar, die nach dem 30.9.2001 angeschafft wurden[260].

Ebenfalls im Jahr 2000 wurde die schrittweise Abschaffung der Sparbuchanonymität beschlossen[261]. Besitzer von anonymen Sparbüchern mussten sich spätestens bis zum 30.6.2002 identifizieren[262]. Als steuerliche Begleitmaßnahme zur Verhinderung von Irritationen auf dem Geldmarkt wurde eine befristete Schenkungssteuerbefreiung gewährt[263]. Die Befreiung erfolgte bis zum 30.6.2002 für die Schenkung von Geldeinlagen bei österreichischen Kreditinstituten sowie von sonstigen Forderungen gegenüber österreichischen Kreditinstituten, denen ein Bankgeschäft zugrunde lag[264].

Eine maßgebliche Änderung im Bereich der Erbschafts- und Schenkungsbesteuerung stellt die Entlastung von Betriebsübergaben von der Erbschafts- bzw. Schenkungssteuer durch die Schaffung eines Freibetrags in Höhe von 365.000,- Euro dar[265]. Begünstigt sind Erwerbe von Todes wegen und Schenkungen unter Lebenden, sofern der Schenker das 55. Lebensjahr vollendet hat oder wegen körperlicher oder geistiger Gebrechen erwerbsunfähig sein sollte. Begünstigungsfähiges Vermögen sind nur inländische Betriebe und Teilbetriebe, die der Erzielung betrieblicher Einkünfte dienen oder Mitunternehmeranteile an inländischen Gesellschaften oder Anteile an inländischen Kapitalgesellschaften, an denen der Erblasser bzw. Schenker zu mindestens einem Viertel beteiligt ist. Beim Erwerb eines Anteils eines Betriebes steht der Freibetrag nur entsprechend dem

---

dEStG ein steuerpflichtiges, privates Veräußerungsgeschäft nur dann annimmt, wenn der Zeitraum zwischen Anschaffung und Veräußerung weniger als ein Jahr beträgt. Zwischenzeitlich wurde die österreichische Frist wieder auf ein Jahr verkürzt.
[259] Vgl. Aigner/Ehrke/Heinrich (1999), S. 337 - 338, Gahleitner/Moritz (1999), S. 473, Hilber (1999), S. 720 und Doralt/Ruppe (2000), S. 283 - 284.
[260] Vgl. Doralt/Ruppe (2000), S. 283.
[261] Vgl. Scholtissek (2000b).
[262] Bis zum 30.6.2002 sind an die 90 % der Sparbücher mit mehr als 15.000,- Euro identifiziert worden. Der Identifikationsgrad der Sparbücher unter 15.000 Euro lag zu diesem Zeitpunkt bei 75 %. Vgl. „Die Welt" v. 1.7.2002: „Endgültiges Aus für anonyme Sparbücher in Österreich."
[263] Vgl. § 15 Abs. 1 Nr. 19 öErbStG-alt.
[264] Vgl. o.V. (2000c).
[265] Vgl. § 15 a öErbStG, Aigner/Ehrke/Heinrich (1999), S. 338 - 339, Gahleitner/Moritz (1999), S. 483 - 484 und Wolf (1999).

Anteil des erworbenen Vermögens zu. Gewährt wird der Freibetrag je zugewendetem Betrieb, Teilbetrieb, Mitunternehmeranteil oder Kapitalanteil. Eine nur einmalige Möglichkeit der Inanspruchnahme des Freibetrags innerhalb von zehn Jahren wie in Deutschland existiert in Österreich nicht. Andererseits muss das den Freibetrag übersteigende Betriebsvermögen in Österreich mit 100 % – anstatt wie in Deutschland mit 65 % – angesetzt werden.

3.3.6 Das Budgetbegleitgesetz 2001 und das Kapitalmarktoffensive-Gesetz

Das am 23.11.2000 vom Parlament verabschiedete Budgetbegleitgesetz 2001 und das wenig später am 12.12.2000 beschlossene Kapitalmarktoffensive-Gesetz stellen einen Rückschritt auf dem Weg zu einem modernen und wettbewerbsfähigen Steuersystem dar. Einer Vielzahl von teilweise bereits weiter oben erwähnten Steuerverschärfungen steht nur eine geringe Anzahl von Steuererleichterungen gegenüber. Rückstellungen für sonstige ungewisse Verbindlichkeiten und Rückstellungen für drohende Verluste aus schwebenden Geschäften sind gemäß § 9 Abs. 5 öEStG ab dem Veranlagungsjahr 2001 nur noch mit 80 % des Teilwerts anzusetzen. Für Auflösungsgewinne aus bereits vor diesem Zeitpunkt existenten Rückstellungen kann eine Rücklage gebildet werden, die aber jährlich zu mindestens einem Fünftel bzw. spätestens bei Ausscheiden der Rückstellung endgültig aufgelöst werden muss[266]. Die Absetzung für Abnutzung von betrieblich genutzten Gebäuden wurde von 4 % auf 3 % vermindert. Beteiligungsveräußerungen sind gemäß § 31 Abs. 1 öEStG bereits dann steuerpflichtig, wenn der Veräußerer in den vergangenen fünf Jahren zu mindestens 1 % und nicht zu mehr als 10 % beteiligt war.

Im Gegenzug wurde die erst mit der Steuerreform 2000 eingeführte Spekulationsertragsteuer durch das Kapitalmarktoffensive-Gesetz wieder abgeschafft[267]. Auf dasselbe Gesetz geht die Kürzung der Spekulationsfrist für Wertpapiere von zwei Jahren auf ein Jahr zurück[268]. Die Zuzugsbegünstigung gemäß § 103 öEStG wurde auf Sportler ausgeweitet[269]. Des Weiteren wurde der Erwerb von Todes wegen von Anteilen an in- und ausländischen Kapitalgesellschaften von der Erbschaftssteuer befreit, wenn der Steuerpflichtige nachweist, dass der Erblasser im Zeitpunkt des Entstehens der Steuerschuld unter 1 % am Nennkapital der Gesellschaft beteiligt war.

---

[266] Vgl. § 124 b Nr. 47 öEStG.
[267] Vgl. Scholtissek (2001), S. 546 - 547.
[268] Vgl. § 30 Abs. 1 Nr. 1 lit. b öEStG.
[269] Vgl. Teil 2, Kap. 4.5.

3.3.7 Das Budgetbegleitgesetz 2003 und das Steuerreformgesetz 2005

Eine umfassende Steuerreform hat die österreichische Regierung mit dem zum 1.1.2004 in Kraft gesetzten Budgetbegleitgesetz 2003 eingeleitet, das eine Nettoentlastung von etwa 500 Mio. Euro bringen soll. Im Anschluss wurde mit dem Steuerreformgesetz 2005 die zweite Stufe der Steuerreform beschlossen. Hieraus soll eine zusätzliche Nettoentlastung von 2,5 Mrd. Euro resultieren.

Mit Verabschiedung des Steuerreformgesetzes 2003 werden untere und mittlere Einkommen durch die Erhöhung der Steuerfreigrenze entlastet. Ferner wurde die Abschaffung der Eigenkapitalzuwachsverzinsung gemäß § 11 öEStG-alt beschlossen. Als Ersatz wird ab 2004 die Bildung von Eigenkapital durch die Anwendung des halben Durchschnittsteuersatzes auf nicht entnommene Gewinne von gewerblichen Einzelunternehmern und Personengesellschaften bis zur Höhe eines Betrages von 100.000 Euro gefördert[270].

Zudem wurde die Besteuerung der ausländischen Kapitalerträge an europarechtliche Erfordernisse angepasst. Da bisher nur inländische Kapitalerträge der österreichischen Kapitalertragsteuer unterlagen, kamen auch nur diese in den Genuss der Endbesteuerung. Zur Gleichstellung von inländischen und ausländischen Kapitalerträgen werden daher nun zwei Wege beschritten[271]. Zum einen werden ausländische Dividendenerträge gemäß § 93 Abs. 2 Nr. 1 lit. e öEStG in die Kapitalertragsteuerpflicht einbezogen, sofern die Erträge von einer inländischen Stelle ausbezahlt worden sind. Damit ist die Endbesteuerung auch auf diese Einkünfte anzuwenden. Zum anderen werden alle übrigen ausländischen Kapitalerträge, die inländischen kapitalertragsteuerpflichtigen und endbesteuerungsfähigen Kapitalerträgen vergleichbar sind, mit einem besonderen Steuersatz von 25 % veranlagt[272]. Diese Art der Besteuerung führt weder zu einer Erhöhung des Gesamtbetrags der Einkünfte noch des Einkommens. Der Antrag auf Regelbesteuerung bei einem Steuersatz von weniger als 25 % kann auch in Zukunft gestellt werden. Allerdings erhöht sich in diesem Fall das Einkommen mit der Folge einer Erhöhung des Steuersatzes. Die Ausweitung der Endbesteuerung auch auf ausländische Erträge hat zur Konsequenz, dass nun auch ausländische Forderungswertpapiere von der Erbschaftsteuer befreit sind.

Mit dem Steuerreformgesetz 2005 wurden vor allem Änderungen im Bereich der Körperschaftsteuer vorgenommen. Der Körperschaftsteuertarif wird ab 2005 von 34 % auf 25 % abgesenkt[273]. Im Gegenzug wurde die Eigenkapitalzuwachs-

---

[270] Vgl. § 11 a öEStG und Ehrke/Heinrich (2003), S. 838.
[271] Vgl. Ehrke/Heinrich (2003), S. 838 – 839.
[272] Vgl. § 37 Abs. 8 öEStG.
[273] Vgl. § 22 Abs. 1 öKStG.

verzinsung gemäß § 11 öEStG-alt sowie für Körperschaften die Möglichkeit zur Übertragung stiller Reserven gemäß § 12 öEStG abgeschafft. Darüber hinaus wurde zur Förderung der steuerlichen Attraktivität des Standorts Österreich die bestehende Organschaftsbesteuerung durch eine so genannte Gruppenbesteuerung ersetzt[274]. Damit fällt das bisherige Erfordernis der wirtschaftlichen und organisatorischen Eingliederung weg. Gefordert wird nur noch die finanzielle Eingliederung des Gruppenmitglieds. Der Abschluss eines Ergebnisabführungsvertrages ist ebenfalls nicht notwendig. Entscheidender Unterschied zur deutschen Organschaftsbesteuerung ist, dass nunmehr auch ausländische Gesellschaften Gruppenmitglied sein können. Dies ermöglicht die grenzüberschreitende Verlustnutzung. Allerdings ist die Gruppenmitgliedschaft ausländischer Gesellschaften auf eine Ebene beschränkt, so dass Tochtergesellschaften von ausländischen Gruppenmitgliedern nicht in den Genuss der Gruppenbesteuerung kommen können.

3.4 Zwischenergebnis aus dem Steuerrechtsvergleich

Ein Steuerrechtsvergleich zwischen Deutschland und Österreich wird durch die gemeinsame historische Grundlage der beiden Steuersysteme bedeutend erleichtert. Durch den strukturell nahezu identischen Aufbau der Einkommensteuer, der Körperschaftsteuer und der Erbschaftsteuer ist es möglich, einzelne Normen vergleichend gegenüberzustellen. Die Vorteilhaftigkeit des einen oder des anderen Steuersystems hängt aber von den konkreten Bedingungen des Einzelfalls ab. Im Folgenden soll daher nur eine Synopse über die Vor- und Nachteile des österreichischen Steuersystems gegenüber dem deutschen System gegeben werden:

Vorteile des österreichischen Steuersystems:

- Endbesteuerung von Erträgen aus Bankeinlagen und Forderungswertpapieren mit 25 %
- keine Einkommenserhöhung bei endbesteuerten Einkünften
- keine Gewerbesteuerbelastung (weder Gewerbekapital- noch Gewerbeertragsteuer)
- Erbschaftssteuerbefreiung von Forderungswertpapieren sowie von Anteilen an in- und ausländischen Kapitalgesellschaften, wenn der Steuerpflichtige nachweist, dass der Erblasser im Zeitpunkt des Entstehens der Steuerschuld unter 1 % am Nennkapital der Gesellschaft beteiligt war
- niedrigerer Erbschaftssteuertarif bei nahen Angehörigen

---

[274] Vgl. § 9 öKStG, Hirschler/Schindler (2004), Gassner (2004a), Gassner (2004b), Göttsche/Stangl (2004a) und Finkenzeller/Hirschler (2004), S. 562 – 563.

- keine Belastung mit einer dem Solidaritätszuschlag vergleichbaren Abgabe
- zurzeit noch kein Außensteuergesetz (ein Entwurf wird aber diskutiert)
- Zuzugsbegünstigung für bestimmte Personen
- Gruppenbesteuerung mit der Möglichkeit der grenzüberschreitenden Verlustverrechnung
- begünstigte Dotierung von Privatstiftungen
- begünstigte laufende Besteuerung von Privatstiftungen
- begünstigte Besteuerung der Bezüge von Privatstiftungen

Nachteile des österreichischen Steuersystems:

- niedrigere Werbungskostenpauschale
- Werbungskosten bzw. Betriebsausgaben sind beim österreichischen Halbsatzverfahren nicht abziehbar, während in Deutschland derartige Kosten zur Hälfte abgezogen werden dürfen
- ausschließlich lineares Abschreibungsverfahren
- teilweise Ansatz von Rückstellungen nur mit 80 % ihres Teilwerts
- keine Zusammenveranlagung von Ehegatten
- höherer Einkommensteuertarif
- keine Verlustrücktragsmöglichkeit
- einem Betrieb dienende Wirtschaftsgüter werden für die Erbschaftssteuer in Österreich mit dem Teilwert anstatt mit den Steuerbilanzwerten wie in Deutschland angesetzt
- deutlich niedrigere persönliche und sachliche Freibeträge bei der Erbschaftssteuer
- höherer Erbschaftssteuertarif bei einem entfernten Verwandtschaftsverhältnis
- Belastung durch Kommunalsteuer
- Belastung durch Bodenwertabgabe
- Belastung durch Abgabe von land- und forstwirtschaftlichen Betrieben

Diese Gegenüberstellung zeigt, dass ein Wohnsitzwechsel zu einer steuerlichen Vorteilhaftigkeit nur bei Erfüllung besonderer Voraussetzungen führen kann. Eine fallweise Betrachtung und Vorteilhaftigkeitsanalyse wird im 4. Teil angestellt. Sofern der Steuerpflichtige der Zuzugsbegünstigung unterliegt oder den Erwerb von endbesteuertem Vermögen oder Drittstaatsvermögen beabsichtigt, kann ein Wohnsitzwechsel nach Österreich deutliche Steuereinsparungen zur Folge haben. Ebenfalls einer besonderen Untersuchung müssen verschiedene erbrechtliche Gestaltungen inklusive der Einbringung von Vermögen in eine Privatstiftung unterzogen werden.

4. Stand und Entwicklung der deutsch-österreichischen Doppelbesteuerungsabkommen

Von erheblicher Bedeutung für die Steuerplanung ist die Beschränkung der nationalen Besteuerungsrechte durch die zwischen Deutschland und Österreich abgeschlossenen Doppelbesteuerungsabkommen. Die Kenntnis der einzelnen Verteilungsnormen und Methodenartikel ist Voraussetzung für eine optimale Strukturierung des Einkommens und des Vermögens des Wegzugswilligen. Darüber hinaus ist auch die Einbeziehung der von Österreich mit Drittstaaten abgeschlossenen Doppelbesteuerungsabkommen hilfreich, wenn Teile des Vermögens sich bereits vor dem Wegzug in Drittstaaten befinden bzw. mit dem Wegzug in diese transferiert werden sollen. Aufgrund der Vielzahl der möglichen Fallkonstellationen bei Drittstaatsvermögen werden im Folgenden nur die deutsch-österreichischen Abkommen ausführlich erläutert.

4.1 Das Doppelbesteuerungsabkommen auf dem Gebiet der Steuern vom Einkommen und Vermögen 1954/92

Das bis zum 31.12.2002 gültige Abkommen stammt aus dem Jahr 1954. Da zu diesem Zeitpunkt noch kein OECD-Musterabkommen vorlag[275], weicht es von diesem in mehreren Punkten ab. Die Artikelgliederung und die Terminologie sind bisweilen unterschiedlich. Dennoch entspricht die grundlegende Systematik bereits dem späteren OECD-Musterabkommen. Das Abkommen von 1954 stellte ein steuerliches Hindernis für Investoren dar, da ein internationales Schachtelprivileg fehlte[276]. Es wurde daher mit dem Änderungsabkommen vom 8.7.1992 in mehreren Punkten überarbeitet[277]. Die ursprünglich geplante Totalrevision wurde zunächst verschoben. Das Änderungsabkommen trat mit dem 1.7.1994 in Kraft. Aufgrund der vereinbarten Rückwirkung galt es bereits ab dem 1.1.1992. Die Vermeidung der Doppelbesteuerung wird gemäß Art. 15 ErtSt-DBA 1954/92 grundsätzlich im Wege der Freistellung unter Berücksichtigung eines Progressionsvorbehalts erreicht. Lediglich für Dividenden, Zinsen und Lizenzgebühren kann unter bestimmten Voraussetzungen statt der Freistellungs- die Anrechnungsmethode zur Anwendung gelangen.

---

[275] Die ersten Abkommensentwürfe der OECD auf dem Gebiet der Ertrag- und Vermögensteuern stammen aus den Jahren 1963 und 1977. Vgl. Lang, M. (1992b), S. 40.
[276] Vgl. Haas (1981), S. 240 und Seibold (1997), S. 8.
[277] Vgl. zum Inhalt der Abkommensänderungen Loukota (1991) und zur Durchführungsregelung zum revidierten Abkommen Loukota (1994b).

4.1.1 Persönlicher Anwendungsbereich

Der persönliche Anwendungsbereich des Abkommens ist durch Art. 1 und 16 ErtSt-DBA 1954/92 und durch Nr. 1 und 2 des dazugehörigen Schlussprotokolls geregelt. Den Abkommensschutz genießen sowohl natürliche als auch juristische Personen. Voraussetzung ist, dass die Person in einem der beiden oder in beiden Vertragsstaaten einen Wohnsitz hat. Die Staatsangehörigkeit spielt für die Inanspruchnahme des Abkommens keine Rolle. Wenn eine natürliche Person keinen Wohnsitz in einem der Vertragsstaaten hat, gilt als Wohnsitz der Ort ihres gewöhnlichen Aufenthalts. Als Wohnsitz einer juristischen Person gilt der Ort ihrer Geschäftsleitung bzw. subsidiär der Ort ihres Sitzes. Personenvereinigungen und Vermögensmassen, die als solche der Besteuerung wie eine juristische Person unterliegen, gelten im Sinne des Abkommens als juristische Personen. Damit sind alle Körperschaftsteuersubjekte nach deutscher und österreichischer Rechtsordnung abkommensberechtigt.

Nicht abkommensberechtigt sind Personengesellschaften, da ihnen von beiden Rechtsordnungen keine Steuersubjektivität verliehen wird. Stattdessen muss die persönliche Abkommensberechtigung für jeden Gesellschafter der Personengesellschaft gesondert geprüft werden. Eine Ausnahme besteht hinsichtlich der in Deutschland und Österreich erhobenen Realsteuern[278]. Da diesbezüglich eine Steuersubjektivität der Personengesellschaften gegeben ist, sind diese selbst abkommensberechtigt. In einem Verständigungsverfahren sind die Finanzverwaltungen Deutschlands und Österreichs übereingekommen, dass sich nur solche Personengesellschaften, deren Anteile zu mindestens 80 % von Personen mit Wohnsitz in einem der beiden Vertragsstaaten gehalten werden, auf das Abkommen berufen können[279]. Art. 16 ErtSt-DBA 1954/92 trifft für den Fall von Doppelwohnsitzen eine Festlegung, welcher Staat als Wohnsitzstaat im Sinne des Abkommens gilt. Maßgebend ist der Wohnsitz, zu dem die stärksten persönlichen und wirtschaftlichen Beziehungen bestehen. Wenn dies nicht festzustellen ist, muss ein Verständigungsverfahren gemäß Art. 21 ErtSt-DBA 1954/92 eingeleitet werden.

4.1.2 Sachlicher Anwendungsbereich

Die Vorschriften zum sachlichen Geltungsbereich finden sich in Art. 1 und 2 ErtSt-DBA 1954/92 sowie in Nr. 3 und 4 des dazugehörigen Schlussprotokolls.

---

[278] Zu den Realsteuern gehören in Deutschland die Gewerbesteuer (§ 5 Abs. 1 Satz 3 dGewStG) und die Grundsteuer (§ 10 Abs. 1 und 3 dGrStG). In Österreich haben Personengesellschaften eine relative Steuerfähigkeit im Bereich der Grundsteuer (§ 9 Abs. 1 und 2 öGrStG) und der Kommunalsteuer (§ 6 öKommStG).

[279] Vgl. öBMF: Österreichisch-deutsche Verständigung über DBA-Auslegungsfragen. Ergebnisse der gemeinsamen Beratungen der obersten Finanzbehörden. In: SWI 1991, S. 197 - 199. Kritisch zu dieser Einschränkung Schuch (1996a), S. 190 - 191.

Gemäß Art. 1 Abs. 1 ErtSt-DBA 1954/92 soll die doppelte Heranziehung zu Steuern vermieden werden, die von den Vertragsstaaten oder von den jeweiligen Gebietskörperschaften erhoben werden. Abgaben nichtstaatlicher Natur sind aus dem Anwendungsbereich des Abkommens ausgeschlossen[280]. Nicht abgestellt wird auf die Art der Erhebung. Das Abkommen gilt in der gleichen Weise für Abzugssteuern wie für Veranlagungssteuern. In Art. 2 Abs. 1 ErtSt-DBA 1954/92 werden die Steuern ausdrücklich aufgeführt, die unter den Abkommensschutz fallen. Einige der dort aufgeführten Steuern werden nicht mehr erhoben[281]. Die Steuern, die zurzeit noch erhoben und ausdrücklich genannt werden, sind in Deutschland die Einkommensteuer, die Körperschaftsteuer, die Gewerbeertragsteuer und die Grundsteuer und in Österreich die Einkommensteuer, die Körperschaftsteuer und die Grundsteuer. Gemäß Art. 2 Abs. 2 ErtSt-DBA 1954/92 ist das Abkommen auf jede andere ihrem Wesen nach gleiche oder ähnliche Steuer anzuwenden, die nach dessen Unterzeichnung von einem der Vertragsstaaten eingeführt wird. Zum derzeitigen Zeitpunkt fallen auf deutscher Seite der Solidaritätszuschlag und auf österreichischer Seite die Kommunalsteuer, die Bodenwertabgabe[282] und die Abgabe von land- und forstwirtschaftlichen Betrieben[283] unter diese Klausel.

4.1.2.1 Einkünfte aus unbeweglichem Vermögen

Die Einkünfte aus unbeweglichem Vermögen werden gemäß Art. 3 ErtSt-DBA 1954/92 dem Staat zugewiesen, in dem das Vermögen liegt[284]. In dieser Zuweisung des Besteuerungsrechts nach dem Belegenheitsprinzip kommt die enge wirtschaftliche Verbindung zwischen der Quelle der Einkünfte und dem Staat des Vermögens zum Ausdruck. Gemäß Art. 3 Abs. 3 ErtSt-DBA 1954/92 fällt auch das unbewegliche Betriebsvermögen unter die Verteilungsnorm für unbewegliches Vermögen[285]. Neben den laufenden Einkünften, zu denen die aus der

---

[280] Hierzu gehören beispielsweise Sozialversicherungsbeiträge und Kirchensteuern.
[281] In Deutschland sind dies die Abgabe Notopfer Berlin, die Vermögensteuer und die Gewerbekapitalsteuer. In Österreich wird die Vermögensteuer, die Aufsichtsratabgabe und die Gewerbesteuer nicht mehr erhoben.
[282] Die Bodenwertabgabe ist eine zusätzliche, seit dem 1.1.1961 erhobene Grundsteuer auf unbebaute Grundstücke.
[283] Die Abgabe von land- und forstwirtschaftlichen Betrieben ist eine zusätzliche, seit dem 1.1.1961 erhobene Grundsteuer auf unbebaute Grundstücke, die nachhaltig land- und forstwirtschaftlich genutzt werden.
[284] Gemäß Art. 15 Abs. 1 ErtSt-DBA 1954/92 hat der Wohnsitzstaat kein Besteuerungsrecht.
[285] Das FG Nürnberg hat mit Urteil v. 17.12.1980 – V 55/77, EFG 1981, S. 331 aus dem ausdrücklichen Verweis des Art. 11 Abs. 3 ErtSt-DBA 1954/92, wonach Einkünfte aus beweglichem Kapitalvermögen bei Erzielung durch eine Betriebsstätte nach der Verteilungsnorm für Einkünfte aus Gewerbebetrieb gemäß Art. 4 ErtSt-DBA 1954/92 zu behandeln sind, geschlossen, dass mit dem unbeweglichen Betriebsvermögen in Art. 3 Abs. 3 ErtSt-DBA 1954/92 nur das Betriebsvermögen gewerblicher Unternehmen und nicht das Vermögen selbständig tätiger

eigenen Nutzung oder Bewirtschaftung erzielten Einkünfte sowie die Einkünfte aus der Vermietung und Verpachtung gehören, werden auch Einkünfte aus der Veräußerung von unbeweglichem Vermögen[286] und aus der Ausbeutung von Bodenschätzen nach dem Belegenheitsprinzip beurteilt. Nach dem ursprünglichen ErtSt-DBA 1954 waren auch Zinseinkünfte aus grundpfandrechtlich besicherten Forderungen der Verteilungsnorm für unbewegliches Vermögen unterworfen[287]. Mit dem Revisionsabkommen 1992 wurden derartige Einkünfte der Verteilungsnorm für bewegliches Kapitalvermögen zugeordnet[288].

4.1.2.2 Einkünfte aus Gewerbebetrieb

Art. 4 ErtSt-DBA 1954/92 regelt die Verteilung der Besteuerungsrechte für Einkünfte aus Gewerbebetrieb und enthält zudem die allgemeine Betriebsstättendefinition. Zu den gewerblichen Einkünften zählen gemäß Art. 4 Abs. 4 ErtSt-DBA 1954/92 die durch Verwaltung, Nutzung, Vermietung und Verpachtung eines Gewerbebetriebes sowie die durch Veräußerung eines Gewerbebetriebes im Ganzen oder in Teilen erzielten Einkünfte[289]. Es handelt sich grundsätzlich um jene Einkünfte, die nach innerstaatlichem Recht gemäß §§ 15, 16 dEStG bzw. gemäß §§ 23, 24 öEStG als Einkünfte aus Gewerbebetrieb erfasst werden[290]. Normiert wird durch diese Verteilungsnorm das so genannte Betriebs-

---

Unternehmen gemeint ist. Einkünfte aus land- und forstwirtschaftlichem, unbeweglichen Betriebsvermögen werden aufgrund der eindeutigen Hinweise in Art. 3 Abs. 2 ErtSt-DBA 1954/92 und in Nr. 6 des Schlussprotokolls unter die Verteilungsnorm für Einkünfte aus unbeweglichem Vermögen subsumiert.

[286] Gemäß Nr. 6 des Schlussprotokolls werden auch im Privatvermögen erzielte Veräußerungsgewinne von dieser Verteilungsnorm erfasst. § 23 Abs. 1 Nr. 1 dEStG nimmt steuerpflichtige private Veräußerungsgeschäfte an, wenn der Verkauf von Grundstücken und grundstücksgleichen Rechten innerhalb von zehn Jahren seit der Anschaffung erfolgte. In Österreich liegt gemäß § 30 Abs. 1 Nr. 1 lit. a öEStG ein Spekulationsgeschäft vor, wenn Grundstücke und grundstücksgleiche Rechte innerhalb von zehn Jahren bzw. in Ausnahmefällen innerhalb von 15 Jahren nach der Anschaffung veräußert werden. Ausgenommen von der Besteuerung sind gemäß § 30 Abs. 2 Nr. 1 öEStG Eigenheime oder Eigentumswohnungen samt Grund und Boden, wenn sie dem Veräußerer seit dem Erwerb und mindestens seit zwei Jahren durchgehend als Hauptwohnsitz gedient haben.

[287] Vgl. Art. 3 Abs. 3 ErtSt-DBA 1954.

[288] Vgl. Bendlinger (1993a), S. 281.

[289] Erfasst werden Einkünfte aus der Veräußerung eines Gewerbebetriebes im Ganzen, eines Anteiles am Unternehmen, eines Teiles des Betriebes oder eines beweglichen Gegenstandes, der im Betrieb benutzt wird.

[290] Danach fallen auch die Einkünfte eines atypisch stillen Gesellschafters unter die Verteilungsnorm für Einkünfte aus Gewerbebetrieb. In diesem Zusammenhang muss beachtet werden, dass zum Zeitpunkt der Abkommensunterzeichnung die österreichische und die deutsche Rechtsprechung und Lehre für das Vorliegen einer atypisch stillen Gesellschaft sowohl eine Beteiligung an den stillen Reserven als auch eine Beteiligung am Firmenwert voraussetzte. Die Änderung der deutschen Auffassung zum Mitunternehmerbegriffbegriff, wonach eine Beteiligung am Firmenwert nicht mehr erforderlich ist, hat keine Bedeutung für die abkom-

stättenprinzip. Danach erhält ein Staat das Besteuerungsrecht erst, wenn eine ausreichende Beziehung zu dem entsprechenden Staat durch das Vorhandensein einer Betriebsstätte gegeben ist[291]. Der Betriebsstättenstaat darf jene Einkünfte aus Gewerbebetrieb besteuern, die der Betriebsstätte zuzurechnen sind[292]. Eine Betriebsstätte im Sinne des ErtSt-DBA's 1954/92 ist eine ständige Geschäftseinrichtung des gewerblichen Unternehmens, in der die Tätigkeit dieses Unternehmens ganz oder teilweise ausgeübt wird[293].

4.1.2.3 Einkünfte aus der Veräußerung wesentlicher Beteiligungen

Das Besteuerungsrecht für die Einkünfte aus der Veräußerung wesentlicher Beteiligungen an einer Kapitalgesellschaft, die den Ort der Geschäftsleitung in dem anderen Staat hat, besitzt gemäß Art. 7 ErtSt-DBA 1954/92 grundsätzlich der Wohnsitzstaat des Veräußerers. Wenn die Einkünfte jedoch durch eine Betriebsstätte erzielt werden, erfolgt die Zuteilung des Besteuerungsrechts nach Art. 4 ErtSt-DBA 1954/92. In diesem Fall darf der Betriebsstättenstaat den Veräußerungsgewinn besteuern. Zu beachten ist, dass gemäß Nr. 19 des Schlussprotokolls eine wesentliche Beteiligung im Sinne des Abkommens nur vorliegt, wenn der Veräußerter allein oder mit seinen Angehörigen an der Kapitalgesellschaft zu mehr als einem Viertel unmittelbar oder mittelbar innerhalb der letzten fünf Jahre beteiligt war. Die innerstaatlichen Absenkungen des Beteiligungsausmaßes auf „mindestens 1 %" sowohl in Deutschland als auch in Österreich sind abkommensrechtlich nicht von Bedeutung[294]. Die Verteilungsnorm gilt unabhängig davon, ob die Beteiligung im Privatvermögen oder im Betriebsvermögen gehalten wird. Nach Ansicht der Finanzverwaltung sind Liquidationsgewinne ebenfalls unter Art. 7 ErtSt-DBA 1954/92 zu subsumieren[295].

4.1.2.4 Einkünfte aus selbständiger Arbeit

Art. 8 ErtSt-DBA 1954/92 erfasst die Einkünfte aus selbständiger Arbeit. Aufgrund der vorgeschriebenen, sinngemäßen Anwendung von Art. 4 Abs. 4 ErtSt-DBA 1954/92 werden auch die Gewinne aus der Veräußerung des im Zusammenhang mit der Ausübung der selbständigen Tätigkeit stehenden Vermögens

---

mensrechtliche Beurteilung. Vgl. Lang, M. (1992a), S. 577 und Schuch (1996a), S. 199 m.w.N.
[291] Der Betriebsstättenstaat hat damit auch das alleinige Besteuerungsrecht. Gemäß Art. 15 Abs. 1 ErtSt-DBA 1954/92 hat der Wohnsitzstaat die entsprechenden Einkünfte freizustellen.
[292] Zur Zurechnung der gewerblichen Einkünfte vgl. Art. 4 Abs. 2 ErtSt-DBA 1954/92 und Nr. 12 - 14 des Schlussprotokolls.
[293] Weitergehende Ausführungen zum Begriff der Betriebsstätte finden sich in Nr. 8 - 11 des zum DBA 1954/92 gehörigen Schlussprotokolls, bei Lang, M. (1992c) und bei Seibold (1997), S. 35 - 42.
[294] Vgl. § 17 Abs. 1 dEStG und § 31 Abs. 1 öEStG.
[295] Vgl. Lang, M. (1993b), S. 51 - 52 und Schuch (1996a), S. 201.

von dieser Verteilungsnorm erfasst. Grundsätzlich hat der Quellenstaat das Besteuerungsrecht nur, wenn der selbständig Tätige seine Tätigkeit unter Benutzung einer ihm dort regelmäßig zur Verfügung stehenden ständigen Einrichtung ausübt. Lediglich Einkünfte aus freiberuflich ausgeübten künstlerischen[296], vortragenden, sportlichen und artistischen Tätigkeiten[297] sowie aus selbständigen Tätigkeiten, die nicht freiberufliche sind[298], können im Quellenstaat unabhängig vom Vorhandensein einer ständigen Einrichtung besteuert werden. Um eine Besteuerung im Tätigkeitsstaat zu vermeiden, können international tätige Künstler und Sportler eine in ihrem Wohnsitzstaat ansässige Gesellschaft gründen. Der ausländische Veranstalter nimmt einen inländischen Künstler oder Sportler nur mittelbar über die inländische Gesellschaft unter Vertrag. Mangels einer ausländischen Betriebsstätte werden die Einkünfte aus gewerblicher Tätigkeit im Inland besteuert[299].

4.1.2.5 Einkünfte aus nichtselbständiger Arbeit

Art. 9 ErtSt-DBA 1954/92 stellt Regeln für die Behandlung der Einkünfte aus nichtselbständiger Arbeit auf. Grundsätzlich erfolgt eine Zuteilung des Besteuerungsrechts nach dem Quellenprinzip. Besteuern darf der Staat, in dem die nichtselbständige Arbeit ausgeübt wird. Etwas anderes gilt, wenn es sich um

---

[296] Gemäß BFH-Urteil v. 18.7.2001 – I R 26/01, IStR 2001, S. 653 gilt Art. 8 Abs. 2 Satz 2 ErtSt-DBA 1954/92 nicht für werkschaffende Künstler wie zum Beispiel Bühnenbildner und Regisseure.

[297] Die Einkünfte gewerblich tätiger Künstler, Sportler und Artisten werden hingegen als Einkünfte aus Gewerbebetrieb im Sinne des Art. 4 ErtSt-DBA 1954/92 qualifiziert. Die Besteuerung erfolgt dann bei Nichtexistenz einer Betriebsstätte im Wohnsitzstaat. Ein Schreiben des deutschen Bundesfinanzministeriums zu § 2 dAStG sieht für Sportler, nicht aber für Künstler und Artisten, eine abweichende Regelung vor. Danach unterliegen Vergütungen aus in Deutschland ausgeübten sportlichen Tätigkeiten der deutschen Besteuerung, sofern die Person ihren Wohnsitz von Deutschland nach Österreich verlegt hat. Österreich erließ nach erfolglos verlaufenen Verständigungsgesprächen einen einseitigen Erlass, wonach Art. 8 Abs. 2 Satz 2 ErtSt-DBA 1954/92 auch für gewerbliche Einkünfte anwendbar ist. Vgl. Seibold (1997), S. 54 m.w.N.

[298] Eine Sonderregelung stellt Art. 8 Abs. 4 ErtSt-DBA 1954/92 dar. Obwohl zur Gruppe der Einkünfte aus sonstiger selbständiger Tätigkeit gehörend, werden Einkünfte aus einer Tätigkeit als Aufsichtsratsmitglied oder als nicht geschäftsführendes Mitglied des Verwaltungsrats oder ähnlicher Organe in dem Staat besteuert, in dem das die Vergütung leistende Unternehmen den Ort der Geschäftsleitung hat.

[299] In Österreich wird eine derartige Gestaltung durch § 99 Abs. 1 Nr. 1 öEStG verhindert. Danach wird die Einkommensteuer beschränkt Steuerpflichtiger durch Steuerabzug erhoben bei Einkünften aus im Inland ausgeübter oder verwerteter selbständiger Tätigkeit als Schriftsteller, Vortragender, Künstler, Architekt, Sportler, Artist oder Mitwirkender an Unterhaltungsdarbietungen, wobei es gleichgültig ist, an wen die Vergütungen geleistet werden. Vgl. auch Maier, H. (1997), S. 30.

Einkünfte aus dem öffentlichen Dienst[300] handelt. Derartige Einkünfte können gemäß Art. 10 ErtSt-DBA 1954/92 nur von dem Staat besteuert werden, der die Zahlungen leistet. Ruhegehälter werden im Wohnsitzstaat besteuert, sofern es sich nicht um Gelder handelt, die von einer Person im Sinne des Art. 10 ErtSt-DBA 1954/92 gewährt werden[301]. Eine Sonderregelung gilt für Grenzgänger[302]. Dies sind Personen, die einen grenznahen[303] Wohnsitz[304] und in dem anderen Staat einen grenznahen Arbeitsort haben und zugleich täglich von ihrem Arbeitsort an den Wohnsitz zurückkehren[305,306]. Deren Einkünfte werden im Wohnsitzstaat besteuert[307]. Auch für den Fall der kurzfristigen Auslandsentsendung von Arbeitnehmern besteht gemäß Art. 9 Abs. 2 ErtSt-DBA 1954/92 eine Sondervorschrift[308].

---

[300] Zu den Einkünften aus dem öffentlichen Dienst gehören alle unselbständigen Einkünfte, die einem Steuerpflichtigen für eine gegenwärtige oder frühere Dienst- oder Arbeitsleistung vom Staat, den Ländern, Gemeinden oder Gemeindeverbänden und anderen juristischen Personen des öffentlichen Rechts bezahlt werden.
[301] Vgl. Art. 9 Abs. 4 ErtSt-DBA 1954/92.
[302] Vgl. Art. 9 Abs. 3 ErtSt-DBA 1954/92.
[303] Grenznähe ist gemäß Nr. 24 des zum ErtSt-DBA 1954/92 gehörigen Schlussprotokolls in einer Zone von je 30 Kilometern beiderseits der Grenze gegeben. Nach dem BFH-Beschluss v. 26.4.1995 – I B 166/94, BStBl II 1995, S. 532 wird dabei nicht auf die Luftlinienentfernung abgestellt. Die österreichische Finanzverwaltung legt hingegen die Luftlinienentfernung zugrunde. Vgl. Seibold (1997), S. 65.
[304] In der Verständigungsvereinbarung v. 29.1.1999 wurde vereinbart, dass die Begründung eines bloßen Zweitwohnsitzes in der Grenzzone nicht für die Inanspruchnahme der Grenzgängerregelung des Abkommens ausreicht. Es bestand aber auch Einvernehmen darüber, dass dann, wenn ein Grenzgänger seinen Hauptwohnsitz in der Grenzzone besitzt, ein außerhalb dieser Zone gelegener Zweitwohnsitz nicht zur Aberkennung der Grenzgängereigenschaft führt. Wichtig ist diese Feststellung aufgrund der Formulierung in Art. 9 Abs. 3 Nr. 1 ErtSt-DBA 1954/92, wonach davon ausgegangen werden könnte, dass ein Grenzgänger im Sinne des Abkommens nur einen Wohnsitz haben darf. Vgl. Loukota (1999b), S. 151 - 152 und Loukota (2000), S. 158. Zuvor hatte das österreichische Bundesministerium der Finanzen mit Schreiben v. 6.5.1996, SWI 1996, S. 328 hinsichtlich der Anwendung des schweizerisch-österreichischen Abkommens Zweifel geäußert, dass die Grenzgängereigenschaft noch erfüllt ist, sofern der Steuerpflichtige an seinem Arbeitsort eine Zweitwohnung unterhält.
[305] Vgl. Albeseder/Baumgartner/Weiler (1988), S. 492.
[306] Zur Abmilderung von Härten wurde mit Wirkung zum 1.1.1986 eine Verständigungsvereinbarung geschlossen, wonach die Grenzgängereigenschaft nicht verloren geht, wenn bei ganzjähriger Tätigkeit die Tätigkeit für den Arbeitgeber außerhalb der Grenzzone oder eine Nichtrückkehr des Arbeitnehmers zum Wohnsitz an maximal 45 Arbeitstagen erfolgt. Vgl. dBMF-Schreiben v. 30.1.1987 – IV C 5 – S 1301 Öst – 1/87, BStBl I 1987, S. 191 und Albeseder/Baumgartner/Weiler (1988), S. 493.
[307] Zu den Besonderheiten des für die als Grenzgänger tätigen Arbeitnehmer geltenden Sozial- und Beihilferechts vgl. Holzapfel (2001). Einen Überblick über sozialversicherungsrechtliche Aspekte bei grenzüberschreitenden Fällen bietet Ley (2000), S. 1097 - 1102.
[308] Hierauf wird im Folgenden nicht weiter eingegangen, da für den zu untersuchenden Fall einer Wohnsitzverlegung von einer dauerhaften Ansässigkeit auszugehen ist. Weitergehende

Ein Qualifikationskonflikt existiert hinsichtlich der Einordnung der Einkünfte von wesentlich beteiligten Gesellschaftergeschäftsführern[309]. Die Gehälter von Personen, deren Anteil am Grund- oder Stammkapital der das Gehalt zahlenden Kapitalgesellschaft mehr als 25 % beträgt, gehören in Österreich gemäß § 22 Nr. 2 Spiegelstrich Nr. 2 öEStG zu den Einkünften aus selbständiger Arbeit. Nach deutschem Steuerrecht werden derartige Einkünfte als Einkünfte aus nichtselbständiger Arbeit behandelt. Zur Vermeidung eines Qualifikationskonflikts wurde eine Verständigungsvereinbarung getroffen[310]. Danach erfolgt die Behandlung der Einkünfte nach Art. 8 Abs. 1 ErtSt-DBA 1954/92. Eine ständige Einrichtung als Voraussetzung für die Besteuerung im Tätigkeitsstaat ist nicht erforderlich, da die Ausübung einer Geschäftsführertätigkeit keinen freien Beruf darstellt. Gesellschaftergeschäftsführer, die zugleich Grenzgänger sind, unterliegen mit ihren Bezügen und Ruhegeldern ebenfalls der Besteuerung im Tätigkeitsstaat[311].

4.1.2.6 Einkünfte aus Kapitalvermögen

Die Regelung der Dividendenbesteuerung[312] gemäß Art. 10 a ErtSt-DBA 1954/92 ist das Kernstück des Revisionsabkommens von 1992. Der nach dem Abkommen von 1954 für Dividenden und Zinsen gemeinsam geltende Art. 11 ErtSt-DBA 1954 ist nach der Änderung auf Zinseinkünfte beschränkt. Grundsätzlich erfolgt – wie nach dem ursprünglichen Doppelbesteuerungsabkommen – eine Besteuerung der Dividenden im Wohnsitzstaat. Eine von den Dividenden im Abzugsweg erhobene Steuer darf im Quellenstaat unbeschadet der grundsätzlichen Besteuerung im Wohnsitzstaat erhoben werden. Während nach dem ursprünglichen Abkommen die Steuer in der nach innerstaatlichem Recht vorgesehenen Höhe abgezogen werden durfte, sieht das ErtSt-DBA 1954/92 eine prozentuale Begrenzung der im Quellenstaat zu erhebenden Steuer vor. Grundsätzlich darf die Quellensteuer gemäß Art. 10 a Abs. 2 lit. a ErtSt-DBA 1954/92 eine Höhe von 15 % des Bruttobetrags der Dividenden nicht übersteigen. Die Quellensteuer wird im Wohnsitzstaat auf die dort zu zahlende Einkommensteuer

---

Informationen finden sich bei Schuch (1996a), S. 204 - 205, Loukota (1997) und Seibold (1997), S. 59 - 62.
[309] Nicht wesentlich beteiligte Gesellschaftergeschäftsführer werden im Doppelbesteuerungsrecht als Arbeitnehmer behandelt. Vgl. Bendlinger (1993b).
[310] Vgl. Verfügung der OFD Frankfurt am Main v. 4.9.1996 – S 1301 A – 31.15 – StIII 1a, GmbHR 1996, S. 875.
[311] Vgl. Lang, M. (1991), S. 329.
[312] Dividenden im Sinne des Abkommens sind gemäß Art. 10 a Abs. 3 ErtSt-DBA 1954/92 Einkünfte aus Aktien, Genussrechten oder Genussscheinen, Kuxen, Gründeranteilen oder anderen Rechten – ausgenommen Forderungen – mit Gewinnbeteiligung sowie aus sonstigen Gesellschaftsanteilen stammende Einkünfte, die nach dem Recht des Staates, in dem die ausschüttende Gesellschaft ansässig ist, den Einkünften aus Aktien steuerlich gleichgestellt sind.

angerechnet[313]. Ein gesonderter Antrag des Steuerpflichtigen zur Anrechnung ist nicht erforderlich. Eine Reduktion der Quellensteuer auf höchstens 5 % erfolgt gemäß Art. 10 a Abs. 2 lit. a ErtSt-DBA 1954/92, wenn eine Kapitalgesellschaft an der ausschüttenden Gesellschaft zu mindestens 10 % unmittelbar beteiligt ist. In diesem Fall werden die Einkünfte im Wohnsitzstaat freigestellt[314]. Ziel dieser Regelung war eine Anpassung der Steuerbelastung von Betriebsstättengewinnen und Ausschüttungen juristischer Personen[315]. Wenn der Dividendenempfänger im Quellenstaat über eine Betriebsstätte verfügt und die Einkünfte über diese Betriebsstätte erzielt, gelten die Quellensteuerhöchstsätze nicht. Die Dividenden werden als Einkünfte aus Gewerbebetrieb im Sinne von Art. 4 ErtSt-DBA 1954/92 behandelt. Zuwendungen von österreichischen Privatstiftungen werden zwar nach nationalem Recht den Gewinnausschüttungen von Kapitalgesellschaften gleichgestellt, stellen aber nach Abkommensrecht sonstige Einkünfte dar, weil die Zuwendungsempfänger keine Anteile an der Privatstiftung besitzen[316].

Das Besteuerungsrecht für Einkünfte aus beweglichem Kapitalvermögen, für die Art. 10 a ErtSt-DBA 1954/92 nicht gilt, hat grundsätzlich der Wohnsitzstaat des Empfängers der Einkünfte. Zinsen für hypothekarisch gesicherte Forderungen werden nach Verabschiedung des Revisionsabkommens 1992 ebenfalls der Verteilungsnorm für Einkünfte aus beweglichem Kapitalvermögen zugeordnet[317]. Das Quellenbesteuerungsrecht des Staates, in dem das Kapital veranlagt ist, wird durch die Vorschrift nicht berührt. Anders als bei den Dividenden wird dieses Recht prozentual nicht herabgesetzt. Eine Ausnahme bilden Zinsen für Obligationen, die keine Wandelanleihen und Gewinnobligationen sind. Eine im Abzugswege von derartigen Zinsen erhobene Steuer ist gemäß Art. 11 Abs. 2 Satz 2 ErtSt-DBA 1954/92 zu erstatten. Sofern im Quellenstaat Kapitalertragsteuer einbehalten worden ist, muss der Wohnsitzstaat diese auf die eigene Steuerforderung anrechnen[318]. Dies geschieht seit Verabschiedung des Revisionsabkommens von Amts wegen[319]. Über eine Betriebsstätte bezogene Zinseinkünfte zählen zu den gewerblichen Einkünften. Sie werden gemäß Art. 4 i.V.m. Art. 11 Abs. 3 ErtSt-DBA 1954/92 im Betriebsstättenstaat besteuert.

---

[313] Vgl. Art. 15 Abs. 2 Satz 2 ErtSt-DBA 1954/92.
[314] Vgl. Art. 15 Abs. 2 Satz 3 ErtSt-DBA 1954/92.
[315] Vgl. Seibold (1997), S. 76.
[316] Vgl. Seibold (1997), S. 81.
[317] Nach dem ursprünglichen Abkommen wurden derartige Zinsen der Verteilungsnorm für Einkünfte aus unbeweglichem Vermögen zugeordnet. Vgl. Art. 3 Abs. 3 ErtSt-DBA 1954 und Teil 1, Kap. 4.1.2.1.
[318] Vgl. Art. 15 Abs. 2 Satz 2 ErtSt-DBA 1954/92.
[319] Für den Nachweis des Abzugs der Steuer genügt die Vorlage einer Abrechnung der Stelle, die die Kapitalerträge ausgezahlt hat. Vgl. Nr. 27 des Schlussprotokolls zum ErtSt-DBA 1954/92.

4.1.2.7 Sonstige Einkünfte

Einkünfte aus Lizenzgebühren und aus anderen Vergütungen für die Benutzung von Urheberrechten, Patenten, Gebrauchsmustern, Herstellungsverfahren, Warenzeichen oder ähnlichen Rechten mit Ausnahme von Rechten, die die Ausbeutung von Grund und Boden betreffen[320], werden gemäß Art. 12 ErtSt-DBA 1954/92 grundsätzlich vom Wohnsitzstaat des Empfängers besteuert. Für den Fall der missbräuchlichen Vereinbarung derartiger Vergütungen[321] und für den Fall des Bezugs der Einkünfte über eine Betriebsstätte hat der Quellenstaat das Besteuerungsrecht.

Das Doppelbesteuerungsabkommen regelt die Verteilung der Besteuerungsrechte abschließend. Gemäß Art. 13 Abs. 1 ErtSt-DBA 1954/92 werden Einkünfte, für die keine expliziten Regelungen im Abkommen getroffen wurden, vom Wohnsitzstaat besteuert[322]. Darunter fallen insbesondere Einkünfte aus Drittstaaten.

4.2 Das Doppelbesteuerungsabkommen auf dem Gebiet der Steuern vom Einkommen und Vermögen 2003

4.2.1 Voraussetzungen für das Inkrafttreten des Abkommens

Eine Einigung über die seit mehreren Jahren geplante Totalrevision des Doppelbesteuerungsabkommens auf dem Gebiet der Steuern vom Einkommen und Vermögen wurde am 2.9.1999 getroffen. An diesem Tag wurde das ErtSt-DBA 2003 paraphiert. Der Austausch der Ratifikationsurkunden fand aber erst am 18.7.2002 statt. In Kraft tritt das Abkommen gemäß Art. 31 ErtSt-DBA 2003 einen Monat nach Austausch der Ratifikationsurkunden und ist grundsätzlich in beiden Vertragsstaaten ab dem 1. Januar des auf die Ratifikation folgenden Kalenderjahres anzuwenden. Demzufolge gilt das neue Abkommen seit dem 1.1.2003[323]. Im Folgenden werden die Änderungen in der Zuteilung der Besteuerungsrechte bei Anwendung des neuen Abkommens herausgearbeitet.

---

[320] Diese Einkünfte werden gemäß Art. 3 Abs. 2 ErtSt-DBA 1954/92 nach dem Belegenheitsprinzip besteuert.
[321] Bei der missbräuchlichen Vereinbarung derartiger Vergütungen verliert der Wohnsitzstaat nicht sein Besteuerungsrecht. Er muss allerdings die im Quellenstaat erhobene Steuer auf seine eigene Steuerforderung anrechnen. Vgl. Art. 15 Abs. 2 Satz 2 ErtSt-DBA 1954/92.
[322] Neben den in den vorhergehenden Absätzen abgehandelten Verteilungsnormen bestehen noch ausdrückliche Regelungen für Einkünfte aus dem Betrieb von Schifffahrts-, Luftfahrts- oder Eisenbahnunternehmen, für Einkünfte von Personen des diplomatischen Dienstes, für Einkünfte der Angehörigen von Zoll- und Eisenbahnverwaltung sowie der Grenzpolizei und für Einkünfte in Form von Unterhalts-, Studien- oder Ausbildungsgeldern, die im Rahmen eines Studiums oder einer Ausbildung empfangen werden.
[323] Das ErtSt-DBA 2003 orientiert sich in der Artikelgliederung und im Inhalt am OECD-Musterabkommen.

4.2.2 Persönlicher Anwendungsbereich

Die Vorschriften zum persönlichen Geltungsbereich sind in den Artikeln 1, 3 und 4 ErtSt-DBA 2003 enthalten. Das Abkommen gilt gemäß Art. 1 ErtSt-DBA 2003 nur für Personen, die in einem Vertragsstaat oder in beiden Vertragsstaaten ansässig sind. Im Gegensatz zum alten Abkommen verweist das neue Abkommen bei der Definition der Ansässigkeit auf das innerstaatliche Recht der Vertragsstaaten[324]. Es enthält keine eigenständige Begriffsbestimmung. Durch den Verweis auf den Wohnsitz und den ständigen Aufenthalt, der mit dem gewöhnlichen Aufenthalt gleichzusetzen ist, treten keine materiellen Unterschiede zur bisherigen Rechtslage auf. Differenzierter wird die Situation bei Doppelansässigkeit geregelt. Während nach dem alten Abkommen bei Doppelansässigkeit natürlicher Personen für den Fall der Nichtbestimmbarkeit des Mittelpunkts der Lebensinteressen sofort ein Verständigungsverfahren einzuleiten ist, wird gemäß Art. 4 Abs. 2 ErtSt-DBA 2003 ein mehrstufiges Verfahren angewendet. Wenn nicht ermittelt werden kann, in welchem Staat die Person den Mittelpunkt ihrer Lebensinteressen hat, oder sie in keinem der Staaten über eine ständige Wohnstätte verfügt, gilt sie nur in dem Staat als ansässig, in dem sie ihren gewöhnlichen Aufenthalt hat. Für den Fall, dass die Person den gewöhnlichen Aufenthalt in beiden Staaten oder in keinem der Staaten hat, gilt sie als nur in dem Staat ansässig, dessen Staatsangehöriger sie ist. Erst wenn dieses Prüfkriterium keine Rangfolge ergibt, ist ein Verständigungsverfahren einzuleiten. Neu ist auch eine Regelung für den Fall der Doppelansässigkeit von nicht natürlichen Personen. Gemäß Art. 4 Abs. 3 ErtSt-DBA 2003 gilt eine derartige Person als in dem Staat ansässig, in dem sich der Ort ihrer tatsächlichen Geschäftsleitung befindet[325]. Auf ursprünglich geplante Sonderregeln für Abwanderer und österreichische Privatstiftungen wurde von der deutschen Seite zugunsten eines ausgewogenen Abkommensergebnisses verzichtet[326].

---

[324] Gemäß Art. 4 Abs. 1 Satz 1 ErtSt-DBA 2003 „bedeutet der Ausdruck „eine in einem Vertragsstaat ansässige Person" eine Person, die nach dem Recht dieses Staates dort auf Grund ihres Wohnsitzes, ihres ständigen Aufenthalts, des Ortes ihrer Geschäftsleitung oder eines anderen ähnlichen Merkmals steuerpflichtig ist".
[325] Gemäß Art. 1 Abs. 3 ErtSt-DBA 1954/92 gilt als Wohnsitz einer juristischen Person der Ort ihrer Geschäftsleitung. Nur wenn sie in keinem der Vertragsstaaten den Ort ihrer Geschäftsleitung hat, gilt der Ort ihres Sitzes als Wohnsitz. Durch diese subsidiäre Behandlung des Sitzes gegenüber dem Ort der Geschäftsleitung wird indirekt ein inhaltlich vergleichbares Ergebnis erzielt.
[326] Vgl. Runge (1999), S. 21

4.2.3 Sachlicher Anwendungsbereich

Der sachliche Geltungsbereich ist in Art. 2 ErtSt-DBA 2003 festgelegt[327]. Im Unterschied zum alten Abkommen wird genau definiert, was unter Steuern vom Einkommen und Vermögen zu verstehen ist. Gemäß Art. 2 Abs. 2 ErtSt-DBA 2003 sind dies „alle Steuern, die vom Gesamteinkommen, vom Gesamtvermögen oder von Teilen des Einkommens oder des Vermögens erhoben werden, einschließlich der Steuern vom Gewinn aus der Veräußerung beweglichen oder unbeweglichen Vermögens, der Lohnsummensteuern sowie der Steuern vom Vermögenszuwachs". Die explizite Aufzählung der Steuern, für die das neue Abkommen insbesondere gilt, wurde an die derzeit tatsächlich erhobenen Steuern angepasst[328]. Die österreichische Kommunalsteuer wird zukünftig nicht mehr vom sachlichen Geltungsbereich des Abkommens erfasst[329]. Jedoch wurde in Abs. 12 des Schlussprotokolls festgehalten, dass in Deutschland ansässigen Unternehmen, denen nach den Bestimmungen des alten Abkommens Entlastung von der Kommunalsteuer zu gewähren gewesen wäre, diese Entlastung auch weiterhin so lange zusteht, wie Mitgliedstaaten der Europäischen Union aufgrund ihrer Doppelbesteuerungsabkommen mit Österreich von dieser Abgabe entlastet werden. Aufgrund der eindeutigen Willensbekundung, dass die Kommunalsteuer zukünftig nicht mehr unter das Abkommen fallen soll, kann sie nicht – wie im alten Abkommen geschehen – durch die für Steuern gleicher oder im wesentlichen ähnlicher Art geltende Auffangklausel[330] in den Anwendungsbereich des Abkommens gelangen.

4.2.3.1 Begriffbestimmungen und Auslegung des Abkommens

Neu hinzugekommen ist ein eigenständiger Artikel, der ausschließlich allgemeine Begriffsbestimmungen enthält[331]. Ergänzend finden sich in Art. 4 und 5 ErtSt-DBA 2003 Definitionen zur Ansässigkeit und zur Betriebsstätte. Im alten Abkommen sind Definitionen in den einzelnen Artikeln und in den Ergänzungen des Schlussprotokolls enthalten. Zu den Begriffen, die ausschließlich im neuen Abkommen definiert werden, gehören insbesondere die Ausdrücke „ein Ver-

---

[327] Eine Auflistung der Einkünfte, für die die Anrechnungsmethode anzuwenden ist, und der Einkünfte, für die die Freistellungsmethode gilt, findet sich bei Wassermeyer (2000), S. 151 - 152.
[328] Gemäß Art. 2 Abs. 3 ErtSt-DBA 2003 gehören zu den Steuern, für die das Abkommen insbesondere gilt, in Deutschland die Einkommensteuer, die Körperschaftsteuer, die Gewerbesteuer und die Grundsteuer einschließlich der hierauf erhobenen Zuschläge und in Österreich die Einkommensteuer, die Körperschaftsteuer, die Grundsteuer, die Abgabe von land- und forstwirtschaftlichen Betrieben und die Abgabe vom Bodenwert bei unbebauten Grundstücken einschließlich der hierauf erhobenen Zuschläge.
[329] Vgl. Jirousek (1998), S. 500.
[330] Vgl. Art. 2 Abs. 2 ErtSt-DBA 1954/92 und Art. 2 Abs. 4 ErtSt-DBA 2003.
[331] Vgl. Art. 3 ErtSt-DBA 2003.

tragsstaat", „der andere Vertragsstaat", „Bundesrepublik Deutschland", „Republik Österreich" und „Staatsangehöriger". Der Begriff des Staatsangehörigen ist wichtig für die Anwendung der Zuteilungsregel für Bezüge aus öffentlichen Kassen gemäß Art. 19 ErtSt-DBA 2003 und für die Anwendung des Diskriminierungsverbots gemäß Art. 24 ErtSt-DBA 2003[332].

Des Weiteren ist mit Art. 3 Abs. 2 ErtSt-DBA 2003 erstmals eine allgemeine Auslegungsregel Bestandteil eines deutsch-österreichischen Abkommens[333,334]. Danach hat, „bei der Anwendung des Abkommens durch einen Vertragsstaat [...], wenn der Zusammenhang nichts anderes erfordert, jeder im Abkommen nicht definierte Ausdruck die Bedeutung, die ihm im Anwendungszeitraum nach dem Recht dieses Staates über die Steuern zukommt, für die das Abkommen gilt, wobei die Bedeutung nach dem in diesem Staat anzuwendenden Steuerrecht den Vorrang vor einer Bedeutung hat, die der Ausdruck nach anderem Recht dieses Staates hat". Aus der Vorschrift kann eine Prüffolge zur Auslegung abgeleitet werden: In einem ersten Auslegungsschritt ist auf die Definitionen des Abkommens zurückzugreifen, in einem zweiten Schritt ist der Sinnzusammenhang des Abkommens zu ermitteln und erst, wenn diese beiden Schritte nicht zu einem Erfolg führen, darf auf die Begriffe des innerstaatlichen Rechts zurückgegriffen werden[335]. Dem Begriff des „Zusammenhangs" ist große Bedeutung beizumessen, da ansonsten eine vorzeitige Bezugnahme auf das originär innerstaatliche Recht die einheitliche Abkommensaussage gefährden würde[336]. Es muss der gesamte historische, systematische und teleologische Kontext, in dem die auszulegende Abkommensvorschrift steht, vor einem Rückgriff auf nationales Steuerrecht berücksichtigt werden. Insofern hat Art. 3 Abs. 2 ErtSt-DBA 2003 nur geringe Bedeutung für die praktische Anwendung des Abkommens.

Weitere Ausführungen zur Auslegung des neuen Abkommens finden sich in Abs. 16 des Schlussprotokolls. Danach soll grundsätzlich der Kommentar zum OECD-Musterabkommen – der von Zeit zu Zeit überarbeitet werden kann –

---

[332] Vgl. Toifl (1996b).
[333] Die Auslegungsregel entspricht der zum Zeitpunkt der Vertragsverhandlungen aktuellen Fassung des OECD-Musterabkommens.
[334] Für die Auslegung des alten Abkommens muss mangels einer eigenen Auslegungsregel auf die Auslegungsgrundsätze des Wiener Übereinkommens über das Recht der völkerrechtlichen Verträge v. 22.5.1969 zurückgegriffen werden. Die völkerrechtlichen Interpretationsmethoden unterscheiden sich nicht grundlegend von denen des innerstaatlichen Rechts. Auch im Völkerrecht wird auf die grammatische, systematische, teleologische und historische Auslegung zurückgegriffen. Detaillierte Ausführungen zur Auslegung des ErtSt-DBA's 1954/92 finden sich bei Seibold (1997), S. 23 - 31 und bei Lang, M. (1999), S. 61 - 66. Zur grundsätzlichen Interpretation von völkerrechtlichen Abkommen im Steuerrecht vgl. Lang, J. (1975).
[335] Vgl. Seibold (1997), S. 25.
[336] So auch Lang, M. (1999), S. 67.

herangezogen werden[337,338]. Die Formulierung lässt keinen Schluss zu, ob der zum Zeitpunkt des Vertragsabschlusses geltende Kommentar oder der Kommentar in seiner jüngsten Fassung maßgebend ist. Da diese Regelung auf Anregung der österreichischen Verhandlungsdelegation in Anlehnung an das Doppelbesteuerungsabkommen Österreich-USA aufgenommen wurde und bezüglich des letztgenannten Abkommens davon ausgegangen wird, dass der OECD-Kommentar in seiner zum Zeitpunkt des Abkommensabschlusses vorliegenden Fassung gültig ist, kann auch bezüglich des deutsch-österreichischen Abkommens von einer derartigen Sichtweise ausgegangen werden[339]. Von der grundsätzlichen Anwendbarkeit des OECD-Kommentars wurden hinsichtlich mehrerer Punkte Ausnahmen vereinbart[340]. Bedenklich ist vor allem die Regelung, wonach alle gegenteiligen Auslegungen, auf die sich die zuständigen Behörden nach In-Kraft-Treten des Abkommens geeinigt haben, zur Nichtanwendbarkeit des OECD-Kommentars führen. Damit hätten die Verwaltungsbehörden einen sehr weitreichenden Spielraum, der in den Bereich von Rechtssetzungsbefugnissen hineinreichen kann[341].

4.2.3.2 Einkünfte aus unbeweglichem Vermögen

Gemäß Art. 6 Abs. 1 ErtSt-DBA 2003 dürfen Einkünfte aus unbeweglichem Vermögen, das im anderen Vertragsstaat liegt, im anderen Staat besteuert werden. Darin kommt – wie im alten Abkommen – das Belegenheitsprinzip zum Ausdruck[342]. Die Definition des unbeweglichen Vermögens hat im neuen Abkommen eine Ergänzung gefunden. Danach gehört das lebende und tote Inventar land- und forstwirtschaftlicher Betriebe zum unbeweglichen Betriebsvermögen. Zudem wird ausdrücklich darauf hingewiesen, dass Schiffe und Luftfahrzeuge nicht als unbewegliches Vermögen gelten. Eine Änderung in der Zuweisung der Besteuerungsrechte ist durch Art. 6 Abs. 4 ErtSt-DBA 2003 eingetreten. Danach gilt das Belegenheitsprinzip auch für Einkünfte aus unbeweglichem Vermögen eines Unternehmens und für Einkünfte aus unbeweglichem Vermögen, das der Ausübung einer selbständigen Arbeit dient. Die Erfassung des einer selbständigen Arbeit dienenden Vermögens stellt eine Abweichung sowohl gegenüber

---

[337] Zur Entwicklung des OECD-Musterabkommens vgl. Seibold (1998), S. 650 - 651.
[338] Es muss darauf hingewiesen werden, dass aufgrund einer Verständigung zwischen deutscher und österreichischer Finanzverwaltung der OECD-Kommentar in seiner jeweiligen Fassung auch für die Auslegung des alten Abkommens heranzuziehen ist, soweit die jeweiligen Bestimmungen des Musterabkommens mit der vergleichbaren Bestimmung des alten Abkommens zumindest sinngemäß übereinstimmen. Vgl. Runge (1999), S. 18.
[339] Vgl. Lang, M. (1999), S. 74. A. A. Loukota (1995c), S. 452 und Heinrich (1996a), S. 4*.
[340] Vgl. Abs. 16 lit. a - d des Schlussprotokolls.
[341] Zur Beurteilung der anderen Ausnahmebestimmungen vgl. Lang, M. (1999), S. 75 - 79.
[342] Einkünfte aus im Wohnsitzstaat oder in Drittstaaten befindlichem unbeweglichen Vermögen werden gemäß Art. 21 Abs. 1 ErtSt-DBA 2003 im Wohnsitzstaat besteuert.

dem alten Abkommen[343] als auch gegenüber dem OECD-Musterabkommen dar. Gewinne aus der Veräußerung unbeweglichen Vermögens sind gemäß Art. 13 Abs. 1 ErtSt-DBA 2003 im Belegenheitsstaat zu besteuern[344].

Eine zusätzliche, das unbewegliche Vermögen betreffende Regelung findet sich in Art. 13 Abs. 2 ErtSt-DBA 2003. Danach dürfen Gewinne aus der Veräußerung von Aktien und sonstigen Anteilen an einer Gesellschaft, deren Aktivvermögen überwiegend aus unbeweglichem Vermögen in einem Vertragsstaat besteht[345], in diesem Staat besteuert werden. Ohne eine derartige Bestimmung könnte zur Veräußerung bestimmtes unbewegliches Vermögen in eine Kapitalgesellschaft eingebracht werden, um in der Folge die Anteile an der Kapitalgesellschaft an den Grundstückserwerber zu übertragen[346]. Die Vermeidung der Doppelbesteuerung bei der Veräußerung von Anteilen an derartigen Immobiliengesellschaften erfolgt – im Gegensatz zum übrigen unbeweglichen Betriebsvermögen und zu sonstigen Anteilen an Kapitalgesellschaften – durch die Anwendung des Anrechnungsverfahrens[347]. Die Vorschrift kann jedoch umgangen werden, indem die Anteile an der die Immobilien haltenden Gesellschaft in eine andere Gesellschaft eingebracht werden, deren Anteile stattdessen veräußert werden[348].

4.2.3.3 Einkünfte aus Gewerbebetrieb

Im Unterschied zum alten Abkommen sind die Betriebsstättendefinition und die Verteilungsnorm für die Einkünfte aus Unternehmensgewinnen in jeweils eigenständigen Artikeln enthalten. Gemäß Art. 5 Abs. 1 ErtSt-DBA 2003 bedeutet der Ausdruck „Betriebsstätte" im Sinne dieses Abkommens „eine feste Geschäftseinrichtung, durch die die Tätigkeit eines Unternehmens ganz oder teilweise ausgeübt wird". Der ausschließlich den Begriff der „Betriebsstätte" umschreibende Art. 5 ErtSt-DBA 2003 entspricht vollkommen der Fassung des OECD-Musterabkommens. Grundsätzlich muss festgestellt werden, dass der Betriebsstättenbegriff des neuen Abkommens enger ist als derjenige des alten

---

[343] Das unbewegliche Betriebsvermögen gemäß Art. 3 Abs. 3 ErtSt-DBA 1954/92 umfasst nur das Betriebsvermögen gewerblicher Unternehmen und das Betriebsvermögen von Land- und Forstwirtschaften, nicht aber das Vermögen selbständig tätiger Unternehmen.
[344] Der andere Staat hat gemäß Art. 23 Abs. 1 lit. a ErtSt-DBA 2003 bzw. gemäß Art. 23 Abs. 2 lit. a ErtSt-DBA 2003 die Gewinne aus der Veräußerung von der Besteuerung auszunehmen. Es bestehen danach keine materiellen Unterschiede zwischen der alten und der neuen Abkommenslage.
[345] Gemäß Abs. 4 des Schlussprotokolls bestimmt sich die Höhe des Aktivvermögens nach der letzten, vor der Veräußerung der Aktien und sonstigen Anteile zu erstellenden Handelsbilanz.
[346] Vgl. Loukota (1999a), S. 47.
[347] Vgl. Art. 23 Abs. 1 lit. b sublit. dd und Abs. 2 lit. b ErtSt-DBA 2003.
[348] So auch Staringer (1999a), S. 106 - 107.

Abkommens. Die beispielhafte Aufzählung in Art. 5 Abs. 2 ErtSt-DBA 2003 umfasst zwar als zusätzliche Kriterien den Ort der Leitung und die Einrichtungen bei Öl- oder Gasvorkommen, allerdings erfolgt hierdurch keine Erweiterung des Betriebsstättenbegriffs, da gemäß Nr. 8 des Schlussprotokolls zum ErtSt-DBA 1954/92 der Ort der Leitung unter den Begriff der „anderen ständigen Geschäftseinrichtung" und Öl- und Gasvorkommen unter den Begriff „andere Stätten der Ausbeutung von Grund und Boden" subsumiert werden kann[349]. Bauausführungen und Montagen stellen gemäß Art. 5 Abs. 3 ErtSt-DBA 2003 nur eine Betriebsstätte dar, wenn ihre Dauer zwölf Monate tatsächlich überschreitet. Nach Nr. 8 des Schlussprotokolls zum ErtSt-DBA 1954/92 führen Bauausführungen, Montagen und dergleichen bereits zu Betriebsstätten, wenn deren Dauer voraussichtlich zwölf Monate überschreiten wird. Eine Nichteinhaltung der Frist führt nicht zur Aberkennung der Betriebsstätteneigenschaft. Umfangreicher ist im neuen Abkommen zudem die Aufzählung der Einrichtungen, die nicht als Betriebsstätten gelten. Der engere Katalog des alten Abkommens erweitert den Umfang des Betriebsstättenbegriffs. Einrichtungen zur Lagerung, Warenlager zu Ausstellungszwecken, Einrichtungen zur Informationsbeschaffung im Einkaufsbereich und Geschäftseinrichtungen, die ausschließlich zu dem Zweck unterhalten werden, für das Unternehmen andere Tätigkeiten auszuüben, die vorbereitender Art sind oder eine Hilfstätigkeit darstellen[350], fallen nur unter den Betriebsstättenbegriff des alten, nicht aber unter den des neuen Abkommens[351].

Der die Überschrift „Unternehmensgewinne" tragende Art. 7 ErtSt-DBA 2003 behandelt die Verteilung der Gewinne eines Unternehmens. Er ist zu vergleichen mit Art. 4 ErtSt-DBA 1954/92, der mit „Einkünfte aus Gewerbebetrieb" betitelt ist. Im neuen Abkommen ist im Gegensatz zum alten Abkommen keine Definition der Unternehmensgewinne enthalten[352]. Sowohl im alten als auch im neuen Abkommen ist ein Betriebsstättenvorbehalt verankert. Unterschiede bestehen hinsichtlich der Anwendung der Methode zur Aufteilung der Unternehmensgewinne. Während gemäß Nr. 12 und 13 des Schlussprotokolls zum ErtSt-DBA 1954/92 die direkte Methode Vorrang vor der indirekten Methode hat, können gemäß Art. 7 Abs. 3 und 4 ErtSt-DBA 2003 grundsätzlich beide Metho-

---

[349] So auch Seibold (1997), S. 36 - 37.
[350] Hierunter fallen Einrichtungen, die Werbung betreiben, wissenschaftlich forschen oder Informationen über technisches Know-how erteilen. Vgl. Seibold (1997), S. 39, Jirousek (1998), S. 500 und Loukota (1998b), S. 256.
[351] Vgl. Nr. 9 des Schlussprotokolls zum ErtSt-DBA 1954/92 und Art. 5 Abs. 4 ErtSt-DBA 2003.
[352] Im alten Abkommen gelten gemäß Art. 4 Abs. 4 ErtSt-DBA 1954/92 als Einkünfte aus Gewerbebetrieb die durch unmittelbare Verwaltung und Nutzung und die durch Vermietung, Verpachtung und jede andere Art der Nutzung des gewerblichen Unternehmens erzielten Einkünfte einschließlich der Veräußerungsgewinne.

den angewendet werden. Eine im alten Abkommen nicht enthaltene Einschränkung besteht jedoch hinsichtlich der Methodenstetigkeit. Gemäß Art. 7 Abs. 6 ErtSt-DBA 2003 sind die der Betriebsstätte zuzurechnenden Gewinne jedes Jahr auf dieselbe Art zu ermitteln, es sei denn, dass ausreichende Gründe dafür bestehen, anders zu verfahren. Weder im alten Abkommen noch im OECD-Musterabkommen ist eine Art. 7 Abs. 7 ErtSt-DBA 2003 entsprechende Regelung enthalten. Danach erstreckt sich der Artikel über die Verteilung der Unternehmensgewinne auch auf die Einkünfte aus der Beteiligung an einer Personengesellschaft und auf die Vergütungen, die ein Gesellschafter einer Personengesellschaft von der Gesellschaft für seine Tätigkeit im Dienst der Gesellschaft, für die Gewährung von Darlehen oder für die Überlassung von Wirtschaftsgütern bezieht. Neu ist auch, dass Betriebsstättenverluste auf der Grundlage der Gegenseitigkeit im Betriebsstättenstaat zu berücksichtigen sind, sofern dies nicht zu einer Doppelberücksichtigung der Verluste führt[353,354].

4.2.3.4 Einkünfte aus selbständiger Arbeit

Die Behandlung der Einkünfte aus selbständiger Arbeit wird in Art. 14 ErtSt-DBA 2003 geregelt. Im Gegensatz zum alten Abkommen ist die Besteuerung von Aufsichts- und Verwaltungsräten sowie von Künstlern und Sportlern nicht Bestandteil des Artikels zu den Einkünften aus selbständiger Tätigkeit. Stattdessen wird die Zuweisung der Besteuerungsrechte für die Einkünfte der genannten Personengruppen in gesonderten Artikeln vorgenommen. Wie im alten Abkommen darf grundsätzlich der Wohnsitzstaat der selbständig tätigen Person die Einkünfte besteuern, es sei denn, dass der Person im anderen Vertragsstaat für die Ausübung ihrer Tätigkeit gewöhnlich eine feste Einrichtung zur Verfügung steht. Zwischen dem Begriff der „ständigen Einrichtung" des alten Abkommens und dem Begriff der „festen Einrichtung" besteht kein materieller Unterschied. Die beispielhafte Aufzählung der Berufe, die ausdrücklich als freie Berufe anzusehen sind, ist im neuen Abkommen weniger umfangreich. Gemäß Nr. 20 des Schlussprotokolls zum ErtSt-DBA 1954/92 werden im alten Abkommen auch die Berufe der Notare, Handelschemiker, Landmesser, Wirtschaftsprüfer und Steuerberater genannt[355].

Eine inhaltliche Neuerung stellt die Besteuerung der Vortragenden dar. Während nach dem alten Abkommen gemäß Art. 8 Abs. 2 ErtSt-DBA 1954/92 eine vortragende Tätigkeit ohne das Vorhandensein einer ständigen Einrichtung im Tätigkeitsstaat besteuert wird, sieht das neue Abkommen keine Ausnahmeregelung

---

[353] Vgl. Abs. 12 lit. b des Schlussprotokolls zum ErtSt-DBA 2003 und § 2 Abs. 8 öEStG.
[354] Zur Regelung für in österreichischen Betriebsstätten erlittene Verluste nach dem neuen Doppelbesteuerungsabkommen vgl. Konezny (1999a) und Konezny (1999b).
[355] Vergleichend heranzuziehen ist Art. 14 Abs. 2 ErtSt-DBA 2003.

vor. Derartige Einkünfte werden entsprechend der allgemeinen Zuteilungsregel gemäß Art. 14 ErtSt-DBA 2003 dem Wohnsitzstaat zur Besteuerung überlassen. Die Aufhebung dieser Sonderregel erspart die schwierige Abgrenzung zwischen der im Tätigkeitsstaat steuerpflichtigen Vortrags- und der dort nicht steuerpflichtigen Unterrichtstätigkeit[356]. Auffassungsunterschiede zwischen der deutschen und der österreichischen Finanzverwaltung bestehen hinsichtlich der Behandlung internationaler Sozietäten. Nach Meinung der deutschen Verwaltungsbehörde muss ein freiberuflich tätiger Partner einer Sozietät seine Tätigkeit persönlich in der betreffenden festen Einrichtung ausüben, damit der Belegenheitsstaat der festen Einrichtung sein Besteuerungsrecht wahrnehmen kann. Der österreichischen Verwaltung hingegen genügt es, wenn sich mehrere Partner zu gemeinsamer Tätigkeit verbinden und ihre Einkünfte „poolen", so dass ihre Tätigkeit in der Weise eine Einheit darstellt, dass die Tätigkeit des einen dem anderen zugerechnet wird[357].

4.2.3.5 Einkünfte von Künstlern und Sportlern

Im ErtSt-DBA 1954/92 werden künstlerische und sportliche Tätigkeiten nur im Zusammenhang mit der Zuteilung der Besteuerungsrechte für Einkünfte aus selbständiger Arbeit erwähnt[358]. Danach gilt eine derartige Tätigkeit auch dann als im Tätigkeitsstaat ausgeübt, wenn dort keine regelmäßig zur Verfügung stehende ständige Einrichtung genutzt wird. Die Folge ist ein Besteuerungsrecht des Tätigkeitsstaates. Schwierigkeiten bereitet bei der Zugrundelegung des alten Abkommens insbesondere die Abgrenzung zwischen freiberuflich und gewerblich ausgeübten[359,360] künstlerischen und sportlichen Tätigkeiten. Um der besonderen Mobilität dieser Personengruppe gerecht zu werden und Abgrenzungsschwierigkeiten zu vermeiden, erfolgt gemäß Art. 17 ErtSt-DBA 2003 die Zutei-

---

[356] Vgl. Loukota (1998b), S. 259. Der Ausschluss der Unterrichtstätigkeiten aus dem Begriff der Vorträge geht auf eine Verständigungsvereinbarung zwischen der deutschen und der österreichischen Finanzverwaltung aus dem Jahr 1984 zurück. Vgl. Toifl (1999), S. 172 m.w.N.
[357] Vgl. Runge (1999), S. 25 m.w.N.
[358] Vgl. Art. 8 Abs. 2 ErtSt-DBA 1954/92.
[359] Auf die Problematik der Abgrenzung wies bereits die Bundessteuerberaterkammer (1994), S. 330 hin.
[360] Bei gewerblich ausgeübten künstlerischen und sportlichen Tätigkeiten kommt es nach dem alten Abkommen nur zu einer Besteuerung im Quellenstaat, wenn die erzielten Einkünfte auf eine dort befindliche Betriebsstätte entfallen. Vgl. Art. 4 ErtSt-DBA 1954/92. Dem Abkommenstext ist nicht zu entnehmen, worauf die deutsche Finanzverwaltung ihre mit Schreiben v. 15.3.1996 – IV C 6 – S 1343 – 1/96, RIW 1996, S. 451 mitgeteilte Auffassung stützt, dass das Besteuerungsrecht des Tätigkeitsstaates auch ohne Vorliegen einer Betriebsstätte gegeben ist. Das österreichische Bundesfinanzministerium ist dieser Meinung gefolgt und hat sie in einer Durchführungsverordnung normiert. Vgl. auch Klein (1996), Jirousek (1997) und Toifl (1999), S. 167 m.w.N.

lung der Besteuerungsrechte für die Einkünfte der Künstler und Sportler in einem eigenen Artikel[361]. Zugrunde gelegt wurde der entsprechende Artikel des OECD-Musterabkommens. Darüber hinaus wurden jedoch Ergänzungen vorgenommen[362]. Art. 17 Abs. 1 Satz 1 ErtSt-DBA 2003 schreibt vor, dass ungeachtet der Artikel 7[363], 14 und 15 Einkünfte, die eine in einem Vertragsstaat ansässige Person als Künstler, wie Bühnen-, Film-, Rundfunk- und Fernsehkünstler sowie Musiker, oder als Sportler aus ihrer im anderen Vertragsstaat persönlich ausgeübten Tätigkeit bezieht, im anderen Staat besteuert werden dürfen[364]. Als Künstler bzw. Sportler werden nach dem OECD-Kommentar nur solche Personen angesehen, die mittelbar oder unmittelbar in der Öffentlichkeit auftreten. Hierin besteht ein Unterschied zum alten Abkommen, nach dem auch werkherstellende Künstler als Künstler im Sinne des Doppelbesteuerungsabkommens verstanden werden[365].

Des Weiteren schreibt Art. 17 ErtSt-DBA 2003 vor, dass ungeachtet des die Lizenzgebühren behandelnden Artikels Vergütungen jeder Art, die für die Benutzung oder das Recht auf Benutzung des Namens, des Bildes oder sonstiger Persönlichkeitsrechte dieser Person gezahlt werden, im anderen Staat auch dann besteuert werden, wenn dort keine persönliche Tätigkeit ausgeübt wird. Entsprechendes gilt für Einkünfte aus der Duldung von Aufzeichnungen und Übertragungen von künstlerischen und sportlichen Darbietungen durch Rundfunk und Fernsehen. Einen − insbesondere im Hinblick auf einen Wohnsitzwechsel − wichtigen Aspekt stellen die von den Vertragsstaaten angewendeten Methoden zur Vermeidung der Doppelbesteuerung dar. Deutschland wendet gemäß Art. 23

---

[361] Vgl. Loydolt (1996).
[362] Vgl. Lang, M./Stefaner (2003).
[363] Der Vorrang des Art. 17 ErtSt-DBA 2003 vor der Verteilungsnorm für Unternehmensgewinne (Art. 7 ErtSt-DBA 2003) wurde aufgrund der eingangs erwähnten Abgrenzungsschwierigkeiten zwischen freiberuflich und gewerblich ausgeübten Tätigkeiten kodifiziert. Dieser Vorrang ist nicht Bestandteil des OECD-Musterabkommens. In diesem ist nur ein Vorrang vor den Verteilungsnormen für selbständige Arbeit und für unselbständige Arbeit vorgesehen. Dennoch wird auch im Rahmen des OECD-Musterabkommens allgemein anerkannt, dass Art. 17 OECD-MA Vorrang vor Art. 7 OECD-MA hat. Vgl. Toifl (1999), S. 166.
[364] Eine Ausnahme von der Besteuerung im Tätigkeitsstaat wird durch Art. 17 Abs. 3 ErtSt-DBA 2003 festgeschrieben. Danach erhält der Ansässigkeitsstaat das alleinige Besteuerungsrecht, wenn die künstlerische oder sportliche Tätigkeit ganz oder überwiegend aus öffentlichen Mitteln des Ansässigkeitsstaates oder einem seiner Länder oder einer seiner Gebietskörperschaften oder von einer als gemeinnützig anerkannten Einrichtung unterstützt wird. Hintergrund einer derartigen Regelung ist, dass insbesondere geförderte Orchester und Theater häufig nur kostendeckend arbeiten. Da in diesen Fällen im Ansässigkeitsstaat keine Besteuerung vorgenommen wird, soll es auch nicht zu einer Besteuerung im Tätigkeitsstaat kommen. Gefördert werden soll der zwischenstaatliche Kulturaustausch. Vgl. Loukota (1999c), S. 428 und Abs. 10 des Schlussprotokolls zum ErtSt-DBA 2003.
[365] Vgl. Toifl (1999), S. 171 - 172.

Abs. 1 lit. b sublit. gg ErtSt-DBA 2003 auf alle Einkünfte von Künstlern und Sportlern im Sinne von Art. 17 ErtSt-DBA 2003 die Anrechnungsmethode an[366]. Österreich als Ansässigkeitsstaat hingegen vermeidet die Doppelbesteuerung grundsätzlich durch Freistellung. Lediglich bei Einkünften im Sinne von Art. 17 Abs. 1 Satz 2 und 3 ErtSt-DBA 2003, d.h. bei Vergütungen jeder Art für die Benutzung oder das Recht auf Benutzung des Namens, des Bildes oder sonstiger Persönlichkeitsrechte und bei Einkünften aus der Duldung von Aufzeichnungen und Übertragungen durch Rundfunk und Fernsehen, wendet auch Österreich die Anrechnungsmethode an[367].

Eine im alten Abkommen noch enthaltene Besteuerungslücke wird mittels des so genannten Künstler- bzw. Sportlerdurchgriffs gemäß Art. 17 Abs. 2 ErtSt-DBA 2003 geschlossen. Danach dürfen Einkünfte der in Art. 17 Abs. 1 ErtSt-DBA 2003 genannten Art, die nicht dem Künstler oder Sportler selbst, sondern einer anderen Person zufließen, ungeachtet der Art. 7, 12, 14 und 15 ErtSt-DBA 2003 in dem Staat besteuert werden, aus dem sie stammen[368]. Mittels dieser Regelung wird verhindert, dass die Besteuerung im Tätigkeitsstaat durch die Zwischenschaltung einer Gesellschaft zwischen dem Künstler bzw. Sportler und dem Veranstalter vermieden wird[369].

4.2.3.6 Vergütungen für Geschäftsführer, Vorstände, Aufsichtsräte und Verwaltungsräte

Aufsichtsrats- oder Verwaltungsratsvergütungen und ähnliche Zahlungen dürfen gemäß Art. 16 Abs. 1 ErtSt-DBA 2003 im Ansässigkeitsstaat der die Vergütungen leistenden Gesellschaft besteuert werden[370]. Diese Vorschrift entspricht dem Wortlaut des OECD-Musterabkommens. Abweichungen zum alten Abkommen bestehen hinsichtlich der Methode zur Vermeidung der Doppelbesteuerung. Gemäß Art. 8 Abs. 4 i.V.m. Art. 15 Abs. 1 ErtSt-DBA 1954/92 werden Vergütungen für Aufsichtsratsmitglieder, für nicht geschäftsführende Mitglieder des Verwaltungsrats oder ähnlicher Organe im anderen Staat von der Steuer befreit.

---

[366] Es kann vermutet werden, dass Deutschland auf der Anwendung der Anrechnungsmethode aufgrund der von Österreich gewährten Vorzugsbesteuerung für Künstler und Sportler bestanden hat. Vgl. Runge (1999), S. 27 und Teil 2, Kap. 4.5.
[367] Vgl. Art. 23 Abs. 2 lit. b ErtSt-DBA 2003.
[368] Die vom Wortlaut des OECD-Kommentars abweichende Formulierung ist lediglich auf die in Art. 17 Abs. 1 Satz 2 und 3 ErtSt-DBA 2003 zusätzlich eingefügten Bestimmungen zurückzuführen.
[369] Zu den Auslegungsschwierigkeiten im Zusammenhang mit dem so genannten Künstlerbzw. Sportlerdurchgriff, insbesondere zu der Frage, ob Art. 17 Abs. 2 ErtSt-DBA 2003 nur den Einkunftsstrom von der anderen Person an den Künstler oder Sportler oder auch den Einkunftsstrom von dem Veranstalter an die andere Person betrifft, vgl. Toifl (1999), S. 179 - 182 und Abs. 9 des Schlussprotokolls zum ErtSt-DBA 2003.
[370] Vgl. Toifl (1998).

Dagegen wendet Deutschland gemäß Art. 23 Abs. 1 lit. b sublit. ff ErtSt-DBA 2003 auf derartige Einkünfte die Anrechnungsmethode an. Österreich bleibt gemäß Art. 23 Abs. 2 lit. a ErtSt-DBA 2003 bei der Freistellungsmethode.

Um die im Rahmen des Musterabkommens umstrittene Frage zu vermeiden, ob Geschäftsführer und Vorstandsmitglieder unter die Vorschrift für Aufsichtsräte oder Verwaltungsräte zu subsumieren sind[371], wurde für die erstgenannte Personengruppe eine eigenständige Regelung vereinbart. Gemäß Art. 16 Abs. 2 ErtSt-DBA 2003 dürfen ungeachtet der Artikel zur selbständigen Arbeit und zur unselbständigen Arbeit Vergütungen[372], die eine in einem Vertragsstaat ansässige Person in ihrer Eigenschaft als Geschäftsführer oder als Vorstandsmitglied[373] einer Gesellschaft bezieht, die in dem anderen Vertragsstaat ansässig ist, im anderen Staat besteuert werden[374,375]. Damit ergibt sich eine Abweichung zum alten Abkommen, das die Geschäftsführervergütungen entweder unter den Artikel für Einkünfte aus selbständiger Arbeit oder unter den Artikel für Einkünfte aus unselbständiger Arbeit einordnet. Nach einer zum alten Abkommen ergangenen Verständigungsvereinbarung[376] zwischen der deutschen und der österreichischen Finanzverwaltung hängt die Einordnung unter eine der beiden Verteilungsnormen davon ab, ob der Geschäftsführer an der Gesellschaft wesentlich beteiligt ist. Bei einer Beteiligung von mehr als 25 % am Grund- oder Stammkapital erfolgt eine Behandlung nach dem Artikel für Einkünfte aus selbständiger Arbeit.

---

[371] Vgl. hierzu Urtz (1999a), S. 135 - 138 und Urtz (1999b), S. 429 - 430.
[372] Nicht unter den Begriff der Vergütungen fallen Dividenden oder andere Gewinnausschüttungen. Sie sind dem Dividendenartikel (Art. 10 ErtSt-DBA 2003) unterzuordnen, da solche Zahlungen nicht in der Eigenschaft als Geschäftsführer oder als Vorstand, sondern in der Eigenschaft als Gesellschafter bezogen werden.
[373] Für die Frage einer Einordnung unter Art. 16 Abs. 2 ErtSt-DBA 2003 kommt es nicht auf die Bezeichnung „Vorstand" an, sondern vielmehr darauf, ob eine Person Aufgaben wahrnimmt, die der Funktion eines Vorstandes einer Kapitalgesellschaft entsprechen. Danach ist beispielsweise auch ein Vorstandsmitglied einer Privatstiftung aufgrund seines durch § 17 öPSG definierten Aufgabenkreises nach Art. 16 Abs. 2 ErtSt-DBA 2003 zu behandeln. Vgl. Urtz (1999a), S. 147.
[374] Durch diesen zusätzlichen Absatz ergibt sich eine deutliche Differenzierung zwischen Geschäftsführungs- und Überwachungsmaßnahmen. So auch Urtz (1999a), S. 145. Zu möglichen Qualifikationskonflikten vgl. Sparfeld/Chebounov (2002), S. 44 - 45.
[375] Die mit dem BFH-Urteil v. 5.10.1994 – I R 67/93, BStBl II 1995, S. 95 erfolgte Rechtsprechungsänderung, wonach nur für eine Kontrolltätigkeit gezahlte Vergütungen im Sitzstaat der Gesellschaft besteuert werden können, greift aufgrund der gesonderten Regelung im Doppelbesteuerungsabkommen nicht. Vgl. Neyer (2000), S. 1065 - 1066.
[376] Vgl. Verfügung der OFD Frankfurt am Main v. 4.9.1996 – S 1301 A – 31.15 – StIII 1a, GmbHR 1996, S. 875.

Eine aus dem Jahr 1994 datierte, nicht veröffentlichte Verständigungsvereinbarung enthält eine Sonderregel für den Fall der Ferngeschäftsführung[377]. Danach ist für Geschäftsführer von Kapitalgesellschaften bei Ferngeschäftsführung nicht auf den Tätigkeitsort abzustellen, sondern die Tätigkeit ist grundsätzlich an dem Ort als ausgeübt anzusehen, an dem die Gesellschaft betrieben wird. Dies gilt auch dann, wenn der Geschäftsführer die Gesellschaft von seinem Wohnsitz im anderen Staat aus leitet und an dem Ort des Betriebes nur gelegentlich anwesend ist[378]. Diese Vereinbarung findet im alten Abkommenstext keine Grundlage. Dennoch muss festgestellt werden, dass die Vereinbarung als Vorlage für die Fassung des Art. 16 Abs. 2 ErtSt-DBA 2003 gedient hat. Keine Unterschiede zwischen dem alten und dem neuen Abkommen ergeben sich bei den Geschäftsführer- und Vorstandsvergütungen hinsichtlich der Methode zur Vermeidung der Doppelbesteuerung. Sowohl Deutschland als auch Österreich schreiben in beiden Abkommen die Freistellungsmethode vor.

4.2.3.7 Einkünfte aus nichtselbständiger Tätigkeit

Die Vorschriften zur Besteuerung der Einkünfte aus nichtselbständiger Tätigkeit sind in Art. 15 ErtSt-DBA 2003 enthalten. Obwohl die dem OECD-Musterabkommen nachempfundene Formulierung des neuen Abkommens komplizierter gestaltet ist als diejenige des alten Abkommens, sagt sie inhaltlich das Gleiche aus: Grundsätzlich hat der Ansässigkeitsstaat der Person das Besteuerungsrecht, es sei denn, die unselbständige Arbeit wird im anderen Vertragsstaat ausgeübt[379]. Dann darf der Tätigkeitsstaat besteuern. Eine Neuerung stellt die so genannte subject-to-tax-Klausel[380] gemäß Art. 15 Abs. 4 ErtSt-DBA 2003 dar, wonach dem Tätigkeitsstaat nur dann das Besteuerungsrecht überlassen wird, wenn die Einkünfte aus der unselbständigen Tätigkeit in diesem Staat tatsächlich besteuert werden[381]. Sofern demnach der Tätigkeitsstaat sein durch Art. 15 Abs. 1 ErtSt-DBA 2003 zugewiesenes Besteuerungsrecht nicht ausübt, wird das Besteuerungsrecht an den Ansässigkeitsstaat zurückgewiesen[382].

---

[377] Vgl. Loukota (1997), S. 204 - 205, Loukota (1998a), S. 59 und Urtz (1999a), S. 154 m.w.N.
[378] Zur zivilrechtlichen Problematik einer Ferngeschäftsführung vgl. Teil 3, Kap. 2.2.5.2.1.
[379] Vgl. Ley (2000), S. 1081 - 1083.
[380] Vgl. Kleinbauer/Lohr (1998), S. 456 und Runge (1999), S. 33.
[381] Für die Frage der tatsächlichen Besteuerung kommt es nicht auf eine konkrete Steuerzahlungspflicht an. Stattdessen reicht es aus, wenn die entsprechenden Einkünfte steuerlich erfasst werden. Eine Steuerbefreiung im Ansässigkeitsstaat ist auch dann zu gewähren, wenn der Steuerpflichtige aufgrund von negativen Einkünften, Verlusten aus anderen Einkunftsarten oder Verlustvorträgen im Tätigkeitsstaat keine Steuer zu zahlen hat. Vgl. Tumpel (1999), S. 125.
[382] Für den Fall, dass eine Besteuerung im Tätigkeitsstaat erst im nachhinein erfolgt, bestimmt Abs. 7 des Schlussprotokolls zum ErtSt-DBA 2003, dass ein hierdurch ausgelöster Besteue-

Wie im alten Abkommen ist auch in das neue Abkommen eine inhaltlich vergleichbare Grenzgängerregelung aufgenommen worden. Die deutsche Verhandlungsseite wollte auf eine derartige Regelung aufgrund der EU-Entwicklung und der EuGH-Rechtsprechung verzichten. Zur Wahrung der bisherigen Verhältnisse war Deutschland jedoch zu einer erneuten Aufnahme der Grenzgängerklausel in das ErtSt-DBA 2003 bereit[383]. Eine neue, vom OECD-Musterabkommen abweichende Regelung, die insbesondere für den Fall der Wohnsitzverlegung einer unselbständig tätigen Person Relevanz hat, findet sich in Art. 15 Abs. 7 ErtSt-DBA 2003. Darin wird die steuerliche Behandlung von Beiträgen an im anderen Vertragsstaat gelegene Einrichtungen der Krankheits- und Altersvorsorge im Vertragsstaat, in dem die unselbständige Arbeit ausgeübt wird, geregelt. Die Beiträge sind im Tätigkeitsstaat in der gleichen Weise zu behandeln wie Beiträge an eine im Tätigkeitsstaat befindliche Einrichtung der Krankheits- und Altersvorsorge. Voraussetzung ist unter anderem, dass die Person unmittelbar vor Aufnahme ihrer Tätigkeit nicht in dem Tätigkeitsstaat ansässig war und bereits Beiträge an die im ehemaligen Ansässigkeitsort befindlichen Einrichtungen der Krankheits- und Altersvorsorge entrichtete[384]. Sollte daher nach der Wohnsitzverlegung die Aufnahme einer unselbständigen Arbeit beabsichtigt sein, kann es sinnvoll sein, den Ansässigkeitswechsel erst bei Aufnahme einer neuen Tätigkeit zu vollziehen.

4.2.3.8 Ruhegehälter und Renten

Ruhegehälter und ähnliche Vergütungen oder Renten[385] dürfen gemäß Art. 18 Abs. 1 ErtSt-DBA 2003 nur im Ansässigkeitsstaat besteuert werden[386]. Darüber hinaus enthält Art. 18 ErtSt-DBA 2003 noch eine Reihe von Bestimmungen, die über den Wortlaut des OECD-Musterabkommens hinausgehen[387]. Gemäß Art. 18 Abs. 2 ErtSt-DBA 2003 dürfen Bezüge, die eine in einem Vertragsstaat

---

rungskonflikt im Wege eines Verständigungsverfahrens gemäß Art. 25 ErtSt-DBA 2003 zu lösen ist.
[383] Vgl. Runge (1999), S. 26.
[384] Vgl. Art. 15 Abs. 7 lit. a ErtSt-DBA 2003.
[385] Der Begriff der Rente ist in Art. 18 Abs. 4 ErtSt-DBA 2003 definiert. Er beinhaltet bestimmte Beträge, die regelmäßig zu festgesetzten Zeitpunkten lebenslänglich oder während eines bestimmten oder bestimmbaren Zeitabschnitts aufgrund einer Verpflichtung zahlbar sind, die diese Zahlungen als Gegenleistung für in Geld oder Geldeswert bewirkte angemessene Leistung vorsieht.
[386] Im Gegensatz zu Art. 9 Abs. 4 ErtSt-DBA 1954/92 fallen gemäß Abs. 5 des Schlussprotokolls zum ErtSt-DBA 2003 auch wiederkehrende Bezüge, die auf der Veräußerung von Vermögen beruhen, aber nur wegen der dabei eingehaltenen Rentenform steuerpflichtig sind, stets unter Art. 18 ErtSt-DBA 2003.
[387] Hierzu gehören Bestimmungen zu Opferrenten und Wiedergutmachungszahlungen sowie zu Unterhaltszahlungen. Diese Regelungen werden im Folgenden aus Gründen der Übersichtlichkeit nicht behandelt.

ansässige Person aus der gesetzlichen Sozialversicherung[388] des anderen Vertragsstaates erhält, nur in diesem anderen Staat besteuert werden[389]. Etwas Ähnliches gilt gemäß Art. 19 Abs. 2 ErtSt-DBA 2003 für Ruhegehälter von ehemals im öffentlichen Dienst beschäftigten Personen[390]. Das Kassenstaatsprinzip wird im Vergleich zum alten Abkommen grundsätzlich aufrechterhalten. Eine Besteuerung im anderen Vertragsstaat ist jedoch dann vorgeschrieben, wenn die natürliche Person in diesem Staat ansässig und ein Staatsangehöriger dieses Staates ist. Bei einem Wohnsitzwechsel sollte daher geprüft werden, ob ein Wechsel der Staatsangehörigkeit[391] zu einer günstigeren Besteuerung führen kann.

4.2.3.9 Einkünfte aus Kapitalvermögen

Die Behandlung von Dividenden wurde bereits durch das Änderungsabkommen 1992 weitgehend an die Regelungen des OECD-Musterabkommens angepasst. Der Schwerpunkt der folgenden Ausführungen soll daher auf den Abweichungen zwischen dem alten und dem neuen Abkommen liegen, ohne dabei aber die grundlegende Struktur des Dividendenartikels unerwähnt zu lassen.

Gemäß Art. 10 Abs. 1 ErtSt-DBA 2003 wird dem Ansässigkeitsstaat des Dividendenempfängers wie bisher ein grundsätzliches Besteuerungsrecht eingeräumt. Eingeschränkt werden kann das Besteuerungsrecht des Ansässigkeitsstaates durch das im Methodenartikel verankerte internationale Schachtelprivileg[392] oder durch den so genannten Betriebsstättenvorbehalt[393]. Eine Abweichung vom bisherigen Wortlaut im Revisionsprotokoll 1992 stellt die Formulierung für die Befreiung von Schachteldividenden im Sinne von Art. 10 Abs. 2 lit. a ErtSt-DBA 2003, die von einer in Deutschland ansässigen Gesellschaft an eine in Österreich ansässige Gesellschaft gezahlt werden, dar. Diese werden gemäß Art. 23

---

[388] Bei Leistungen aus der gesetzlichen Sozialversicherung handelt es sich um Geld- und Sachleistungen aus der gesetzlichen Kranken-, Unfall-, Arbeitslosen-, Pflege- und Pensionsversicherung. Die Pensionsversicherung ist ein Bestandteil der österreichischen gesetzlichen Sozialversicherung. Vgl. Tumpel (1999), S. 129.
[389] Diese Regelung entspricht Art. 10 Abs. 2 Nr. 1 ErtSt-DBA 1954/92.
[390] Zur Behandlung der Einkünfte von im öffentlichen Dienst beschäftigten Personen vgl. Art. 19 ErtSt-DBA 2003, der grundsätzlich das Kassenstaatsprinzip festschreibt. Im Folgenden wird auf diesen Artikel nicht mehr eingegangen, da die Zahl der Fälle von im öffentlichen Dienst beschäftigten Personen, die ihren Wohnsitz nach Österreich verlegen wollen, gering sein wird. Mit Ausnahme von Grenzgängern und Botschaftsangehörigen eröffnet sich kein größerer Anwendungsbereich.
[391] Vgl. Teil 2, Kap. 1.8.
[392] Vgl. Art. 23 Abs. 1 lit. a Satz 3 und Abs. 2 lit. c ErtSt-DBA 2003.
[393] Vgl. Art. 10 Abs. 4 ErtSt-DBA 2003, wonach in Ergänzung zum OECD-Musterabkommen und zum alten Abkommen der Betriebsstättenvorbehalt auch auf feste Einrichtungen von selbständig Tätigen ausgedehnt wird.

Abs. 2 lit. c ErtSt-DBA 2003, sofern sie bei der Ermittlung der Gewinne der ausschüttenden Gesellschaft nicht abgezogen worden sind, vorbehaltlich der entsprechenden Bestimmungen des innerstaatlichen Rechts Österreichs, aber ungeachtet etwaiger nach diesem Recht abweichender Mindestbeteiligungserfordernisse, in Österreich von der Besteuerung ausgenommen. Der Hinweis auf die entsprechenden Bestimmungen des innerstaatlichen Rechts bedeutet, dass jede Einschränkung des nationalen Rechts in Bezug auf die Steuerbefreiung von internationalen Schachteldividenden auch auf das abkommensrechtliche Schachtelprivileg durchschlägt[394]. Diese Einschränkungen ergeben sich aus den Vorschriften zur Körperschaftsteuerbefreiung von internationalen Schachtelbeteiligungen gemäß § 10 Abs. 2 öKStG. Danach muss die Muttergesellschaft eine nach handelsrechtlichen Vorschriften zur Buchführung verpflichtete Körperschaft sein, die Beteiligung muss während eines ununterbrochenen Zeitraums von einem Jahr bestehen und die Missbrauchsvorschriften des § 10 Abs. 4 öKStG dürfen nicht einschlägig sein. Der letzte Aspekt dürfte regelmäßig keine Rolle spielen, da die mit der Vorschrift beabsichtigte Verhinderung der Niedrigbesteuerung von passiven Einkünften im Verhältnis zu Deutschland nicht erforderlich ist[395]. Die genannten Einkünfte werden in Deutschland nahezu ausnahmslos regulär besteuert.

Die Dividendendefinition des Art. 10 Abs. 3 ErtSt-DBA 2003 unterscheidet sich sowohl von derjenigen des Art. 10 a Abs. 3 ErtSt-DBA 1954/92 als auch geringfügig von der des Art. 10 Abs. 3 OECD-MA. Es wird bestimmt, dass der Ausdruck „Dividenden" sowohl sonstige Einkünfte umfasst, die nach dem Recht des Staates, in dem die ausschüttende Gesellschaft ansässig ist, den Einkünften aus Aktien steuerlich gleichgestellt sind als auch ähnliche Vergütungen, wenn sie nach dem Recht des Staates, aus dem sie stammen, bei der Ermittlung des Gewinns des Schuldners nicht abzugsfähig sind. Da Zuwendungen einer österreichischen Privatstiftung gemäß § 27 Abs. 1 Nr. 7 öEStG als Einkünfte aus Kapitalvermögen qualifiziert werden und bei der Gewinnermittlung der Privatstiftung nicht abgezogen werden können, ist davon auszugehen, dass derartige Einkünfte ebenfalls unter den Dividendenartikel zu subsumieren sind[396]. Fraglich kann jedoch sein, ob eine Privatstiftung als Gesellschaft anzusehen ist. Ergänzend zum OECD-Musterabkommen ist in Art. 10 Abs. 3 Satz 2 ErtSt-DBA 2003 festgelegt, dass der Ausdruck „Dividenden" auch Einkünfte eines stillen Gesellschafters aus seiner Beteiligung als stiller Gesellschafter und Einkünfte aus partiarischen Darlehen und aus Gewinnobligationen umfasst, wenn diese Vergütungen nach dem Recht des Quellenstaates bei der Ermittlung des Gewinns des Schuld-

---

[394] Vgl. Lechner (1999), S. 88.
[395] Vgl. Lechner (1999), S. 89.
[396] So auch Lechner (1999), S. 91.

ners nicht abzugsfähig sind. Des Weiteren zählen zu den Dividenden Ausschüttungen auf Anteilscheine an einem Investmentvermögen[397].

Keine Veränderung zum alten Doppelbesteuerungsabkommen tritt hinsichtlich der Beschränkung des Besteuerungsrechts des Quellenstaates ein. Grundsätzlich darf der Quellenstaat höchstens eine Quellensteuer in Höhe von 15 % des Bruttobetrags der Dividenden erheben. Die Steuer verringert sich auf 5 %, wenn der Nutzungsberechtigte eine Gesellschaft ist, die unmittelbar über mindestens 10 % des Kapitals der die Dividenden zahlenden Gesellschaft verfügt.

Zinsen dürfen grundsätzlich gemäß Art. 11 Abs. 1 ErtSt-DBA 2003 nur im Wohnsitzstaat des Empfängers besteuert werden. Damit erfolgt eine grundlegende Änderung in der Zuweisung der Besteuerungsrechte. Während nach Art. 11 Abs. 2 ErtSt-DBA 1954/92 das Quellenbesteuerungsrecht weder dem Grunde noch der Höhe nach beschränkt wird, sieht das neue Abkommen ein ausschließliches Besteuerungsrecht des Wohnsitzstaates vor. Damit löst sich das neue Abkommen auch von den Vorgaben des OECD-Musterabkommens, welches den Abzug einer auf 10 % des Bruttobetrags der Zinsen begrenzten Quellensteuer zulässt. Lediglich Einkünfte aus Rechten oder Forderungen mit Gewinnbeteiligung einschließlich der Einkünfte eines stillen Gesellschafters aus seiner Beteiligung als stiller Gesellschafter oder aus partiarischen Darlehen und Gewinnobligationen dürfen auch im Quellenstaat nach dessen Recht besteuert werden[398]. Eine prozentuale Begrenzung der Quellensteuer für diese Einkünfte erfolgt nicht. Die erhobene Quellensteuer wird sowohl in Deutschland als auch in Österreich auf die inländische Steuer angerechnet[399]. Eine Neuerung stellt auch die Definition des Ausdrucks „Zinsen" dar[400]. Es wird ausdrücklich darauf hingewiesen, dass die im Dividendenartikel behandelten Einkünfte nicht als Zinsen im Sinne des Abkommens behandelt werden. Wie das alte Abkommen enthält auch das neue Abkommen einen Betriebsstättenvorbehalt. Darüber hinaus erklärt Art. 11 Abs. 4 ErtSt-DBA 2003 den Artikel für Einkünfte aus selbständiger

---

[397] Weitergehende Ausführungen zu Ausschüttungen auf Anteilscheine an einem Investmentvermögen finden sich bei Zacherl (1999), S. 55 - 56.
[398] Diese Bestimmung gilt nur für die Einkünfte, die bei der Ermittlung des Gewinns des Schuldners abzugsfähig sind, da ansonsten eine Subsumption unter den Dividendenartikel erfolgt. Vgl. Art. 10 Abs. 3 Satz 3 ErtSt-DBA 2003.
[399] Vgl. Art. 23 Abs. 1 lit. b sublit. bb ErtSt-DBA 2003 und Art. 23 Abs. 2 lit. b Satz 1 ErtSt-DBA 2003.
[400] Gemäß Art. 11 Abs. 3 ErtSt-DBA 2003 bedeutet der Ausdruck „Zinsen" Einkünfte aus Forderungen jeder Art, auch wenn die Forderungen durch Pfandrechte an Grundstücken gesichert oder mit einer Beteiligung am Gewinn des Schuldners ausgestattet sind, und insbesondere Einkünfte aus öffentlichen Anleihen und aus Obligationen einschließlich der damit verbundenen Aufgelder und die Gewinne aus Losanleihen. Diese Definition entspricht wörtlich der Vorgabe des OECD-Musterabkommens.

Arbeit für anwendbar, wenn die Zinsen über eine feste Einrichtung im Quellenstaat bezogen werden.

4.2.3.10 Sonstige Einkünfte

Lizenzgebühren dürfen grundsätzlich sowohl nach dem alten als auch nach dem neuen Abkommen nur im Wohnsitzstaat des Empfängers besteuert werden. Die in Art. 12 Abs. 1 Satz 2 ErtSt-DBA 1954/92 geregelte Ausnahme, wonach das Quellenbesteuerungsrecht bei einer missbräuchlichen Vereinbarung der Vergütungen unberührt bleibt, wurde nicht in das neue Abkommen übernommen. Allerdings schreibt Art. 12 Abs. 5 ErtSt-DBA 2003 vor, dass für den Fall des Bestehens besonderer Beziehungen zwischen dem Schuldner und dem Nutzungsberechtigten und der daraus resultierenden Überhöhung der Lizenzgebühren, Art. 12 ErtSt-DBA 2003 nur auf den unter normalen Umständen vereinbarten Betrag anzuwenden ist. Der übersteigende Betrag kann nach dem Recht eines jeden Vertragsstaats und unter Berücksichtigung der anderen Bestimmungen des Abkommens besteuert werden. Neu ist die Forderung des Art. 12 Abs. 1 ErtSt-DBA 2003, wonach der Zuwendungsempfänger auch Nutzungsberechtiger sein muss. Die Definition des Ausdrucks „Lizenzgebühren" erfolgt in Art. 12 Abs. 2 ErtSt-DBA 2003 und entspricht wörtlich der Vorgabe des OECD-Musterabkommens[401]. Ein Betriebsstättenvorbehalt bzw. ein Vorbehalt für den Bezug durch eine feste Einrichtung wird durch Art. 12 Abs. 3 ErtSt-DBA 2003 vorgeschrieben.

4.2.3.11 Einkünfte aus der Veräußerung von Vermögen

Neu im ErtSt-DBA 2003 ist eine eigenständige Vorschrift zur Behandlung der Gewinne aus der Veräußerung von Vermögen. Die diesbezüglichen Verteilungsnormen des alten Abkommens sind entsprechend der Art des veräußerten Vermögens auf verschiedene Einzelvorschriften verteilt[402]. Die Gewinne aus der Veräußerung von beweglichem Vermögen, das einer Betriebsstätte bzw. einer festen Einrichtung dient, werden dem Staat zugewiesen, in dem sich die Betriebsstätte bzw. die feste Einrichtung befindet. Insofern erfolgt keine materielle Änderung im Vergleich zur alten Abkommenslage[403]. Gewinne aus der Veräußerung des sonstigen, in Art. 13 Abs. 1 bis 4 ErtSt-DBA 2003[404] nicht genannten

---

[401] Eine Übersicht über die sich aus den unterschiedlichen Definitionen des alten und des neuen Abkommens ergebenden Abweichungen findet sich bei Seibold (1997), S. 85 - 87.
[402] Vgl. Art. 3 Abs. 2 ErtSt-DBA 1954/92 für unbewegliches Vermögen, Art. 4 Abs. 4 ErtSt-DBA 1954/92 für Unternehmensgewinne, Art. 7 ErtSt-DBA 1954/92 für wesentliche Beteiligungen und Art. 13 Abs. 1 ErtSt-DBA 1954/92 für sonstiges Vermögen.
[403] Ausführlich zur Behandlung der Gewinne aus der Veräußerung von beweglichem Betriebsstättenvermögen Staringer (1999a), S. 101 - 103.
[404] Von den ersten vier Absätzen des Art. 13 ErtSt-DBA 2003 werden Gewinne aus der Veräußerung unbeweglichen Vermögens, aus der Veräußerung von Aktien und sonstigen Antei-

Vermögens dürfen gemäß Art. 13 Abs. 5 ErtSt-DBA 2003 nur im Ansässigkeitsstaat des Veräußerers besteuert werden. Unter anderem wird hiervon die Veräußerung von Beteiligungen an Kapitalgesellschaften des anderen Vertragsstaats erfasst. Eine Art. 7 ErtSt-DBA 1954/92 entsprechende Vorschrift zur Behandlung der Einkünfte aus der Veräußerung wesentlicher Beteiligungen findet sich im neuen Abkommen nicht. Umstritten ist, ob Liquidationsgewinne, die der in einem Vertragsstaat ansässige Gesellschafter durch die Liquidation einer im anderen Vertragsstaat ansässigen Kapitalgesellschaft erzielt, als Veräußerungsgewinne im Sinne von Art. 13 Abs. 5 ErtSt-DBA 2003 anzusehen sind oder ob diese unter die Verteilungsnorm für Dividenden fallen[405]. Von der Qualifikation hängt ab, ob eine gegebenenfalls auftretende Doppelbesteuerung im Wege der Freistellung oder mittels Anrechnung beseitigt wird.

4.2.3.12 Vereinbarung zur abkommensrechtlichen Zulässigkeit der Wegzugsbesteuerung

Abweichend sowohl vom alten Abkommen als auch vom OECD-Musterabkommen enthält Art. 13 Abs. 6 ErtSt-DBA 2003 eine Sonderregel für die Wegzugsbesteuerung bei Anteilen an Kapitalgesellschaften. Danach darf der ursprüngliche Ansässigkeitsstaat einer natürlichen Person, die in einem Vertragsstaat während mindestens fünf Jahren ansässig war und die im anderen Vertragsstaat ansässig geworden ist, einen bis zum Ansässigkeitswechsel eingetretenen Vermögenszuwachs bei Anteilen an Gesellschaften nach seinen innerstaatlichen Rechtsvorschriften besteuern. Fraglich ist, inwieweit durch diese Vorschrift eine Änderung der bisherigen Rechtslage herbeigeführt wird. Da sowohl die deutsche[406] als auch die österreichische[407] Wegzugsbesteuerung bisher nach der herrschenden Meinung für abkommensrechtlich zulässig erklärt wurde, ist der Regelung des Art. 13 Abs. 6 ErtSt-DBA 2003 lediglich ein deklarativer Charakter beizumessen[408,409]. Unklar ist jedoch, was die Abkommenssetzer mit der Festlegung der Voraussetzung einer fünfjährigen Ansässigkeit im ursprünglichen Ansässigkeitsstaat bezweckt haben. Weder das deutsche noch das österreichische Recht kennen einen derartigen Fünfjahreszeitraum: § 6 Abs. 1 dAStG setzt eine mindestens zehnjährige unbeschränkte Steuerpflicht voraus, während

---

len an einer Gesellschaft, deren Aktivvermögen überwiegend aus unbeweglichem Vermögen besteht, aus der Veräußerung beweglichen Vermögens, das Betriebsvermögen einer Betriebsstätte ist oder das zu einer festen Einrichtung gehört oder Gewinne aus der Veräußerung von Seeschiffen oder Luftfahrzeugen erfasst.

[405] Vgl. Staringer (1999a), S. 105.
[406] Vgl. § 6 dAStG.
[407] Vgl. § 31 Abs. 2 Nr. 2 öEStG.
[408] So auch Staringer (1999a), S. 110.
[409] Vgl. Teil 3, Kap. 2.1.4.1.2.2.

Österreich eine Wegzugsbesteuerung unabhängig von der Dauer der inländischen Ansässigkeit vornimmt[410].

Art. 13 Abs. 6 Satz 2 ErtSt-DBA 2003 ist an den Zuzugsstaat gerichtet: Für den Fall einer Wegzugsbesteuerung im ursprünglichen Ansässigkeitsstaat muss der Zuzugsstaat bei einer tatsächlichen Veräußerung der Anteile als Anschaffungskosten den Betrag zugrunde legen, den der Wegzugsstaat als Erlös angenommen hat. Für den Fall einer Wohnsitzverlegung nach Österreich hat diese Bestimmung wiederum nur deklarativen Charakter, da § 31 Abs. 3 Satz 2 öEStG vorschreibt, dass im Fall des Eintritts in das Besteuerungsrecht Österreichs der gemeine Wert als Anschaffungskosten gilt. Aus dem abkommensrechtlichen Wortlaut, dass eine Neubewertung nur bei Vornahme einer Wegzugsbesteuerung im ursprünglichen Ansässigkeitsstaat vorzunehmen sei, darf nicht geschlossen werden, dass in den Fällen, in denen eine Wegzugsbesteuerung nicht vorgenommen worden ist, die ursprünglichen Anschaffungskosten bei einer tatsächlichen Veräußerung anzusetzen sind. Eine derartige Sichtweise würde unberücksichtigt lassen, dass Doppelbesteuerungsabkommen keine neuen Steuerpflichten begründen können[411].

4.3 Das Doppelbesteuerungsabkommen auf dem Gebiet der Erbschaftsteuern

Das Abkommen zur Vermeidung der Doppelbesteuerung auf dem Gebiet der Erbschaftsteuern ist am 7.9.1955 durch Austausch der Ratifikationsurkunden[412] in Kraft getreten[413]. Es ist anwendbar, wenn der Erblasser in mindestens einem der beiden Vertragsstaaten seinen Wohnsitz hatte. Wenn er in keinem der Vertragsstaaten einen Wohnsitz hatte, gilt als Wohnsitz der Ort seines gewöhnlichen Aufenthalts. Für den Fall eines Doppelwohnsitzes gilt der Staat als Wohnsitzstaat, in dem sich der Mittelpunkt seiner Lebensinteressen befand[414]. Der Wohnsitz oder gewöhnliche Aufenthalt des Erwerbers ist für die Anwendbarkeit des Abkommens unerheblich[415].

---

[410] Auf diese Frage wird im Folgenden nicht weiter eingegangen, weil die abkommensrechtliche Bestimmung nicht im Widerspruch zur deutschen Wegzugsbesteuerung steht. Lediglich bei einem Wegzug aus Österreich erlangt das Verhältnis von § 31 Abs. 2 Nr. 2 öEStG zu Art. 13 Abs. 6 ErtSt-DBA 2003 Bedeutung. Für den hier betrachteten Fall einer Wohnsitzverlegung nach Österreich ist die österreichische Wegzugsbesteuerung jedoch nicht von Belang.
[411] Zum selben Schluss kommt Staringer (1999a), S. 113 - 114. Allerdings begründet er seinen Standpunkt aus systematischer Sicht und nicht auf der Grundlage der Funktion von Doppelbesteuerungsabkommen.
[412] Vgl. Ost (1991), S. 161.
[413] Vgl. BStBl I 1955, S. 375 - 378.
[414] Vgl. Art. 5 Nr. 2 ErbSt-DBA.
[415] So auch Ost (1991), S. 153.

In sachlicher Hinsicht wird von dem zwischen Deutschland und Österreich abgeschlossenen Abkommen nur die Erbschaftsteuer im engeren Sinne erfasst. Besteuerungsgrundlage müssen Erwerbe von Todes wegen oder Zweckzuwendungen von Todes wegen gewesen sein. Doppelbesteuerungen, die auf Schenkungen zurückgehen, werden durch das Abkommen nicht erfasst[416]. Derzeit laufen jedoch Verhandlungen über eine Revision des Abkommens. Ziel ist unter anderem die Einbeziehung der Schenkungsteuer in den sachlichen Anwendungsbereich[417].

Im Wesentlichen umfasst das Erbschaftsteuerabkommen drei verschiedene Verteilungsnormen. Art. 3 ErbSt-DBA weist das Besteuerungsrecht für unbewegliches Nachlassvermögen dem Vertragsstaat zu, in dem sich das Vermögen befindet. Das unbewegliche Nachlassvermögen im Sinne des Abkommens umfasst auch die Nutzungsrechte an unbeweglichem Vermögen, die Rechte, die durch Pfandrecht an einem solchen Vermögen gesichert sind und das unbewegliche Betriebsvermögen. Das Besteuerungsrecht für bewegliches Betriebsvermögen richtet sich gemäß Art. 4 ErbSt-DBA nach dem Betriebsstättenprinzip. Danach darf der Vertragsstaat das Vermögen insoweit besteuern, als es der in seinem Staat liegenden Betriebsstätte dient. Befindet sich nur in einem Vertragsstaat eine Betriebsstätte, hat dieser Staat das alleinige Besteuerungsrecht für das vererbte Betriebsvermögen. Art. 5 ErbSt-DBA stellt eine Auffangklausel dar und erfasst das sonstige Nachlassvermögen. Das Besteuerungsrecht hierfür liegt ausschließlich beim Wohnsitzstaat. Für den Fall eines Doppelwohnsitzes wird der Staat als Wohnsitzstaat festgelegt, in dem sich der Mittelpunkt der Lebensinteressen des Erblassers befand. An den Verteilungsnormen gemäß Art. 3 - 5 ErbSt-DBA orientiert sich auch der Schuldenabzug[418]. Entscheidend für die Schuldenanrechnung ist die Zugehörigkeit zu einem Nachlassteil[419].

Eine scharfe Trennung zwischen Verteilungsnormen und Methodenartikel weist das Erbschaftsteuerabkommen nicht auf. Die Rechtsfolge der Freistellung ist bereits in den Verteilungsnormen enthalten[420]. Art. 7 ErbSt-DBA normiert die

---

[416] Zur nachträglichen Einbeziehung einer Schenkung in eine Erbschaftbesteuerung bei mehreren innerhalb der letzten zehn Jahre anfallenden Vermögensvorteilen (§ 14 dErbStG, § 11 öErbStG) und der diesbezüglichen Anwendung des Erbschaftsteuerdoppelbesteuerungsabkommens vgl. Philipp (1964), Erichsen (1985), S. 493, Hausleithner (1985), S. 221 - 222 und Ost (1991), S. 159 - 160.
[417] Vgl. Schuch (1996a), S. 195.
[418] Vgl. Art. 6 ErbSt-DBA.
[419] Umfangreiche Ausführungen zur Schuldenanrechnung bieten Schuhmann (1987), S. 18 - 19, Ost (1991), S. 166 - 171 und Toifl (1995b).
[420] In Österreich wird die Freistellung als Ausscheidungsverfahren bezeichnet. Es kommt nur zur Anwendung, wenn ein Doppelbesteuerungsabkommen eine diesbezügliche konkrete Anwendung trifft. Vgl. Hausleithner (1985), S. 218. Bei unbeschränkter Steuerpflicht in Öster-

Möglichkeit der Anwendung eines Progressionsvorbehalts. Aus österreichischer Sicht kommt dieser jedoch nur bei dortiger unbeschränkter Erbschaftsteuerpflicht zur Anwendung[421].

Am 15.10.2003 wurde zu dem bestehenden Erbschaftsteuerabkommen ein Zusatzabkommen unterzeichnet, das nach seinem Inkrafttreten rückwirkend ab 1.1.2003 anzuwenden ist[422]. Durch dieses Zusatzabkommen wird das geltende Abkommen dahingehend ergänzt, dass die so genannte „Erbersatzsteuer" im Sinne von § 1 Abs. 1 Nr. 4 dErbStG vom Anwendungsbereich des ursprünglichen Abkommens ausgenommen wird. Hierdurch wird ausgeschlossen, dass deutsche Familienstiftungen, deren Vermögen der so genannten Erbersatzsteuer unterliegen, einer Besteuerung unter Berufung auf das Abkommen entgehen. Da eine Erbersatzsteuer nur in Deutschland existiert, wirkt sich das Zusatzabkommen nur auf deutsche Familienstiftungen aus, die in Österreich belegenes Vermögen haben. Dieses Vermögen wird nunmehr in Deutschland besteuert und nicht mehr freigestellt.

5. Einfluss des EU-Rechts und der EuGH-Rechtsprechung auf im Zusammenhang mit der Wohnsitzverlegung und der Vermögensumstrukturierung stehende Normen

5.1 Notwendigkeit der Berücksichtigung europäischen Rechts

Sowohl Deutschland als auch Österreich sind Mitglieder der Europäischen Union. Die Rechtsgrundlage für Mitgliedstaaten der Europäischen Union ist der Unionsvertrag von Amsterdam, der den Vertrag von Maastricht mit Wirkung zum 1.5.1999 abgelöst hat. Für den Bereich des Steuerrechts ist der Vertrag zur Gründung der Europäischen Gemeinschaft von Relevanz[423]. Die häufig noch unzureichende Berücksichtigung europäischen Rechts im Bereich des Steuerrechts erfordert eine systematische Darstellung des die direkten Steuern betreffenden europäischen Rechts. Auf der Grundlage der herausgearbeiteten Erkenntnisse werden in den folgenden Teilen die wichtigsten, den Wohnsitzwech-

---

reich ist gemäß § 6 Abs. 4 öErbStG die Berücksichtigung eines Progressionsvorbehalts vorgeschrieben.
[421] Vgl. § 6 Abs. 4 öErbStG und Schuch (1996a), S. 211 m.w.N.
[422] Vgl. www.bundesfinanzministerium.de vom 11.12.2002: „Paraphierung eines Zusatzabkommens zum deutsch-österreichischen Doppelbesteuerungsabkommen auf dem Gebiet der Erbschaftsteuern" und Hensel (2004).
[423] Die Europäische Union ist auf drei Säulen aufgebaut: Neben der Europäischen Gemeinschaft, der Europäischen Atomgemeinschaft und der Europäischen Gemeinschaft für Kohle und Stahl als erste Säule gehören auch die gemeinsame Außen- und Sicherheitspolitik als zweite Säule und die Zusammenarbeit in den Bereichen Inneres und Justiz als dritte Säule zur Architektur der Europäischen Union. Vgl. Kluge (2000), S. 89, RZ 1.

sel und die Vermögensstrukturierung betreffenden nationalen Normen auf ihre Europarechtsverträglichkeit überprüft.

Für den Steuerpflichtigen bzw. dessen Berater stellt das Europarecht sowohl eine Chance[424] als auch einen Unsicherheitsfaktor[425] dar. Die Unsicherheit kommt durch die in besonderem Maße hervorzuhebende Dynamik der Rechtsprechung des Europäischen Gerichtshofs[426] zustande. Sollte der Steuerpflichtige oder dessen Berater in einer auf ihn bzw. auf einer auf seinen Mandanten angewendeten nationalen Norm eine Verletzung des EG-Vertrags entdecken, muss bei einem Einspruch oder einer Klage in systematischer Weise die Verletzung des EG-Vertrags herausgearbeitet werden[427].

5.2 Verhältnis europäischen Rechts zu nationalem Recht

Für die direkten Steuern existiert im Gegensatz zu den indirekten Steuern[428] kein Harmonisierungsauftrag[429] im EG-Vertrag. Es besteht jedoch die Möglichkeit, gemäß Art. 94 EG eine Rechtsangleichung über Richtlinien herbeizuführen. Das Einstimmigkeitserfordernis bei der Entscheidung des Europäischen Rats auf Vorschlag der Europäischen Kommission führt aber dazu, dass dieser Vorschrift für den Bereich der direkten Steuern nur eine eingeschränkte Bedeutung zukommt. Ein gerichtlich einklagbarer Anspruch auf Harmonisierung der direkten Steuern besteht nicht[430]. Die Schaffung eines gemeinsamen Steuersystems gehört nicht zu den Aufgaben der Gemeinschaft[431]. Da eine Harmonisierung auf dem Gebiet der direkten Steuern in näherer Zukunft nicht zu erwarten ist[432], werden die Impulse für eine Angleichung der Rechtsvorschriften auch weiterhin von der Rechtsprechung des Europäischen Gerichtshofs ausgehen[433]. Dieser ist gemäß Art. 220 EG für die Wahrung des Rechts bei der Auslegung und Anwendung des Vertrags zuständig.

In einer Entscheidung im Jahr 1994[434] hat der Europäische Gerichtshof den Vorrang des Gemeinschaftsrechts vor dem nationalen Recht ausdrücklich bestätigt. Begründet hat er diese Entscheidung damit, dass die mit Abschluss des Gemein-

---

[424] Vgl. Herzig/Dautzenberg (1997), S. 8.
[425] Vgl. Teil 1, Kap. 2.2.2.2.1 und Kokott (2000), S. 5.
[426] Vgl. Reimer (2000), S. 41 - 44.
[427] So auch Dautzenberg (1993), S. 1567.
[428] Vgl. Art. 93 EG.
[429] Vgl. Doralt (1988), S. 109, Lechner (1992), Thömmes (1999), S. 174 und Tumpel (2000), S. 27.
[430] Vgl. Kokott (2000), S. 9.
[431] So auch Kluge (2000), S. 98, RZ 1.
[432] In besonderem Maße gilt dies für die Erbschaft- und Schenkungsteuer.
[433] Vgl. Matzka (1998), S. 25 und Thömmes (1999), S. 174.
[434] Vgl. EuGH-Urteil v. 15.7.1964 – Rs. 6/64 (Costa/ENEL), Slg. 1964, 1141.

schaftsvertrags eingegangenen Verpflichtungen nur dann unbedingte sind, wenn sie nicht durch spätere Gesetzgebungsakte der Mitgliedstaaten in Frage gestellt werden können. Sie sind unmittelbar anwendbares Recht in allen Mitgliedstaaten und bedürfen keiner weiteren Zustimmungsakte oder Umsetzungsmaßnahmen[435]. Der Vorrang des Gemeinschaftsrechts gilt nur, wenn der zugrunde liegende Sachverhalt gemeinschaftsrechtlich relevant ist[436]. Für rein innerstaatliche Sachverhalte bleibt die Anwendbarkeit des nationalen Rechts bestehen. Ausnahmen vom Vorrang des Gemeinschaftsrechts sind nur bei ausdrücklicher Nennung im EG-Vertrag zulässig[437].

Gemäß Art. 293 EG leiten die Mitgliedstaaten, soweit erforderlich, untereinander Verhandlungen ein, um zugunsten ihrer Staatsangehörigen die Beseitigung der Doppelbesteuerung innerhalb der Gemeinschaft sicherzustellen. Die Frage nach dem Verhältnis von Art. 293 EG zu den allgemeinen und speziellen Diskriminierungsverboten des EG-Vertrags hat der Europäische Gerichtshof zugunsten der Durchsetzung der Grundfreiheiten entschieden[438]. Art. 293 EG besitzt aufgrund der Formulierung „soweit erforderlich" nur subsidiären Charakter gegenüber den übrigen Bestimmungen des EG-Vertrags. Diese Sichtweise wird bekräftigt durch den Grundsatz des Vorrangs des Europarechts vor dem nationalen Recht, der insofern einschlägig ist, dass Doppelbesteuerungsabkommen als völkerrechtliche Verträge nach Art. 59 Abs. 2 dGG in nationales Recht transformiert werden[439,440]. Eine Diskriminierung kann demnach nicht dadurch vorgenommen werden, dass sie von den Mitgliedstaaten in einem Doppelbesteuerungsabkommen festgelegt wird[441].

Fraglich ist die Rangfrage hinsichtlich von Doppelbesteuerungsabkommen, die vor dem In-Kraft-Treten des EWG-Vertrags am 1.1.1958 bzw. vor dem Beitritt eines der Unterzeichnerstaaten[442] zur Europäischen Gemeinschaft abgeschlossen wurden. Art. 307 EG garantiert ausschließlich den Anwendungsvorrang älteren Rechts im Verhältnis zu völkerrechtlichen Vereinbarungen mit Drittstaaten. Mit der Zugehörigkeit sowohl Deutschlands als auch Österreichs zum Binnenmarkt

---

[435] Vgl. Nowack (1994), S. 65 - 80, Matzka (1998), S. 24 und Thömmes (1999), S. 174 - 175.
[436] Vgl. Kluge (2000), S. 91 - 92, RZ 3. Beachte die Ausführungen in Teil 1, Kap. 5.4.
[437] Vgl. zum Beispiel Art. 58 EG, der einzelstaatliche Beschränkungen im Bereich der Kapitalverkehrsfreiheit zulässt.
[438] Vgl. Knobbe-Keuk (1990a), S. 2580 m.w.N.
[439] Vgl. Bachmann (1994), S. 858.
[440] Trotzdem ist es den Mitgliedstaaten unbenommen, die Zuständigkeit des Europäischen Gerichtshofs für Konflikte bei der Auslegung von Doppelbesteuerungsabkommen zu vereinbaren. Erstmals wurde eine solche Vereinbarung im ErtSt-DBA 2003 getroffen. Vgl. Art. 25 Abs. 5 ErtSt-DBA 2003, Züger (1999a), Züger (1999b) und Züger (1999c).
[441] So auch Saß (1992), S. 858 und Heydt (2000), S. 37.
[442] Österreich ist erst zum 1.1.1995 der Europäischen Gemeinschaft beigetreten.

ist diese Vorschrift nicht anwendbar. Das Doppelbesteuerungsabkommen muss sich vollständig dem Vorrang europäischen Rechts beugen[443].

Umstritten ist die Anwendung einer so genannten Meistbegünstigungsklausel auf das Abkommensrecht[444]. Damit ist die Erlangung von Abkommensbegünstigungen durch Anwendung günstigerer Bestimmungen in anderen vom Ansässigkeits- oder Quellenstaat abgeschlossenen Doppelbesteuerungsabkommen gemeint. Rechtsgrundlage für eine derartige Begünstigung könnte ebenfalls der EG-Vertrag sein. Bisher wurde die Frage der Geltung der Meistbegünstigung vom Europäischen Gerichtshof noch nicht entschieden[445]. Insbesondere für Fragen der Gestaltung der Vermögensstruktur können sich aus der Meistbegünstigung Chancen für den Steuerpflichtigen ergeben. Die Kenntnis aller von Deutschland und Österreich abgeschlossenen Doppelbesteuerungsabkommen erfordert jedoch einen erheblichen Planungs- und Beratungsbedarf. Daher wird bereits anstelle des unvollständigen Netzes bilateraler Abkommen der Abschluss eines EG-weiten multilateralen Doppelbesteuerungsabkommens gefordert[446].

5.3 Diskriminierungsverbote des Vertrags zur Gründung der Europäischen Gemeinschaft

Eine Diskriminierung liegt nach ständiger Rechtsprechung des Europäischen Gerichtshofs vor, wenn unterschiedliche Vorschriften auf vergleichbare Situationen angewandt werden oder wenn dieselbe Vorschrift auf unterschiedliche Situationen angewandt wird[447]. Eine Ungleichbehandlung, die sich aus den verschiedenen nationalen Rechtsordnungen ergibt, stellt keine Diskriminierung dar[448]. Der EG-Vertrag enthält sowohl allgemeine als auch spezielle Diskriminierungsverbote. Das allgemeine Diskriminierungsverbot gemäß Art. 12 EG verbietet jede Diskriminierung aus Gründen der Staatsangehörigkeit. Daneben sind alle versteckten Formen der Diskriminierung, die durch die Anwendung anderer Unterscheidungsmerkmale tatsächlich zu dem gleichen Ergebnis führen, verboten[449]. Allerdings wird vom Europäischen Gerichtshof in den Fällen der

---

[443] Vgl. Kluge (2000), S. 93, RZ 5.
[444] Vgl. Schuch (1996b), der das Konzept der Meistbegünstigung aus österreichischer Sicht beleuchtet.
[445] Vgl. Schuch (1996b), S. 105 und Thömmes (2004b), der unter Verweis auf die Schlussanträge des Generalanwalts Colomer in der Rechtssache „D" davon ausgeht, dass auch in diesem Verfahren die Frage der Meistbegünstigung vom Europäischen Gerichtshof weiter offen gelassen wird.
[446] Vgl. Kokott (2000), S. 2.
[447] Vgl. Bachmann (1993), S. 322, Bachmann (1994), S. 849, Jann/Toifl (1996), S. 310 und Malmer (2002), S. 84.
[448] Vgl. Kokott (2000), S. 6
[449] Vgl. Herrmann (1989), S. 607 - 608, Jarass (1993), S. 5, Bachmann (1994), S. 850, Saß (1997), S. 383 und Matzka (1998), S. 61.

indirekten oder versteckten Diskriminierung ergänzend geprüft, ob sich der ungleich Behandelte in einer vergleichbaren Situation befindet[450]. Eine gleiche steuerliche Ausgangslage ist gegeben, wenn kein Unterschied in der objektiven Situation besteht, der eine nachteilige Behandlung der Ausländer rechtfertigen könnte[451].

Als ein weiteres allgemeines Diskriminierungsverbot kann das mit dem am 7.2.1992 verabschiedeten Maastrichter Vertrag eingefügte allgemeine Freizügigkeitsrecht angesehen werden[452]. Danach hat gemäß Art. 18 EG jeder Unionsbürger[453] – vorbehaltlich der im EG-Vertrag und in den Durchführungsvorschriften vorgesehenen Beschränkungen und Bedingungen – das Recht, sich im Hoheitsgebiet der Mitgliedstaaten frei zu bewegen und aufzuhalten. Die Norm beinhaltet implizit auch das Recht der freien Wohnsitznahme[454]. Vor der Einführung dieser Vorschrift hat der Europäische Gerichtshof im Urteil „Werner"[455] steuerliche Beschränkungen bei einer privaten Wohnsitznahme in einem anderen Mitgliedstaat für zulässig erachtet[456]. Nach der Einführung des allgemeinen Freizügigkeitsrechts ist hinsichtlich eines Diskriminierungsverbots bei einer privaten Wohnsitzverlegung kein Urteil seitens des Europäischen Gerichtshofs ergangen[457]. Es muss aber davon ausgegangen werden, dass Art. 18 EG die private Wohnsitznahme abdeckt, da die wirtschaftlich motivierte Wohnsitznahme bereits vorher durch spezielle Vorschriften vor einer Diskriminierung geschützt war und der neu eingefügte Artikel ansonsten keinen weiteren Anwendungsbereich eröffnen würde.

---

[450] Vgl. Saß (1997), S. 383, Schaumburg (1998), S. 86, RZ 4.15, Saß (1999), S. 166 und Kokott (2000), S. 11.
[451] Vgl. Saß (1999), S. 166 und EuGH-Urteile v. 28.1.1986 – 270/83 (Avoir fiscal), Slg. 1986 I 273, v. 13.7.1993 – C-330/91 (Commerzbank), Slg. 1993 I 4017 und v. 14.2.1995 – C-279/93 (Schumacker), Slg. 1995 I 225.
[452] Art. 18 EG verankert das allgemeine Aufenthaltsrecht auf Vertragsebene, nachdem 1990 durch drei Richtlinien das Aufenthaltsrecht über den Kreis der Arbeitnehmer und der selbständig Erwerbstätigen hinaus ausgedehnt wurde. Vgl. die Richtlinie über das Aufenthaltsrecht für Studenten (RL 93/96, ABl. EU 1993, L 317/59), die Richtlinie für aus dem Erwerbsleben ausgeschiedene Arbeitnehmer und Selbständige (RL 90/365, ABl. EU 1990, L 180/28), die Richtlinie für sonstige Nichterwerbstätige (RL 90/364, ABl. EU 1990, L 180/26) und Malmer (2002), S. 85.
[453] Unionsbürger ist gemäß Art. 17 EG, wer die Staatsangehörigkeit eines Mitgliedstaats besitzt. Durch diese Definition sind juristische Personen von der Anwendung des allgemeinen Freizügigkeitsrechts ausgeschlossen.
[454] Vgl. Dautzenberg (1993), S. 1564.
[455] Vgl. EuGH-Urteil v. 26.1.1993 – C-112/91 (Werner), Slg. 1993 I 429.
[456] Vgl. Saß (1993), S. 361 und Dautzenberg (1993), S. 1566.
[457] Vgl. Tumpel (2000), S. 28.

Als spezielle Diskriminierungsverbote werden die Grundfreiheiten bezeichnet. Sie sind die konstituierenden Merkmale des Binnenmarktes[458], in dessen Raum gemäß Art. 14 Abs. 2 EG der freie Verkehr von Waren, Personen, Dienstleistungen und Kapital gewährleistet sein soll[459]. Die Personenverkehrsfreiheit umfasst die Arbeitnehmerfreizügigkeit gemäß Art. 39 EG und die Niederlassungsfreiheit gemäß Art. 43 EG[460]. Der EG-Binnenmarkt ist demnach erreicht, wenn Binnengrenzen wirtschaftlich nicht mehr spürbar sind. Dem Vergleich mit einer einheitlichen Volkswirtschaft muss das Binnenmarktkonzept nicht standhalten[461]. Geschützt wird von den Grundfreiheiten nur die Aufnahme einer Erwerbstätigkeit in einem anderen Mitgliedstaat, nicht hingegen die bloße Wohnsitznahme[462].

5.4 Voraussetzung der Einschlägigkeit des Vertrags zur Gründung der Europäischen Gemeinschaft

Um sich auf die Diskriminierungsverbote des EG-Vertrages berufen zu können, muss ein Sachverhalt vorliegen, für den die Vertragsvorschriften einschlägig sind. Vor der Einführung des allgemeinen Freizügigkeitsrechts gemäß Art. 18 EG durch den Maastrichter Vertrag wurde der Anwendungsbereich des EG-Vertrages nur bei einem durch die Grundfreiheiten geschützten, grenzüberschreitenden Wirtschaftsverkehr eröffnet[463]. Aus diesem Grund verneinte der Europäische Gerichtshof 1993 im Fall „Werner"[464] eine Verletzung des EG-Vertrages. Herr Werner war deutscher Staatsangehöriger, der in den Niederlanden seinen Wohnsitz hatte und in Deutschland arbeitete. Das einzige grenzüberschreitende Merkmal war der im Ausland befindliche Wohnsitz. Eine Verletzung der Grundfreiheiten fand nicht statt.

Durch Art. 18 EG wird nach herrschender Meinung auch die private Wohnsitznahme im Ausland durch den EG-Vertrag geschützt. Bei Gültigkeit dieser Vorschrift zurzeit der Entscheidung „Werner" hätte der Europäische Gerichtshof eine Anwendbarkeit des EG-Vertrages bejahen müssen[465]. Für eine Berufung auf europäisches Recht ist es für den Steuerpflichtigen wichtig, festzustellen, ob ein privat oder ein wirtschaftlich motivierter Aufenthalt vorliegt, um die richtigen Anspruchsgrundlagen bei einem Einspruch oder einer Klage zu benennen.

---

[458] Vgl. Heydt (2000), S. 29.
[459] Vgl. auch Art. 3 Abs. 1 lit. c EG, wonach die Schaffung eines Binnenmarktes Aufgabe der Gemeinschaft ist.
[460] Vgl. Reimer (2000), S. 40.
[461] Vgl. Kluge (2000), S. 105 - 106, RZ 16.
[462] Vgl. Saß (1993), S. 361.
[463] Vgl. Dautzenberg (1997b), S. 39.
[464] Vgl. EuGH-Urteil v. 26.1.1993 – C-112/91 (Werner), Slg. 1993 I 429.
[465] So auch Herzig/Dautzenberg (1997), S. 11.

Obwohl der EG-Vertrag keine Anwendung auf solche wirtschaftlichen Sachverhalte findet, die auf das Gebiet eines Mitgliedstaats beschränkt sind, könnte eine Ungleichbehandlung dann am Gemeinschaftsrecht gemessen werden, wenn sich der Steuerpflichtige gegenüber seinem eigenen Heimatstaat in einer Lage befindet, die mit derjenigen anderer Personen, die in den Genuss der durch die Grundfreiheiten garantierten Rechte kommen, vergleichbar ist[466].

Als weitere Voraussetzung für die Anwendbarkeit der Personenverkehrsfreiheiten oder der allgemeinen Freizügigkeit muss der Anspruchsberechtigte die Staatsbürgerschaft eines Mitgliedstaates besitzen. Für das allgemeine Freizügigkeitsrecht ergibt sich dies aus der Definition der Unionsbürgerschaft gemäß Art. 17 EG, für die Niederlassungsfreiheit gemäß Art. 43 EG aus dem Wortlaut und für die Arbeitnehmerfreizügigkeit gemäß Art. 39 EG aus dem Sinnzusammenhang[467].

5.5 Reichweite der Diskriminierungsverbote

Hinsichtlich der Reichweite der allgemeinen Diskriminierungsverbote und der Grundfreiheiten existieren unterschiedliche Auffassungen: Sie können als alleinige Diskriminierungsverbote oder als Beschränkungsverbote interpretiert werden. Eine noch weiterreichende Einengung der nationalen Handlungsspielräume folgt aus der Befürwortung eines umfassenden Binnenmarktbegriffs[468].

Adressat eines alleinigen Diskriminierungsverbots ist der Aufnahmestaat[469]. Es wird verlangt, dass die Waren, Personen, Dienstleistungen bzw. das Kapital nach den Bestimmungen des Aufnahmestaates für seine eigenen Angehörigen behandelt werden. Beschränkungen durch den Wegzugs- bzw. Herkunftsstaat werden von dieser Auslegung nicht erfasst. Hinsichtlich der Niederlassungsfreiheit bedeutet dies zum Beispiel, dass ein Mitgliedstaat einen Ausländer, der sich zur Ausübung einer selbständigen Tätigkeit in dessen Staatsgebiet niederlassen möchte, in derselben Weise zu behandeln hat wie einen Inländer. Nicht diskriminierende, sich aus der Verschiedenartigkeit der nationalen Rechtsordnungen ergebende Unterschiede bleiben bei dieser Auslegung bestehen.

Eine Auslegung als Beschränkungsverbot geht über diejenige einer Auslegung als alleiniges Diskriminierungsverbot hinaus. Neben der Diskriminierung eines Ausländers durch den Aufnahmestaat ist ergänzend auch die Beschränkung der

---

[466] So auch Knobbe-Keuk (1990a), S. 2576, Jann/Toifl (1996), S. 307 und EuGH-Urteil v. 27.6.1996 – C-107/94 (Asscher), Slg. 1996 I 3089. Kokott (2000), S. 15 geht hingegen davon aus, dass eine derartige umgekehrte Diskriminierung zulässig sei.
[467] Vgl. Herrmann (1989), S. 608.
[468] Vgl. Eberhartinger, M. (1997), S. 43 - 44.
[469] Vgl. Hahn (1992), S. 665.

eigenen Staatsangehörigen bei der Ausübung der Grundfreiheiten durch den Wegzugs- bzw. Herkunftsstaat verboten[470]. Keinerlei Beschränkungen bestehen für einen Mitgliedstaat hinsichtlich der Regulierungsbefugnis für rein inländische Sachverhalte.

Die unbeschränkte Gesetzgebungsbefugnis für nationale Sachverhalte und die Auslegung als Beschränkungsverbot ermöglicht eine so genannte umgekehrte Diskriminierung[471]. Diese kommt dann zustande, wenn ein Mitgliedstaat Produkte bzw. Personen mit einem Inlandsbezug schlechter behandelt als solche mit einem Auslandsbezug. Die Inländerdiskriminierung stellt einen Unterfall der umgekehrten Diskriminierung dar, da diese auch im Hinblick auf Waren, Dienstleistungen und Kapital auftreten kann. Die unterschiedliche Behandlung gleichartiger Sachverhalte durch verschiedene Mitgliedstaaten stellt hingegen keine umgekehrte Diskriminierung dar. Bei Befürwortung eines umfassenden Binnenmarktbegriffs dürfen zu Wettbewerbsverzerrungen führende umgekehrte Diskriminierungen nicht mehr aufrechterhalten werden. Die Gleichheit der Wettbewerbsbedingungen steht nach dieser Auffassung im Mittelpunkt.

Ein Verständnis der gemeinschaftsrechtlichen Grundfreiheiten als Beschränkungsverbote stellt mittlerweile die herrschende Meinung dar. Die dynamische Weiterentwicklung der Grundfreiheiten durch den Europäischen Gerichtshof von alleinigen Diskriminierungsverboten zu umfassenden Beschränkungsverboten erfolgte zuerst für die Warenverkehrsfreiheit[472] und anschließend für die Dienstleistungsfreiheit[473,474]. Die Personenverkehrsfreiheiten wurden hingegen lange Zeit nur als Konkretisierung des allgemeinen Diskriminierungsverbots gemäß Art. 12 EG verstanden[475]. Der engere Grenzbezug[476] der Warenverkehrs- und Dienstleistungsfreiheit und die zeitliche Begrenzung der Tätigkeit[477] im Gegensatz zu den Personenverkehrsfreiheiten ließen eine derartige Unterscheidung gerechtfertigt erscheinen. Dennoch sind mittlerweile hinsichtlich aller Grund-

---

[470] Vgl. Hahn (1992), S. 665 - 667.
[471] Vgl. Eberhartinger, M. (1997) und Lackhoff/Raczinski (1997), S. 109 - 110.
[472] Vgl. EuGH-Urteil v. 11.7.1974 – Rs. 8/74 (Dassonville), Slg. 1974, 837.
[473] Vgl. EuGH-Urteil v. 3.12.1974 – Rs. 33/74 (van Binsbergen), Slg. 1974, 1299.
[474] Vgl. Eberhartinger, M. (1997), S. 44 - 45.
[475] Vgl. Eberhartinger, M. (1997), S. 46.
[476] Vgl. Kokott (2000), S. 12 und Reimer (2000), S. 70.
[477] Vgl. Knobbe-Keuk (1990a), S. 2573.

freiheiten Urteile seitens des Europäischen Gerichtshofs[478] ergangen, die diese als Beschränkungsverbote interpretieren[479].

Begründet wird die Weiterentwicklung der Grundfreiheiten von Gleichheitsrechten zu Freiheitsrechten mit dem durch die Einheitliche Europäische Akte eingefügten Ziel der Verwirklichung des Binnenmarktes[480]. Dem Begriff des Binnenmarktes wird ein weitreichenderer Inhalt zugedacht als dem zuvor geltenden Begriff des gemeinsamen Marktes. Eine stärkere Integration kann nur durch eine Erweiterung der Grundfreiheiten zu Beschränkungsverboten erreicht werden. Obwohl die ursprüngliche Intention des Gesetzgebers lediglich in dem Ziel einer Inländergleichbehandlung bestand[481], stand dieses Argument aufgrund der geringen Bedeutung der historischen Auslegung in der Rechtsprechung des Europäischen Gerichtshofs[482] einer Weiterentwicklung zu Beschränkungsverboten nicht entgegen. Das Argument, dass der Gesetzgeber die Auswirkungen der Grundfreiheiten auf das Steuerrecht nicht hinreichend erkannt hat, ist falsch[483]. Zum einen war zum Zeitpunkt des Abschlusses des Maastrichter Vertrages eine Tendenz zu einer Weiterentwicklung der Grundfreiheiten zu Beschränkungsverboten bereits zu erkennen[484], zum anderen wurden für eine einzelne Grundfreiheit – die Kapitalverkehrsfreiheit – Ausnahmen von einem Beschränkungsverbot ausdrücklich kodifiziert[485]. Die Erwähnung des Wortes „Beschränkung" in den einzelnen Artikeln[486] mag zwar nicht als Argument für eine Auslegung als Beschränkungsverbot genügen, zeigt aber zumindest, dass eine Weiterentwicklung der Reichweite der Grundfreiheiten durch den Wortlaut gedeckt ist[487]. Das allgemeine Freizügigkeitsrecht gemäß Art. 18 EG wird ebenfalls als Diskriminierungs- und als Beschränkungsverbot verstanden[488].

---

[478] Vgl. Everling (1997), S. 610 - 612, Kokott (2000), S. 18 - 20 und die EuGH-Urteile v. 27.9.1988 – 81/87 (Daily Mail), Slg. 1988, 5505, v. 12.5.1998 – C-336/96 (Gilly), Slg. 1998 I 2793, v. 16.7.1998 – C-264/96 (Imperial Chemical Industries), Slg. 1998 I 4695 und v. 26.10.1999 – C-294/97 (Eurowings), Slg. 1999 I 7447.
[479] Einen Sonderfall stellt die Kapitalverkehrsfreiheit dar, für die der Gesetzgeber gemäß Art. 58 EG ausdrücklich einzelstaatliche Beschränkungen zugelassen hat.
[480] Vgl. Hahn (1992), S. 667, Jarass (1993), S. 5, Lackhoff/Raczinski (1997), S. 115 und Reimer (2000), S. 51.
[481] Vgl. Hahn (1992), S. 665.
[482] Vgl. Knobbe-Keuk (1990a), S. 2574.
[483] Vgl. Dautzenberg (1993), S. 1566.
[484] Vgl. Knobbe-Keuk (1991b), S. 652 und Saß (1992), S. 859.
[485] Vgl. Art. 58 EG.
[486] Vgl. Art. 28, 39, 43, 49 und 56 EG.
[487] Vgl. Hahn (1992), S. 666.
[488] Vgl. Dautzenberg (1993), S. 1565 und Reimer (2000), S. 73.

Die Zulässigkeit einer umgekehrten Diskriminierung ist zum derzeitigen Zeitpunkt umstritten. Ein Verbot der umgekehrten Diskriminierung ließe sich aus den Bestimmungen des Gemeinschaftsrechts oder des nationalen Verfassungsrechts herleiten. Eine über die Auslegung als Beschränkungsverbote hinausgehende Interpretation der Grundfreiheiten lässt sich mit dem Wortlaut nicht mehr vereinbaren[489]. Besser geeignet als Anknüpfungspunkt erscheint Art. 12 EG, der jede Diskriminierung aus Gründen der Staatsangehörigkeit im Anwendungsbereich des Vertrages verbietet. Die Sichtweise, dass der Anwendungsbereich des Vertrages auch bei einem nicht grenzüberschreitenden Bezug eröffnet werden kann, bietet zumindest für die Zukunft unter Berücksichtigung der bisherigen Dynamik der Rechtsprechung des Europäischen Gerichtshofs die Chance eines Verbots umgekehrter Diskriminierungen.

Der Einfluss des Gleichbehandlungsgebots des Art. 3 dGG auf die Fälle umgekehrter Diskriminierungen ist umstritten. Zum einen wird argumentiert, dass Art. 3 dGG sich nur auf die Maßnahmen eines Hoheitsträgers bezieht und umgekehrte Diskriminierungen aufgrund des Zusammenwirkens von Gemeinschaftsrecht und nationalem Recht von diesem nicht erfasst werden[490]. Zum anderen wird betont, dass Gemeinschaftsrecht in Deutschland nur aufgrund des Anwendungsbefehls des deutschen Ratifikationsgesetzes gilt und somit das Zusammenwirken deutscher und europäischer Normen dem deutschen Gesetzgeber zuzurechnen sei[491]. Die Verwirklichung eines umfassenden, umgekehrte Diskriminierungen ausschließenden Binnenmarktes kann demnach für die Zukunft nicht ausgeschlossen werden. Im Rahmen der konkreten Steuerplanung sollte jedoch nur von einer Auslegung der Grundfreiheiten als Beschränkungsverbote ausgegangen werden.

5.6 Verhältnis der allgemeinen Diskriminierungsverbote zu den Grundfreiheiten

Das allgemeine Verbot der Diskriminierung aus Gründen der Staatsangehörigkeit besitzt nur subsidiären Charakter gegenüber den Grundfreiheiten[492]. Die Grundfreiheiten stellen die explizit in Art. 12 EG genannten besonderen Bestimmungen dar. Im Einklang mit den Grundfreiheiten stehende Beschränkungen können nicht durch das allgemeine Diskriminierungsverbot beseitigt werden.

---

[489] So auch Reimer (2000), S. 53.
[490] Vgl. Lackhoff/Raczinski (1997), S. 116 - 117.
[491] Vgl. Kokott (2000), S. 16.
[492] Vgl. Bachmann (1994), S. 850 und Reimer (2000), S. 73 - 74.

Das mit dem Maastrichter Vertrag eingefügte allgemeine Freizügigkeitsrecht gemäß Art. 18 EG tritt ebenfalls als lex generalis hinter die Grundfreiheiten zurück[493]. Da die Grundfreiheiten ausschließlich den wirtschaftlich motivierten Aufenthalt vor Beschränkungen schützen wollen, beschränkt sich der Anwendungsbereich des allgemeinen Freizügigkeitsrechts auf den privat motivierten Aufenthalt[494]. Neben einem nur zeitweiligen Aufenthalt fällt auch die privat veranlasste Wohnsitznahme unter den Anwendungsbereich des allgemeinen Freizügigkeitsrechts[495]. Diskriminierungen, die von einer der Grundfreiheiten geduldet werden, können bei deren Einschlägigkeit nicht über das allgemeine Freizügigkeitsrecht beseitigt werden[496].

5.7 Verhältnis der Grundfreiheiten zueinander

Eine Abgrenzung der Grundfreiheiten zueinander ist erforderlich, da der EG-Vertrag in Abhängigkeit von der einschlägigen Grundfreiheit unterschiedliche Ausnahmen von den Bestimmungen der Grundfreiheiten zulässt[497]. Für einen zugrunde liegenden Sachverhalt ist zu klären, welche Grundfreiheiten durch diesen berührt werden.

Die Niederlassungsfreiheit umfasst gemäß Art. 43 EG die Aufnahme und Ausübung selbständiger Erwerbstätigkeiten sowie die Gründung und Leitung von Unternehmen nach den Bestimmungen des Aufnahmestaats für seine eigenen Angehörigen. Die Dienstleistungsfreiheit soll sicherstellen, dass jede gegen Entgelt geleistete Tätigkeit, die nicht unter den freien Waren- und Kapitalverkehr oder unter die Personenfreiheiten fällt, vor Diskriminierungen geschützt wird[498]. Im Unterschied zur grenzüberschreitenden Erbringung von Dienstleistungen ist die Niederlassung in einem anderen Mitgliedstaat durch das Element der Dauerhaftigkeit gekennzeichnet[499].

Die Abgrenzung der Niederlassungsfreiheit von der Arbeitnehmerfreizügigkeit erfolgt durch das Merkmal der Selbständigkeit. Damit sich der Steuerpflichtige auf die Niederlassungsfreiheit berufen kann, muss er einer weisungsfreien Er-

---

[493] Vgl. Schaumburg (1998), S. 87 - 88, RZ 4.16.
[494] Vgl. Dautzenberg (1993), S. 1564.
[495] So auch Reimer (2000), S. 73.
[496] So auch Dautzenberg (1997a), S. 181.
[497] Vgl. Matzka (1998), S. 43.
[498] Vgl. Oppermann (1999), S. 670, RZ 1592.
[499] Vgl. Everling (1997), S. 617 und Roth, W.-H. (1997), S. 741, die darauf verweisen, dass auf zeitlich begrenzte Tätigkeiten eines Dienstleistungserbringers nicht jede unter normalen Umständen auf eine dauerhafte Tätigkeit ausgerichtete nationale Norm angewendet werden muss.

werbstätigkeit in eigener Verantwortung nachgehen[500]. Nicht vorausgesetzt wird eine Gewinnerzielungsabsicht[501]. Die Arbeitnehmerfreizügigkeit schützt hingegen alle Personen, die eine Tätigkeit als Lohn- oder Gehaltsempfänger ausüben oder nach Beendigung einer derartigen Tätigkeit im Hoheitsgebiet eines Mitgliedstaates verbleiben[502].

Die Warenverkehrsfreiheit, die gemäß Art. 28 EG mengenmäßige Einfuhrbeschränkungen sowie alle Maßnahmen gleicher Wirkung verbietet, ist gegenüber der Dienstleistungsfreiheit subsidiär. Wenn die Dienstleistung nur in Verbindung mit der Einfuhr bestimmter Waren erbracht werden kann, ist die Dienstleistungsfreiheit einschlägig[503].

Die meisten Probleme bereitet die Abgrenzung der Kapitalverkehrsfreiheit gemäß Art. 56 Abs. 1 EG von den übrigen Grundfreiheiten. Eine Definition des Begriffes „Kapital" oder eine Bestimmung der vom Kapitalverkehr erfassten Transaktionen findet sich im EG-Vertrag nicht. Rückschlüsse lassen sich jedoch aus den vor dem 1.1.1994 in Kraft befindlichen Regelungen[504] ziehen. Danach gehören zumindest das Kreditwesen, Devisen- und Kapitalmarkttransaktionen, die Begebung von Anleihen sowie damit im Zusammenhang stehende laufende Zahlungen zum Kapitalverkehr[505]. Es kann jedoch davon ausgegangen werden, dass unter Berücksichtigung der Zielsetzung der Kapitalverkehrsfreiheit[506] sämtliche Wertübertragungen – sowohl in Form von Geldkapital als auch in Form von Sachkapital – unter den Begriff des Kapitalverkehrs fallen[507].

Das Verhältnis der Niederlassungsfreiheit zur Kapitalverkehrsfreiheit ist geprägt durch Abgrenzungsschwierigkeiten. Diese entstehen aufgrund des im Zusammenhang mit einer Niederlassung in einem anderen Mitgliedstaat regelmäßigen Erfordernisses von Investitionen. Art. 43 Abs. 2 EG räumt bei der Festlegung des Umfangs der Niederlassungsfreiheit einen Vorbehalt zugunsten des Kapitels über den Kapitalverkehr ein. Die im Hinblick auf eine Niederlassung erforderlichen Investitionen und Kapitalbewegungen sind daher nach den Bestimmungen über die Kapitalverkehrsfreiheit zu behandeln[508]. Seit Verabschiedung des Ver-

---

[500] Vgl. Bröhmer (1999a), S. 662, RZ 9.
[501] Vgl. Jarass (1993), S. 2.
[502] Vgl. Art. 39 Abs. 3 lit. d EG.
[503] Vgl. Epiney (1999), S. 512, RZ 54, die das Beispiel der Durchführung einer Lotterie und der damit verbundenen Einfuhr von Losen anführt.
[504] Vgl. Art. 67 - 73 EGV-alt.
[505] Vgl. Matzka (1998), S. 37.
[506] Schön (1997), S. 745 sieht den Sinn eines freien Kapitalverkehrs in der Möglichkeit einer optimalen Allokation des Kapitals in der Europäischen Union.
[507] Vgl. Matzka (1998), S. 41 und Bröhmer (1999b), S. 740, RZ 5.
[508] So auch Matzka (1998), S. 48.

trags von Maastricht ist jedoch noch eine weitere, das Verhältnis der beiden Grundfreiheiten regelnde Bestimmung hinzugetreten. Gemäß Art. 58 Abs. 2 EG wird die Anwendbarkeit von Beschränkungen des Niederlassungsrechts, die mit dem EG-Vertrag vereinbar sind, nicht durch das Kapitel über den Kapital- und Zahlungsverkehr berührt[509]. Die Auswirkungen dieser beiden nebeneinander existierenden Normen haben zu einer kontroversen Diskussion über den Vorrang bzw. die parallele Anwendbarkeit der beiden Normen geführt[510].

Die Abgrenzung der Dienstleistungsfreiheit von der Kapitalverkehrsfreiheit ist ebenfalls nicht unproblematisch. Kapitalverkehr bedeutet die Übermittlung von Werten, während einer Dienstleistung der Austausch eines körperlosen Erzeugnisses zugrunde liegt. Gemäß Art. 50 EG sind Dienstleistungen im Sinne des EG-Vertrags Leistungen, die in der Regel gegen Entgelt erbracht werden, soweit sie nicht den Vorschriften über den freien Waren- und Kapitalverkehr und über die Personenfreizügigkeit unterliegen. Art. 51 Abs. 2 EG schreibt darüber hinaus vor, dass die Liberalisierung der mit dem Kapitalverkehr verbundenen Dienstleistungen der Banken und Versicherungen im Einklang mit der Liberalisierung des Kapitalverkehrs durchzuführen ist. Dem Urteil „Safir" des Europäischen Gerichtshofs[511] und dem dazu ergangenen Schlussantrag des Generalanwalts ist jedoch zu entnehmen, dass eine Verletzung der Kapitalverkehrsfreiheit nur dann zu prüfen ist, wenn die nationale Norm den Kapitalverkehr unmittelbar betrifft. Wirkt sich die Vorschrift dagegen nur mittelbar auf den Kapitalverkehr aus, besteht ein Vorrang der Dienstleistungsfreiheit. Die Schwierigkeit hierbei liegt in der Abgrenzung zwischen einer unmittelbaren und einer nur mittelbaren Beeinflussung des Kapitalverkehrs.

5.8 Rechtfertigungsgründe für Beschränkungen

Die Unvereinbarkeit einer nationalen Steuervorschrift mit dem Gemeinschaftsrecht ist nur dann gegeben, wenn die Beeinträchtigung der Grundfreiheiten und der allgemeinen Freizügigkeit ungerechtfertigt ist[512]. Rechtfertigungsgründe können sich aus den legitimen Interessen des jeweiligen nationalen Staates ergeben. Diskriminierungen aufgrund der Staatsangehörigkeit sind Rechtfertigungsgründen nicht zugänglich[513]. Die Einschränkungen müssen gewährleisten, dass

---

[509] Vgl. Bröhmer (1999b), S. 755, RZ 13.
[510] Vgl. hierzu die Darstellung der in der Literatur vertretenen Meinungen bei Matzka (1998), S. 49 - 52. Lausterer (2003), S. 20 – 21 führt unter Bezugnahme auf das EuGH-Urteil „X und Y" (Rs. C-436/00) aus, dass nunmehr europarechtlich geklärt ist, dass beide Grundfreiheiten in Bezug auf Portfoliobeteiligungen in einer Komplementärfunktion zueinander stehen und ansonsten parallel anzuwenden sind.
[511] Vgl. EuGH-Urteil v. 28.4.1998 – C-118/96 (Safir), Slg. 1998 I 1897.
[512] Vgl. Eberhartinger, M. (1997), S. 47 und Herzig/Dautzenberg (1997), S. 12.
[513] Vgl. Hahn (1992), S. 668.

die damit angestrebten, aus dem Allgemeininteresse abgeleiteten Ziele erreicht werden[514]. Sie dürfen nicht über das hinausgehen, was zur Erreichung der Ziele erforderlich ist[515]. Da die Zielsetzung von Steuergesetzen die Einnahmenerzielung darstellt, dürfte nur in den wenigsten Fällen die Erforderlichkeit der Ungleichbehandlung von Ausländern anerkannt werden. Steuermindereinnahmen und die Gefahr der Steuerumgehung[516] oder Steuerflucht werden nicht als zwingende Gründe des Allgemeininteresses akzeptiert[517]. Ebenfalls nicht als Rechtfertigungsgrund anerkannt wird der Hinweis auf die jahrelange Praxis im eigenen oder in anderen Mitgliedstaaten[518]. Nach der Rechtsprechung des Europäischen Gerichtshofs reicht die steuerliche Amtshilferichtlinie[519] aus, um dem Aufklärungsbedürfnis innerhalb der Gemeinschaft Rechnung zu tragen. Das Enden der Aufklärungsmöglichkeiten an den hoheitlichen Grenzen wird nicht als Rechtfertigungsgrund zugelassen[520].

Der Grundsatz der Kohärenz wurde erstmals und bisher auch einmalig als Rechtfertigungsgrund in der Entscheidung „Bachmann"[521] anerkannt[522]. Er besagt, dass Grundentscheidungen, die der nationale Gesetzgeber getroffen hat, nicht durch die gemeinschaftsrechtlichen Diskriminierungsverbote in ihrer Integrität verletzt werden dürfen. Aspekte, die mit der zu untersuchenden nationalen Regelung in zwingendem Zusammenhang stehen, müssen bei der Beurteilung der Verletzung der Diskriminierungsverbote einbezogen werden[523]. Ein Steuerausländer darf nicht nur die vorteilhaften Seiten der Inländerbesteuerung beanspruchen, wenn unmittelbar damit verbundene nachteilige Konsequenzen bei ihm nicht durchgesetzt werden können[524]. Wann eine Entscheidung eine Grundentscheidung ist, lässt sich nicht exakt bestimmen. Die mehrmalige Verankerung im Gesetz dürfte zumindest nicht ausreichen, da ansonsten jegliche

---

[514] Vgl. Beul (1997), S. 2.
[515] Vgl. Knobbe-Keuk (1990a), S. 2577, Hahn (1992), S. 669, Eberhartinger, M. (1997), S. 47 und Thömmes (1999), S. 186.
[516] Die Niederlassung in einem anderen Staat und die Ausnutzung des innergemeinschaftlichen Steuergefälles impliziert noch nicht die Steuerumgehung. Vgl. EuGH-Urteil v. 16.7.1998 – C-264/96, (Imperial Chemical Industries), RZ 25 - 26, Slg. 1998 I 4695.
[517] Vgl. Kokott (2000), S. 21 und Malmer (2002), S. 84 - 85. Nach Ansicht von Reimer (2000), S. 63 stellt die Bekämpfung individueller Steuerflucht ein legitimes Staatsinteresse dar. Allerdings sieht er auch die Schwierigkeiten bei der Abgrenzung zwischen der legitimen Ausnutzung der Mobilitätsgarantien und der illegitimen Steuerflucht.
[518] Vgl. Herzig/Dautzenberg (1997), S. 9
[519] Vgl. ABl. EU 1977, L 336/15.
[520] Vgl. Saß (1998), S. 2.
[521] Vgl. EuGH-Urteil v. 28.1.1992 – C-204/90 (Bachmann), Slg. 1992 I 249.
[522] Vgl. Jann/Toifl (1996), S. 308, Saß (1997), S. 386 - 388, Heydt (2000), S. 27 und Kokott (2000), S. 8 m.w.N.
[523] Vgl. Dautzenberg (1997a), S. 182 und Herzig/Dautzenberg (1997), S. 12.
[524] Vgl. Saß (1998), S. 2.

Regeln des Gemeinschaftsrechts mit dem Hinweis auf den Grundsatz der Kohärenz ausgehebelt werden könnten[525]. Der Kohärenzgrundsatz wurde dann als Rechtfertigungsgrund versagt, wenn die Vor- und Nachteile bei verschiedenen Personen auftraten oder der Staat auf seinen Besteuerungsanspruch freiwillig durch ein Doppelbesteuerungsabkommen verzichtet hat[526]. Die nur einmalige Bejahung des Kohärenzgrundsatzes durch den Europäischen Gerichtshof lässt vermuten, dass dieser Rechtfertigungsgrund in zukünftigen Entscheidungen keine Rolle spielen wird[527].

Wenn Nachteile aus einer nationalen Bestimmung mit Vorteilen aus einer anderen nationalen Bestimmung in keinem zwingenden inneren Zusammenhang zueinander stehen, darf eine Kompensation nicht vorgenommen werden[528]. Stattdessen muss geprüft werden, ob ein anderer, aus dem nationalen Interesse hergeleiteter Rechtfertigungsgrund herangezogen werden kann[529]. Im Fall „Biehl"[530] hat der Europäische Gerichtshof der Arbeitnehmerfreizügigkeit eine größere Bedeutung beigemessen als der nationalen Steuergerechtigkeit[531]. Er wies zudem darauf hin, dass es nicht ausreichend sei, unzulässige nationale Vorschriften durch Ermessensentscheidungen oder Billigkeitsmaßnahmen zu beseitigen.

Sollte für einen bestimmten Sachverhalt eine Beeinträchtigung vorliegen, die von dem betreffenden Staat in einem gleich gelagerten Fall nicht durchgesetzt wird, erkennt der Staat damit an, dass die strengere Regelung aus Gründen des Allgemeininteresses nicht erforderlich ist. Eine Rechtfertigung kommt in diesen Fällen nicht mehr in Frage. Dieser Grundsatz ist im Fall „Schumacker"[532] bestätigt worden[533]. Im zugrunde liegenden Sachverhalt erzielte ein Steuerausländer im Inland den Großteil seiner Einkünfte. Er befand sich damit in einer einem Inländer vergleichbaren Lage. Für eine Schlechterbehandlung des Steuerpflichtigen konnte kein Rechtfertigungsgrund gefunden werden.

---

[525] So auch Reimer (2000), S. 61.
[526] Vgl. Saß (1999), S. 167 und Saß (2000), S. 1252.
[527] So auch Thömmes (1999), S. 182.
[528] Dies gilt nicht nur für die Aufrechnung unterschiedlicher steuerrechtlicher Bestimmungen, sondern auch für das Verhältnis von steuerlichen und sozialversicherungsrechtlichen Gesichtspunkten. Vgl. Jann/Toifl (1996), S. 309. Im Fall „Baars", EuGH-Urteil v. 13.4.2000 – C-251/98, Slg. 2000 I 2787, hat der EuGH erstmals den unmittelbaren Zusammenhang verneint, wenn es um zwei verschiedene Steuern geht. Vgl. Saß (2000), S. 1252.
[529] Vgl. Dautzenberg (1997a), S. 182.
[530] Vgl. EuGH-Urteil v. 8.5.1990 – C-175/88 (Biehl), Slg. 1990 I 1779.
[531] Vgl. Kaefer (1991), S. 672 - 673.
[532] Vgl. EuGH-Urteil v. 14.2.1995 – C-279/93 (Schumacker), Slg. 1995 I 225.
[533] Vgl. Saß (1998), S. 2.

Als Rechtfertigungsgrund für tatbestandliche Verstöße gegen die Grundfreiheiten kommt auch die Gewährleistung der öffentlichen Ordnung in Frage[534]. Die praktische Bedeutung für den Bereich der direkten Steuern ist jedoch nicht gegeben, so dass auf diesen Rechtfertigungsgrund im Folgenden nicht weiter eingegangen wird. Das Gleiche gilt für Beeinträchtigungen des Vertrages aus Gründen der Sicherheit und der Gesundheit[535].

5.9 Verfahrensrechtliche Möglichkeiten bei ungerechtfertigter Verletzung des EG-Vertrags durch nationale Vorschriften

Nationale Vorschriften, die den Zielen des EG-Vertrages zuwiderlaufen, müssen durch die einzelnen Mitgliedstaaten in Eigenregie beseitigt bzw. entsprechend angepasst werden[536]. Diese Notwendigkeit ergibt sich aus Art. 10 EG, wonach die Mitgliedstaaten alle Maßnahmen zu treffen haben, um die Vertragsverpflichtungen zu erfüllen. Darüber hinaus sind die Finanzbehörden angehalten, von sich aus den Vorrang des Gemeinschaftsrechts vor nationalem Recht zu beachten und die dem Gemeinschaftsrecht entgegenstehende Norm nicht anzuwenden. Im Regelfall geschieht dies aber nur in sehr eindeutigen Fällen[537]. Auf jeden Fall sollte ein Steuerpflichtiger bereits bei einem Einspruch auf eine mögliche Verletzung des Gemeinschaftsrechts aufmerksam machen.

Möchte der Steuerpflichtige bereits vor Verwirklichung eines entsprechenden Sachverhalts Sicherheit über die gemeinschaftsrechtliche Zulässigkeit einer nationalen Norm erlangen, bleibt ihm nur die Möglichkeit einer formlosen Beschwerde bei der EU-Kommission[538]. Um Unsicherheiten bei der Steuerplanung zu verringern, bietet sich dieser Weg an. Er birgt aber auch das Risiko, dass bei Unzulässigkeit einer nationalen Norm der nationale Gesetzgeber die Norm gemeinschaftsrechtskonform umgestaltet, die Umgestaltung dann aber nicht den verfolgten Zielen des Steuerpflichtigen entspricht[539]. Gemäß Art. 226 EG gibt die EU-Kommission für den Fall einer Vertragsverletzung eine Stellungnahme ab. Wenn der betroffene Mitgliedstaat auf die Stellungnahme nicht reagiert, leitet die Kommission ein Vertragsverletzungsverfahren beim Europäischen Ge-

---

[534] Vgl. Reimer (2000), S. 63.
[535] Vgl. Kokott (2000), S. 20.
[536] Vgl. Dautzenberg (1993), S. 1563.
[537] Vgl. Herzig/Dautzenberg (1997), S. 17.
[538] Erst seit kurzem wird ein als Beschwerde gekennzeichneter Brief nach einem Monat automatisch als Beschwerde eingetragen, wenn die zuständige Generaldirektion nicht vorher negativ reagiert. Der vorherige Rechtszustand verlangte deren positive Zustimmung zur Registrierung als Beschwerde. Vgl. Heydt (2000), S. 25 - 26.
[539] Vgl. Dautzenberg (1997a), S. 185, der auf dieses Risiko im Hinblick auf die deutsche Wegzugsbesteuerung gemäß § 6 dAStG hinweist.

richtshof ein[540]. In einer Mitteilung der Kommission vom 23.5.2001 an den Rat, das Europäische Parlament und den Wirtschafts- und Sozialausschuss räumte sie jedoch selbstkritisch ein, im Bereich der direkten Steuern bisher nur wenige Vertragsverletzungsverfahren gegen Mitgliedstaaten eingeleitet zu haben, und erklärte, in diesem Bereich in Zukunft aktiver zu werden[541].

Eine andere Möglichkeit, gegen Gemeinschaftsrecht verletzende Vorschriften vorzugehen, erwächst aus dem Vorabentscheidungsersuchen gemäß Art. 234 EG. Danach sind die Finanzgerichte berechtigt[542] und der Bundesfinanzhof verpflichtet, den Europäischen Gerichtshof bei entscheidungserheblichen Auslegungsfragen anzurufen. Voraussetzung ist die fehlende subjektive Gewissheit des Richters über den Bestand und Inhalt des maßgeblichen Gemeinschaftsrechts[543]. Es ist daher für den Steuerpflichtigen von enormer Bedeutung, dem entscheidenden Gericht die Gründe für eine EG-Vertragsverletzung in verständlicher Form darzulegen. Dies ist insofern wichtig, da der Steuerpflichtige kein eigenes Anrufungsrecht besitzt.

Der Europäische Gerichtshof entscheidet ausschließlich über die Auslegung des EG-Vertrages und über die Gültigkeit und Auslegung der EG-Richtlinien. Nicht in seinen Zuständigkeitsbereich fallen Entscheidungen über nationales Recht[544]. Ein Rückgriff auf die Begriffswelt des jeweiligen nationalen Rechts ist bei der Auslegung nicht gestattet. Dominierend im klassischen Auslegungskanon[545] ist die teleologische Auslegung, für die die Ziele des EG-Vertrages herangezogen werden. Im Vorabentscheidungsersuchen entscheidet der Europäische Gerichtshof ausschließlich für den zugrunde liegenden Rechtsstreit. Das vorlegende nationale Gericht ist an diese Entscheidung gebunden. Unmittelbare Auswirkungen auf andere Steuersachverhalte hat ein EuGH-Urteil nicht. Der Europäische Gerichtshof hat nicht die Kompetenz, nationale Normen für nichtig zu erklären[546].

---

[540] Siehe auch Kluge (2000), S. 123, RZ 26.
[541] Vgl. Busch (2002b), S. 478.
[542] Ist eine Revision nicht zugelassen, ist bereits das Finanzgericht als letztinstanzliches Gericht verpflichtet, um eine Vorabentscheidung zu ersuchen. Vgl. Dautzenberg (1997a), S. 184.
[543] Vgl. Schaumburg (1998), S. 33 - 34, RZ 3.37 und Kluge (2000), S. 126 - 127, RZ 32.
[544] Vgl. Kluge (2000), S. 125, RZ 31, der darauf hinweist, dass der Europäische Gerichtshof jedoch befugt ist, „dem vorlegenden Gericht alle Hinweise zur Auslegung des Gemeinschaftsrechts zu geben, die es diesem ermöglichen, bei der Entscheidung über das bei ihm anhängige Verfahren die Frage der Vereinbarkeit zu beurteilen".
[545] Hierzu gehören neben der Auslegung nach dem Wortsinn, die historische, die systematische und die teleologische Auslegung. Vgl. Schaumburg (1998), S. 46 - 47, RZ 3.57.
[546] Vgl. Thömmes (1999), S. 177 - 178.

Dennoch kann die Verletzung der durch den EG-Vertrag garantierten Rechte Schadensersatzansprüche gegenüber den Mitgliedstaaten begründen. Gerechtfertigt wurden diese Ansprüche in den bisherigen Urteilen mit der nur dadurch zu erreichenden Durchsetzbarkeit der Schutzrechte des EG-Vertrages. Voraussetzungen für einen Schadensersatzanspruch sind der Verstoß gegen eine Norm, die dem einzelnen Unionsbürger Rechte verleiht, ein unmittelbarer Zusammenhang zwischen dem Verstoß und dem eingetretenem Schaden und eine hinreichende Qualifikation des Verstoßes[547]. Zu einer Haftung kam es bisher allerdings nur bei schwerwiegenden Verstößen. Diese liegen dann vor, wenn für den Mitgliedstaat die Rechtslage klar und eindeutig erkennbar gewesen ist[548]. Davon kann zumindest dann ausgegangen werden, wenn der Verstoß bereits schon einmal in einer Entscheidung des Europäischen Gerichtshofs festgestellt wurde. Wenn eine Wohnsitzverlegung aus nicht-steuerlichen Gründen vorgenommen werden muss, sollte bei einer vermeintlichen Verletzung von EU-Recht auf jeden Fall überprüft werden, ob ein Schadensersatzanspruch besteht.

---

[547] Vgl. Saß (1997), S. 397 - 399.
[548] Vgl. Thömmes (1999), S. 179.

Teil 2: Der Ansässigkeitswechsel

Die Verlegung des Mittelpunkts der Lebensinteressen nach Österreich verlangt, dass der Steuerpflichtige einen Wohnsitz in Österreich begründet und dieser Wohnsitz zugleich seinen Hauptwohnsitz darstellt. Ergänzend wird aufgezeigt, welche unterschiedlichen Folgen sich aus der Aufgabe bzw. Beibehaltung eines Nebenwohnsitzes in Deutschland ergeben. Da die Doppelbesteuerungsabkommen den deutschen Besteuerungsumfang auch bei Aufrechterhaltung eines Nebenwohnsitzes einschränken[549], soll untersucht werden, ob und unter welchen Umständen aus dem Weiterbestehen der deutschen unbeschränkten Steuerpflichten positive Effekte erwachsen können.

Damit die mit der Aufgabe des Hauptwohnsitzes und die mit der Beibehaltung bzw. Aufgabe eines Nebenwohnsitzes beabsichtigten Steuerfolgen auch eintreten, ist die genaue Herausarbeitung der Maßnahmen erforderlich, die zu bestimmten Zeitpunkten erforderlich sind, um die an den Wohnsitz bzw. an den gewöhnlichen Aufenthalt anknüpfende Ansässigkeit in Deutschland beizubehalten bzw. aufzugeben. Soll ein Wohnsitz in Deutschland aufrechterhalten werden, muss sichergestellt werden, dass durch diesen nicht der Mittelpunkt der Lebensinteressen in Deutschland beibehalten wird; der deutsche Wohnsitz darf nicht dazu führen, das Deutschland anstelle von Österreich als abkommensrechtlicher Ansässigkeitsstaat qualifiziert wird. Die Abkommensbestimmungen zur Feststellung des Mittelpunkts der Lebensinteressen werden daher einer Untersuchung unterzogen. Im abschließenden Kapitel werden die Voraussetzungen für eine Wohnsitznahme in Österreich und für die Inspruchnahme der dortigen Zuzugsbegünstigung herausgearbeitet.

1. Verlegung des Mittelpunkts der Lebensinteressen nach Österreich unter Aufgabe der Ansässigkeit in Deutschland

Im Folgenden wird zunächst die Reichweite der Steuerpflichten erläutert, die besteht, wenn ein Wohnsitz bzw. gewöhnlicher Aufenthalt in Deutschland beibehalten wird. Dies ist insofern wichtig, um herauszuarbeiten, welche Besteuerungsdifferenzen bei Aufgabe des Wohnsitzes bzw. des gewöhnlichen Aufenthaltes eintreten. Anschließend erfolgt eine genaue Analyse der Rechtsprechung zum Begriff des Wohnsitzes und des gewöhnlichen Aufenthaltes. Eine derartige Untersuchung ist erforderlich, weil ansonsten weitreichende Planungsüberlegungen durch eine unerwünschte Anknüpfung zunichte gemacht werden kön-

---

[549] In diesem Zusammenhang sei noch mal darauf hingewiesen, dass für den Fall, dass Schenkungen vorgenommen werden sollen, ein Schutz durch Doppelbesteuerungsabkommen nicht gegeben ist.

nen[550]. Nach Erläuterung der beschränkten Steuerpflichten wird hinterfragt, ob eine Umgehung bestimmter Steuerpflichten durch Aufgabe der deutschen Staatsbürgerschaft empfohlen werden kann. Es folgt eine Darstellung der Vorschriften, die Auswirkungen auf die Wahl des Zeitpunktes der Aufgabe der unbeschränkten Steuerpflicht haben. Den Abschluss bildet eine Analyse der an die Reichweite der Steuerpflichten anknüpfenden Vorschriften, die als europarechtlich bedenklich einzustufen sind.

1.1 Unbeschränkte Einkommensteuerpflicht

Unbeschränkt einkommensteuerpflichtig sind gemäß § 1 Abs. 1 dEStG natürliche Personen, die im Inland einen Wohnsitz oder ihren gewöhnlichen Aufenthalt haben. Ferner unterliegen gemäß § 1 Abs. 2 dEStG der unbeschränkten Einkommensteuerpflicht bestimmte im Ausland tätige deutsche Staatsangehörige sowie deren ebenfalls die deutsche Staatsangehörigkeit besitzende Angehörige, wenn sie zu einer inländischen juristischen Person des öffentlichen Rechts in einem Dienstverhältnis stehen und dafür Arbeitslohn aus einer inländischen öffentlichen Kasse beziehen. Werden trotz der Nichtansässigkeit in Deutschland die Einkünfte fast ausschließlich im Inland erzielt, kann gemäß § 1 Abs. 3 dEStG auf Antrag eine Behandlung als unbeschränkt Steuerpflichtiger erfolgen[551]. Mit dem grundsätzlich zur Anwendung kommenden Wohnsitzprinzip wird die persönliche Seite des Steuertatbestandes normiert, die ergänzt wird durch die sachliche Normierung des Steuerobjektes gemäß § 2 dEStG. Neben den persönlichen Voraussetzungen müssen demnach auch die Kriterien der sachlichen Einkommensteuerpflicht erfüllt sein, um eine Steuerschuld zu begründen.

Unbeschränkt einkommensteuerpflichtige Personen unterliegen mit ihrem Welteinkommen der deutschen Einkommensteuer, sofern nicht für bestimmte Einkünfte sachliche Steuerbefreiungen durch Doppelbesteuerungsabkommen, durch sonstige multi- oder bilaterale Vereinbarungen oder durch einseitige nationale Regelungen gewährt werden. Der völkerrechtliche Grundsatz, dass Staaten nur Hoheitsakte auf dem Gebiet ihres eigenen Staates vornehmen dürfen, steht dieser umfassenden Besteuerung nicht entgegen, da diese Regel nicht ausschließt, dass unter Berücksichtigung des Verbots des Rechtsmissbrauchs Steuerpflichten an im Ausland realisierte Sachverhalte anknüpfen[552]. Begründet wird diese um-

---

[550] Sollen beispielsweise Schenkungen vorgenommen werden, ist die Aufgabe sowohl von Wohnsitz als auch von gewöhnlichem Aufenthalt erforderlich, weil Vermögensübertragungen unter Lebenden nicht vom Erbschaftsteuerdoppelbesteuerungsabkommen erfasst werden. Die Beibehaltung auch nur eines Wohnsitzes würde zu einer Doppelbesteuerung führen, die nur im Rahmen der Anrechnung teilweise beseitigt würde.
[551] Vgl. Teil 2, Kap. 1.9.
[552] Vgl. Vogel, K. (1968), S. 429 - 430 und Rudolf (1975), S. 776 - 780.

fangreiche Besteuerung mit der engen Beziehung des Steuerpflichtigen zum Inland, in dessen Rahmen er erhebliche staatliche Leistungen in Anspruch nimmt[553]. Die Besteuerung des Welteinkommens entspricht nach Ansicht des Bundesfinanzhofs dem Grundsatz der Besteuerung nach der finanziellen Leistungsfähigkeit[554,555]. Vogel weist jedoch zutreffend darauf hin, dass das diesem Grundsatz innewohnende Anliegen nach einer gerechten Besteuerung bei einer Beziehung des Steuerpflichtigen zu mehreren Staaten nicht immer erreicht wird[556,557]. Dem versuchte kürzlich das Finanzgericht Baden-Württemberg in einem Urteil gerecht zu werden[558]. Es stellte bei mehreren Wohnsitzen im In- und Ausland zur Bestimmung der unbeschränkten Steuerpflicht auf den Mittelpunkt der Lebensinteressen ab. Begründet wurde diese Sichtweise damit, dass die unbeschränkte Steuerpflicht nur dann greifen soll, wenn der Steuerpflichtige im Inland lebt und alle vom Staat angebotenen Leistungen in Anspruch nimmt oder zumindest annehmen kann. Der Kläger hielt sich im Streitjahr mehrere Tage in einer ihm jederzeit zur Verfügung stehenden Wohnung auf. Der Auffassung des Finanzgerichts kann nicht gefolgt werden, da es zum einen die nebeneinander stehenden Anknüpfungskriterien des Wohnsitzes und des gewöhnlichen Aufenthalts miteinander vermengt und zum anderen auf einen Begriff aus dem Recht der Doppelbesteuerungsabkommen[559] zurückgreift[560].

Ohne Bedeutung für die Begründung der unbeschränkten Steuerpflicht ist die Geschäftsfähigkeit des Steuerpflichtigen. Der Staatsangehörigkeit wird im deutschen Einkommensteuerrecht seit der Abschaffung des Nationalitätsprinzips im Jahre 1925 nur noch ein geringer Stellenwert beigemessen[561]. Lediglich die spezielle Regelung des § 1 Abs. 2 dEStG und die erweitert beschränkte Einkommensteuerpflicht gemäß § 2 dAStG setzen den Besitz der deutschen Staatsangehörigkeit voraus.

---

[553] So auch Stapperfend (1997), S. E13, RZ 31.
[554] Vgl. BFH-Beschluss v. 14.4.1993 – I R 29/92, BStBl II 1994, S. 27.
[555] Zur Rechtfertigung des Leistungsfähigkeitsprinzips beachte Hölzer (1988), S. 6 - 8.
[556] Vgl. Vogel, K. (1994), S. 365 - 367.
[557] Auch Schulze-Brachmann (1964), S. 609 - 626 plädierte bereits frühzeitig für eine Einschränkung des Totalitätsprinzips, indem die Besteuerung der Gebietsansässigen unter Beibehaltung der Berücksichtigung der persönlichen Verhältnisse auf die inländischen Einkünfte beschränkt werden soll.
[558] Vgl. FG Baden-Württemberg, Außensenate Stuttgart, Urteil v. 4.10.1999 – 12 K 69/97, EFG 2000, S. 72.
[559] Das Urteil nimmt ausdrücklich Bezug auf den in Doppelbesteuerungsabkommen verwendeten Begriff des Mittelpunkts der Lebensinteressen. Die gleichlautende Bezeichnung in § 9 Abs. 1 Satz 3 Nr. 4 dEStG wird nicht erwähnt und ist auch geringfügig anders auszulegen als der Begriff des Abkommensrechts. Vgl. von Bornhaupt (1999), S. 426 - 429.
[560] Ebenfalls kritisch o.V. (2000d), S. 14.
[561] Vgl. Bayer (1983), S. 64 - 65.

1.2 Unbeschränkte Erbschaft- und Schenkungsteuerpflicht

Die unbeschränkte Erbschaft- und Schenkungsteuerpflicht knüpft gemäß § 2 Abs. 1 Nr. 1 Satz 1 dErbStG daran an, ob „der Erblasser zur Zeit seines Todes, der Schenker zur Zeit der Ausführung der Schenkung oder der Erwerber zur Zeit der Entstehung der Steuer Inländer ist". Neben die auch für das Einkommensteuerrecht relevante Anknüpfung an den Wohnsitz oder den gewöhnlichen Aufenthalt tritt als weiteres Kriterium zur Qualifizierung als Inländer der nicht länger als fünf Jahre dauernde Aufenthalt deutscher Staatsangehöriger im Ausland, ohne dass diese im Inland einen Wohnsitz haben[562]. Ebenfalls als Inländer werden gemäß § 2 Abs. 1 Nr. 1 lit. c dErbStG die so genannten Auslandsbediensteten behandelt. Besondere Beachtung muss dem Umstand geschenkt werden, dass die unbeschränkte Steuerpflicht bereits dann eingreift, wenn eine der genannten Personen Inländer ist[563]. Für den Fall, dass der Schenker kein Inländer ist, hat ein Erwerber insbesondere bei Nichtbesitz der deutschen Staatsangehörigkeit die Möglichkeit, die Entstehung der deutschen Schenkungsteuer durch Wohnsitzverlegung ins Ausland zu vermeiden[564].

Der Umfang der Steuerschuld kann abhängig von der die Inländereigenschaft besitzenden Person unterschiedlich hoch ausfallen. Erfasst wird von der unbeschränkten Steuerpflicht der gesamte Vermögensanfall. Wenn der Erblasser oder Schenker Inländer ist, unterliegt das gesamte vererbte bzw. verschenkte Weltvermögen der deutschen Besteuerung. Ob der Erwerber des Vermögens Inländer oder Ausländer ist, spielt in diesem Fall keine Rolle. Erst bei einer fehlenden Inländereigenschaft des Erblassers oder Schenkers leitet sich die unbeschränkte Steuerpflicht von derjenigen des Erwerbers ab. Dann wird nur der Vermögensanfall beim Erwerber und nicht das weltweite Erbe bzw. die weltweite Schenkung der deutschen Steuer unterworfen. Soll das Vermögen auf eine Körperschaft, Personenvereinigung oder Vermögensmasse mit Geschäftsleitung oder Sitz im Inland übertragen werden, unterliegt dieses ebenfalls der unbeschränkten Steuerpflicht gemäß § 2 Abs. 1 Nr. 2 dErbStG. Die doppelte Anknüpfung an den Inländerstatus ist im internationalen Vergleich unüblich[565], so dass es bei Zuwendungen eines Ausländers an einen Inländer häufig zu einer Doppelbesteue-

---

[562] Zur sogenannten erweitert unbeschränkten Erbschaft- und Schenkungsteuerpflicht vgl. Teil 2, Kap. 1.7.
[563] Vgl. Bellstedt (1996), S. 95 - 96.
[564] So auch Geck (1995), S. 250.
[565] Fischer, L. (1984), S. 1034 weist auf die bewusste Neufassung der Regelung der persönlichen Steuerpflicht durch das Erbschaftsteuergesetz v. 1.1.1974 und durch das Außensteuergesetz v. 8.9.1972 hin, deren Zweck es war, die Steuerumgehung durch Wohnsitzverlegung zu begrenzen. Zuber (1991), S. 155 sieht den Grund der doppelten Anknüpfung in dem sich aus der ursprünglichen Stempelabgabe entwickelten Verkehrsteuercharakter der Erbschaftsteuer.

rung kommt[566]. Eine derartige Ausgestaltung der deutschen Steuer hat zur Folge, dass auch Personen, die weder einen Wohnsitz noch ihren gewöhnlichen Aufenthalt in Deutschland haben, Steuerschuldner im Rahmen der unbeschränkten Steuerpflicht sein können. Dadurch erhält die deutsche Erbschaft- und Schenkungsteuer im Gegensatz zur Einkommensteuer einen objektsteuerartigen Charakter. Bei einer Orientierung am Leistungsfähigkeitsprinzip müsste eine Beschränkung auf die Besteuerung des Vermögensanfalls beim Erwerber erfolgen, da nur bei diesem die wirtschaftliche Leistungsfähigkeit erhöht wird[567].

Vorteile der unbeschränkten gegenüber der beschränkten Steuerpflicht bestehen insbesondere in der Gewährung höherer Freibeträge und in der grundsätzlichen Abzugsfähigkeit aller Schulden und Lasten. Die unbeschränkte Steuerpflicht kann unter diesen Umständen vorteilhaft sein, wenn das vererbte bzw. verschenkte Vermögen überwiegend aus Inlandsvermögen besteht. Erfolgt der Erwerb auf der Grundlage eines ausländischen Rechtsinstituts, liegen dennoch steuerpflichtige Vorgänge gemäß § 1 dErbStG vor, wenn das ausländische Rechtsinstitut wesentliche Strukturmerkmale des inländischen Rechtsinstituts aufweist[568].

1.3 Wohnsitz

Gemäß § 8 dAO hat jemand einen Wohnsitz dort, wo er eine Wohnung unter Umständen innehat, die darauf schließen lassen, dass er die Wohnung beibehält. Diese Definition beinhaltet sowohl ein objektives als auch ein subjektives Element. Während sich die Frage, ob jemand eine Wohnung innehat, objektiv beantworten lässt, lässt sich das subjektive Element, die Absicht, die Wohnung dauernd beizubehalten und zu nutzen, nicht unmittelbar feststellen[569]. Auf das Vorliegen einer solchen Absicht muss aber nach der Rechtsprechung aus den objektiven Umständen geschlossen werden können.

Die steuerrechtliche Definition des Wohnsitzes ist nicht verknüpft mit den Wohnsitzdefinitionen des bürgerlichen Rechts, des Wohnungsbaugesetzes oder des Melderechtsrahmengesetzes. Gemäß §§ 7, 8 dBGB erfordert die Begründung, Beibehaltung und Aufgabe eines Wohnsitzes rechtsgeschäftliche Willenserklärungen, die Geschäftsfähigkeit erfordern[570]. Die steuerrechtliche Definition

---

[566] Vgl. Jülicher (1999), S. 4, RZ 8.
[567] Zur doppelten Anknüpfung vgl. auch Tipke/Lang (1998), S. 580 - 581, RZ 138 - 139.
[568] Vgl. Geck (1995), S. 250.
[569] Vgl. zu diesem Absatz Mössner (1998), S. 57 - 58, RZ B13.
[570] Vgl. auch die Aufstellung über die sinngemäße Anwendung der zivilrechtlichen Wohnsitzdefinition in anderen Gesetzen bei Esser (1976).

stellt hingegen auf die tatsächliche Gestaltung der äußeren Verhältnisse ab[571]. Eine im Widerspruch zu der tatsächlichen Gestaltung stehende Willensbekundung ist steuerlich unbeachtlich[572]. Dem steht nicht entgegen, dass die Verwirklichung und Beseitigung der äußeren Umstände eine tatsächliche Willensfähigkeit erfordert[573]. Aufgrund dieser Erfordernisse können auch Minderjährige steuerlich wirksam einen Wohnsitz begründen und aufgeben[574].

1.3.1 Vorliegen einer Wohnung

Zur Begründung bzw. Innehabung eines steuerrechtlichen Wohnsitzes muss eine Wohnung vorhanden sein. Wohnung ist der Raum, der einem Menschen für sein Privatleben zur Verfügung steht[575]. Vorwiegend für geschäftliche Zwecke benutzte Räume sind keine Wohnung[576]. Die Räumlichkeiten müssen zum Wohnen geeignet sein. Bedingung ist darüber hinaus eine räumliche Fixierung, so dass ein fahrender Wohnwagen zur Begründung eines Wohnsitzes nicht ausreicht[577]. Ist der Wohnwagen hingegen zur Dauermiete auf einem Campingplatz abgestellt, kann eine Wohnung vorliegen[578]. Ausgestattet sein müssen die Räume aufgrund des Erfordernisses der dauerhaften Bewohnbarkeit mit Möbeln[579] und mit einer Kochgelegenheit[580]. Hotelzimmer begründen daher im Regelfall keinen Wohnsitz[581]. Dauernd zur Verfügung stehende möblierte Zimmer können hingegen den Anforderungen an eine Wohnung genügen[582].

---

[571] Laut BFH-Urteil v. 6.3.1968 – I 38/65, BStBl II 1968, S. 439 darf die Frage der Wohnsitzbegründung jedoch nur nach den Verhältnissen des jeweiligen Streitjahres beurteilt werden. Die tatsächliche Entwicklung der Verhältnisse in den Folgejahren muss unberücksichtigt bleiben.
[572] Vgl. BFH-Urteil v. 23.11.1988 – II R 139/87, BStBl II 1989, S. 182 m.w.N.
[573] Vgl. RFH-Urteil v. 9.7.1936 – III A 62/36, RStBl 1936, S. 859.
[574] Vgl. RFH-Urteil v. 16.11.1939 – III 252/39, RStBl 1939, S. 1209.
[575] Vgl. BFH-Urteil v. 4.8.1967 – VI R 261/66, BStBl III 1967, S. 727.
[576] Vgl. RFH-Urteil v. 9.5.1940 – IV B 4/40, RStBl 1940, S. 562.
[577] Vgl. FG Hamburg, Urteil v. 13.4.1981 – II 101/80, EFG 1982, S. 18.
[578] Vgl. FG Hamburg, Urteil v. 9.10.1973 – II 70/73, EFG 1974, S. 66.
[579] Unerheblich ist laut Lohmeyer (1975), S. 21, ob die Wohnung mit eigenen oder fremden Möbeln ausgestattet ist. Schaumburg (1998), S. 113, RZ 5.18 erachtet hingegen die Möblierung der Räumlichkeiten als unerheblich.
[580] Eine Küche und eine separate Waschgelegenheit sind hingegen gemäß § 8 Nr. 3 Satz 2 dAEAO nicht erforderlich.
[581] Allerdings vertritt Kühn (1995), § 8 dAO, S. 44 Nr. 4 die Ansicht, dass der Aufenthalt in einem Hotel, dessen Zimmer den Verhältnissen des Steuerpflichtigen und den Umständen nach einer Wohnung entsprechen, bei längerer Aufenthaltsdauer einen Wohnsitz begründen kann.
[582] Vgl. RFH-Urteil v. 24.6.1936 – IV A 79/36, RStBl 1936, S. 797 m.w.N. und Ax (1999), S. 47, RZ 110.

Umstritten ist die Frage, ob die Wohnung bezüglich der persönlichen und wirtschaftlichen Verhältnisse des Steuerpflichtigen angemessen sein muss[583]. Zumindest darf die Wohnung zur Begründung eines steuerrechtlichen Wohnsitzes „nicht räumlich so beschränkt sein, dass sie dem Inhaber nach seinen persönlichen Verhältnissen nur eine notdürftige Unterkunftsmöglichkeit für vorübergehenden Aufenthalt bietet"[584]. Eine Untersuchung der vielfältigen Rechtsprechung zu dieser Frage lässt vermuten, dass an das Erfordernis der Angemessenheit dann strengere Maßstäbe angelegt wurden, wenn es für den Steuerpflichtigen zu einer steuerlich günstigeren Situation geführt hätte[585]. Differenzierungen dieser Art[586] lassen sich aufgrund der Auslegung des § 8 dAO nicht rechtfertigen: Bei einer generellen Eignung der Räumlichkeiten zum Wohnen sollten Ausstattung und Größe keine Rolle spielen. Da die Anknüpfung der unbeschränkten Steuerpflicht an den Wohnsitz eine hinreichende Bindung des Steuerpflichtigen an das Inland ausdrücken soll, ist es zudem nicht einzusehen, warum der im Ausland gepflegte Lebensstil einen Einfluss auf den deutschen Besteuerungsanspruch haben soll[587].

Bei einem Zweitwohnsitz kann keine Gleichrangigkeit der entsprechenden Wohnung im Verhältnis zu der des ersten Wohnsitzes verlangt werden[588]. Selbst wenn sich der Steuerpflichtige auf Dauer mit einer objektiv nicht seinen Lebensverhältnissen angemessen erscheinenden Wohnung begnügt, liegt trotzdem eine Wohnung vor[589]. Eine Gemeinschaftsunterkunft auf einer Baustelle kann eine Wohnung sein, wenn der Steuerpflichtige zur Ausübung seines Berufs gezwungen ist, ständig eine zweite Wohnung zu unterhalten[590]. Gelegentliche Übernachtungen in einer Schlafstelle auf dem Betriebsgelände begründen hingegen keinen Wohnsitz[591]. Arbeitnehmer haben ihre Wohnung regelmäßig dort,

---

[583] Beachte zu dieser Frage auch Mössner (1998), S. 59, RZ B16.
[584] Vgl. RFH-Urteil v. 24.6.1936 – IV A 40/36, RStBl 1936, S. 834. Weiterhin beachte das RFH-Urteil v. 28.1.1937 – III A 202/36, RStBl 1937, S. 336 und das BFH-Urteil v. 4.6.1964 – IV 29/64 U, BStBl III 1964, S. 535.
[585] Zum einen hat das FG Köln mit Urteil v. 23.5.1982 – V (XII) 271/77 E, EFG 1982, S. 607 den Wunsch eines Grenzgängers auf Anerkennung der unbeschränkten Steuerpflicht mit Hinweis auf verhältnismäßig primitive Wohnverhältnisse abgelehnt, zum anderen kann sich der RFH in seinem Urteil v. 14.11.1940 – IV B 32/40, RStBl 1940, S. 972 bei der Frage, ob eine Heranziehung zur Bürgersteuer erfolgen soll, durchaus vorstellen, ein nur geringen Ansprüchen dienendes Zimmer als Wohnung anzuerkennen.
[586] Hierzu vgl. auch Schaumburg (1998), S. 112 - 113, RZ 5.17.
[587] So auch Mössner (1991), S. 13 - 14, RZ 2.
[588] Danach kann gemäß BFH-Urteil v. 4.6.1964 – IV 29/64 U, BStBl III 1964, S. 535 auch ein Ferien- und Wochenendhaus oder ein Jagdhaus Wohnung sein.
[589] Vgl. RFH-Urteil v. 25.9.1941 – IV B 34/41, RStBl 1941, S. 770.
[590] Vgl. BFH-Urteil v. 10.11.1978 – VI R 240/74, BStBl II 1979, S. 224.
[591] Vgl. BFH-Urteil v. 6.2.1985 – I R 23/82, BStBl II 1985, S. 331.

von wo aus sie ihre Arbeitsstelle aufsuchen und wohin sie nach der Arbeit zurückkehren.

1.3.2 Tatsächliche Verfügungsmacht über die Wohnung

Ein weiteres Erfordernis ist das Innehaben der Wohnung durch den Steuerpflichtigen. Dieses ist gegeben, wenn er über die Benutzung der Wohnung frei verfügen kann, ihm also eine Verfügungsmacht über die Wohnung zusteht. Diese kann sowohl durch Eigentum oder Nutzungsrecht an der Wohnung begründet sein, als auch sich aus den tatsächlichen Umständen ergeben[592]. Nicht erforderlich ist ein ständiges Verweilen in der Wohnung; es reicht vielmehr aus, dass der Steuerpflichtige die Wohnung regelmäßig aufsucht[593]. Ebenfalls nicht gefordert wird, dass der Steuerpflichtige „sich während einer Mindestzahl von Tagen oder Wochen im Jahr in der Wohnung aufhält"[594]. Die Wohnung muss dem Steuerpflichtigen dadurch, dass er sie ständig oder doch mit einer gewissen Regelmäßigkeit und Gewohnheit benutzt, als Bleibe dienen[595].

Ausreichend ist es, wenn die Wohnung durch Familienangehörige innegehabt wird. Gemäß § 19 Abs. 1 Satz 2 dAO ist bei mehrfachem Wohnsitz eines verheirateten Steuerpflichtigen, der von seinem Ehegatten nicht dauernd getrennt lebt, der Wohnsitz maßgebend, an dem sich die Familie vorwiegend aufhält[596]. Ein Zweitwohnsitz des Ehemanns führt hingegen nicht dazu, dass auch die in der Familienwohnung lebende Ehefrau dort einen Wohnsitz begründet[597]. Auch ein volljähriges, im Ausland tätiges Kind kann seinen Wohnsitz bei den Eltern im Inland haben, sofern nicht allein das Kindschaftsverhältnis, sondern verständliche Erwägungen dies begründen[598]. Umstritten ist der Fall, in dem die Unterbringung zwangsweise zum Beispiel in einem Krankenhaus oder in einer Haftanstalt erfolgt.

1.3.3 Berücksichtigung zusätzlicher äußerer Umstände

Subjektiv muss zudem die Absicht zu einer nicht nur vorübergehenden, d.h. zu einer regelmäßigen Nutzung zu Wohnzwecken gegeben sein[599]. Das Gesetz

---

[592] Vgl. FG Hamburg, Urteil v. 15.4.1994 – V 61/92, EFG 1994, S. 730.
[593] So bereits der RFH mit Urteil v. 19.6.1935 – VI A 843/43, RStBl 1935, S. 1191.
[594] Vgl. BFH-Urteil v. 19.3.1997 – I R 69/96, BStBl II 1997, S. 447.
[595] Vgl. BFH-Urteil v. 24.4.1964 – VI 236/62 U, BStBl III 1964, S. 462.
[596] Für den Fall, dass der Ehepartner jedoch zu keinem Zeitpunkt die Absicht hatte, einen Wohnsitz in Deutschland zu begründen, kam der RFH mit Urteil v. 26.11.1930 – VI A 2044/30, RStBl 1931, S. 380 zu dem Schluss, dass die Eheleute, obwohl sie nicht dauernd getrennt leben, voneinander abweichende Wohnsitze haben.
[597] Vgl. BFH-Urteil v. 2.11.1994 – I B 110/94, BFH/NV 1995, S. 753.
[598] Vgl. BFH-Urteil v. 17.3.1961 – VI 185/60 U, BStBl III 1961, S. 298.
[599] Vgl. BFH-Urteil v. 26.2.1986 – II R 200/82, BFH/NV 1987, S. 301.

verwendet hierfür den Begriff des „Beibehaltens". Notwendig ist jedoch, dass aus den objektiv vorliegenden Umständen auf eine solche Absicht geschlossen werden kann[600]. Für die Beurteilung dieser Frage wird auch auf die Regelmäßigkeit der Aufenthalte zurückgegriffen[601]. Größere Zeitabstände zwischen dem Verlassen und der Rückkehr in die Wohnung stehen unter der Voraussetzung einer gewissen Regelmäßigkeit der Begründung oder Beibehaltung eines Wohnsitzes nicht entgegen[602]. Schadlos kann auch die vorübergehende Vermietung der Wohnung sein[603]. Eine ererbte Wohnung führt für den Erben solange nicht zur Begründung eines Wohnsitzes, bis er nicht nach außen zu erkennen gibt, dass er die Wohnung benutzen möchte[604].

Zur Beurteilung der Frage, ob eine Absicht zur regelmäßigen Nutzung vorliegt, muss auf den Zeitpunkt der Wohnsitzbegründung abgestellt und von dort in die Zukunft geblickt werden[605]. § 8 dAO enthält jedoch keine Aussage darüber, für welche Dauer zum Zeitpunkt der Wohnsitzbegründung die Absicht bestehen muss, die Wohnung beizubehalten und regelmäßig zu nutzen[606]. Der Bundesfinanzhof greift zur Bestimmung dieses Zeitmoments auf die Sechsmonatsfrist des § 9 Satz 2 dAO zurück[607]. Das Finanzgericht Schleswig-Holstein hingegen urteilte, dass die Vermietung der Wohnung mit allen Einrichtungsgegenständen gegen ein geringes Entgelt mit dem vornehmlichen Zweck der Beaufsichtigung über einen Zeitraum von einem Jahr nicht zur Aufgabe des Wohnsitzes führt[608]. Vermutet werden kann der Tatbestand des Innehabens einer Wohnung bei beruflichen Auslandsaufenthalten, wenn die im Inland belegene Wohnung behalten wird, deren Benutzung jederzeit möglich ist und sie als Wohnung ausgestattet ist; Sachverhaltsvermutungen dieser Art sind allerdings widerlegbar[609].

Fraglich ist das Vorliegen der Wohnsitzeigenschaft für den Fall einer Studentenwohnung[610]. Inwieweit es sich um ein aus den äußeren Umständen abgeleitetes dauerndes, nicht nur vorübergehendes Beibehalten der Wohnung handelt, ist schwer zu beantworten. Der Bundesfinanzhof hat hierzu ausgeführt, dass „die Beibehaltung der Wohnung für längere Zeit erkennbar sein muss". Im Regelfall

---

[600] Vgl. RFH-Urteil v. 14.11.1935 – III A 272/35, RStBl 1935, S. 1461 und BFH-Urteil v. 23.11.1988 – II R 139/87, BStBl II 1989, 182.
[601] Vgl. z.B. BFH-Urteil v. 6.3.1968 – I 38/65, BStBl II 1968, S. 439 m.w.N.
[602] Vgl. BFH-Urteil v. 26.7.1972 – I R 138/70, BStBl II 1972, S. 949.
[603] So auch Gersch (1998), S. 60, Nr. 4 - 5.
[604] Vgl. Lohmeyer (1975), S. 22.
[605] Vgl. BFH-Urteil v. 30.8.1989 – I R 215/85, BStBl II 1989, S. 956.
[606] Siehe auch Gersch (1998), S. 60, Nr. 4.
[607] Vgl. BFH-Urteil v. 30.8.1989 – I R 215/85, BStBl II 1989, S. 956.
[608] Vgl. FG Schleswig-Holstein, Urteil v. 12.5.1981 – III 388/78, EFG 1982, S. 5.
[609] Vgl. BFH-Urteil v. 17.5.1995 – I R 8/94, BStBl II 1996, S. 2.
[610] Beachte zu diesem Themenkomplex Flick/Flick-Pistorius (1989).

muss daher für eine Studentenwohnung die Errichtung eines steuerlich wirksamen Wohnsitzes verneint werden, solange der Student das Elternhaus regelmäßig besucht und dort seine persönlichen Angelegenheiten regelt[611]. Lediglich für den Fall einer völligen wirtschaftlichen Lösung des Studenten von seinem Elternhaus sind alle Erfordernisse für die Wohnsitzbegründung gegeben[612]. Kinder hingegen, die sich zum Schulbesuch jahrelang bei Verwandten im Heimatland der Eltern aufhalten, teilen den Wohnsitz ihrer Eltern auch dann nicht, wenn sie die Eltern während der Ferien besuchen, da in der Regel die Herstellung oder Festigung der Bindungen zum heimatlichen Kulturkreis der Eltern im Vordergrund steht[613].

1.3.4 Aufgabe eines steuerrechtlichen Wohnsitzes

Da die Wohnsitzbegründung erfolgt, wenn alle der oben genannten Voraussetzungen erfüllt sind, liegt eine Wohnsitzaufgabe entsprechend dann vor, wenn eines dieser Merkmale fortfällt. Aufgegeben ist der Wohnsitz demnach, wenn die Wohnung aufgelöst worden ist bzw. diese weder durch Angehörige noch durch den Steuerpflichtigen selbst benutzt wird; die Gewohnheit zur periodischen Rückkehr in die Wohnung muss für absehbare Zeit abgelegt worden sein[614]. Eine Ausreise zur Erfüllung eines begrenzten, in absehbarer Zeit ausführbaren Auftrags steht der Beibehaltung des Wohnsitzes nicht entgegen[615]. Die nur vorübergehende Abwesenheit bedeutet keine Aufgabe des bisherigen Wohnsitzes[616]. Zur Bestimmung dieses Zeitmoments ist eine Orientierung an der Frist des § 9 Satz 2 dAO anzuraten.

Nicht erforderlich ist, dass die Wohnung zu keinem künftigen Zeitpunkt mehr benutzt werden soll[617]. Dem inneren Willen des Steuerpflichtigen kommt zumindest bei einem Widerspruch zur äußeren Gestaltung keine entscheidungsrelevante Bedeutung zu. Entscheidend ist stattdessen, ob er zurückkehren kann

---

[611] Vgl. Ax (1999), S. 48, RZ 112 und FG Baden-Württemberg, Außensenate Stuttgart, Urteil v. 18.12.1991 – 12 K 270/90, EFG 1992, S. 238, wonach Studenten mit der Staatsangehörigkeit eines EG-Mitgliedstaates, deren Eltern in Deutschland einen Wohnsitz im Sinne des § 8 dAO haben und die sich in ihrem Heimatland zu Studienzwecken aufhalten, grundsätzlich den Wohnsitz bei den Eltern behalten.
[612] Vgl. RFH-Urteil v. 17.10.1935 – III A 206/35, RStBl 1935, S. 1415 und RFH-Urteil v. 17.4.1940 – IV B 6/40, RStBl 1940, S. 514.
[613] Vgl. BFH-Urteil v. 22.4.1994 – III R 22/92, BStBl II 1994, S. 887 und BFH-Urteil v. 27.4.1995 – III R 57/93, BFH/NV 1995, S. 967.
[614] Vgl. FG Hamburg, Urteil v. 16.4.1959 – II 162-165/58, EFG 1959, S. 241.
[615] Vgl. RFH-Urteil v. 7.10.1937 – III A 241/37, RStBl 1937, S. 1119.
[616] Trotzdem muss gemäß RFH-Urteil v. 24.9.1936 – III A 143/36, RStBl 1936, S. 997 die vorübergehende Beibehaltung einer eingerichteten inländischen Wohnung der Wohnsitzaufgabe nicht entgegenstehen.
[617] Vgl. z.B. RFH-Urteil v. 18.2.1937 – III A 183/36, RStBl 1937, S. 382.

und zurückkehren wird[618]. Trotzdem setzt die Aufgabe des Wohnsitzes eine Handlung, unter Umständen eine Unterlassung, jedenfalls die Betätigung eines Willens voraus[619]. Die ordnungsamtliche Abmeldung ist nicht ausreichend[620], kann jedoch eine Indizwirkung entfalten[621]. Bei einem Zurücklassen der inländischen Wohnung zur bloßen Vermögensverwaltung[622] endet der Wohnsitz mit dem Wegzug.

Beachtenswert hinsichtlich der Wohnsitzaufgabe ist, dass ein Steuerpflichtiger mehrere Wohnsitze gleichzeitig haben kann[623]. Die Verlegung des Wohnsitzes nur eines Ehepartners ins Ausland führt für diesen zur Begründung eines zweiten Wohnsitzes, da aufgrund der weiter oben bereits angeführten Rechtsprechung der Wohnsitz bei der Familie grundsätzlich beibehalten wird. Für einen steuerlich wirksamen Wegzug ins Ausland ist daher im Regelfall die Mitnahme der Familie notwendig. Selbst wenn die im Inland gelegene Wohnung des einen Ehegatten nur bei sich bietender Gelegenheit genutzt wird und zudem die Absicht besteht, die Familie ins Ausland nachkommen zu lassen, bleibt der inländische Wohnsitz weiterhin bestehen[624]. Um unerwünschte steuerliche Ergebnisse zu verhindern, ist es daher anzuraten, die bisherige deutsche Wohnung zu kündigen, zu vermieten bzw. zu verkaufen[625]. Als Gestaltung bietet sich die Vermietung der inländischen Wohnung an eines der volljährigen Kinder an, wobei darauf zu achten ist, dass es sich nicht nur um eine Scheinvermietung im Sinne einer weiteren gemeinsamen Nutzung durch die ganze Familie handelt[626]. Außerdem ist es möglich, dass ein Steuerpflichtiger an dem einen Ort seinen Wohnsitz und an einem anderen Ort seinen im Folgenden zu behandelnden gewöhnlichen Aufenthalt hat.

---

[618] Vgl. RFH-Urteil v. 24.6.1937 – III A 155/37, RStBl 1937, S. 822.
[619] Vgl. RFH-Urteil v. 9.7.1936 – III A 62/36, RStBl 1936, S. 859.
[620] Vgl. Birkholz (1979), S. 249.
[621] Vgl. RFH-Urteil v. 17.11.1938 – III 365/37, RStBl 1938, S. 1122.
[622] Für das Vorliegen einer Vermögensverwaltung muss gemäß § 8 Nr. 6 dAEAO der Wille zum Verkauf oder zur langfristigen Vermietung des Hauses bzw. der Wohnung und die in absehbarer Zeit eingetretene Verwirklichung dieses Willens vorhanden sein. Eine zwischenzeitliche kurze Rückkehr führt nicht zur Beibehaltung bzw. Neubegründung eines Wohnsitzes.
[623] Vgl. BFH-Urteil v. 4.6.1964 – IV 29/64 U, BStBl III 1964, S. 535 und BFH-Urteil v. 10.8.1983 – I R 241/82, BStBl II 1984, S. 11.
[624] Vgl. BFH-Urteil v. 11.4.1984 – I R 230/80, juris CD 01V14.
[625] Vgl. auch BFH-Urteil v. 17.5.1995 – I R 8/94, BStBl II 1996, S. 2, wonach die widerlegbare Vermutung besteht, dass ein ins Ausland versetzter Arbeitnehmer, der eine Wohnung im Inland beibehält, deren Benutzung ihm jederzeit möglich ist und die so ausgestattet ist, dass diese ihm jederzeit als Bleibe dienen kann, einen Wohnsitz im Inland hat.
[626] So auch Korn/Stahl (1995), S. 10267.

1.4 Gewöhnlicher Aufenthalt

Gemäß § 9 Satz 1 dAO hat den gewöhnlichen Aufenthalt jemand dort, wo er sich unter Umständen aufhält, die erkennen lassen, dass er an diesem Ort oder in diesem Gebiet nicht nur vorübergehend weilt, d.h. der Steuerpflichtige muss sich zum einen tatsächlich im Inland aufhalten, und zum anderen muss er dies unter Umständen tun, die erkennen lassen, dass das Verweilen nicht nur vorübergehender Natur ist. Ebenso wie bei der Prüfung des Vorhandenseins eines Wohnsitzes kommt es auch bei diesen beiden Merkmalen nicht auf die innere Absicht, sondern nur auf die äußeren, erkennbaren Umstände an[627]. Die Dehnbarkeit dieses Begriffes versucht der Gesetzgeber mittels der Fiktion[628] des § 9 Satz 2 dAO zu begrenzen: „Als gewöhnlicher Aufenthalt im Geltungsbereich dieses Gesetzes ist stets und von Beginn an ein zeitlich zusammenhängender Aufenthalt von mehr als sechs Monaten Dauer anzusehen; kurzfristige Unterbrechungen bleiben unberücksichtigt". Nach § 9 Satz 3 dAO gilt die Vermutung des Satzes 2 dann nicht, „wenn der Aufenthalt ausschließlich zu Besuchs-, Erholungs-, Kur- oder ähnlichen privaten Zwecken genommen wird und nicht länger als ein Jahr dauert". Bei einem gemischt bedingten Aufenthalt, d.h. einem Aufenthalt, der nicht ausschließlich privaten Zwecken dient, gilt die Sonderregelung des Satzes 3 nicht mehr[629].

Bei Zweifeln an der unbeschränkten Steuerpflicht einer Person werden in der Regel zunächst die Tatbestandsvoraussetzungen für den Wohnsitz überprüft, lediglich bei Verneinung eines Wohnsitzes wird der gewöhnliche Aufenthalt einer Betrachtung unterzogen[630]. Durch die zunehmende internationale Mobilität und durch den nach Wegzug ins Ausland erwachsenden Wunsch, Freunde und Verwandte in Deutschland wiederzusehen, kann es schnell und häufig zur unerwünschten Beibehaltung oder Begründung des gewöhnlichen Aufenthalts in Deutschland kommen. Andererseits kann bei dem Wunsch nach Aufrechterhaltung der unbeschränkten Steuerpflicht in Deutschland der gewöhnliche Aufent-

---

[627] Vgl. RFH-Urteil v. 25.11.1937 – III 120/37, RStBl 1937, S. 1247, BFH-Urteil v. 3.8.1977 – I R 210/75, BStBl II 1978, S. 118, BFH-Urteil v. 10.8.1983 – I R 241/82, BStBl II 1984, S. 11 und BFH-Urteil v. 6.2.1985 – I R 23/82, BStBl II 1985, S. 331.
[628] Vgl. BFH-Urteil v. 12.4.1978 – I R 100/75, BStBl II 1978, S. 425.
[629] So auch Göttsche (1997), S. 39.
[630] Vgl. z.B. RFH-Urteil v. 15.12.1932 – III A 302/32, RStBl 1933, S. 92: „Solange das festere Band des Wohnsitzes einen Steuerpflichtigen mit dem deutschen Steuergebiete verknüpft, fragt die Rechtsordnung nichts danach, ob ihn auch das losere Band des gewöhnlichen Aufenthalts mit diesem Gebiet verbindet. [...] [d]er Gesichtspunkt des gewöhnlichen Aufenthalts [tritt] rechtlich nicht in die Erscheinung, weil er von dem stärkeren Gesichtspunkt des Wohnsitzes überdeckt wird. Das ändert sich aber mit der Aufgabe des Wohnsitzes. Behält dann der Steuerpflichtige noch seinen Aufenthalt im Deutschen Reiche bei, so beginnt das bis dahin unbeachtet gebliebene losere Band des gewöhnlichen Aufenthalts seine Rechtswirksamkeit auszuüben". Siehe auch RFH-Urteil v. 10.9.1936 – III A 111/36, RStBl 1936, S. 1063.

halt die mit der Aufrechterhaltung eines Nebenwohnsitzes verbundenen Kosten ersparen.

1.4.1 Tatsächlicher Aufenthalt

Unter dem tatsächlichen Aufenthalt[631] ist die physische Anwesenheit des Steuerpflichtigen im Inland zu verstehen[632]. Keine Schwierigkeiten verursacht dieses Merkmal, wenn der Aufenthalt sich täglich über 24 Stunden erstreckt. Ein täglicher Grenzwechsel dagegen bereitet Probleme, da der Gesetzgeber sich nicht dazu geäußert hat, ab welcher stündlichen Anwesenheit pro Tag ein Aufenthalt im Sinne des § 9 dAO begründet wird. Praktisch tritt diese Frage bei den so genannten Grenzgängern auf, die im Inland ihrer Arbeit nachgehen und im Ausland ihren Wohnsitz haben[633]. Nach ständiger BFH-Rechtsprechung reicht sowohl die Anwesenheit eines Arbeitnehmers an seinem Arbeitsplatz[634] als auch die eines Unternehmers in seinem Betrieb[635] nicht aus. Auch Steuerpflichtige, die im Inland einer freiberuflichen Tätigkeit nachgehen, aber im Ausland wohnen, haben selbst bei häufigen, beruflich veranlassten Reisen im Inland ihren gewöhnlichen Aufenthalt im Ausland[636]. Dies gilt selbst dann, wenn die Arbeitszeit den überwiegenden Teil der 24 Stunden eines Tages ausmacht. Weitere familiäre und gesellschaftliche Bindungen im Inland sind geringer zu gewichten als die Beziehung zur engeren Familie (Ehefrau und Kind)[637]. Dieser starken Betonung des gegebenenfalls auch nur kurzzeitigen Aufenthalts bei der Familie im Ausland kann entgegengehalten werden, dass sich die Definitionen des Wohnsitzes und des gewöhnlichen Aufenthalts zu sehr annähern[638]. Andererseits kommt diese Rechtsprechung dem Abwanderer entgegen, der seine unbeschränkte Steuerpflicht aufgeben möchte.

---

[631] Nach dem BFH-Urteil v. 27.7.1962 – VI 156/59 U, BStBl III 1962, S. 429 „[ist d]er tatsächliche [...] Aufenthalt zwar ein Erfordernis, genügt aber nicht allein, weil der Aufenthalt „gewöhnlich" sein muss".
[632] Vgl. Mössner (1998), S. 64, RZ B27 und Ax (1999), S. 48, RZ 113.
[633] Vgl. Teil 1, Kap. 4.1.2.5 und Kap. 4.2.3.7.
[634] Vgl. BFH-Urteil v. 1.3.1963 – VI 119/61 U, BStBl III 1963, S. 212 und BFH-Urteil v. 5.2.1965 – VI 334/63 U, BStBl III 1965, S. 352.
[635] Vgl. BFH-Urteil v. 6.2.1985 – I R 23/82, BStBl II 1985, S. 331. Das FG München hat hingegen in seinem Urteil v. 21.4.1966 – VI 34/66, EFG 1966, S. 503 den gewöhnlichen Aufenthalt eines Unternehmers, der fast täglich von seinem im Inland belegenen Unternehmen abends zu seinem in Österreich befindlichen Wohnsitz zurückkehrt, im Inland angenommen. Eine ausreichende Begründung für die unterschiedliche Behandlung von Arbeitnehmern und Unternehmern kann dem Urteil nicht entnommen werden. Hartmann (1974), S. 2428 und Land (1980), S. 472 verweisen auf die Ablehnung dieses Urteils in der Literatur.
[636] Vgl. BFH-Urteil v. 20.4.1988 – I R 219/82, BStBl II 1990, S. 701, wonach eine derartige Behandlung als beschränkt Steuerpflichtiger „weder gegen das sich aus dem EWG-Vertrag ergebende Recht auf freie Niederlassung noch gegen Art. 3, 6 und 14 [d]GG" verstößt.
[637] Vgl. BFH-Urteil v. 6.2.1985 – I R 23/82, BStBl II 1985, S. 331.
[638] So auch Mössner (1991), S. 26, RZ 27.

Ein gewöhnlicher Aufenthalt bei einem Grenzgänger entsteht erst dann, wenn auch ein maßgeblicher Teil[639] der Freizeit und der Nächte im Inland verbracht wird. Die Übernachtung im Inland erfordert das Aufsuchen und Benutzen von Räumen. Sollten diese jedoch bereits den Anforderungen an einen steuerrechtlichen Wohnsitz gemäß § 8 dAO genügen, ist eine Prüfung der Voraussetzungen für einen gewöhnlichen Aufenthalt nicht mehr erforderlich. In Betracht kommen insoweit für die Anwendung des § 9 dAO nur noch Räume, die nicht den Anforderungen an eine Wohnung genügen[640] oder Wohnungen, bei denen der Steuerpflichtige keine Verfügungsmacht besitzt.

Die Motive für die physische Anwesenheit im Inland spielen keine Rolle[641]. Es kann also ein gewöhnlicher Aufenthalt durch einen durch einen Unfall verursachten Krankenhausaufenthalt[642] oder durch den Aufenthalt in einer Justizvollzugsanstalt[643] begründet werden. Zweifelhaft ist diese Rechtsprechung jedoch vor dem Hintergrund des den Motiven Beachtung schenkenden § 9 Satz 3 dAO, wonach ein gewöhnlicher Aufenthalt nicht vorliegt, wenn er zu „privaten Zwecken genommen wird und nicht länger als ein Jahr dauert". Hierunter sollten auch sich auf einer Geschäftsreise ereignende Unfälle oder Gefängnisaufenthalte in Verbindung mit einer geschäftlichen Tätigkeit subsumiert werden[644].

1.4.2 Nicht nur vorübergehendes Verweilen

Die Einbeziehung des „Nicht nur vorübergehenden Verweilens"[645] in die Definition des gewöhnlichen Aufenthalts soll eine hinreichend enge Bindung einer natürlichen Person zum Inland zum Ausdruck bringen[646]. Die Frage, wann das Vorübergehende aufhört und ein gewisser Dauerzustand anfängt, lässt sich nicht

---

[639] Land (1980), S. 473 verweist darauf, dass die Übernachtungen „nicht stets zu sein" brauchen, sondern dass „eine gewisse Regelmäßigkeit genügt".
[640] In Frage kommen hierfür Hotelzimmer oder Schlafgelegenheiten im Büro bzw. Betrieb. Das BFH-Urteil v. 25.5.1988 – I R 225/82, BStBl II 1988, S. 944 steht dem nicht entgegen, da das Gericht nicht grundsätzlich die Anerkennung derartiger Räumlichkeiten für die Begründung eines gewöhnlichen Aufenthalts versagt hat. Es ist lediglich nach einer Tatsachenwürdigung davon ausgegangen, dass der Steuerpflichtige aufgrund fehlender Beweise für die Nutzung der Räume, aufgrund seines fortgeschrittenen Alters und der Untauglichkeit der Räume für ein Zusammenleben mit seiner Frau die Schlafstelle nicht benutzt hat.
[641] So auch Ax (1999), S. 48, RZ 113.
[642] Vgl. BFH-Urteil v. 23.7.1971 – III R 60/70, BStBl II 1971, S. 758.
[643] Vgl. BFH-Urteil v. 14.11.1986 – VI B 97/86, BFH/NV 1987, S. 262.
[644] So auch Mössner (1998), S. 67 – 68, RZ B32.
[645] Gemäß BFH-Urteil v. 30.8.1989 – I R 215/85, BStBl II 1989, S. 956 „ist zu berücksichtigen, dass der Begriff „gewöhnlich" gleichbedeutend mit „dauernd" ist [...]. „Dauernd" erfordert keine ununterbrochene Anwesenheit und bedeutet auch nicht „immer". „Dauernd" ist i.S. von „nicht nur vorübergehend" zu verstehen."
[646] Vgl. Deppe (1982), S. 334.

allgemein beantworten. Bereits der RFH urteilte, dass zu dieser Festlegung die gesamten Umstände des Einzelfalls zu berücksichtigen sind[647]. Das die Tatsachen beurteilende Gericht bewegt sich zwangsläufig in einem gewissen Spielraum[648]. Die Unbestimmtheit dieses Merkmales versucht der Gesetzgeber durch § 9 Satz 2 und 3 dAO zu konkretisieren. Allerdings können auch bei deren Anwendung Auslegungsschwierigkeiten auftreten. Eine eindeutige Bestimmung eines gewöhnlichen Aufenthalts gelingt nur dann, wenn eine natürliche Person im Inland ohne Unterbrechungen mehr als sechs Monate bzw. nicht länger als ein Jahr anwesend gewesen ist[649]. Zu beachten ist hinsichtlich der Sechsmonatsfrist auch die vor der Aufgabe eines Wohnsitzes liegende Zeit[650], da – wie dies der Regelfall ist – neben dem Wohnsitz auch der gewöhnliche Aufenthalt im Inland lag. Nicht erforderlich ist, dass der Zeitraum von sechs Monaten innerhalb eines Kalenderjahres liegt[651]. Aufgrund der Änderungen durch das Jahressteuergesetz 1996[652] und 1997[653] werden bei einem nur sechsmonatigen, über den Jahreswechsel erfolgenden gewöhnlichen Aufenthalt im Inland gemäß § 2 Abs. 7 dEStG und § 32 b dEStG die während der beschränkten Einkommensteuerpflicht erzielten inländischen Einkünfte in eine Veranlagung zur unbeschränkten Einkommensteuerpflicht einbezogen. Die außerhalb der unbeschränkten Steuerpflicht erzielten ausländischen Einkünfte werden durch den Progressionsvorbehalt berücksichtigt.

Bei Vorliegen einer kurzfristigen Unterbrechung stellt sich die Frage, was unter einer kurzfristigen Unterbrechung zu verstehen ist und ob bei Existenz einer solchen der gewöhnliche Aufenthalt auch während dieses Zeitraums besteht[654]. Dem Begriff „kurzfristig" wohnt eine gewisse zeitliche Begrenzung nach oben inne. Da die Rechtsprechung zu der Frage der Kurzfristigkeit im Sinne des § 9 Satz 2 Halbsatz 2 dAO noch nicht Stellung genommen hat, bleibt lediglich eine Orientierung an der Festlegung von Obergrenzen für zeitliche Unterbrechungszeiträume im Zusammenhang mit der allgemeinen Definition des § 9 Satz 1 dAO. Diese liegen bei etwa sechs bis zwölf Monaten[655], nehmen jedoch keinen Bezug zur Kurzfristigkeit, so dass bei mehr als sechs Monaten nicht mehr von einer kurzfristigen Unterbrechung gesprochen werden kann.

---

[647] Vgl. RFH-Urteil v. 17.10.1935 – III A 206/35, RStBl 1935, S. 1415.
[648] Vgl. BFH-Urteil v. 3.8.1977 – I R 210/75, BStBl II 1978, S. 118.
[649] So auch Deppe (1982), S. 334.
[650] Vgl. Lohmeyer (1975), S. 24.
[651] Vgl. BFH-Urteil v. 19.8.1981 – I R 51/78, BStBl II 1982, S. 452.
[652] Vgl. BGBl I 1995, S. 1959.
[653] Vgl. BGBl I 1996, S. 2063.
[654] Vgl. Deppe (1982), S. 334.
[655] Vgl. RFH-Urteil v. 18.2.1937 – III A 183/36, RStBl 1937, S. 382 und BFH-Urteil v. 27.7.1962 – VI 156/59 U, BStBl III 1962, S. 429.

Die von Deppe vorgeschlagene, im Einklang mit der Rechtsprechung stehende Prüfung in zwei Schritten[656] kann für den Wegzugswilligen einen sinnvollen Anhaltspunkt dafür geben, ab wann für den Steuerpflichtigen die Gefahr besteht, dass der gewöhnliche Aufenthalt weiter besteht bzw. wieder neu begründet wird. Nach der Festlegung des Zeitraums, für den die Frage des gewöhnlichen Aufenthalts beantwortet werden soll und der dadurch gekennzeichnet ist, dass ein nach außen in Erscheinung tretender Zusammenhang zwischen nicht unmittelbar aufeinander folgenden Inlandsaufenthalten erkennbar ist, wird in einem zweiten Schritt festgestellt, ob ein inländischer oder ein ausländischer so genannter Schwergewichtsaufenthalt vorliegt.

Um verschiedene durch Auslandsaufenthalte unterbrochene Inlandsaufenthalte einer gemeinsamen Betrachtung zu unterziehen, müssen diese Inlandsaufenthalte sachlich zusammenhängen[657], d.h. die Verbindung zum Inland darf durch die Unterbrechung nicht in einem Ausmaß gelockert werden, dass nicht mehr von einer Unterbrechung sondern nur noch von einer Beendigung des gewöhnlichen Aufenthalts und einem Neubeginn desselben gesprochen werden kann; ein üblicher Heimataufenthalt führt regelmäßig nicht zu einer derartigen Lockerung[658]. Die Annahme[659], dass der regelmäßige Aufenthalt eines Studenten während der Semesterferien im Ausland verbunden mit zusätzlich vorgenommenen Wochenendheimfahrten dazu führt, dass nicht von einem zusammenhängenden Aufenthalt im Inland während der Studienzeit gesprochen werden kann, erscheint aufgrund eines vorliegenden sachlichen Zusammenhangs zumindest zweifelhaft. Der in dieser Weise bestimmte Prüfungszeitraum darf seine Beziehung zu dem betrachteten Veranlagungszeitraum nicht verlieren, so dass sowohl der RFH[660] als auch der BFH[661] die Ausweitung des Prüfungszeitraums auf das Vorjahr und das Folgejahr des Veranlagungsjahres beschränken.

Der zweite Schritt in dem von Deppe vorgeschlagenen Verfahren – die Feststellung des Schwergewichtsaufenthalts – liegt begründet in der Rechtsprechung des BFH[662], die besagt, dass eine natürliche Person nach nationalem Steuer-

---

[656] Vgl. Deppe (1982), S. 335 - 338.
[657] Vgl. hierzu das von Deppe (1982), S. 335 angeführte Beispiel, in dem ein Italiener während seines ersten Inlandaufenthaltes Arbeitnehmer eines deutschen Unternehmens und während seines zweiten Inlandaufenthaltes ein von seinem italienischen Arbeitgeber nach Deutschland entsandter Arbeitnehmer ist. Ein sachlicher Zusammenhang zwischen beiden Inlandsaufenthalten liegt hier nicht vor.
[658] Vgl. FG Baden-Württemberg, Urteil v. 23.9.1975 – IV 253/73, EFG 1976, S. 13.
[659] Vgl. Flick/Flick-Pistorius (1989), S. 624.
[660] Vgl. RFH-Urteil v. 18.2.1937 – III A 183/36, RStBl 1937, S. 382.
[661] Vgl. BFH-Urteil v. 27.7.1962 – VI 156/59 U, BStBl III 1962, S. 429.
[662] Vgl. BFH-Urteil v. 9.2.1966 – I 244/63, BStBl III 1966, S. 522.

recht[663] zur selben Zeit nur einen gewöhnlichen Aufenthalt haben kann. Bei der Abwägung zwischen einer stärkeren Bindung zum Inland und einer intensiveren Beziehung zum Ausland können die unterschiedlichsten Kriterien eines konkreten Einzelfalls relevant sein. Familiäre, berufliche und gesellschaftliche Bindungen können beispielsweise den Ausschlag für die Festlegung des Schwergewichtsaufenthalts geben. Eine allgemein gültige Bestimmung des Schwergewichtsaufenthalts ist also nicht möglich und kann darüber hinaus noch dadurch erschwert werden, dass sich einzelne Bindungskriterien antiproportional zur jeweiligen Verweilzeit[664] verhalten.

Gelangt man nach Anwendung des dargestellten Zweischrittverfahrens zu dem Schluss, dass eine kurzfristige Unterbrechung eines einheitlich zu betrachtenden Auslandsaufenthalts vorliegt, stellt sich die Frage, ob der Aufenthalt während der Unterbrechung gehemmt wird, d.h. die Person in dieser Zeit höchstens beschränkt steuerpflichtig wäre. Dagegen spricht bereits der Wortlaut des § 9 Satz 2 Halbsatz 2 dAO, der besagt, dass kurzfristige Unterbrechungen unberücksichtigt bleiben[665]. Fraglich erscheint auch, ob der Zeitraum der kurzfristigen Unterbrechung bei der Feststellung, ob die sechs Monate überschritten sind, zu berücksichtigen ist. Obwohl der Schluss nahe liegt, dass durch den Hinweis auf die Nichtberücksichtigung der kurzfristigen Unterbrechung dieser Zeitraum als fiktiver Anwesenheitszeitraum zu betrachten ist, hat der RFH in dem bis zum jetzigen Zeitpunkt letzten zu diesem Problem ergangenen höchstrichterlichen Urteil[666] lediglich die Addition der Zeiträume, die im Inland verbracht wurden, vorgeschrieben.

Für die Fiktion des § 9 Satz 2 dAO soll allein die physische Anwesenheit für das Bestehen eines gewöhnlichen Aufenthalts ausschlaggebend sein. Beim Vorhandensein kurzfristiger Unterbrechungen können allerdings Auslegungsschwierigkeiten auftreten, die dazu führen, dass im Rahmen des § 9 Satz 2 dAO ebenso wie bei der Anwendung des § 9 Satz 1 dAO eine Prüfung des Gesamttatbestandes erforderlich ist. § 9 Satz 1 dAO enthält die allgemeine Definition des gewöhnlichen Aufenthalts, die im Unterschied zu § 9 Satz 2 dAO auch bei einer die Kurzfristigkeit überschreitenden Unterbrechung noch die Annahme eines

---

[663] Nach einigen von Deutschland abgeschlossenen Doppelbesteuerungsabkommen ist es hingegen möglich, dass eine natürliche Person in beiden Vertragsstaaten einen gewöhnlichen Aufenthalt haben kann.
[664] Von einer Proportionalität des Bindungskriteriums Einkommenserzielung kann beispielsweise dann gesprochen werden, wenn bei einem sechsmonatigen Inlands- und einem sechsmonatigen Auslandsaufenthalt jeweils die Hälfte des Einkommens im In- und im Ausland erzielt wird.
[665] So auch das RFH-Urteil v. 30.10.1935 – VI A 757/35, RStBl 1935, S. 1445.
[666] Vgl. RFH-Urteil v. 30.10.1935 – VI A 757/35, RStBl 1935, S. 1445.

gewöhnlichen Aufenthalts zulassen kann. In der höchstrichterlichen Rechtsprechung wurde dieser vor allem bei langjährigen Steuerinländern angenommen, die bei relativ langen Auslandsaufenthalten nur für kurze Zeit im Inland weilten.

Der RFH[667] begründete diese Rechtsprechung damit, dass der gewöhnliche Aufenthalt fortbesteht, solange der Rückkehrwille bestehen bleibt. Danach tritt die tatsächliche Abwesenheit gegenüber dem Rückkehrwillen in den Hintergrund. Gleichgültig ist, ob sich der Steuerpflichtige an einem oder an mehreren Orten des Auslands aufgehalten hat[668]. Der BFH[669] führte weiter aus, dass eine Frist von mehr als sechs Monaten als Anhalt dafür genommen werden kann, ab welcher Dauer vermutet werden kann, dass kein gewöhnlicher Aufenthalt im Inland mehr besteht. Ausnahmen kommen dann in Frage, wenn die Beziehungen zum Inland erhalten bleiben sollen. Selbst bei einem Auslandsaufenthalt von mehr als einem Jahr kann, allerdings nur noch in Ausnahmefällen, ein gewöhnlicher Aufenthalt im Inland existent bleiben. Diese nur ausnahmsweise zu durchbrechende zeitliche Obergrenze stützt die Annahme einer Zusammenhangprüfung auch im Rahmen des § 9 Satz 1 dAO. Der zweite Schritt, die Feststellung des Schwergewichtsaufenthalts, erfolgt hingegen nicht mehr durch eine Betrachtung des Verhältnisses der jeweiligen Aufenthaltsdauer im In- und Ausland. Stattdessen stellte bereits der RFH[670] auf den Schwerpunkt des geschäftlichen und persönlichen Lebens ab. Wenn dieser im Inland trotz eines längeren Auslandsaufenthalts beibehalten werden soll, kann ein Rückkehrwille angenommen werden.

Ein gewöhnlicher Aufenthalt nach § 9 Satz 1 dAO kann auch dann begründet werden, wenn sich eine natürliche Person einmalig für weniger als sechs Monate im Inland aufhält. Voraussetzung ist, dass auch innerhalb eines derartig kurzen Zeitraums eine hinreichende Bindung an das Inland zustande gekommen ist, die Person also nicht nur vorübergehend im Inland verweilt. Nach der Rechtsprechung ist dies dann der Fall, wenn ein Aufenthalt für einen längeren Zeitraum geplant war, aber aus nicht vorhersehbaren Gründen frühzeitig abgebrochen wurde[671]. Die Einreise zur Erfüllung eines über ein Jahr abgeschlossenen Arbeitsvertrages begründet einen gewöhnlichen Aufenthalt, auch wenn die Ausreise bereits nach wenigen Monaten erfolgt[672]. In Anlehnung an § 9 Satz 2 dAO sollte der geplante Zeitraum sechs Monate überschreiten. Eine zu Besuchszwecken unternommene Kurzreise ins Inland begründet auch dann noch keinen ge-

---

[667] Vgl. RFH-Urteil v. 17.10.1935 – VI A 396/35, RStBl 1935, S. 1427.
[668] So auch Ax (1999), S. 48, RZ 113.
[669] Vgl. BFH-Urteil v. 27.7.1962 – VI 156/59 U, BStBl III 1962, S. 429 und BFH-Urteil v. 11.6.1963 – I 420/62, DStR 1963, S. 569.
[670] Vgl. RFH-Urteil v. 17.10.1935 – VI A 396/35, RStBl 1935, S. 1427.
[671] Vgl. BFH-Urteil v. 30.8.1989 – I R 215/85, BStBl II 1989, S. 956.
[672] Vgl. FG Rheinland-Pfalz, Urteil v. 10.4.1975 – III 16/75, EFG 1975, S. 446.

wöhnlichen Aufenthalt, wenn sich später ein gewöhnlicher Aufenthalt anschließt[673]. Erst das Hinzutreten von Umständen, die den vorübergehend geplanten Aufenthalt zu einem dauernden machen, führt zur Begründung des gewöhnlichen Aufenthalts und damit zum Beginn der unbeschränkten Steuerpflicht[674].

1.4.3 Aufgabe des gewöhnlichen Aufenthalts

Ein ausreisewilliger Steuerpflichtiger gibt seinen gewöhnlichen Aufenthalt erst dann auf, wenn er das Inland endgültig verlassen hat, d.h. auch kein Wille mehr zu einer selbst nur vorübergehenden Rückkehr vorhanden ist[675]. Bei einer steuerlich motivierten Wohnsitzverlegung ist daher nachfolgenden, kurzfristigen Inlandsaufenthalten erhöhte Aufmerksamkeit zu schenken. Nach der Rechtsprechung des BFH gilt die widerlegbare Vermutung, dass eine Aufgabe des gewöhnlichen Aufenthalts vorliegt, wenn sich der Steuerpflichtige länger als sechs Monate im Ausland aufhält; bei einem Auslandsaufenthalt von mehr als einem Jahr kann die Annahme eines gewöhnlichen Aufenthalts nur ausnahmsweise gelten[676]. Hartmann ist sicherlich darin zuzustimmen, dass es schwieriger sei, „aus der inländischen Steuerpflicht – insbesondere aus der unbeschränkten – herauszukommen als das Entstehen der inländischen Steuerpflicht zu vermeiden"[677]. In jedem Fall liegt eine Aufgabe vor, wenn an einem Ort oder in einem Gebiet im Ausland der gewöhnliche Aufenthalt begründet wird[678].

1.5 Beschränkte Steuerpflichten

Sofern der Steuerpflichtige sowohl seinen Wohnsitz als auch seinen gewöhnlichen Aufenthalt in Deutschland aufgegeben hat, ist er grundsätzlich nicht mehr unbeschränkt steuerpflichtig[679]. Bei einem ausreichenden Inlandsbezug der Einkünfte oder des Vermögens kann er jedoch weiterhin beschränkt steuerpflichtig sein.

---

[673] Vgl. RFH-Urteil v. 30.7.1942 – III 88/42, RStBl 1942, S. 1094.
[674] Vgl. Mössner (1998), S. 69 - 70, RZ B35.
[675] Vgl. RFH-Urteil v. 31.3.1938 – III e 62/37, RStBl 1938, S. 458, BFH-Urteil v. 4.6.1975 – I R 250/73, BStBl II 1975, S. 708 und FG Bremen, Urteil v. 27.7.1989 – II 246/85 K, EFG 1990, S. 93.
[676] Vgl. BFH-Urteil v. 27.7.1962 – VI 156/59 U, BStBl III 1962, S. 429.
[677] Vgl. Hartmann (1974), S. 2429.
[678] Vgl. Hellwig (1991), S. 6, RZ 18.
[679] Ausnahmen stellen § 1 Abs. 2 dEStG, § 1 Abs. 3 dEStG und § 2 Abs. 1 Nr. 1 lit. b und c dEStG dar.

1.5.1 Beschränkte Einkommensteuerpflicht

1.5.1.1 Umfang der von der beschränkten Einkommensteuerpflicht erfassten Einkünfte

Grundsätzlich sind gemäß § 1 Abs. 4 dEStG natürliche Personen, die in Deutschland weder einen Wohnsitz noch ihren gewöhnlichen Aufenthalt haben, beschränkt einkommensteuerpflichtig[680], sofern sie inländische Einkünfte im Sinne des § 49 dEStG haben. Dieser Einkommensbesteuerung liegt ein eingeschränktes Territorialitätsprinzip[681] zugrunde. Danach werden nur bestimmte, in § 49 dEStG abschließend aufgezählte Einkünfte besteuert, die durch ihre Herkunft eine objektive Beziehung zum Inland aufweisen. Durch die Aufgabe der unbeschränkten Steuerpflicht ist nicht mehr die persönliche sondern die wirtschaftliche Zugehörigkeit des Steuerpflichtigen zum deutschen Gemeinwesen ausschlaggebend für die Besteuerung[682]. Ihre Rechtfertigung findet die Besteuerung in der so genannten Nutzentheorie. Die Steuerzahlungen stellen eine Gegenleistung für die vom deutschen Staat gewährten Güter dar[683]. Eine Besonderheit ist, dass nur die inländischen Einkünfte im Rahmen der beschränkten Einkommensteuerpflicht erfasst werden, deren Inlandsbezug besonders ausgeprägt ist[684].

Die Prüfung, ob die weggezogene Person beschränkt einkommensteuerpflichtig ist, erfolgt in einem zweistufigen Verfahren. Zunächst wird geprüft, ob steuerbare Einkünfte im Sinne des § 2 Abs. 1 dEStG i.V.m. den §§ 13 - 24 dEStG vorliegen. Sollte eine Steuerbarkeit der Einkünfte im ersten Schritt festgestellt werden, muss anschließend untersucht werden, ob die in § 49 Abs. 1 dEStG geforderten, weiteren Voraussetzungen erfüllt sind[685]. Eine steuerbegründende Wirkung hat die Vorschrift des § 49 dEStG nicht. Stattdessen besteht deren Aufgabe allein darin, die territorialen Anknüpfungspunkte festzuschreiben, nach denen die inländischen Einkünfte im Sinne des § 49 dEStG von den anderen Einkünften abzugrenzen sind[686]. Die Aufzählung in § 49 dEStG ist abschließend.

Beschränkt steuerpflichtig sind beispielsweise Einkünfte aus Gewerbebetrieb, wenn für diesen im Inland eine Betriebsstätte unterhalten wird oder ein ständiger

---

[680] Zur historischen Entwicklung und zum Begriff der beschränkten Steuerpflicht vgl. Liedtke (1985) und Koblenzer (1997).
[681] Zum Begriff des Territorialitätsprinzips vgl. Vogel, K. (1968), S. 429 - 430 und Wassermeyer (1985), S. 52 - 55.
[682] Vgl. Rolfs (1998a), S. 421.
[683] Vgl. Göttsche (1997), S. 73, der als Beispiel für vom Staat gewährte Güter die zur Verfügung gestellte Infrastruktur nennt, und Kluge (2000), S. 181, RZ 30.
[684] Vgl. Zuber (1991), S. 156.
[685] Vgl. Kraft (2000), S. E28, RZ 7.
[686] Vgl. Göttsche (1997), S. 75.

Vertreter bestellt ist. Bei Einkünften aus selbständiger und nichtselbständiger Arbeit wird auf die Ausübung und Verwertung im Inland abgestellt. Vergütungen für eine Tätigkeit als Geschäftsführer, Prokurist oder Vorstandsmitglied einer Gesellschaft mit Geschäftsleitung im Inland werden gemäß § 49 Abs. 1 Nr. 4 lit. a dEStG als Einkünfte aus nichtselbständiger Arbeit qualifiziert[687]. Das Vorliegen beschränkt steuerpflichtiger Einkünfte aus Land- und Forstwirtschaft wird von der inländischen Belegenheit des Betriebes abhängig gemacht. Für die anderen Einkunftsarten existieren vergleichbare Anknüpfungspunkte, durch die der räumliche Bezug zum Inland ausgedrückt wird.

Indem auf die Vorschriften zu den einzelnen Einkunftsarten verwiesen wird, ist auch die Beziehung der Einkunftstatbestände des § 49 Abs. 1 dEStG zueinander bestimmt. Einige Einkunftsarten schließen sich gegenseitig aus, während andere in einem Subsidiaritätsverhältnis stehen. Einkünfte aus Kapitalvermögen, aus Vermietung und Verpachtung und sonstige Einkünfte werden den Einkünften aus Land- und Forstwirtschaft, aus Gewerbebetrieb oder aus selbständiger Arbeit zugerechnet, soweit sie zu diesen gehören[688]. Dies kann Ungerechtigkeiten in der Besteuerung zur Folge haben, sofern bestimmte Nebeneinkünfte nur deswegen nicht der beschränkten Steuerpflicht unterliegen, weil sie im Rahmen einer Haupteinkunftsart erzielt werden, für die die inländischen Anknüpfungspunkte nicht gegeben sind[689]. Diese Besteuerungslücke wurde zunächst im Rahmen der Rechtsprechung und später mit dem 2. Steueränderungsgesetz 1973 beseitigt[690]. § 49 Abs. 2 dEStG, der die so genannte isolierende Betrachtungsweise festschreibt, bestimmt, dass im Ausland gegebene Besteuerungsmerkmale außer Betracht bleiben, soweit bei ihrer Berücksichtigung inländische Einkünfte im Sinne des § 49 Abs. 1 dEStG nicht angenommen werden könnten. Damit erfolgt die Zuordnung nicht nach der Systematik der §§ 13 - 24 dEStG, sondern nach der Art der jeweiligen Einkünfte. Erfolgt eine Umqualifizierung im Rahmen der isolierenden Betrachtungsweise, sind die Einkünfte in einer Einnahmen-Überschuss-Rechnung zu erfassen.

---

[687] Eingefügt wurde diese Bestimmung mit dem Steueränderungsgesetz 2001. Vgl. Neyer (2001).
[688] Vgl. §§ 20 Abs. 3, 21 Abs. 3, 22 Nr. 1 Satz 1, 22 Nr. 3 Satz 1 i.V.m. § 49 Abs. 1 Nr. 5 - 9 dEStG.
[689] Wenn beispielsweise Einkünfte aus Kapitalvermögen, aus Vermietung und Verpachtung oder sonstige Einkünfte im Sinne des § 49 Abs. 1 dEStG einem ausländischen Gewerbebetrieb zufließen, der mangels einer Betriebsstätte oder eines ständigen Vertreters nicht beschränkt steuerpflichtig ist, würde eine Ungleichbehandlung im Verhältnis zu ausländischen Privatpersonen erfolgen.
[690] Vgl. Liedtke (1985), S. 674 und Kaminski (1996b), S. 401.

1.5.1.2 Erhebung der Steuer

Die Einkommensteuer wird bei beschränkter Steuerpflicht entweder im Abzugs- oder im Veranlagungsverfahren erhoben. Sofern die Steuer bereits bei unbeschränkter Einkommensteuerpflicht dem Steuerabzug unterliegt, gilt dies auch bei beschränkter Steuerpflicht. Der Kreis der im Abzugsweg zu erhebenden Steuern ist im Rahmen der beschränkten Steuerpflicht jedoch erweitert worden. Neben der Kapitalertragsteuer und der Lohnsteuer werden auch die Aufsichtsratsteuer und die Steuer für die in § 50 a Abs. 4 dEStG genannten Einkünfte im Wege des Steuerabzugs erhoben. Des Weiteren kann das Finanzamt gemäß § 50 a Abs. 7 dEStG die Einkünfte, die nicht bereits dem Steuerabzug unterliegen, im Wege des Steuerabzugs erheben, wenn dies zur Sicherung des Steueranspruchs zweckmäßig ist. Grundsätzlich ist gemäß § 50 Abs. 5 Satz 1 dEStG die Einkommensteuer für Einkünfte, die dem Steuerabzug unterliegen, mit selbigem abgegolten. Die Einkünfte werden nicht in eine gegebenenfalls durchzuführende Veranlagung einbezogen. Dies gilt gemäß § 50 Abs. 5 Satz 2 dEStG lediglich dann nicht, wenn die Einkünfte Betriebseinnahmen eines inländischen Betriebs sind.

Der Lohnsteuerabzug für beschränkt steuerpflichtige Arbeitnehmer erfolgt grundsätzlich nach den Vorschriften der §§ 38 ff. dEStG. Sondervorschriften stellen die §§ 39 d und 50 Abs. 1 dEStG dar. Beschränkt steuerpflichtige Arbeitnehmer werden für die Durchführung des Lohnsteuerabzugs in die Steuerklasse I eingereiht. Bei Bestehen mehrerer Arbeitsverhältnisse gilt die Steuerklasse VI für die Einbehaltung der Lohnsteuer aus dem zweiten und jedem weiteren Dienstverhältnis. § 50 Abs. 1 Satz 5 dEStG schreibt Ausnahmen von der grundsätzlichen Nichtabzugsfähigkeit von Werbungskosten und Sonderausgaben fest[691]. Beschränkt steuerpflichtige Arbeitnehmer sind danach berechtigt zur Berücksichtigung

- eines Arbeitnehmerpauschbetrages in Höhe von 920,- Euro gemäß § 9 a Nr. 1 dEStG, wenn nicht höhere Werbungskosten nachgewiesen werden,
- eines Sonderausgaben-Pauschbetrages in Höhe von 36,- Euro gemäß § 10 c Abs. 1 dEStG mit der Möglichkeit, die tatsächlichen Aufwendungen im Sinne des § 10 b dEStG nachzuweisen und
- einer Vorsorgepauschale gemäß § 10 c Abs. 2 und 3 dEStG, allerdings ohne Möglichkeit, die tatsächlichen Aufwendungen nachzuweisen.

---

[691] Ein sachlich rechtfertigender Grund für die Besserstellung der Arbeitnehmer gegenüber Beziehern anderer Einkünfte ist nicht ersichtlich. Lüdicke/Jacob (1996), S. 406 - 407 halten den Ausschluss der Gewerbetreibenden und selbständig Tätigen von den Vergünstigungen für verfassungsrechtlich bedenklich.

Der Kapitalertragsteuerabzug bei beschränkt steuerpflichtigen Personen unterscheidet sich nicht von demjenigen bei unbeschränkter Steuerpflicht. Die so genannte Aufsichtsratsteuer wird gemäß § 50 a Abs. 1 dEStG von beschränkt steuerpflichtigen Mitgliedern eines Aufsichtsrats von inländischen Aktiengesellschaften, Kommanditgesellschaften auf Aktien, Berggewerkschaften, Gesellschaften mit beschränkter Haftung und sonstigen Kapitalgesellschaften, Genossenschaften und Personenvereinigungen des privaten und des öffentlichen Rechts, bei denen die Gesellschafter nicht als Unternehmer bzw. Mitunternehmer anzusehen sind, erhoben. Besteuert werden die Vergütungen, die für die Überwachung der Geschäftsführung gewährt werden. Die Steuer beträgt gemäß § 50 a Abs. 2 und 3 dEStG 30 % der Bruttovergütungen einschließlich der Umsatzsteuer ohne jeden Abzug.

Ebenfalls dem Steuerabzug unterliegen die in § 50 a Abs. 4 dEStG genannten beschränkt steuerpflichtigen Einkünfte. Im Wesentlichen handelt es sich um Einkünfte aus einer ausgeübten oder verwerteten Tätigkeit als Künstler, Sportler, Artist, Schriftsteller, Journalist oder Bildberichterstatter und um Vergütungen für die Nutzung von beweglichen und immateriellen Wirtschaftsgütern. In vielen Fällen handelt es sich nur um einmalige Zuflüsse. Wenn die Einkünfte solche aus nichtselbständiger Arbeit sind, werden sie nach den Vorschriften über den Lohnsteuerabzug und nicht nach denjenigen des § 50 a dEStG behandelt. Der Steuerabzug beträgt gemäß § 50 a Abs. 4 dEStG grundsätzlich 20 % der Einnahmen[692]. Hierbei ist von den Bruttoeinnahmen einschließlich der Umsatzsteuer auszugehen[693]. Abzüge für Betriebsausgaben, Werbungskosten, Sonderausgaben und Steuern sind nicht zulässig. Ausnahmen von der grundsätzlichen Abgeltungswirkung des Steuerabzuges bestehen in folgenden Fällen:

- Es wird nachträglich festgestellt, dass die Voraussetzungen der unbeschränkten Steuerpflicht im Sinne des § 1 Abs. 2 oder 3 dEStG oder des § 1 a dEStG nicht vorgelegen haben[694].
- Ein beschränkt steuerpflichtiger Arbeitnehmer, der Einkünfte aus nichtselbständiger Arbeit bezieht und Staatsangehöriger eines Mitgliedstaats der Europäischen Union oder eines Staates ist, auf den das Abkommen über den Europäischen Wirtschaftsraum Anwendung findet, und im Hoheitsgebiet eines dieser Staaten seinen Wohnsitz oder gewöhnlichen Aufenthalt hat, beantragt eine Veranlagung zur Einkommensteuer[695].

---

[692] Bei Einnahmen bis zu 1000,- Euro aus im Inland ausgeübten künstlerischen, sportlichen, artistischen oder ähnlichen Darbietungen reduziert sich der Steuerabzug gestaffelt bis auf 0 %.
[693] Vgl. BFH-Urteil v. 30.5.1990 – I R 57/89, BStBl II 1990, S. 967.
[694] Vgl. § 50 Abs. 5 Nr. 1 dEStG.
[695] Diese Vorschrift wurde als Reaktion auf das Schumacker-Urteil des EuGH eingefügt. Sie kann insbesondere denjenigen Arbeitnehmern nützen, die nicht die Voraussetzungen für die

- Ein beschränkt Steuerpflichtiger, dessen Einnahmen dem Steuerabzug nach § 50 a Abs. 4 Nr. 1 und 2 dEStG unterliegen, beantragt die völlige oder teilweise Erstattung der einbehaltenen und abgeführten Steuer. Voraussetzung ist, dass die mit diesen Einnahmen in unmittelbarem wirtschaftlichen Zusammenhang stehenden Betriebsausgaben oder Werbungskosten höher sind als die Hälfte der Einnahmen.

Besonderheiten hinsichtlich des Steuerabzugs ergeben sich gemäß § 50 d dEStG im Fall von Doppelbesteuerungsabkommen. Die Vorschrift stellt sicher, dass die Regelungen über die Einbehaltung, Abführung und Anmeldung der Abzugssteuern vom Schuldner der Erträge auch dann zu beachten sind, wenn die Erträge aufgrund der Bestimmungen eines Doppelbesteuerungsabkommens einer niedrigeren Steuer unterliegen oder gänzlich von der Steuer freigestellt sind[696]. Grundsätzlich kann die Abzugssteuer zunächst in voller Höhe einbehalten werden. Erst wenn der Steuerpflichtige die durch das Abkommen festgeschriebene Entlastung geltend macht, ist ihm die zu viel einbehaltene Steuer zu erstatten. Der Anspruch ist durch Antrag nach amtlich vorgeschriebenem Vordruck geltend zu machen. Der Steuerabzug kann unterlassen oder nach einem niedrigeren Steuersatz vorgenommen werden, wenn das Bundesamt für Finanzen auf Antrag bescheinigt, dass die Voraussetzungen dafür vorliegen oder wenn es den Schuldner auf Antrag hierzu allgemein ermächtigt[697].

1.5.1.3 Besonderheiten bei der Veranlagung beschränkt Steuerpflichtiger

Die Einkünfte, die nicht einer Besteuerung im Abzugswege unterliegen, sind zu veranlagen. Grundsätzlich sind die Vorschriften der unbeschränkten Steuerpflicht anzuwenden. § 50 dEStG enthält ergänzende Vorschriften. Anders als im Rahmen der unbeschränkten Steuerpflicht bleiben die persönlichen Verhältnisse des Steuerpflichtigen bei der beschränkten Steuerpflicht weitgehend unberücksichtigt[698]. Die Steuer bekommt dadurch einen objektsteuerähnlichen Charakter, ohne dabei die Eigenschaften einer Personensteuer zu verlieren[699]. Betriebsausgaben oder Werbungskosten dürfen nur insoweit abgezogen werden, als sie mit inländischen Einkünften in wirtschaftlichem Zusammenhang stehen[700]. Wer-

---

fiktive unbeschränkte Steuerpflicht gemäß § 1 Abs. 3 dEStG erfüllen. Vgl. Lüdicke/Jacob (1996), S. 407 und Zenthöfer/Schulze zur Wiesche (2001), S. 1069.
[696] Die Rechtmäßigkeit der Vorschrift wurde vom BFH bestätigt. Vgl. BFH-Urteil v. 13.7.1994 – I R 120/93, BStBl II 1995, S. 129, BFH-Beschluss v. 17.5.1995 – I B 183/94, BStBl II 1995, S. 781 und BFH-Urteil v. 21.5.1997 – I R 79/96, BStBl II 1998, S. 113.
[697] Diese Verfahren werden gemäß § 50 d Abs. 2 dEStG als Freistellungsverfahren bzw. gemäß § 50 d Abs. 5 dEStG als Kontrollmeldeverfahren bezeichnet.
[698] Vgl. Bayer (1983), S. 65 und Baumgartner/Bertl/Dangel (1993), S. 562.
[699] Vgl. Hock/Mück (1993), S. 125 und Tipke/Lang (1998), S. 228, RZ 26.
[700] Vgl. § 50 Abs. 1 Satz 1 dEStG.

bungskostenpauschbeträge, Sonderausgaben, Sonderausgabenpauschbeträge, Altersvorsorgebeiträge, Vorsorgeaufwendungen bzw. Vorsorgepauschalen, Freibeträge für Veräußerungsgewinne aus Altersgründen, Sparerfreibeträge, Altersentlastungsbeträge, Kinderfreibeträge, Betreuungsfreibeträge, Entlastungsbeträge für Alleinerziehende, außergewöhnliche Belastungen und Pauschbeträge für Behinderte, Hinterbliebene und Pflegepersonen sind gemäß § 50 Abs. 1 Satz 4 dEStG grundsätzlich nicht abziehbar. Teilweise werden Ausnahmen von diesen Abzugsverboten bei beschränkt steuerpflichtigen Arbeitnehmern gemacht[701].

Ein Verlustausgleich ist bei der Ermittlung des Gesamtbetrags der Einkünfte grundsätzlich zulässig. Lediglich Einkünfte, die dem Steuerabzug unterliegen, und Einkünfte im Sinne des § 20 Abs. 1 Nr. 5 und 7 dEStG dürfen gemäß § 50 Abs. 2 Satz 1 dEStG nicht mit Verlusten aus anderen Einkunftsarten ausgeglichen werden. Ein Verlustabzug gemäß § 10 d dEStG ist nur erlaubt, wenn Verluste in wirtschaftlichem Zusammenhang mit inländischen Einkünften stehen und sich aus Unterlagen ergeben, die im Inland aufbewahrt werden[702]. Einkünfte, für die ein Verlustausgleich nicht zugelassen ist, dürfen gemäß § 50 Abs. 2 Satz 2 dEStG auch im Rahmen des Verlustabzugs nicht berücksichtigt werden.

Dem zu versteuernden Einkommen ist gemäß § 50 Abs. 3 dEStG die Grundtabelle zugrunde zu legen. Eine Zusammenveranlagung und ein Ehegattensplitting ist im Rahmen der beschränkten Einkommensteuerpflicht ebenso wenig möglich wie das Verwitweten- und Geschiedenensplitting[703]. Der Mindeststeuersatz beträgt grundsätzlich 25 %. Er gilt jedoch nicht für beschränkt steuerpflichtige Arbeitnehmer. Die Steuerbegünstigung gemäß § 34 dEStG gilt zwar auch bei Gewinnen aus der Veräußerung eines land- und forstwirtschaftlichen Betriebs, eines Gewerbebetriebs, einer Beteiligung im Sinne des § 17 dEStG und eines Vermögens, das einer selbständigen Arbeit dient. Jedoch kann hierdurch nicht der Mindeststeuersatz von 25 % unterschritten werden[704]. Sofern eine Veranlagung durchgeführt wird, werden ausländische Einkünfte und beschränkt steuerpflichtige Einkünfte, die im Wege des Steuerabzugs erhoben werden, grundsätzlich nicht durch Einbeziehung in den Progressionsvorbehalt berücksichtigt[705]. Etwas anderes gilt, wenn ein Antrag auf Arbeitnehmerveranlagung gestellt wird. Gemäß § 50 Abs. 5 Nr. 2 Satz 6 dEStG werden Einkünfte, die dem Kapitalertragsteuerabzug oder dem Steuerabzug aufgrund des § 50 a dEStG unterliegen,

---

[701] Vgl. § 50 Abs. 1 Satz 5 dEStG.
[702] Wenn der beschränkt Steuerpflichtige Staatsangehöriger eines EU- oder EWR-Staates ist, reicht zur EG-vertragskonformen Auslegung des § 50 Abs. 1 Satz 2 dEStG Aufbewahrung in einem anderen EU- oder EWR-Staat. Vgl. R 223 a dEStR.
[703] Vgl. § 50 Abs. 1 Satz 4 i.V.m. § 32 a Abs. 6 dEStG.
[704] Vgl. Zenthöfer/Schulze zur Wiesche (2001), S. 1069. A.A. Kaminski (1996b), S. 403.
[705] Vgl. § 32 b Abs. 1 dEStG.

im Rahmen des Progressionsvorbehalts berücksichtigt. Auch die nicht der deutschen Einkommensteuer unterliegenden Einkünfte werden dann gemäß § 32 b Abs. 1 Nr. 3 dEStG berücksichtigt, sofern deren Summe positiv ist[706]. Die Steueranrechnung bzw. der Steuerabzug bei ausländischen Einkünften steht grundsätzlich nur unbeschränkt Steuerpflichtigen zu. Eine Ausnahme schreibt § 50 Abs. 6 dEStG bei Einkünften aus Land- und Forstwirtschaft, Gewerbebetrieb oder selbständiger Arbeit vor, für die im Inland ein Betrieb unterhalten wird. Danach ist § 34 c Abs. 1 - 3 dEStG bei diesen Einkünften entsprechend anzuwenden, soweit darin nicht Einkünfte aus einem ausländischen Staat enthalten sind, mit denen der beschränkt Steuerpflichtige dort in einem der unbeschränkten Steuerpflicht ähnlichen Umfang zu einer Steuer vom Einkommen herangezogen wird.

1.5.2 Beschränkte Erbschaft- und Schenkungsteuerpflicht

Abweichend vom Einkommensteuergesetz kennt das Erbschaftsteuergesetz weder den Begriff der beschränkten Steuerpflicht noch wird der Tatbestand der beschränkten Erbschaft- und Schenkungsteuerpflicht positiv definiert. Stattdessen erfolgt gemäß § 2 Abs. 1 Nr. 3 dErbStG eine negative Abgrenzung von den übrigen Fällen der persönlichen Erbschaft- und Schenkungsteuerpflicht. Die im Folgenden trotz allem als „beschränkt" bezeichnete Steuerpflicht tritt danach in den Fällen ein, in denen weder der Erblasser bzw. Schenker noch der Erwerber Inländer ist und das hingegebene Vermögen Inlandsvermögen im Sinne des § 121 dBewG ist. Ähnlich wie bei den beschränkt steuerpflichtigen Einkünften gemäß § 49 dEStG umfasst auch der Begriff des Inlandsvermögens im Sinne des § 121 dBewG nicht sämtliches im Inland befindliches Vermögen[707]. Es werden nur die Vermögensgegenstände erfasst, die eine besonders enge Beziehung zum Inland aufweisen[708]. Eine Besonderheit stellt die Regelung für Anteile an einer inländischen Kapitalgesellschaft dar, an der der Erblasser bzw. Schenker mindestens zu 10 % unmittelbar oder mittelbar beteiligt ist[709]. Wenn innerhalb von zehn Jahren[710] mehrere Teile einer solchen Beteiligung übertragen werden, gel-

---

[706] Der Ausschluss des negativen Progressionsvorbehalts bei beschränkt Steuerpflichtigen stößt wegen der Benachteiligung gegenüber unbeschränkt Steuerpflichtigen auf Kritik. Vgl. Koblenzer (1999), S. 54 - 55.
[707] Vgl. BFH-Urteil v. 11.3.1966 – III 281/62, HFR 1966, S. 401.
[708] So auch Flick/Piltz (1999), S. 301 - 302, RZ 1283.
[709] Es wird ausdrücklich darauf hingewiesen, dass für die 10%-Grenze der Beteiligungsumfang des Abgebenden und nicht derjenige des Empfängers maßgebend ist.
[710] Die Zehnjahresfrist resultiert aus der Verweisung auf § 14 dErbStG. Streck/Schwedhelm/Olbing (1994), S. 1442 ziehen hieraus den Schluss, dass die beschränkte Steuerpflicht nicht für weitere Erwerbe durch andere Personen gilt, sofern die 10%-Grenze bereits unterschritten ist. Durch den Verweis auf § 14 dErbStG sind nur Erwerbe derjenigen Personen beschränkt steuerpflichtig, die bereits zu dem Zeitpunkt Zuwendungen erhalten ha-

ten alle Teile als Inlandsvermögen, selbst dann, wenn die weiteren Teile weniger als 10 % des Grund- oder Stammkapitals ausmachen[711]. Damit soll eine Umgehung der beschränkten Steuerpflicht durch schrittweise Übertragungen vermieden werden.

Nicht beschränkt steuerpflichtig sind insbesondere die Übergange von Bank- oder Sparguthaben bei deutschen Kreditinstituten, von ungesicherten Forderungen gegen inländische Schuldner, von in Deutschland deponierten Wertpapieren und von im Inland befindlichem Hausrat. Des Weiteren eröffnen sich Gestaltungsmöglichkeiten dadurch, dass die im Folgenden genannten Übertragungen bzw. Ansprüche nicht beschränkt steuerpflichtig sind[712]:

- Geldvermächtnisse, die ein Steuerausländer einem anderen Steuerausländer aussetzt, selbst dann, wenn sie aus einem Nachlass zu entrichten sind, der nur aus Inlandsvermögen besteht
- Ansprüche auf die Übereignung bestimmter Vermögensgegenstände, selbst dann, wenn sie zum Inlandsvermögen im Sinne des § 121 dBewG gehören
- Pflichtteilsansprüche von im Ausland ansässigen Steuerpflichtigen, selbst dann, wenn der gesamte Nachlass im Inland belegen ist
- Rentenrechte und andere Rechte auf wiederkehrende Leistungen, die ein Steuerausländer einem anderen Steuerausländer aussetzt, soweit sie nicht durch inländischen Grundbesitz dinglich gesichert sind
- Forderungen aus der Beteiligung an einem Handelsgewerbe als stiller Gesellschafter und aus partiarischen Darlehen, wenn der Schuldner ein Steuerausländer ist, selbst dann, wenn es sich um ein inländisches Betriebsvermögen handelt.

Die fehlende Steuerbarkeit der vorstehend genannten Erwerbe hat nicht zur Folge, dass andere steuerpflichtige Beteiligte diese Posten nicht abziehen können. Ein Korrespondenzprinzip, wonach bei der Ermittlung der Bemessungsgrundlage nur die Schulden und Lasten abgezogen werden dürfen, die bei einer anderen Person der Steuerpflicht unterliegen, existiert nicht. Diese Sichtweise hat der BFH hinsichtlich der Abziehbarkeit von Pflichtteilsansprüchen bestätigt[713].

---

ben als die Beteiligung noch mindestens 10 % des Grund- oder Stammkapitals ausgemacht hat.
[711] Vgl. § 2 Abs. 1 Nr. 3 Satz 2 und 3 dErbStG i.V.m. § 121 Nr. 4 dBewG.
[712] Weitergehende Ausführungen mit einigen Beispielen zu den nicht steuerbaren Vorgängen finden sich bei Geck (1995), S. 251 und bei Flick/Piltz (1999), S. 307 - 308, RZ 1300 - 1304.
[713] Vgl. BFH-Urteil v. 21.7.1972 – III R 44/70, BStBl II 1973, S. 3.

Zur unbeschränkten Steuerpflicht ergeben sich neben dem verringerten Umfang des zu besteuernden Vermögens Abweichungen in zweierlei Hinsicht. Zum einen ist die Abziehbarkeit von Schulden und Lasten eingeschränkt. Zum anderen ergeben sich Abweichungen bei den persönlichen Freibeträgen. Gemäß § 10 Abs. 6 Satz 2 dErbStG sind bei der beschränkten Steuerpflicht die Schulden und Lasten nur insoweit abzugsfähig, als sie mit den zu besteuernden Vermögensgegenständen in wirtschaftlichem Zusammenhang stehen. Der wirtschaftliche Zusammenhang zwischen einem Vermögensgegenstand und einer Schuld oder Last setzt voraus, dass deren Entstehung ursächlich und unmittelbar auf Vorgängen beruht, die diesen Vermögensgegenstand betreffen[714]. Er liegt insbesondere dann vor, wenn eine Verbindlichkeit zum Erwerb, zur Sicherung oder zur Erhaltung eines Wirtschaftsguts eingegangen worden ist[715]. Die Abweichungen bei den persönlichen Freibeträgen führen zu einer erheblichen Schlechterstellung der beschränkt Steuerpflichtigen[716,717]. Ihnen steht gemäß § 16 Abs. 2 dErbStG nur ein Freibetrag in Höhe von 1.100,- Euro zu. Die besonderen Versorgungsfreibeträge gemäß § 17 dErbStG dürfen beschränkt Steuerpflichtige nicht in Anspruch nehmen, da nach dem Wortlaut diese Freibeträge nur „neben" den Freibeträgen nach § 16 Abs. 1 dErbStG gewährt werden. Die Freibeträge nach § 16 Abs. 1 dErbStG stehen aber nur unbeschränkt Steuerpflichtigen zu[718]. Die Anwendbarkeit des Anrechnungsverfahrens gemäß § 21 dErbStG nur für unbeschränkt Steuerpflichtige kann nicht als Nachteil gewertet werden, weil durch die beschränkte Steuerpflicht nur inländisches Vermögen erfasst wird. Eine Steuer auf Auslandsvermögen wird nicht erhoben, so dass eine Anrechnung einer im Ausland erhobenen Steuer nicht möglich wäre.

1.6 Erweitert beschränkte Steuerpflichten

Die in den 60er- und 70er-Jahren erfolgte Abwanderung einiger sehr vermögender Personen in so genannte Niedrigsteuergebiete hatte die Einführung der erweitert beschränkten Steuerpflichten im Rahmen des Außensteuergesetzes zur Folge[719]. Im Ergebnis sollte die Erzielung steuerlicher Vorteile durch eine Wohnsitzverlegung bei gleichzeitiger Weiterverfolgung wesentlicher wirtschaft-

---

[714] Vgl. BFH-Urteil v. 13.11.1964 – III 336/61, HFR 1965, S. 449, BFH-Urteil v. 21.7.1972 – III R 44/70, BStBl II 1973, S. 3 und BFH-Urteil v. 25.10.1995 – II R 45/92, BStBl II 1996, S. 11.
[715] Vgl. BFH-Urteil v. 25.10.1995 – II R 45/92, BStBl II 1996, S. 11.
[716] Die sachlichen Steuerbefreiungen gemäß § 13 dErbStG stehen sowohl unbeschränkt als auch beschränkt Steuerpflichtigen zu. Vgl. BFH-Urteil v. 3.8.1983 – II R 20/80, BStBl II 1984, S. 9.
[717] Die Benachteiligung der beschränkt Steuerpflichtigen bei den persönlichen Freibeträgen ist unter verfassungsrechtlichen und europarechtlichen Gesichtspunkten als unbedenklich gebilligt worden. Vgl. FG Düsseldorf, Urteil v. 3.7.1996 – 4 K 5910/91 Erb, EFG 1996, S. 1166.
[718] Vgl. Geck (1995), S. 251.
[719] Vgl. Göttsche (1997), S. 173.

licher Interessen in Deutschland vermieden werden[720]. Zur Abwendung einer Umgehung der erweitert beschränkten Steuerpflichten werden Einkünfte bzw. Vermögensgegenstände, die über eine die Inlandsinteressen wahrnehmende, zwischengeschaltete Auslandsgesellschaft erzielt bzw. besessen werden, in der gleichen Weise besteuert, als wenn die Gesellschaft nicht zwischengeschaltet worden wäre[721]. Ohne eine derartige Missbrauchsbestimmung könnten die Einkünfte über die Zwischengesellschaft vereinnahmt und anschließend an die Anteilseigner ausgeschüttet werden. Die Ausschüttungen wären ausländische Einkünfte im Sinne des § 34 d Nr. 6 dEStG und somit keine erweiterten Inlandseinkünfte im Sinne des § 2 dAStG. Die von der Gesellschaft gehaltenen Vermögensgegenstände wären ebenfalls Auslandsvermögen und damit in Deutschland im Rahmen der beschränkten Erbschaftsteuerpflicht nicht steuerbar. Hinzuweisen ist auf den Umstand, dass das Recht der Doppelbesteuerungsabkommen im Fall einer erweitert beschränkten Steuerpflicht in gleicher Weise Anwendung findet wie bei einer „normal" beschränkten Steuerpflicht[722].

Im Folgenden soll untersucht werden, ob bei einem Wohnsitzwechsel nach Österreich die Voraussetzungen für die Anwendbarkeit der erweitert beschränkten Einkommensteuerpflicht und der erweitert beschränkten Erbschaft- und Schenkungsteuerpflicht erfüllt sein können und welche Folgen daraus gegebenenfalls resultieren.

1.6.1 Erweitert beschränkte Einkommensteuerpflicht

1.6.1.1 Voraussetzungen für eine Anwendbarkeit der erweitert beschränkten Einkommensteuerpflicht

Gemäß § 2 Abs. 1 dAStG ist eine natürliche Person, die in den letzten zehn Jahren vor dem Ende ihrer unbeschränkten Steuerpflicht nach § 1 Abs. 1 dEStG als Deutscher insgesamt mindestens fünf Jahre[723] unbeschränkt einkommensteuerpflichtig war und die zum einen in einem ausländischen Gebiet ansässig ist, in dem sie mit ihrem Einkommen nur einer niedrigen Besteuerung unterliegt, oder in keinem ausländischen Gebiet ansässig ist, und die zum anderen wesentliche wirtschaftliche Interessen[724] im Geltungsbereich des deutschen Außensteuergesetzes hat, bis zum Ablauf von zehn Jahren nach Ende des Jahres, in dem ihre

---

[720] Kritisch zur Einführung der erweitert beschränkten Steuerpflichten Salditt (1972), S. 16 - 22.
[721] Vgl. § 5 dAStG.
[722] Vgl. Bellstedt (1973), S. 132, Kaminski (1996b), S. 410 und Förster (1999), S. 292.
[723] Der Zeitraum von fünf Jahren muss nicht zusammenhängend bestanden haben. Vgl. Kaminski (1996b), S. 407.
[724] Die Einführung der erweitert beschränkten Steuerpflicht wurde mit der Inanspruchnahme der deutschen Infrastruktur im Zusammenhang mit der Wahrnehmung der wesentlichen wirtschaftlichen Interessen begründet. Vgl. Offerhaus (1971), S. 428.

unbeschränkte Steuerpflicht geendet hat[725], erweitert beschränkt einkommensteuerpflichtig[726].

1.6.1.1.1 Das Erfordernis der Niedrigbesteuerung

Von zentraler Bedeutung für den untersuchten Fall einer Wohnsitzverlegung nach Österreich ist die Frage, ob Österreich als niedrig besteuerndes Gebiet im Sinne des Außensteuergesetzes anzusehen ist. Ob eine niedrige Besteuerung vorliegt, ist nach § 2 Abs. 2 dAStG zu ermitteln. Danach liegt grundsätzlich eine niedrige Besteuerung vor, wenn entweder im Ausland eine Einkommensteuer erhoben wird, die um mehr als ein Drittel niedriger ist als die deutsche Einkommensteuer, oder wenn der Person eine Vorzugsbesteuerung gewährt wird. Gemäß § 2 Abs. 2 Nr. 1 dAStG ist eine Qualifikation als Niedrigsteuerland von einem abstrakten Einkommensteuerbelastungsvergleich einer unverheirateten natürlichen Person mit steuerpflichtigen Einkünften von 77.000,- Euro abhängig. Wenn die fiktive Einkommensteuer in dem betreffenden ausländischen Staat um mehr als ein Drittel geringer ist als die Belastung einer in Deutschland ansässigen Person, gilt die widerlegbare Vermutung, dass es sich bei dem ausländischen Staat um ein so genanntes Niedrigsteuerland handelt. In Anlage 1 des Einführungsschreibens zum dAStG vom 11.7.1974 waren die Gebiete mit niedriger Besteuerung im Sinne des § 2 dAStG verzeichnet. Danach war Österreich nicht als Niedrigsteuerland ausgewiesen[727]. Das neue Anwendungsschreiben vom 14.5.2004 enthält ebenso wie das vorherige Anwendungsschreiben vom 2.12.1994[728] eine derartige Übersicht nicht mehr[729]. Da das deutsche Bundesfi-

---

[725] Dies bedeutet, dass die erweiterte beschränkte Steuerpflicht in dem Jahr des Ausscheidens aus der unbeschränkten Steuerpflicht und in den folgenden zehn Jahren greift.
[726] Keine Erweiterung der beschränkten Steuerpflicht findet gemäß § 2 Abs.1 Satz 2 dAStG für Veranlagungszeiträume statt, in denen die insgesamt beschränkt steuerpflichtigen Einkünfte höchstens 16.500,- Euro betragen. Dies hat zur Folge, dass ein Wechsel zwischen der beschränkten Steuerpflicht nach § 1 Abs. 4 dEStG und der erweiterten beschränkten Steuerpflicht nach § 2 dAStG möglich ist. Auf einen Veranlagungszeitraum mit beschränkter Steuerpflicht kann demnach auch ein Veranlagungszeitraum mit erweiterter beschränkter Steuerpflicht folgen. Vgl. Stapperfend (1997), S. E7, RZ 9.
[727] Toifl (1995c), S. 391 weist darauf hin, dass es sich bei dem Einführungsschreiben zum Außensteuergesetz um einen Erlass handelt, der ausschließlich die Rechtsansichten des deutschen Bundesfinanzministeriums bekannt gibt und dem insofern keine normative Bedeutung zukommt. Es kann daher nicht ausgeschlossen werden, dass Österreich trotz der Nichtaufzählung in der Anlage 1 als niedrig besteuerndes Gebiet im Sinne des § 2 Abs. 2 Nr. 1 dAStG anzusehen sei.
[728] Vgl. dBMF-Schreiben v. 2.12.1994 – IV C 7 – S 1340 – 20/94, BStBl I 1995, Sondernummer 1.
[729] Die Anlage 1 des neuen Anwendungsschreibens enthält zwar eine Übersicht über wichtige Gebiete mit niedrigen Steuersätzen, Vorzugssätzen oder Steuerbefreiungen für juristische Personen. Allerdings handelt es sich um eine aus der Niedrigsteuerdefinition des § 8 Abs. 3 dAStG abgeleitete Aufstellung.

nanzministerium aber 1996 verlautbart hat, dass Österreich kein Niedrigsteuerland im Sinne des § 2 Abs. 2 Nr. 1 dAStG ist[730], wird im Folgenden auf den Einkommensteuerbelastungsvergleich nicht weiter eingegangen[731].

Von größerer Bedeutung im Zusammenhang mit einer Wohnsitzverlegung nach Österreich ist die Annahme einer Niedrigbesteuerung aufgrund der Gewährung einer Vorzugsbesteuerung. Gemäß § 2 Abs. 2 Nr. 2 dAStG liegt eine niedrige Besteuerung auch dann vor, wenn die Belastung der Person durch die in dem ausländischen Gebiet erhobene Einkommensteuer aufgrund einer gegenüber der allgemeinen Besteuerung eingeräumten Vorzugsbesteuerung erheblich gemindert[732] sein kann, es sei denn, die Person weist nach, dass die von ihrem Einkommen insgesamt zu entrichtenden Steuern mindestens zwei Drittel der Einkommensteuer betragen, die sie bei unbeschränkter Steuerpflicht nach § 1 Abs. 1 dEStG zu entrichten hätte. Unerheblich ist, ob die Vorzugsbesteuerung von dem Steuerpflichtigen tatsächlich in Anspruch genommen wird[733].

Die österreichische Zuzugsbegünstigung von Wissenschaftlern, Forschern, Künstlern oder Sportlern[734] legt die Annahme einer Vorzugsbesteuerung im Sinne des § 2 Abs. 2 Nr. 2 dAStG nahe. Wenn der Zuzug dieser Personen im öffentlichen Interesse Österreichs gelegen ist, kann der österreichische Bundesminister für Finanzen gemäß § 103 Abs. 1 öEStG für die Dauer des im öffentlichen Interesse gelegenen Wirkens steuerliche Mehrbelastungen bei nicht unter die

---

[730] Das deutsche Bundesfinanzministerium hat mit Schreiben v. 15.3.1996 – IV C 6 – S 1343 – 1/96, RIW 1996, S. 451 festgestellt, dass Österreich nicht zu den niedrig besteuernden Ländern im Sinne des § 2 Abs. 2 Nr. 1 dAStG gehört, weil die Belastung durch die in Österreich erhobene Einkommensteuer bei einem steuerpflichtigen Einkommen von umgerechnet 150.000,- DM nicht um mehr als ein Drittel geringer ist als die entsprechende deutsche Einkommensteuer.
[731] Eine Änderung der Auffassung des Bundesfinanzministeriums ist aufgrund der in den vergangenen Jahren in Deutschland vorgenommenen Steuersenkungen nicht zu erwarten. Insofern ist eine weitere Auseinandersetzung mit der Niedrigbesteuerung im Sinne des § 2 Abs. 2 Nr. 1 dAStG nicht erforderlich.
[732] Was unter einer „erheblichen Minderung" zu verstehen ist, wird weder im Gesetz noch im Anwendungsschreiben zum Außensteuergesetz erläutert. Die herrschende Meinung geht in Anlehnung an die Vorschrift des § 2 Abs. 2 Nr. 1 dAStG davon aus, dass eine Vorzugsbesteuerung nur vorliegt, wenn eine Steuerminderung von mehr als einem Drittel im Vergleich zur regulären Steuerbelastung gewährt wird. Vgl. Göttsche (1997), S. 180 - 181.
[733] Vgl. Tz. 2.2.2 Nr. 2 des dBMF-Schreibens v. 14.5.2004 – IV B 4 – S 1340 – 11/04, BStBl I 2004, Sondernummer 1, S. 3.
[734] Die Zuzugsbegünstigung für Sportler wurde erst mit dem Budgetbegleitgesetz 2001 eingefügt. Damit ist die 1996 aufgeworfene Frage, ob eine Niedrigbesteuerung im Sinne des Außensteuergesetzes auch bei Zuzüglern vorliegt, die als Sportler tätig sind, obsolet geworden. Zu den unterschiedlichen Auffassungen vgl. dBMF-Schreiben v. 15.3.1996 – IV C 6 – S 1343 – 1/96, RIW 1996, S. 451 und Toifl (1996d), S. 221.

beschränkte Steuerpflicht fallenden Einkünften beseitigen, die durch die Begründung eines inländischen Wohnsitzes eintreten[735]. Die erweiterte beschränkte Einkommensteuerpflicht kann jedoch vermieden werden, wenn die Person nachweist, dass die von ihrem Einkommen insgesamt zu entrichtenden Steuern mindestens zwei Drittel der Einkommensteuer betragen, die sie bei unbeschränkter Steuerpflicht nach § 1 Abs. 1 dEStG zu entrichten hätte. Wird die Vermutung einer Niedrigbesteuerung nicht widerlegt, geht das deutsche Bundesfinanzministerium bei Zuzüglern, die unter § 103 öEStG fallen, von einer Niedrigbesteuerung aus[736].

Fraglich ist, ob die Inanspruchnahme der österreichischen Endbesteuerung für Einkünfte aus Kapitalvermögen zur Annahme einer niedrigen Besteuerung im Sinne des § 2 Abs. 2 Nr. 2 dAStG führen kann. Eine Vorzugsbesteuerung liegt nach dem Wortlaut der Vorschrift nur dann vor, wenn die Belastung der Person durch die ausländische Einkommensteuer aufgrund einer gegenüber der allgemeinen Besteuerung eingeräumten Vorzugsbesteuerung erheblich gemindert sein kann. Da die Endbesteuerung aber allen Steuerpflichtigen in Österreich gewährt wird, kann von der Annahme einer Niedrigbesteuerung nicht ausgegangen werden[737]. Bekräftigt wird diese Auffassung durch das Schreiben des deutschen Bundesfinanzministeriums vom 15.3.1996[738], in dem die Fälle, in denen eine Vorzugsbesteuerung für nach Österreich Wegziehende anzunehmen ist, explizit aufgeführt sind. Die österreichische Endbesteuerung wird in diesem Schreiben nicht erwähnt.

Die sowohl nach § 2 Abs. 2 Nr. 1 dAStG als auch nach § 2 Abs. 2 Nr. 2 dAStG mögliche Widerlegung der Annahme einer Niedrigbesteuerung muss anhand eines konkreten Belastungsvergleichs mittels einer sogenannten Schattenveranlagung durchgeführt werden. Es sind die Steuern vom Einkommen, die von dem Steuerpflichtigen weltweit tatsächlich entrichtet wurden[739], den Einkommensteuern gegenüberzustellen, die bei Vorliegen der unbeschränkten Steuerpflicht in Deutschland zu entrichten gewesen wären. Im Rahmen der Veranlagungssimulation sind alle tatsächlich im Ausland bestehenden persönlichen

---

[735] Zur österreichischen Zuzugsbegünstigung vgl. Teil 2, Kap. 4.5.
[736] Vgl. dBMF-Schreiben v. 15.3.1996 – IV C 6 – S 1343 – 1/96, RIW 1996, S. 451.
[737] So auch Rolfs (1998b), S. 438.
[738] Vgl. dBMF-Schreiben v. 15.3.1996 – IV C 6 – S 1343 – 1/96, RIW 1996, S. 451.
[739] Gemäß Tz. 2.2.4 Nr. 1 des dBMF-Schreibens v. 14.5.2004 – IV B 4 – S 1340 – 11/04, BStBl I 2004, Sondernummer 1, S. 3 sind bei der Ermittlung der Istbesteuerung alle Einkommensteuern, die im ausländischen Wohnsitzstaat, in Deutschland und in Drittstaaten zu entrichten sind, zu berücksichtigen. Die Steuerwirkung aufgrund der erweitert beschränkten Steuerpflicht bleibt unberücksichtigt.

Verhältnisse zu berücksichtigen[740]. Die Vorschriften des Doppelbesteuerungsabkommens sind bei der Bestimmung der deutschen Steuer zu beachten[741]. Probleme im Rahmen der Schattenveranlagung bereitet die Bestimmung der Steuer, die der Steuerpflichtige an seinem tatsächlichen Wohnsitzort als Nichtansässiger zu entrichten hätte[742]. Aus Vereinfachungsgründen kann von der fiktiven Ermittlung der ausländischen Steuer abgesehen werden[743]. Stattdessen ist die deutsche Steuer anzusetzen, die für alle in- und ausländischen Einkünfte bei unbeschränkter Steuerpflicht zu entrichten wäre. Die Berücksichtigung von Steuerbefreiungen aufgrund von Doppelbesteuerungsabkommen ist bei Inanspruchnahme der Vereinfachungsregel ausgeschlossen.

1.6.1.1.2 Das Erfordernis der wesentlichen wirtschaftlichen Interessen

Als weitere Voraussetzung der erweitert beschränkten Einkommensteuerpflicht muss der Steuerpflichtige nach seinem Wegzug noch wesentliche wirtschaftliche Interessen in Deutschland haben. Gemäß § 2 Abs. 3 dAStG liegen derartige Interessen vor, wenn die Person:

1. Unternehmer bzw. Mitunternehmer eines in Deutschland belegenen Gewerbebetriebs ist,
2. Kommanditist eines in Deutschland belegenen Gewerbebetriebs ist und mehr als 25 % der Einkünfte aus der Gesellschaft auf sie entfallen,
3. eine Beteiligung im Sinne des § 17 Abs. 1 dEStG hält,
4. Einkünfte hat, die bei unbeschränkter Steuerpflicht nicht ausländische Einkünfte im Sinne des § 34 c Abs. 1 dEStG sind, und diese Einkünfte mehr als 30 % ihrer Gesamteinkünfte betragen oder 62.000,- Euro übersteigen oder
5. zu Beginn des Veranlagungszeitraums Vermögen besitzt, dessen Erträge bei unbeschränkter Einkommensteuerpflicht nicht ausländische Einkünfte im Sinne des § 34 c Abs. 1 dEStG wären, und dieses Vermögen mehr als 30 % ihres Gesamtvermögens beträgt oder 154.000,- Euro übersteigt.

---

[740] Vgl. Tz. 2.2.4 Nr. 2 des dBMF-Schreibens v. 14.5.2004 – IV B 4 – S 1340 – 11/04, BStBl I 2004, Sondernummer 1, S. 3.
[741] Vgl. Tz. 2.2.4 Nr. 2 des dBMF-Schreibens v. 14.5.2004 – IV B 4 – S 1340 – 11/04, BStBl I 2004, Sondernummer 1, S. 3.
[742] Im Rahmen der Ermittlung der Sollbesteuerung wird fingiert, dass der Steuerpflichtige ausschließlich in Deutschland unbeschränkt steuerpflichtig gewesen ist.
[743] Vgl. Tz. 2.2.4 des dBMF-Schreibens v. 14.5.2004 – IV B 4 – S 1340 – 11/04, BStBl I 2004, Sondernummer 1, S. 3.

1.6.1.2 Umfang der von der erweitert beschränkten Einkommensteuerpflicht erfassten Einkünfte

Gemäß § 2 Abs. 1 dAStG unterliegen der erweitert beschränkten Einkommensteuerpflicht alle Einkünfte, die bei unbeschränkter Steuerpflicht nicht ausländische Einkünfte im Sinne des § 34 d dEStG sind. Über die normal beschränkte Steuerpflicht hinaus werden all diejenigen Einkünfte erfasst, die zwar inländischer Herkunft sind, aber nicht die besonderen sachlichen Anknüpfungspunkte des § 49 dEStG aufweisen. Der Zugriff des deutschen Fiskus wird danach auf folgende Einkünfte ausgedehnt[744]:

- Einkünfte aus Gewerbebetrieb, die weder einer inländischen noch einer ausländischen Betriebsstätte zuzurechnen sind,
- Einkünfte aus Gewerbebetrieb, die aus Bürgschafts- und Avalprovisionen erzielt werden, wenn deren Schuldner der unbeschränkten Steuerpflicht unterliegt,
- Einkünfte aus der Veräußerung von Wirtschaftsgütern, die zum Anlagevermögen eines ausländischen Betriebs gehören und im Inland belegen sind,
- Einkünfte aus Kapitalvermögen im Sinne des § 20 dEStG, wenn der Schuldner in Deutschland unbeschränkt steuerpflichtig ist,
- Einkünfte aus der Vermietung und Verpachtung von beweglichem Vermögen im Inland, es sei denn, es gehört zu einem im Ausland belegenen Sachinbegriff,
- Einkünfte aus wiederkehrenden Bezügen im Sinne des § 22 Nr. 1 dEStG, wenn der Verpflichtete unbeschränkt steuerpflichtig ist oder seinen Sitz im Inland hat,
- Einkünfte aus privaten Veräußerungsgeschäften im Sinne des § 22 Nr. 2 dEStG, wenn die veräußerten Wirtschaftsgüter nicht im Ausland belegen sind,
- Einkünfte aus Leistungen, wenn der zur Vergütung der Leistung Verpflichtete unbeschränkt steuerpflichtig ist oder seinen Sitz im Inland hat,
- andere Einkünfte, die das deutsche Steuerrecht (§§ 34 d, 49 dEStG) weder dem Inland noch dem Ausland zurechnet[745] und
- Einkünfte, die dem Steuerpflichtigen nach § 5 dAStG bzw. nach § 15 dAStG zuzurechnen sind.

---

[744] Vgl. Tz. 2.5.0.1 des dBMF-Schreibens v. 14.5.2004 – IV B 4 – S 1340 – 11/04, BStBl I 2004, Sondernummer 1, S. 3.
[745] Hierunter fallen beispielsweise Erträge aus beweglichen Sachen, die nicht zum Anlagevermögen eines ausländischen Betriebes gehören.

Abgrenzungsprobleme ergeben sich, wenn Einkünfte sowohl inländische im Sinne von § 49 dEStG als auch ausländische im Sinne von § 34 d dEStG sind[746]. Diese Frage der so genannten Doppelanknüpfung ist höchstrichterlich noch nicht beantwortet worden. Es ist jedoch davon auszugehen, dass die Einkünfte im Sinne des § 2 dAStG solche Einkünfte umfassen, die neben dem Inlandsauch einen Auslandsbezug aufweisen. Dieses Ergebnis kann mit dem Zweck der Vorschrift und der zweistufigen Ermittlung der steuerpflichtigen Einkünfte begründet werden[747]. In einem ersten Schritt sind alle beschränkt steuerpflichtigen Einkünfte im Sinne von § 49 dEStG zu ermitteln. Erst in einem zweiten Schritt ist zu prüfen, ob weitere Einkünfte als nicht ausländische Einkünfte zu qualifizieren sind. Einkünfte, die bereits im ersten Schritt als inländische Einkünfte ermittelt werden, müssen nicht mehr an der Vorschrift des § 34 d dEStG gemessen werden.

1.6.1.3 Erhebung der Steuer

Neben der Erweiterung des Katalogs der steuerpflichtigen Einkünfte hat die erweitert beschränkte Einkommensteuerpflicht zur Folge, dass der bei bestimmten Einkünften vorzunehmende Steuerabzug an der Quelle keine Abgeltungswirkung entfaltet[748]. Stattdessen sind die Einkünfte in die Veranlagung der Person einzubeziehen. Vorteile können dadurch im Vergleich zur „normalen" beschränkten Steuerpflicht hinsichtlich des Verlustausgleichs entstehen. Zum einen dürfen negative erweiterte Inlandseinkünfte in den Verlustausgleich einbezogen werden. Zum anderen gilt das Verlustverrechnungsverbot gemäß § 50 Abs. 2 dEStG[749] nicht[750]. Des Weiteren unterliegen gemäß § 2 Abs. 5 Satz 1 dAStG die Einkünfte stets dem Progressionsvorbehalt. Dies hat zur Folge, dass die ausländischen Einkünfte bei der Festsetzung des deutschen Steuersatzes berücksichtigt werden. Für den Fall, dass die erweitert beschränkte Einkommensteuerpflicht zu einer höheren Steuerbelastung führt als die unbeschränkte Steu-

---

[746] Einkünfte aus freiberuflicher Tätigkeit bzw. aus nichtselbständiger Tätigkeit, die im Ausland ausgeübt und im Inland verwertet wird, sind ein Beispiel für eine derartige Doppelanknüpfung.
[747] So auch Göttsche (1997), S. 190 - 192
[748] § 2 Abs. 5 dAStG schreibt vor, dass die Einkommensteuer auf Einkünfte, die dem Steuerabzug vom Kapitalertrag oder dem Steuerabzug aufgrund des § 50 a dEStG unterliegen, durch den Steuerabzug nicht als abgegolten gilt. Die Einkommensteuer wird mindestens in Höhe der Steuerabzugsbeträge erhoben. Gemäß Tz. 2.5.2.2 des dBMF-Schreibens v. 14.5.2004 – IV B 4 – S 1340 – 11/04, BStBl I 2004, Sondernummer 1, S. 3 sind Einkünfte, die dem Steuerabzug vom Arbeitslohn unterlegen haben, grundsätzlich nicht in die Veranlagung einzubeziehen.
[749] Diese Vorschrift besagt, dass bei Einkünften, die dem Steuerabzug unterliegen, und bei Einkünften im Sinne des § 20 Abs. 1 Nr. 5 und 7 dEStG für beschränkt Steuerpflichtige ein Ausgleich mit Verlusten aus anderen Einkunftsarten nicht zulässig ist.
[750] Vgl. Göttsche (1997), S. 192 m.w.N.

erpflicht, wird gemäß § 2 Abs. 6 dAStG der übersteigende Betrag nicht erhoben. Allerdings darf nach Ansicht der deutschen Finanzverwaltung die bei „normaler" beschränkter Steuerpflicht entstehende Steuer nicht unterschritten werden[751]. Diese Auslegung gilt jedoch nur im Hinblick auf § 2 Abs. 6 dAStG[752]. Niedrigere Steuerbelastungen aufgrund der erweiterten Verlustverrechnungsmöglichkeiten sind trotzdem möglich.

1.6.2 Erweitert beschränkte Erbschaft- und Schenkungsteuerpflicht

Die erweitert beschränkte Erbschaft- und Schenkungsteuerpflicht kann nur eintreten, wenn weder der Erblasser bzw. Schenker noch der Erwerber Inländer ist[753]. Bei Inländereigenschaft einer der beteiligten Personen unterliegt der Erwerb der unbeschränkten Steuerpflicht. Tatbestandlich knüpft die erweitert beschränkte Erbschaft- und Schenkungsteuerpflicht an die Voraussetzungen der erweitert beschränkten Einkommensteuerpflicht an. Nur wenn bei einem Erblasser oder Schenker zurzeit der Entstehung der Steuerschuld[754] § 2 Abs. 1 Satz 1 dAStG anzuwenden war, tritt die Erweiterung der beschränkten Erbschaft- und Schenkungsteuerpflicht ein[755]. Ist hingegen der Erwerber zum Zeitpunkt der Zuwendung erweitert beschränkt einkommensteuerpflichtig, folgt daraus keine Erweiterung der beschränkten Erbschaft- und Schenkungsteuerpflicht.

Nach § 4 dAStG wird die beschränkte Erbschaft- und Schenkungsteuerpflicht gemäß § 2 Abs. 1 Nr. 3 dErbStG über den Umfang der in § 121 dBewG genannten Wirtschaftsgüter hinaus auf alle Vermögenswerte ausgedehnt, deren Erträge bei unbeschränkter Einkommensteuerpflicht nicht zu den ausländischen Einkünften im Sinne des § 34 d dEStG gehören. Zusätzlich erfasst werden folgende Vermögenswerte[756]:

- Kapitalforderungen gegen Schuldner im Inland,
- Spareinlagen und Bankguthaben bei Geldinstituten im Inland,

---

[751] Vgl. Tz. 2.6.1 des dBMF-Schreibens v. 14.5.2004 – IV B 4 – S 1340 – 11/04, BStBl I 2004, Sondernummer 1, S. 3.
[752] So auch Göttsche (1997), S. 198.
[753] Vgl. Bellstedt (1996), S. 98.
[754] Gemäß § 9 Abs. 1 Nr. 1 dErbStG entsteht die Steuer bei Erwerben von Todes wegen mit dem Tode des Erblassers. Schenkungen unter Lebenden lassen gemäß § 9 Abs. 1 Nr. 2 dErbStG die Steuer zum Zeitpunkt der Ausführung der Zuwendung entstehen.
[755] Ergibt sich nach § 2 dAStG keine Steuerpflicht für den Erblasser oder Schenker, ist § 4 Abs. 2 dAStG gegenstandslos. Vgl. Tz. 4.2.1 des dBMF-Schreibens v. 14.5.2004 – IV B 4 – S 1340 – 11/04, BStBl I 2004, Sondernummer 1, S. 3.
[756] Vgl. Tz. 4.1.1 des dBMF-Schreibens v. 14.5.2004 – IV B 4 – S 1340 – 11/04, BStBl I 2004, Sondernummer 1, S. 3, Boochs (1987b), S. 179 und Füger/Rieger (1998), S. 460.

- Aktien und Anteile an Kapitalgesellschaften, Investmentfonds und offenen Immobilienfonds sowie Geschäftsguthaben bei Genossenschaften im Inland,
- Ansprüche auf Renten und andere wiederkehrende Leistungen gegen Schuldner im Inland sowie Nießbrauchs- und Nutzungsrechte an Vermögensgegenständen im Inland,
- Erfindungen und Urheberrechte, die im Inland verwertet werden,
- Versicherungsansprüche gegen Versicherungsunternehmen im Inland,
- bewegliche Wirtschaftsgüter, die sich im Inland befinden,
- Vermögen, dessen Erträge nach § 5 dAStG der erweiterten beschränkten Steuerpflicht unterliegen und
- Vermögen, das nach § 15 dAStG dem erweitert beschränkt Steuerpflichtigen zuzurechnen ist[757].

Die erweitert beschränkte Erbschaft- und Schenkungsteuerpflicht greift nicht ein, wenn der Erblasser bzw. Schenker nachweist, dass auf den zusätzlich steuerpflichtigen Erwerb eine ausländische Steuer zu entrichten ist, die mindestens 30 % der nach § 4 Abs. 1 dAStG anfallenden Steuer beträgt. Der Schulden- und Lastenabzug ist analog zu § 10 Abs. 6 Satz 1 dErbStG nur insoweit zulässig, als die Schulden und Lasten mit den der erweitert beschränkten Erbschaft- und Schenkungsteuerpflicht unterliegenden Vermögensgegenständen in wirtschaftlichem Zusammenhang stehen[758]. Die erweitert beschränkte Steuerpflicht ist subsidiär gegenüber der im Folgenden zu behandelnden erweitert unbeschränkten Erbschaftsteuerpflicht[759]. § 4 dAStG kann nur dann eingreifen, wenn der Steuerpflichtige bei der Wohnsitzverlegung seine deutsche Staatsbürgerschaft aufgegeben hat bzw. nie besessen hat oder wenn der fünfjährige Zeitraum der erweitert unbeschränkten Erbschaft- und Schenkungsteuerpflicht überschritten ist.

1.7 Erweitert unbeschränkte Erbschaft- und Schenkungsteuerpflicht
Gemäß § 2 Abs. 1 Nr. 1 lit. b dErbStG tritt die unbeschränkte Erbschaft- und Schenkungsteuerpflicht auch ein, wenn der Erblasser, der Schenker oder der Erwerber deutscher Staatsangehöriger ist und sich nicht länger als fünf Jahre[760]

---

[757] Nicht der erweitert beschränkten Erbschaft- und Schenkungsteuerpflicht unterliegen ausländisches land- und forstwirtschaftliches Vermögen, sonstiges unbewegliches und in einem ausländischen Staat belegenes Vermögen, im Ausland belegene Betriebsstätten sowie durch ausländischen Grundbesitz gesicherte Kapitalforderungen gegen Inländer. Vgl. Geck (1995), S. 252.
[758] Vgl. Noll (1995), S. 714 und Tz. 4.1.2 des dBMF-Schreibens v. 14.5.2004 – IV B 4 – S 1340 – 11/04, BStBl I 2004, Sondernummer 1, S. 3.
[759] Vgl. Geck (1995), S. 251.
[760] Für die Berechnung der Frist ist gemäß §§ 186 ff. dBGB auf die tatsächliche Jahresfrist und nicht auf das Kalenderjahr abzustellen. Vgl. Real (1996), S. 54.

dauernd im Ausland aufgehalten hat, ohne im Inland einen Wohnsitz zu haben. Ziel dieser Regelung ist, die Umgehung der deutschen Erbschaftsteuer durch kurzfristige Verlagerung des Wohnsitzes ins Ausland zu vermeiden[761]. Die betreffende Person muss vor dem Wegzug einen Wohnsitz in der Bundesrepublik Deutschland besessen haben. Eine vorherige unbeschränkte Steuerpflicht aufgrund einer Anknüpfung an den gewöhnlichen Aufenthalt ist nicht ausreichend[762]. Ein zwischenzeitlicher gewöhnlicher Aufenthalt nach dem Wegzug führt weder zu einer Unterbrechung noch zu einer Verlängerung der fünfjährigen Frist. Wird hingegen nach dem eigentlichen Wegzug ein Wohnsitz nur für kurze Zeit in Deutschland begründet, beginnt die Frist von neuem zu laufen[763]. War der Aufenthalt im Ausland zunächst nur als ein vorübergehender geplant, beginnt die Frist erst mit der endgültigen Aufgabe des Wohnsitzes.

Zu beachten ist, dass das Erbschaftsteuerdoppelbesteuerungsabkommen die Reichweite der erweitert unbeschränkten Erbschaftsteuerpflicht einschränkt. Die im Abkommen vorgeschriebene Zuteilung der Besteuerungsrechte gilt in gleicher Weise wie bei beschränkter Steuerpflicht. Die Ansässigkeit des Steuerpflichtigen und die Bestimmung des Wohnsitzstaates im Sinne des Abkommens richtet sich nach Art. 1 und 5 ErbSt-DBA. Den Einschränkungen durch das Doppelbesteuerungsabkommen steht nicht entgegen, dass der Steuerpflichtige in Deutschland wie ein unbeschränkt Steuerpflichtiger mit allen Vor- und Nachteilen zu behandeln ist[764]. Aufgrund der Beschränkung des Abkommens auf Erbschaften und Zweckzuwendungen von Todes wegen werden Schenkungen und Zweckzuwendungen unter Lebenden voll von den Regelungen der erweiterten unbeschränkten Steuerpflicht erfasst.

1.8 Die Umgehung von Steuerpflichten durch Aufgabe der Staatsbürgerschaft

Das deutsche Steuerrecht knüpft sowohl bei der erweitert unbeschränkten Erbschaftsteuerpflicht als auch bei den erweitert beschränkten Steuerpflichten des Außensteuergesetzes an die deutsche Staatsangehörigkeit an. Gemäß § 2 Abs. 1 Satz 2 lit. b dErbStG sind deutsche Staatsangehörige, die sich nicht länger als fünf Jahre dauernd im Ausland aufgehalten haben, ohne im Inland einen Wohnsitz zu haben, als Inländer zu qualifizieren. Sie sind damit unbeschränkt steuerpflichtig. Den erweitert beschränkten Steuerpflichten des Außensteuergesetzes unterliegen natürliche Personen, die in den letzten zehn Jahren vor dem Ende ihrer unbeschränkten Einkommensteuerpflicht als Deutsche insgesamt mindes-

---

[761] Vgl. Ostendorf/Lechner (1996), S. 805.
[762] Vgl. Noll (1995), S. 713.
[763] Vgl. Jülicher (1999), S. 8, RZ 23.
[764] Vgl. Wacker, W./Dann (1989), S. 448.

tens fünf Jahre unbeschränkt einkommensteuerpflichtig waren[765]. Unter Planungsgesichtspunkten ist zu berücksichtigen, dass die erweitert unbeschränkte Erbschaft- und Schenkungsteuerpflicht durch eine Aufgabe der deutschen Staatsbürgerschaft unmittelbar vor der Zuwendung vermieden werden kann. Sollen hingegen die erweitert beschränkten Steuerpflichten umgangen werden, sind langfristige Planungsüberlegungen erforderlich. Die Steuerpflichten treten bereits dann ein, wenn der Abwanderer innerhalb des genannten Zeitraums von fünf Jahren zugleich Deutscher und unbeschränkt steuerpflichtig gewesen ist[766]. Für den Regelfall einer zehnjährigen unbeschränkten Steuerpflicht in Deutschland muss die Staatsbürgerschaft demnach mehr als fünf Jahre vor der geplanten Wohnsitzverlegung aufgegeben werden. Wird die Staatsbürgerschaft erst zum Zeitpunkt des Wegzugs aufgegeben, wird damit zwar die erweitert unbeschränkte Erbschaft- und Schenkungsteuerpflicht vermieden, es greift aber unter Umständen die erweitert beschränkte Erbschaft- und Schenkungsteuerpflicht sofort. Im Folgenden soll untersucht werden, welche Voraussetzungen das deutsche Staatsangehörigkeitsgesetz an die Aufgabe der deutschen und das österreichische Staatsbürgergesetz an den Erwerb der österreichischen Staatsbürgerschaft knüpft. Anschließend werden die Konsequenzen eines Wechsels der Staatsbürgerschaft im Hinblick auf das Zivilrecht aufgezeigt.

1.8.1 Die Aufgabe der deutschen Staatsangehörigkeit

Gemäß § 17 dStAG geht die Staatsangehörigkeit durch Entlassung, durch den Erwerb einer ausländischen Staatsangehörigkeit, durch Verzicht, durch Annahme als Kind durch einen Ausländer, durch Eintritt in die Streitkräfte oder einen vergleichbaren bewaffneten Verband eines ausländischen Staates oder durch Erklärung verloren[767]. § 18 dStAG bestimmt, dass ein Deutscher auf Antrag aus der deutschen Staatsangehörigkeit entlassen wird, wenn er den Erwerb einer ausländischen Staatsangehörigkeit beantragt und ihm dies durch die zuständige ausländische Stelle zugesichert worden ist. Für die Steuerplanung ist zu berücksichtigen, dass die Entlassung erst mit der Aushändigung der Entlassungsurkunde wirksam wird[768]. Der Erwerb der zugesicherten ausländischen Staatsangehörigkeit muss innerhalb eines Jahres nach der Aushändigung der Entlassungsur-

---

[765] Tz. 2.1.1 Nr. 2 des dBMF-Schreibens v. 14.5.2004 – IV B 4 – S 1340 – 11/04, BStBl I 2004, Sondernummer 1, S. 3 stellt klar, dass Deutscher ist, wer die deutsche Staatsangehörigkeit besitzt oder zu den im Artikel 116 Abs. 1 dGG genannten Flüchtlingen, Vertriebenen und deren Angehörigen zählt. Der gleichzeitige Besitz einer anderen Staatsangehörigkeit schließt die erweitert beschränkten Steuerpflichten nicht aus.
[766] Die Kopplung von deutscher Staatsangehörigkeit und unbeschränkter Einkommensteuerpflicht ergibt sich aus der Formulierung „als Deutscher". So auch Göttsche (1997), S. 201 m.w.N.
[767] Vgl. auch Plewka/Watrin (2002), S. 256 - 257.
[768] Vgl. § 23 Abs. 1 Satz 1 dStAG.

kunde erfolgen. Der Erwerb einer ausländischen Staatsangehörigkeit führt gemäß § 25 dStAG grundsätzlich ebenfalls zum Verlust der deutschen Staatsangehörigkeit, sofern der Erwerb der neuen Staatsangehörigkeit auf Antrag erfolgte. Etwas anderes gilt, wenn vor dem Erwerb der ausländischen Staatsangehörigkeit ein Antrag auf Beibehaltung der deutschen Staatsangehörigkeit gestellt wurde. Besteht eine Doppelstaatsangehörigkeit, reicht gemäß § 26 dStAG eine schriftliche Verzichtserklärung zum Verlust der deutschen Staatsangehörigkeit. Die Verzichtserklärung bedarf der Genehmigung. Der Verlust der Staatsangehörigkeit tritt erst mit der Aushändigung der von der Genehmigungsbehörde ausgefertigten Verzichtsurkunde ein.

1.8.2 Der Erwerb der österreichischen Staatsangehörigkeit

Da in der Vielzahl der Fälle eine Doppelstaatsangehörigkeit nicht gegeben sein dürfte, werden im Folgenden die Voraussetzungen für den Erwerb der österreichischen Staatsbürgerschaft untersucht[769]. Dabei wird nur auf den Tatbestand der Verleihung und auf denjenigen des Dienstantritts als Professor eingegangen. Der Tatbestand der Abstammung spielt im Zusammenhang mit der Aufgabe der deutschen Staatsbürgerschaft keine Rolle. Gemäß § 10 öStbG kann[770] einem Fremden, d.h. einer Person, die nicht die österreichische Staatsbürgerschaft besitzt, die österreichische Staatsbürgerschaft bei Erfüllung eines umfangreichen Kriterienkatalogs verliehen werden[771]. Danach muss unter anderem sein Lebensunterhalt hinreichend gesichert sein bzw. an seiner finanziellen Notlage darf ihn kein Verschulden treffen.

Die größte Hürde im Hinblick auf eine Aufgabe der deutschen Staatsbürgerschaft stellt jedoch das Kriterium gemäß § 10 Abs. 1 Nr. 1 öStbG dar. Entsprechend dieser Bestimmung muss der Fremde seit mindestens zehn Jahren seinen Hauptwohnsitz[772] ununterbrochen im österreichischen Bundesgebiet haben.

---

[769] Theoretisch könnte die deutsche Staatsangehörigkeit auch durch die Annahme einer anderen als der österreichischen Staatsangehörigkeit aufgegeben werden. Bei einer Wohnsitznahme in Österreich ist dieser Fall jedoch eher unwahrscheinlich. Er wird daher im Folgenden nicht betrachtet.

[770] Es ist zu beachten, dass diese Vorschrift eine Ermessensentscheidung erfordert und nicht einen Rechtsanspruch festschreibt.

[771] Die mit der Staatsbürgerschaftsgesetznovelle 1998 eingefügte Voraussetzung gemäß § 10 a öStbG, wonach unter Beachtung der Lebensumstände des Fremden entsprechende Kenntnisse der deutschen Sprache vorausgesetzt werden, dürfte für die Vielzahl der ihren Wohnsitz von Deutschland nach Österreich verlegenden Personen keine Hürde sein.

[772] Der Begriff des „Hauptwohnsitzes" wurde mit der Staatsbürgerschaftsgesetznovelle 1998 eingefügt. Das Staatsbürgerschaftsgesetz 1985 sprach noch vom „ordentlichen Wohnsitz". Dieser Begriff wurde im Gegensatz zu demjenigen des „Hauptwohnsitzes" im Gesetz definiert. Gemäß § 5 Abs. 1 öStbG a.F. ist der ordentliche Wohnsitz einer Person an dem Ort begründet, an dem sie sich in der erweislichen oder aus den Umständen hervorgehenden Absicht

Wenn die österreichische Staatsangehörigkeit aber erst zehn Jahre nach der Wohnsitzverlegung erworben und damit die deutsche Staatsangehörigkeit aufgegeben werden kann, ist dieser Fall unter steuerlichen Aspekten irrelevant. Besondere Beachtung muss daher den Tatbeständen geschenkt werden, die eine Ausnahme von der Voraussetzung des § 10 Abs. 1 Nr. 1 öStbG vorsehen. Gemäß § 10 Abs. 4 öStbG kann von dieser abgesehen werden bei Vorliegen eines besonders berücksichtigungswürdigen Grundes, sofern es sich um einen Minderjährigen, der seit mindestens vier Jahren, oder um einen Fremden handelt, der seit mindestens sechs Jahren seinen Hauptwohnsitz ununterbrochen im österreichischen Bundesgebiet hat. Als besonders berücksichtigungswürdige Gründe gelten unter anderem erbrachte und zu erwartende besondere Leistungen auf wissenschaftlichem, wirtschaftlichem, künstlerischem oder sportlichem Gebiet, der Nachweis nachhaltiger persönlicher oder beruflicher Integration oder der Besitz der Staatsangehörigkeit einer Vertragspartei des Abkommens über den Europäischen Wirtschaftsraum. Für den letztgenannten Grund wird die Mindestwohnsitzdauer von sechs Jahren auf vier Jahre verkürzt. Für den Fall der Aufgabe der deutschen durch Annahme der österreichischen Staatsbürgerschaft bedeutet dies, dass die erweiterten Steuerpflichten frühstens ab dem fünften, im Regelfall ab dem 7. Jahr nach dem Wegzug vermieden werden können.

Etwas anderes gilt, wenn die österreichische Bundesregierung bestätigt, dass die Verleihung der österreichischen Staatsbürgerschaft wegen der vom Fremden bereits erbrachten und von ihm noch zu erwartenden außerordentlichen Leistungen im besonderen Interesse Österreichs liegt. In diesem Fall entfallen die Voraussetzungen der Mindestwohnsitzdauer und der hinreichenden Sicherung des Lebensunterhalts. Des Weiteren wird die österreichische Staatsbürgerschaft gemäß § 25 öStbG zum Zeitpunkt des Dienstantritts als ordentlicher Universitätsprofessor oder als ordentlicher Hochschulprofessor an der Akademie der bildenden Künste oder an einer inländischen Kunsthochschule erworben.

1.8.3 Zivilrechtliche Auswirkungen eines Staatsangehörigkeitswechsels

Wie die vorstehenden Ausführungen gezeigt haben, ist es nur unter bestimmten, eng umgrenzten Voraussetzungen möglich, die deutsche Staatsbürgerschaft frühzeitig zu einem steueroptimalen Zeitpunkt aufzugeben. Sollte der Entschluss zur Aufgabe der deutschen Staatsbürgerschaft dennoch gefasst werden, muss bedacht werden, dass ein Wechsel der Staatsangehörigkeit aus zivilrechtlicher Sicht mit weitreichenden Konsequenzen verbunden sein kann[773]. Im Folgenden werden daher die wichtigsten Kollisionsnormen des deutschen und österreichi-

---

niedergelassen hat, ihn bis auf weiteres zum Mittelpunkt ihrer Lebensbeziehungen zu wählen. Eine vergleichbare Bedeutung dürfte dem Begriff des „Hauptwohnsitzes" zukommen.

[773] So auch Arlt (2001), S. 317 - 318.

schen internationalen Privatrechts[774] erläutert. Besondere Aufmerksamkeit wird dabei den jeweiligen Erb- und Schenkungsstatuten gewidmet, da bei einem Wohnsitzwechsel aufgrund der Langfristigkeit des Planungshorizonts Vermögensübertragungen auf die nächste Generation eine nicht unbedeutende Rolle spielen[775].

1.8.3.1 Bestimmungen des deutschen internationalen Privatrechts
1.8.3.1.1 Personalstatut

Die zentrale, auf die Staatsangehörigkeit Bezug nehmende Norm des internationalen deutschen Privatrechts ist das Personalstatut[776] gemäß Art. 5 dEGBGB. Danach wird eine Person als Angehöriger des deutschen Staates betrachtet, sofern sie die deutsche Staatsangehörigkeit besitzt. Bei einer mehrfachen Staatsangehörigkeit, von denen keine die deutsche Staatsangehörigkeit sein darf, ist das Recht desjenigen Staates anzuwenden, mit dem die Person am engsten verbunden ist[777]. Hierzu ist insbesondere auf den gewöhnlichen Aufenthalt[778] und auf den Verlauf des Lebens abzustellen. Das Personalstatut stellt eine vorangestellte Definition dar, auf die die einzelnen Kollisionsnormen[779] Bezug nehmen.

---

[774] Das internationale Privatrecht stellt in der Regel nicht internationales Recht im Sinne bi- oder multilateraler Abkommen dar. Stattdessen handelt es sich um nationales Recht einzelner Staaten. Vgl. Flick/Piltz (1999), S. 18, RZ 78. Das internationale Privatrecht Deutschlands ist in den Artikeln 3 - 46 und 220 des Einführungsgesetzes zum Bürgerlichen Gesetzbuche geregelt. Österreich kennt ein eigenes Internationales Privatrechts-Gesetz.
[775] Vgl. Martiny (1998).
[776] Der Begriff „Statut" wird definiert als Gesamtheit der Sachnormen, die für die Beurteilung eines bestimmten Rechtsverhältnisses maßgebend sind. Der Wechsel der Staatsangehörigkeit kann Ursache für einen Statutenwechsel sein. Damit ist ein Wechsel der für die Beurteilung eines bestimmten Rechtsverhältnisses maßgeblichen Rechtsordnung gemeint. Vgl. Flick/Piltz (1999), S. 22 - 23, RZ 96 - 97.
[777] Die Staatsangehörigkeit des Staates, mit dem die Person am engsten verbunden ist, wird auch als effektive Staatsangehörigkeit bezeichnet.
[778] Nach Ansicht von Flick/von Oertzen (1995), S. 558 ist der Begriff des „gewöhnlichen Aufenthaltsorts" weitgehend identisch mit dem Begriff des „Mittelpunkts der Lebensinteressen" im Recht der Doppelbesteuerungsabkommen.
[779] Kollisionsnormen verweisen lediglich auf die zur sachlichen Entscheidung berufene Rechtsordnung. Materielle Rechtsfolgen leiten sich aus den Sachnormen der jeweiligen berufenen Rechtsordnung ab. Vgl. Flick/Piltz (1999), S. 22, RZ 95.

1.8.3.1.2 Erbstatut

Das Erbstatut[780] gemäß Art. 25 dEGBGB gehört zu einer der Normen, die auf das Personalstatut zurückgreifen[781]. Prinzipiell geht das deutsche internationale Erbrecht von dem Grundsatz der Nachlasseinheit aus. Die Rechtsnachfolge von Todes wegen unterliegt dem Recht des Staates, dem der Erblasser im Zeitpunkt seines Todes angehörte. Ausnahmen vom Grundsatz der Nachlasseinheit werden aber zugelassen. Gemäß Art. 4 Abs. 1 dEGBGB stellen Verweisungen auf das Recht eines anderen Staates Gesamtverweisungen dar. Im Gegensatz zu einer Sachnormverweisung wird nicht nur auf die ausländischen Sachnormen verwiesen, sondern auch auf das ausländische Kollisionsrecht[782]. Wenn das ausländische Kollisionsrecht nun wiederum auf das Recht eines anderen Staates verweist[783], kann es zur Nachlassspaltung kommen.

Des Weiteren kann ein Erblasser nach Art. 25 Abs. 2 dEGBGB für in Deutschland belegenes unbewegliches Vermögen[784] in der Form einer Verfügung von Todes wegen deutsches Recht wählen. Für den Fall einer ausländischen Staatsangehörigkeit des Erblassers kann eine Nachlassspaltung die Folge sein[785]. Da die Bestimmung aber eine Rechtswahlmöglichkeit eröffnet, kann die Nachlasseinheit in diesem Fall problemlos hergestellt werden, indem für das in Deutschland belegene unbewegliche Vermögen ausländisches Recht gewählt wird. Die

---

[780] Das Erbstatut beinhaltet insbesondere Normen zum Umfang der Erbschaft, zum Kreis der gesetzlichen Erben und deren Erbquoten, zu den Pflichtteilsrechten, zur Erbfähigkeit, zur Testamentsvollstreckung, zu den Nachlassverbindlichkeiten und den damit zusammenhängenden Haftungsfragen, zur Annahme und Ausschlagung der Erbschaft sowie zum Erbverzicht. Vgl. Sturies (1988), S. 218 - 219, Flick/Piltz (1999), S. 46, RZ 151, von Oertzen (2000b), S. 1370 und Arlt (2001), S. 18 - 19.
[781] Vgl. Bellstedt (1996), S. 91 - 92.
[782] Vgl. Sturies (1988), S. 215.
[783] Für den Fall, dass das ausländische Kollisionsrecht auf deutsches Recht zurückverweist, kommen nur noch die deutschen Sachnormen zur Anwendung. Eine derartige Rückverweisung wird auch renvoi genannt. Vgl. Art. 4 Abs. 1 Satz 2 dEGBGB.
[784] Was unter den Begriff des unbeweglichen Vermögens fällt, richtet sich nach deutschem Recht. Umstritten ist jedoch, wie weit der Begriff auszulegen ist. Nach der herrschenden Meinung findet keine Ausdehnung des Begriffes auf mittelbare, über ein anderes Rechtsverhältnis vermittelte dingliche Rechte an Grundstücken statt. Vgl. Flick/von Oertzen (1995), S. 559, Riering (1995), S. 405 m.w.N., Schindhelm (1997), S. 5, FN 10 und Flick/Piltz (1999), S. 68 - 69, RZ 210 - 212. Folgt man der herrschenden Meinung, kann – sofern gewünscht – eine Nachlassspaltung bei Beibehaltung der deutschen Staatsangehörigkeit vermieden werden, indem ausländisches unbewegliches Vermögen mittelbar über eine Gesellschaft gehalten wird. So auch von Oertzen (2000b), S. 1375.
[785] Wenn ein deutscher Staatsangehöriger eine Rechtswahl gemäß Art. 25 Abs. 2 dEGBGB vornimmt, hat sie zunächst nur deklaratorischen Charakter. Sie kann aber Wirkung entfalten, wenn der Erblasser später seine Staatsangehörigkeit wechselt. Vgl. Flick/Piltz (1999), S. 66, RZ 203.

Wahl deutschen Rechts ist im Verhältnis zu Österreich nicht sinnvoll, da das österreichische internationale Privatrecht eine derartige Rechtswahl nicht kennt und bei österreichischer Staatsangehörigkeit des Erblassers den gesamten Nachlass österreichischem Recht unterstellt. Eine Nachlassspaltung würde zu einer Rechtsunsicherheit führen, da die Frage, welche nationale Rechtsordnung für das in Deutschland belegene unbewegliche Vermögen berufen wäre, davon abhinge, ob ein deutsches oder ein österreichisches Gericht angerufen wird[786].

Schließlich bestimmt Art. 3 Abs. 3 dEGBGB, dass bei ausländischem Vermögen, das besonderen Vorschriften[787] in seinem Belegenheitsstaat unterliegt, nicht die gemäß Art. 25 Abs. 1 dEGBGB berufene Rechtsordnung, sondern das ausländische Belegenheitsrecht maßgebend sein soll. Für diesen Fall ist der Wechsel der Staatsangehörigkeit ohne Bedeutung.

1.8.3.1.3 Güterrechtsstatut

Hinsichtlich der Anwendung des Erbstatuts muss beachtet werden, dass beim Tod eines verheirateten Erblassers vor der erbrechtlichen Auseinandersetzung die güterrechtliche Gemeinschaft mit dem Ehepartner aufgehoben werden muss[788]. Die Liquidation des ehelichen Vermögens unterliegt dem güterrechtlichen Familienrechtsstatut[789]. Gemäß Art. 15 Abs. 1 dEGBGB sind die güterrechtlichen Wirkungen der Ehe[790] von dem bei der Eheschließung für die allgemeinen Wirkungen der Ehe maßgebenden Recht abhängig. Das Statut der allgemeinen Ehewirkungen im Sinne von Art. 14 dEGBGB nennt die Staatsangehörigkeit als vorrangigen Anknüpfungspunkt. Allerdings besteht gemäß Art. 15 Abs. 2 dEGBGB eine Rechtswahlmöglichkeit für die güterrechtlichen Wirkungen der Ehe. Danach können Ehegatten das Recht des Staates, dem einer von ihnen angehört, das Recht des Staates, in dem einer von ihnen seinen gewöhnlichen Aufenthalt hat oder für unbewegliches Vermögen das Recht des Lageortes wählen. Ein Wechsel der Staatsbürgerschaft aus steuerrechtlichen Gründen hat demnach nicht zwangsläufig Auswirkungen auf die güterrechtliche Auseinandersetzung bei Beendigung der Ehe durch Tod oder aus anderen Gründen.

---

[786] Vgl. Riering (1995), S. 404.

[787] Als besondere Vorschriften gelten beispielsweise auch Kollisionsregeln, die die Erbfolge in unbewegliche Vermögensgegenstände abweichend vom Personalstatut des Erblassers dem Belegenheitsrecht unterwerfen. Vgl. Flick/Piltz (1999), S. 72 - 73, RZ 221.

[788] Es kann nur das vererbt werden, was übrig bleibt, nachdem die güterrechtlichen Ausgleichsansprüche des überlebenden Ehegatten bedient wurden. Vgl. von Oertzen (2000b), S. 1369.

[789] Vgl. Schindhelm (1997), S. 8.

[790] Die güterrechtlichen Wirkungen der Ehe umfassen Fragen des Güterstandes, der Verwaltung und Nutzung des ehelichen Vermögens, der Beendigung des Güterstandes und der Liquidation sowie Fragen des Ehevertragsrechts. Vgl. Flick/Piltz (1999), S. 76, RZ 238.

1.8.3.1.4 Schenkungsstatut

Keine Auswirkungen hat die Aufgabe der Staatsbürgerschaft auf die Behandlung von Schenkungen. Diese unterliegen als vertragliches Schuldverhältnis gemäß Art. 27 Abs. 1 dEGBGB dem von den Parteien gewählten Recht[791]. Nur wenn eine Rechtswahl nicht getroffen wurde, unterliegt der Schenkungsvertrag dem Recht des Staates, mit dem er die engsten Verbindungen aufweist[792]. Die engste Verbindung wird in dem Staat vermutet, in dem die Partei, welche die charakteristische Leistung zu erbringen hat, im Zeitpunkt des Vertragsabschlusses ihren gewöhnlichen Aufenthalt hat[793]. Im Zusammenhang mit den zivilrechtlichen Vorteilen bei Schenkungen hinsichtlich der Gestaltungsmöglichkeiten[794] sei jedoch darauf hingewiesen, dass eine Doppelbesteuerungsvermeidung im Bereich der Schenkungen nur durch unilaterale Maßnahmen erfolgt[795]. Das zwischen Deutschland und Österreich abgeschlossene Doppelbesteuerungsabkommen gilt nur für Erbschaften. Eine Umgehung des strengeren Erbstatuts durch eine Schenkung von Todes wegen ist nicht möglich. Das Schenkungsstatut gelangt nur dann zur Anwendung, wenn die Schenkung zum Zeitpunkt des Todes des Schenkers bereits vollzogen ist[796]. In allen anderen Fällen gilt das Erbstatut, das grundsätzlich zwingend von der Staatsangehörigkeit des Erblassers geprägt wird.

1.8.3.1.5 Form letztwilliger Verfügungen

Hinsichtlich der Form letztwilliger Verfügungen ist neben Art. 26 dEGBGB auch auf das Haager Abkommen über das auf die Form letztwilliger Verfügungen anzuwendende Recht vom 5.10.1961 zurückzugreifen[797]. Dem Abkommen sind sowohl Deutschland[798] als auch Österreich beigetreten. Gemäß Art. 3

---

[791] Vgl. Arlt (2001), S. 28.
[792] Vgl. Art. 28 dEGBGB.
[793] Etwas anderes gilt, sofern der Vertrag ein dingliches Recht an einem Grundstück oder ein Recht zur Nutzung eines Grundstücks zum Gegenstand hat. Dann wird vermutet, dass er die engsten Verbindungen zu dem Staat aufweist, in dem das Grundstück belegen ist. Vgl. Art. 28 Abs. 3 dEGBGB. Das Belegenheitsprinzip wird auch als lex rei sitae bezeichnet.
[794] Jayme (1983), S. 163 weist darauf hin, dass die moderne Rechtspraxis dazu tendiert, die Umständlichkeiten des Erbrechts durch Rechtsgeschäfte unter Lebenden zu vermeiden.
[795] Zu den deutschen und österreichischen unilateralen Maßnahmen zur Vermeidung der Doppelbesteuerung bei Schenkungen vgl. Baumgartner/Gassner/Schick (1989), S. 621 - 622.
[796] Vgl. Piltz (1997), S. 89 und Flick/Piltz (1999), S. 53, RZ 167. Verträge zugunsten Dritter auf den Todesfall hingegen unterliegen dem Schenkungsstatut. Vgl. Schindhelm (1997), S. 9.
[797] Art. 26 dEGBGB gibt seit der Verabschiedung des Gesetzes zur Neuregelung des Internationalen Privatrechts v. 25.7.1986, BGBl I 1986, S. 1142 ff. im Wesentlichen die Bestimmungen des Haager Testamentsformübereinkommens wieder. So auch Sturies (1988), S. 212 und Schindhelm (1997), S. 6, FN 14.
[798] In Deutschland ist das Abkommen seit dem 1.1.1966 in Kraft. Vgl. BGBl II 1965, S. 1144, BGBl II 1966, S. 11 und Sturies (1988), S. 211.

Abs. 2 dEGBGB gehen Regelungen in völkerrechtlichen Vereinbarungen, soweit sie unmittelbar anwendbares innerstaatliches Recht geworden sind, den Vorschriften des Einführungsgesetzes zum Bürgerlichen Gesetzbuch vor. Gleiches gilt gemäß § 53 Abs. 1 öIPRG: Bestimmungen zwischenstaatlicher Vereinbarungen werden durch das Internationale Privatrechts-Gesetz nicht berührt. Nach Art. 1 Abs. 1 lit. b des Abkommens ist eine letztwillige Verfügung hinsichtlich ihrer Form gültig, wenn diese dem innerstaatlichen Recht eines Staates entspricht, dessen Staatsangehörigkeit der Erblasser im Zeitpunkt, in dem er letztwillig verfügt hat, oder im Zeitpunkt seines Todes besessen hat. Wenn ein Staatsangehörigkeitswechsel erfolgt, sollte geprüft werden, ob eine bereits bestehende letztwillige Verfügung den Formanforderungen des Staates genügt, dessen Staatsangehörigkeit erworben wird. In diesem Zusammenhang muss darauf hingewiesen werden, dass die Anknüpfung an die Staatsangehörigkeit nur ein Kriterium ist, welches die Formgültigkeit einer letztwilligen Verfügung herstellt.

1.8.3.2 Bestimmungen des österreichischen internationalen Privatrechts

Neben dem deutschen internationalen Privatrecht müssen die vergleichbaren Bestimmungen des österreichischen Rechts beachtet werden. Sofern die Kollisionsnormen unterschiedliche Rechtsordnungen für anwendbar erklären, muss versucht werden, einen Einklang zwischen diesen beiden herzustellen. Ansonsten droht die Gefahr des so genannten Forum-Shopping. Damit ist gemeint, dass Begünstigte das Forum anrufen werden, das für sie eine günstigere Entscheidung treffen wird[799]. Im Folgenden wird das österreichische internationale Privatrecht im Hinblick auf eine Anknüpfung an die Staatsangehörigkeit – wiederum unter besonderer Beachtung des Erbstatuts – untersucht. Das österreichische internationale Privatrecht beinhaltet eine Generalklausel. Gemäß § 1 öIPRG sind Sachverhalte mit Auslandsberührung in privatrechtlicher Sicht nach der Rechtsordnung zu beurteilen, zu der die stärkste Beziehung besteht. Die im Internationalen Privatrechts-Gesetz enthaltenen besonderen Regelungen werden als Ausdruck dieses Grundsatzes verstanden.

1.8.3.2.1 Personalstatut

Wie im deutschen Recht gibt es auch im österreichischen Recht ein Personalstatut. Gemäß § 9 öIPRG ist das Personalstatut einer natürlichen Person das Recht des Staates, dem die Person angehört. Eine Person gehört dem Staat an, dessen Staatsangehörigkeit sie besitzt. Bei einer mehrfachen Staatsangehörigkeit knüpft auch das österreichische Recht vorrangig an die eigene Staatsangehörigkeit an. Nur bei Mehrstaatlern, die nicht die österreichische Staatsangehörigkeit besit-

---

[799] Vgl. Sturies (1988), S. 209, von Oertzen (1995), S. 171, Flick/Piltz (1999), S. 67, RZ 207 und von Oertzen (2000b), S. 1376 - 1377.

zen, ist die Staatsangehörigkeit des Staates maßgebend, zu dem die stärkste Beziehung besteht. Schwierigkeiten können entstehen, wenn eine Person sowohl die deutsche als auch die österreichische Staatsangehörigkeit besitzt. Das deutsche internationale Privatrecht erklärt gemäß Art. 5 Abs. 1 dEGBGB die deutsche Staatsangehörigkeit für maßgebend, das österreichische Recht hingegen gemäß § 9 Abs. 1 IPRG die österreichische Staatsangehörigkeit. In diesem Fall kann die Aufgabe der deutschen Staatsangehörigkeit Kollisionen zwischen den Rechtsordnungen vermeiden.

1.8.3.2.2 Erbstatut und Verlassenschaftsabhandlung

Auf das Personalstatut nimmt das Erbstatut gemäß § 28 öIPRG Bezug. Danach ist die Rechtsnachfolge von Todes wegen nach dem Personalstatut des Erblassers im Zeitpunkt seines Todes zu beurteilen. Die Einheit des Nachlasses wird hierdurch grundsätzlich bewahrt[800]. Abweichungen ergeben sich insbesondere durch die Bestimmung des § 28 Abs. 2 öIPRG: Wird eine Verlassenschaftsabhandlung in Österreich durchgeführt, so sind der Erbschaftserwerb und die Haftung für Nachlassschulden nach österreichischem Recht zu beurteilen. Im Folgenden wird daher untersucht, wann eine Verlassenschaftsabhandlung in Österreich durchgeführt wird und welche Besonderheiten sie aufweist.

Das österreichische Nachlassverfahren ist weitgehend als gerichtliches Verfahren ausgestaltet. Der Erwerb einer Erbschaft findet nicht automatisch statt. Durch die Abgabe der Erbserklärung beim zuständigen Gericht wird förmlich erklärt, dass die Erbschaft angenommen wird. Das Gericht beschließt im Folgenden die Einweisung der Erben in das Vermögen des Verstorbenen. Dieser Vorgang wird als Einantwortung bezeichnet[801]. Die Abgabe der Erbserklärung kann als Antrag auf die gerichtliche Einantwortung ins Erbe gewertet werden.

---

[800] Wie im deutschen Recht kann eine Nachlassspaltung auch durch Rück- und Weiterverweisungen zustande kommen. Die Regelung des § 5 öIPRG ist vergleichbar mit Art. 4 Abs. 1 dEGBGB.

[801] Der Charakter des Nachlasses ist davon abhängig, ob die Einantwortung bereits erfolgt ist. Vor der Einantwortung steht der Nachlass mehreren Miterben gemeinschaftlich zu. Jeder Miterbe kann über seinen Anteil frei verfügen. Das Erbrecht kann veräußert, belastet oder auch vererbt werden. Die Verwaltung darf hingegen nur von allen gemeinsam ausgeübt werden. Die Haftung ist auf den Nachlass beschränkt, da dieser neben dem Vermögen der Erben als gesondertes Vermögen besteht. Nach der Einantwortung ist nicht mehr das Erbrecht, sondern der Nachlass selbst gemeinschaftliche Sache der Erben. Die Miterben sind Miteigentümer der materiellen Nachlasssachen und Mitgläubiger der Nachlassforderungen geworden. Hinsichtlich der Haftung ist zu unterscheiden, ob die Erbschaft vorbehaltlos oder unter dem Vorbehalt der Inventarerrichtung angenommen wurde. Für den Fall eines Vorbehalts ist die Haftung auf den Nachlass beschränkt. Die Haftungsbeschränkung wird durch die Abgabe einer bedingten Erbserklärung herbeigeführt.

Über die Einantwortung wird dem Erben eine Urkunde ausgestellt. Das Nachlassverfahren ist damit abgeschlossen.

Das österreichische Außerstreitgesetz legt fest, in welchen Fällen ein Verlassenschaftsverfahren durchgeführt wird und falls es durchgeführt wird, welche Vermögensgegenstände davon betroffen sind. Gemäß § 153 öAußStrG wird kein Verlassenschaftsverfahren durchgeführt, wenn der Nachlass ohne den Abzug von Schulden nicht den Betrag von 4.000,- Euro übersteigt, keine Eintragungen in öffentliche Bücher erforderlich sind und kein Antrag auf Fortsetzung des Verlasssenschaftsverfahrens gestellt wird. Ferner wird keine Verlassenschaftsabhandlung durchgeführt, wenn die Verlassenschaft überschuldet ist.

In diesen Fällen kommt bei einer ausschließlich ausländischen Staatsangehörigkeit des Erblassers österreichisches materielles Erbrecht nicht zur Anwendung. Dies geschieht aufgrund der allgemeinen Anknüpfung des Erbstatuts gemäß § 28 Abs. 1 öIPRG nur, wenn der Erblasser die österreichische Staatsangehörigkeit besitzt.

Mit Ausnahme der vorgenannten Fälle wird bei jedem Todesfall ein Verlassenschaftsverfahren durchgeführt[802]. In Abhängigkeit unter anderem von der Staatsangehörigkeit und vom gewöhnlichen Aufenthalt des Erblassers werden aufgrund der Bestimmungen der Jurisdiktionsnorm österreichische Gerichte für unterschiedliche Vermögensgegenstände für international zuständig erklärt. Gemäß 106 Abs. 1 Nr. 1 öJN ist die österreichische Gerichtsbarkeit für die Abhandlung sämtlichen in Österreich befindlichen unbeweglichen Vermögens zuständig. Ferner bestimmt § 106 Abs. 1 Nr. 2 öJN, dass in Österreich befindliches bewegliches Vermögen der österreichischen Gerichtsbarkeit unterliegt, sofern der Verstorbene österreichischer Staatsbürger war oder seinen letzten gewöhnlichen Aufenthalt in Österreich hatte. Im Ausland befindliches bewegliches Vermögen wird der österreichischen Gerichtsbarkeit unterstellt, wenn der Verstorbene zuletzt österreichischer Staatsbürger war und entweder seinen letzten gewöhnlichen Aufenthalt im Inland hatte oder die Rechtsdurchsetzung für Personen, die ihre Erbenstellung behaupten, im Ausland unmöglich ist[803].

Die Ausführlichkeit der Ausführungen zum österreichischen Verlassenschaftsverfahren, zum Außerstreitgesetz und zur Jurisdiktionsnorm liegt darin begründet, dass § 28 Abs. 2 öIPRG nach herrschender Meinung als besondere Vorschrift im Sinne des Art. 3 Abs. 3 dEGBGB angesehen wird[804]. Die Folge ist,

---

[802] Vgl. Flick/von Oertzen (1993), S. 83.
[803] Vgl. § 106 Abs. 1 Nr. 3 öJN-E.
[804] Vgl. von Oertzen/Mondl (1997), S. 241 m.w.N.

dass nach deutschem internationalen Privatrecht Vermögen, das sich nicht in Deutschland befindet, nach österreichischem Recht behandelt wird, sofern eine Verlassenschaftsabhandlung durchgeführt wird. Trotz Beibehaltung der deutschen Staatsangehörigkeit durch den zukünftigen Erblasser wird Vermögen in größerem Umfang österreichischem Recht unterstellt.

Eine weitere Durchbrechung der grundsätzlichen Nachlasseinheit gemäß § 28 Abs. 1 öIPRG ergibt sich aus dem österreichischen Wohnungseigentumsgesetz. Gemäß § 10 Abs. 1 Nr. 1 öWEG wächst gemeinsames Wohnungseigentum eines Ehepaares dem überlebenden Ehegatten als gesetzliches Vermächtnis unmittelbar ins Eigentum zu. Bei ausländischer Staatsangehörigkeit des verstorbenen Ehegatten kann es zur Nachlassspaltung kommen. § 10 öWEG ist ebenfalls als Sondervorschrift im Sinne des Art. 3 Abs. 3 dEGBGB anzusehen[805], so dass es nicht zu einer Kollision mit der deutschen Rechtsordnung kommt. Des Weiteren muss § 2 öWEG beachtet werden. Danach kann Eigentümer einer Eigentumswohnung nur eine einzelne Person oder ein Ehepaar gemeinsam sein. Da diese Vorschrift ebenfalls unter Art. 3 Abs. 3 dEGBGB einzuordnen ist, muss auch bei ausländischer Staatsangehörigkeit des Erblassers beachtet werden, dass die Wohnung nur an eine Person vermacht wird[806].

1.8.3.2.3 Güterrechtsstatut

Die Vorschriften zum Ehegüterrecht sind vergleichbar mit den deutschen Bestimmungen. Gemäß § 19 öIPRG wird es den Eheleuten ermöglicht, das Recht ausdrücklich zu bestimmen, nach dem das Ehegüterrecht beurteilt werden soll. Nur wenn eine Rechtswahl nicht getroffen wird, ist das zur Zeit der Eheschließung für die persönlichen Rechtswirkungen der Ehe maßgebende Recht heranzuziehen. Die persönlichen Rechtswirkungen der Ehe sind vorrangig nach dem gemeinsamen Personalstatut der Ehegatten zu beurteilen[807]. Im Folgenden wird auf das österreichische Ehegüterrecht nicht mehr eingegangen, weil zum einen ein ausreichender Gestaltungsspielraum durch die Rechtswahlmöglichkeit besteht und zum anderen das österreichische Erbrecht nur die Gütertrennung[808] kennt. Die Aufhebung einer ehelichen, güterrechtlichen Gemeinschaft vor Anwendung des Erbstatuts ist daher weder möglich noch erforderlich.

1.8.3.2.4 Schenkungsstatut

Schenkungen werden nach dem am 19.6.1980 in Rom unterzeichneten Übereinkommen über das auf vertragliche Schuldverhältnisse anzuwendende Recht be-

---
[805] Vgl. von Oertzen/Mondl (1997), S. 240.
[806] Vgl. Meyer, M. (1995), S. 11.
[807] Vgl. § 18 Abs. 1 öIPRG.
[808] Vgl. §§ 81 ff. öEheG.

handelt. § 53 Abs. 2 öIPRG erklärt die Bestimmungen dieses Übereinkommens als unmittelbar anwendbares Recht. Gemäß Art. 3 Abs. 1 des Übereinkommens unterliegt ein Schenkungsvertrag dem von den Parteien gewählten Recht. Die Parteien können die Rechtswahl für ihren ganzen Vertrag oder nur für einen Teil desselben treffen. Der Wechsel der Staatsangehörigkeit bestimmt demnach nicht zwingend die zur Anwendung gelangende Rechtsordnung.

1.8.3.3 Erwerb von österreichischen Liegenschaften

Neben den kollisionsrechtlichen Auswirkungen kann die Annahme der österreichischen Staatsbürgerschaft für den Erwerb von Liegenschaften relevant sein. Die Übertragung von Liegenschaften unterliegt den jeweiligen Grundverkehrsgesetzen der Bundesländer. Danach ist der Erwerb von Liegenschaften oder Eigentumswohnungen durch ausländische Staatsangehörige teilweise eingeschränkt[809]. Durch das österreichische Bundesverfassungsgericht wurde den Bundesländern die Kompetenz eingeräumt, die Übertragung von Liegenschaften auch im Erbwege für Nicht-Österreicher einzuschränken[810].

1.9 Fiktiv unbeschränkte Einkommensteuerpflicht

Wird der Wohnsitz und der gewöhnliche Aufenthalt in Deutschland beim Wegzug aufgegeben, unterliegt eine natürliche Person grundsätzlich nicht mehr der unbeschränkten deutschen Einkommensteuerpflicht. Wenn die Person jedoch inländische Einkünfte im Sinne des § 49 dEStG besitzt und entweder ihre Einkünfte im Kalenderjahr zu mindestens 90 % der deutschen Einkommensteuer unterliegen oder die nicht der deutschen Einkommensteuer unterliegenden Einkünfte nicht mehr als 6.136,- Euro im Kalenderjahr betragen[811], kann der Antrag gestellt werden, als unbeschränkt einkommensteuerpflichtig behandelt zu werden[812]. Im Unterschied zur unbeschränkten Steuerpflicht nach § 1 Abs. 1 dEStG werden durch § 1 Abs. 3 dEStG nur die inländischen Einkünfte im Sinne des § 49 dEStG erfasst und nicht das gesamte Welteinkommen[813]. Die nicht der deutschen Einkommensteuer unterliegenden Einkünfte werden jedoch gemäß

---

[809] Vgl. Teil 3, Kap. 3.2.
[810] Vgl. Meyer, M. (1995), S. 10 - 11.
[811] Zur Bestimmung der prozentualen bzw. betragsmäßigen Begrenzungen vgl. Waterkamp-Faupel (1995), S. 768 - 770 und Förster (1999), S. 281 - 284.
[812] Das österreichische Steuerrecht kennt mit § 1 Abs. 4 öEStG eine vergleichbare Norm. In Ergänzung zur deutschen Vorschrift muss der Antragsberechtigter zusätzlich die Staatsangehörigkeit eines EU-Mitgliedstaates oder eines EWR-Staates besitzen. Auf die österreichische Vorschrift wird im Folgenden nicht weiter eingegangen, da bei einer Wohnsitzverlegung nach Österreich bereits die Voraussetzungen der allgemeinen unbeschränkten Steuerpflicht erfüllt werden.
[813] Vgl. Kaminski (1996b), S. 405 und Stapperfend (1997), S. E5, RZ 5.

§ 32 b Abs. 1 Nr. 3 dEStG in den ausschließlich positiven[814] Progressionsvorbehalt einbezogen[815]. Die Behandlung als unbeschränkt Steuerpflichtiger gemäß § 1 Abs. 3 dEStG hat nicht zur Folge, dass sich die abkommensrechtliche Ansässigkeit ändert[816]. Bleibt Deutschland jedoch abkommensrechtlicher Quellenstaat, kann unter Umständen ein erheblicher Kreis an inländischen Einkünften nicht oder nur einer der Höhe nach begrenzten Quellensteuer im Inland unterliegen. Dies ist schädlich für die Einkünftestruktur, da gemäß § 1 Abs. 3 Satz 3 dEStG inländische Einkünfte, die nach einem Doppelbesteuerungsabkommen nur der Höhe nach beschränkt besteuert werden, als nicht der deutschen Einkommensteuer unterliegend gelten.

Im Fall einer steuerlich motivierten Wohnsitzverlegung nach Österreich wird die Möglichkeit der optionalen Behandlung als unbeschränkt Steuerpflichtiger regelmäßig keine Rolle spielen. Mit der Wohnsitzverlegung werden häufig die Quellen der Einkünfte aus Deutschland verlagert. Das Verhältnis von Einkünften, die der deutschen Einkommensteuer unterliegen, zu denen, die nicht der deutschen Einkommensteuer unterliegen, wird damit regelmäßig in der Weise verändert, dass eine Inanspruchnahme der Optionsmöglichkeit nach § 1 Abs. 3 dEStG nicht in Frage kommt. Muss jedoch aus nichtsteuerlichen Gründen der Wohnsitz verlegt werden und ist es nicht möglich, die Einkunfts- und Vermögensstruktur umzugestalten, kann die fiktiv unbeschränkte Einkommensteuerpflicht zu einer Erleichterung gegenüber der beschränkten Steuerpflicht führen. Sie erlangt insbesondere in den Fällen Bedeutung, in denen die Arbeitstätigkeit in Deutschland beibehalten wird, der Wohnsitz nach Österreich verlegt wird und ein Nebenwohnsitz in Deutschland nicht aufrechterhalten werden soll oder kann.

Die fiktiv unbeschränkte Einkommensteuerpflicht gemäß § 1 Abs. 3 dEStG entspricht inhaltlich weitgehend der bis zum Veranlagungszeitraum 1995 geltenden Regelung in § 50 Abs. 4 dEStG-alt, die durch das Grenzpendlergesetz[817] eingefügt wurde. Die Neufassung in § 1 Abs. 3 dEStG erfolgte im Zusammenhang mit der Einfügung des § 1 a dEStG durch das Jahressteuergesetz 1996 vom 11.10.1995. Der Gesetzgeber reagierte mit dieser Vorschrift auf das Schuma-

---

[814] Kritisch zum Ausschluss des negativen Progressionsvorbehalts Koblenzer (1999), S. 54 - 55.
[815] Ob die Option zur Veranlagung als unbeschränkt Steuerpflichtiger gemäß § 1 Abs. 3 dEStG ausgeübt wird, hängt davon ab, ob die im Rahmen der beschränkten Steuerpflicht nur begrenzte Möglichkeit der Geltendmachung von Abzügen nachteiliger ist als die Anwendung des Progressionsvorbehalts bei einer Besteuerung als fiktiv unbeschränkt Steuerpflichtiger. Vgl. die Entscheidungshilfe bei Große/Kudert (1999). Der Ansicht von Kumpf/Roth (1996), S. 262, dass es sich bei dem Optionsrecht um ein überflüssiges Wahlrecht und somit um eine „Dummen-Vorschrift" handelt, kann nicht gefolgt werden.
[816] Vgl. Reimer (2000), S. 75.
[817] Zum Inhalt des Grenzpendlergesetzes vgl. Krabbe (1994).

cker-Urteil des Europäischen Gerichtshofs[818], der einen Verstoß gegen die Arbeitnehmerfreizügigkeit feststellte, sofern ein Mitgliedsstaat einen Gebietsfremden bei der Erhebung der direkten Steuern schlechter behandelt als einen eigenen Staatsangehörigen, der sich in der gleichen Lage befindet. Eine gleiche Lage wurde unterstellt, wenn der Gebietsfremde in seinem Wohnsitzstaat keine nennenswerten Einkünfte bezieht und sein zu versteuerndes Einkommen im Wesentlichen aus einer Tätigkeit bezieht, die er im Beschäftigungsstaat ausübt. Der Wohnsitzstaat darf nicht in der Lage sein, ihm die Vergünstigungen zu gewähren, die sich aus der Berücksichtigung seiner persönlichen Lage und seines Familienstandes ergeben.

Während die Antragsmöglichkeit nach § 1 Abs. 3 dEStG bei Erfüllung der übrigen Voraussetzungen allen natürlichen Personen zusteht, können die Vergünstigungen des § 1 a dEStG nur in Anspruch genommen werden von Staatsangehörigen eines Mitgliedstaates der Europäischen Union oder eines Staates, auf den das Abkommen über den Europäischen Wirtschaftsraum anwendbar ist. § 1 a dEStG setzt die durch das Schumacker-Urteil erforderlich gewordenen Anpassungen um, die nicht bereits im Grenzpendlergesetz geregelt waren[819]. Begünstigt werden neben Personen, die nach § 1 Abs. 3 dEStG als unbeschränkt steuerpflichtig zu behandeln sind, auch unbeschränkt Steuerpflichtige nach § 1 Abs. 1 dEStG, die die Voraussetzungen des § 1 Abs. 3 dEStG hinsichtlich der Einkünftestruktur erfüllen. Zentrale Bedeutung hat die Regelung in § 1 a Abs. 1 Nr. 2 dEStG, wonach der nicht dauernd getrennt lebende Ehegatte ohne Wohnsitz oder gewöhnlichen Aufenthalt im Inland[820] auf Antrag für die Zusammenveranlagung gemäß § 26 Abs. 1 Satz 1 dEStG als unbeschränkt einkommensteuerpflichtig behandelt wird, sofern die gemeinsamen Einkünfte im Kalenderjahr zu mindestens 90 % der deutschen Einkommensteuer unterliegen oder die nicht der deutschen Einkommensteuer unterliegenden Einkünfte nicht mehr als 12.272,- Euro betragen. Eine weitere familienbezogene Entlastung stellt die Gewährung des Realsplittings dar[821].

---

[818] Vgl. EuGH-Urteil v. 14.2.1995 – C-279/93 (Schumacker), Slg. 1995 I 225.
[819] Das Grenzpendlergesetz v. 24.6.1994 war für die Entscheidung des Schumacker-Falls ohne Bedeutung, da es im entscheidungserheblichen Zeitraum noch nicht in Kraft war. Vgl. RZ 11 des EuGH-Urteils v. 14.2.1995 – C-279/93 (Schumacker), Slg. 1995 I 225 und Kaefer/Saß (1995).
[820] Durch den Verweis auf § 1 a Abs. 1 Nr. 1 Satz 2 dEStG wird klargestellt, dass der Ehegatte seinen Wohnsitz oder gewöhnlichen Aufenthalt im EU- oder EWR-Ausland haben muss. Nicht erforderlich ist hingegen, dass er auch EU- oder EWR-Staatsangehöriger ist. So auch Lüdicke/Jacob (1996), S. 412 und Krabbe (1997), S. 5 - 6, RZ 9.
[821] Vgl. § 1 a Abs. 1 Nr. 1 dEStG i.V.m. § 10 Abs. 1 Nr. 1 dEStG.

1.10 Zeitpunkt des Wechsels der Ansässigkeit
1.10.1 Unterjähriger Wechsel der Ansässigkeit

Zum Zeitpunkt der Aufgabe der Ansässigkeit in Deutschland endet die unbeschränkte Steuerpflicht. Sofern der Steuerpflichtige weiterhin inländische Einkünfte im Sinne des § 49 dEStG besitzt, beginnt mit dem Wohnsitzwechsel die beschränkte Einkommensteuerpflicht. Durch den unterjährigen Wechsel der Steuerpflicht entstehen zwei Ermittlungszeiträume. Die Besteuerungsgrundlagen sind getrennt voneinander zu ermitteln. Gemäß § 2 Abs. 7 Satz 3 dEStG ist jedoch nur eine Veranlagung durchzuführen[822]: „Besteht während eines Kalenderjahrs sowohl unbeschränkte als auch beschränkte Einkommensteuerpflicht, so sind die während der beschränkten Einkommensteuerpflicht erzielten inländischen Einkünfte in eine Veranlagung zur unbeschränkten Einkommensteuerpflicht einzubeziehen"[823,824]. Dies hat nicht zur Folge, dass der Steuerpflichtige während des gesamten Jahres wie ein unbeschränkt Steuerpflichtiger behandelt wird. Ausländische Einkünfte, die nicht der beschränkten deutschen Steuerpflicht unterliegen und die nach Aufgabe der deutschen Ansässigkeit erzielt werden, sind nicht in die Bemessungsgrundlage einzubeziehen[825].

Österreich kennt keine dem § 2 Abs. 7 Satz 3 dEStG vergleichbare Regelung. § 39 Abs. 2 öEStG bestimmt, dass das während der Dauer der Steuerpflicht bezogene Einkommen zugrunde gelegt wird, wenn die Steuerpflicht nicht während

---

[822] Bis zur Verabschiedung des Einkommensteuer-Gesetzes 1996 erfolgten in den Fällen eines unterjährigen Ansässigkeitswechsels auf die jeweiligen Rumpfzeiträume begrenzte Einkommensteuerveranlagungen. Für Einkünfte, die der beschränkten Steuerpflicht unterlagen, fand eine gesonderte Veranlagung statt, sofern diese nicht einem abgeltenden Steuerabzug unterworfen waren. Durch die Anwendung der Einkommensteuerjahrestabellen auf kürzere Ermittlungszeiträume entsprach die Besteuerung nicht der Leistungsfähigkeit. Vgl. Pohl (2002a), S. 275. Kaefer (1991), S. 673 weist darauf hin, dass der Europäische Gerichtshof Vorteile für einen Steuerpflichtigen, die aus einem nur unterjährig erzielten Lohn resultieren, zugunsten der Arbeitnehmerfreizügigkeit in Kauf nimmt. Zur Problematik des Verlustausgleichs und Verlustabzugs beim unterjährigen Wechsel von unbeschränkter zu beschränkter Steuerpflicht vor der Gesetzesänderung 1996 vgl. Orth (1983) und Mienert (1988).
[823] Einbezogen werden auch die Einkünfte, die bei alleiniger beschränkter Steuerpflicht einem endgültigen Steuerabzug gemäß § 50 Abs. 5 Satz 1 dEStG unterlegen hätten. Vgl. Kluge (2000), S. 209, RZ 71.
[824] Werbungskosten, die nach Beendigung der unbeschränkten Steuerpflicht abgeflossen sind, können demnach berücksichtigt werden. Anders hingegen war die Rechtslage vor der Verabschiedung des Einkommensteuer-Gesetzes 1996: Gemäß BFH-Urteil v. 17.4.1996 – I R 78/95, BStBl II 1996, S. 571 durfte ein Steuerpflichtiger, der im Laufe eines Kalenderjahres vom Inland ins Ausland zieht und dem in der Zeit seiner unbeschränkten Steuerpflicht Dividenden zugeflossen sind, mit den Dividenden in Zusammenhang stehende Werbungskosten, die während der Zeit seiner beschränkten Einkommensteuerpflicht anfallen, nicht einkunftsmindernd berücksichtigen.
[825] So auch Buciek (2001), S. 819.

des vollen Veranlagungszeitraums bestanden hat. Sofern der Steuerpflichtige bereits vor dem Zuzug in Österreich beschränkt steuerpflichtig gewesen ist, muss er im Zuzugsjahr zwei Steuerveranlagungen durchführen. Aus einer unterjährigen unbeschränkten Steuerpflicht ergibt sich somit ein Progressionsvorteil, da die während einer gegebenenfalls bestehenden beschränkten Steuerpflicht erzielten Einkünfte nicht zur Berechnung des Steuersatzes heranzuziehen sind, der auf das während der unbeschränkten Steuerpflicht erzielte Einkommen anzuwenden ist[826].

1.10.2 Progressionsvorbehalt

Gemäß § 32 b Abs. 1 Nr. 2 dEStG sind für den Fall einer nur zeitweisen unbeschränkten Steuerpflicht[827] ausländische Einkünfte, die im Veranlagungszeitraum nicht der deutschen Einkommensteuer unterlegen haben, im Rahmen des Progressionsvorbehalts zu beachten[828]. Eingeführt wurde der Progressionsvorbehalt aus Gründen der Gleichbehandlung mit ganzjährig unbeschränkt steuerpflichtigen Personen[829]. Bis vor kurzem entsprach es der herrschenden Meinung, dass nur zeitweise unbeschränkt Steuerpflichtige im Verhältnis zu ganzjährig unbeschränkt steuerpflichtigen Personen, die einen Doppelwohnsitz haben und nach dem Recht der Doppelbesteuerungsabkommen als im Ausland ansässig gelten, ungleich behandelt werden[830]. Begründet wurde dies damit, dass die nach dem Doppelbesteuerungsabkommen steuerfreien Einkünfte der letztgenannten Personengruppe weder dem Progressionsvorbehalt gemäß § 32 b Abs. 1 Nr. 2 dEStG noch demjenigen des § 32 b Abs. 1 Nr. 3 dEStG unterliegen[831]. Mit dem BFH-Urteil vom 19.12.2001 erfolgte eine Änderung der Rechtsprechung[832]. Danach soll sowohl die Anwendung des § 32 b Abs. 1 Nr. 2 dEStG als auch des § 32 b Abs. 1 Nr. 3 dEStG abkommensrechtlich lediglich voraussetzen, dass das

---

[826] Vgl. Toifl (2002), S. 156 - 157.
[827] Hierunter fallen ausdrücklich die in § 2 Abs. 7 Satz 3 dEStG geregelten Fälle.
[828] Vgl. FG Baden-Württemberg, Beschluss v. 16.2.1999 – 5 V 34/98, IStR 1999, S. 468 und FG Köln, Beschluss v. 12.3.1999 – 8 V 544/99, IStR 1999, S. 469.
[829] So auch Mössner (1997), S. 226.
[830] So auch noch Achter (2002), S. 77.
[831] § 32 b Abs. 1 Nr. 3 dEStG schreibt die Anwendung des Progressionsvorbehalts unter anderem für Einkünfte vor, die nach einem Abkommen zur Vermeidung der Doppelbesteuerung unter dem Vorbehalt der Einbeziehung bei der Berechnung steuerfrei sind. Da eine derartige Freistellung mit Vorbehalt aber nur durch den Wohnsitzstaat – in diesem Fall Österreich – erfolgt, sollte eine Anwendung von § 32 b Abs. 1 Nr. 3 dEStG in Deutschland ausscheiden – Vgl. auch Lüdicke/Jacob (1996), S. 417 und Apel/Oltmanns (1998), S. 2561.
[832] Vgl. BFH-Urteil v. 19.12.2001 – I R 63/00, IStR 2002, S. 239. Befürwortend Mössner (2002a) und Wassermeyer (2002), ablehnend Sabatschus (2002).

einschlägige Doppelbesteuerungsabkommen die Berücksichtigung eines Progressionsvorbehalts nicht ausdrücklich verbietet[833].

Bedenklich ist diese Auslegung insbesondere im Hinblick auf § 32 b Abs. 1 Nr. 3 dEStG[834]. Als Begründung für die neue Auslegung wird lediglich angeführt, dass die in der Vorschrift enthaltene Einschränkung, dass das jeweils einschlägige Doppelbesteuerungsabkommen einen Progressionsvorbehalt erlauben muss, überflüssig sei und die Vorschrift in einem materiell-rechtlichen Sinne zu verstehen sei[835]. Mit dieser Ansicht löst sich der Bundesfinanzhof vom Wortlaut des § 32 b Abs. 1 Nr. 3 dEStG, da demzufolge nur die steuerbefreiten Einkünfte im Rahmen des Progressionsvorbehalts berücksichtigt werden sollen, die unter dem Vorbehalt der Einbeziehung bei der Berechnung der Einkommensteuer stehen. Orientiert sich der Steuerpflichtige am Wortlaut der Vorschrift, könnte sich die Aufrechterhaltung eines Nebenwohnsitzes bis zum Ende des Jahres anbieten, in dem die Wohnsitzverlegung erfolgt[836]. Geht der Steuerpflichtige hingegen davon aus, dass der BFH auch in Zukunft nicht von seiner geänderten Rechtsauffassung abweicht, empfiehlt sich die Aufgabe der unbeschränkten Steuerpflicht in Deutschland[837].

Ebenfalls problematisch ist die Aussage im BFH-Urteil vom 19.12.2001[838], dass der Progressionsvorbehalt gemäß § 32 b Abs. 1 Nr. 2 dEStG auch dann greift, wenn in einem Teil des Kalenderjahres unbeschränkte Steuerpflicht besteht und im anderen Teil keine in der Bundesrepublik zu besteuernden Einkünfte anfallen. Wenn die Einkünfte aber weder wegen der Ansässigkeit des Steuerpflichtigen noch wegen der Quelle einen Bezug zum Inland aufweisen, dürfen sie nicht besteuert werden[839]. Werden dennoch die Einkünfte bei der Bestimmung des

---

[833] Zu den in den deutsch-österreichischen Doppelbesteuerungsabkommen verankerten Progressionsvorbehalten vgl. Art. 15 Abs. 3 ErtSt-DBA 1954/92 sowie Art. 23 Abs. 1 lit. a Satz 2 ErtSt-DBA 2003, Art. 23 Abs. 1 lit. c und Art. 23 Abs. 2 lit. d ErtSt-DBA 2003.
[834] Vgl. Ziesecke (2003), S. 116.
[835] Vgl. Wassermeyer (2002), S. 290.
[836] So auch Apel/Oltmanns (1998), S. 2563. Huemer (1996), S. 119 weist darauf hin, dass für den Fall eines Doppelwohnsitzes die abkommensrechtliche Ansässigkeit auch innerhalb einer Steuerperiode wechseln kann.
[837] So auch Andresen (2002), S. 629.
[838] Vgl. BFH-Urteil v. 19.12.2001 – I R 63/00, IStR 2002, S. 239.
[839] So auch Mössner (1997), S. 226. Das FG Baden-Württemberg, Beschluss v. 16.2.1999 – 5 V 34/98, IStR 1999, S. 468 und das FG Köln, Urteil v. 14.3.2000 – 8 K 543/99, EFG 2000, S. 1006 hielten ebenfalls eine Einbeziehung der ausländischen Einkünfte in den Progressionsvorbehalt dann nicht für verfassungskonform, wenn die ausländischen Einkünfte während eines Zeitraums erzielt wurden, in dem überhaupt keine Beziehung des Steuerpflichtigen zum Inland bestand. A. A. war bereits das FG Köln mit Beschluss v. 12.3.1999 – 8 V 544/99, IStR 1999, S. 469.

Steuersatzes berücksichtigt, bleibt unbeachtet, dass die Funktion eines Progressionsvorbehalts darin besteht, die Wirkung einer Steuerfreistellung zu begrenzen[840]. Nach dem Wohnsitzwechsel werden aber keine Einkünfte von der deutschen Steuer befreit, so dass auch keine Notwendigkeit für die Berücksichtigung eines Progressionsvorbehalts besteht[841].

Ein Vorteil der Einbeziehung der beschränkt steuerpflichtigen Einkünfte in die unbeschränkte Steuerpflicht ist die Nichtanwendbarkeit der Mindeststeuer gemäß § 50 Abs. 3 Satz 2 dEStG[842].

1.10.3 Zusammenveranlagung von Ehegatten

Ehegatten, die vor dem Ansässigkeitswechsel nach Österreich zusammen veranlagt wurden, werden auch in dem Veranlagungszeitraum, in den die Wohnsitzaufgabe fällt, zusammen veranlagt. § 26 Abs. 1 Satz 1 dEStG setzt nur voraus, dass die unbeschränkte Einkommensteuerpflicht beider Ehegatten zu Beginn des Veranlagungszeitraums vorgelegen haben muss oder im Laufe des Veranlagungszeitraums eingetreten ist. Für den Zeitraum der beschränkten Steuerpflicht ist für keinen der beiden Ehegatten eine Einzelveranlagung durchzuführen. Verzieht jedoch eine Person nach Österreich und heiratet dort im Wegzugsjahr eine in Österreich ansässige Person, ist keine Zusammenveranlagung des Ehepaars vorzunehmen, da der Ehegatte zu keinem Zeitpunkt des Veranlagungszeitraums unbeschränkt steuerpflichtig gewesen ist. Hierin kann eine Verletzung des Gleichheitssatzes gemäß Art. 3 Abs. 1 dGG gesehen werden: Zum einen wird das die Leistungsfähigkeit bestimmende Merkmal des ausländischen Gehalts im Rahmen des Progressionsvorbehalts berücksichtigt, zum anderen wird das ebenfalls auf die Leistungsfähigkeit abstellende Merkmal der Eheschließung nicht beachtet[843]. Eine Berufung auf Art. 3 Abs. 1 dGG kann unter Umständen zu einer Gewährung des Splittingtarifs führen.

1.10.4 Fristen bei den erweitert beschränkten Steuerpflichten

Bedeutung erlangt der Tag der Auswanderung auch im Rahmen der erweitert beschränkten Steuerpflichten. Diese enden mit Ablauf von zehn Jahren nach

---

[840] Vgl. Apel/Oltmanns (1998), S. 2562 und FG Köln, Urteil v. 14.3.2000 – 8 K 543/99, EFG 2000, S. 1006.
[841] Sabatschus (2002), S. 625 - 626 weist ergänzend darauf hin, dass kein Praktikabilitätsunterschied zwischen Wohnsitzwechslern und ganzjährig beschränkt Steuerpflichtigen besteht. Bei einer Orientierung am Leistungsfähigkeitsprinzip und am Gleichheitsgrundsatz müssten beide Personengruppen identisch behandelt werden. Dass nur auf die Steuerpflichtigen, die ihren Wohnsitz im Veranlagungsjahr verlegen, der Progressionsvorbehalt angewendet werden soll, ist nach seiner Ansicht – entgegen der Auffassung des BFH – nicht verfassungskonform.
[842] Vgl. Lüdicke/Jacob (1996), S. 415.
[843] Vgl. Apel/Oltmanns (1998), S. 2563 - 2564.

dem Ende des Jahres, in dem die unbeschränkte Steuerpflicht aufgegeben wurde. Die erweitert beschränkten Steuerpflichten bestehen demnach im Jahr der Auswanderung und in den darauf folgenden zehn Veranlagungszeiträumen. Der günstigste Zeitpunkt zur Beendigung der unbeschränkten Steuerpflicht ist demzufolge der 31. Dezember, der ungünstigste Zeitpunkt der 1. Januar[844]. Eine Aufgabe der Ansässigkeit zu Beginn des Jahres bedeutet einen Zeitraum von elf Jahren, in dem die erweitert beschränkten Steuerpflichten greifen können. Zur Minimierung von Unsicherheiten im Rahmen der Steuerplanung sollte die Aufgabe der Ansässigkeit in Deutschland nicht direkt auf den 31. Dezember gelegt werden. Auf die hohen Anforderungen, die an die Aufgabe eines Wohnsitzes in Deutschland gestellt werden, wurde bereits hingewiesen[845].

1.10.5 Zuflusszeitpunkte

Des Weiteren sollte bei der Wahl des Zeitpunkts der Wohnsitzverlegung darauf geachtet werden, dass getätigte Ausgaben noch mit positiven Einkünften verrechnet werden können. Heydt weist auf die europarechtliche Problematik hin, die sich ergibt, wenn in einem Jahr in einem Mitgliedstaat Ausgaben getätigt werden, die sich erst im nächsten Jahr in einem anderen Mitgliedstaat auswirken[846]. In Deutschland sind die Ausgaben nicht abzugsfähig, weil sie nicht mit steuerpflichtigen Einnahmen in unmittelbarem wirtschaftlichen Zusammenhang stehen. In Österreich können sie nicht berücksichtigt werden, weil sie aus dem Vorjahr stammen. Im umgekehrten Fall – Einnahmen fließen zur Zeit der unbeschränkten Steuerpflicht zu, Werbungskosten fallen während der Zeit der beschränkten Steuerpflicht an – hat der Bundesfinanzhof entschieden, dass die Werbungskosten selbst dann nicht anzuerkennen sind, wenn diese im Zusammenhang mit den Einnahmen stehen[847]. Das Urteil bezog sich jedoch auf den Rechtsstand vor Erlass des Jahressteuergesetzes 1996, so dass zumindest beim Anfall der Einnahmen und der Werbungskosten in einem Jahr davon auszugehen ist, dass die Werbungskosten abzugsfähig sind. Sollte der Werbungskostenabzug erst in einem späteren Veranlagungszeitraum als der Einnahmenzufluss erfolgen, könnte eine Verletzung des EG-Vertrages gegeben sein[848].

Im Unterschied zur deutschen Regelung ist bei einem Zuzug nach Österreich regelmäßig eine Veranlagung für den Zeitraum der beschränkten Steuerpflicht und eine Veranlagung für den Zeitraum der unbeschränkten Steuerpflicht durchzuführen. Die österreichische Rechtsprechung hat die Abgrenzung der Ausgaben

---

[844] Vgl. Göttsche (1997), S. 198.
[845] Vgl. Teil 2, Kap. 1.3.4.
[846] Vgl. Heydt (2000), S. 34 - 35.
[847] Vgl. BFH-Urteil v. 17.4.1996 – I R 78/95, BStBl II 1996, S. 571.
[848] So auch Reimer (2000), S. 82.

von den Einnahmen mittels des Zufluss-/Abflussprinzips vorgenommen[849]. Danach sind Einnahmen und Ausgaben, die während der Zeit der beschränkten Steuerpflicht zu- bzw. abfließen, im Rahmen der beschränkten Steuerpflicht zu besteuern. Einnahmen und Ausgaben, die nach dem Zuzug zu- bzw. abfließen, sind im Rahmen der Veranlagung zur unbeschränkten Steuerpflicht zu erfassen. Die österreichische Finanzverwaltung ging stattdessen in der Mehrzahl der Fälle von einer wirtschaftlichen Zuordnung der Einnahmen und Ausgaben aus. Lediglich in einem einzigen Fall hat auch das österreichische Bundesfinanzministerium auf das Zufluss-/Abflussprinzip zurückgegriffen[850].

1.11 Europarechtliche Bedenken gegen die Ausgestaltung der Steueranknüpfung

Im Rahmen der Steuerplanung ist zu prüfen, inwiefern einzelne Normen der nationalen Steuerrechtsordnungen gegen höherrangiges europäisches Recht verstoßen. Es muss abgewogen werden, ob im Vorfeld der Steuergestaltung eine formlose Beschwerde bei der EU-Kommission eingereicht bzw. ob bei einem späteren Einspruch im Gerichtsverfahren auf die Verletzung des Gemeinschaftsrechts hingewiesen werden soll. Im Folgenden werden europarechtlich bedenkliche Regeln des deutschen Steuerrechts untersucht.

1.11.1 Unterscheidung zwischen beschränkter und unbeschränkter Einkommensteuerpflicht

Lange Zeit fraglich war, ob die Unterscheidung zwischen unbeschränkter und beschränkter Einkommensteuerpflicht zulässig ist. Inzwischen kann aus der Rechtsprechung des Europäischen Gerichtshofs abgeleitet werden, dass eine derartige Differenzierung statthaft ist, weil sich ein unbeschränkt Steuerpflichtiger und ein beschränkt Steuerpflichtiger grundsätzlich nicht in einer gleichartigen Situation befinden[851]. Etwas anderes gilt für den Fall der Grenzpendler, die in einem Staat arbeiten und im anderen Staat wohnen. Wenn der Steuerpflichtige im Wohnsitzstaat keine nennenswerten Einkünfte bezieht, ist dieser Staat nicht in der Lage, ihm die sich aus der Berücksichtigung der persönlichen Lage und seines Familienstandes ergebenden Vergünstigungen zu gewähren[852]. Da zwischen der Situation eines solchen Gebietsfremden und der eines Gebietsansässi-

---

[849] Vgl. Toifl (2002), S. 156.
[850] Vgl. EAS 1764 v. 12.12.2000. Danach unterliegt der Zufluss eines Veräußerungsgewinns nach Begründung der Ansässigkeit in Österreich nicht der unbeschränkten Steuerpflicht, wenn die Veräußerung selbst noch während der Ansässigkeit in einem anderen Staat verwirklicht wurde.
[851] Vgl. Wassermeyer (1985), S. 63, der in der Ungleichbehandlung von unbeschränkt und beschränkt Steuerpflichtigen das Leistungsfähigkeitsprinzip verwirklicht sieht.
[852] Vgl. EuGH-Urteil v. 14.2.1995 – C-279/93 (Schumacker), Slg. 1995 I 225.

gen, der eine vergleichbare Beschäftigung ausübt, kein objektiver Unterschied besteht, der eine Ungleichbehandlung rechtfertigen könnte, wurde eine Verletzung der Grundfreiheiten angenommen. Durch die Einführung des allgemeinen Freizügigkeitsrechts gemäß Art. 18 EG ist inzwischen in allen grenzüberschreitenden Fällen eine Prüfung hinsichtlich der Vergleichbarkeit der Lage anzustellen[853].

Diese Rechtsprechung des Europäischen Gerichtshofs im Fall Schumacker versuchte der deutsche Gesetzgeber mit dem Jahressteuergesetz 1996 umzusetzen: § 1 Abs. 3 dEStG legt fest, dass auf Antrag natürliche Personen als unbeschränkt einkommensteuerpflichtig behandelt werden können, die in Deutschland weder einen Wohnsitz noch einen gewöhnlichen Aufenthalt haben. Vorausgesetzt wird, dass die Einkünfte der Person im Kalenderjahr mindestens zu 90 % der deutschen Einkommensteuer unterliegen oder die nicht der deutschen Einkommensteuer unterliegenden Einkünfte nicht mehr als 6136,- Euro im Kalenderjahr betragen[854]. Mit der Festlegung einer relativen bzw. einer absoluten Grenze wird versucht, das Kriterium der vergleichbaren Lage quantitativ zu umschreiben. An der willkürlich gewählten 90%-Grenze wurde in der Vergangenheit mehrfach Kritik geübt[855]. Zwischenzeitlich hat der Europäische Gerichtshof in der Begründung des Gschwind-Urteils festgestellt, dass das deutsche Recht durch die Festsetzung einer prozentual ausgedrückten Grenze für die in Deutschland zu versteuernden und einer in absoluten Zahlen ausgedrückten Grenze für die nicht der deutschen Steuer unterliegenden Einkünfte die Möglichkeit eröffnet, der persönlichen Lage und dem Familienstand des Steuerpflichtigen im Wohnsitzstaat auf einer ausreichenden Besteuerungsgrundlage Rechnung zu tragen[856]. Aufgrund dieser eindeutigen Rechtsprechung ist vom Europäischen Gerichtshof hinsichtlich der Definition der vergleichbaren Lage vom Grundsatz her nichts mehr zu erwarten[857].

---

[853] Vgl. Dautzenberg (1993), S. 1566.
[854] Zur fiktiven unbeschränkten Steuerpflicht vgl. Teil 2, Kap. 1.9.
[855] Heinicke (1998), S. 1336 weist darauf hin, dass die EG-Kommission für die Festlegung einer 75%-Grenze und der Generalanwalt für eine tatsächliche Würdigung im Einzelfall plädiert hat. Vgl. des Weiteren Ehmcke (1996), S. 17, RZ 80.
[856] Vgl. EuGH-Urteil v. 14.9.1999 – C-391/97 (Gschwind), RZ 28, Slg. 1999 I 5451.
[857] So auch Kluge (2000), S. 187, RZ 37, a.A. hingegen Reimer (2000), S. 80 - 81. In dem Urteil v. 12.12.2002 – C-385/00 (de Groot), Internationale Wirtschaftsbriefe: Zeitschrift für internationales Steuer- und Wirtschaftsrecht; 20. Auflage; Fach 11a, S. 637 – 646 hat der EuGH kürzlich festgestellt, dass der Ansässigkeitsstaat nicht berechtigt ist, die persönliche Situation des Steuerpflichtigen nur anteilig entsprechend seiner im Ansässigkeitsstaat erzielten Einkünfte zu berücksichtigen. Vgl. auch de Weerth (2003), S. 133 – 135.

1.11.2 Unterscheidung zwischen beschränkter und unbeschränkter Erbschaftsteuerpflicht

Anders als bei der Einkommensteuer sieht es hingegen hinsichtlich der Unterscheidung zwischen beschränkter und unbeschränkter Erbschaftsteuerpflicht aus. In einem ersten Schritt ist zu prüfen, ob die Erbschaftsteuer in den Anwendungsbereich des EG-Vertrages fällt[858]. Da Entscheidungen über den Ort der Wohnsitznahme und der Kapitalanlage von Erblassern unter anderem im Hinblick auf eine möglichst steuersparende Vererbung von Vermögen getroffen werden, müssen sich die Normen des Erbschaft- und Schenkungsteuergesetzes an den Diskriminierungsverboten des EG-Vertrages messen lassen[859]. Unterstützung erhält diese Auffassung durch das Halliburton-Urteil des Europäischen Gerichtshofs[860], mit dem eine Verletzung der Grundfreiheiten durch eine diskriminierende Regelung einer anderen Einmalsteuer – der Grunderwerbsteuer – festgestellt wurde[861], sowie durch die zur niederländischen Erbschaftsteuer ergangene Barbier-Entscheidung des Europäischen Gerichtshofs[862]. Des Weiteren ist in der Kapitalverkehrsrichtlinie eine Liste der Vorgänge enthalten, die unter die Kapitalverkehrsfreiheit fallen. Genannt sind „Erbschaften und Vermächtnisse", „Schenkungen und Stiftungen" und „Erbschaftsteuern"[863].

Aufgrund der Anwendbarkeit des EG-Vertrages auf die Erbschaftsteuer muss davon ausgegangen werden, dass – analog zur Rechtsprechung im Schumacker-Fall – eine Unterscheidung zwischen unbeschränkter und beschränkter Erbschaftsteuerpflicht unzulässig ist, wenn sich die Steuerpflichtigen in einer vergleichbaren Situation befinden[864]. Sind beispielsweise weder der Erblasser noch der Erbe in Deutschland ansässig, befindet sich aber ein Großteil des vererbten Vermögens in Deutschland, ist die Situation mit derjenigen eines unbeschränkt Steuerpflichtigen vergleichbar[865]. Eine Berücksichtigung der persönlichen Verhältnisse im Wohnsitzstaat ist nicht möglich. Durch einen deutlich niedrigeren

---

[858] Hiervon wird in der Literatur einhellig ausgegangen, obwohl die deutschen Finanzgerichte dieser herrschenden Meinung offensichtlich noch nicht zu folgen bereit sind. Vgl. Wachter (2004a), S. 362 – 363, Wachter (2004b), S. 387 – 388, Wachter (2004c), S. 1257, Höninger (2004), S. 336, Burgstaller/Haslinger (2004), S. 158, Schnitger (2004b), S. 188 sowie das Urteil des FG Berlin v. 9.9.2003 – 5 K 5035/02, ZEV 2004, S. 385.
[859] Vgl. Tumpel (2000), S. 29 - 30.
[860] Vgl. EuGH-Urteil v. 12.4.1994 – C-1/93 (Halliburton), Slg. 1994 I 1137.
[861] Vgl. Saß (1998), S. 4.
[862] Vgl. EuGH-Urteil v. 11.12.2003 – C-364/01 (Barbier), IStR 2004, S. 18.
[863] Vgl. Herzig/Dautzenberg (1997), S. 16 m.w.N, Koblenzer (1999), S. 206 und Busch (2002a), S. 449.
[864] So auch Dautzenberg/Brüggemann (1997), S. 127.
[865] Vgl. Fraberger (1998), S. 303 und Tumpel (2000), S. 33.

persönlichen Freibetrag[866] ist eine Diskriminierung regelmäßig die Folge[867]. Analog zur 90%-Grenze bei der Einkommensteuer kann vermutet werden, dass eine Verletzung von Europarecht vorliegt, wenn sich mehr als 90 % des Vermögens im Inland befinden und dort der beschränkten Steuerpflicht unterliegen[868].

1.11.3 Mindeststeuer bei beschränkter Einkommensteuerpflicht

Europarechtlich umstritten ist auch die Bestimmung des § 50 Abs. 3 Satz 2 dEStG, wonach beschränkt Steuerpflichtige einer Mindeststeuer von 25 % unterliegen. Relevant ist diese Vorschrift in den Fällen, in denen eine Option zur Veranlagung als unbeschränkt Steuerpflichtiger gemäß § 1 Abs. 3 dEStG nicht möglich ist. Da für beschränkt steuerpflichtige Arbeitnehmer die Festsetzung einer Mindeststeuer nicht gilt, scheidet eine Verletzung der Arbeitnehmerfreizügigkeit gemäß Art. 39 EG aus. In Frage kommt hingegen ein Verstoß gegen die Niederlassungsfreiheit gemäß Art. 43 EG. Das Schrifttum ging seit dem Asscher-Urteil[869] des Europäischen Gerichtshofs davon aus, dass die Erhebung einer Mindeststeuer gemäß § 50 Abs. 3 Satz 2 dEStG europarechtswidrig ist[870]. In diesem Urteil hatte der Gerichtshof Stellung genommen zum Lohnsteuerabzug in den Niederlanden. Dort wurde in einer ersten Tranche der Steuersatz für gebietsfremde Steuerpflichtige auf 25 % festgesetzt, während in den Niederlanden ansässige Steuerpflichtige nur einem Steuersatz von 13 % unterlagen. Der Europäische Gerichtshof hatte dazu festgestellt, dass eine Ungleichbehandlung vorliegt, weil auf Gebietsfremde, die in den Niederlanden weniger als 90 % ihres Welteinkommens erzielten, in der ersten Tranche ein Steuersatz von 25 % angewandt wurde, während die in den Niederlanden ansässigen Personen, die dort die gleiche wirtschaftliche Tätigkeit ausübten, in der ersten Besteuerungstranche in den Genuss des Steuersatzes von 13 % auch dann kamen, wenn sie dort weniger als 90 % ihres Welteinkommens erzielten. Damit wurde unterstellt, dass sich der Gebietsfremde und der Gebietsansässige in einer vergleichbaren Situation befinden[871].

---

[866] Die sachlichen Steuerbefreiungen gemäß § 13 dErbStG können grundsätzlich auch bei beschränkter Steuerpflicht in Anspruch genommen werden.
[867] Vgl. § 16 Abs. 2 dErbStG, wonach bei beschränkter Steuerpflicht nur ein Freibetrag in Höhe von 1.100,- Euro gewährt wird.
[868] Vgl. Dautzenberg/Brüggemann (1997), S. 129, Saß (1998), S. 4, Eberhartinger, E./Fraberger (2004), S. 567, Burgstaller/Haslinger (2004), S. 159 und Schnitger (2004b), S. 192. Busch (2002a), S. 451 - 452 zeigt auf, dass für eine derartige Benachteiligung der beschränkt Steuerpflichtigen kein Rechtfertigungsgrund existiert.
[869] Vgl. EuGH-Urteil v. 27.6.1996 – C-107/94 (Asscher), RZ 45, Slg. 1996 I 3089.
[870] Vgl. Lüdicke/Jacob (1996), S. 420, Herzig/Dautzenberg (1997), S. 13, Saß (1997), S. 391 und Saß (1998), S. 4 - 5. A.A. hingegen Reimer (2000), S. 83 - 84, der diese „minimale Diskriminierung" durch den Gedanken der Missbrauchsbekämpfung gerechtfertigt sieht.
[871] So auch Jann/Toifl (1996), S. 308.

Diese Rechtsprechung wurde mit dem so genannten Gerritse-Urteil des Europäischen Gerichtshofs fortgeführt[872]. Nach dem Leitsatz dieses Urteils stehen die Vorschriften des EG-Vertrages einer Regelung nicht entgegen, nach der in der Regel die Einkünfte Gebietsfremder einer definitiven Besteuerung zu einem einheitlichen Steuersatz von 25 % durch Steuerabzug unterliegen, während die Einkünfte Gebietsansässiger nach einem progressiven Steuertarif mit einem Grundfreibetrag besteuert werden, sofern der Steuersatz von 25 % nicht höher ist als der Steuersatz, der sich für den Betroffenen tatsächlich aus der Anwendung des progressiven Steuertarifs auf die Nettoeinkünfte zuzüglich eines Betrages in Höhe des Grundfreibetrags ergeben würde. Diese Rechtsprechung wurde vom Bundesfinanzhof[873] bestätigt und von der deutschen Finanzverwaltung[874] in einem Erlass veröffentlicht.

1.11.4 Anwendung des Progressionsvorbehalts bei unterjährigem Ansässigkeitswechsel

Ob der im Jahr des Ansässigkeitswechsels anzuwendende Progressionsvorbehalt gemäß § 32 b Abs. 1 Nr. 2 dEStG gegen Europarecht verstößt, ist fraglich. Die Berücksichtigung der ausländischen Einkünfte, die im Veranlagungszeitraum nicht der deutschen Einkommensteuer unterlegen haben, ist sowohl für deutsche als auch für ausländische Staatsangehörige vorgeschrieben. Eine offene Diskriminierung aufgrund der Staatsangehörigkeit ist in diesem Fall nicht festzustellen[875]. Da bei Verlegung des Mittelpunkts der Lebensinteressen nach Österreich bei gleichzeitiger Beibehaltung eines Wohnsitzes in Deutschland weder die Anwendung des Progressionsvorbehalts nach § 32 b Abs. 1 Nr. 2 dEStG noch nach § 32 b Abs. 1 Nr. 3 dEStG in Frage kommt, kamen Apel/Oltmanns zu dem Schluss, dass eine versteckte Diskriminierung vorläge[876]. Sie begründeten diesen Schluss mit der Auffassung, dass es in Deutschland verwurzelten Staatsangehörigen prinzipiell leichter falle, einen Doppelwohnsitz beizubehalten. Ausländische Staatsangehörige werden nach ihrer Auffassung besonders häufig von der Einbeziehung in den Progressionsvorbehalt betroffen sein, so dass diese Bestimmung gegen Gemeinschaftsrecht verstoße[877].

Am 15.5.2002 urteilte der BFH in einer Rechtssache[878], dem folgender Fall zugrunde lag: Ein Arbeitnehmer verzog im Verlauf eines Kalenderjahres von

---
[872] Vgl. EuGH-Urteil v. 12.6.2003 – C-234/01 (Gerritse), BStBl II 2003, S. 859.
[873] Vgl. BFH-Urteil v. 19.11.2003 – I R 34/02, FR 2004, S. 664.
[874] Vgl. dBMF-Schreiben v. 10.9.2004 – IV A 5 – S 2301 – 10/04, DB 2004, S. 2074.
[875] Keine gemeinschaftsrechtlichen Bedenken gegen die Anwendung des Progressionsvorbehalts gemäß § 32 b Abs. 1 Nr. 2 dEStG kann Reimer (2000), S. 82 - 83 erkennen.
[876] Vgl. Apel/Oltmanns (1998), S. 2564.
[877] Zur Häufigkeitsproblematik vgl. Kluge (2000), S. 210, RZ 71.
[878] Vgl. BFH-Urteil v. 15.5.2002 – I R 40/01, IStR 2002, S. 635.

Deutschland in die Niederlande. Nach dem Wegzug hatte er weder einen Wohnsitz noch den gewöhnlichen Aufenthalt in Deutschland. Inländische Einkünfte im Sinne des § 49 dEStG erzielte er nicht. Der Steuerpflichtige hielt die Einbeziehung der nach dem Wegzug in seinem neuen Wohnsitzstaat erzielten Einkünfte im Wege des Progressionsvorbehalts für nicht gerechtfertigt. Nachdem das Finanzgericht der Auffassung des Steuerpflichtigen folgte, legte das Finanzamt wegen Verletzung materiellen Rechts Revision beim BFH ein. Dieser stellte in seinem ersten Leitsatz fest, dass die nach dem Wegzug erzielten Einkünfte auch dann im Wege des Progressionsvorbehalts zu berücksichtigen sind, wenn sich der neue Wohnsitz des Steuerpflichtigen in einem EU-Staat befindet. Die Berücksichtigung des Progressionsvorbehalts hat unabhängig davon zu erfolgen, ob der Steuerpflichtige außerhalb der Zeit seiner unbeschränkten Steuerpflicht beschränkt steuerpflichtige Einkünfte im Sinne des § 49 dEStG erzielt hat. Ausgeschlossen soll die Anwendung des Progressionsvorbehalts nur sein, wenn ein Doppelbesteuerungsabkommen ein ausdrückliches Verbot ausspricht. Eine positive Erlaubnis des Progressionsvorbehalts im Rahmen des Doppelbesteuerungsabkommens sei nicht erforderlich[879].

Der BFH begründete sein Urteil damit, dass der die Arbeitnehmerfreizügigkeit gewährleistende Art. 39 EG zwar wegen der Arbeitnehmereigenschaft des Steuerpflichtigen und des grenzüberschreitenden Sachverhalts grundsätzlich einschlägig sei, aber wegen der mangelnden Benachteiligung des Steuerpflichtigen keine Verletzung von Europarecht vorliegt[880]. Die Anwendung des Progressionsvorbehalts auf das in Deutschland zu versteuernde Einkommen führt nicht dazu, dass dieses Einkommen doppelt besteuert wird[881]. Ebenfalls erfolgt keine höhere Besteuerung der in Deutschland erzielten Einkünfte infolge des Wegzugs. Hätte der Steuerpflichtige seinen Wohnsitz in Deutschland beibehalten und wäre die Summe seiner Jahreseinkünfte die gleiche gewesen wie bei einem Wegzug, würde durch die Anwendung des Progressionsvorbehalts keine zusätzliche Belastung eintreten. Die zusätzliche Belastung beruht vielmehr auf der nachfolgenden Erzielung weiterer Einkünfte.

1.11.5 Diskriminierungen bei der erweitert unbeschränkten Erbschaftsteuerpflicht und den erweitert beschränkten Steuerpflichten

Offensichtlich ist die Verletzung des EG-Vertrages im Rahmen der erweitert unbeschränkten Erbschaftsteuerpflicht und im Rahmen der erweitert beschränkten Steuerpflichten des Außensteuergesetzes. Von der erweitert unbeschränkten Erbschaftsteuerpflicht werden gemäß § 2 Abs. 1 Nr. 1 lit. b dErbStG deutsche

---

[879] Zur Kritik an dieser Sichtweise vgl. die Ausführungen in Teil 2, Kap. 1.10.2.
[880] Zustimmend o.V. (2002), S. 637 - 638.
[881] A.A. Schnitger (2002a), S. 638.

Staatsangehörige erfasst, die sich nicht länger als fünf Jahre dauernd im Ausland aufgehalten haben. Die erweitert beschränkten Steuerpflichten des Außensteuergesetzes setzen voraus, dass eine natürliche Person in den letzten zehn Jahren vor dem Ende ihrer unbeschränkten Steuerpflicht als Deutscher insgesamt mindestens fünf Jahre unbeschränkt einkommensteuerpflichtig war. Hierin ist eine offene Diskriminierung aufgrund der Staatsangehörigkeit zu erkennen[882], die gemäß Art. 12 EG verboten ist[883]. In allen Fällen lässt sich eine steuerlich vergleichbare Situation finden, in der der einzige Unterschied der ist, dass der Wegziehende nicht die deutsche Staatsangehörigkeit besitzt. Selbst wenn von der herrschenden Meinung abgewichen wird, wonach eine offene Diskriminierung nach der Staatsangehörigkeit grundsätzlich nicht zu rechtfertigen ist, lässt sich in den Fällen der erweitert unbeschränkten Erbschaftsteuerpflicht und der erweitert beschränkten Steuerpflichten keine Rechtfertigung für eine Diskriminierung finden[884]. Dem Einwand von Dautzenberg/Brüggemann, dass die Einbeziehung in die unbeschränkte Erbschaftsteuerpflicht auch positive Folgen haben kann und deswegen eine Prüfung für den Einzelfall zu erfolgen hat[885], kann zwar gefolgt werden. Allerdings lässt sich in derartigen Fällen eine vergleichbare Situation mit einem ausländischen Staatsangehörigen finden, dem eine Option zur unbeschränkten Steuerpflicht nicht zusteht. Es kommt dann zu einer Diskriminierung des ausländischen Staatsangehörigen gegenüber dem deutschen Staatsangehörigen.

1.11.6 Fiktion der schädlichen Verwendung der privaten Altersvorsorge bei Ausscheiden aus der unbeschränkten Steuerpflicht

Zur Beurteilung der Frage der Europarechtsverträglichkeit des Altersvermögensgesetzes und insbesondere der Fiktion der schädlichen Verwendung gemäß § 95 dEStG empfiehlt sich ein Rückgriff auf das EuGH-Urteil Wielockx vom 11.8.1995[886]. In dem zugrunde liegenden Fall erzielte ein in Belgien ansässiger belgischer Staatsangehöriger nahezu seine gesamten Einkünfte in den Nieder-

---

[882] Vgl. Dautzenberg/Brüggemann (1997), S. 130 - 131, Herzig/Dautzenberg (1997), S. 16 und Reimer (2000), S. 100.
[883] So auch Schnitger (2004b), S. 188 – 190, Höninger (2004), S. 337 – 338 und Burgstaller/Haslinger (2004), S. 163 – 164. Meinke (2004), S. 357 weist darauf hin, dass die Abgrenzung zwischen Inländern und Ausländern gemäß § 2 Abs. 1 Nr. 1 lit. b dErbStG bzw. gemäß § 4 dAStG zu einem nicht von der Barbier-Entscheidung des Europäischen Gerichtshofs betroffenen Themenfeld gehört.
[884] So auch Dautzenberg (1997b), S. 40 und Kluge (2000), S. 200 - 201, RZ M61 für den Fall der erweitert beschränkten Einkommensteuerpflicht sowie Kluge (2000), S. 970, RZ 2 für den Fall der erweitert unbeschränkten Erbschaftsteuerpflicht. Die vergleichbare österreichische Regelung zur erweitert unbeschränkten Erbschaftsteuerpflicht wird wegen der Verletzung von EG-Recht von Fraberger (1998), S. 304 - 305 und von Tumpel (2000), S. 34 kritisiert.
[885] Vgl. Dautzenberg/Brüggemann (1997), S. 128.
[886] Vgl. EuGH-Urteil v. 11.8.1995 – C-80/94 (Wielockx), Slg. 1995 I 2493.

landen. Bei diesen Einkünften handelte es sich um solche aus selbständiger Arbeit. Da lediglich in den Niederlanden ansässige Steuerpflichtige vom steuerpflichtigen Einkommen Gewinne abziehen konnten, um diese zur Bildung einer Altersrücklage zu verwenden, stellte das vorlegende niederländische Gericht Fragen zur Vereinbarkeit einer derartigen Vorschrift mit der Niederlassungsfreiheit gemäß Art. 43 EG. Zudem wollte das vorlegende Gericht Auskunft darüber erhalten, ob eine solche unterschiedliche Behandlung durch den Umstand gerechtfertigt werden kann, dass Rentenzahlungen, die der gebietsfremde Steuerpflichtige später aus der Altersrücklage erhält, nicht in dem Staat besteuert werden, in dem er seine berufliche Tätigkeit ausübt, sondern in dem Staat seines Wohnsitzes. Hierzu stellte der EuGH zunächst fest, dass sich eine in einem Mitgliedstaat ansässige und eine gebietsfremde Person in einer vergleichbaren Situation befinden, sofern in dem erstgenannten Staat die gesamten oder nahezu die gesamten Einkünfte erzielt werden[887]. Darauf aufbauend beschloss der Gerichtshof, dass der gebietsfremde Steuerpflichtige wegen der mangelnden Abzugsfähigkeit der Gewinne einer Diskriminierung unterliegt[888].

Zur Rechtfertigung der Diskriminierung wurde von Seiten der Niederlande der Grundsatz der Kohärenz angeführt. Dieser besagt, dass eine Wechselbeziehung zwischen den von der steuerlichen Bemessungsgrundlage abgezogenen Beträgen und den steuerpflichtigen Beträgen bestehen müsse. Das Argument der Kohärenz lehnte der EuGH ab, weil diese nicht auf der Ebene der Einzelperson durch eine strenge Wechselbeziehung zwischen der Abzugsfähigkeit der Beiträge und der Besteuerung der Zahlungen aus der Auflösung der Altersrücklage, sondern auf der Grundlage der in den Doppelbesteuerungsabkommen vereinbarten Gegenseitigkeit hergestellt wurde[889]. Hinter dieser Gegenseitigkeit verbirgt sich der Umstand, dass aufgrund des zwischen Belgien und den Niederlanden abgeschlossenen Doppelbesteuerungsabkommens alle Renten, die in einem Vertragsstaat ansässige Personen beziehen, dort unabhängig davon besteuert werden, wo die Beiträge geleistet wurden.

Werden die Grundsätze dieses Urteils auf die Bestimmung gemäß § 95 dEStG bezogen, muss zunächst geprüft werden, welche Normen des EG-Vertrages verletzt sein könnten. Neben der Niederlassungsfreiheit gemäß Art. 43 EG kommen die Verletzung der Arbeitnehmerfreizügigkeit gemäß Art. 39 EG und die Verletzung des allgemeinen Freizügigkeitsrechts gemäß Art. 18 EG in Frage[890]. Da die

---

[887] Vgl. EuGH-Urteil v. 11.8.1995 – C-80/94 (Wielockx), RZ 20, Slg. 1995 I 2493.
[888] Vgl. EuGH-Urteil v. 11.8.1995 – C-80/94 (Wielockx), RZ 22, Slg. 1995 I 2493.
[889] Vgl. EuGH-Urteil v. 11.8.1995 – C-80/94 (Wielockx), RZ 24, Slg. 1995 I 2493.
[890] Zu den in der gesetzlichen Rentenversicherung pflichtversicherten und damit geförderten Personen gehören unter anderem Arbeitnehmer (§ 1 dSGB VI), bestimmte Selbständige (§ 2

genannten Normen mittlerweile alle als Beschränkungsverbote ausgelegt werden und das Prüfschema für eine Verletzung dieser Normen identisch ist[891], kann ein Verstoß gegen Europarecht zunächst allgemein untersucht werden. Im Klagefall muss die für den Einzelfall einschlägige Norm als Rechtsgrundlage zitiert werden.

§ 95 dEStG stellt unzweifelhaft eine Beschränkung dar, da die Aufgabe der Ansässigkeit des Steuerpflichtigen eine Rückzahlung der gewährten Zulagen sowie der Steuerersparnisse aus dem Sonderausgabenabzug bedingt. Dass der Zeitpunkt der Rückzahlung in die Zukunft verlagert werden kann, ändert nichts an dem Umstand, dass eine Beschränkung vorliegt. Hinsichtlich der Vergleichbarkeit mit der Rechtssache Wielockx bleibt anzumerken, dass es keinen Unterschied macht, ob eine Vergünstigung bei Nichtansässigkeit nicht gewährt wird oder ob die Vergünstigung bei Aufgabe der Ansässigkeit zurückgefordert wird. Des Weiteren ist festzustellen, dass sich der weiterhin unbeschränkt Steuerpflichtige und der weggezogene Steuerpflichtige in einer vergleichbaren Situation befinden. Die Altersvorsorgebeiträge wurden von beiden in Deutschland während der dortigen unbeschränkten Steuerpflicht geleistet. Der einzige Unterschied besteht in der Ansässigkeit nach erfolgtem Wegzug. Differenzen zum Wielockx-Fall bestehen jedoch hinsichtlich der Ebene, auf der die Kohärenz hergestellt wird. Während grundsätzlich die Zahlungen aus der Auflösung der Altersrücklage an den Kläger Wielockx in den Niederlanden beschränkt steuerpflichtig waren und nur aufgrund des niederländisch-belgischen Doppelbesteuerungsabkommens nicht der niederländischen Besteuerung unterlagen, sind die Auszahlungen aus einem zertifizierten Altersvorsorgevertrag in Deutschland nicht beschränkt steuerpflichtig[892]. Aufgrund dessen könnte die Auffassung vertreten werden, dass die Kohärenz im Fall der deutschen Altersvorsorge nicht auf der Ebene der Doppelbesteuerungsabkommen sondern auf der Ebene der Einzelperson hergestellt wird und somit der Grundsatz der Kohärenz als Rechtfertigungsgrund für die Beschränkung gemäß § 95 dEStG anzuerkennen sei. Dies hätte jedoch das widersinnige Ergebnis zur Folge, dass die Beschränkung dann nicht mehr gerechtfertigt wäre, wenn der deutsche Gesetzgeber die Steuerpflicht für die Auszahlungen aus einem Altersvorsorgevertrag auf beschränkt Steuerpflichtige ausdehnen würde, weil in diesem Fall der Besteuerungsverzicht Deutschlands auf der Ebene der Doppelbesteuerungsabkommen zustande käme.

---

dSGB VI) und nicht erwerbstätige Pflegepersonen (§ 3 Satz 1 Nr. 1 a dSGB VI). Einen umfassenderen Überblick über den begünstigten Personenkreis bietet Risthaus (2002), S. 1270.
[891] In einem ersten Schritt wird geprüft, ob eine Beschränkung vorliegt. Anschließend wird untersucht, ob die Beschränkung aus zwingenden Gründen des Allgemeininteresses gerechtfertigt ist. Sollte dies der Fall sein, muss die Beschränkung unter Berücksichtigung des Verhältnismäßigkeitsgrundsatzes ausgestaltet sein.
[892] Vgl. Pohl (2002b), S. 542 - 543.

Der Grundsatz der Kohärenz stellt demzufolge keinen Rechtfertigungsgrund dar. Ebenfalls nicht als Rechtfertigungsgrund kommt die Funktionsfähigkeit des deutschen Altersvorsorgesystems in Frage, weil dieser Grund auch von den Niederlanden in der Rechtssache Wielockx hätte angeführt werden können.

1.11.7 Fehlender Abschluss eines Doppelbesteuerungsabkommens für Vermögensübertragungen unter Lebenden

Da das Erbschaftsteuerdoppelbesteuerungsabkommen nur auf Vermögensübertragungen von Todes wegen anzuwenden ist, kommt eine Verletzung des Gemeinschaftsrechts auf der Grundlage von Art. 293 EG in Frage. Danach leiten die Mitgliedstaaten, soweit erforderlich, untereinander Verhandlungen ein, um zugunsten ihrer Staatsangehörigen die Beseitigung der Doppelbesteuerung innerhalb der Gemeinschaft sicherzustellen. Fraglich ist in diesem Zusammenhang, ob aus Art. 293 EG die Verpflichtung zum Abschluss entsprechender Doppelbesteuerungsabkommen oder nur die Pflicht zur Verhandlung über diese abzuleiten ist[893]. Der Europäische Gerichtshof hat zu dieser Frage bisher noch keine Stellung bezogen. Allerdings muss davon ausgegangen werden, dass die Norm mehr beinhaltet als nur die unverbindliche Aufforderung zum Abschluss von Doppelbesteuerungsabkommen. Andernfalls wäre eine Normierung nicht erforderlich gewesen, da die Staaten unabhängig von der Norm immer in der Lage sind, Verhandlungen zum Abschluss von Doppelbesteuerungsabkommen einzuleiten[894]. Wird diese Auffassung zugrunde gelegt, zwingt Art. 293 EG – mangels einer unmittelbaren Anwendbarkeit der Norm – zur Notwendigkeit einer Meistbegünstigungsklausel[895]. Ein weiterer Lösungsweg bestünde darin, das Erbschaftsteuerabkommen mit Österreich auch für Vermögensübertragungen unter Lebenden für anwendbar zu erklären. Aufgrund der hohen Unsicherheit im Zusammenhang mit der Rechtsprechung des Europäischen Gerichtshofs sollte bei der Steuerplanung aber davon ausgegangen werden, dass Doppelbesteuerungen bei der Vermögensübertragung unter Lebenden nur durch unilaterale Maßnahmen beseitigt werden.

---

[893] Vgl. Fraberger (1998), S. 309. Zum Fehlen von Erbschaftsteuerdoppelbesteuerungsabkommen innerhalb der EU siehe Wassermeyer (1995), S. 813.
[894] So auch Beul (1997), S. 3. A.A. sind Dautzenberg/Brüggemann (1997), S. 124, weil Art. 293 EG ihrer Ansicht nach nicht den Abschluss entsprechender Abkommen innerhalb einer festgesetzten Frist erzwingt.
[895] Vgl. Beul (1997), S. 4.

2. Verlegung des Mittelpunkts der Lebensinteressen nach Österreich unter Aufrechterhaltung der Ansässigkeit in Deutschland

2.1 Voraussetzungen für die Begründung der abkommensrechtlichen Ansässigkeit in Österreich

Wenn sowohl in Deutschland als auch in Österreich ein Wohnsitz unterhalten bzw. in einem der beiden Staaten der Wohnsitz und in dem anderen der gewöhnliche Aufenthalt begründet wird, muss für die Inanspruchnahme der Doppelbesteuerungsabkommen festgelegt werden, welcher Staat als Ansässigkeits- bzw. Wohnsitzstaat und welcher Staat als Quellen- bzw. Belegenheitsstaat zu gelten hat[896]. Eine derartige Festlegung ist erforderlich, da sowohl die Verteilungsnormen als auch die an diese Normen anknüpfenden Methodenartikel die Vorrangigkeit eines der beiden Staaten erfordern. Dabei erhält der Wohnsitzstaat grundsätzlich ein umfassenderes Besteuerungsrecht als der Quellenstaat. Im Folgenden soll untersucht werden, inwieweit ein Wohnsitz in Deutschland beibehalten werden kann, ohne dass die mit der Wohnsitzverlegung nach Österreich angestrebten Bemühungen zur Steuerminimierung zunichte gemacht werden. Der Wohnsitz in Deutschland darf nicht zur Folge haben, dass Deutschland als Ansässigkeitsstaat im Sinne der Doppelbesteuerungsabkommen gilt.

2.1.1 Kollisionsregeln bei Doppelansässigkeit

Sowohl das ErtSt-DBA 1954/92 als auch das ErtSt-DBA 2003 und das ErbSt-DBA enthalten Kollisionsregeln für den Fall eines Doppelwohnsitzes. Art. 16 ErtSt-DBA 1954/92 bestimmt für den Fall, dass eine Person in beiden Vertragsstaaten einen Wohnsitz hat und das Besteuerungsrecht sich nach dem Wohnsitz richtet, dass der Wohnsitz maßgebend ist, zu dem die stärksten persönlichen und wirtschaftlichen Beziehungen bestehen. An diesem Wohnsitz befindet sich der Mittelpunkt der Lebensinteressen. Art. 4 Abs. 2 lit. a ErtSt-DBA 2003 enthält eine inhaltlich ähnliche Festlegung, wonach allerdings eine in beiden Vertragsstaaten ansässige Person zunächst in dem Staat als ansässig gilt, in dem sie über eine ständige Wohnstätte verfügt. Nur für den Fall, dass die Person in beiden Staaten über eine ständige Wohnstätte verfügen sollte, ist auf den Mittelpunkt der Lebensinteressen abzustellen. Das ErbSt-DBA stellt für die Zuweisung des Besteuerungsrechts für das bewegliche und nicht gewerbliche Nachlassvermögen wie das ErtSt-DBA 1954/92 sofort auf den Mittelpunkt der Lebensinteressen ab[897]. Während das ErtSt-DBA 1954/92 und das ErbSt-DBA für den Fall der Nichtfeststellbarkeit des Mittelpunkts der Lebensinteressen eine sofortige Verständigung der obersten Finanzbehörden der Vertragsstaaten anordnen, ist die

---

[896] Vgl. Göttsche (1997), S. 29.
[897] Vgl. Art. 5 Nr. 2 ErbSt-DBA.

Regelung im ErtSt-DBA 2003 differenzierter[898]. Wenn nicht bestimmt werden kann, in welchem Staat die Person den Mittelpunkt ihrer Lebensinteressen hat oder wenn die Person in keinem der Staaten über eine ständige Wohnstätte verfügt, gilt sie nur in dem Staat als ansässig, in dem sie ihren gewöhnlichen Aufenthalt hat[899]. Befindet sich der gewöhnliche Aufenthalt in beiden Staaten oder in keinem der Staaten, gilt sie gemäß Art. 4 Abs. 2 lit. c ErtSt-DBA 2003 als nur in dem Staat ansässig, dessen Staatsangehöriger sie ist[900]. Erst wenn die Person Staatsangehöriger beider Staaten oder keines der Staaten ist, regeln die zuständigen Behörden der Vertragsstaaten die Frage in gegenseitigem Einvernehmen[901]. Zu beachten ist, dass die in Art. 4 Abs. 2 ErtSt-DBA 2003 genannten Kriterien nur in der Reihenfolge ihrer Nennung zur Anwendung gelangen. Erst wenn das vorangegangene Zuteilungskriterium versagt, darf das folgende herangezogen werden[902].

2.1.2 Mittelpunkt der Lebensinteressen

Um Unsicherheiten bei der Steuerplanung zu vermeiden bzw. zu verringern, sollte darauf geachtet werden, dass bereits die ersten Anknüpfungskriterien – ständige Wohnstätte beziehungsweise Mittelpunkt der Lebensinteressen – eine eindeutige Zuordnung zulassen[903]. Im Folgenden beschränken sich daher die Ausführungen auf die Definition der ständigen Wohnstätte sowie auf die Bestimmung des Mittelpunkts der Lebensinteressen.

2.1.2.1 Wohnsitz bzw. ständige Wohnstätte

Es stellt sich die Frage, ob dem in der deutschen und österreichischen Rechtsordnung und auch in den beiden älteren Abkommen verwendeten Begriff des Wohnsitzes eine andere Bedeutung zukommt als dem Begriff der Wohnstätte[904]. Da die Doppelbesteuerungsabkommen aus sich selbst heraus ausgelegt werden müssen, verbietet sich ein Rückgriff auf die deutsche oder österreichische Be-

---

[898] Vgl. Mössner (1998), S. 71, RZ B39.
[899] Vgl. Art. 4 Abs. 2 lit. b ErtSt-DBA 2003.
[900] Dieses Kriterium macht deutlich, dass der gewöhnliche Aufenthalt im Sinne des Doppelbesteuerungsabkommens nicht deckungsgleich ist mit den Definitionen des gewöhnlichen Aufenthalts im innerstaatlichen Recht. Nach letzterem kann der gewöhnliche Aufenthalt nur in einem einzigen Land bestehen. Vgl. Firlinger (1995), S. 325.
[901] Vgl. Art. 4 Abs. 2 lit. d ErtSt-DBA 2003.
[902] Vgl. Beiser (1989), S. 242.
[903] Eine derartige Zuordnung ist vor allem bei Anwendung des ErtSt-DBA 1954/92 und des ErbSt-DBA von besonderer Bedeutung, da bei diesen bereits im folgenden Schritt ein Verständigungsverfahren eingeleitet wird. Der Ausgang eines solchen Verfahrens lässt sich nur schwer vorhersagen. Die Einleitung eines Verständigungsverfahrens sollte unter steuerplanerischen Gesichtspunkten vermieden werden.
[904] Vgl. Korn/Stahl (1995), S. 10269.

griffswelt[905]. Eine Auslegung nach dem Wortlaut führt nach Ansicht von Huemer zu dem Ergebnis, dass eine Wohnstätte eine stärkere Bindung der Person an die Wohngelegenheit erfordert, als dies bei einer Wohnung der Fall wäre[906]. Der Begriff der Wohnstätte ist demnach enger auszulegen als der Begriff der Wohnung[907].

Die Wohnstätte muss der Person zudem ständig zur Verfügung stehen. Der im ErtSt-DBA 2003 verwendete Begriff enthält somit auch ein zeitliches Moment. Der OECD-Steuerausschuss, dessen Meinung aufgrund der Anlehnung des neuen DBA an das OECD-Musterabkommen für die Auslegung von Bedeutung ist, hat bisher noch keine zeitliche Konkretisierung vorgenommen. Insofern kann nur ein Rückgriff auf die Rechtsprechung der OECD-Mitgliedsländer weiteren Aufschluss über den Inhalt des Wortes „ständig" geben. Ein von Beginn an befristeter Aufenthalt von höchstens zwölf Monaten führt nicht zur Begründung einer ständigen Wohnstätte[908]. Das Wort „ständig" wird als Gegensatz zu „befristet" gebraucht[909]. Aufschlussreich ist auch das Verhandlungsprotokoll vom 18.6.1971 zum Ertragsteuer-DBA Deutschland-Schweiz, wonach eine ständige Wohnstätte dann noch nicht anzunehmen ist, wenn es sich um Räumlichkeiten handelt, „die nach Charakter und Lage ausschließlich Erholungs-, Kur-, Studien- oder Sportzwecken dienen und nachweislich nur gelegentlich und nicht zum Zwecke der Wahrnehmung wirtschaftlicher und beruflicher Interessen verwendet werden"[910]. Das Tatbestandsmerkmal der Verfügbarkeit entspricht dem Begriff des Innehabens, der sowohl in der deutschen als auch in der österreichischen Wohnsitzdefinition verwendet wird[911]. Der tatsächliche Aufenthalt in der Wohnstätte spielt nur eine untergeordnete Rolle, da die Verweildauer an einem Ort erst durch das nachgeordnete Kriterium des gewöhnlichen Aufenthalts erfasst werden soll[912].

---

[905] Vgl. das die Auslegung von DBA behandelnde BFH-Urteil v. 27.1.1988 – I R 241/83, BStBl II 1988, S. 574, das sich nicht mehr mit dem BFH-Urteil v. 13.10.1965 – I 410/61 U, BStBl III 1965, S. 738 vereinbaren lässt, wonach über die Ansässigkeit selbst dann nach nationalem Steuerrecht zu entscheiden sei, wenn ein Ansässigkeitsmerkmal in einem DBA abweichend vom deutschen Steuerrecht definiert ist. Siehe auch Lederer (1981), S. 464 – 465 und Beiser (1989), S. 243.
[906] Vgl. Huemer (1996), S. 124 – 126.
[907] So auch Lederer (1981), S. 466 und Lechner (1998), S. 259 – 260 m.w.N.
[908] Vgl. FG Köln, Urteil v. 11.8.1982 – VIII 391/79 E, RIW 1983, S. 383.
[909] Vgl. Lederer (1981), S. 466 – 467.
[910] Vgl. BStBl I 1975, S. 504 und Korn/Stahl (1995), S. 10269.
[911] Vgl. Lederer (1981), S. 467.
[912] Vgl. Firlinger (1995), S. 322 – 323.

2.1.2.2 Persönliche Beziehungen

Die persönlichen Beziehungen umfassen die gesamte private Lebensführung einer Person[913]. Zu ihnen gehören insbesondere familiäre, gesellschaftliche, politische, religiöse und kulturelle Beziehungen[914,915]. Mitgliedschaften in einem Verein und die Ausübung von Hobbys können Indizien sein für die Belegenheit des Mittelpunkts der Lebensinteressen. Von größtem Gewicht sind die familiären Beziehungen der Person[916]. Grundsätzlich bestehen die stärksten persön-lichen Beziehungen zu dem Ort, an dem die Person regelmäßig mit ihrer Familie lebt[917]. Verheiratete und in einer eheähnlichen Gemeinschaft lebende Personen haben den Mittelpunkt ihrer Lebensinteressen in der Regel am Aufenthaltsort ihrer Familie[918]. Ausnahmen können hingegen bestehen, wenn eine getrennte Haushaltsführung vorliegt[919]. Für unverheiratete Personen können enge persönliche Beziehungen durch die regelmäßige Rückkehr zu nahen Verwandten und engen Freunden zum Ausdruck gebracht werden[920]. Die Absicht, seinen Lebensabend an einem bestimmten Ort zu verbringen, kann dann ausschlaggebend sein, wenn sich der Steuerpflichtige am bisherigen Wohnsitz nur zur Abwicklung seiner bisherigen wirtschaftlichen Beziehungen aufhält[921]. Wenn jedoch die Familie am bisherigen Wohnsitz bzw. in der bisherigen Wohnstätte verbleibt, wird vermutet, dass die Person den Mittelpunkt ihrer Lebensinteressen nicht verändert hat[922].

2.1.2.3 Wirtschaftliche Beziehungen

Wirtschaftliche Beziehungen bestehen zu dem Ort, von dem aus der Steuerpflichtige seiner täglichen Arbeit nachgeht[923] bzw. an dem sich die Quellen sei-

---

[913] Vgl. Göttsche (1997), S. 29.
[914] Vgl. Ostendorf/Lechner (1996), S. 800.
[915] Vgl. BFH-Urteil v. 31.10.1990 – I R 24/89, BStBl II 1991, S. 562, VwGH-Urteil v. 25.2.1970 – 1001/69, ÖStZB 1970, S. 122, VwGH-Urteil v. 22.3.1991 – 90/13/0073, ÖStZB 1991, S. 530 und VwGH-Urteil v. 18.1.1996 – 93/15/0145, ÖStZB 1996, S. 531.
[916] So auch Ostendorf/Lechner (1996), S. 800.
[917] Vgl. BFH-Urteil v. 6.2.1985 – I R 23/82, BStBl II 1985, S. 331, VwGH-Urteil v. 31.1.1990 – 89/14/0054, ÖStZB 1990, S. 289, VwGH-Urteil v. 26.11.1991 – 91/14/0041, ÖStZB 1992, S. 322, VwGH-Urteil v. 18.1.1996 – 93/15/0145, SWI 1996, S. 287 und EAS 1086 v. 17.6.1997.
[918] Neben den Beziehungen zum Ehegatten kommt auch den Beziehungen zu den Kindern ein besonderes Gewicht zu. Vgl. Korn/Stahl (1995), S. 10269.
[919] Vgl. VwGH-Urteil v. 18.1.1996 – 93/15/0145, ÖStZB 1996, S. 531.
[920] Vgl. Huemer (1996), S. 144.
[921] Vgl. BFH-Urteil v. 23.7.1971 – III R 60/70, BStBl II 1971, S. 758.
[922] Vgl. Beiser (1989), S. 243, Nagler (1995), S. 60 und Art. 4 Nr. 15 letzter Satz des Kommentars zum OECD-Musterabkommen.
[923] Ausschlaggebend kann nur der Ort sein, an dem die Tätigkeit ausgeübt wird. Der Ort des Unternehmens, für das die Arbeit ausgeführt wird, ist nicht bestimmend. Vgl. Nagler (1995), S. 60.

ner Einkünfte befinden[924]. Übt er derartige Tätigkeiten in beiden Vertragsstaaten aus, sind die stärkeren wirtschaftlichen Beziehungen zu dem Ort anzunehmen, in dem das Vermögen belegen ist bzw. aus dessen Quellen die überwiegenden Einkünfte stammen. Inwieweit der Ort, von dem aus das Vermögen oder die Einkünfte verwaltet werden, für die Beurteilung der wirtschaftlichen Beziehungen relevant ist, sollte vom Umfang und der persönlichen Einbindung bei der Betreuung des Vermögens abhängig sein[925].

2.1.2.4 Bestimmung des Mittelpunkts der Lebensinteressen bei gegenläufigen persönlichen und wirtschaftlichen Beziehungen

Da die persönlichen und wirtschaftlichen Beziehungen nicht kumulativ vorliegen müssen[926], können bei der Bestimmung des Mittelpunkts der Lebensinteressen bei gegenläufigen Beziehungen Probleme erwachsen[927]. Nach der Rechtsprechung sowohl des BFH[928] als auch des VwGH[929] gilt jener Ort als Mittelpunkt der Lebensinteressen, der für die Person der bedeutungsvollere ist, an dem die persönlichen und wirtschaftlichen Beziehungen also überwiegen[930]. Sollte eine derartige zusammenfassende Wertung nicht gelingen, ist nach Auffassung des OECD-Steuerausschusses den persönlichen Beziehungen größeres Gewicht beizumessen[931]. In der bisherigen Judikatur wurde den persönlichen Beziehungen zumeist der Vorrang vor den wirtschaftlichen Beziehungen eingeräumt[932]. Nur wenn die wirtschaftlichen Beziehungen den überwiegenden Teil der Gesamtinteressen darstellen, die Person also besonders stark mit ihrem Arbeitsplatz verbunden ist und nicht regelmäßig ihre Familie aufsucht, ist von einem Mittelpunkt der Lebensinteressen am Arbeitsort auszugehen[933].

2.1.2.5 Praktische Probleme bei der Bestimmung des Mittelpunkts der Lebensinteressen

Die Beurteilung der persönlichen und wirtschaftlichen Beziehungen zu einem Staat bereitet in der praktischen Anwendung häufig Schwierigkeiten. Ebenso

---

[924] So auch Lehner (1996), S. 377, RZ 74b.
[925] Vgl. Lechner (1998), S. 261.
[926] Vgl. Lehner (1996), S. 377, RZ 75.
[927] So auch Lederer (1981), S. 468.
[928] Vgl. BFH-Urteil v. 23.7.1971 – III R 60/70, BStBl II 1971, S. 758 und BFH-Urteil v. 23.10.1985 – I R 274/82, BStBl II 1986, S. 133.
[929] Vgl. VwGH-Urteil v. 26.3.1976 – 1824/75, ÖStZB 1976, S. 176.
[930] Vgl. Göttsche (1997), S. 30.
[931] Vgl. Ostendorf/Lechner (1996), S. 801, a.A. hingegen Firlinger (1995), S. 324 - 325.
[932] Vgl. VwGH-Urteil v. 25.2.1970 – 1001/69, ÖStZB 1970, S. 122, VwGH-Urteil v. 22.3.1991 – 90/13/0073, ÖStZB 1991 S. 532 und VwGH-Urteil v. 26.11.1991 – 91/14/0041, ÖStZB 1992, S. 322.
[933] Vgl. Lederer (1981), S. 468 und Lechner (1998), S. 262.

wie bei der Bestimmung des Wohnsitzes oder des gewöhnlichen Aufenthaltes bestimmt sich der Mittelpunkt der Lebensinteressen ausschließlich nach objektiven Kriterien. Die subjektiven Absichten einer Person sind grundsätzlich nicht zu beachten[934]. Das Vorhaben, seinen Wohnsitz in ein anderes Land zu verlegen, reicht nicht aus, um eine Verlagerung des Lebensmittelpunkts annehmen zu können[935]. Erst wenn die subjektiven Absichten in äußerlich erkennbarer Weise in Erscheinung treten, sollte diesen Bedeutung beigemessen werden.

Umstritten ist die Frage, auf welchen Zeitraum der Vergleich der zu den Vertragsstaaten bestehenden Beziehungen abgestellt werden soll[936]. Der Auffassung, dass sich der Vergleich nur auf das zu betrachtende Steuerjahr zu erstrecken hat[937], kann nicht gefolgt werden. Die Bezugnahme auf das Steuerjahr stellt einen unzulässigen Rückgriff auf das innerstaatliche Recht dar, der insbesondere dann problematisch wird, wenn eine der beiden nationalen Rechtsordnungen ein vom Kalenderjahr abweichendes Steuerjahr vorsieht. Zudem ist das Kriterium des Mittelpunkts der Lebensinteressen nur dann anwendbar, wenn in beiden Vertragsstaaten ein Wohnsitz bzw. eine ständige Wohnstätte gelegen ist. Eine ständige Wohnstätte liegt aber bei Benutzungsaufenthalten von weniger als einem Jahr nicht vor. Es sind daher neben den Verhältnissen des Besteuerungszeitraums auch diejenigen der vorangegangenen und nachfolgenden Jahre zu berücksichtigen. Dies schließt jedoch nicht aus, dass es auch zu einem unterjährigen Wechsel des Mittelpunkts der Lebensinteressen kommen kann[938].

Schwierigkeiten können entstehen bei der Anwendung des ErbSt-DBA's, wenn der Erblasser kurze Zeit nach der Verlegung seines Wohnsitzes bzw. seiner Wohnstätte verstirbt. Der zur Verfügung stehende Vergleichszeitraum ist eingeschränkt. Es wird daher vorgeschlagen, den subjektiven Absichten des Erblassers stärkeres Gewicht beizumessen. Zur Vermeidung von Gestaltungsmissbräuchen müssen diese aber zumindest ansatzweise in äußerlich erkennbarer Weise in Erscheinung treten[939].

---

[934] Vgl. Huemer (1996), S. 134.
[935] Vgl. VwGH-Urteil v. 25.2.1970 – 1001/69, ÖStZB 1970, S. 122 und o.V. (1989), S. 70.
[936] Vgl. Huemer (1996), S. 134 – 136.
[937] So hingegen Lederer (1981), S. 469
[938] So auch Lechner (1998), S. 262.
[939] Huemer (1996), S. 136 führt das Beispiel der beruflich bedingten Begründung des Familienwohnsitzes im anderen Vertragsstaat und die Beibehaltung des bisherigen Wohnsitzes nur zu regelmäßigen Wochenendaufenthalten an.

2.2 Weiterbestehen der deutschen unbeschränkten Steuerpflichten bei Einschränkung durch die Doppelbesteuerungsabkommen

Wird ein Nebenwohnsitz in Deutschland beibehalten, muss beachtet werden, dass nach nationalem deutschen Steuerrecht nicht unterschieden wird, ob dieser Wohnsitz zu einer Behandlung Deutschlands als Wohnsitz- oder als Quellenstaat im Sinne der Doppelbesteuerungsabkommen führt[940]. Besitzt der Wegziehende einen Wohnsitz in Deutschland, hat dies zur Folge, dass er sowohl der unbeschränkten Einkommensteuerpflicht als auch der unbeschränkten Erbschaftsteuerpflicht unterliegt. Der Besteuerung wird sein Welteinkommen bzw. sein Weltvermögen bei gleichzeitiger umfassender Berücksichtigung seiner persönlichen Verhältnisse unterworfen. Da sich – entsprechend der Untersuchungsrichtung der vorliegenden Arbeit – der Mittelpunkt der Lebensinteressen in Österreich befinden soll, wird Deutschland im Verhältnis zu Österreich nur als Quellenstaat behandelt. Die Doppelbesteuerungsabkommen schränken daher das deutsche Besteuerungsrecht erheblich ein. Dennoch muss ausdrücklich darauf hingewiesen werden, dass die Rechtsfolgen der unbeschränkten Steuerpflicht zunächst unabhängig vom Bestehen eines Doppelbesteuerungsabkommens eintreten.

Zwischenzeitlich stellte im Hinblick auf diese Sichtweise das Urteil des Finanzgerichts Baden-Württemberg vom 4.10.1999[941] einen Unsicherheitsfaktor dar. Das Gericht stellte in seinem Leitsatz fest, dass bei mehreren Wohnsitzen im In- und Ausland zur Bestimmung der unbeschränkten Steuerpflicht auf den Mittelpunkt der Lebensinteressen abzustellen sei. Aus diesem Leitsatz hätte geschlossen werden können, dass bei einem sich in Österreich befindlichen Mittelpunkt der Lebensinteressen der Weggezogene in Deutschland nur beschränkt steuerpflichtig sei. Dem Urteil lag jedoch insofern ein anders gelagerter Sachverhalt zugrunde, als dass der Kläger seinen Mittelpunkt der Lebensinteressen in einem Staat hatte, mit dem Deutschland kein Doppelbesteuerungsabkommen abgeschlossen hatte. Ein Wohnsitz im Sinne des § 8 dAO befand sich sowohl in Deutschland als auch in dem anderen Staat. Das Gericht argumentierte, dass der Wohnsitz als Anknüpfungspunkt für die unbeschränkte Steuerpflicht nur dann geeignet sei, wenn der Steuerpflichtige im Inland lebt und alle vom Staat angebotenen Leistungen in Anspruch nimmt oder zumindest annehmen kann. Befin-

---

[940] Der BFH hat in seinem Urteil v. 19.3.1997 – I R 69/96, BStBl II 1997, S. 447 festgestellt, dass der Wohnsitzbegriff nicht voraussetzt, dass sich dort auch der Mittelpunkt der Lebensinteressen befindet. Ein feststellbarer Mittelpunkt der Lebensinteressen kann nur den Rückschluss erlauben, dass sich dort auch ein Wohnsitz befindet. Vgl. auch den BFH-Beschluss v. 4.10.1967 – I 422/62, BStBl II 1968, S. 101 und FG Baden-Württemberg, Außensenate Freiburg, Urteil v. 3.5.1985 – II (III) 271/82, EFG 1985, S. 485.
[941] Vgl. FG Baden-Württemberg, Außensenate Stuttgart, Urteil v. 4.10.1999 – 12 K 69/97, EFG 2000, S. 72.

det sich jedoch noch ein weiterer Wohnsitz im Ausland, der zugleich den Mittelpunkt der Lebensinteressen darstellt, dürfe nicht auf das formale Argument des Wohnsitzes abgestellt werden, um eine unbeschränkte Steuerpflicht in Deutschland zu begründen. Als weiteres Argument wurde angeführt, dass der Kläger aufgrund des Wohnsitzes in einem Nicht-DBA-Staat grundgesetzwidrig benachteiligt werde gegenüber Personen, deren Mittelpunkt der Lebensinteressen sich in einem Staat befindet, mit dem Deutschland ein Doppelbesteuerungsabkommen abgeschlossen hat. Dabei wurde aber außer Acht gelassen, dass die in dem Vergleich herangezogenen Personen im DBA-Staat weiterhin unbeschränkt steuerpflichtig sind und der Besteuerungsumfang nur aufgrund der Verteilungsnormen des Doppelbesteuerungsabkommens eingeschränkt wird. Der mit dem Hinweis auf eine verfassungskonforme Interpretation des § 1 Abs. 1 dEStG gezogene Schluss, dass nur die inländischen Einkünfte im Sinne des § 49 dEStG im Rahmen der beschränkten Steuerpflicht gemäß § 1 Abs. 4 dEStG zu besteuern seien, ist daher nicht schlüssig.

Im Revisionsverfahren trat auch der BFH der Sichtweise des Finanzgerichts Baden-Württemberg entgegen und bestätigte seine bisherige Rechtsprechung[942]. Er stellte fest, dass es dem § 1 dEStG nicht zu entnehmen ist, dass nur derjenige Wohnsitz zur unbeschränkten Steuerpflicht führt, der zugleich den Mittelpunkt der Lebensinteressen darstellt. Vielmehr sind alle Wohnsitze eines Steuerpflichtigen gleichwertig. Eine Differenzierung zwischen Haupt- und Nebenwohnsitz ist nicht zulässig. Der Auffassung des erstinstanzlichen Gerichts, dass ein Grundsatz des internationalen Rechts besteht, nach dem jede Person nur von demjenigen Staat als unbeschränkt steuerpflichtig behandelt werden dürfe, in dem sich der Mittelpunkt der Lebensinteressen befindet, wurde explizit entgegengetreten. Es wurde zwar anerkannt, dass bei einem Lebensmittelpunkt im Ausland die Inanspruchnahme staatlicher Gegenleistungen eine geringere sein mag als bei einem Hauptwohnsitz in Deutschland. Eine Korrektur durch ein Finanzgericht ist aber nicht zulässig, da der innerstaatliche Gesetzgeber darüber zu entscheiden hat, von welcher Art und Intensität der Bindung er die Anordnung einer umfassenden Besteuerung abhängig macht. Als Kriterium wurde von diesem ausdrücklich der Wohnsitz und nicht der Mittelpunkt der Lebensinteressen gewählt. Im Folgenden wird daher davon ausgegangen, dass bei Beibehaltung eines Nebenwohnsitzes in Deutschland die Rechtsfolgen der unbeschränkten Steuerpflicht unter Berücksichtigung der Einschränkungen durch die Doppelbesteuerungsabkommen eintreten.

---

[942] Vgl. BFH-Urteil v. 24.1.2001 – I R 100/99, BFH/NV 2001, S. 1402 und Mössner (2002b), S. 434.

3. Abwägung der Vor- und Nachteile zwischen der Aufgabe und der Aufrechterhaltung eines Nebenwohnsitzes in Deutschland

Im Folgenden soll untersucht werden, unter welchen Umständen die Beibehaltung eines deutschen Wohnsitzes vorteilhaft sein kann gegenüber der vollständigen Aufgabe der Ansässigkeit in Deutschland[943]. Wird ein Wohnsitz in Deutschland beibehalten, ist die Person in Deutschland unbeschränkt steuerpflichtig. Die Beibehaltung des Wohnsitzes kann empfohlen werden, wenn die sich aus der Berücksichtigungsfähigkeit der persönlichen Verhältnisse ergebenden Vorteile die Nachteile aus dem erhöhten Besteuerungsumfang übersteigen. Von entscheidendem Einfluss ist in diesem Zusammenhang, in welcher Weise die bestehenden Doppelbesteuerungsabkommen die gegenüber der beschränkten Steuerpflicht hinzutretenden Einkünfte bzw. Vermögensgegenstände behandeln. Die Entscheidung zugunsten eines zusätzlichen deutschen Wohnsitzes muss sowohl von den einkommensteuerlichen als auch von den erbschaftsteuerlichen Auswirkungen abhängig gemacht werden.

3.1 Einkommensteuerliche Vorteile bei Aufrechterhaltung eines Nebenwohnsitzes in Deutschland

Zunächst soll aufgezeigt werden, welche einkommensteuerlichen Vorteile sich aus der Beibehaltung eines Nebenwohnsitzes in Deutschland ergeben. Zentrale Bedeutung kommt in diesem Zusammenhang der Vorschrift des § 50 Abs. 1 Satz 4 dEStG zu. Danach dürfen beschränkt Steuerpflichtige weder Werbungskostenpauschbeträge noch Sonderausgaben, Sonderausgabenpauschbeträge, Altersvorsorgebeiträge, Vorsorgeaufwendungen bzw. Vorsorgepauschalen, Freibeträge für Veräußerungsgewinne aus Altersgründen, Sparerfreibeträge, Altersentlastungsbeträge, Entlastungsbeträge für Alleinerziehende, Kinderfreibeträge[944], Betreuungsfreibeträge, außergewöhnliche Belastungen und Pauschbeträge für Behinderte, Hinterbliebene und Pflegepersonen abziehen[945]. Sind die übrigen Voraussetzungen für die Inanspruchnahme der entsprechenden Abzugsbeträge erfüllt, ergeben sich in der entsprechenden Höhe Vorteile, wenn ein Nebenwohnsitz in Deutschland beibehalten wird.

---

[943] Vgl. auch die Untersuchung von Staringer (1999b). Dieser liegt der umgekehrte Fall zugrunde, wonach ein Steuerpflichtiger einen Nebenwohnsitz in Österreich und den Hauptwohnsitz bzw. Mittelpunkt der Lebensinteressen im Ausland hat.

[944] Kindergeld darf gemäß § 31 dEStG i.V.m. § 62 dEStG ebenfalls nur in Anspruch nehmen, wer im Inland einen Wohnsitz oder seinen gewöhnlichen Aufenthalt hat oder wer ohne Wohnsitz oder gewöhnlichen Aufenthalt im Inland als unbeschränkt einkommensteuerpflichtig nach § 1 Abs. 2 dEStG oder nach § 1 Abs. 3 dEStG behandelt wird.

[945] Bei Arbeitnehmern werden die sich aus der beschränkten Steuerpflicht ergebenden Nachteile durch verschiedene Vorschriften wieder aufgehoben. Vgl. hierzu die Ausführungen in Teil 2, Kap. 1.5.1.

Die Vorschrift des § 50 Abs. 1 Satz 1 dEStG, wonach bei beschränkter Steuerpflicht Betriebsausgaben oder Werbungskosten nur insoweit abgezogen werden dürfen, als sie mit inländischen Einkünften in wirtschaftlichem Zusammenhang stehen, ist für den beschränkt Steuerpflichtigen von Nachteil, wenn die ausländischen Betriebsausgaben bzw. Werbungskosten die ausländischen Einnahmen übersteigen. Die Aufrechterhaltung der unbeschränkten Steuerpflicht kann unter Berücksichtigung der Vorschrift des § 2 a dEStG gegebenenfalls zur Berücksichtigung der negativen ausländischen Einkünfte führen.

Ein weiterer Vorteil für unbeschränkt Steuerpflichtige kann sich aus der Nichtanwendbarkeit des für beschränkt Steuerpflichtige trotz der EuGH-Rechtsprechung noch immer gesetzlich geregelten Mindeststeuersatzes in Höhe von 25 % ergeben[946]. Unterliegt der Steuerpflichtige ohne Berücksichtigung dieser Vorschrift bereits einem höheren Steuersatz als 25 %, wirkt sich die Beibehaltung eines Nebenwohnsitzes nicht vorteilhaft aus.

Die Zusammenveranlagung gemäß § 26 dEStG i.V.m. § 26 b dEStG dürfen nur Ehegatten in Anspruch nehmen, die beide unbeschränkt steuerpflichtig sind und nicht dauernd getrennt leben. Die tarifliche Einkommensteuer beträgt bei der Zusammenveranlagung vorbehaltlich der §§ 32 b, 34, 34 b und 34 c dEStG das Zweifache des Steuerbetrags, der sich für die Hälfte des gemeinsam zu versteuernden Einkommens des Ehepaares ergibt. Kein Vorteil ist aus der Anwendung des Splittingverfahrens zu ziehen, wenn beide Ehegatten mit gleich hohen Besteuerungsgrundlagen an der Veranlagung beteiligt sind. In allen anderen Fällen ergibt sich eine Progressionsmilderung. Für die Anwendung der Zusammenveranlagung ist zu berücksichtigen, dass beide Ehegatten unbeschränkt steuerpflichtig sein müssen. Da ein Steuerpflichtiger – entsprechend der Untersuchungsrichtung der Arbeit – seinen Mittelpunkt der Lebensinteressen in Österreich haben soll, muss der Ehegatte seinen Lebensmittelpunkt dort ebenfalls haben, da § 26 Abs. 1 Satz 1 dEStG voraussetzt, dass die Ehegatten nicht dauernd getrennt leben. Der Aufrechterhaltung bzw. Begründung eines Nebenwohnsitzes für jeden einzelnen Ehegatten sollte daher besondere Aufmerksamkeit geschenkt werden. Im Vorfeld muss für den anderen Ehegatten ebenfalls geprüft werden, inwiefern die auf ihn abstellenden Vorschriften die Beibehaltung eines deutschen Nebenwohnsitzes ratsam erscheinen lassen.

Bedeutung im Rahmen einer Vergleichsrechnung kann vorbehaltlich der Regelung des § 1 a dEStG auch die Vorschrift des § 10 Abs. 1 Nr. 1 dEStG haben. Danach können Unterhaltsleistungen an den geschiedenen oder dauernd getrennt

---

[946] Vgl. § 50 Abs. 3 Satz 2 dEStG. Für beschränkt steuerpflichtige Arbeitnehmer gilt der Mindeststeuersatz nicht.

lebenden unbeschränkt einkommensteuerpflichtigen Ehegatten als Sonderausgaben abgezogen werden[947], wenn sie weder Betriebsausgaben noch Werbungskosten sind. Allerdings ist es aus praktischen Erwägungen eher unwahrscheinlich, dass der wegziehende Steuerpflichtige Einfluss darauf hat, ob der geschiedene oder dauernd getrennt lebende Ehegatte die Ansässigkeit in Deutschland beibehält oder aufgibt.

Vorteilhaft kann die Beibehaltung eines Nebenwohnsitzes in Deutschland im Hinblick auf die Begünstigungen im Zusammenhang mit der Bildung von Altersvorsorgevermögen sein. Mit dem Altersvermögensgesetz wurden der § 10 a dEStG und die §§ 79 - 99 dEStG neu eingefügt. Unbeschränkt steuerpflichtige, in der gesetzlichen Rentenversicherung Pflichtversicherte[948] haben gemäß § 79 Abs. 1 dEStG Anspruch auf eine Altersvorsorgezulage, die abhängig von den geleisteten Altersvorsorgebeiträgen ist. Sie setzt sich aus einer Grundzulage und ggf. einer Kinderzulage zusammen. Die Grundzulage beträgt derzeit 76,- Euro pro Jahr und steigt gestaffelt bis 2008 auf jährlich 154,- Euro an. Die Kinderzulage wird für jedes Kind gewährt, für das dem Zulageberechtigten Kindergeld ausgezahlt wird. Sie steigt von derzeit 92,- Euro jährlich auf 185,- Euro ab dem Jahr 2008. Um die volle Altersvorsorgezulage zu erhalten, muss der Steuerpflichtige einen Mindesteigenbetrag leisten[949]. Wird dieser unterschritten, wird die Zulage anteilig gekürzt[950].

Gegebenenfalls kommt auch der Sonderausgabenabzug gemäß § 10 a dEStG in Frage. Bis zu einer bestimmten Höhe können in der gesetzlichen Rentenversicherung Pflichtversicherte ihre eigenen Altersvorsorgebeiträge zuzüglich der Altersvorsorgezulage als Sonderausgaben abziehen[951]. Der Sonderausgabenabzug wird nur durchgeführt, wenn dieser für den Steuerpflichtigen günstiger ist als der Anspruch auf die Altersvorsorgezulage. In diesem Fall erhöht sich die unter Berücksichtigung des Sonderausgabenabzugs ermittelte tarifliche Ein-

---

[947] Die Abziehbarkeit als Sonderausgaben kommt nur in Betracht, wenn der Steuerpflichtige weiterhin unbeschränkt steuerpflichtig in Deutschland ist.
[948] Einen Überblick über die persönlichen Fördervoraussetzungen beim Anleger bietet Risthaus (2002), S. 1270 - 1271.
[949] Der Mindesteigenbetrag wird zunächst durch Anwendung eines bestimmten Prozentsatzes auf die Summe der in dem vorangegangenen Kalenderjahr erzielten beitragspflichtigen Einnahmen im Sinne des Sechsten Buches des Sozialgesetzbuchs ermittelt. Unterschreitet der auf diese Weise ermittelte Betrag einen im Gesetz festgelegten Sockelbetrag, gilt der Sockelbetrag als Mindesteigenbetrag. Vgl. § 86 Abs. 1 dEStG.
[950] Vgl. Lindberg (2002a), S. 2059 - 2061.
[951] Die gewährte Zulage wird demzufolge als eigener Aufwand des Steuerpflichtigen fingiert. Die maximale Höhe des als Sonderausgabe abzugsfähigen Betrags liegt derzeit bei 1.050,- Euro und steigt zeitlich gestaffelt bis zum Jahr 2008 auf 2.100,- Euro. Vgl. § 10 a Abs. 1 Satz 1 dEStG.

kommensteuer um den Anspruch auf die Zulage[952]. In allen anderen Fällen scheidet der Sonderausgabenabzug aus. Die so genannte Günstigerprüfung wird von Amts wegen vorgenommen. Der über den Sonderausgabenabzug hinausgehende steuerliche Vorteil ist gemäß § 10 a Abs. 4 Satz 1 dEStG gesondert festzustellen. Bedeutung hat dies für den Fall einer schädlichen Verwendung. Eine solche liegt gemäß § 93 dEStG grundsätzlich dann vor, wenn gefördertes Altersvorsorgevermögen nicht unter den im Altersvorsorge-Zertifizierungsgesetz genannten Voraussetzungen an den Zulageberechtigten ausgezahlt wird. Des Weiteren wird eine schädliche Verwendung gemäß § 95 dEStG in den Fällen fingiert, in denen die unbeschränkte Steuerpflicht des Zulageberechtigten durch Aufgabe des inländischen Wohnsitzes oder gewöhnlichen Aufenthalts endet oder in denen für das Beitragsjahr kein Antrag auf eine fiktive unbeschränkte Einkommensteuerpflicht gemäß § 1 Abs. 3 dEStG gestellt wird.

Hintergrund einer derartigen Bestimmung ist die Befürchtung des Gesetzgebers, dass das Prinzip der nachgelagerten Besteuerung unterlaufen wird. Dieses Prinzip besagt, dass in den Jahren des Erwerbslebens des Steuerpflichtigen die Verwendung des Einkommens steuerlich begünstigt wird und zum Zeitpunkt der Auszahlungen dafür keine ermäßigte, sondern eine nach den gewöhnlichen Tarifvorschriften ausgestaltete Besteuerung greift[953]. Durch § 95 dEStG soll vermieden werden, dass der Steuerpflichtige nur die Begünstigung in Anspruch nimmt, aber aufgrund des Wegzugs keine Besteuerung der Auszahlungen aus dem Altersvorsorgevermögen in Deutschland erfolgt. Aus diesem Grund muss der Steuerpflichtige bei Aufgabe der unbeschränkten Steuerpflicht in Deutschland die Zulagen und ggf. den über den Zulageanspruch hinausgehenden steuerlichen Vorteil gemäß § 10 a Abs. 4 dEStG zurückzahlen. Wenn zudem das Altersvorsorgevermögen mit dem Wegzug ausgezahlt wird, unterliegt die Differenz zwischen ausgezahltem Vermögen einerseits und Eigenbeiträgen und Zulagen andererseits der Besteuerung in voller Höhe[954]. Erfolgt die Auszahlung des Vermögens jedoch erst nach dem Wegzug, ermöglicht der Gesetzgeber eine Stundung des Rückzahlungsbetrages[955] bis zum Beginn der Auszahlung[956]. Nach dem Auszahlungsbeginn kann die Stundung noch verlängert werden, indem der

---

[952] Unerheblich ist, dass der Anspruch auf die Zulage erst mit Ablauf des Kalenderjahres entsteht, in dem die Altersvorsorgebeiträge geleistet worden sind. Vgl. § 88 dEStG.
[953] Gemäß § 22 Nr. 5 dEStG werden die im Alter erhaltenen Leistungen als sonstige Einkünfte vollständig der Besteuerung unterworfen.
[954] Vgl. § 22 Nr. 5 Satz 4 dEStG.
[955] Der Rückzahlungsbetrag setzt sich gemäß § 93 Abs. 1 dEStG aus den Zulagen und aus den nach § 10 a Abs. 4 dEStG gesondert festgestellten Beträgen zusammen.
[956] In diesem Fall hat der Anleger den Vertrag regelmäßig weiter auf eigene Rechnung bis zur Auszahlungsphase weiter zu bedienen. Vgl. Lindberg (2002b), S. 2104.

Rückzahlungsbetrag mit mindestens 15 % der Leistungen aus dem Altersvorsorgevertrag getilgt wird. In keinem der Fälle werden Stundungszinsen erhoben.

Behält der Steuerpflichtige hingegen einen Nebenwohnsitz in Deutschland, treten die Rechtsfolgen des § 95 dEStG nicht ein. Eine schädliche Verwendung im Sinne des § 93 dEStG wird in diesem Fall nicht fingiert. Eine Rückzahlung der gewährten Zulagen und des nach § 10 a Abs. 4 dEStG gesondert festgestellten Steuervorteils kann nicht gefordert werden. Vielmehr können die Zulagen und ggf. der Sonderausgabenabzug auch nach dem Wegzug geltend gemacht werden, sofern noch Altersvorsorgebeiträge geleistet werden. Ob die späteren Auszahlungen aus dem Altersvorsorgevertrag der deutschen Besteuerung unterworfen werden können, hängt von deren abkommensrechtlicher Behandlung ab. In diesem Zusammenhang ist zu beachten, dass Doppelbesteuerungsabkommen aus sich selbst heraus ausgelegt werden müssen, d.h. ein Rückgriff auf nationales Recht verbietet sich. Welche Verteilungsnorm zur Anwendung gelangt, hängt maßgeblich von der konkreten Ausgestaltung des Altersvorsorgevertrages ab. In einer Vielzahl der Fälle wird jedoch die Verteilungsnorm für Zinsen zur Anwendung gelangen[957]. In diesem Fall dürfen gemäß Art. 11 Abs. 1 ErtSt-DBA 2003 die Zahlungen nur im Ansässigkeitsstaat besteuert werden, so dass Deutschland nach dem Wegzug kein Besteuerungsrecht mehr hat. Es muss daher davon ausgegangen werden, dass der deutsche Gesetzgeber ähnlich wie bei der Wegzugsbesteuerung eine dem § 6 Abs. 3 Nr. 2 dAStG vergleichbare Regelung verabschieden wird, wonach der Beendigung der unbeschränkten Steuerpflicht die Begründung eines Wohnsitzes oder gewöhnlichen Aufenthaltes in einem ausländischen Staat gleichgestellt wird, wenn die Person aufgrund dessen nach einem Doppelbesteuerungsabkommen als in diesem Staat ansässig anzusehen ist.

Keine Vorteile bringt die Aufrechterhaltung der unbeschränkten Steuerpflicht im Zusammenhang mit der Wegzugsbesteuerung gemäß § 6 dAStG. Diese greift zwar grundsätzlich nur ein, wenn die unbeschränkte Steuerpflicht durch Aufgabe des Wohnsitzes oder gewöhnlichen Aufenthalts endet. Zur Verhinderung einer Umgehung der Wegzugsbesteuerung wurde jedoch gemäß § 6 Abs. 3 Nr. 2 dAStG der Beendigung der unbeschränkten Steuerpflicht die Begründung eines Wohnsitzes oder gewöhnlichen Aufenthaltes in einem ausländischen Staat gleichgestellt, wenn die Person auf der Grundlage eines Doppelbesteuerungsabkommens als in diesem ausländischen Staat ansässig anzusehen ist.

Keine Vorteile ergeben sich aus der Vorschrift des § 34 c dEStG, wonach ausschließlich unbeschränkt Steuerpflichtige zur Steuerermäßigung bei ausländi-

---

[957] So auch Schnitger (2002b), S. 1199.

schen Einkünften berechtigt sind. Da beschränkt Steuerpflichtige nur mit inländischen Einkünften der deutschen Steuer unterliegen, ist die Anrechnung einer ausländischen Steuer, die auf ausländische Einkünfte entfällt, weder erforderlich noch möglich.

3.2 Einkommensteuerliche Nachteile bei Aufrechterhaltung eines Nebenwohnsitzes in Deutschland

Wird ein Nebenwohnsitz in Deutschland beibehalten, können einkommensteuerliche Nachteile vor allem durch den erweiterten Besteuerungsumfang hervorgerufen werden. Unbeschränkt Steuerpflichtige sind grundsätzlich mit ihrem Welteinkommen steuerpflichtig. Im Vergleich zur beschränkten Steuerpflicht werden ergänzend die ausländischen Einkünfte sowie die inländischen Einkünfte erfasst, die nicht unter § 49 dEStG fallen. Um festzustellen, welche Nachteile sich aus den zusätzlich steuerbaren Einkünften ergeben, muss untersucht werden, welchem Staat die Besteuerungsrechte für diese Einkünfte zugeteilt werden. Wenn Deutschland unter Berücksichtigung des deutsch-österreichischen Doppelbesteuerungsabkommens diese Einkünfte nicht besteuern darf, ergeben sich keine Nachteile aus der Erfassung des Welteinkommens. Um festzustellen, welche inländischen Einkünfte bei unbeschränkter Steuerpflicht zusätzlich erfasst werden, bietet sich ein Rückgriff auf die Übersicht im Anwendungserlass zum Außensteuergesetz an, in der diejenigen inländischen Einkünfte aufgelistet werden, die im Rahmen der erweitert beschränkten Einkommensteuerpflicht zusätzlich zu den bereits in § 49 dEStG genannten Einkünften besteuert werden[958].

Einkünfte aus Gewerbebetrieb können sowohl gemäß Art. 4 Abs. 1 ErtSt-DBA 1954/92 als auch gemäß Art. 7 Abs. 1 ErtSt-DBA 2003 nur durch den Quellenstaat – in diesem Fall Deutschland – besteuert werden, wenn die Einkünfte durch eine im Quellenstaat belegene Betriebsstätte erzielt werden. Da derartige Einkünfte bereits nach § 49 Abs. 1 Nr. 2 lit. a dEStG normal beschränkt steuerpflichtig sind, führen die Einkünfte aus Gewerbebetrieb, die nicht über eine in Deutschland belegene Betriebsstätte erzielt werden, zu keiner erweiterten Besteuerung in Deutschland. Die im Anwendungsschreiben zum Außensteuerge-

---

[958] Vgl. Tz. 2.5.0.1 des dBMF-Schreibens v. 14.5.2004 – IV B 4 – S 1340 – 11/04, BStBl I 2004, Sondernummer 1, S. 3 und Teil 2, Kap. 1.6.1.2. Der Rückgriff auf die erweitert beschränkte Einkommensteuerpflicht ist deswegen sinnvoll, weil durch diese alle unbeschränkt steuerpflichtigen Einkünfte erfasst werden, die nicht ausländische Einkünfte sind. Auf die Meinungsverschiedenheit, ob Einkünfte, die sowohl aus dem Inland als auch aus dem Ausland stammen, von der erweitert beschränkten Einkommensteuerpflicht erfasst werden, wird hier nicht weiter eingegangen. Es ist insofern auch nicht erforderlich, weil die Finanzverwaltung die Auffassung vertritt, dass die erweitert beschränkte Steuerpflicht alle Einkünfte der normal beschränkten Steuerpflicht umfasst. Die Aufstellung im Anwendungserlass wurde unter Berücksichtigung dieser Ansicht erstellt.

setz aufgeführten Einkünfte aus Gewerbebetrieb, die weder einer inländischen noch ausländischen Betriebsstätte zuzurechnen sind und die Einkünfte aus Gewerbebetrieb, die aus Bürgschafts- und Avalprovisionen erzielt werden, deren Schuldner unbeschränkt steuerpflichtig ist[959], können demzufolge nur im abkommensrechtlichen Ansässigkeitsstaat und damit in Österreich besteuert werden.

Des Weiteren wird die Besteuerung auf Einkünfte aus der Veräußerung von Wirtschaftsgütern ausgeweitet, die zum Anlagevermögen eines ausländischen Betriebes gehören und im Inland belegen sind. Dazu soll auch ein nicht schon unter § 17 dEStG fallender Gewinn aus der Veräußerung von Anteilen an einer Kapitalgesellschaft, die ihre Geschäftsleitung oder ihren Sitz im Inland hat, gehören[960]. Um eine Erweiterung der Steuerpflicht hervorzurufen, darf die inländische Belegenheit der Wirtschaftsgüter nicht zur Begründung einer Betriebsstätte führen, da in diesem Fall die durch die Veräußerung der Wirtschaftsgüter erzielten Einkünfte der Betriebsstätte zuzuordnen wären und damit bereits gemäß § 49 Abs. 1 Nr. 2 lit. a dEStG normal beschränkt steuerpflichtig wären. Ohne eine in Deutschland belegene Betriebsstätte wird aber gemäß Art. 4 Abs. 1 ErtSt-DBA 1954/92 bzw. gemäß Art. 7 Abs. 1 i.V.m. Art. 13 Abs. 3 und 5 ErtSt-DBA 2003 das Besteuerungsrecht für die Einkünfte aus der Veräußerung beweglicher Wirtschaftsgüter dem abkommensrechtlichen Ansässigkeitsstaat zugewiesen. Die Veräußerung von unbeweglichen Wirtschaftsgütern unterliegt bereits der normal beschränkten Steuerpflicht gemäß § 49 Abs. 1 Nr. 2 lit. f dEStG bzw. gemäß § 49 Abs. 1 Nr. 8 dEStG und kann somit ebenfalls zu keiner Erweiterung des Besteuerungsumfangs führen.

Von der erweitert beschränkten Einkommensteuerpflicht werden alle Einkünfte aus Kapitalvermögen im Sinne des § 20 dEStG erfasst, sofern der Schuldner in Deutschland unbeschränkt steuerpflichtig ist[961]. Gemäß § 49 Abs. 1 Nr. 5 lit. a dEStG sind bereits die Einkünfte gemäß § 20 Abs. 1 Nr. 1, 2, 4, 6 und 9 dEStG normal beschränkt steuerpflichtig, wenn der Schuldner unbeschränkt steuerpflichtig ist. § 20 Abs. 2 dEStG gilt gemäß § 49 Abs. 1 Nr. 5 Satz 2 dEStG bei der normal beschränkten Steuerpflicht entsprechend. Die verbleibenden Einkünfte unterliegen der Verteilungsnorm für Zinsen. Gemäß Art. 11 Abs. 1 ErtSt-DBA 2003 dürfen sie nur im Ansässigkeitsstaat des Empfängers besteuert werden. Eine Erweiterung des Besteuerungsumfangs tritt demzufolge nicht ein.

---

[959] Vgl. Tz. 2.5.0.1 Nr. 1 des dBMF-Schreibens v. 14.5.2004 – IV B 4 – S 1340 – 11/04, BStBl I 2004, Sondernummer 1, S. 3.
[960] Vgl. Tz. 2.5.0.1 Nr. 2 des dBMF-Schreibens v. 14.5.2004 – IV B 4 – S 1340 – 11/04, BStBl I 2004, Sondernummer 1, S. 3.
[961] Vgl. Tz. 2.5.0.1 Nr. 3 des dBMF-Schreibens v. 14.5.2004 – IV B 4 – S 1340 – 11/04, BStBl I 2004, Sondernummer 1, S. 3.

Einkünfte aus der Vermietung und Verpachtung von beweglichem Vermögen im Inland, das nicht zu einem im Ausland belegenen Sachinbegriff gehört[962], fallen unter die Verteilungsnorm für sonstige bzw. andere Einkünfte. Diese dürfen gemäß Art. 13 Abs. 1 ErtSt-DBA 1954/92 bzw. gemäß Art. 21 Abs. 1 ErtSt-DBA 2003 nur im abkommensrechtlichen Ansässigkeitsstaat besteuert werden. Werden die Einkünfte über eine Betriebsstätte bzw. über eine ständige bzw. feste Einrichtung bezogen, sind sie bereits nach § 49 Abs. 1 Nr. 6 dEStG normal beschränkt steuerpflichtig. Unter Berücksichtigung der Doppelbesteuerungsabkommen wird daher der Besteuerungsumfang nicht erweitert. Das Gleiche gilt für die Einkünfte aus wiederkehrenden Bezügen im Sinne des § 22 Nr. 1 dEStG, wenn der Verpflichtete unbeschränkt steuerpflichtig ist oder seinen Sitz im Inland hat[963]. Das alleinige Besteuerungsrecht für diese Einkünfte hat gemäß Art. 13 Abs. 1 ErtSt-DBA 1954/92 bzw. gemäß Art. 21 Abs. 1 ErtSt-DBA 2003 nur der abkommensrechtliche Ansässigkeitsstaat.

Des Weiteren werden von der erweitert beschränkten Einkommensteuerpflicht sämtliche Einkünfte aus privaten Veräußerungsgeschäften im Sinne des § 22 Nr. 2 dEStG erfasst, sofern die veräußerten Wirtschaftsgüter nicht im Ausland belegen sind[964]. Da im Rahmen der normal beschränkten Steuerpflicht bereits die Einkünfte aus privaten Veräußerungsgeschäften mit inländischen Grundstücken, mit inländischen Rechten, die den Vorschriften des bürgerlichen Rechts über Grundstücke unterliegen oder mit Anteilen im Sinne des § 17 Abs. 1 dEStG an Kapitalgesellschaften mit Geschäftsleitung oder Sitz im Inland erfasst werden, sind von der Erweiterung der Steuerpflicht ausschließlich die privaten Veräußerungsgeschäfte im Sinne des § 23 Abs. 1 Nr. 2 – 4 dEStG betroffen, die einen Inlandsbezug aufweisen. Da die Veräußerung von Beteiligungen im Sinne des § 17 Abs. 1 dEStG bereits der normal beschränkten Steuerpflicht unterliegt, kommt die Verteilungsnorm für die Veräußerung wesentlicher Beteiligungen gemäß Art. 7 ErtSt-DBA 1954/92 für die durch die Erweiterung der Steuerpflicht hinzutretenden Einkünfte nicht zur Anwendung. Stattdessen werden alle von der Erweiterung der Steuerpflicht betroffenen Einkünfte der Verteilungsnorm für sonstige Einkünfte gemäß Art. 13 Abs. 1 ErtSt-DBA 1954/92 bzw. der Verteilungsnorm für Gewinne aus der Veräußerung von Vermögen gemäß Art. 13 Abs. 5 ErtSt-DBA 2003 unterstellt. Nach beiden Verteilungsnormen erhält der abkommensrechtliche Ansässigkeitsstaat das alleinige Besteuerungsrecht.

---

[962] Vgl. Tz. 2.5.0.1 Nr. 4 des dBMF-Schreibens v. 14.5.2004 – IV B 4 – S 1340 – 11/04, BStBl I 2004, Sondernummer 1, S. 3.
[963] Vgl. Tz. 2.5.0.1 Nr. 5 des dBMF-Schreibens v. 14.5.2004 – IV B 4 – S 1340 – 11/04, BStBl I 2004, Sondernummer 1, S. 3.
[964] Vgl. Tz. 2.5.0.1 Nr. 6 des dBMF-Schreibens v. 14.5.2004 – IV B 4 – S 1340 – 11/04, BStBl I 2004, Sondernummer 1, S. 3.

Einkünfte aus Leistungen, bei denen der zur Vergütung der Leistung Verpflichtete unbeschränkt steuerpflichtig ist oder seinen Sitz im Inland hat[965], und andere Einkünfte, die das deutsche Steuerrecht weder dem Inland noch dem Ausland zuordnet[966], unterliegen für den Fall, dass die Einkünfte nicht über eine inländische Betriebsstätte oder eine ständige bzw. feste Einrichtung bezogen werden, der Verteilungsnorm für sonstige Einkünfte gemäß Art. 13 Abs. 1 ErtSt-DBA 1954/92 bzw. für andere Einkünfte gemäß Art. 21 Abs. 1 ErtSt-DBA 2003. Damit hat wiederum nur der abkommensrechtliche Ansässigkeitsstaat das alleinige Besteuerungsrecht.

Abschließend führt das Anwendungsschreiben zum Außensteuergesetz die Einkünfte auf, die dem Steuerpflichtigen nach § 5 dAStG bzw. nach § 15 dAStG zuzurechnen sind[967]. Die Erweiterung der Steuerpflicht um Einkünfte aus zwischengeschalteten Gesellschaften im Sinne des § 5 dAStG steht in engem Zusammenhang mit der Hinzurechnungsbesteuerung gemäß § 7 dAStG. Diese greift, wenn die Beteiligung an den entsprechenden Gesellschaften zu mehr als der Hälfte von unbeschränkt Steuerpflichtigen gehalten wird[968]. Zum einen ist es möglich, dass durch die Aufrechterhaltung der unbeschränkten Steuerpflicht erst die geforderte Beteiligungsgrenze von 50 % überschritten wird, so dass sich die Hinzurechnungsbesteuerung auch auf die übrigen unbeschränkt steuerpflichtigen Anteilseigner auswirkt; zum anderen ist eine Hinzurechnung der Zwischengesellschaftseinkünfte nur bei den Personen möglich, die unbeschränkt steuerpflichtig sind. Da der Hinzurechnungsbetrag den Charakter einer fiktiven Dividende hat, sind grundsätzlich die in den Doppelbesteuerungsabkommen über Dividenden enthaltenen Regelungen anzuwenden. Aufgrund der Tatsache, dass eine Gesellschaft jedoch nur Zwischengesellschaft für Einkünfte ist, die einer niedrigen Besteuerung unterliegen und diese gemäß § 8 Abs. 3 dAStG erst bei einer geringeren Ertragsteuerbelastung als 25 % gegeben ist, kann eine österreichische Gesellschaft nicht den Charakter einer Zwischengesellschaft haben. Wenn Zwischengesellschaften jedoch nur in Drittstaaten denkbar sind, gelangt nicht die Verteilungsnorm für Dividenden sondern diejenige für die sonstigen bzw. die anderen Einkünfte zur Anwendung. Art. 10 a Abs. 1 ErtSt-DBA 1954/92 bzw. Art. 10 Abs. 1 ErtSt-DBA 2003 sind nur auf Dividenden anwendbar, die von einer im anderen Vertragsstaat ansässigen Gesellschaft gezahlt wer-

---

[965] Vgl. Tz. 2.5.0.1 Nr. 7 des dBMF-Schreibens v. 14.5.2004 – IV B 4 – S 1340 – 11/04, BStBl I 2004, Sondernummer 1, S. 3.
[966] Vgl. Tz. 2.5.0.1 Nr. 8 des dBMF-Schreibens v. 14.5.2004 – IV B 4 – S 1340 – 11/04, BStBl I 2004, Sondernummer 1, S. 3.
[967] Vgl. Tz. 2.5.0.1 Nr. 9 des dBMF-Schreibens v. 14.5.2004 – IV B 4 – S 1340 – 11/04, BStBl I 2004, Sondernummer 1, S. 3.
[968] Vgl. zur Verlagerung von bestehender oder zukünftiger Steuersubstanz in niedrig besteuerndes Ausland Mösbauer (1998).

den. Da die sonstigen bzw. anderen Einkünfte nur im abkommensrechtlichen Wohnsitzstaat und damit in Österreich besteuert werden dürfen[969], hat die Hinzurechnungsbesteuerung in Deutschland zu unterbleiben. Die einzige Auswirkung aus der Aufrechterhaltung eines Nebenwohnsitzes kann sich demnach für die anderen Anteilseigner bei Überschreiten der 50%-Grenze gemäß § 7 Abs. 1 dAStG ergeben. Darauf ist insbesondere zu achten, wenn die übrigen unbeschränkt Steuerpflichtigen Angehörige oder andere nahe stehende Personen sind.

Ebenfalls bedeutende Auswirkungen kann die Beibehaltung eines deutschen Nebenwohnsitzes haben, wenn eine ausländische Familienstiftung im Sinne des § 15 dAStG errichtet wurde bzw. errichtet werden soll[970]. Das Einkommen einer solchen Stiftung wird dem Stifter, wenn er unbeschränkt steuerpflichtig ist, und ansonsten den unbeschränkt steuerpflichtigen Personen, die bezugs- oder anfallsberechtigt sind, entsprechend ihrem Anteil zugerechnet. Die Reichweite der Steuerpflichten der anderen an der Familienstiftung beteiligten Personen bestimmt den Umfang der bei der Beibehaltung eines deutschen Nebenwohnsitzes zusätzlich zu zahlenden Steuern. In diesem Zusammenhang muss darauf verwiesen werden, dass die deutsche Finanzverwaltung von einem Vorrang des § 15 dAStG vor den Doppelbesteuerungsabkommen ausgeht[971]. Sofern sowohl die Bezugs- als auch die Anfallsberechtigten der Stiftung nicht in Deutschland unbeschränkt steuerpflichtig sind, löst ein deutscher Nebenwohnsitz des Stifters die Zurechnungsbesteuerung gemäß § 15 dAStG aus. In diesem Fall sind die Konsequenzen am weitreichendsten. Sind hingegen alle Bezugs- und Anfallsberechtigten in Deutschland unbeschränkt steuerpflichtig, führt die Beibehaltung eines deutschen Nebenwohnsitzes durch den Stifter nur zu einer Veränderung der Zurechnungspersonen. Statt einer Zurechnung bei den Destinatären erfolgt diese dann beim Stifter. Ob eine solche Änderung der Zurechnung erfolgen soll, obliegt dem Willen der beteiligten Personen. Sind nicht alle der Bezugs- oder Anfallsberechtigten in Deutschland unbeschränkt steuerpflichtig, erhöht sich die Gesamtsteuerbelastung aller beteiligten Personen ebenfalls. Der Besteuerungsumfang steigt in Höhe des Anteils, der auf die beschränkt steuerpflichtigen Destinatäre entfällt.

Die durch das bei unbeschränkter Steuerpflicht geltende Welteinkommensprinzip zusätzlich erfassten Auslandseinkünfte lassen sich unterteilen in solche, die aus Österreich stammen und in solche, die aus Drittstaaten zufließen. Die aus

---

[969] Vgl. Art. 13 ErtSt-DBA 1954/92 und Art. 21 ErtSt-DBA 2003.
[970] Die Berücksichtigung dieses Aspektes empfiehlt sich aufgrund der Attraktivität der Errichtung einer österreichischen Privatstiftung im Rahmen einer Wohnsitzverlegung nach Österreich. Vgl. Teil 3, Kap. 3.4.
[971] Vgl. Teil 3, Kap. 3.4.2.2.

Österreich stammenden Einkünfte dürfen sowohl nach dem ErtSt-DBA 1954/92 als auch nach dem ErtSt-DBA 2003 nur in Österreich besteuert werden. Dies entspricht auch dem Sinn der Doppelbesteuerungsabkommen, die eine Aufteilung der Besteuerungsrechte danach vornehmen, zu welchem Land ein stärkerer Inlandsbezug herzustellen ist. Die Einkünfte aus Drittstaaten dürfen gemäß Art. 13 Abs. 1 ErtSt-DBA 1954/92, der das Besteuerungsrecht für die sonstigen Einkünfte regelt, nur vom abkommensrechtlichen Ansässigkeitsstaat, also Österreich, besteuert werden. Grundsätzlich werden die Einkünfte aus Drittstaaten auch vom neuen Ertragsteuerdoppelbesteuerungsabkommen in der gleichen Weise behandelt: Gemäß Art. 21 Abs. 1 ErtSt-DBA 2003 dürfen Einkünfte einer in einem Vertragsstaat ansässigen Person, die in den anderen Artikeln des Abkommens nicht behandelt werden, ohne Rücksicht auf ihre Herkunft nur in diesem Staat besteuert werden. Die Ausnahme gemäß Art. 21 Abs. 2 ErtSt-DBA 2003, wonach Einkünfte, die über eine im abkommensrechtlichen Quellenstaat – in diesem Fall Deutschland – gelegene Betriebsstätte oder über eine dort gelegene feste Einrichtung bezogen werden und dieser Betriebsstätte bzw. festen Einrichtung auch zugeordnet werden können, ausschließlich in Deutschland besteuert werden können[972], ist für die hier angestellte Untersuchung irrelevant, da derartige Einkünfte bereits nach § 49 Abs. 1 Nr. 2 lit. a dEStG bzw. nach § 49 Abs. 1 Nr. 3 dEStG normal beschränkt steuerpflichtig sind.

Nicht nachteilig wirkt sich die Vorschrift des § 32 b Abs. 1 Nr. 3 dEStG aus. Danach unterliegen dem Progressionsvorbehalt die Einkünfte eines unbeschränkt Steuerpflichtigen, die nach einem Doppelbesteuerungsabkommen unter dem Vorbehalt der Einbeziehung bei der Berechnung der Einkommensteuer steuerfrei sind. Durch den ausdrücklichen Verweis auf den Progressionsvorbehalt des Doppelbesteuerungsabkommens kommt dessen Berücksichtigung nur in Frage, wenn Deutschland abkommensrechtlicher Ansässigkeitsstaat ist: Sowohl Art. 15 Abs. 3 ErtSt-DBA 1954/92 als auch Art. 23 Abs. 1 lit. c ErtSt-DBA 2003 erfordern, dass Deutschland Wohnsitzstaat im Sinne des Abkommens ist[973].

Auswirkungen kann die Aufrechterhaltung der unbeschränkten Steuerpflicht im Zusammenhang mit § 28 dEStG haben. Danach gelten bei fortgesetzter Gütergemeinschaft Einkünfte, die in das Gesamtgut fallen, als Einkünfte des überlebenden Ehegatten, wenn dieser unbeschränkt steuerpflichtig ist. In einer fortgesetzten Gütergemeinschaft treten gemäß § 1483 dBGB die gemeinschaftlichen Abkömmlinge, die bei gesetzlicher Erbfolge als Erben berufen wären, an die

---

[972] Vgl. Art. 21 i.V.m. Art. 7 und 14 ErtSt-DBA 2003.
[973] Vgl. BFH-Urteil v. 23.10.1985 – I R 274/82, BStBl 1986 II S. 133 und FG München, Urteil v. 26.6.1986 – X 118/83 E, 144/82 E, EFG 1987, S. 81.

Stelle des verstorbenen Ehegatten. Obwohl es sich bei dieser Gütergemeinschaft um eine Gesamthandsgemeinschaft handelt, werden aufgrund der eindeutigen Anordnung des § 28 dEStG die Einkünfte ausschließlich dem überlebenden Ehegatten zugerechnet. Begründet wird diese Besteuerung mit dem alleinigen Verwaltungsrecht des überlebenden Ehegatten gemäß § 1487 dBGB. Für die Entscheidung über die Beibehaltung eines Nebenwohnsitzes in Deutschland hat diese Bestimmung aber keine weitreichenden Auswirkungen, da die Rechtsfolgen durch einen notariell beurkundeten Verzicht auf das alleinige Verwaltungsrecht umgangen werden können[974].

Beachtung ist bei Vorliegen der weiteren Voraussetzungen auch der Vorschrift des § 2 dAStG zu schenken. Danach ist eine natürliche Person erweitert beschränkt einkommensteuerpflichtig bis zum Ablauf von zehn Jahren nach Ende des Jahres, in dem ihre unbeschränkte Steuerpflicht geendet hat. Die möglicherweise zu einem späteren Zeitpunkt erfolgende Aufgabe des deutschen Nebenwohnsitzes führt zu einer Verschiebung des Zeitpunktes, bis zu dem Deutschland ein erweitertes Besteuerungsrecht hat.

Eine Kostenbelastung kann sich bei der Aufrechterhaltung eines deutschen Nebenwohnsitzes auch durch die Entrichtung von Zweitwohnungsteuern ergeben[975]. Diese Steuern werden von den Kommunen erhoben. Obwohl der Begriff einer Zweitwohnung in den kommunalen Satzungen sehr unterschiedlich formuliert wird, kann doch allgemein festgehalten werden, dass eine Wohnung als Zweitwohnung gilt, wenn sie jemand neben seiner Hauptwohnung zur eigenen Benutzung innehat. Grundlage für das Steuermaß ist regelmäßig die Nettokaltmiete bzw. der entsprechende Mietwert. Die Steuersätze liegen in Abhängigkeit von der Gemeinde bei etwa 5 % bis 15 %.

3.3 Erbschaftsteuerliche Vorteile bei Aufrechterhaltung eines Nebenwohnsitzes in Deutschland

Neben den einkommensteuerlichen Auswirkungen der Beibehaltung eines Nebenwohnsitzes müssen auch die erbschaft- und schenkungsteuerlichen Vor- und Nachteile in eine Vergleichsrechnung einbezogen werden. Bei unbeschränkter Steuerpflicht finden die – insbesondere bei engen Verwandtschaftsverhältnissen – hohen persönlichen Freibeträge gemäß § 16 Abs. 1 dErbStG und die besonderen Versorgungsfreibeträge gemäß § 17 dErbStG Berücksichtigung. Durch die beschränkte Steuerpflicht reduziert sich der persönliche Freibetrag gemäß § 16 Abs. 2 dErbStG auf 1.100,- Euro, während der besondere Versorgungsfreibetrag

---

[974] Vgl. Seeger (2002), S. 1933 - 1934, RZ 2.
[975] Zur Zweitwohnungsbesteuerung in Deutschland, Österreich und der Schweiz vgl. Amonn (1999).

wegen des Verweises auf § 16 Abs. 1 dErbStG überhaupt nicht abgezogen werden darf[976].

Vorteilhaft kann sich die Vorschrift des § 10 Abs. 6 Satz 2 dErbStG auswirken. Danach sind Schulden und Lasten nur abzugsfähig, wenn sie mit einzelnen Vermögensgegenständen in wirtschaftlichem Zusammenhang stehen, die besteuert werden. Sind die durch die unbeschränkte Steuerpflicht zusätzlich zu besteuernden Vermögensgegenstände in der Weise mit Schulden belastet, dass sich kumuliert ein negativer Wert ergibt, führt die Aufrechterhaltung der unbeschränkten Steuerpflicht zu einer Steuerminderung[977].

Kein Vorteil ergibt sich aus der Vorschrift des § 21 dErbStG, wonach eine auf Auslandsvermögen entfallende ausländische Steuer auf die deutsche Steuer insoweit angerechnet wird, als das Auslandsvermögen auch der deutschen Erbschaftsteuer unterliegt. Da bei beschränkter Steuerpflicht der deutsche Besteuerungsumfang auf Inlandsvermögen begrenzt ist, kann höchstens der sich aus der erweiterten Besteuerung bei unbeschränkter Steuerpflicht ergebende Nachteil gemindert werden.

3.4 Erbschaftsteuerliche Nachteile bei Aufrechterhaltung eines Nebenwohnsitzes in Deutschland

Ein nicht unwesentlicher Nachteil bei Aufrechterhaltung eines inländischen Nebenwohnsitzes könnte in der Erweiterung des Besteuerungsumfangs auf das gesamte Weltvermögen bestehen. In diesem Zusammenhang muss unterschieden werden, ob Vermögen nur vererbt oder auch verschenkt werden soll. Während die Doppelbesteuerung bei Vermögensübertragungen von Todes wegen durch das Erbschaftsteuerdoppelbesteuerungsabkommen beseitigt wird, kann die Doppelbesteuerung bei Schenkungen nur durch unilaterale Methoden gemindert werden. Das bei unbeschränkter Steuerpflicht zusätzlich besteuerte Vermögen ist zum einen das Inlandsvermögen, das nicht von § 121 dBewG erfasst wird und zum anderen das Auslandsvermögen. Das insgesamt zu erfassende Inlandsvermögen entspricht demjenigen, das bei erweitert beschränkter Steuerpflicht nach § 4 dAStG zu erfassen ist. Für den Vergleich zwischen beschränkter und unbeschränkter Steuerpflicht bietet es sich daher an, auf die Aufstellung im An-

---

[976] Vgl. von Oertzen (2000c), S. 1505 - 1508, der darauf verweist, dass manchmal Erbschaftsteuerplanung auch den gewollten Eintritt in die deutsche unbeschränkte Steuerpflicht bedingt.

[977] Nicht ungewöhnlich sind solche negativen Werte bei der Vererbung bzw. Schenkung von inländischem Grundvermögen, da dieses für steuerliche Zwecke mit einem häufig unter dem Verkehrswert liegenden Betrag angesetzt wird, während die Schulden und Lasten mit dem Nominalwert angesetzt werden. Allerdings ist zu beachten, dass das durch die unbeschränkte Steuerpflicht zusätzlich zu besteuernde Grundvermögen Auslandsvermögen ist, das gemäß § 12 Abs. 6 dErbStG i.V.m. § 31 dBewG mit dem gemeinen Wert anzusetzen ist.

wendungserlass zum Außensteuergesetz zurückzugreifen, in der das Inlandsvermögen aufgelistet wird, das über den Umfang des bei beschränkter Steuerpflicht zu erfassenden Vermögens hinausgeht[978].

Um festzustellen, ob sich bei Erbschaften die Erweiterung des Besteuerungsumfangs negativ auswirkt, ist zu prüfen, ob nach dem Doppelbesteuerungsabkommen Deutschland ein Besteuerungsrecht für die zusätzlich zu erfassenden Vermögensgegenstände zugewiesen wird. Da Deutschland als Quellenstaat gemäß Art. 3 und 4 ErbSt-DBA nur das in Deutschland liegende unbewegliche Nachlassvermögen, Nutzungsrechte an diesem Vermögen und das Vermögen einer in Deutschland befindlichen Betriebsstätte besteuern darf, wirkt sich die durch die unbeschränkte Steuerpflicht hervorgerufene Erweiterung des Besteuerungsumfangs nicht negativ aus: Die über den Umfang des § 121 dBewG hinausgehenden inländischen Vermögensgegenstände wie auch die gesamten Auslandsvermögensgegenstände dürfen gemäß Art. 5 Nr. 2 ErbSt-DBA nur in dem Staat besteuert werden, zu dem die stärksten persönlichen und wirtschaftlichen Beziehungen des Erblassers bestanden. Das deutsche Besteuerungsrecht erstreckt sich ausschließlich auf Vermögen, das bereits der beschränkten deutschen Steuerpflicht unterliegt.

Sollen hingegen nach der Verlegung des Mittelpunkts der Lebensinteressen Schenkungen vorgenommen werden, kann die Erweiterung des Besteuerungsumfangs erhebliche Nachteile zur Folge haben. Der Erblasser ist sowohl in Deutschland als auch in Österreich unbeschränkt und damit mit seinem Weltvermögen steuerpflichtig. Eine Minderung der jeweiligen Steuerbelastung kann nur durch unilaterale Maßnahmen erfolgen. § 21 dErbStG schreibt die Anrechnung ausländischer Erbschaftsteuer vor, sofern das der Erbschaftsteuer zugrunde liegende Auslandsvermögen auch der deutschen Erbschaftsteuer unterliegt. Zur Anrechnung der ausländischen Steuer wird unter anderem gefordert, dass diese bereits festgesetzt und gezahlt worden ist. Auf österreichischer Seite ordnet § 6 Abs. 3 öErbStG an, dass die ausländische Erbschaftsteuer bei der Berechnung der inländischen Erbschaftsteuer abgezogen werden darf, soweit die Steuerpflicht im Ausland befindliche Grundstücke, Sachen, Forderungen gegen ausländische Schuldner oder Rechte, deren Übertragung an eine Eintragung in ausländische Bücher geknüpft ist, betrifft. Bei Gewährung der Gegenseitigkeit kann statt des Abzugs als Nachlassverbindlichkeit die Anrechnung der ausländischen Steuer auf die inländische Steuer erfolgen. Diese Gegenseitigkeit ist im Verhältnis zu Deutschland aufgrund der vergleichbaren Regelung gemäß § 21 dErbStG gegeben.

---

[978] Vgl. Tz. 4.1.1 des dBMF-Schreibens v. 14.5.2004 – IV B 4 – S 1340 – 11/04, BStBl I 2004, Sondernummer 1, S. 3 und Teil 2, Kap. 1.6.2.

Neben der Bestimmung des § 6 Abs. 3 dErbStG kann auch § 48 öBAO zur Anwendung gelangen. Danach kann das österreichische Bundesfinanzministerium anordnen, dass bei Abgabepflichtigen, die der Abgabenhoheit mehrerer Staaten unterliegen, soweit dies zur Ausgleichung der in- und ausländischen Besteuerung oder zur Erzielung einer den Grundsätzen der Gegenseitigkeit entsprechenden Behandlung erforderlich ist, bestimmte Gegenstände der Abgabenerhebung ganz oder teilweise aus der Abgabepflicht auszuscheiden oder ausländische, auf solche Gegenstände entfallende Abgaben ganz oder teilweise auf die inländischen Abgaben anzurechnen sind[979]. Das Verhältnis von § 6 Abs. 3 öErbStG zu § 48 öBAO ist umstritten. Zum einen wird in der Literatur die Auffassung vertreten, dass die Regelung des Erbschaftssteuergesetzes eine Spezialnorm gegenüber § 48 öBAO sei[980], zum anderen sind Teile der Literatur und die österreichische Finanzverwaltung der Meinung, dass beide Vorschriften nebeneinander angewendet werden können[981]. Da die zusätzliche Beachtung des § 48 öBAO nur vorteilhaft sein kann und nicht erkennbar ist, dass die Finanzverwaltung ihre Meinung ändern wird, kann für die Steuerplanung von einer parallelen Anwendung beider Vorschriften ausgegangen werden. Die Inanspruchnahme von § 48 öBAO kommt insbesondere in Frage, wenn die Besteuerung ohne dessen Berücksichtigung zu unbilligen Härten führen würde.

Problematisch an den in den jeweiligen Erbschaftsteuergesetzen verankerten Vorschriften ist, dass sie jeweils erfordern, dass die Erbschaftsteuer in dem anderen Staat bereits erhoben wurde[982]. Die Inanspruchnahme einer derartigen Vorschrift kommt daher nur in einem der beiden Staaten in Frage. Ein Ausweg könnte sich bei Anwendung des § 48 öBAO ergeben, da ohne dessen Berücksichtigung die Voraussetzung der von der Finanzverwaltung geforderten „unbilligen Härte" gegeben wäre[983]. Zunächst könnten gemäß § 48 öBAO die in Deutschland befindlichen Vermögensgegenstände von der österreichischen Steuer freigestellt werden. Anschließend würde im deutschen Besteuerungsverfahren die auf die übrigen Vermögensgegenstände erhobene österreichische Steuer auf die deutsche Steuer angerechnet werden. Um Unsicherheiten im Rahmen der Steuerplanung zu vermeiden, empfiehlt es sich, vor Vollzug der Schenkung eine verbindliche Rechtsauskunft bei der österreichischen Finanzverwaltung einzuholen. Wenn diese Schwierigkeiten umgangen werden sollen, bietet es sich an, Schenkungen nur im Rahmen der durch die Freibeträge vorgegebenen Grenzen vorzunehmen.

---

[979] Zur Steuerentlastung gemäß § 48 öBAO vgl. Jirousek (1985) und Urtz (1995).
[980] Vgl. Lang, M. (1987), S. 267.
[981] Vgl. Loukota (1990b), S. 413 - 414 und Urtz (1996).
[982] Vgl. Toifl (1995a), S. 430, der darauf verweist, dass nur die tatsächlich gezahlte ausländische Steuer im Rahmen des § 6 Abs. 3 Satz 2 öErbStG anrechenbar ist.
[983] Vgl. Toifl (1995a), S. 434 - 437.

Ein weiterer Nachteil aus der Aufrechterhaltung der unbeschränkten Steuerpflicht in Deutschland ergibt sich aus der Anwendung des Progressionsvorbehalts. Zwar erlaubt Art. 7 ErbSt-DBA die Erhebung der Steuer nach dem Satz, der dem Wert des gesamten Nachlasses oder des gesamten Erwerbs entspricht, unabhängig von der Reichweite der Steuerpflicht. Da Deutschland aber gemäß § 19 Abs. 2 dErbStG nur für den Fall einer unbeschränkten Erbschaftsteuerpflicht die Anwendung des Progressionsvorbehalts vorschreibt[984], ist diese Vorschrift bei Beibehaltung eines Nebenwohnsitzes als nachteilig einzuordnen.

Negative Auswirkungen aus der vorerst erfolgenden Beibehaltung eines Nebenwohnsitzes in Deutschland können sich auch durch die zeitliche Verlagerung der Zeiträume ergeben, in denen die erweitert unbeschränkte Erbschaftsteuerpflicht und gegebenenfalls die erweitert beschränkte Erbschaftsteuerpflicht gilt. Wird zu einem späteren Zeitpunkt entschieden, dass die Aufrechterhaltung der unbeschränkten Steuerpflicht nicht mehr vorteilhaft ist, so beginnt der Fünfjahreszeitraum der erweitert unbeschränkten Steuerpflicht und der Zehnjahreszeitraum der erweitert unbeschränkten Steuerpflicht erst mit der Aufgabe des deutschen Wohnsitzes. Relevant kann dies insbesondere bei der Vornahme von Schenkungen sein. Aber auch der mögliche Abschluss eines neuen Erbschaftsteuerdoppelbesteuerungsabkommens innerhalb dieser Zeiträume kann Auswirkungen haben, die zum Zeitpunkt der Entscheidung über die Beibehaltung eines Nebenwohnsitzes nicht abzusehen sind.

Keine erbschaf- oder schenkungsteuerlichen Nachteile ergeben sich aus der Beibehaltung eines Nebenwohnsitzes des Erblassers bzw. Schenkers, wenn alle Erben bzw. alle Beschenkten unbeschränkt steuerpflichtig in Deutschland sind. Selbst ohne Nebenwohnsitz des Erblassers oder Schenkers unterliegt in diesem Fall das gesamte vererbte bzw. verschenkte Vermögen der deutschen Besteuerung. Zwar wird bei einer fehlenden Inländereigenschaft des Erblassers oder Schenkers und einer unbeschränkten Steuerpflicht des Erwerbers nur der jeweilige Vermögensanfall beim Erwerber erfasst. Wenn jedoch alle Erwerber in Deutschland ansässig sind, ergibt die Summe der jeweils zu besteuernden Vermögensanfälle das Weltvermögen.

4. Begründung der Ansässigkeit in Österreich
Der Begründung der Ansässigkeit in Österreich wird im Folgenden deutlich weniger Platz eingeräumt als der Aufgabe der deutschen Ansässigkeit. Dieses Vorgehen ist durch den Umstand gerechtfertigt, dass es wesentlich einfacher ist, ei-

---

[984] Anders hingegen in Österreich: Gemäß § 6 Abs. 4 öErbStG ist die Steuer immer dann nach dem Steuersatz zu erheben, der dem ganzen Erwerb entspricht, wenn ein Teil des Vermögens der inländischen Besteuerung aufgrund von Staatsverträgen entzogen ist.

ne steuerrechtliche Ansässigkeit zu begründen als sie aufzugeben. Hinzu kommt, dass die diesbezüglichen österreichischen Definitionen nur geringfügig von den bereits erläuterten deutschen Bestimmungen abweichen[985]. Im Anschluss werden die Voraussetzungen für eine Inanspruchnahme der Zuzugsbegünstigung gemäß § 103 öEStG erläutert.

4.1 Unbeschränkte und beschränkte Einkommensteuerpflicht

Bezüglich des Umfangs der Steuerpflicht unterscheidet auch das österreichische Steuerrecht zwischen beschränkter und unbeschränkter Steuerpflicht. Unbeschränkt steuerpflichtig sind gemäß § 1 Abs. 2 öEStG jene natürlichen Personen, die im Inland einen Wohnsitz oder ihren gewöhnlichen Aufenthalt haben. Folge der unbeschränkten Steuerpflicht ist ebenfalls die Erfassung aller in- und ausländischen Einkünfte, d.h. des Welteinkommens. Nur für den Fall, dass die Person im Inland weder einen Wohnsitz noch ihren gewöhnlichen Aufenthalt hat, besteht beschränkte Steuerpflicht. Entsprechend dem Territorialitätsprinzip werden dann nur die in § 98 öEStG abschließend aufgezählten Einkünfte erfasst.

4.2 Unbeschränkte und beschränkte Erbschaft- und Schenkungsteuerpflicht

Das österreichische Erbschaft- und Schenkungsteuerrecht unterscheidet ebenfalls zwischen einer unbeschränkten und einer beschränkten Steuerpflicht[986]. Die Steuerpflicht für den gesamten Erbanfall ist gemäß § 6 Abs. 1 Nr. 1 öErbStG gegeben, wenn der Erblasser zur Zeit seines Todes oder der Erbe bzw. Beschenkte zur Zeit des Eintrittes der Steuerpflicht ein Inländer ist. Die Inländereigenschaft bestimmt sich nach § 6 Abs. 2 öErbStG. Danach gelten als Inländer unter anderem Ausländer, die im Inland einen Wohnsitz oder ihren gewöhnlichen Aufenthalt haben und österreichische Staatsbürger, sofern sie sich nicht länger als zwei Jahre dauernd im Ausland aufgehalten haben[987]. Wenn weder der Erblasser noch der Erwerber Inländer im Sinne des österreichischen Erbschaftsteuergesetzes ist, besteht Steuerpflicht nur für bestimmtes Inlandsvermögen. Hierzu gehören gemäß § 6 Abs. 1 Nr. 2 öErbStG inländisches land- und forstwirtschaftliches Vermögen, inländisches Betriebsvermögen oder inländisches Grundvermögen. Des Weiteren werden Nutzungsrechte an den genannten Ver-

---

[985] Vgl. Teil 2, Kap. 1.3 und 1.4.
[986] Die Begriffe „unbeschränkt" und „beschränkt" sind dem Gesetzestext zwar nicht zu entnehmen. Die Bezeichnung hat sich zur Unterscheidung der unterschiedlichen Reichweite der Steuerpflichten aber durchgesetzt. So auch Ost (1991), S. 38.
[987] Bei einem mindestens zwei Jahre dauernden Auslandsaufenthalt österreichischer Staatsbürger kommt als zusätzliches Erfordernis für eine Qualifizierung als Steuerausländer hinzu, dass sie keinen Wohnsitz im Inland haben dürfen.

mögensgegenständen und Rechte, deren Übertragung an eine Eintragung in inländische Bücher geknüpft ist, erfasst.

4.3 Wohnsitz

Die Definition des Wohnsitzes ist im österreichischen Steuerrecht nahezu vergleichbar mit derjenigen der deutschen Abgabenordnung. Gemäß § 26 Abs. 1 öBAO hat jemand einen Wohnsitz im Sinne der Abgabenvorschriften dort, wo er eine Wohnung innehat unter Umständen, die darauf schließen lassen, dass er die Wohnung beibehalten und benutzen wird. Aufgrund der deutlichen Parallelen zwischen der deutschen und der österreichischen Definition und den umfangreichen Ausführungen zum deutschen Wohnsitzbegriff[988] werden im Folgenden die durch die österreichische Rechtsprechung herausgearbeiteten Erfordernisse zur Begründung eines österreichischen Wohnsitzes in deutlich kürzerer Form abgehandelt[989].

Der steuerliche Wohnsitzbegriff knüpft an die tatsächliche Gestaltung der Dinge an[990]. Objektive Kriterien statt subjektiver Absichten entscheiden über das Vorliegen eines Wohnsitzes[991]. Die polizeiliche An- bzw. Abmeldung kann bestenfalls eine Indizwirkung entfalten[992]. Zwingend erforderlich für das Vorliegen eines Wohnsitzes ist eine Wohnung. Nach Auffassung des Verwaltungsgerichtshofs sind darunter „bestimmte Räumlichkeiten, die nach der Verkehrsauffassung zum Wohnen geeignet sind, also ohne wesentliche Änderungen jederzeit zum Wohnen benutzt werden können und ihrem Inhaber nach Größe und Ausstattung ein dessen persönlichen Verhältnissen entsprechendes Heim bieten"[993], zu verstehen. Auch wenn nach Ansicht der Rechtsprechung die Wohnung den persönlichen Verhältnissen entsprechen muss, bedeutet dies noch nicht, dass eine standesgemäße Ausstattung und Größe gegeben sein muss und die Wohnung den repräsentativen Bedürfnissen zu entsprechen hat[994]. Leer stehende Räumlichkeiten und nicht ortsfeste Unterkünfte stellen jedoch keine Wohnung dar.

---

[988] Vgl. Teil 2, Kap. 1.3.
[989] Eine umfangreiche Darstellung mit zahlreichen Verweisen auf ältere Rechtsprechung bietet Weinzierl (1974a).
[990] Vgl. VwGH-Urteil v. 11.12.1964 – 1023/63, VwSlgNF 3198 F/1964.
[991] Vgl. VwGH-Urteil v. 25.9.1973, 0111/73, http://www.ris.bka.gv.at/vwgh/ und VwGH-Urteil v. 21.5.1990, 89/15/0115, http://www.ris. bka.gv.at/vwgh/.
[992] Vgl. VwGH-Urteil v. 12.3.1974 – 1947/73, VwSlgNF 4655 F/1974, VwGH-Urteil v. 23.5.1990 – 89/13/0015, VwGH-Urteil v. 6501 F/1990, VwGH-Urteil v. 20.6.1990, 89/16/0020, http://www.ris.bka.gv.at/vwgh/, VwGH-Urteil v. 26.11.1991, 91/14/0041, http://www.ris. bka.gv.at/vwgh/ und VwGH-Urteil v. 24.2.1996, 95/13/0150, http://www.ris.bka.gv.at /vwgh/.
[993] Vgl. VwGH-Urteil v. 24.2.1996, 95/13/0150, http://www.ris.bka.gv.at/vwgh/.
[994] Vgl. VwGH-Urteil v. 28.2.1973 – 1356/72, VwSlgNF 4509 F/1973.

Als weiteres Kriterium tritt das Innehaben der Wohnung hinzu. Damit ist weniger eine rechtliche als vielmehr eine tatsächliche Verfügungsmacht über die Wohnung gemeint[995]. Die Wohnung muss der Person jederzeit tatsächlich für ihre Wohnzwecke zur Verfügung stehen[996]. Innegehabt werden kann die Wohnung auch, wenn die Wohnung im Eigentum anderer Personen steht bzw. von diesen angemietet wird. Eine so genannte abgeleitete Verfügungsmacht reicht zum Innehaben der Wohnung aus[997]. Eine solche ist im Fall einer gesicherten Wohnstätte von Kindern in der Wohnung der Eltern ebenso gegeben wie im Fall der dem Ehegatten bzw. Lebensgefährten dauernd zur Verfügung gestellten Wohnung durch den Partner. Der Begriff des Innehabens umfasst nicht die tatsächliche Benutzung der Wohnung. Vielmehr kommt es darauf an, ob der Person eine Wohnung zur Verfügung steht, für deren Bezug nicht die Zustimmung einer anderen Person eingeholt werden muss[998].

Den Umständen muss entnommen werden können, dass die Wohnung beibehalten und benutzt wird. Diese Umstände umfassen wiederum nicht die subjektiven Absichten der betreffenden Person. Abgestellt wird allein auf die äußerlich erkennbaren, objektiven Merkmale[999]. Grundsätzlich wird eine Wohnung so lange beibehalten, bis die Absicht der Person, die Wohnung aufzugeben, in äußerlich erkennbarer Weise festzustellen ist. Wenn persönliche und wirtschaftliche Beziehungen zum Inland bestehen, können diese als Indiz für die Beibehaltung der Wohnung gewertet werden[1000]. Die Beibehaltung der Wohnung ist im Regelfall auch dann anzunehmen, wenn sich der Wohnungsinhaber für eine begrenzte, unter Umständen auch längere Zeit zur Erfüllung einer begrenzten Aufgabe ins Ausland begibt[1001].

Hinzutreten muss die Absicht, die Wohnung zu benutzen. Es ist dabei nicht entscheidend, ob die Wohnung zum Beurteilungszeitpunkt tatsächlich benutzt wird. Die Umstände müssen lediglich erkennen lassen, dass die Wohnung ständig be-

---

[995] Vgl. Lechner (1998), S. 255.
[996] Vgl. VwGH-Urteil v. 24.2.1996, 95/13/0150, http://www.ris.bka.gv.at/vwgh/.
[997] Vgl. VwGH-Urteil v. 15.6.1976 – 2303/75, VwSlgNF 4989 F/1976.
[998] Nach Auffassung von Ryda/Kortus (1996), S. 23 ist die Prüfung der Frage, ob die Benutzung der Wohnung jederzeit und uneingeschränkt im Belieben des Eigentümers bzw. des aufgrund eines anderen zivilrechtlichen Titels Berechtigten steht, unabdingbare Voraussetzung für ein ordnungsgemäßes Ermittlungsverfahren der Abgabenbehörde.
[999] Vgl. VwGH-Urteil v. 12.3.1974 – 1947/73, VwSlgNF 4655 F/1974.
[1000] Gemäß VwGH-Urteil v. 11.12.1990, 90/14/0183, http://www.ris.bka.gv.at/vwgh/ ist es jedoch für die Wohnsitzfrage bedeutungslos, wo der Steuerpflichtige geschäftlich tätig ist und ob er im Inland eine gewerbliche Betriebsstätte hat.
[1001] Vgl. Huemer (1996), S. 36.

nutzt werden kann[1002]. Der Annahme eines Wohnsitzes steht nicht entgegen, wenn die Wohnung nicht ständig benutzt wird. Eine bloß fallweise, zeitlich beschränkte Benutzung reicht zur Begründung eines Wohnsitzes aus[1003]. Kurzfristige Vermietungen stehen der Annahme eines Wohnsitzes nicht entgegen, sofern die Umstände dafür sprechen, dass auf längere Sicht die Wohnung beibehalten und benutzt werden soll[1004]. Die Wohnung muss sich nicht am Mittelpunkt der Lebensinteressen des Inhabers befinden[1005]. Für den Fall des Vorliegens mehrerer Wohnsitze sind an die Nebenwohnsitze, d.h. an die Wohnsitze, an denen sich nicht der Mittelpunkt der Lebensinteressen befindet, geringere Anforderungen zu stellen[1006].

Die vorgenannten Ausführungen gelten jedoch im Bereich der Einkommensteuer nicht für die Fälle, die durch die Ende 2003 vom österreichischen Bundesfinanzministerium erlassene Verordnung betreffend inländische Zweitwohnsitze erfasst werden. Die ab 1.1.2004 anzuwendende Verordnung legt fest, dass eine Wohnung bei Steuerpflichtigen, deren Mittelpunkt der Lebensinteressen sich länger als fünf Jahre im Ausland befindet, nur zur Begründung eines einkommensteuerrechtlich zu beachtenden Wohnsitzes führt, wenn diese Wohnung allein oder gemeinsam mit anderen inländischen Wohnungen an mehr als siebzig Tagen benutzt wird[1007]. Dies gilt jedoch nur dann, wenn ein Verzeichnis geführt wird, aus dem die Tage der inländischen Wohnungsbenutzung ersichtlich sind. Auf die Erbschaft- und Schenkungssteuer ist die Verordnung nicht anzuwenden[1008].

4.4 Gewöhnlicher Aufenthalt

Die allgemeine Definition des gewöhnlichen Aufenthalts ist im österreichischen Steuerrecht – ebenso wie die Wohnsitzdefinition – nahezu identisch mit der deutschen Definition[1009]. Gemäß § 26 Abs. 2 Satz 1 öBAO hat jemand den gewöhnlichen Aufenthalt dort, wo er sich unter Umständen aufhält, die erkennen

---

[1002] Vgl. VwGH-Urteil v. 11.12.1964 – 1023/63, VwSlgNF 3198 F/1964 und VwGH-Urteil v. 21.5.1990, 89/15/0115, http://www.ris.bka.gv.at/vwgh/.
[1003] Vgl. VwGH-Urteil v. 5.9.1969 – 0698/69, VwSlgNF 3947 F/1969.
[1004] Vgl. VwGH-Urteil v. 5.9.1969 – 0698/69, VwSlgNF 3947 F/1969 und VwGH-Urteil v. 28.2.1973 – 1356/72, VwSlgNF 4509 F/1973. Das VwGH-Urteil v. 23.5.1990 – 89/13/0015, VwSlgNF 6501 F/1990 besagt jedoch, dass kein Wohnsitz vorliegt, wenn eine Wohnung von ihrem Eigentümer vermietet wird und dieser nicht die Möglichkeit zur jederzeitigen Benutzung hat.
[1005] Vgl. VwGH-Urteil v. 21.5.1990, 89/15/0115, http://www.ris.bka.gv.at/vwgh/ und VwGH-Urteil v. 16.9.1992, 90/13/0299, http://www.ris.bka.gv.at/vwgh/.
[1006] Vgl. VwGH-Urteil v. 12.6.1964 – 0096/64, VwSlgNF 3103 F/1964.
[1007] Vgl. öBGBl II 2003/528.
[1008] Vgl. Schmidt/Theiss (2004), S. 1* - 2*.
[1009] Vgl. Teil 2, Kap. 1.4.

lassen, dass er an diesem Ort oder in diesem Land nicht nur vorübergehend verweilt. Wenn Abgabenvorschriften die unbeschränkte Abgabepflicht an den gewöhnlichen Aufenthalt knüpfen, tritt diese jedoch stets dann ein, wenn der Aufenthalt im Inland länger als sechs Monate dauert. In diesem Fall erstreckt sich die Abgabepflicht auch auf die ersten sechs Monate[1010]. Gemäß § 26 Abs. 2 Satz 4 öBAO ist das Bundesfinanzministerium ermächtigt, von der Anwendung dieser Bestimmungen bei Personen abzusehen, deren Aufenthalt im Inland nicht mehr als ein Jahr beträgt. Voraussetzung ist, dass diese Personen im Inland weder ein Gewerbe betreiben noch einen anderen Beruf ausüben.

Da es das Ziel der steuerplanerischen Anstrengungen ist, Steuervorteile durch eine Wohnsitzverlegung bzw. eine Verlegung des Mittelpunkts der Lebensinteressen nach Österreich zu erzielen, wird der österreichischen Rechtsprechung zum gewöhnlichen Aufenthalt im Folgenden keine Aufmerksamkeit geschenkt. Der Eintritt in die unbeschränkte Steuerpflicht in Österreich sollte unter allen Umständen mittels einer Anknüpfung an einen inländischen Wohnsitz erfolgen. Eine Anknüpfung ausschließlich über den gewöhnlichen Aufenthalt würde zudem in Deutschland zu erhöhten Anforderungen an die Aufgabe des dortigen Wohnsitzes führen. Hinzu kommt, dass die Aufgabe sämtlicher Wohnsitze in Deutschland und die Begründung des gewöhnlichen Aufenthalts in Österreich höchst unrealistisch ist. Ein einziger verbleibender Wohnsitz in Deutschland würde sämtliche Planungsanstrengungen zunichte machen, da bei Doppelansässigkeit die Existenz eines Wohnsitzes bzw. einer Wohnstätte Vorrang vor dem gewöhnlichen Aufenthalt hat[1011]. Ansässigkeitsstaat im Sinne des Doppelbesteuerungsrechts wäre in diesen Fällen weiterhin Deutschland. Die Anwendung des ErbSt-DBA ist nur dann möglich, wenn die Person mindestens in einem der beiden Vertragsstaaten einen Wohnsitz hat[1012], so dass auch in Anbetracht dieser Regelung in Österreich auf jeden Fall ein Wohnsitz begründet werden sollte[1013].

4.5 Zuzugsbegünstigung

Gemäß § 103 Abs. 1 öEStG kann der Bundesminister der Finanzen bei Personen, deren Zuzug aus dem Ausland der Förderung von Wissenschaft, Forschung, Kunst oder Sport dient und aus diesem Grunde im öffentlichen Interesse gelegen ist, für die Dauer des im öffentlichen Interesse gelegenen Wirkens dieser Personen steuerliche Mehrbelastungen bei nicht unter § 98 öEStG fallenden Einkünften beseitigen, die durch die Begründung eines inländischen Wohnsitzes eintreten. Die unter § 98 öEStG fallenden Einkünfte sind die der beschränkten Steuer-

---
[1010] Vgl. § 26 Abs. 2 Satz 2 und 3 öBAO.
[1011] Vgl. Art. 1 Abs. 2 ErtSt-DBA 1954/92 und Art. 4 Abs. 2 lit. a ErtSt-DBA 2003.
[1012] Vgl. Art. 1 Abs. 1 ErbSt-DBA.
[1013] Weitergehende Ausführungen zum gewöhnlichen Aufenthalt finden sich bei Weinzierl (1974b), Sauer (1993), Huemer (1996), S. 42 - 57 und Rolfs (1998a), S. 415 - 416.

pflicht unterliegenden Einkünfte. Begünstigt werden demnach Einkünfte, die keinen bzw. nur einen eingeschränkten Inlandsbezug zu Österreich aufweisen.

4.5.1 Historische Entwicklung der Zuzugsbegünstigung

Bis zur Verabschiedung des Steuerreformgesetzes 1993 war die Zuzugsbegünstigung sehr viel umfangreicher ausgestaltet. Die ursprüngliche, in § 103 Abs. 1 - 3 öEStG a.f. kodifizierte Begünstigungsregelung verfolgte das Ziel, einen die Kaufkraft belebenden Devisenzustrom zu fördern[1014]. Voraussetzung für eine Begünstigung war, dass ab dem Zeitpunkt des Zuzugs nach Österreich keine Erwerbstätigkeit mehr im Inland ausgeübt wurde[1015]. Seine Verbrauchswirtschaft musste der Zuziehende nach Art und Umfang in einer für das Inland nützlichen Weise einrichten[1016]. Erst 1992 wurde die ursprüngliche Zuzugsbegünstigung um einen vierten Absatz erweitert, der im Wesentlichen dem heutigen ersten Absatz entspricht. Die Förderung beschränkte sich zunächst auf die der Wissenschaft und Forschung; die Zuzugsbegünstigung für Personen, deren Zuzug der Förderung von Kunst und Sport dient, wurde erst später dem § 103 öEStG hinzugefügt[1017]. Die derzeit noch bestehende Zuzugsbegünstigung setzt im Gegensatz zu der anfänglichen Begünstigungsregelung eine aktive Tätigkeit in Österreich voraus. Die ursprünglichen ersten drei Absätze des § 103 öEStG wurden im Rahmen der Steuerreform 1993 gestrichen[1018]. Begründet wurde die Abschaffung mit dem Widerspruch zwischen Zuzugsbegünstigung und europäischer Integration[1019].

[1014] Vgl. Loukota (1990a), S. 3.
[1015] Zur Frage, wann eine schädliche Erwerbstätigkeit vorlag, vgl. Wallentin (1985), S. 354 und Loukota (1990a), S. 4 - 5. Obwohl bei im Ausland arbeitenden Grenzgängern eine Tätigkeit im Inland nicht gegeben war, versagte der österreichische VwGH mit Urteil v. 6.5.1970, 0408/70, http://www.ris.bka.gv.at/vwgh/ diesen Personen eine Zuzugsbegünstigung. Vgl. Loukota (1990a), S. 6 und EAS v. 5.11.1992.
[1016] Diese Voraussetzung war bereits dann erfüllt, wenn der mit dem Zuzug verbundene Devisenzustrom zur Deckung der Lebensführungskosten ausreichte. In der Verwaltungspraxis wurden Auslandseinkünfte von mindestens 300.000,- öS (21.801,85 Euro) jährlich vorausgesetzt. Vgl. Loukota (1990a), S. 5.
[1017] Die Begünstigung von Personen, die der Förderung der Kunst dienen, wurde mit dem Steuerreformgesetz 2000 kodifiziert. Mit dem Budgetbegleitgesetz 2001 wurde auch der Sport als förderungswürdiges öffentliches Interesse verankert. Nach Auffassung des deutschen Bundesfinanzministeriums erhielten als Sportler tätige Zuzügler bereits vor der gesetzlichen Verankerung enorme steuerliche Vergünstigungen. Vgl. Göttsche (1997), S. 11 und dBMF-Schreiben v. 15.3.1996 – IV C 6 – S 1343 – 1/96, RIW 1996, S. 451.
[1018] Gemäß § 112 öEStG darf der ursprüngliche § 103 öEStG jedoch noch angewendet werden, wenn vor der Gesetzesänderung eine Zuzugsbegünstigung bereits erteilt worden ist oder wenn die Erteilung einer Zuzugsbegünstigung schriftlich in Aussicht gestellt worden ist. Zum Inhalt und zu verfassungsrechtlichen Bedenken der Übergangsregelung vgl. Staringer (1994), S. 61 - 64 und VwGH-Urteil v. 22.2.1995 – 94/13/0089, SWI 1995, S. 199 - 200.
[1019] Vgl. Loukota (1993), S. 353 und Teil 2, Kap. 4.5.4.

4.5.2 Voraussetzungen für die Inanspruchnahme der Zuzugsbegünstigung

Zwingende Voraussetzung für die Inanspruchnahme der Zuzugsbegünstigung ist das Bestehen der unbeschränkten Steuerpflicht spätestens nach dem Zuzug. Dies ergibt sich aus dem Umfang der Steuerbegünstigung. Es werden nur die Einkünfte von der Steuer freigestellt, die im Fall einer beschränkten Steuerpflicht nicht besteuert würden. Eine Besteuerung, die über diejenige bei beschränkter Steuerpflicht hinausgeht, kann nur bei unbeschränkter Steuerpflicht eintreten. Der Steuerpflichtige muss mit dem Zuzug einen Wohnsitz in Österreich begründen oder dorthin seinen gewöhnlichen Aufenthalt verlegen. Ein Zuzug im Sinne des § 103 öEStG kann auch vorliegen, wenn bereits vor dem Zuzug ein Nebenwohnsitz in Österreich bestanden hat. Die in § 103 Abs. 2 öEStG als Wegzug bezeichnete Verlegung des Mittelpunkts der Lebensinteressen in das Ausland legt eine komplementäre Anwendung auf den Begriff des Zuzugs nahe[1020]. Demnach liegt ein Zuzug vor, wenn der Mittelpunkt der Lebensinteressen nach Österreich verlegt wird. Eine derartige Auffassung schließt die Inanspruchnahme der Zuzugsbegünstigung für den Fall der Begründung eines Nebenwohnsitzes in Österreich aus[1021]. Mangels anders lautender Erklärungen und Interpretationen muss davon ausgegangen werden, dass dem Begriff des Mittelpunkts der Lebensinteressen derselbe Inhalt beizulegen ist wie demjenigen in den Doppelbesteuerungsabkommen. Personen, die ihren Mittelpunkt der Lebensinteressen bereits schon einmal in Österreich hatten, kommen gemäß § 103 Abs. 2 öEStG nur in den Genuss der Zuzugsbegünstigung, wenn zwischen dem Wegzug[1022] und dem Zuzug mehr als zehn Jahre verstrichen sind. Damit soll vermieden werden, dass Personen zur Erlangung der Zuzugsbegünstigung nur für kurze Zeit den Mittelpunkt ihrer Lebensinteressen in das Ausland verlegen[1023].

Unerheblich für die Begünstigung ist, ob die Personen in einem Dienstverhältnis stehen oder selbständig tätig sind. Keine Relevanz hat auch die Frage, ob der Auftrag- bzw. Dienstgeber der bevorzugten Person eine staatliche oder private Einrichtung ist. Ebenfalls begünstigt werden können Personen, die nur mittelbar der Förderung von Wissenschaft, Forschung, Kunst oder Sport dienen. Hierzu können beispielsweise im Kulturmanagement tätige Personen oder Vorstandsmitglieder gehören, denen der im Zusammenhang mit deren Zuzug nach Öster-

---

[1020] So auch Lang, M. (2000), S. 363.
[1021] Würde ein Nebenwohnsitz bereits die Inanspruchnahme der Zuzugsbegünstigung vermitteln, könnte bei einer nachfolgenden Verlegung des Hauptwohnsitzes eine Zuzugsbegünstigung nicht erneut geltend gemacht werden. A.A. Djanani/Holzknecht (1990), S. 132.
[1022] Wegzug in diesem Sinne kann sowohl die Aufgabe sämtlicher Wohnsitze und des gewöhnlichen Aufenthalts in Österreich bedeuten als auch die Verlegung des Mittelpunkts der Lebensinteressen ins Ausland unter Beibehaltung von Nebenwohnsitzen in Österreich.
[1023] Vgl. Loukota (1990a), S. 5.

reich verlagerte Forschungsbereich untersteht ohne selbst forschend tätig zu werden[1024].

Umstritten ist der Begriffsinhalt des öffentlichen Interesses. Von einigen wird jede Förderung von Wissenschaft, Forschung, Kunst oder Sport als im öffentlichen Interesse gelegen erachtet. Dieser Auffassung wird mit dem Argument widersprochen, dass der Begriff des öffentlichen Interesses damit seine Bedeutung als selbständiges Tatbestandselement verliert. Stattdessen wird vorgeschlagen, dass ein öffentliches Interesse nur bei einer Bedeutung für die österreichische Volkswirtschaft gegeben sei. Für eine derartige Interpretation bietet der Gesetzestext jedoch keinen Anhaltspunkt. Zudem erscheint es fraglich, ob durch den Hinweis auf die österreichische Volkswirtschaft eine nähere Bestimmung des öffentlichen Interesses gelingen kann.

Aufgehoben wurde mit dem Budgetbegleitgesetz 2001 das bisher in § 103 Abs. 1 Satz 2 öEStG kodifizierte Erfordernis des Nachweises des öffentlichen Interesses für jedes Veranlagungsjahr durch eine Bescheinigung des Bundesministers der Finanzen. Eine faktische Änderung ist hierdurch jedoch nicht eingetreten. Obwohl die Bescheiderteilung den Erläuterungen zur Regierungsvorlage zufolge im freien Ermessen der Behörde stand, bestand dennoch eine so genannte Behördenbindung. Danach war die Behörde immer dann zur Erteilung einer Bescheinigung verpflichtet, wenn die gesetzlichen Voraussetzungen erfüllt waren.

4.5.3 Umfang der Begünstigung

Hinsichtlich des Umfangs der Begünstigung schreibt § 103 Abs. 1 öEStG vor, dass die steuerlichen Mehrbelastungen, die durch die Begründung eines inländischen Wohnsitzes eintreten, bei nicht unter § 98 öEStG fallenden Einkünften zu beseitigen sind. Eine Ergänzung der Vorschrift erfolgte durch das Budgetbegleitgesetz 2001. Danach kann auch die für eine Begünstigung in Betracht kommende Besteuerungsgrundlage oder die darauf entfallende Steuer mit einem Pauschbetrag festgesetzt werden. Umstritten ist, in welcher Form die steuerlichen Mehrbelastungen zu ermitteln sind[1025]. Zum einen wird vorgeschlagen, die zusätzlichen Belastungen durch einen Vergleich des inländischen und des ausländischen Steuerniveaus zu ermitteln. Zum anderen wird die Auffassung vertreten, dass nur die durch die Verlegung des Wohnsitzes bzw. des Mittelpunkts der Lebensinteressen hervorgerufenen zusätzlichen Belastungen in Österreich gemeint sind.

[1024] Vgl. Lang, M. (2000), S. 365.
[1025] Zu der Auseinandersetzung vgl. Lang, M. (2000), S. 367 - 368 m.w.N.

Nach der erstgenannten Auffassung erfolgt eine Begünstigung nur dann, wenn die durch die unbeschränkte Steuerpflicht zusätzlich zu besteuernden Einkünfte in Österreich einer höheren Steuer unterliegen als im bisherigen Ansässigkeitsstaat. Eine derartige Abhängigkeit der Begünstigung vom ausländischen Steuerniveau und damit von ausländischem Recht ist verfassungsrechtlich bedenklich. Stattdessen ist isoliert auf die österreichische Steuerbelastung abzustellen. Danach ist eine Mehrbelastung im Sinne von § 103 öEStG eine solche, die durch die Besteuerung von Einkünften hervorgerufen wird, die nicht der österreichischen beschränkten Steuerpflicht unterliegen würden. Mehrbelastungen, die sich aus der Verlagerung der wissenschaftlichen, forschenden, künstlerischen oder sportlerischen Tätigkeit nach Österreich ergeben, werden von der Zuzugsbegünstigung nicht erfasst, da Einkünfte aus diesen Tätigkeiten regelmäßig unter § 98 öEStG fallen.

4.5.4 Sportler-Erlass

Neben der Zuzugsbegünstigung nach § 103 öEStG besteht ab dem Veranlagungszeitraum 2000 eine weitere per Verordnung erlassene Begünstigung für überwiegend im Ausland tätige, aber in Österreich unbeschränkt steuerpflichtige Sportler[1026]. Für diesen Personenkreis hat auf Antrag die Ermittlung des in Österreich steuerpflichtigen Anteils der Einkünfte pauschal zu erfolgen. Nach § 2 der Verordnung beträgt der Anteil der in Österreich zu versteuernden Einkünfte aus der Tätigkeit als Sportler einschließlich der Werbetätigkeit lediglich 33 % der insgesamt im Kalenderjahr erzielten Einkünfte aus dieser Tätigkeit. Sofern von dem Sportler die pauschale Besteuerung in Anspruch genommen wird, ist eine Anrechnung im Ausland gezahlter Steuern nicht möglich. Ferner sind bei einem Antrag auf Pauschalbesteuerung die ausländischen Einkünfte aus der Tätigkeit als Sportler einschließlich der Werbetätigkeit im Rahmen des Progressionsvorbehalts zu berücksichtigen

4.5.5 Europarechtliche Bedenken gegen die Zuzugsbegünstigung

Da die Zuzugsbegünstigung für die von ihr betroffenen Personen bei einem Wohnsitzwechsel zu einer erheblichen Steuerersparnis führen kann, ist zu untersuchen, ob wegen der Ungleichbehandlung von zugezogenen und bereits immer in Österreich ansässigen Steuerpflichtigen eine Verletzung von Europarecht in Frage kommt und somit eine Abschaffung des § 103 dEStG droht. Diskriminiert können sich aufgrund der Begünstigung die Personen fühlen, die nicht in den Genuss einer Beseitigung von steuerlichen Mehrbelastungen kommen. Zur Befürwortung des Vorliegens einer Diskriminierung müssen unterschiedliche Vorschriften auf vergleichbare Situationen angewandt werden. Es muss daher zunächst festgestellt werden, ob sich ein zugezogener Steuerpflichtiger, der zu dem

---

[1026] Vgl. öBGBl II 2000/418.

begünstigten Personenkreis gehört, in einer vergleichbaren Situation mit einem Steuerpflichtigen befinden kann, der schon immer seinen Lebensmittelpunkt in Österreich hatte. Unzweifelhaft lassen sich Fälle konstruieren, in denen Steuerpflichtige die gleiche Tätigkeit ausüben, die gleichen Einkünfte beziehen und somit auch die gleiche Leistungsfähigkeit besitzen, mit dem einzigen Unterschied, dass eine der beiden Vergleichspersonen ihren Hauptwohnsitz erst kürzlich in Österreich begründet hat, während die andere Person schon immer in Österreich ansässig gewesen ist. Da es sich bei der benachteiligten Person um einen Inländer handelt, der keinen grenzüberschreitenden Sachverhalt verwirklicht, liegt eine umgekehrte Inländerdiskriminierung vor.

Wie bereits in den allgemeinen Ausführungen zum Europarecht dargestellt wurde, ist die Zulässigkeit einer umgekehrten Diskriminierung äußerst umstritten[1027]. Nicht als Rechtsgrundlage für den Fall einer umgekehrten Diskriminierung eignen sich die Grundfreiheiten, da deren Wortlaut die Befürwortung eines umfassenden Binnenmarktbegriffs nicht mehr deckt[1028]. In Frage kommt aber eine Verletzung des allgemeinen Diskriminierungsverbots gemäß Art. 12 EG. Neben einer offenen Diskriminierung aus Gründen der Staatsangehörigkeit sind auch so genannte versteckte Diskriminierungen, die durch die Anwendung anderer Unterscheidungsmerkmale tatsächlich zu dem gleichen Ergebnis führen, verboten. Bevorzugt werden durch die Zuzugsbegünstigung in erster Linie ausländische Staatsangehörige, während österreichische Staatsbürger im Vergleich zu der erstgenannten Personengruppe benachteiligt werden. Beim Vorliegen einer versteckten Diskriminierung könnte der österreichische Staat jedoch die Ansicht vertreten, dass die Zuzugsbegünstigung aus zwingenden Gründen des Allgemeininteresses erforderlich ist. Von den in diesem Zusammenhang vom österreichischen Staat vorgebrachten, konkreten Argumenten wird der zukünftige Bestand der Zuzugsbegünstigung abhängen.

[1027] Vgl. Teil 1, Kap. 5.5.
[1028] Sollte sich die Auffassung des Europäischen Gerichtshofs in der Weise ändern, dass das Verbot umgekehrter Diskriminierungen auch aus den Grundfreiheiten abgeleitet werden kann, kommen als Rechtsgrundlage für den Fall der Zuzugsbegünstigung die Arbeitnehmerfreizügigkeit gemäß Art. 39 EG und die Niederlassungsfreiheit gemäß Art. 43 EG in Frage.

Teil 3: Gestaltung der Vermögensstruktur
1. Grundlagen der Vermögensstrukturierung
1.1 Vermögensstrukturierung unter ausschließlich steuerlichen Gesichtspunkten

Bei der Strukturierung des Vermögens und der daraus erzielten Einkünfte ist zu unterscheiden zwischen ertragsteuerlichen und erbschaftsteuerlichen Aspekten. Keinesfalls sollte die Vermögensstrukturierung bei einer beabsichtigten unentgeltlichen Vermögenszuwendung ohne die Berücksichtigung der ertragsteuerlichen Auswirkungen vorgenommen werden. Hält der Steuerpflichtige hingegen eine Planung für die Zeit nach seinem Ableben für nicht erforderlich oder wünschenswert und beabsichtigt er keine Vornahme von Schenkungen, können die erbschaftsteuerlichen Auswirkungen unberücksichtigt bleiben. Hinsichtlich der ertragsteuerlichen Konsequenzen stehen bei einer grenzüberschreitenden Vermögensstrukturierung die so genannten Entstrickungskosten im Mittelpunkt. Sie entstehen grundsätzlich durch Auflösung der stillen Reserven aufgrund der Verwirklichung eines bestimmten Tatbestandes. Vor der Untersuchung einzelner Tatbestände muss aber der Frage nachgegangen werden, ob eine Entstrickung auch ohne Anknüpfung an einen bestimmten Tatbestand bei drohendem Entzug der stillen Reserven angeordnet werden kann.

Keine Auswirkungen auf die Vermögensstrukturierung haben die Vermögensgegenstände, bei denen bereits aufgrund des Wohnsitzwechsels eine Entstrickung vorgenommen wird. Beispielhaft zu nennen sind die Wegzugsbesteuerung gemäß § 6 dAStG und die Besteuerung einbringungsgeborener Anteile gemäß § 21 Abs. 2 Nr. 2 dUmwStG. Weniger eindeutig sind die Fälle, in denen der deutsche Fiskus versucht, durch eine extensive Auslegung des Entnahme- oder Betriebsaufgabebegriffs eine Besteuerung der unter seiner Steuerhoheit gebildeten stillen Reserven sicherzustellen. Eine Darstellung dieser Vorschriften und der hierzu ergangenen Rechtsprechung ist aber dennoch erforderlich, um zu verdeutlichen, mit welchen Kosten der Steuerpflichtige im Fall des Wegzugs zu rechnen hat. Des Weiteren soll versucht werden, Lücken, Widersprüchlichkeiten und Umgehungsmöglichkeiten aufzuzeigen. Für die Steuergestaltung von größerer Bedeutung sind die Entscheidungen, bei denen auf die Verwirklichung eines Entstrickungstatbestandes bewusst Einfluss genommen werden kann. Ob es sinnvoll ist, beispielsweise Vermögen zu veräußern oder einen Betrieb aufzugeben, hängt in entscheidendem Maße von den in den Vermögensgegenständen gespeicherten stillen Reserven ab.

Neben den Auswirkungen der Entstrickung sind auch die steuerlichen Konsequenzen in Österreich zu berücksichtigen. Wenn Vermögen von Deutschland nach Österreich verbracht werden soll, sind die laufenden steuerlichen Belastungen in beiden Ländern gegenüberzustellen, um unter Berücksichtigung der Entstrickungskosten eine Entscheidung über die Vorteilhaftigkeit eines Vermögenstransfers treffen zu können. Wird Vermögen in Deutschland hingegen vor dem Wegzug veräußert und fließen dem Steuerpflichtigen hieraus Geldmittel zu, kann die Investition in Österreich in der Vermögensanlage erfolgen, die die niedrigste Steuerbelastung aufweist. In diesem Zusammenhang ist jedoch darauf hinzuweisen, dass eine Vermögensanlage keinesfalls allein von steuerlichen Faktoren abhängig gemacht werden sollte. Entscheidenden Einfluss sollte neben der Rentabilität auch das Risikoverhalten des Steuerpflichtigen haben. Bei der Einbringung des Vermögens in eine Privatstiftung ist ergänzend die Verselbständigung des Vermögens zu beachten.

Hinsichtlich der erbschaft- und schenkungsteuerlichen Auswirkungen spielen zwei Aspekte eine Rolle. Zum einen müssen die deutschen und österreichischen Bewertungsvorschriften berücksichtigt werden, da das Verhältnis von steuerlichem Wert zu Verkehrswert verschieden sein kann. Zum anderen sollte das Vermögen so strukturiert werden, dass die persönlichen und sachlichen Steuerbefreiungen in beiden Ländern voll ausgenutzt werden können.

Einen steuergünstigen unentgeltlichen Erwerb in Österreich ermöglichen erfahrungsgemäß die regelmäßig unter dem Verkehrswert liegende Grundstücksbewertung, der Freibetrag für Betriebsvermögen gemäß § 15 a öErbStG und die vielfach niedrigere Bewertung von Mitunternehmeranteilen im Verhältnis zu Kapitalgesellschaftsanteilen. Seit Verabschiedung des Kapitalmarktoffensive-Gesetzes kann aber auch der gezielte Erwerb von Anteilen an in- und ausländischen Kapitalgesellschaften zu empfehlen sein. Sofern der Erblasser im Zeitpunkt des Entstehens der Steuerschuld zu weniger als 1 % am Nennkapital der Gesellschaft beteiligt gewesen ist, ist der Erwerb der Anteile von der Erbschaftssteuer befreit. Des Weiteren kann eine Willkürung von Betriebsvermögen in Frage kommen, wenn der Freibetrag nach § 15 a öErbStG noch nicht voll ausgenutzt wurde. In einem solchen Fall sollten allerdings die ertragsteuerlichen Auswirkungen bedacht werden[1029]. In die Entscheidung über einen Vermögenstransfer muss aber auch einbezogen werden, dass einzelne deutsche Bewertungsvorschriften zu einer niedrigeren Steuerbemessungsgrundlage führen. Bei einem Transfer von Betriebsvermögen von Deutschland nach Österreich sollte beispielsweise bedacht werden, dass nach Ausnutzung des sowohl in Deutschland als auch in Österreich gewährten Freibetrags für Betriebsvermögen das darüber hinausgehende Vermögen in Deutschland mit 65 % des verbleibenden Wertes, in Österreich hingegen mit 100 % angesetzt wird.

[1029] Vgl. Kroschel/Wellisch (1998).

Ein Aspekt, der insbesondere bei Doppelansässigkeit zu erheblichen Steuerersparnissen im Verhältnis zu rein nationalen Sachverhalten führen kann, besteht in der vollständigen Ausnutzung der persönlichen Freibeträge sowohl in Deutschland als auch in Österreich. Das Vermögen sollte so auf die beiden Staaten aufgeteilt werden, dass eine volle Ausnutzung der Freibeträge in beiden Ländern erzielt wird. Ist beispielsweise der Ehegatte Erwerber des zu übertragenden Vermögens, kann in Deutschland ein Freibetrag in Höhe von 307.000,- Euro gemäß § 16 Abs. 1 Nr. 1 dErbStG und ein besonderer Versorgungsfreibetrag in Höhe von 256.000,- Euro gemäß § 17 Abs. 1 Satz 1 dErbStG in Anspruch genommen werden, sofern der Erwerb der unbeschränkten Steuerpflicht unterliegt. In Österreich bleibt gemäß § 14 Abs. 1 Nr. 1 öErbStG ein Erwerb durch Ehegatten in Höhe von 2.200,- Euro steuerfrei. Erfolgt die Vermögenszuwendung an den Ehegatten in Form einer Schenkung bleibt zusätzlich ein Betrag von 7.300,- Euro steuerfrei. Wegen der in Deutschland deutlich höheren Freibeträge bei unbeschränkter Steuerpflicht kann sich die bewusste Beibehaltung eines Nebenwohnsitzes empfehlen. In Höhe der in Deutschland in Anspruch zu nehmenden Freibeträge sollte das Vermögen in Deutschland belassen werden, das nach dem ErbSt-DBA ausschließlich in Deutschland besteuert werden darf. In Deutschland erfolgt keine Besteuerung aufgrund der Inanspruchnahme der Freibeträge. In Österreich unterliegt das Vermögen nicht der österreichischen Erbschaftsteuer wegen der Freistellung durch das Doppelbesteuerungsabkommen. Eine nationale Norm, die eine anteilige Aufteilung der Freibeträge im Verhältnis des der nationalen Besteuerung zu unterwerfenden Vermögens zum Gesamtvermögen vorschreibt, existiert nicht. Auch ohne die Beibehaltung eines Nebenwohnsitzes ist es ratsam, Teile des Vermögens unter erbschaftsteuerlichen Aspekten in Deutschland zu belassen. Der persönliche Freibetrag beträgt bei beschränkter Steuerpflicht lediglich 1.100,- Euro. Die Steuerfreistellung in Höhe von 225.000,- Euro von Betriebsvermögen, land- und forstwirtschaftlichem Vermögen und von Anteilen an inländischen Kapitalgesellschaften, an denen der Erblasser oder Schenker zu mehr als 25 % unmittelbar beteiligt war, wird hingegen unabhängig von der Reichweite der Steuerpflicht in gleicher Höhe gewährt.

1.2 Vermögensstrukturierung unter zusätzlicher Berücksichtigung nichtsteuerlicher Aspekte

Die nichtsteuerlichen Aspekte, die eine Vermögensanlage bzw. Vermögensstrukturierung beeinflussen, können vielfältig sein. Eine abschließende Aufzählung aller Umstände ist nicht möglich. Im Folgenden sollen nur einige mögliche Einflussfaktoren genannt werden. Beispielsweise kann die Wohnsitzverlegung eines Betriebsinhabers eine Betriebsveräußerung oder tatsächliche Betriebsaufgabe erzwingen, weil die Betriebstätigkeit an den Wohnsitz des Betriebsinhabers gebunden ist und eine Betriebsverlegung nicht in Frage kommt. Des Weiteren können durch den Wohnsitzwechsel nichtsteuerlich veranlasste Umzugskosten entstehen, die zu einem erhöhten Liquiditätsbedarf führen. Zudem ist die Verlegung des Wohnsitzes eines Betriebsinhabers häufig mit einer Verlagerung des unternehmerischen Schwerpunktes verbunden, so dass die Überführung von Wirtschaftsgütern erforderlich ist. Eine weitere Ursache für eine Vermögensumstrukturierung kann das veränderte Risikoverhalten des Steuerpflichtigen sein. Möglicherweise beabsichtigt der Wegzügler aber auch den Erwerb von österreichischem Grundeigentum, um es zu eigenen Wohnzwecken zu nutzen. Bei Berücksichtigung der Portfoliotheorie, wonach eine Diversifikation von Vermögensanlagen anzustreben ist, sollte auch auf eine räumliche Verteilung der Investitionen geachtet werden[1030]. Im Mittelpunkt der folgenden Ausführungen stehen aber die steuerlichen Einflussfaktoren auf die Vermögensstrukturierung.

1.3 Die Entstrickungsproblematik im deutschen Steuerrecht

Bevor mit der Steuerplanung begonnen werden kann, ist die Beantwortung der Frage, ob es einen allgemeinen Entstrickungsgrundsatz gibt, von grundlegender Bedeutung. Wird die Existenz eines derartigen Grundsatzes bejaht, wären sämtliche zu irgendeinem Zeitpunkt gelegten stillen Reserven bei einem Ausscheiden aus der deutschen Steuerhoheit im letztmöglichen Zeitpunkt ohne Rücksicht auf tatbestandsmäßige Grenzen zu erfassen und zu besteuern[1031]. Muss hingegen ein solches Prinzip abgelehnt werden, ist eine letztmalige Besteuerung der stillen Reserven nur bei Erfüllung der in den Steuergesetzen normierten Realisations- und Ersatzrealisationstatbestände möglich. Im Folgenden wird die Beantwortung der Frage der Zulässigkeit eines allgemeinen Entstrickungsgrundsatzes aus den den deutschen Gesetzen innewohnenden Besteuerungsprinzipien und dessen Verhältnis zueinander abgeleitet[1032].

1.3.1 Leistungsfähigkeitsprinzip

Eines der maßgeblichen Prinzipien bei der Beurteilung der Besteuerung von stillen Reserven ist das Leistungsfähigkeitsprinzip. Danach ist eine einzelne Person in der Höhe mit Steuern zu belasten, die ihrer individuellen Fähigkeit zur Zahlung von Steuern entspricht[1033]. Es soll hierdurch der Forderung nach einer gerechten Besteuerung Genüge getan werden. Ein auf dem Gleichheitsgrundsatz gemäß Art. 3 dGG basierender Verfassungsrang wird dem Leistungsfähigkeitsprinzip aber trotz der grundsätzlichen Verpflichtung zu dessen Berücksichtigung von der neueren Rechtsprechung abgesprochen[1034]. Diese Feststellung ist inso-

---

[1030] Vgl. Plewka/Watrin (2002), S. 257.
[1031] Vgl. Quast (1972), S. 2226, Friauf (1976), S. 383, Hellwig (1979), S. 335, Debatin (1990), S. 826, Knobbe-Keuk (1993), S. 278 und Göttsche (1997), S. 45.
[1032] Vgl. Kempka (1995), S. 5 - 40.
[1033] Vgl. Tipke (1993), S. 478.
[1034] Vgl. Tipke (1993), S. 349 - 350 m.w.N.

fern wichtig, als damit die Möglichkeit eröffnet wird, Durchbrechungen des Leistungsfähigkeitsprinzips aufgrund anderer Prinzipien zuzulassen. Als anerkannter Indikator zur Messung der Leistungsfähigkeit eines Steuerpflichtigen wird dessen Einkommen angesehen. Fraglich ist hingegen, ob nicht realisierte Wertsteigerungen das Einkommen und damit auch die steuerliche Leistungsfähigkeit erhöhen. Da für eine Steigerung der Leistungsfähigkeit nur die Höhe und nicht die Art des Vermögenszuwachses ausschlaggebend ist, muss bei alleiniger Berücksichtigung des Leistungsfähigkeitsprinzips eine Einbeziehung der stillen Reserven erfolgen[1035]. Die Feststellung des steuerlich angemessenen Einkommens wird jedoch nicht ausschließlich vom Leistungsfähigkeitsprinzip determiniert. Einschränkungen im Hinblick auf die Berücksichtigung der stillen Reserven bei der Einkommensermittlung können sich aus dem Verhältnismäßigkeitsgebot und aus dem Grundsatz der Rechtssicherheit ergeben. Die Klärung des Verhältnisses dieser Besteuerungsprinzipien zum Leistungsfähigkeitsprinzip ist ausschlaggebend für die Beantwortung der Frage, ob und gegebenenfalls wann unrealisierte Wertsteigerungen zu besteuern sind.

1.3.2 Verhältnismäßigkeitsgebot

Das Verhältnismäßigkeitsgebot, das eine wirtschaftlich maßvolle und das Eigentum schonende Besteuerung vorschreibt, wird aus dem Recht auf freie Entfaltung der Persönlichkeit gemäß Art. 2 Abs. 1 dGG und aus dem Rechtsstaatsprinzip abgeleitet[1036]. Die sofortige Besteuerung von Wertsteigerungen ohne den Zufluss liquider Mittel, die zur Zahlung der Steuerschuld befähigen, wird als nicht vereinbar mit dem Verhältnismäßigkeitsgebot und der Eigentumsgarantie gemäß Art. 14 Abs. 1 dGG angesehen[1037]. Eine an der Leistungsfähigkeit orientierte und zugleich maßvolle Besteuerung wird demnach grundsätzlich nur angenommen, wenn entgeltliche Leistungen am Markt verwertet werden. Darin kommt das Realisationsprinzip zum Ausdruck, wonach ausschließlich realisierte Reinvermögenszugänge das Einkommen erhöhen. Drohen jedoch die unrealisierten Wertsteigerungen vollständig der deutschen Besteuerung zu entgehen, wäre eine Verletzung des Gleichheitsgrundsatzes gemäß Art. 3 dGG die Folge. Der Hinweis auf das Verhältnismäßigkeitsgebot genügt zwar zur Rechtfertigung eines Besteuerungsaufschubs, deckt aber nicht einen endgültigen Entzug der stillen Reserven[1038]. Unter alleiniger Berücksichtigung des Leistungsfähigkeitsprinzips und des Verhältnismäßigkeitsgebots wäre demnach einem allgemeinen ertragsteuerlichen Prinzip der Steuerentstrickung nicht zu widersprechen. Mögli-

---

[1035] So auch Kempka (1995), S. 17.
[1036] Vgl. Tipke (1993), S. 232 - 234.
[1037] Vgl. Hellwig (1979), S. 337.
[1038] So auch Kempka (1993), S. 22 - 23.

che Einschränkungen können sich jedoch aus dem Grundsatz der Rechtssicherheit ergeben.

1.3.3 Grundsatz der Rechtssicherheit

Der Grundsatz der Rechtssicherheit erfährt seine Konkretisierung durch die Tatbestandsmäßigkeit der Besteuerung[1039]. Danach setzt die Festsetzung einer Steuer voraus, dass ein gesetzlicher Tatbestand erfüllt ist, an den als Rechtsfolge eine Steuer geknüpft ist[1040]. Eine Gewinnrealisierung kann nicht ausgelöst werden, wenn die Voraussetzungen der im Gesetz verankerten Tatbestände nicht erfüllt sind. Eine gesetzliche Vorschrift, in der sich ein allgemeines Entstrickungsprinzip manifestiert, existiert im deutschen Steuerrecht nicht. Das wünschenswerte Ergebnis der vollständigen Erfassung der stillen Reserven kann ohne eine Verletzung des Prinzips der Tatbestandsmäßigkeit der Besteuerung nicht erreicht werden.

1.3.3.1 Herleitung eines allgemeinen Entstrickungsgrundsatzes mittels Analogiebildung

In diesem Zusammenhang stellt sich die Frage, ob ein allgemeiner Entstrickungsgrundsatz mittels Analogie[1041] gewonnen werden kann. Zwingende Voraussetzung hierfür ist, dass die Umsetzung des beabsichtigten Zwecks in gesetzliche Tatbestände nicht gelungen ist[1042]. Zu unterscheiden ist von einer derartigen Rechtslücke der rechtsfreie Raum, der vom Gesetzgeber bewusst offen gehalten wurde[1043]. Ob bezüglich der Entstrickung eine Gesetzeslücke oder ein rechtsfreier Raum vorliegt, wurde in der Vergangenheit kontrovers diskutiert[1044]. Da der Gesetzgeber bei der Einführung des Außensteuergesetzes mit dem Hinweis auf die nur deklaratorische Natur des § 6 dAStG den Versuch unternommen hat, die Existenz eines allgemeinen Grundsatzes der Steuerentstrickung zu unterstellen[1045], kann davon ausgegangen werden, dass eine Rechtslücke vor-

---

[1039] Zur steuerrechtlichen Gesetzesbestimmtheit vgl. Tipke (1993), S. 169 - 177.
[1040] Vgl. Tipke (1993), S. 151.
[1041] Es werden zwei Arten von Analogien unterschieden. Während einer Gesetzesanalogie ausschließlich der Gedanke einer einzelnen Norm zugrunde liegt, greift die Rechtsanalogie auf die Gedanken mehrerer Normen zurück. Ein allgemeines Entstrickungsprinzip könnte aufgrund seiner umfassenden Wirkungsweise lediglich mittels einer Rechtsanalogie gewonnen werden. Vgl. Littmann (1963), S. 74.
[1042] Vgl. Tipke (1993), S. 203 - 204.
[1043] Vgl. Schmitz/Schmitz (1970), S. 328.
[1044] Vgl. Tipke (1972), S. 267 - 268 m.w.N. und Friauf (1976), S. 384 - 385.
[1045] Vgl. Begründung zum Entwurf des Außensteuergesetzes, Randnote 75 der Bundestags-Drucksache IV/2888 bei Wassermeyer (1999), S. 10. Grund (1972) weist in einer umfassenden Untersuchung nach, dass aufgrund der bis zu diesem Zeitpunkt erlassenen Stellungnahmen und Begründungen nicht von der Existenz eines allgemeinen Grundsatzes der Steuerentstrickung ausgegangen werden konnte.

liegt[1046]. Bei einem eindeutigen Willen des Gesetzgebers zur generellen Entstrickung hätte jedoch insbesondere aufgrund der bereits vor 1972 seit Jahren anhaltenden Kritik an der höchstrichterlichen Rechtsprechung erwartet werden können, dass im Rahmen von einer der zahlreichen Steueränderungsvorhaben dieser Grundsatz kodifiziert wird.

Wird eine Rechtslücke angenommen, kann von der grundsätzlichen Anwendbarkeit einer Analogie ausgegangen werden. Das dem Gesetz oder mehreren Rechtsvorschriften zugrunde liegende Prinzip wäre dann über den Wortlaut hinaus anzuwenden. Fragwürdig ist jedoch, ob eine steuerverschärfende Analogie zulässig ist[1047]. In einer Vielzahl von Fällen hat der Bundesfinanzhof eine steuerverschärfende Analogie abgelehnt[1048]. Im Urteil vom 20.10.1983 hat der IV. Senat des Bundesfinanzhofs hingegen festgestellt, dass Lücken in den Steuergesetzen unter gewissen Voraussetzungen auch durch Analogieschluss mit steuerverschärfender Wirkung gefüllt werden können und hierdurch das Gebot der Rechtssicherheit nicht verletzt wird[1049]. Der Vertrauensschutz der Bürger erstrecke sich nach Ansicht des Gerichts nur auf den im Gesetz zum Ausdruck kommenden Sinnzusammenhang; der Wortsinn eines Gesetzes böte keine hinreichende Grundlage für einen Vertrauensschutz, weil innerhalb des möglichen Wortsinns meistens mehrere Auslegungsmöglichkeiten in Betracht kämen. Dieser Ansicht ist zu widersprechen. Für die Steuerplanung eines Bürgers ist es erforderlich, dass dieser im Voraus seine genaue Steuerbelastung unter der Voraussetzung des Eintretens bestimmter Tatbestände ermitteln kann. Bei einer am Sinnzusammenhang orientierten Analogiebildung ist eine derartige Planungssicherheit nicht mehr gewährleistet[1050]. Es liegt eine Verletzung des Gebots der Rechtssicherheit vor.

Aufgrund der verfassungsrechtlichen Bedeutung der Analogiebildung ist auch der Rechtsprechung des Bundesverfassungsgerichts Aufmerksamkeit zu schenken[1051]. Leider bieten die bisherigen Urteile keine eindeutige Antwort auf die Frage der Zulässigkeit einer steuerverschärfenden Analogie. Auch wenn das Bundesverfassungsgericht die Herleitung des steuerrechtlichen Analogieverbots aus der analogen Anwendung des für den Bereich des Strafrechts Gültigkeit be-

---

[1046] So auch <u>Dziadkowski</u> (1976), S. 78 – 79 und <u>Costede</u> (1996), S. 23.
[1047] Vgl. <u>Schmitz/Schmitz</u> (1970), S. 328.
[1048] Vgl. BFH-Urteil v. 16.12.1975 – VIII R 3/74 , BStBl II 1976, S. 246, BFH-Urteil v. 18.2.1977 – VI R 177/75, BStBl II 1977, S. 524, BFH-Urteil v. 26.4.1978 – I R 97/76, BStBl II 1978, S. 628 und BFH-Urteil v. 13.1.1984 – VI R 194/80, BStBl II 1984, S. 315.
[1049] Vgl. BFH-Urteil v. 20.10.1983 – IV R 175/79, BStBl II 1984, S. 221.
[1050] Vgl. <u>Friauf</u> (1976), S. 385.
[1051] Zur verfassungsrechtlichen Zulässigkeit einer steuerverschärfenden Analogie vgl. <u>Tipke</u> (1993), S. 207 - 211.

anspruchenden Art. 103 Abs. 2 dGG abgelehnt hat[1052], so ist in der Äußerung, dass die Schaffung neuer Steuertatbestände seitens der Rechtsprechung als bedenklich anzusehen sei[1053], zumindest ein Hinweis auf ein mögliches Analogieverbot im Steuerrecht zu entdecken. Bestätigung findet diese Ansicht in dem nicht veröffentlichten Urteil des Bundesverfassungsgerichts vom 30.1.1985, wonach „die rechtsprechende Gewalt durch Analogie keine Steuertatbestände schaffen oder verschärfen kann"[1054]. Es kann daher davon ausgegangen werden, dass ein allgemeiner Entstrickungsgrundsatz nicht mittels einer Analogiebildung Eingang in das deutsche Steuerrecht finden wird. In Fragen der Steuerplanung muss sich der Steuerpflichtige für die Vergangenheit Fehler des Gesetzgebers in der Umsetzung der von ihm beabsichtigten Ziele nicht zurechnen lassen[1055].

1.3.3.2 Verhältnis des Grundsatzes der Tatbestandsmäßigkeit der Besteuerung zum Leistungsfähigkeitsprinzip

Zu diesem Ergebnis gelangt man auch nach Klärung des Verhältnisses des Grundsatzes der Tatbestandsmäßigkeit der Besteuerung zum – einen allgemeinen Entstrickungsgrundsatz befürwortenden – Leistungsfähigkeitsprinzip. Der Grundsatz der Tatbestandsmäßigkeit der Besteuerung stellt eine Konkretisierung des Rechtsstaatsprinzips dar, wodurch ihm Verfassungsrang verliehen wird. Das Leistungsfähigkeitsprinzip hingegen verkörpert nur eine von mehreren möglichen Ausgestaltungen des Gleichheitsgrundsatzes gemäß Art. 3 Abs. 1 dGG, so dass dem Leistungsfähigkeitsprinzip kein Verfassungsrang zugesprochen werden kann und dieses demzufolge dem Grundsatz der Tatbestandsmäßigkeit der Besteuerung unterzuordnen ist[1056]. Aufgrund dieses Hierarchieverhältnisses ist die Zulässigkeit eines allgemeinen Entstrickungsprinzips de lege lata abzulehnen. Dies hat der Bundesfinanzhof in seinem Urteil vom 9.2.1972 bestätigt: „Es gibt ... keinen allgemeinen Grundsatz des Einkommensteuerrechts, nach dem die stillen Reserven eines Wirtschaftsguts dann aufzudecken sind, wenn das Wirtschaftsgut künftig nicht mehr in die Gewinnermittlung einzubeziehen ist" [1057].

[1052] Vgl. BVerfG-Beschluss des Ersten Senats v. 24.7.1957, 1 BvL 23/52, BVerfGE 7, S. 95.
[1053] Vgl. BVerfG-Urteil des Ersten Senats v. 24.1.1962, 1 BvR 232/60, BverfGE 13, S. 328 - 329.
[1054] Vgl. Flume (1986), S. 290 - 291.
[1055] Vgl. Schöne (1985), S. 584.
[1056] So auch Kempka (1995), S. 37 - 38.
[1057] Vgl. BFH-Urteil v. 9.2.1972 – I R 205/66, BStBl II 1972, S. 455, des weiteren BFH-Urteile v. 16.12.1975 – VIII R 3/74, BStBl II 1976, S. 246 und v. 14.6.1988 – VIII R 387/83, BStBl II 1989, S. 187.

1.3.4 Steuerplanung und allgemeiner Entstrickungsgrundsatz

Da der deutsche Gesetzgeber mittelfristig die tatbestandsmäßige Verankerung eines allgemeinen Entstrickungsgrundsatzes beabsichtigt[1058], soll geprüft werden, ob ein derartig allgemein gehaltenes Prinzip dem Grundsatz der Rechtssicherheit der Besteuerung genügt. Für den Fall, dass der Grundsatz in der Weise formuliert wird, dass eine Besteuerung immer dann vorzunehmen sei, wenn stille Reserven der Besteuerung zu entgehen drohen, würde dies der als Ausdruck der Rechtssicherheit zu verstehenden Forderung widersprechen, dass steuerbegründende Tatbestände so bestimmt sein müssen, dass der Steuerpflichtige die auf ihn entfallende Steuerlast im Voraus kalkulieren kann. Bei einer zu allgemein gehaltenen Ausgestaltung des Prinzips der Steuerentstrickung würde wiederum eine Verletzung des Grundsatzes der Tatbestandsmäßigkeit der Besteuerung drohen. Die Existenz eines allgemeinen Entstrickungsgrundsatzes ist demnach sowohl de lege lata als auch de lege ferenda abzulehnen. Eine Besteuerung unrealisierter Wertsteigerungen ist vorbehaltlich europarechtlicher Einschränkungen nur zulässig, wenn die Voraussetzungen eines konkreten gesetzlichen Tatbestandes erfüllt sind.

Die wichtigsten Ersatzrealisationstatbestände[1059] stellen die Entnahme gemäß § 4 Abs. 1 Satz 2 dEStG und die Betriebsaufgabe gemäß § 16 Abs. 3 dEStG dar. Die Vorschriften des § 21 dUmwStG zur Besteuerung einbringungsgeborener Anteile sind hingegen nicht als Ersatzrealisationstatbestände zu interpretieren[1060], da zum Zeitpunkt der Einlage bereits die Voraussetzungen einer Marktrealisation erfüllt gewesen sind. Auf eine Besteuerung zu diesem Zeitpunkt wurde zugunsten des Steuerpflichtigen verzichtet. Drohen die stillen Reserven jedoch verloren zu gehen, ist ein Aufschub der Besteuerung nicht mehr zu rechtfertigen[1061]. Neben einkommensteuerrechtlichen Ersatzrealisationstatbeständen führen auch die Vorschriften des Körperschaftsteuergesetzes beispielsweise im Falle des Wechsels von der unbeschränkten zur beschränkten Steuerpflicht gemäß § 12 dKStG zu einer Liquidationsbesteuerung der stillen Reserven gemäß § 11 dKStG. Ein weiterer wichtiger Ersatzrealisationstatbestand ist die Wegzugsbesteuerung gemäß § 6 dAStG.

Im Rahmen der Steuerplanung kann für die nähere Zukunft davon ausgegangen werden, dass ein allgemeiner Entstrickungsgrundsatz nicht existent und damit nicht zu berücksichtigen ist. Die Entwicklungen im Zusammenhang mit den im

---

[1058] Vgl. den Bericht zur Fortentwicklung des Unternehmenssteuerrechts, S. 33 - 35, www.bundesfinanzministerium.de/Anlage6154/Bericht-zur-Fortentwicklung-des-Unternehmenssteuerrechts.pdf und Pohl (2002a), S. 275 - 276.
[1059] Vgl. die Übersicht bei Göttsche (1997), S. 44 - 45.
[1060] So auch Knobbe-Keuk (1993), S. 269; anderer Ansicht hingegen Debatin (1990), S. 826.
[1061] So auch Hellwig (1976), S. 132.

Bericht zur Fortentwicklung des Unternehmenssteuerrechts angedeuteten Absichten zur Einführung eines derartigen Prinzips sollten jedoch aufmerksam verfolgt werden. Problematisch ist, dass der Bundesfinanzhof über eine extensive Auslegung der Ersatzrealisationstatbestände – insbesondere der Entnahme- und der Betriebsaufgabevorschrift – versuchte und voraussichtlich auch in Zukunft versuchen wird, einem allgemeinen Entstrickungsgrundsatz durch die Hintertür wieder Eingang in das deutsche Steuerrecht zu verschaffen[1062]. Die diesbezügliche Rechtsprechung wird im Rahmen der Kapitel über die Betriebsverlegung und über die Überführung von Wirtschaftsgütern erläutert und kritisch untersucht.

2. Gestaltung der Einkommens- und Vermögensstruktur in Deutschland
2.1 Beibehaltung eines unternehmerischen Engagements in Deutschland
2.1.1 Aufrechterhaltung eines land- und forstwirtschaftlichen Betriebs in Deutschland

Die Wohnsitzverlegung des Inhabers eines inländischen land- und forstwirtschaftlichen Betriebs berührt grundsätzlich nicht die Steuerverhaftung des Betriebes, da gemäß § 49 Abs. 1 Nr. 1 dEStG Einkünfte aus einer im Inland betriebenen Land- und Forstwirtschaft inländische Einkünfte im Sinne der beschränkten Einkommensteuerpflicht darstellen. Betrieben wird eine Land- und Forstwirtschaft dort, wo die bewirtschafteten Grundstücke belegen sind[1063], da das Betreiben der Land- und Forstwirtschaft durch den im Wesentlichen technischen Vorgang des Bearbeitens und Bewirtschaftens des Betriebes gekennzeichnet ist[1064]. Der Ort, von dem aus die Bewirtschaftung erfolgt, ist unerheblich für die Qualifizierung als inländische Einkünfte[1065]. Da eine Land- und Forstwirtschaft notwendigerweise aus unbeweglichem Betriebsvermögen besteht und der Belegenheitsstaat – in diesem Fall Deutschland – sowohl gemäß Art. 3 Abs. 1 ErtSt-DBA 1954/92 als auch gemäß Art. 6 Abs. 1 ErtSt-DBA 2000 das alleinige Besteuerungsrecht hat, ist eine Besteuerung der stillen Reserven in Deutschland auch nach der Wohnsitzverlegung gewährleistet[1066]. Eine zwangsweise Auflösung der stillen Reserven wird durch die deutsche Finanzverwaltung daher nicht angeordnet[1067]. Durch die Freistellung der Einkünfte aus der Land- und Forstwirtschaft in Österreich ist die Steuerbelastung vor und nach dem Wohnsitzwechsel – zumindest bei Beibehaltung eines Nebenwohnsitzes in Deutschland – identisch. Ist der Steuerpflichtige nach dem Wegzug nur noch beschränkt steu-

---

[1062] Vgl. Knobbe-Keuk (1993), S. 278.
[1063] So auch Heinicke (2002), S. 2305, RZ 15.
[1064] Vgl. Stahl-Sura (1996), S. E49, RZ 133.
[1065] Vgl. BFH-Urteil v. 17.12.1997 – I R 95/96, BStBl II 1998, S. 260.
[1066] Vgl. Diebold (1984), S. 498, RZ 865.
[1067] Vgl. Teil 3, Kap. 2.2.5.1.1.

erpflichtig in Deutschland, können sich Unterschiede aus der verschiedenartigen Ausgestaltung der unbeschränkten und der beschränkten Steuerpflicht ergeben[1068].

2.1.2 Aufrechterhaltung eines Gewerbebetriebs in Deutschland

Wird ein bereits vor der Wohnsitzverlegung bestehender Gewerbebetrieb in Deutschland weiterbetrieben, liegt regelmäßig in Deutschland eine Betriebsstätte vor. Die Einkünfte aus einer solchen Betriebsstätte unterliegen gemäß § 49 Abs. 1 Nr. 2 lit. a dEStG der beschränkten Einkommensteuerpflicht. Darüber hinaus wird eine beschränkte Steuerpflicht auch durch die Bestellung eines ständigen Vertreters in Deutschland begründet. Was unter einer Betriebsstätte oder einem ständigen Vertreter zu verstehen ist, ergibt sich zunächst aus den §§ 12 und 13 dAO. Danach ist eine Betriebsstätte jede feste Geschäftseinrichtung oder Anlage, die der Tätigkeit eines Unternehmens dient. Ergänzt wird diese allgemeine Definition durch eine ausdrückliche und klarstellende Aufzählung bestimmter Arten von Betriebsstätten. Vorrang vor den nationalen Betriebsstättendefinitionen haben die entsprechenden Definitionen in den Doppelbesteuerungsabkommen[1069]. Diese sind grundsätzlich enger als die nationalen Definitionen[1070]. Ein ständiger Vertreter ist eine Person, die nachhaltig die Geschäfte eines Unternehmens besorgt und dabei dessen Sachweisungen unterliegt.

Im Rahmen der Steuerplanung kommt der Frage, ob die weitere Ausübung einer gewerblichen Tätigkeit in Deutschland der beschränkten Steuerpflicht unterliegt, entscheidende Bedeutung zu. Aufgrund des BFH-Urteils vom 12.4.1978[1071], in der das Vorliegen einer Betriebsaufgabe davon abhängig gemacht wurde, ob die stillen Reserven der deutschen Steuerhoheit entzogen werden, muss davon ausgegangen werden, dass von der Finanzverwaltung immer dann eine Betriebsaufgabe mit der Folge einer Auflösung der stillen Reserven angenommen wird, wenn die Anknüpfungspunkte für eine beschränkte Steuerpflicht nicht gegeben sind. In dem soeben erwähnten Urteil wies der Bundesfinanzhof ergänzend darauf hin, dass die Annahme einer Betriebsaufgabe durch die Bestellung eines ständigen Vertreters vermieden werden kann. Möchte der Steuerpflichtige eine Aufgabebesteuerung daher unter allen Umständen vermeiden, sollte er die Anknüpfungspunkte – sofern nicht bereits gegeben – für eine beschränkte Steuerpflicht schaffen[1072]. Dabei ist die Begründung einer Betriebsstätte der Bestellung

---

[1068] Vgl. Teil 2, Kap. 1.5.
[1069] Vgl. Teil 1, Kap. 4.2.3.3.
[1070] Vgl. Göttsche (1997), S. 85.
[1071] Vgl. BFH-Urteil v. 12.4.1978 – I R 136/77, BStBl II 1978, S. 494.
[1072] Sollten die Anknüpfungspunkte für eine beschränkte Steuerpflicht nicht vorliegen und ist es von dem Steuerpflichtigen nicht gewünscht, diese zu schaffen, besteht die Gefahr, dass die

eines ständigen Vertreters vorzuziehen, da bei alleiniger Begründung der beschränkten Steuerpflicht durch einen ständigen Vertreter ein Entzug der stillen Reserven aufgrund der Bestimmungen in den deutschen Doppelbesteuerungsabkommen droht[1073] und es in diesem Fall nicht unwahrscheinlich ist, dass von der Rechtsprechung aufgrund des Reservenschicksals eine Betriebsaufgabe angenommen wird.

In welcher Weise der Bundesfinanzhof entscheiden würde, wenn ein Gewerbebetrieb weitergeführt wird, der ausländische Betriebsstätten besitzt, in denen stille Reserven gespeichert sind, entzieht sich jeder Prognosefähigkeit. Der Bundesfinanzhof hat in seinen Urteilen vom 24.2.1988 und vom 28.7.1993 festgestellt, dass Gewinne aus ausländischen Betriebsstätten einer inländischen Personengesellschaft aus der beschränkten Steuerpflicht auszuscheiden sind[1074]. Es ist daher davon auszugehen, dass auch die stillen Reserven in der Auslandsbetriebsstätte eines Einzelunternehmens der deutschen Besteuerung entzogen werden. Da eine Betriebsaufgabe nicht allein für die im Ausland befindliche Betriebsstätte angenommen werden kann, sondern nur einheitlich für den gesamten Betrieb, könnte es bei Aufrechterhaltung einer Betriebsstätte oder Bestellung eines ständigen Vertreters zu einem Entzug der in den Auslandsbetriebsstätten befindlichen stillen Reserven aus der deutschen Steuerhoheit kommen.

2.1.3 Aufrechterhaltung einer ständigen bzw. festen Einrichtung zur Ausübung einer selbständigen Tätigkeit

Gemäß § 49 Abs. 1 Nr. 3 dEStG liegen der beschränkten Einkommensteuerpflicht zu unterwerfende inländische Einkünfte vor, wenn eine selbständige Arbeit im Inland ausgeübt oder verwertet wird oder worden ist, oder für die im Inland eine feste Einrichtung oder eine Betriebsstätte unterhalten wird. Ausgeübt wird eine Tätigkeit im Inland, wenn sich der Steuerpflichtige selbst im Inland aufhält und dort arbeitet. Eine Verwertung ist gegeben, wenn sich der Steuerpflichtige zwar nicht persönlich im Inland betätigt, ihm aber der Erfolg einer im Ausland ausgeübten Tätigkeit aus dem Inland zufließt[1075]. Hierfür ist eine feste Beziehung des Steuerpflichtigen zur Bundesrepublik Deutschland und die Tätigkeit über einen bestimmten Mindestzeitraum nicht erforderlich[1076].

Finanzverwaltung und die gegebenenfalls hinzugezogenen Gerichte eine Betriebsaufgabe annehmen. Vgl. hierzu Teil 3, Kap. 2.2.5.1.1.

[1073] Gemäß Art. 4 ErtSt-DBA 1954/92 und Art. 7 ErtSt-DBA hat der Quellenstaat – in diesem Fall Deutschland – nur ein Besteuerungsrecht für die Gewinne eines Unternehmens, wenn die Tätigkeit durch eine dort gelegene Betriebsstätte ausgeübt wird.

[1074] Vgl. BFH-Urteil v. 24.2.1988 – I R 95/84, BStBl II 1988, S. 663 und BFH-Urteil v. 28.7.1993 – I R 15/93, BStBl II 1994, S. 148.

[1075] Vgl. BFH-Urteil v. 16.12.1970 – I R 137/68, BStBl II 1971, S. 200.

[1076] Vgl. Biergans (1992), S. 1691.

Wenn davon ausgegangen wird, dass eine Auflösung der in der ständigen bzw. festen Einrichtung gebildeten stillen Reserven von der Rechtsprechung angenommen wird, wenn ein Entzug der stillen Reserven droht, müssen, sofern dies vermieden werden soll, die Anknüpfungspunkte für eine Besteuerung sowohl nach nationalem als auch nach Abkommensrecht geschaffen werden. Während nach nationalem Recht Einkünfte aus selbständiger Arbeit auch vorliegen, wenn die Tätigkeit im Inland nur verwertet wird, wird aufgrund der Verteilungsnormen der Doppelbesteuerungsabkommen Deutschland als Quellenstaat das Besteuerungsrecht nur zugewiesen, wenn dem Steuerpflichtigen dort eine ständige bzw. feste Einrichtung zur Ausübung der Tätigkeit zur Verfügung steht[1077]. Eine Auflösung der stillen Reserven kann demzufolge nur vermieden werden, wenn der Steuerpflichtige die Einkünfte aus seiner selbständigen Tätigkeit über eine in Deutschland belegene ständige bzw. feste Einrichtung bezieht.

2.1.4 Aufrechterhaltung des Eigentums von in Deutschland steuerverhafteten Kapitalgesellschaftsanteilen

2.1.4.1 Die Wegzugsbesteuerung gemäß § 6 dAStG

2.1.4.1.1 Definition § 6 dAStG

Wenn sich im Privatvermögen des Wegzugswilligen Beteiligungen im Sinne von § 17 dEStG befinden, kann dadurch die Vorteilhaftigkeit einer Wohnsitzverlegung erheblich beeinträchtigt werden. Gemäß § 6 dAStG wird der Wertzuwachs derartiger Beteiligungen im letzten Moment der unbeschränkten Steuerpflicht durch die Fiktion einer Veräußerung[1078] der deutschen Besteuerung unterworfen. Im Betriebsvermögen gehaltene Anteile werden nicht von § 17 dEStG und somit auch nicht von § 6 dAStG erfasst, da in diesem Fall ein gegebenenfalls anfallender Veräußerungsgewinn im Rahmen der Gewinnermittlung des Gewerbebetriebs erfasst wird[1079].

2.1.4.1.1.1 Grundtatbestand

Der Grundtatbestand des § 6 dAStG ist erfüllt, wenn die steuerpflichtige Person insgesamt mindestens zehn Jahre nach § 1 Abs. 1 dEStG unbeschränkt einkommensteuerpflichtig war, deren unbeschränkte Steuerpflicht durch Aufgabe des Wohnsitzes oder gewöhnlichen Aufenthalts endet sowie an einer inländischen Kapitalgesellschaft in der Höhe beteiligt ist, wie es § 17 dEStG für den Fall der Veräußerung von Kapitalgesellschaftsanteilen vorschreibt. Steuerpflichtig sind gemäß § 17 Abs. 1 Satz 1 dEStG Gewinne aus der Veräußerung von Anteilen an einer Kapitalgesellschaft, wenn der Veräußerer innerhalb der letzten fünf Jahre

---

[1077] Vgl. Art. 8 ErtSt-DBA 1954/92 und Art. 14 ErtSt-DBA 2000.
[1078] Vgl. Wassermeyer (1999), S. 17, RZ 1.
[1079] Vgl. Wassermeyer (1999), S. 28, RZ 20.

am Kapital der Gesellschaft unmittelbar oder mittelbar zu mindestens 1 % beteiligt war. Die fingierte, zeitliche Vorverlagerung des an sich erst im Zeitpunkt der Veräußerung zu realisierenden Gewinns soll die während der Zeit der unbeschränkten Steuerpflicht entstandenen stillen Reserven dem Schutz der gegebenenfalls zur Anwendung kommenden Doppelbesteuerungsabkommen entziehen[1080]. § 49 Abs. 1 Nr. 2 lit. e dEStG unterstellt zwar die Einkünfte, die aus der Veräußerung von Anteilen an einer unbeschränkt steuerpflichtigen Kapitalgesellschaft unter den Voraussetzungen des § 17 dEStG erzielt werden, der beschränkten Steuerpflicht. Aber ebenso wie viele andere Doppelbesteuerungsabkommen weisen auch die deutsch-österreichischen Abkommen das Besteuerungsrecht aus der Veräußerung der Anteile dem neuen Wohnsitzstaat zu[1081]. Unerheblich für die Anwendung des § 6 dAStG ist neben der Staatsbürgerschaft[1082] des Steuerpflichtigen die Frage, ob er seinen Wohnsitz in ein Niedrig- oder ein Hochsteuerland[1083] verlegt und ob mit dem Zielland ein Doppelbesteuerungsabkommen[1084] abgeschlossen wurde.

2.1.4.1.1.2 Voraussetzung der zehnjährigen unbeschränkten Steuerpflicht

Die Berücksichtigung der Zehnjahresfrist soll die langjährige persönliche und wirtschaftliche Eingliederung des Steuerpflichtigen in die deutsche Volkswirtschaft zum Ausdruck bringen[1085], die die Rahmenbedingungen für die Erzielung von Vermögenszuwächsen geschaffen hat. Der Wortlaut des § 6 dAStG geht über diese Zielsetzung hinaus[1086], da die während zwischenzeitlicher, zum Teil langjähriger Auslandsaufenthalte entstandenen Vermögenszuwächse ebenfalls der deutschen Besteuerung unterworfen werden[1087]. Die Regierungsbegründung zum Gesetzentwurf des § 6 dAStG fordert hingegen, dass lediglich die Vermögensmehrungen zu besteuern sind, die einem ins Ausland verzogenen Steuerpflichtigen in der Zeit seiner inländischen Ansässigkeit auf Beteiligungen an inländischen Kapitalgesellschaften im Sinne des § 17 dEStG zugewachsen sind.[1088]. Für ein solches Vorgehen spricht auch, dass gemäß § 6 Abs. 1 Satz 2 dAStG bei Anschaffung von Anteilen vor erstmaliger Begründung der unbeschränkten Steuerpflicht der gemeine Wert als Anschaffungskosten anzusetzen

---

[1080] Vgl. dBMF-Schreiben v. 14.5.2004 – IV B 4 – S 1340 – 11/04, BStBl I 2004, Sondernummer 1, S. 3, TZ 6.1.5.1.
[1081] Vgl. Art. 7 Abs. 1 ErtSt-DBA 1954/92 und Art. 13 Abs. 5 ErtSt-DBA 2003.
[1082] Vgl. dBMF-Schreiben v. 14.5.2004 – IV B 4 – S 1340 – 11/04, BStBl I 2004, Sondernummer 1, S. 3, TZ 6.1.1.1.
[1083] Vgl. Schaumburg (1998), S. 287, RZ 5.400.
[1084] Vgl. dBMF-Schreiben v. 14.5.2004 – IV B 4 – S 1340 – 11/04, BStBl I 2004, Sondernummer 1, S. 3, TZ 6.1.5.1.
[1085] Vgl. Wassermeyer (1999), S. 22/1, RZ 10.
[1086] Vgl. die Beispiele und die Kritik bei Wassermeyer (1999), S. 31 - 34, RZ 29a - 29g.
[1087] Vgl. zu dieser Problematik auch Braun (1982).
[1088] Vgl. Regierungsbegründung, RZ 77, Wassermeyer (1999), S. 10.

ist. Dem ist die Zielsetzung zu entnehmen, nur die Vermögenszuwächse der Wegzugsbesteuerung zu unterwerfen, die während der unbeschränkten Steuerpflicht entstanden sind. Nicht zuletzt der den Art. 13 Abs. 5 ErtSt-DBA Deutschland-Schweiz ergänzende Briefwechsel zwischen den beiden Vertragsstaaten, dessen Ausführungen als allgemeine Klarstellung der Besteuerungsfolgen des § 6 dAStG zu interpretieren sind, untermauert eine derartige Auffassung. Da eine ausreichende Eingliederung in die deutsche Volkswirtschaft im Rahmen des § 6 dAStG erst bei Bestehen einer zehnjährigen unbeschränkten Steuerpflicht angenommen wird, ist davon auszugehen, dass eine mehr als zehnjährige Unterbrechung zwischen zwei die unbeschränkte Steuerpflicht begründenden Aufenthalten zu einer Ausgliederung führt[1089]. Dies hätte zur Folge, dass eine erneute Eingliederung in die deutsche Volkswirtschaft gemäß § 6 dAStG wiederum zehn Jahre erfordert.

Gemäß § 6 Abs. 2 dAStG kann auch derjenige der Wegzugsbesteuerung unterliegen, der selber nicht zehn Jahre im Inland ansässig gewesen ist, die Anteile aber durch ganz oder teilweise unentgeltliches Rechtsgeschäft erworben hat. Es müssen dann die jeweiligen Zeiträume, in denen die unbeschränkte Steuerpflicht beim derzeitigen Anteilseigner und bei seinen Rechtsvorgängern vorgelegen hat, addiert werden und zusammen ebenfalls mindestens zehn Jahre ergeben. Zeiträume, in denen unbeschränkte Steuerpflicht zeitgleich bei mehreren Personen vorlag, werden nur einmal angesetzt. Durch diese Regelung sollen Gestaltungsmöglichkeiten dergestalt verhindert werden, dass Anteile an Personen übertragen werden, die zu diesem Zeitpunkt noch nicht zehn Jahre unbeschränkt steuerpflichtig gewesen sind und nach erfolgtem Anteilserwerb auswandern[1090].

2.1.4.1.1.3 Ermittlung des fiktiven Veräußerungsgewinns

Durch die Fiktion einer Veräußerung muss zur Bestimmung des Vermögenszuwachses anstelle eines Veräußerungspreises ein alternativer Wert angesetzt werden. Der Gesetzgeber greift hierfür auf den in § 9 dBewG kodifizierten gemeinen Wert zurück, der durch den Preis bestimmt wird, der im gewöhnlichen Geschäftsverkehr nach der Beschaffenheit des Wirtschaftsguts bei einer Veräußerung zu erzielen wäre[1091]. Gemäß § 11 dBewG werden am Stichtag an einer deutschen Börse zum amtlichen Handel zugelassene Wertpapiere mit dem niedrigsten am Stichtag für sie im amtlichen Handel notierten Kurs angesetzt; der Wert nicht börsennotierter Anteile wird aus innerhalb des letzten Jahres stattgefunden Verkäufen abgeleitet oder in Ermangelung von zeitnahen Verkäufen un-

---

[1089] So auch Wassermeyer (1999), S. 23, RZ 11.
[1090] So auch Wassermeyer (1999), S. 38 - 39, RZ 40.
[1091] Krüger (2001), S. 104 weist auf die Unsicherheit hin, die sich aus der Zugrundelegung des gemeinen Werts ergibt. Er kritisiert, dass der Steuerpflichtige die Kosten des Wegzugs im Vorfeld nicht genau bestimmen kann.

ter Berücksichtigung des Vermögens und der Ertragsaussichten mittels des so genannten Stuttgarter Verfahrens ermittelt.

Gegenübergestellt werden dem gemeinen Wert zum Zeitpunkt der Beendigung der unbeschränkten Steuerpflicht die Anschaffungskosten der Anteile. Betriebsausgaben sind zu berücksichtigen, umfassen aber nur die in der Regel verhältnismäßig niedrigen Veräußerungskosten. Die eigentlichen Wegzugskosten dürfen bei der Berechnung des Veräußerungsgewinns nicht angesetzt werden[1092]. Sollten die Anteile dem Steuerpflichtigen bereits zum Zeitpunkt der erstmaligen Begründung der unbeschränkten Steuerpflicht gehört haben, tritt an die Stelle der Anschaffungskosten der gemeine Wert im Zeitpunkt der erstmaligen Begründung der unbeschränkten Steuerpflicht[1093]. Dadurch, dass der gemeine Wert höher, aber auch niedriger als die tatsächlichen Anschaffungskosten sein kann, kann sich diese Bestimmung in gleicher Weise zum Vor- und Nachteil des Wegziehenden auswirken[1094]. Da für den Fall, dass dem Steuerpflichtigen der Nachweis nicht gelingt, dass die Anteile ihm schon vor der erstmaligen Begründung der unbeschränkten Steuerpflicht gehört haben, die Anschaffungskosten anzusetzen sind, ergibt sich für den Auswandernden eine faktische Gestaltungsmöglichkeit[1095]. Sollte der gemeine Wert der Anteile zum Zeitpunkt der Begründung der unbeschränkten Steuerpflicht unter den Anschaffungskosten liegen, ist es das Recht eines Steuerpflichtigen, auf den Nachweis mit der Folge zu verzichten, dass der Veräußerungsgewinn durch den Ansatz der Anschaffungskosten geringer ausfällt.

Durch eine Regelung wie in § 6 dAStG erfolgt regelmäßig eine Begünstigung des Wegzüglers gegenüber demjenigen, der seine bereits vor Begründung der unbeschränkten Steuerpflicht erworbenen Anteile während des Bestehens der unbeschränkten Steuerpflicht in Deutschland tatsächlich veräußert[1096]. In diesem Fall werden dem Veräußerungspreis die ursprünglichen Anschaffungskosten gegenübergestellt, so dass eine Besteuerung des gesamten Wertzuwachses die Folge ist. Sollte der Wunsch bestehen, mit der Aufgabe des Wohnsitzes bzw. des gewöhnlichen Aufenthalts zugleich die Beteiligung an der inländischen Ka-

---

[1092] So auch Wassermeyer (1999), S. 30, RZ 26. A.A. Bellstedt (1973), S. 129.
[1093] Im 1. Referentenentwurf v. 23.12.1970 wurden derartige Anteile noch von der Wegzugsbesteuerung ausgenommen. Die Ausdehnung auf Anteile, die dem Steuerpflichtigen bereits vor der erstmaligen Begründung der unbeschränkten Steuerpflicht gehört haben, diente der Vermeidung von Umgehungsmöglichkeiten. Vgl. Wassermeyer (1999), S. 6.
[1094] So auch Wassermeyer (1999), S. 31, RZ 29. Nach dem Urteil des BFH v. 28.2.1990 – I R 43/86, BStBl II 1990, S. 615 ist jedoch auch bei derartige Anteile davon auszugehen, dass fiktive Veräußerungsverluste nicht angesetzt werden dürfen.
[1095] Vgl. Wassermeyer (1999), S. 35, RZ 31.
[1096] Vgl. Fajen (1997), S. 57.

pitalgesellschaft zu veräußern, sollte für den Fall, dass die ursprünglichen Anschaffungskosten niedriger gewesen sind als der gemeine Wert im Zeitpunkt der erstmaligen Begründung der unbeschränkten Steuerpflicht, mit der Veräußerung bis kurz nach dem Wegzug gewartet werden. Eine zeitgleich mit der Auswanderung erfolgende Veräußerung führt zu einer Erfassung des Veräußerungsgewinns gemäß § 17 dEStG und damit zu einem Ansatz der Anschaffungskosten[1097]. Das kurzfristige Behalten der Anteile löst hingegen die Wegzugsbesteuerung gemäß § 6 dAStG aus, so dass der höhere gemeine Wert im Zeitpunkt der erstmaligen Begründung der unbeschränkten Steuerpflicht angesetzt werden kann. Voraussetzung für das Gelingen einer derartigen steuerminimierenden Gestaltung ist jedoch, dass das den Steuerpflichtigen aufnehmende Land als Anschaffungskosten im Rahmen der tatsächlichen Veräußerung den gemeinen Wert der Anteile zum Zeitpunkt der Einwanderung ansetzt. Österreich gewährt bei der Besteuerung wesentlicher Beteiligungen gemäß § 31 Abs. 3 Satz 3 öEStG einen derartigen Ansatz.

Bei Einführung der Wegzugsbesteuerung unterlag der fiktive Veräußerungsgewinn gemäß § 6 Abs. 1 Satz 4 dAStG-alt der Tarifermäßigung des § 34 dEStG. Stattdessen wird seit der Verabschiedung des Unternehmenssteuerfortentwicklungsgesetzes am 20.12.2001 das Halbeinkünfteverfahren auch für die Veräußerung von Anteilen im Sinne des § 17 dEStG für anwendbar erklärt. Gemäß § 3 Nr. 40 Satz 1 lit. c dEStG i.V.m. § 3 c Abs. 2 dEStG ist der Veräußerungsgewinn gemäß § 17 dEStG und damit auch der fiktive Veräußerungsgewinn bei der Wegzugsbesteuerung zur Hälfte steuerbefreit[1098]. Veräußerungsverluste sind im Rahmen des § 6 dAStG nicht zu berücksichtigen[1099]. Dies ergibt sich aus der Verwendung des Begriffes „Vermögenszuwachs" sowohl in der Überschrift des Gesetzes als auch in § 6 Abs. 1 Satz 5 dAStG und aus der Kodifizierung von Ersatztatbeständen zur Vermeidung von Steuerumgehungen.

2.1.4.1.1.4 Beschränkung auf Anteile an inländischen Kapitalgesellschaften

Beschränkt ist die Anwendung der Wegzugsbesteuerung auf Anteile an inländischen Kapitalgesellschaften[1100]. Was unter einer inländischen Kapitalgesellschaft zu verstehen ist, ist umstritten. Zum einen wird ausschließlich auf den

---

[1097] Vgl. Wassermeyer (1999), S. 36, RZ 33.
[1098] Vgl. § 6 Abs. 1 Satz 3 dAStG. So auch Kaminski/Strunk (2001), S. 811, die aber zur Wahrung der Rechtssicherheit dennoch empfehlen, die entsprechende Anwendbarkeit des § 3 Nr. 40 dEStG in § 6 dAStG aufzunehmen.
[1099] Vgl. BFH-Urteil v. 28.2.1990 – I R 43/86, BStBl II 1990, S. 615.
[1100] Nach der Fassung des 1. Referentenentwurfs v. 23.12.1970 sollten auch Anteile an ausländischen Kapitalgesellschaften der Wegzugsbesteuerung unterliegen. Aufgrund der mangelnden Bindung an die deutsche Volkswirtschaft wurde dieser Plan aber im 3. Referentenentwurf v. 20.4.1971 verworfen. Vgl. Wassermeyer (1999), S. 6 - 8.

Eintrag in ein deutsches Handelsregister abgestellt[1101], so dass nach dieser Auffassung aufgrund ihrer sich in Deutschland befindlichen Geschäftsleitung unbeschränkt körperschaftsteuerpflichtige Kapitalgesellschaften ausländischer Rechtsform durch § 6 dAStG nicht erfasst werden. Zum anderen erfolgt die Bestimmung, ob eine Kapitalgesellschaft eine inländische ist, danach, ob sich der Sitz oder die Geschäftsleitung im Inland befindet[1102]. Für diese Auffassung spricht, dass gemäß § 49 Abs. 1 Nr. 2 lit. e dEStG die Einkünfte aus der Veräußerung von Anteilen an einer Kapitalgesellschaft, die ihren Sitz oder ihre Geschäftsleitung im Inland hat, von der beschränkten Steuerpflicht erfasst werden. Da § 6 dAStG eine zeitliche Vorverlagerung dieser Einkünfte bezweckt, ist davon auszugehen, dass unter einer inländischen Gesellschaft eine Gesellschaft zu verstehen ist, die ihren Sitz oder ihre Geschäftsleitung im Inland hat.

Ein Grund für die Beschränkung auf inländische Kapitalgesellschaften ist nicht erkennbar[1103]. Zieht ein Steuerpflichtiger ins Ausland und hält er eine Beteiligung im Sinne des § 17 dEStG an einer ausländischen Kapitalgesellschaft, gehen die in diesen Anteilen enthaltenen stillen Reserven dem deutschen Staat verloren[1104]. In diesem Zusammenhang hat der Bundesfinanzhof festgestellt, dass § 6 dAStG nicht gegen den Gleichheitsgrundsatz gemäß Art. 3 dGG verstößt[1105].

2.1.4.1.1.5 Wegzugsbesteuerung bei Rückkehr nach Deutschland

Eine Sonderregelung enthält § 6 Abs. 4 dAStG, wonach der Steueranspruch gegenüber Personen, die innerhalb von fünf Jahren nach Beendigung ihrer unbeschränkten Steuerpflicht wieder nach Deutschland zurückkehren und erneut unbeschränkt steuerpflichtig werden, rückwirkend entfällt. Ein endgültig ergangener Bescheid ist gemäß § 175 Abs. 1 Nr. 2 dAO aufzuheben, ein vorläufiger Bescheid ist nach § 165 Abs. 2 dAO zu ändern[1106]. Bei einer durch berufliche Gründe bedingten Abwesenheit kann das Finanzamt die Frist um weitere fünf Jahre verlängern[1107].

Umstritten ist, ob zum Zeitpunkt der Aufgabe der unbeschränkten Steuerpflicht bereits eine Rückkehrabsicht bestehen muss. Die Vertreter der so genannten subjektiven Theorie fordern deren Berücksichtigung, während die Anhänger der

---
[1101] So auch Fajen (1997), S. 58.
[1102] Vgl. Schaumburg (1998), S. 291, RZ 5.414 m.w.N. und Wassermeyer (1999), S. 26, RZ 16a.
[1103] So auch Schaumburg (1998), S. 283, RZ 5.396.
[1104] So auch Krug (2001), S. 64 - 65.
[1105] Vgl. BFH-Beschluss v. 17.12.1997 – I B 108/97, BStBl II 1998, S. 558.
[1106] Vgl. dBMF-Schreiben v. 14.5.2004 – IV B 4 – S 1340 – 11/04, BStBl I 2004, Sondernummer 1, S. 3, TZ 6.4.2
[1107] Zu den in der Praxis entstehenden Problemen vgl. Kaminski/Strunk (2001), S. 812 – 814.

objektiven Theorie ausschließlich auf das Merkmal der Rückkehr abstellen[1108]. Eine eingeschränkte objektive Theorie vertritt Wassermeyer, der bei einer Rückkehr bis zu fünf Jahren allein das objektive Rückkehrmerkmal zur Entscheidung heranziehen möchte, bei einer Verlängerung der Frist auf zehn Jahre aber die Glaubhaftmachung der Rückkehrabsicht und der Abwesenheit aus beruflichen Gründen fordert[1109].

2.1.4.1.1.6 Stundung der Steuerlast

Da ein Veräußerungsgewinn nicht tatsächlich realisiert wird, sondern die Besteuerung an einen auf einer Fiktion basierenden Veräußerungsgewinn anknüpft, stehen dem Steuerpflichtigen nicht in erforderlicher Höhe liquide Mittel zur Verfügung. Eine sofortige Besteuerung würde dann unter Umständen nicht die steuerliche Leistungsfähigkeit berücksichtigen. Auf Antrag kann daher die Steuer gemäß § 6 Abs. 5 dAStG für einen Zeitraum von höchstens fünf Jahren gegen Leistung einer Sicherheit[1110] gestundet werden. Die Vorschrift erweitert die allgemeine Stundungsregelung des § 222 dAO[1111], da im Gegensatz zu dieser § 6 Abs. 5 dAStG keine Ermessensvorschrift darstellt[1112].

Aufgrund einer mangelnden Verzinsungsregelung in § 6 Abs. 5 dAStG muss auf die Vorschrift in § 234 dAO zurückgegriffen werden. Der Auffassung, dass der Steuerpflichtige einen Anspruch auf zinslose Stundung aufgrund der Tatsache hat, dass die Stundung der Steuer den Regelfall darstellt und somit eine Verzinsung unbillig im Sinne von § 234 Abs. 2 dAO wäre, ist der Bundesfinanzhof[1113] nicht gefolgt. Ein Anspruch auf zinslose Stundung entstehe seiner Auffassung nach nicht schon deswegen, weil dem Steuerpflichtigen bei der Realisierung stiller Reserven keine Geldmittel zufließen[1114]. Eine Veräußerung von der Wegzugsbesteuerung unterliegenden Anteilen während des Stundungszeitraums muss zu einer Berichtigung der Stundung führen.

[1108] Vgl. Schaumburg (1998), S. 293 - 294, RZ 5.419 m.w.N. und dBMF-Schreiben v. 14.5.2004 – IV B 4 – S 1340 – 11/04, BStBl I 2004, Sondernummer 1, S. 3, TZ 6.4.1.
[1109] Da bei einem steuerlich motivierten Wohnsitzwechsel eine Rückkehrabsicht regelmäßig nicht anzunehmen ist, sei hier nur auf die Begründung dieser meines Erachtens zutreffenden Sichtweise bei Wassermeyer (1999), S. 53 - 56, RZ 74 - 74 g hingewiesen.
[1110] Die Art der Sicherheitsleistung richtet sich nach § 241 dAO.
[1111] Vgl. dBMF-Schreiben v. 14.5.2004 – IV B 4 – S 1340 – 11/04, BStBl I 2004, Sondernummer 1, S. 3, TZ 6.5.1.
[1112] Vgl. Schaumburg (1998), S. 295, RZ 5.420.
[1113] Vgl. BFH-Urteil v. 16.10.1991 – I R 145/90, BStBl II 1992, S. 321.
[1114] Begründet hat der BFH die Möglichkeit der Festsetzung von Stundungszinsen mit dem Hinweis auf eine entsprechende Verfahrensweise bei der Entnahme gemäß § 4 Abs. 1 Satz 2 dEStG und der Betriebsaufgabe gemäß § 16 Abs. 3 dEStG.

2.1.4.1.2 Verhältnis von § 6 dAStG zu den deutsch-österreichischen Doppelbesteuerungsabkommen

2.1.4.1.2.1 Wegzugsbesteuerung im Verhältnis zum ErtSt-DBA 1954/92

Das ErtSt-DBA 1954/92 enthält keine explizite Regelung zur Wegzugsbesteuerung. Es stellt sich daher die Frage, ob die Besteuerung gemäß § 6 dAStG gegen abkommensrechtliche Bestimmungen verstößt. In Frage kommt eine Missachtung von Art. 7 ErtSt-DBA 1954/92, wonach dem Wohnsitzstaat das Besteuerungsrecht für Einkünfte aus der Veräußerung einer wesentlichen Beteiligung an einer Kapitalgesellschaft, die den Ort der Geschäftsleitung in dem anderen Staat hat, zugewiesen wird. Da eine Veräußerung jedoch nicht stattfindet, sondern nur fingiert wird, wird Art. 7 ErtSt-DBA 1954/92 für nicht einschlägig gehalten[1115]. Stattdessen wird ein Verstoß gegen Art. 13 Abs. 1 ErtSt-DBA 1954/92 geprüft[1116]. Danach erhält ebenfalls der Wohnsitzstaat das Besteuerungsrecht für die Einkünfte, für die in den anderen Artikeln des Abkommens keine Regelung getroffen worden ist.

Nach einer Mindermeinung verstößt § 6 dAStG gegen Abkommensrecht, weil die Vereinbarung des Abkommens durch einen neuen Steuertatbestand ausgehöhlt wird. Es wird unterstellt, dass das für den späteren Veräußerungsfall vorgesehene ausschließliche Besteuerungsrecht des Wohnsitzstaates schon zuvor eine Schutzwirkung entfaltet[1117]. Begründet wird diese Auffassung mit der im Verhältnis zu vielen Staaten drohenden Doppelbesteuerung. Werden die Anteile nach dem Wegzug veräußert, legt häufig der neue Wohnsitzstaat seiner Besteuerung die tatsächlichen Anschaffungskosten zugrunde. Damit werden die bis zum Zeitpunkt der Aufgabe der unbeschränkten Steuerpflicht gebildeten stillen Reserven sowohl in Deutschland als auch im Ausland besteuert. Eine Doppelbesteuerung kann nicht mit dem Hinweis auf die unterschiedlichen Zeitpunkte der Besteuerung verneint werden, da die der Besteuerung zugrunde liegenden stillen Reserven im selben Zeitraum gebildet wurden[1118]. Die Einleitung eines Verständigungsverfahrens zwischen den Abkommensstaaten ist daher in diesen Fällen zwingend[1119]. Im Verhältnis zu Österreich entsteht diese Problematik jedoch nicht, da § 31 Abs. 3 Satz 2 öEStG festlegt, dass im Falle des Eintritts in das Besteuerungsrecht Österreichs im Verhältnis zu anderen Staaten der gemeine Wert als Anschaffungskosten gilt.

[1115] Vgl. Bellstedt (1973), S. 131. A.A. Krug (2001), S. 73, der den dem Art. 7 ErtSt-DBA 1954/92 entsprechenden Art. 13 Abs. 4 OECD-MA auch auf Wertzuwachsgewinne und Entstrickungsgewinne anwenden will.

[1116] Vgl. Toifl (1996a), S. 129 - 131, der seiner Untersuchung die entsprechenden Artikel des OECD-Musterabkommens zugrundegelegt hat.

[1117] Vgl. Kluge (2000), S. 881, RZ 262 und Thömmes (2003), S. 657.

[1118] So auch Toifl (1996a), S. 124.

[1119] Vgl. Wassermeyer (1999), S. 21, RZ 8c.

Die herrschende Meinung verneint eine Verletzung von Abkommensrecht durch die Wegzugsbesteuerung[1120]. Die Besteuerung gemäß § 6 dAStG stellt den letzten Akt vor Beendigung der unbeschränkten Steuerpflicht dar[1121]. Zum Zeitpunkt des Eingreifens der Wegzugsbesteuerung ist der Wohnsitz noch nicht verlegt. Damit liegt kein grenzüberschreitender Sachverhalt vor, so dass der Anwendungsbereich des Abkommens noch nicht eröffnet ist. Dieser Auffassung ist zuzustimmen, da es keine Begründung für die Vorwirkung einer Abkommensregel gibt[1122]. Probleme wirft diese Sichtweise jedoch im Zusammenhang mit § 6 Abs. 3 Nr. 2 dAStG auf. Danach wird im Rahmen der Wegzugsbesteuerung die Begründung eines Wohnsitzes oder gewöhnlichen Aufenthaltes in einem ausländischen Staat der Beendigung der unbeschränkten Steuerpflicht gleichgestellt, sofern die Person aufgrund eines Doppelbesteuerungsabkommens als in dem ausländischen Staat ansässig anzusehen ist. Die Wegzugsbesteuerung greift dann in dem Zeitpunkt ein, in dem der Anwendungsbereich des Abkommens eröffnet wird[1123]. In diesem Fall verstößt die Wegzugsbesteuerung gegen Abkommensrecht, weil das Besteuerungsrecht sowohl nach Art. 7 als auch nach Art. 13 Abs. 1 ErtSt-DBA 1954/92 ausschließlich dem neuen Ansässigkeitsstaat zusteht. Ein derartiges treaty overriding ist aber aufgrund des deutlich zum Ausdruck kommenden gesetzgeberischen Willens[1124] zum Eingriff in Abkommensrecht zulässig[1125]. Nach Auffassung des Bundesfinanzhofs hat der Gesetzgeber das Recht, abkommensrechtliche Vorschriften im Rahmen von Bundesgesetzen außer Kraft zu setzen[1126].

2.1.4.1.2.2 Wegzugsbesteuerung im Verhältnis zum ErtSt-DBA 2003

Um zukünftig die Frage nach der Vereinbarkeit von Abkommensrecht und Wegzugsbesteuerung nicht aufkommen zu lassen, wurde in dem neuen ErtSt-DBA 2003 die Wegzugsbesteuerung ausdrücklich für zulässig erklärt. Gemäß Art. 13 Abs. 6 ErtSt-DBA 2003 bleibt im Fall des Wohnsitzwechsels einer natürlichen Person, die in einem Vertragsstaat während mindestens fünf Jahren ansässig war und die nun im anderen Vertragsstaat ansässig geworden ist, das Recht des Wegzugsstaats unberührt, bei Anteilen an Gesellschaften nach seinen

---

[1120] Vgl. Toifl (1996c), S. 62, Rolfs (1998c), S. 442 und Pohl (2001), S. 463.
[1121] Kaminski/Strunk (2002), S. 1642 weisen darauf hin, dass es auf dem 56. IFA-Kongress zumindest unstreitig war, dass dem bisherigen Ansässigkeitsstaat ein legitimes Recht zuzubilligen ist, die stillen Reserven zu erfassen, die während der Ansässigkeit des Steuerpflichtigen in seinem Territorium entstanden sind.
[1122] Vgl. Kluge (2000), S. 881, RZ 262.
[1123] Vgl. Bellstedt (1973), S. 129.
[1124] Vgl. Regierungsbegründung, RZ 24, Wassermeyer (1999), S. 9 - 10, wonach die internationalen Steuerverträge der deutschen Besteuerung entgegenstehen.
[1125] Vgl. Schaumburg (1998), S. 286, RZ 5.399 und Kaminski/Strunk (2002), S. 1645.
[1126] Vgl. BFH-Urteil v. 13.7.1994 – I R 120/93, BStBl II 1995, S. 129.

innerstaatlichen Rechtsvorschriften bei der Person einen Vermögenszuwachs bis zum Ansässigkeitswechsel zu besteuern. Darüber hinaus wird festgelegt, dass bei tatsächlicher Veräußerung der Anteile der neue Ansässigkeitsstaat bei der Ermittlung des Veräußerungsgewinns als Anschaffungskosten den Betrag zugrunde zu legen hat, den der ursprüngliche Wohnsitzstaat im Zeitpunkt des Wegzugs als Erlös angenommen hat.

Wird mit der herrschenden Meinung davon ausgegangen, dass die deutsche Wegzugsbesteuerung auch ohne eine ergänzende Regelung abkommensrechtlich zulässig ist, haben die Bestimmungen in dem neuen Abkommen lediglich deklarativen Charakter[1127]. Die Festlegung einer mindestens fünfjährigen Ansässigkeit im Wegzugsstaat hat für den Fall einer Wohnsitzverlegung von Deutschland nach Österreich keine Bedeutung, da die deutsche Wegzugsbesteuerung erst bei mindestens zehnjähriger unbeschränkter Steuerpflicht in Deutschland greift. Die Neubewertung der Anteile bei Eintritt in das Besteuerungsrecht Österreichs ist ebenfalls bereits nach nationalem Recht vorgeschrieben[1128]. Der Umkehrschluss, dass eine Neubewertung der Anteile nur noch zu erfolgen hat, wenn die Anteile zuvor der deutschen Wegzugsbesteuerung unterlegen haben, ist unzulässig[1129]. Doppelbesteuerungsabkommen haben lediglich die Funktion, Besteuerungsrechte einzuschränken, nicht aber neue zu begründen.

Problematisch an der neuen Abkommensvorschrift ist der Umstand, dass nur der Grundtatbestand der deutschen Wegzugsbesteuerung von ihr erfasst wird. Sowohl die Wegzugsbesteuerung bei Verlegung des Mittelpunkts der Lebensinteressen gemäß § 6 Abs. 3 Nr. 2 dAStG als auch die anderen vom deutschen Gesetzgeber kodifizierten, weiter unten noch erläuterten Umgehungstatbestände lassen sich nicht unter Art. 13 Abs. 6 ErtSt-DBA 2003 subsumieren. Während im Verhältnis zum alten Abkommen noch von einem zulässigen treaty overriding ausgegangen werden konnte, ist eine derartige Argumentation im Zusammenhang mit dem neuen Abkommen nur noch schwer vermittelbar. Wenn für einen konkreten Fall der Wegzugsbesteuerung – die Aufgabe der Ansässigkeit im Wegzugsstaat und die Begründung der Ansässigkeit im Zuzugsstaat – eine explizite Regelung getroffen wird, bedeutet dies im Umkehrschluss, dass für die anderen, nicht genannten Fälle eine Wegzugsbesteuerung gerade nicht erfolgen soll. Im Rahmen der Steuerplanung sollte jedoch davon ausgegangen werden, dass eine Wegzugsbesteuerung auch weiterhin bei Erfüllung der Umgehungstatbestände greift.

[1127] Vgl. Staringer (1999c).
[1128] Vgl. § 31 Abs. 3 Satz 2 öEStG.
[1129] So auch Staringer (1999a), S. 113.

2.1.4.1.3 Tatsächliche Veräußerung der Anteile im Anschluss an den Wegzug

Zu Doppelbesteuerungen kann es kommen, wenn im Ausland bei einer tatsächlichen Veräußerung der Anteile die ursprünglich getätigten Anschaffungskosten und nicht der gemeine Wert im Zeitpunkt des Zuzugs zur Bestimmung des Veräußerungsgewinns herangezogen wird[1130]. Bei einer Wohnsitzverlegung nach Österreich existiert diese Problematik jedoch nicht, da gemäß § 31 Abs. 3 Satz 2 öEStG dem Veräußerungserlös nicht die historischen Anschaffungskosten, sondern der gemeine Wert der Anteile im Zeitpunkt des Eintritts in das Besteuerungsrecht der Republik Österreich im Verhältnis zu anderen Staaten gegenüberzustellen ist[1131]. Teilweise Doppelbesteuerungen, aber auch Steuerfreistellungen können sich nur aus Unterschieden in der Bewertung der Anteile ergeben[1132]. Bei Zugrundelegung des neuen Doppelbesteuerungsabkommens können derartige Differenzen nicht mehr auftreten, da der Zuzugsstaat den Wert zugrunde zu legen hat, den der Wegzugsstaat im Zeitpunkt des Wegzugs als Erlös angenommen hat[1133].

§ 6 Abs. 1 Satz 5 dAStG hat im Verhältnis zu Österreich keine Bedeutung. Grundsätzlich unterliegt die spätere Veräußerung der Anteile der beschränkten deutschen Steuerpflicht gemäß § 49 Abs. 1 Nr. 2 lit. e dEStG. Um eine Doppelbelastung aufgrund der Wegzugssteuer und der im Rahmen der tatsächlichen Veräußerung erhobenen Steuer zu vermeiden, schreibt § 6 Abs. 1 Satz 5 dAStG vor, dass der bei der Veräußerung anzusetzende Gewinn um den zuvor besteuerten Vermögenszuwachs zu kürzen ist[1134]. Hierbei gegebenenfalls auftretende Veräußerungsverluste sind steuerlich zu berücksichtigen und können mit anderen positiven Einkünften des Steuerpflichtigen verrechnet werden[1135]. Da aber sowohl nach dem alten als auch nach dem neuen Abkommen Österreich das alleinige Besteuerungsrecht für die nach dem Wegzug entstandenen stillen Reser-

---

[1130] Vgl. Göttsche (1997), S. 64.
[1131] Toifl (1996a), S. 110 weist darauf hin, dass der Begriff „Eintritt in das Besteuerungsrecht der Republik Österreich im Verhältnis zu anderen Staaten" bedingt, dass Österreich aufgrund völkerrechtlicher Normen das Recht zur Besteuerung erhält. Ein Eintritt in das Besteuerungsrecht „im Verhältnis zu anderen Staaten" ist nicht aufgrund nationaler Vorschriften möglich.
[1132] Vgl. Fajen (1997), S. 59. Mit EAS 1374 v. 17.12.1998 erklärte sich das österreichische Bundesfinanzministerium bereit, eine sich aus einer unterschiedlichen Bewertung ergebende Doppelbesteuerung durch Anrechnung der ausländischen Steuer auf die in Österreich zu erhebende Einkommensteuer gemäß § 48 öBAO zu vermeiden. Im zugrunde liegenden Sachverhalt hatte Deutschland einen höheren gemeinen Wert im Zeitpunkt des Wegzugs angenommen als Österreich im Zeitpunkt des Zuzugs.
[1133] Vgl. Art. 13 Abs. 6 Satz 2 ErtSt-DBA 2003.
[1134] Vgl. hierzu auch das Beispiel im dBMF-Schreiben v. 14.5.2004 – IV B 4 – S 1340 – 11/04, BStBl I 2004, Sondernummer 1, S. 3, Tz. 6.1.4.1.
[1135] Vgl. Wassermeyer (1999), S. 38, RZ 38 m.w.N.

ven hat, ist die Bestimmung im Verhältnis zu Österreich irrelevant. Als problematisch erweist sich diese Zuteilungsnorm, wenn zum Zeitpunkt des Wegzugs eine Wertsteigerung eingetreten ist, jedoch im Zeitpunkt der tatsächlichen Veräußerung ein Verlust entsteht. In diesen Fällen kommt es zu einer Besteuerung in Deutschland, obwohl bei der Veräußerung der Anteile ein Gewinn nicht realisiert werden kann[1136].

2.1.4.1.4 Tatbestände zur Vermeidung von Umgehungen

Um eine Umgehung des Grundtatbestandes – die Beendigung der unbeschränkten Steuerpflicht durch Aufgabe des Wohnsitzes oder gewöhnlichen Aufenthalts – zu vermeiden, ist die Wegzugsbesteuerung um vier Ergänzungstatbestände erweitert worden. Für deren Anwendbarkeit müssen die übrigen Tatbestandsvoraussetzungen des § 6 Abs. 1 dAStG erfüllt sein[1137]. Die Rechtsfolge des § 6 dAStG kommt danach unabhängig davon zum Tragen, ob der Steuerpflichtige tatsächlich auswandert[1138]. Die Wegzugsbesteuerung tritt gemäß § 6 Abs. 3 Nr. 1 dAStG ein bei der ganz oder teilweise unentgeltlichen rechtsgeschäftlichen Übertragung der Anteile auf nicht unbeschränkt Steuerpflichtige[1139]. Nicht verständlich ist die Beschränkung der Besteuerung auf Fälle, in denen die Erbfolge vorweggenommen wird. Durch einen beschränkt oder erweitert beschränkt Steuerpflichtigen im Wege der gesetzlichen Erbfolge erlangte Anteile unterliegen nicht der Wegzugsbesteuerung. Ebenfalls ausgeklammert bleibt die rechtsgeschäftliche Übertragung der Anteile auf unbeschränkt Steuerpflichtige, die aufgrund eines Doppelbesteuerungsabkommens als in einem anderen Land ansässig gelten[1140]. Um eine Doppelbelastung durch Einkommensteuer und Erbschaftsteuer zu vermeiden, wird die aus § 6 dAStG resultierende Steuer auf Antrag ermäßigt oder erlassen, wenn für die Anteilsübertragung Erbschaftsteuer zu entrichten ist[1141].

Mit dem zweiten Ergänzungstatbestand wird die Attraktivität der Begründung eines Doppelwohnsitzes erheblich eingeschränkt. Wenn neben dem neuen öster-

---

[1136] Mit der Problematik der Scheingewinnbesteuerung hat sich auch der 56. IFA-Kongress beschäftigt. Es wurde darauf hingewiesen, dass eine Lösung des Problems nur einer Modifikation der Doppelbesteuerungsabkommen und einer entsprechenden Umsetzung in nationales Recht bedürfe. Vgl. Kaminski/Strunk (2002), S. 1646 – 1647.
[1137] So auch Schaumburg (1998), S. 289, RZ 5.405.
[1138] Vgl. Fajen (1997), S. 58.
[1139] Erfasst werden danach gemäß dBMF-Schreiben v. 14.5.2004 – IV B 4 – S 1340 – 11/04, BStBl I 2004, Sondernummer 1, S. 3, TZ 6.3 Nr. 1 beschränkt oder erweitert beschränkt Steuerpflichtige und nicht Steuerpflichtige.
[1140] Vgl. Schaumburg (1998), S. 289, RZ 5.407.
[1141] Diese Ermäßigung bzw. dieser Erlass soll gemäß Wassermeyer (1999), S. 47, RZ 58 auch im Falle der Entrichtung ausländischer Erbschaftsteuer gelten. Vgl. auch BFH-Urteil v. 29.10.1974 – I R 126/73, BStBl II 1975, S. 110.

reichischen Wohnsitz der deutsche Wohnsitz beibehalten wird, der Mittelpunkt der Lebensinteressen aber nach Österreich verlegt wird, tritt trotz der Regelung des Art. 16 ErtSt-DBA 1954/92 bzw. des Art. 4 Abs. 2 ErtSt-DBA 2003, wonach Österreich als Ansässigkeitsstaat qualifiziert wird, die Wegzugsbesteuerung gemäß § 6 dAStG ein. Ohne diese Regelung könnte die Begründung der Ansässigkeit in Österreich unter Beibehaltung des deutschen Wohnsitzes, die darauf folgende Veräußerung der Beteiligung und die abschließende endgültige Aufgabe des deutschen Wohnsitzes die Besteuerungsfolgen des § 6 Abs. 1 dAStG vermeiden. Eine Gestaltungsmöglichkeit kann jedoch darin bestehen, dass beispielsweise der Ehepartner des die Beteiligung haltenden Steuerpflichtigen einen Doppelwohnsitz mit dem Mittelpunkt der Lebensinteressen in Österreich begründet und anschließend die Anteile im Wege der Schenkung auf diesen übertragen werden. Eine Wegzugsbesteuerung kann dadurch vorbehaltlich der Regelungen des § 42 dAO zum Missbrauch von rechtlichen Gestaltungsmöglichkeiten vermieden werden. Zu berücksichtigen ist bei einer derartigen Gestaltung die anstelle der Einkommensteuer zu entrichtende Schenkungsteuer, die aber insbesondere bei Ehepartnern aufgrund der Freibeträge und des anfangs niedrigen Tarifs in der Regel nicht sehr hoch ausfällt.

Die Wegzugsbesteuerung wird gemäß § 6 Abs. 3 Nr. 3 dAStG ebenfalls ausgelöst, wenn der Steuerpflichtige während des Bestehens der unbeschränkten Steuerpflicht die Anteile in einen Betrieb oder eine Betriebsstätte, die sich in einem DBA-Staat befinden, einlegt und ein späterer Veräußerungsgewinn dem Betriebs- bzw. Betriebsstättenstaat zur Besteuerung überlassen wird.

§ 6 Abs. 3 Nr. 4 dAStG bestimmt, dass der Tausch der Anteile an einer inländischen Gesellschaft gegen Anteile an einer ausländischen Kapitalgesellschaft die Wegzugsbesteuerung auslöst[1142]. Aufgenommen wurde diese Bestimmung, weil ansonsten unter der Voraussetzung eines steuerneutralen Tauschs eine Umgehung der Wegzugsbesteuerung möglich gewesen wäre. Bis zur Einfügung des § 6 Abs. 6 dEStG durch das Steuerentlastungsgesetz 1999/2000/2002 war ein derartiger steuerneutraler Tausch bei Erfüllung der Voraussetzungen des Tauschgutachtens möglich[1143]. Ein Veräußerungsgewinn wurde dann nicht realisiert, wenn die Anteile wert-, art- und funktionsgleich waren[1144]. § 6 Abs. 6 dEStG bestimmt nun jedoch, dass sich die Anschaffungskosten nach dem gemeinen Wert des hingegebenen Wirtschaftsguts bemessen, wenn ein einzelnes Wirtschaftsgut im Wege des Tausches übertragen wird. Damit wurde das Tauschgutachten gegenstandslos. Ausgenommen von der Rechtsfolge des § 6

[1142] Eine Wegzugsbesteuerung nach § 6 Abs. 3 Nr. 4 dAStG wird gemäß § 21 Abs. 8 dAStG nur ausgelöst bei Einbringungen, die nach dem 31.12.1991 erfolgt sind.
[1143] Vgl. BFH-Gutachten v. 16.12.1958 – I D 1/57 S, BStBl III 1959, S. 30.
[1144] Vgl. Rödder (1994), S. 257 - 258.

Abs. 3 Nr. 4 dAStG sind diejenigen Sachverhalte, in denen das Umwandlungssteuergesetz zur Anwendung gelangt[1145]. Dieses ist unter anderem vorrangig, wenn Anteile an einer EU-Kapitalgesellschaft in eine andere EU-Kapitalgesellschaft gemäß § 23 Abs. 4 dUmwStG eingebracht werden. Eine Gestaltungsmöglichkeit besteht dadurch nicht, da die erhaltenen Anteile als einbringungsgeborene Anteile steuerverhaftet gemäß § 21 Abs. 1 dUmwStG sind[1146].

2.1.4.1.5 Verbleibende Umgehungsmöglichkeiten

Sollte sich die Finanzverwaltung am Wortlaut der Vorschrift orientieren, könnte die Wegzugsbesteuerung vermieden werden, indem nach dem Wegzug ein Antrag auf Aufrechterhaltung der unbeschränkten Steuerpflicht gemäß § 1 Abs. 3 dEStG gestellt wird. Wird in einem der folgenden Veranlagungszeiträume der Antrag nicht erneut gestellt oder werden dann die Voraussetzungen des § 1 Abs. 3 dEStG nicht wieder erfüllt, endet die unbeschränkte Steuerpflicht nicht – wie von § 6 dAStG vorausgesetzt – durch Aufgabe des Wohnsitzes oder des gewöhnlichen Aufenthalts. Eine Wegzugsbesteuerung hat demnach nicht zu erfolgen[1147]. Einer derartigen Konstruktion dürfte allerdings § 6 Abs. 3 Nr. 2 dAStG regelmäßig entgegenstehen. Danach löst bereits die Verlegung des Mittelpunkts der Lebensinteressen nach Österreich die deutsche Wegzugsbesteuerung aus.

Da durch § 6 Abs. 2 dAStG nur durch Rechtsgeschäft erworbene Anteile erfasst werden, kann ein im Rahmen der gesetzlichen Erbfolge erfolgter Anteilserwerb aufgrund des Fehlens einer Willenserklärung unter der Voraussetzung einer weniger als zehn Jahre dauernden unbeschränkten Steuerpflicht des Erwerbers nicht der Wegzugsbesteuerung unterliegen[1148]. Dieser Auffassung hat sich die Finanzverwaltung allerdings in ihrem Einführungserlass zum dAStG[1149] gemäß Teilziffer 6.11.1 nicht angeschlossen. Weitere Schwierigkeiten ergeben sich aus der Einbeziehung der teilweise unentgeltlichen Rechtsgeschäfte. Da § 6 Abs. 2 dAStG die Anwendung der Wegzugsbesteuerung auch auf den entgeltlich erworbenen Teil der Anteile erstreckt, sollte bei dem Wunsch nach einer derartigen Übertragung der Anteile eine gemischte Schenkung vermieden werden und

---

[1145] Vgl. BFH-Urteil v. 28.2.1990 – I R 43/86, BStBl II 1990, S. 615.

[1146] Vgl. Teil 3, Kap. 2.1.4.2.

[1147] Vgl. Schaumburg (1998), S. 287, RZ 5.401, der diese Besteuerungslücke auf die isolierte Änderung des § 1 Abs. 3 dEStG durch das Jahressteuergesetz 1996 v. 11.10.1995, BGBl I 1995, S. 1250 zurückführt.

[1148] Vgl. Wassermeyer (1999), S. 40, RZ 42a.

[1149] Vgl. dBMF-Schreiben v. 14.5.2004 – IV B 4 – S 1340 – 11/04, BStBl I 2004, Sondernummer 1, S. 3.

stattdessen ein gesonderter Kauf- und Schenkungsvertrag abgeschlossen werden[1150].

Zur Vermeidung der Wegzugsbesteuerung kommt noch eine weitere – allerdings umstrittene – Gestaltungsalternative in Frage[1151]. Der Steuerpflichtige muss hierfür vor der Wohnsitzverlegung seine Anteile in eine österreichische Kapitalgesellschaft einbringen, die ihm im Gegenzug eigene Anteile gewährt. Gemäß § 23 Abs. 4 dUmwStG i.V.m. § 20 Abs. 1 Satz 2 dUmwStG ist dieser Vorgang steuerneutral, wenn die österreichische Gesellschaft nach dem Anteilstausch unter Einbeziehung der übernommenen Anteile die Mehrheit der Stimmrechte an der deutschen Gesellschaft hält. Aufgrund des Vorrangs des Umwandlungssteuergesetzes vor der Wegzugsbesteuerung greift der den Tausch von Kapitalgesellschaftsanteilen regelnde Ersatztatbestand gemäß § 6 Abs. 3 Nr. 4 dAStG nicht[1152]. Stattdessen stellen die Anteile an der österreichischen Gesellschaft einbringungsgeborene Anteile gemäß § 21 Abs. 1 dUmwStG dar. Eine fiktive Veräußerung der Anteile wird gemäß § 21 Abs. 2 Nr. 2 dUmwStG dann angenommen, wenn das Besteuerungsrecht der Bundesrepublik Deutschland hinsichtlich des Gewinns aus der Veräußerung der Anteile ausgeschlossen wird.

Bezüglich der Frage des Ausschlusses des deutschen Besteuerungsrechts bestehen jedoch unterschiedliche Ansichten, die eine derartige Gestaltung zumindest riskant erscheinen lassen. Wird davon ausgegangen, dass nach dem zwischen Deutschland und Österreich geltenden Doppelbesteuerungsabkommen Österreich nur das Besteuerungsrecht für die während der dortigen Ansässigkeit gebildeten stillen Reserven zusteht und Deutschland weiterhin auch nach dem Wohnsitzwechsel auf die unter seiner Steuerhoheit gebildeten stillen Reserven zurückgreifen kann, bleibt die Steuerverstrickung der Anteile bestehen. Eine Besteuerung tritt dann erst ein bei einer Veräußerung der Anteile an der österreichischen Kapitalgesellschaft. Wird das Bestehenbleiben des deutschen Besteuerungsrechts anerkannt, könnten durch den Stundungseffekt erhebliche Steuereinsparungen erzielt werden. Wird hingegen die Ansicht vertreten, dass die Wohnsitzverlegung zu einem Ausschluss des deutschen Besteuerungsrechts führt, tritt eine sofortige Besteuerung gemäß § 21 Abs. 2 Nr. 2 dUmwStG ein.

[1150] Vgl. Wassermeyer (1999), S. 40 - 42, RZ 43 - 44.
[1151] Vgl. Fajen (1997), S. 61.
[1152] Vgl. auch dBMF-Schreiben v. 14.5.2004 – IV B 4 – S 1340 – 11/04, BStBl I 2004, Sondernummer 1, S. 3, TZ 6.3.4 Satz 2.

2.1.4.2 Einbringungsgeborene Anteile

2.1.4.2.1 Der Ausschluss des Besteuerungsrechts der Bundesrepublik Deutschland hinsichtlich des Gewinns aus der Veräußerung einbringungsgeborener Anteile

Befinden sich im Eigentum des Steuerpflichtigen einbringungsgeborene Anteile, sind die in diesen Anteilen enthaltenen stillen Reserven beim Wegzug gemäß § 21 Abs. 2 Nr. 2 dUmwStG aufzulösen und zu besteuern, sofern Deutschland das Besteuerungsrecht an einem nach der Wohnsitzverlegung zu realisierenden Veräußerungsgewinn verliert[1153]. Einbringungsgeborene Anteile entstehen gemäß § 20 Abs. 1 Satz 1 dUmwStG, wenn ein Betrieb, ein Teilbetrieb oder ein Mitunternehmeranteil unter dem Teilwert in eine unbeschränkt steuerpflichtige Kapitalgesellschaft eingebracht wird und der Einbringende dafür neue Anteile an der Gesellschaft erhält. Des Weiteren können einbringungsgeborene Anteile durch die Einbringung von Anteilen an einer Kapitalgesellschaft in eine andere Kapitalgesellschaft entstehen, sofern diese unter dem Teilwert erfolgt. Im letztgenannten Fall ist ergänzend erforderlich, dass die übernehmende Kapitalgesellschaft nach der Einbringung die unmittelbare Mehrheit der Stimmrechte an der Gesellschaft hat, deren Anteile eingebracht werden[1154]. Durch die Umsetzung der Fusionsrichtlinie ist es nunmehr gemäß § 23 dUmwStG auch möglich, dass einbringungsgeborene Anteile durch die grenzüberschreitende Einbringung von Anteilen entstehen.

Der Hauptanwendungsfall für einen Ausschluss des Besteuerungsrechts Deutschlands ist die Wohnsitzverlegung einer natürlichen Person ins Ausland[1155]. Grundsätzlich schreibt § 49 Abs. 1 Nr. 2 lit. e dEStG zwar die beschränkte Steuerpflicht bei der Veräußerung von Anteilen im Sinne des § 17 dEStG vor; unter Berücksichtigung der Doppelbesteuerungsabkommen wird je-

---

[1153] § 21 Abs. 2 Nr. 2 dUmwStG stellt das Pendant zu § 20 Abs. 3 dUmwStG dar. Danach hat die Kapitalgesellschaft das eingebrachte Betriebsvermögen mit dem Teilwert anzusetzen, wenn das Besteuerungsrecht Deutschlands hinsichtlich des Gewinns aus einer Veräußerung der dem Einbringenden gewährten Gesellschaftsanteile im Zeitpunkt der Sacheinlage ausgeschlossen ist. Dies ist der Fall bei der Leistung der Sacheinlage durch einen beschränkt Steuerpflichtigen. Durch die Regelung in § 21 Abs. 2 Nr. 2 dUmwStG soll verhindert werden, dass beispielsweise ein Einzelunternehmen oder ein Mitunternehmeranteil in einem ersten Schritt erfolgsneutral in eine Kapitalgesellschaft eingebracht wird und in einem zweiten Schritt die Anteile an dieser Kapitalgesellschaft nach einer Wohnsitzverlegung ohne deutsche Steuerbelastung veräußert werden.

[1154] Vgl. § 20 Abs. 1 Satz 2 dUmwStG.

[1155] Ein weiterer Anwendungsfall ist die Abänderung oder der Neuabschluss eines Doppelbesteuerungsabkommens in der Weise, dass das Besteuerungsrecht für die Einkünfte aus der Veräußerung der einbringungsgeborenen Anteile dem Ausland zugewiesen wird. Vgl. Haritz/Friederichs (2000), S. 719, RZ 202.

doch das alleinige Besteuerungsrecht dem neuen Ansässigkeitsstaat zugewiesen[1156]. Problematisch ist die Formulierung „Ausschluss des Besteuerungsrechts". Es wird die Auffassung vertreten, dass ein Besteuerungsrecht grundsätzlich nur für die Einkünfte bestehe, die aus der Veräußerung von Anteilen an inländischen Kapitalgesellschaften im Sinne des § 17 dEStG erzielt werden. Ein Ausschluss des Besteuerungsrechts könne insofern nur bei den Einkünften erfolgen, bei denen grundsätzlich ein Besteuerungsrecht vor Anwendung eines Doppelbesteuerungsabkommens bestanden hat[1157]. Dabei bleibt jedoch unberücksichtigt, dass ein Realisationstatbestand bereits zum Zeitpunkt der Einbringung vorgelegen hat[1158]. Die Besteuerung im Wegzugszeitpunkt entspringt daher nicht einem allgemeinen Entstrickungsgedanken. Stattdessen hat das Besteuerungsrecht bereits zu einem früheren Zeitpunkt bestanden, so dass auch Anteile an ausländischen Gesellschaften und an Gesellschaften, die nicht unter § 17 dEStG fallen, steuerverstrickt sind.

2.1.4.2.2 Bestimmung und Besteuerung des fiktiven Veräußerungsgewinns

Als fiktiver Veräußerungsgewinn ist gemäß § 21 Abs. 1 Satz 1 dUmwStG der Betrag anzusetzen, um den der Veräußerungspreis nach Abzug der Veräußerungskosten die Anschaffungskosten der Anteile übersteigt. Die Anschaffungskosten der Anteile entsprechen dem Wert, mit dem die Kapitalgesellschaft zum Zeitpunkt der Einbringung das eingebrachte Betriebsvermögen angesetzt hat[1159]. In einer Vielzahl der Fälle wird dem eingebrachten Betriebsvermögen der Buchwert zugrunde gelegt worden sein, so dass dieser Buchwert auch als Anschaffungskosten für die Anteile gilt. Bei einem Verlust des Besteuerungsrechts der Bundesrepublik Deutschland tritt an die Stelle des Veräußerungspreises der gemeine Wert[1160].

Problematisch an der Besteuerung im Wegzugszeitpunkt ist, dass ähnlich wie bei der Wegzugsbesteuerung gemäß § 6 dAStG – zumindest zum Teil – stille Reserven besteuert werden, die noch nicht realisiert wurden[1161]. Eine sachgerechte Besteuerung hätte in der Weise zu erfolgen, dass im Wegzugszeitpunkt nur die stillen Reserven aufgelöst und besteuert werden, die bereits zum Einbringungszeitpunkt bestanden haben. Ein Verstoß gegen den Verhältnismäßig-

---

[1156] Vgl. Art. 7 Abs. 1 ErtSt-DBA 1954/92 bei wesentlichen bzw. Art. 13 Abs. 1 ErtSt-DBA 1954/92 bei nicht wesentlichen Beteiligungen und Art. 13 Abs. 5 ErtSt-DBA 2000.
[1157] Vgl. Haritz/Friederichs (2000), S. 719 - 720, RZ 202 und 206.
[1158] Vgl. Knobbe-Keuk (1993), S. 269 und Geissler (1999), S. 135 - 148.
[1159] Vgl. § 20 Abs. 4 dUmwStG.
[1160] Vgl. § 21 Abs. 2 Satz 2 dUmwStG.
[1161] Vgl. auch BFH-Urteil v. 26.1.1977 – VIII R 109/75, BStBl II 1977, S. 283, Krabbe (1977), S. 432 und Vogel, H. (1977), S. 1718.

keitsgrundsatz liegt in diesem Fall nicht vor[1162], da grundsätzlich eine Realisation der stillen Reserven bereits zum Zeitpunkt der Einbringung hätte erfolgen können. Die stillen Reserven jedoch, die zwischen dem Einbringungs- und dem Wegzugszeitpunkt entstanden sind, dürften erst im Zeitpunkt der tatsächlichen Veräußerung der Anteile aufgelöst und besteuert werden.

Die auf den fiktiven Veräußerungsgewinn entfallende Steuer, die deswegen im Wegzugszeitpunkt in einer Vielzahl der Fälle zu hoch ausfallen dürfte, kann gemäß § 21 Abs. 2 Satz 3 dUmwStG in Teilbeträgen von mindestens einem Fünftel entrichtet werden, wenn die Entrichtung der Teilbeträge sichergestellt ist. Stundungszinsen werden dabei nicht erhoben. Auch wenn diese Regelung eine Entlastung für den Steuerpflichtigen darstellt, entspricht sie dennoch nicht dem soeben dargestellten sachgerechten Ergebnis. Im Zusammenhang mit der Stundungsregelung ist darauf hinzuweisen, dass § 21 dUmwStG lex specialis zu den § 23 dEStG und § 6 dAStG ist[1163]. Dies ist insofern von Bedeutung, als dass die Stundungsregelung gemäß § 21 dUmwStG in jedem Fall zu gewähren ist, während eine Stundung nach § 6 Abs. 5 dAStG nur in Frage kommt, wenn die alsbaldige Einziehung der Steuer mit erheblichen Härten für den Steuerpflichtigen verbunden wäre. Der Vorrang von § 21 dUmwStG führt weiterhin dazu, dass eine Auflösung der stillen Reserven auch bei ausländischen Anteilen erfolgt, sofern diese einbringungsgeboren sind. Die Wegzugsbesteuerung gemäß § 6 dAStG ist hingegen auf Anteile an inländischen Gesellschaften beschränkt.

Der Veräußerungsgewinn gemäß § 21 Abs. 1 dUmwStG gilt als Gewinn im Sinne des § 16 dEStG. Dadurch soll sichergestellt werden, dass die Veräußerung der einbringungsgeborenen Anteile genauso behandelt wird wie die Veräußerung eines Betriebs, eines Teilbetriebs oder eines Mitunternehmeranteils. Bis zur Verabschiedung des Steuersenkungsgesetzes hatte diese Fiktion zur Folge, dass der Steuerpflichtige die Tarifermäßigung gemäß § 34 dEStG und den Freibetrag gemäß § 16 Abs. 4 dEStG in Anspruch nehmen konnte. Seit der Gewährung des Halbeinkünfteverfahrens für Gewinne aus der Veräußerung einbringungsgeborener Anteile sind die §§ 34 und 16 Abs. 4 dEStG nicht mehr anwendbar[1164]. Stattdessen kommt die Anwendung des Halbeinkünfteverfahrens auf den Veräußerungsgewinn in Frage.

Wenn die einbringungsgeborenen Anteile in einem Betriebsvermögen gehalten werden, erfolgt die hälftige Steuerfreistellung des Veräußerungspreises aufgrund

---

[1162] Vgl. Teil 3, Kap. 3.5.1.3.
[1163] Vgl. BFH-Urteil v. 28.2.1990 – I R 43/86, BStBl II 1990, S. 615.
[1164] Dies gilt nicht, wenn die Anwendung des Halbeinkünfteverfahrens auf einbringungsgeborene Anteile ausgeschlossen ist. Vgl. Pohl (2002a), S. 278 - 279.

von § 3 Nr. 40 Satz 1 lit. b dEStG[1165]. Zunächst nicht eindeutig war die Anwendung des Halbeinkünfteverfahrens auf im Privatvermögen gehaltene einbringungsgeborene Anteile. Als Rechtsgrundlage kommt ebenfalls nur § 3 Nr. 40 Satz 1 lit. b dEStG in Frage, da gemäß § 21 Abs. 1 Satz 1 dUmwStG der Veräußerungsgewinn als ein Gewinn im Sinne des § 16 dEStG gelten soll. Der ursprüngliche Gesetzeswortlaut sah jedoch weiterhin vor, dass gemäß § 3 Nr. 40 Satz 5 dEStG-alt das Halbeinkünfteverfahren nur anzuwenden sei, soweit die Anteile im Zeitpunkt der Veräußerung seit mindestens einem Jahr ununterbrochen zum Betriebsvermögen des Steuerpflichtigen gehört haben. Da das Halten von einbringungsgeborenen Anteilen trotz der Gleichstellung mit Veräußerungsgewinnen nach § 16 dEStG noch nicht zur Begründung eines Betriebsvermögens führt, schien die Anwendung des Halbeinkünfteverfahrens ausgeschlossen. Seitdem die einjährige Behaltefrist aus dem Gesetz gestrichen wurde, steht der Anwendung des Halbeinkünfteverfahrens auch bei im Privatvermögen gehaltenen einbringungsgeborenen Anteilen nichts mehr im Wege. Umstritten ist, ob das Halbeinkünfteverfahren auch bei der Erfüllung eines der Ersatztatbestände gemäß § 21 Abs. 2 dUmwStG greift. Zwar spricht § 3 Nr. 40 Satz 1 lit. b dEStG ausschließlich von einem Veräußerungspreis. Da aber § 21 Abs. 2 Satz 2 dUmwStG vorschreibt, dass an die Stelle des Veräußerungspreises der Anteile ihr gemeiner Wert zu treten habe, ist das Halbeinkünfteverfahren auch auf den fiktiven Veräußerungsgewinn bei einer Wohnsitzverlegung des Steuerpflichtigen anzuwenden.

Zur Vermeidung von Missbräuchen kommt das Halbeinkünfteverfahren bei einbringungsgeborenen Anteilen gemäß § 3 Nr. 40 Satz 3 und 4 dEStG nur zur Anwendung, wenn die Einbringung sieben Jahre vor der tatsächlichen bzw. fiktiven Veräußerung erfolgt ist[1166]. Ohne eine derartige Fristsetzung wäre es möglich, statt der Veräußerung eines Betriebs, Teilbetriebs oder Mitunternehmeranteils diesen in eine Kapitalgesellschaft einzubringen und unmittelbar im Anschluss an die Einbringung die Anteile an dieser Gesellschaft unter Ausnutzung des Halbeinkünfteverfahrens zu veräußern. Für mehrheitsvermittelnde Beteiligungen an einer Kapitalgesellschaft gilt das Halbeinkünfteverfahren schon vor Ablauf der siebenjährigen Behaltefrist, da in diesem Fall eine Missbrauchsgefahr nicht besteht[1167].

[1165] § 3 Nr. 40 lit. a dEStG kommt nicht zur Anwendung. Stattdessen ist Rechtsgrundlage für im Betriebsvermögen gehaltene einbringungsgeborene Anteile § 3 Nr. 40 lit. b dEStG als lex specialis. So auch *Intemann* (2001), S. E58, RZ 73 und S. E69, RZ 92.

[1166] Technisch ist die Missbrauchsregelung so ausgestaltet, dass die Anwendung des Halbeinkünfteverfahrens grundsätzlich versagt wird, jedoch von diesem allgemeinen Grundsatz Ausnahmen zugelassen werden.

[1167] Vgl. § 3 Nr. 40 Satz 4 lit. b dEStG.

Ist im Einbringungszeitpunkt bereits der Wegzug aus Deutschland geplant, ist zu unterscheiden, ob der Ausschluss des deutschen Besteuerungsrechts voraussichtlich innerhalb oder außerhalb des Siebenjahreszeitraums erfolgt. Wenn der Steuerpflichtige bereits nach weniger als sieben Jahren nach der Einbringung seinen Wohnsitz ins Ausland verlegt, sollte die Einbringung zum Teilwert erfolgen. Zwar erfolgt hierdurch eine sofortige Gewinnrealisierung, jedoch schafft die Kapitalgesellschaft durch den Ansatz der Teilwerte zusätzliches Abschreibungspotential[1168]. Stille Reserven, die sich in den Anteilen zwischen dem Einbringungs- und dem Wegzugszeitpunkt bilden, unterliegen lediglich der Wegzugsbesteuerung gemäß § 6 dAStG. Würde die Einbringung hingegen zum Buchwert erfolgen, werden die Buchwerte sowohl auf der Ebene der Kapitalgesellschaft als auch auf der Ebene der Anteilseigner fortgeführt. Im Wegzugszeitpunkt würde dann eine Auflösung der in den Anteilen enthaltenen stillen Reserven erfolgen. Der fiktive Veräußerungsgewinn unterläge weder dem Halbeinkünfteverfahren noch der Tarifermäßigung gemäß § 34 dEStG. Da die Auflösung der stillen Reserven in den Anteilen nicht dazu führt, dass die Kapitalgesellschaft rückwirkend das eingebrachte Betriebsvermögen mit dem Teilwert ansetzen kann, entsteht auch kein zusätzliches Abschreibungspotential. Soll der Wegzug erst sieben Jahre nach der Einbringung erfolgen, muss unter Berücksichtigung der Liquiditätssituation des Steuerpflichtigen eine Vorteilhaftigkeitsanalyse erfolgen. Dem ebenfalls verminderten Abschreibungspotential bei der Kapitalgesellschaft steht in diesem Fall die Anwendbarkeit des Halbeinkünfteverfahrens im Wegzugszeitpunkt gegenüber.

2.1.4.3 Nach § 23 dEStG steuerverhaftete Kapitalgesellschaftsanteile

Gemäß § 23 Abs. 1 Nr. 2 dEStG i.V.m. § 22 Nr. 2 dEStG gehören Einkünfte aus Veräußerungsgeschäften bei Wertpapieren, bei denen der Zeitraum zwischen Anschaffung und Veräußerung nicht mehr als ein Jahr beträgt, zu den sonstigen Einkünften. Für den Steuerpflichtigen stellt sich bei geplanter Veräußerungsabsicht der Anteile innerhalb dieser Frist die Frage, ob er die Anteile vor oder nach dem Wegzug veräußern soll. Eine Veräußerung vor der Wohnsitzverlegung führt unabhängig vom Beteiligungsausmaß zu sonstigen Einkünften, die gemäß § 3 Nr. 40 Satz 1 lit. j dEStG i.V.m. § 3 c Abs. 2 dEStG dem Halbeinkünfteverfahren unterliegen[1169]. Soll die Veräußerung hingegen nach der Aufgabe der unbeschränkten Steuerpflicht in Deutschland erfolgen, muss unterschieden werden, ob es sich um eine Beteiligung im Sinne des § 17 dEStG handelt oder nicht.

[1168] Vgl. Pohl (2002a), S. 277.
[1169] Gemäß § 23 Abs. 3 dEStG ist der Gewinn oder der Verlust aus Veräußerungsgeschäften der Unterschied zwischen Veräußerungspreis einerseits und den Anschaffungs- oder Herstellungskosten und den Werbungskosten andererseits.

Zwar schreibt § 23 Abs. 2 Satz 2 dEStG vor, dass § 17 dEStG nicht anzuwenden ist, wenn die Voraussetzungen für ein privates Veräußerungsgeschäft vorliegen, jedoch hat das Bestehen einer Beteiligung im Sinne des § 17 dEStG Bedeutung im Rahmen der beschränkten Steuerpflicht. Gemäß § 49 Abs. 1 Nr. 8 dEStG unterliegen nur die Einkünfte aus privaten Veräußerungsgeschäften von Anteilen an Kapitalgesellschaften mit Geschäftsleitung oder Sitz im Inland bei einer Beteiligung im Sinne des § 17 Abs. 1 dEStG der deutschen beschränkten Steuerpflicht. Zuvor muss im Wegzugsfall aber der Frage nachgegangen werden, ob § 6 dAStG zur Anwendung gelangt. Es könnte die Auffassung vertreten werden, dass keine Wegzugsbesteuerung vorzunehmen sei, weil § 6 dAStG die Anwendung des § 17 dEStG im Zeitpunkt der Beendigung der unbeschränkten Steuerpflicht vorschreibt und zugleich § 23 Abs. 2 Satz 2 dEStG die Anwendung von § 17 dEStG für den Fall des Vorliegens eines privaten Veräußerungsgeschäfts ausschließt. Dieser Auffassung ist entgegenzuhalten, dass § 6 dAStG lex specialis zu § 23 dEStG ist. Des Weiteren kann im Wegzugszeitpunkt nicht objektiv festgestellt werden, ob nach Beendigung der unbeschränkten Steuerpflicht eine Veräußerung innerhalb der von § 23 dEStG festgeschriebenen Frist stattfinden soll. Wird demzufolge eine Beteiligung an einer inländischen Kapitalgesellschaft kurz vor dem Wegzugszeitpunkt erworben, unterliegen bis zur Beendigung der unbeschränkten Steuerpflicht gebildete stille Reserven der Wegzugsbesteuerung[1170].

Besitzt der Steuerpflichtige Anteile an einer Kapitalgesellschaft, an der er zu weniger als 1 % beteiligt ist, und veräußert er diese Anteile nach dem Wegzug innerhalb eines Jahres nach dem Erwerb, ist er mit den hieraus erzielten Einkünften in Deutschland nicht beschränkt steuerpflichtig. Allerdings muss in diesem Zusammenhang bedacht werden, dass auch das österreichische Steuerrecht den dort noch als Spekulationsgeschäft bezeichneten Tatbestand kennt. Gemäß § 30 Abs. 1 Nr. 1 lit. b öEStG liegt bei Beteiligungen ein steuerpflichtiges Spekulationsgeschäft vor, wenn der Zeitraum zwischen Anschaffung und Veräußerung nicht mehr als ein Jahr beträgt[1171]. Da in Österreich die 25%ige Spekulationsertragsteuer wieder abgeschafft wurde und die Einkünfte aus Spekulationsgeschäften auch nicht dem Halbsatzverfahren gemäß § 37 Abs. 4 öEStG unterliegen, sollte unter ausschließlich steuerlichen Gesichtspunkten aufgrund der Anwendbarkeit des deutschen Halbeinkünfteverfahrens und der damit einhergehenden regelmäßig niedrigeren Besteuerung eine Veräußerung vor dem Wegzug in Betracht gezogen werden.

[1170] Vgl. Teil 3, Kap. 2.1.4.1.
[1171] Gemäß Art. 13 ErtSt-DBA 1954/92 bzw. gemäß Art. 13 Abs. 5 ErtSt-DBA 2000 hat der Wohnsitzstaat das Besteuerungsrecht für Einkünfte aus der Veräußerung von nicht wesentlichen Beteiligungen.

Im Zusammenhang mit der Besteuerung von privaten Veräußerungsgeschäften in Deutschland ist auf das Urteil des Bundesverfassungsgerichts vom 9.3.2004 hinzuweisen[1172]. Das Gericht hat die Besteuerung von privaten Spekulationsgeschäften bei Wertpapieren in den Veranlagungszeiträumen 1997 und 1998 für verfassungswidrig erklärt, da die Durchsetzung der materiellen Steuerpflicht aufgrund struktureller Mängel nicht gegeben war. Das Gericht betonte ausdrücklich, dass sich das Urteil nicht auf Nachfolgeregelungen bezieht. Dennoch sollten vor dem Hintergrund möglicher Folgeentscheidungen Steuerpflichtige bei Einkünften gemäß § 23 Abs. 1 Satz 1 Nr. 2 dEStG darauf drängen, dass die Steuerbescheide noch nicht rechtskräftig werden.

2.1.5 Aufrechterhaltung des Eigentums von in Deutschland nicht steuerverhafteten Kapitalgesellschaftsanteilen

Hält der Steuerpflichtige Anteile an einer Kapitalgesellschaft, an der er zu weniger als 1 % beteiligt ist, und veräußert er diese Anteile außerhalb der Frist von einem Jahr, unterliegt ein hierbei erzielter Gewinn nicht der deutschen Steuer. Verbleiben die Anteile beim Wegzug im Eigentum des Wegziehenden, erfolgt keine Wegzugsbesteuerung gemäß § 6 dAStG. Da auch in Österreich eine Steuerpflicht bei der Veräußerung von Kapitalgesellschaftsanteilen erst bei einem Mindestbeteiligungsmaß von 1 % greift[1173], sind Entscheidungen bezüglich des Behaltens oder der Veräußerung der Anteile ausschließlich von außersteuerlichen Faktoren abhängig zu machen.

Etwas anderes gilt, wenn der Steuerpflichtige zu mindestens 1 % an einer ausländischen Kapitalgesellschaft beteiligt ist. Werden die Anteile vor der Wohnsitzverlegung veräußert, ist ein gegebenenfalls erzielter Gewinn gemäß § 17 dEStG steuerpflichtig. Behält der Steuerpflichtige die Anteile hingegen über den Wegzugszeitpunkt hinaus, werden die unter der deutschen Steuerhoheit gebildeten stillen Reserven endgültig der Besteuerung entzogen. In Deutschland greift die Wegzugsbesteuerung nur bei Anteilen an inländischen Kapitalgesellschaften und in Österreich gilt bei einer späteren Veräußerung der Anteile der gemeine Wert im Zeitpunkt des Eintritts in das österreichische Besteuerungsrecht als Anschaffungskosten.

[1172] Vgl. BVerfG-Urteil v. 9.3.2004, 2 BvL 17/02, http://www.bverfg.de/entscheidungen/ls20040309_2bvl001702.html.
[1173] Vgl. § 31 Abs. 1 öEStG.

2.2 Beendigung eines unternehmerischen Engagements in Deutschland
2.2.1 Betriebsveräußerung
2.2.1.1 Veräußerung eines Einzelunternehmens

In einer Vielzahl der Fälle wird der wegzugswillige Steuerpflichtige seinen Betrieb veräußern wollen. Um in den Genuss von Steuervergünstigungen zu gelangen, müssen die Voraussetzungen für eine Betriebsveräußerung im Sinne des Einkommensteuergesetzes erfüllt sein. Gemäß § 16 Abs. 1 Nr. 1 dEStG gehören zu den Einkünften aus Gewerbebetrieb Gewinne, die bei der Veräußerung des ganzen Gewerbebetriebs erzielt werden[1174,1175]. Zur Abgrenzung von der allmählichen, nicht begünstigten Betriebsabwicklung ist eine umfangreiche Rechtsprechung ergangen. Eine Betriebsveräußerung setzt voraus, dass der Betrieb, zumindest aber die wesentlichen Grundlagen des Betriebs[1176], unter Aufrechterhaltung des geschäftlichen Organismus so auf den Erwerber übergeht, dass er als lebender Organismus des Wirtschaftslebens von dem Anderen fortgeführt werden kann[1177]. Zudem ist erforderlich, dass der Veräußerer seine werbende Tätigkeit endgültig einstellt[1178]. Veräußert der Steuerpflichtige die wesentlichen Betriebsgrundlagen nicht an einen einzelnen, sondern an verschiedene Erwerber, liegt keine Veräußerung des ganzen Gewerbebetriebs vor. Ein begünstigter Veräußerungsgewinn kann dennoch in den Fällen gegeben sein, in denen ein Teilbetrieb auf einen einzelnen Erwerber übergeht[1179]. Als Teilbetrieb wird ein organisch geschlossener, mit einer gewissen Selbständigkeit ausgestatteter Teil eines Gesamtbetriebes, der für sich allein lebensfähig ist, verstanden[1180]. Die Veräuße-

---

[1174] Gewinne, die während und nach Aufgabe eines Betriebs aus normalen Geschäften und ihrer Abwicklung anfallen, gehören nicht zu den begünstigten Gewinnen. Vgl. BFH-Urteil v. 25.6.1970 – IV 350/64, BStBl II 1970, S. 719.
[1175] Die Vorschriften zur Veräußerung eines land- und forstwirtschaftlichen Betriebes bzw. eines Vermögens, dass der Ausübung einer selbständigen Arbeit dient, sind weitgehend identisch mit den Vorschriften zur Veräußerung eines Gewerbebetriebes und werden daher im Folgenden nicht weiter untersucht. Vgl. aber die §§ 14, 14 a und 18 Abs. 3 dEStG.
[1176] Der Begriff der Wesentlichkeit baut auf einem funktionalen Verständnis auf, so dass die Existenz bzw. Nichtexistenz stiller Reserven ohne Bedeutung ist. Vgl. Geissler (1999), S. 100. Werden Wirtschaftsgüter zurückgehalten, die nicht zu den wesentlichen Betriebsgrundlagen gehören, steht dies der Annahme einer Betriebsveräußerung nicht entgegen. Deren stille Reserven sind jedoch ebenfalls unter analoger Anwendung der Betriebsaufgabevorschrift aufzulösen. Vgl. BFH-Urteil v. 24.3.1987 – I R 202/83, BStBl II 1987, S. 705 und BFH-Urteil v. 3.10.1989 – VIII R 142/84, BStBl II 1990, S. 420.
[1177] Vgl. BFH-Urteil v. 6.2.1962 – I 197/61 S, BStBl III 1962, S. 190 und BFH-Urteil v. 13.1.1966 – IV 76/63, BStBl III 1966, S. 168.
[1178] Geissler (1999), S. 97 hält sowohl eine subjektive Willensentscheidung des Veräußerers zur endgültigen Einstellung der werbenden Tätigkeit als auch eine in objektiver Hinsicht tatsächlich erfolgende Einstellung der werbenden Tätigkeit für erforderlich.
[1179] Vgl. § 16 Abs. 1 Nr. 1 dEStG.
[1180] Vgl. Wacker, R. (2002), S. 1402, RZ 143.

rung eines prozentualen Anteils am Unternehmen reicht für eine Qualifikation als Teilbetrieb nicht aus.

Der Gewinn aus einer Betriebs- bzw. Teilbetriebsveräußerung ist gemäß § 16 Abs. 2 dEStG in der Weise zu ermitteln, dass vom Veräußerungspreis die Veräußerungskosten und die Anschaffungskosten des Betriebsvermögens abgezogen werden. Sofern zum Vermögen des veräußerten Betriebes Beteiligungen an Kapitalgesellschaften gehören, ist gemäß § 3 Nr. 40 Satz 1 lit. b dEStG das Halbeinkünfteverfahren anteilig anzuwenden. Im Kaufvertrag für den zu veräußernden Betrieb sollte der Kaufpreis auf die unterschiedlichen Wirtschaftsgüter aufgeteilt werden, da einer entsprechenden Aufschlüsselung zumindest Indizwirkung beigemessen wird[1181]. Der Veräußerer sollte versuchen, einen möglichst hohen Anteil des Gesamtverkaufspreises den Kapitalgesellschaftsanteilen zuzuordnen, um in den Genuss des Halbeinkünfteverfahrens zu gelangen. Der Erwerber dürfte daran jedoch regelmäßig wenig Interesse haben, da er eine Beteiligung nicht planmäßig abschreiben kann.

Der Gewinn aus der Veräußerung eines Betriebes unterliegt der Tarifermäßigung für außerordentliche Einkünfte gemäß § 34 dEStG. Während die Steuerentlastung gemäß § 34 Abs. 1 dEStG regelmäßig gering ausfällt, kann die Steuerminderung durch Inanspruchnahme der Regelung gemäß § 34 Abs. 3 dEStG erheblich sein. Danach kann auf Antrag die auf den Veräußerungsgewinn, der den Betrag von insgesamt 5 Millionen Euro nicht übersteigt, entfallende Einkommensteuer nach dem auf 56 % ermäßigten Steuersatz bemessen werden. Voraussetzung ist, dass der Steuerpflichtige das 55. Lebensjahr vollendet hat oder im sozialversicherungsrechtlichen Sinne dauernd berufsunfähig ist. Als Untergrenze für die Ermäßigung des Steuersatzes gilt der Eingangssteuersatz. Da diese Ermäßigung nur einmal im Leben und auch nur für einen Veräußerungs- bzw. Aufgabegewinn in Anspruch genommen werden kann, muss deren Inanspruchnahme wohl überlegt sein. Will der Steuerpflichtige vor dem Wegzug mehrere seiner Betriebe veräußern, sollte er die Ermäßigung für den Betrieb mit dem höchsten Veräußerungsgewinn in Anspruch nehmen. Zu beachten ist ferner, dass bei Vollendung des 55. Lebensjahres bzw. bei Eintritt der Berufsunfähigkeit gemäß § 16 Abs. 4 dEStG der Veräußerungsgewinn auf Antrag zur Einkommensteuer nur herangezogen wird, soweit er 45.000,- Euro übersteigt. Dieser Freibetrag ermäßigt sich um den Betrag, um den der Veräußerungsgewinn 136.000,- Euro übersteigt und ist ebenso wie die Tarifermäßigung gemäß § 34 Abs. 3 dEStG nur einmal im Leben zu gewähren.

[1181] Vgl. Seibt (2000), S. 2071.

2.2.1.2 Veräußerung eines Mitunternehmeranteils

Der Veräußerung eines ganzen Betriebs ist gemäß § 16 Abs. 1 Nr. 2 dEStG die Veräußerung des gesamten Mitunternehmeranteils gleichgestellt. Zu trennen ist von der Veräußerung eines Mitunternehmeranteils die Veräußerung des ganzen Gewerbebetriebs durch die Personengesellschaft. Während bei dem erstgenannten Fall der Veräußerungsgewinn beim Mitunternehmer persönlich anfällt[1182], wird im letztgenannten Fall der Gewinn von der Personengesellschaft vereinnahmt. Zivilrechtlich kann die Veräußerung des Mitunternehmeranteils in unterschiedlicher Weise gestaltet werden[1183]. Der Anteil kann auf einen neu eintretenden oder auf einen bisherigen Gesellschafter übertragen werden. Daneben ist auch ein anteiliges Anwachsen des Anteils bei den verbleibenden Gesellschaftern möglich. Bestand die Gesellschaft nur aus zwei Mitunternehmern, ist die Fortführung des Unternehmens als Einzelunternehmen durch den verbleibenden Gesellschafter möglich.

2.2.1.3 Veräußerung der Beteiligung an einer Kapitalgesellschaft

2.2.1.3.1 Veräußerung einer im Privatvermögen gehaltenen Beteiligung an einer Kapitalgesellschaft

Werden Anteile an einer Kapitalgesellschaft veräußert, an deren Kapital der Veräußerer innerhalb der letzten fünf Jahre unmittelbar oder mittelbar zu mindestens 1 % beteiligt war, gehört der Gewinn gemäß § 17 Abs. 1 Satz 1 dEStG zu den Einkünften aus Gewerbebetrieb. Dies gilt auch, wenn der Veräußerer den veräußerten Anteil innerhalb der letzten fünf Jahre vor der Veräußerung unentgeltlich erworben hat und einer der Rechtsvorgänger innerhalb der letzten fünf Jahre unmittelbar oder mittelbar zu mindestens 1 % beteiligt war[1184]. Veräußerungsgewinn ist der Betrag, um den der Veräußerungspreis nach Abzug der Veräußerungskosten die Anschaffungskosten übersteigt. Er wird gemäß § 17 Abs. 3 dEStG nur zur Einkommensteuer herangezogen, soweit er den Teil von 9.060,- Euro übersteigt, der dem veräußerten Anteil an der Kapitalgesellschaft entspricht. Dieser Freibetrag wird um den Betrag ermäßigt, um den der Veräußerungsgewinn den Teil von 36.100,- Euro übersteigt, der wiederum dem veräußerten Anteil an der Kapitalgesellschaft entspricht.

Der Veräußerungsgewinn unterliegt dem Halbeinkünfteverfahren. Gemäß § 3 Nr. 40 Satz 1 lit. c dEStG ist die Hälfte des Veräußerungspreises im Sinne des § 17 Abs. 2 dEStG von der Steuer freigestellt. Aufgrund des verbotenen Abzugs von Werbungskosten, die mit steuerfreien Einnahmen in ummittelbarem wirtschaftlichen Zusammenhang stehen, unterliegt der Veräußerungsgewinn im Er-

---

[1182] Vgl. BFH-Urteil v. 29.4.1993 – IV R 107/92, BStBl II 1993, S. 666.
[1183] Vgl. Wacker, R. (2002), S. 1388, RZ 412.
[1184] Vgl. § 17 Abs. 1 Satz 4 dEStG.

gebnis nur zur Hälfte der Einkommensbesteuerung. Die vor Einführung des Halbeinkünfteverfahrens existierende Tarifermäßigung für Einkünfte aus der Veräußerung von Anteilen an Kapitalgesellschaften wurde gestrichen[1185]. Auf die Berechnung des Freibetrags gemäß § 17 Abs. 3 dEStG hat die Einführung des Halbeinkünfteverfahrens keinen Einfluss. Der Veräußerungsgewinn ist der Berechnung in der vollen Höhe und nicht etwa um die Hälfte gekürzt zugrunde zu legen. Nicht zur Anwendung kommt § 17 dEStG, wenn die Voraussetzungen für ein privates Veräußerungsgeschäft gemäß § 23 Abs. 1 Nr. 2 dEStG vorliegen[1186].

2.2.1.3.2 Veräußerung einer im Betriebsvermögen gehaltenen Beteiligung an einer Kapitalgesellschaft

Soll eine im Betriebsvermögen gehaltene Beteiligung an einer Kapitalgesellschaft vor dem Wegzug veräußert werden, ist danach zu unterscheiden, ob die Beteiligung im Betriebsvermögen eines Einzelunternehmens bzw. einer Personengesellschaft oder im Betriebsvermögen einer Kapitalgesellschaft gehalten wird. Des Weiteren ist für die Rechtsgrundlage entscheidend, ob es sich um eine 100%ige Beteiligung oder um eine Beteiligung geringeren Ausmaßes handelt. Der Gewinn aus der Veräußerung einer Beteiligung durch ein Einzelunternehmen bzw. durch eine Personengesellschaft unterliegt gemäß § 3 Nr. 40 Satz 1 lit. a dEStG i.V.m. § 3 c Abs. 2 dEStG dem Halbeinkünfteverfahren. Beträgt die Beteiligung an der Kapitalgesellschaft 100 %, ist nicht § 3 Nr. 40 Satz 1 lit. a dEStG, sondern § 3 Nr. 40 Satz 1 lit. b dEStG als Rechtsgrundlage heranzuziehen, da eine 100%ige Beteiligung als Teilbetrieb im Sinne des § 16 Abs. 1 Nr. 1 Satz 2 dEStG gilt. Wird hingegen die Beteiligung an einer Kapitalgesellschaft im Betriebsvermögen einer Kapitalgesellschaft gehalten, bleibt ein gegebenenfalls erzielter Veräußerungsgewinn gemäß § 8 b Abs. 2 dKStG außer Ansatz.

2.2.2 Betriebsaufgabe
2.2.2.1 Aufgabe eines Einzelunternehmens oder eines Mitunternehmeranteils

Gemäß § 16 Abs. 3 Satz 1 dEStG gilt als Veräußerung auch die Aufgabe eines Gewerbebetriebs bzw. die Aufgabe eines Mitunternehmeranteils. Da die Legaldefinition des Betriebsaufgabetatbestandes noch ungenauer ist als diejenige des Veräußerungstatbestandes, ist die konkrete Ausgestaltung des Aufgabetatbestandes durch die Rechtsprechung erfolgt. Der Bundesfinanzhof nimmt eine Betriebsaufgabe regelmäßig an, wenn aufgrund eines Entschlusses, den Betrieb

---

[1185] Vgl. § 34 Abs. 2 Nr. 1 dEStG-alt.
[1186] Vgl. § 23 Abs. 2 Satz 2 dEStG.

aufzugeben, die bisher in diesem Betrieb entfaltete gewerbliche Tätigkeit endgültig eingestellt wird und alle wesentlichen Betriebsgrundlagen in einem einheitlichen Vorgang insgesamt in das Privatvermögen überführt, anderen betriebsfremden Zwecken zugeführt, an verschiedene Erwerber veräußert oder teilweise veräußert bzw. teilweise in das Privatvermögen überführt werden, so dass der Betrieb als selbständiger Organismus des Wirtschaftslebens zu bestehen aufhört[1187].

Beginn des Aufgabezeitraums ist der Zeitpunkt der ersten tatsächlichen Aufgabehandlung und nicht bereits der Zeitpunkt des Aufgabebeschlusses. Abgeschlossen wird die Betriebsaufgabe, wenn die Veräußerung bzw. Überführung des letzten Wirtschaftsguts ins Privatvermögen vollzogen wurde[1188]. Nicht abzustellen ist auf den Zeitpunkt, in dem die stillen Reserven im Wesentlichen oder nahezu vollständig aufgedeckt worden sind[1189]. Der Zeitraum, in dem die Aufgabehandlungen noch als einheitlicher Vorgang anzusehen sind, bestimmt sich nach den Umständen des Einzelfalls. Solange die werbende Tätigkeit noch nicht endgültig eingestellt ist, können in dem Aufgabezeitraum auch nicht begünstigte Einkünfte aus laufender gewerblicher Tätigkeit anfallen.

Da ein Mitunternehmeranteil regelmäßig an andere Personen übertragen wird, kommt die Aufgabe eines solchen nur in relativ seltenen Fällen vor. Wird beispielsweise das Sonderbetriebsvermögen des Mitunternehmers bei der Übertragung des Anteils in das Privatvermögen überführt, kommen für dieses die Aufgabevorschriften zur Anwendung. Von größerer Relevanz bei der Übertragung von Mitunternehmeranteilen ist hingegen die Frage der Entgeltlichkeit. Wird ein Mitunternehmeranteil unentgeltlich übertragen, ist gemäß § 6 Abs. 3 dEStG der Buchwert des Mitunternehmeranteils, d.h. das Kapitalkonto der Gesamtbilanz, fortzuführen.

Die Ermittlung des Aufgabegewinns ergibt sich, da die Aufgabe des Betriebes bzw. des Mitunternehmeranteils nach § 16 Abs. 3 Satz 1 dEStG als Veräußerung gilt, grundsätzlich ebenfalls aus § 16 Abs. 2 dEStG. Werden im Rahmen der Betriebsaufgabe einzelne Wirtschaftsgüter veräußert, sind gemäß § 16 Abs. 3 Satz 6 dEStG die Veräußerungspreise anzusetzen. Die nicht veräußerten Wirtschafsgüter sind mit dem gemeinen Wert im Zeitpunkt der Aufgabe zu bewerten. Besteht ein Geschäftswert, so bleibt dieser seiner Natur nach Betriebsvermögen.

[1187] Vgl. BFH-Urteil v. 7.4.1989 – III R 9/87, BStBl II 1989, S. 874, BFH-Urteil v. 16.12.1992 – X R 52/90, BStBl II 1994, S. 838 und BFH-Urteil v. 9.9.1993 – IV R 30/92, BStBl II 1994, S. 105.
[1188] Vgl. BFH-Urteil v. 27.2.1985 – I R 235/80, BStBl II 1985, S. 456.
[1189] Vgl. BFH-Urteil v. 26.5.1993 – X R 101/90, BStBl II 1993, S. 710.

Eine Überführung ins Privatvermögen ist ausgeschlossen. Unerheblich ist, ob der Geschäftswert selbst geschaffen oder entgeltlich erworben ist[1190].

2.2.2.2 Auflösung und Abwicklung einer Kapitalgesellschaft

2.2.2.2.1 Gesellschaftsrechtliche Grundlagen

Beabsichtigt der Steuerpflichtige, eine Kapitalgesellschaft vor dem Wegzug aufzulösen und abzuwickeln[1191], müssen die handelsrechtlichen Bestimmungen beachtet werden. In der Regel muss er einen beträchtlichen Anteil an der Kapitalgesellschaft halten, um einen Auflösungsbeschluss herbeizuführen[1192]. Gemäß § 262 Abs. 1 Nr. 2 dAktG bedarf die Auflösung einer Aktiengesellschaft einer Mehrheit von mindestens drei Vierteln des bei der Beschlussfassung durch die Hauptversammlung vertretenen Grundkapitals. Durch die Satzung kann das Erfordernis einer größeren Kapitalmehrheit bestimmt werden. In ähnlicher Weise schreibt § 60 Abs. 1 Nr. 2 dGmbHG vor, dass eine GmbH durch Beschluss der Gesellschafter aufgelöst wird. Grundsätzlich ist ebenfalls eine Mehrheit von drei Vierteln der abgegebenen Stimmen erforderlich. Im Unterschied zur Aktiengesellschaft kann im Gesellschaftsvertrag der GmbH das prozentuale Mehrheitserfordernis nach oben und nach unten abgeändert werden.

An die Auflösung schließt sich regelmäßig die Abwicklung gemäß § 264 dAktG bzw. gemäß § 70 dGmbHG an, die mit der Verteilung des Vermögens an die Gesellschafter endet[1193]. In diesem Zusammenhang ist das so genannte Sperrjahr zu berücksichtigen. Gemäß § 272 Abs. 1 dAktG darf das Vermögen nur verteilt werden, wenn ein Jahr seit dem Tage verstrichen ist, an dem der Aufruf der Gläubiger zum dritten Mal bekannt gemacht worden ist. In ähnlicher Weise schreibt § 73 Abs. 1 dGmbHG vor, dass die Verteilung nicht vor Tilgung oder Sicherstellung der Schulden der Gesellschaft und nicht vor Ablauf eines Jahres seit dem Tage vorgenommen werden darf, an welchem die Aufforderung an die Gläubiger in den öffentlichen Blättern zum dritten Male erfolgt ist. Während des Abwicklungszeitraums muss die werbende Tätigkeit eingestellt werden. Zulässig sind nur noch solche Geschäfte, die der Abwicklung dienen[1194]. Sollte wieder eine normale Geschäftstätigkeit aufgenommen werden, endet die Liquidation[1195].

[1190] Vgl. BFH-Urteil v. 4.4.1989 – X R 49/87, BStBl II 1989, S. 606.
[1191] Während „Auflösung" den rechtlichen Akt der Liquidationsanmeldung bezeichnet, wird unter „Abwicklung" der tatsächliche Vorgang der Liquidation verstanden. Vgl. Graffe (1999), S. 249, RZ 5.
[1192] Die Auflösungsgründe für die Aktiengesellschaft sind in § 262 dAktG, diejenigen für die GmbH in den §§ 60 - 62 dGmbHG genannt.
[1193] Vgl. § 271 dAktG bzw. § 72 dGmbHG.
[1194] Vgl. § 268 Abs. 1 dAktG bzw. § 70 dGmbHG.
[1195] Vgl. Graffe (1999), S. 252, RZ 15.

2.2.2.2.2 Ermittlung des Abwicklungsgewinns

Die steuerlichen Folgen der Auflösung und Abwicklung einer Kapitalgesellschaft sind in § 11 dKStG geregelt. Wird ein Auflösungsbeschluss gefällt, ohne dass die Gesellschaft anschließend abgewickelt wird, kommt § 11 dKStG nicht zur Anwendung. In diesem Fall sind weiterhin jährliche Körperschaftsteuerveranlagungen mit normaler Gewinnermittlung zu erstellen[1196]. Findet hingegen – wie dies regelmäßig der Fall sein dürfte – nach der Auflösung die Abwicklung statt, umfasst der Besteuerungszeitraum, der zugleich Veranlagungszeitraum ist, den gesamten Zeitraum der Liquidation. Dieser Zeitraum soll gemäß § 11 Abs. 1 Satz 2 dKStG drei Jahre nicht übersteigen. Ist die Abwicklung danach noch nicht abgeschlossen, entsteht regelmäßig ein neuer Veranlagungszeitraum[1197].

Beginn des Abwicklungszeitraums ist regelmäßig der Tag des Auflösungsbeschlusses. Obwohl grundsätzlich im Fall der Auflösung einer Gesellschaft während eines laufenden Wirtschaftsjahrs ein der regulären Besteuerung zu unterwerfendes Rumpfwirtschaftsjahr zu bilden wäre, gestattet die Finanzverwaltung ergänzend, dass der Abwicklungszeitraum auch am Anfang des Wirtschaftsjahrs beginnen kann, in das die Auflösung fällt[1198]. Durch den Verzicht auf die Bildung eines Rumpfwirtschaftsjahres entfällt eine Steuerveranlagung[1199]. Sofern in dem Rumpfwirtschaftsjahr ein Gewinn hätte ausgewiesen werden müssen, führt dies zu einem Steuerstundungseffekt[1200]. Wurden hingegen in diesem Zeitraum rücktragsfähige Verluste erzielt, kann der sich hieraus ergebende Steuervorteil ebenfalls erst später genutzt werden. Von besonderer Bedeutung ist, dass für die Besteuerung die Vorschriften maßgebend sind, die für das Kalenderjahr gelten, in dem der Besteuerungszeitraum endet[1201]. Ändert sich beispielsweise während eines mehrjährigen Liquidationszeitraums der Steuersatz, ist der im letzten Kalenderjahr maßgebende Steuersatz der Liquidationsveranlagung zugrunde zu legen.

Der im Abwicklungszeitraum erzielte Gewinn ist gemäß § 11 Abs. 2 dKStG durch Gegenüberstellung von Abwicklungs-Endvermögen und Abwicklungs-

---

[1196] Vgl. Neu (2000), S. 59.
[1197] Da die Vorschrift eine Ermessensvorschrift darstellt und nach heutigem Verständnis vor allem der Sicherung des Steueranspruchs dient, sollte ein Überschreiten des Zeitraums von drei Jahren möglich sein, wenn die Abwicklung ohne schuldhafte Verzögerung länger als drei Jahre dauert. Vgl. Jünger (2001), S. 71.
[1198] Vgl. Abschnitt 46 Abs. 1 Satz 4 und 5 dKStR 1995.
[1199] Die Möglichkeit, auf ein Rumpfwirtschaftsjahr zu verzichten, wird in der Literatur wegen der fehlenden Rechtsgrundlage stark kritisiert. Vgl. Jünger (2001), S. 70.
[1200] Vgl. Neu (2000), S. 59.
[1201] Vgl. Graffe (1999), S. 254 - 255, RZ 21.

Anfangsvermögen zu ermitteln. Abwicklungs-Endvermögen ist gemäß § 11 Abs. 3 dKStG das zur Verteilung kommende Vermögen abzüglich der steuerfreien Vermögensmehrungen, die dem Steuerpflichtigen im Abwicklungszeitraum zugeflossen sind. Das zur Verteilung kommende Vermögen beinhaltet auch alle während des Abwicklungszeitraums an die Anteilseigner oder diesen nahe stehenden Personen geleisteten Zahlungen wie zum Beispiel Vorschüsse und verdeckte Zuwendungen. Unerheblich ist demzufolge, dass das Vermögen im Zeitpunkt der Ermittlung des Vermögens nicht mehr vorhanden ist[1202]. Werden Sachwerte an die Anteilseigner verteilt, sind diese mit deren gemeinen Werten anzusetzen. Teilwerte kommen wegen der mangelnden Fortführungsabsicht des Betriebes nicht in Frage. Gegenübergestellt wird dem Abwicklungs-Endvermögen das Abwicklungs-Anfangsvermögen, das gemäß § 11 Abs. 4 dKStG das Betriebsvermögen ist, das am Schluss des der Auflösung vorangegangenen Wirtschaftsjahrs der Körperschaftsteuerveranlagung zugrunde gelegt worden ist. Der Abwicklungsgewinn enthält demnach nicht nur die aufgelösten stillen Reserven, sondern auch laufende Erträge[1203].

2.2.2.2.3 Besteuerung der Anteilseigner

Im Hinblick auf die Besteuerung der Anteilseigner ist zwischen der Auskehrung von ursprünglichem Nennkapital und der Auskehrung von Rücklagen zu unterscheiden. Gemäß § 20 Abs. 1 Nr. 2 dEStG gehören die Bezüge, die nach der Auflösung einer unbeschränkt steuerpflichtigen Körperschaft anfallen und die nicht in der Rückzahlung von Nennkapital bestehen, zu den Einkünften aus Kapitalvermögen. Des Weiteren zählen zu den steuerpflichtigen Kapitalerträgen die um das Einlagekonto bereinigten Rücklagen, die in Nennkapital umgewandelt worden sind. Die Auskehrung des „echten" Nennkapitals und die Auskehrungen aus dem steuerlichen Einlagekonto gehören hingegen zum Veräußerungspreis im Sinne des § 17 Abs. 4 dEStG[1204]. Von Bedeutung ist diese Aufteilung insbesondere für die Anteilseigner, die zu weniger als 1 % an der Kapitalgesellschaft beteiligt gewesen sind, da für diese Personengruppe eine Besteuerung nach § 17 dEStG nicht in Frage kommt[1205]. Es muss jedoch bedacht werden, dass Personen, deren Beteiligung derartig gering ist, in den wenigsten Fällen einen Auflösungsbeschluss herbeiführen können.

War der Anteilseigner hingegen an der liquidierten Gesellschaft zu mindestens 1 % beteiligt, ist der Liquidationserlös nach den Regelungen des § 17 dEStG wie ein Veräußerungserlös zu behandeln. Die Differenz zwischen dem ausgekehrten

---

[1202] Vgl. Jünger (2001), S. 71.
[1203] Vgl. Jünger (2001), S. 71.
[1204] Vgl. § 27 dKStG.
[1205] Vgl. Neu (2000), S. 61.

Liquidationserlös und den Anschaffungskosten ergibt den zu den Einkünften aus Gewerbebetrieb gehörenden Gewinn bzw. Verlust aus der Beteiligung[1206]. Dabei wird ein Veräußerungsgewinn gemäß § 17 Abs. 3 dEStG nur zur Einkommensteuer herangezogen, soweit er den Teil von 9.060,- Euro übersteigt, der dem veräußerten Anteil an der Kapitalgesellschaft entspricht. Zeitlich entsteht das Liquidationsergebnis frühestens zum Zeitpunkt der Auflösung und spätestens mit der Löschung der Gesellschaft im Handelsregister. Grundsätzlich ist auf den Zeitpunkt abzustellen, in dem mit einer wesentlichen Änderung des Ergebnisses nicht mehr zu rechnen ist. Bedeutung kann der Zeitpunkt des Entstehens des Liquidationsergebnisses für die unmittelbare Verrechenbarkeit eines möglichen Verlustes mit anderen Einkünften und für die Bestimmung der Fünfjahresfrist gemäß § 17 Abs. 2 Satz 4 dEStG haben[1207]. Keine Auswirkungen hat die Unterscheidung von Auskehrungen gemäß § 20 Abs. 1 Nr. 2 dEStG und solchen gemäß § 17 Abs. 4 dEStG. Für beide schreibt § 3 Nr. 40 dEStG das Halbeinkünfteverfahren vor[1208].

2.2.3 Verpachtung eines in Deutschland belegenen Betriebs

2.2.3.1 Verpächterwahlrecht bei unbeschränkter Steuerpflicht des Unternehmers

Im Folgenden soll untersucht werden, ob sich aus der Verpachtung eines Betriebes Steuergestaltungsmöglichkeiten ergeben[1209]. Grundlage für diese Überlegungen ist das Urteil des Großen Senats des Bundesfinanzhofs vom 13.11.1963[1210], mit dem dieser das so genannte Verpächterwahlrecht festgeschrieben hat: „Wird ein Gewerbebetrieb verpachtet, so kann der Verpächter erklären, ob er den Vorgang als Betriebsaufgabe im Sinne des § 16 Abs. 3 [d]EStG behandeln und damit die Gegenstände seines Betriebs in sein Privatvermögen überführen oder ob und wie lange er das Betriebsvermögen während der Verpachtung fortführen will". Ohne die Abgabe einer Betriebsaufgabeerklärung bleiben die verpachteten Wirtschaftsgüter Betriebsvermögen des Verpächters. Die stillen Reserven werden erst im Zeitpunkt der Überführung der Wirtschaftsgüter ins Privatvermögen oder bei dessen Veräußerung aufgelöst und besteuert. Die hieraus sich ergebende Steuerstundung stellt regelmäßig einen Vorteil für den Steuerpflichtigen dar. Nachteilig ist hingegen die Steuerverhaftung neu gebildeter stiller Reserven.

[1206] Vgl. Graffe (1999), S. 256/6 - 257, RZ 46.
[1207] Vgl. Neu (2000), S. 61.
[1208] Vgl. § 3 Nr. 40 lit. c Satz 2 dEStG bzw. § 3 Nr. 40 lit. e dEStG.
[1209] Die Behandlung der Betriebsverpachtung im Rahmen des Kapitels über die Beendigung des unternehmerischen Engagements erfolgt aus dem Grund, dass untersucht werden soll, ob sich durch die Betriebsverpachtung die Folgen einer Betriebsaufgabe verhindern lassen.
[1210] Vgl. BFH-Urteil v. 13.11.1963 – GrS 1/63 S, BStBl III 1964, S. 124.

Unter alleiniger Berücksichtigung dieses Urteils entsteht der Eindruck, dass bei einer Wohnsitzverlegung des Verpächters ins Ausland die stillen Reserven der Besteuerung entzogen werden könnten. Eine Besteuerung wäre nur möglich, wenn ein späterer Aufgabegewinn der beschränkten Steuerpflicht unterliegen würde. Im Folgenden wird untersucht, ob die Gewährung eines Verpächterwahlrechts gerechtfertigt ist. Des Weiteren wird herausgearbeitet, ob die auf das Verpächterwahlrecht Bezug nehmenden Urteile eine schlüssige Gesamtkonzeption ergeben. Hierzu ist es zunächst erforderlich, die zivilrechtlichen Grundlagen einer Betriebsverpachtung darzulegen.

Wird ein Betrieb gegen Entgelt überlassen, liegt dem regelmäßig ein Pachtvertrag im Sinne der §§ 581 ff. dBGB zugrunde, d.h. ein schuldrechtlicher gegenseitiger Vertrag, wonach der Verpächter verpflichtet ist, dem Pächter den Gebrauch des Betriebs gegen die Zahlung eines Pachtzinses zu gewähren[1211]. Durch die aufgrund des Pachtvertrags erfolgende Übergabe des Unternehmens vom Betriebsinhaber an den Pächter tritt dieser in die vom Verpächter geschlossenen laufenden Verträge[1212] ein und betreibt den Betrieb auf eigene Gefahr und Rechnung weiter. Durch die Verpachtung stellt der bisherige Betriebsinhaber seine werbende betriebliche Tätigkeit ein.

Einkommensteuerlich stellt die Verpachtung eines Gewerbebetriebs grundsätzlich eine vermögensverwaltende Tätigkeit dar, die zu Einkünften aus Vermietung und Verpachtung gemäß § 21 dEStG führt[1213]. Die Tätigkeit des Verpächters beschränkt sich auf eine bloße Nutzungsüberlassung ohne eigene Teilnahme am wirtschaftlichen Verkehr. Wird ein Betrieb unmittelbar nach Erwerb verpachtet, unterhält der Verpächter von Beginn an keinen Gewerbebetrieb, sondern übt auch nach Ansicht des Bundesfinanzhofs lediglich eine vermögensverwaltende Tätigkeit aus[1214].

Etwas anderes soll nach Auffassung des Großen Senats des BFH gelten, wenn der Verpächter zuvor aus dem verpachteten Betrieb Einkünfte aus einer eigenen gewerblichen Betätigung erzielt hat. Die Verpachtung des Gewerbebetriebs stellt grundsätzlich die Fortführung des Gewerbebetriebs in anderer Form dar, die einkommensteuerlich keine Änderung der Einkunftsart bedeutet[1215]. Nur wenn die Betriebsaufgabe durch den Steuerpflichtigen ausdrücklich erklärt wird,

---

[1211] Schoor (1994), S. 453 weist darauf hin, dass es für die steuerliche Behandlung unerheblich ist, ob es sich um einen Pacht-, Miet- oder Leihvertrag handelt.
[1212] Dies gilt gemäß § 613 a BGB insbesondere für die vom Verpächter geschlossenen Arbeitsverträge, in die der Verpächter zwingend eintritt.
[1213] Vgl. Zugmaier (1998), S. 597.
[1214] Vgl. BFH-Urteil v. 20.4.1989 – IV R 95/87, BStBl II 1989, S. 863.
[1215] Vgl. BFH-Urteil v. 13.11.1963 – GrS 1/63 S, BStBl III 1964, S. 124.

ist eine Überführung der Wirtschaftsgüter ins Privatvermögen anzunehmen. Ansonsten geht der Bundesfinanzhof nur von einer vorübergehenden Betriebsunterbrechung aus[1216,1217]. Zwingende Voraussetzung für die Ausübung des Wahlrechts ist, dass dem Pächter sämtliche wesentlichen Betriebsgrundlagen[1218] zur Nutzung überlassen werden und der Betrieb in seiner ursprünglichen Form weitergeführt wird[1219]. Für die Definition der Wesentlichkeit der Betriebsgrundlagen stellt der Bundesfinanzhof allein auf die funktionelle Bedeutung der überlassenen Wirtschaftsgüter ab. Nicht abhängig ist danach die Ausübung des Wahlrechts von der Mitverpachtung sämtlicher Wirtschaftsgüter, in denen hohe stille Reserven enthalten sind[1220]. In der neueren Rechtsprechung wird ergänzend gefordert, dass die objektive Möglichkeit der Wiederaufnahme des Gewerbebetriebs durch den Verpächter gegeben sein muss[1221]. Entfällt diese, ist eine Betriebsaufgabe zwangsläufig anzunehmen.

In allen anderen Fällen obliegt es dem Steuerpflichtigen, durch die Abgabe der Aufgabeerklärung den Zeitpunkt der Betriebsaufgabe zu bestimmen[1222]. Die Wirtschaftsgüter des Betriebes werden dann unter Auflösung der stillen Reserven in das Privatvermögen des Verpächters überführt. Ein gegebenenfalls ent-

---

[1216] Vgl. Schoor (1997), S. 1 - 2 und Herff (2000), S. 12456.
[1217] Gemäß BFH-Urteil v. 26.2.1997 – X R 31/95, BStBl II 1997, S. 561 kommt eine Betriebsunterbrechung nicht in Betracht, wenn der Unternehmer seine werbende Tätigkeit einstellt und keine wesentlichen Betriebsgrundlagen mehr vorhanden sind, die einem später identitätswahrend fortgeführten Betrieb dienen könnten. Im selben Urteil wird darauf hingewiesen, dass der im Schrifttum vertretenen Auffassung, dass eine Betriebsunterbrechung in keinem Fall länger als zwei Jahre währen dürfe, nicht zu folgen sei. Vielmehr kommt es auf die Verhältnisse des Einzelfalls an.
[1218] Der BFH erklärt in seinem Urteil v. 17.4.1997 – VIII R 2/95, BStBl II 1998, S. 388, dass die Rechtsprechung für die Abgrenzung des Begriffs der wesentlichen Betriebsgrundlagen weder eine abstrakte Definition entwickelt noch eine abschließende Aufzählung der Kriterien vorgenommen hat. Maßgebend sind die tatsächlichen Umstände des Einzelfalls unter Berücksichtigung der besonderen Verhältnisse des jeweiligen Betriebs.
[1219] Vgl. zu den positiven und negativen Voraussetzungen der Inanspruchnahme des Wahlrechts Führer (1995), 786 - 787.
[1220] Vgl. BFH-Urteil v. 26.4.1979 – IV R 119/76, BStBl II 1979, S. 557, BFH-Urteil v. 1.10.1986 – I R 96/83, BStBl II 1987, S. 113 und BFH-Urteil v. 18.4.1991 – IV R 7/89, BStBl II 1991, S. 833.
[1221] Gemäß BFH-Urteil v. 19.1.1983 – I R 84/79, BStBl II 1983, S. 412 und BFH-Urteil v. 15.10.1987 – IV R 66/86, BStBl II 1988, S. 260 ist eine Betriebsaufgabe anzunehmen, wenn wesentliche Betriebsgrundlagen so umgestaltet werden, dass sie nicht mehr in der bisherigen Form genutzt werden können. Vgl. auch Herff (2000), S. 12456 - 12458.
[1222] Die Entscheidung, den Betrieb vorerst weiterzuführen, beraubt den Verpächter nicht der Möglichkeit, zu jedem späteren Zeitpunkt innerhalb der Pachtzeit die Betriebsaufgabe zu erklären. Es wird dann aus Nachweisgründen davon ausgegangen, dass der Verpächter seine ursprüngliche Absicht zur Betriebsfortführung aufgegeben hat. Die Rechtsfolgen sind identisch mit denen bei einer sofortigen Betriebsaufgabe. Vgl. Führer (1995), S. 786.

stehender Aufgabegewinn unterliegt der Begünstigung des § 34 dEStG. Die nach der Betriebsaufgabe zufließenden Pachteinnahmen stellen Einkünfte aus Vermietung und Verpachtung gemäß § 21 dEStG dar.

In dem Urteil des Großen Senats des BFH wurde zudem festgestellt, dass der Verpächter wegen der Aufgabe jeglicher werbender Tätigkeit nicht mehr gewerbesteuerpflichtig sei. Diese Schlussfolgerung ist nicht nachvollziehbar, da das Verpächterwahlrecht gerade von der Fiktion einer Fortführung des gewerblichen Betriebs in anderer Form ausgeht[1223]. Dann müssen jedoch aufgrund des Verweises auf das Einkommensteuergesetz in § 2 Abs. 1 dGewStG die Einkünfte aus Gewerbebetrieb auch der Gewerbesteuer unterliegen[1224]. Gestützt wird diese Auffassung von der Vorschrift des § 2 Abs. 4 dGewStG. Danach heben vorübergehende Unterbrechungen im Betrieb eines Gewerbes, die durch die Art des Betriebs veranlasst sind, die Steuerpflicht für die Zeit bis zur Wiederaufnahme des Betriebs nicht auf. Zwar ist die Betriebsverpachtung regelmäßig nicht durch den Betrieb veranlasst. Es wird jedoch durch die Vorschrift zum Ausdruck gebracht, dass eine Aufhebung der Gewerbesteuerpflicht bei Betriebsunterbrechungen nicht gewollt ist. Ein Vergleich der Betriebsverpachtung mit der im Urteil angeführten, gewerbesteuerfreien Betriebsveräußerung ist daher nicht angebracht.

Das Verpächterwahlrecht steht einem Steuerpflichtigen nicht nur bei der Verpachtung eines Gewerbebetriebes, sondern auch bei der Verpachtung eines land- und forstwirtschaftlichen Betriebes zu[1225]. In der Verpachtung einer freiberuflichen Praxis wird hingegen regelmäßig eine Betriebsaufgabe gesehen, da der Erfolg der freiberuflichen Tätigkeit in hohem Maße von dem persönlichen Einsatz des Freiberuflers abhängt[1226]. Die höchstrichterliche Rechtsprechung hat sich einer allgemeinen Stellungnahme zu dieser Frage entzogen, aber eine besondere Beurteilung zumindest dann für erforderlich gehalten, wenn nach dem Tod eines Freiberuflers die freiberufliche Praxis von dessen Erbe bzw. Vermächtnisnehmer solange verpachtet wird, bis dieser die für die Praxisfortführung erforderliche Berufsqualifikation erlangt hat[1227]. Der Bundesfinanzhof hat es in diesem speziellen Fall nicht für vertretbar gehalten, zum einen bei der Verpachtung land- und forstwirtschaftlicher und gewerblicher Betriebe von einer Realisierung der stillen Reserven trotz im Einzelfall nicht bestehender Fortführungsabsicht abzusehen und zum anderen bei einer freiberuflichen Praxis auf der sofortigen Auflösung der stillen Reserven zu bestehen. Angenommen wird eine Be-

---

[1223] Vgl. Führer (1995), S. 788.
[1224] So auch Flies (1994), S. 538.
[1225] Vgl. BFH-Urteil v. 18.3.1964 – IV 114/61 S, BStBl III 1964, S. 303.
[1226] Vgl. Tiedchen (1992), S. 705.
[1227] Vgl. BFH-Urteil v. 12.3.1992 – IV R 29/91, BStBl II 1993, S. 36.

triebsaufgabe des freiberuflichen Betriebes aber spätestens in dem Zeitpunkt, in dem die Berufsausbildung abgebrochen wurde oder in dem trotz erfolgreichen Ausbildungsabschlusses entschieden wurde, die Praxis nicht fortzuführen.

2.2.3.2 Verpächterwahlrecht bei beschränkter Steuerpflicht des Unternehmers

2.2.3.2.1 Gestaltungsmöglichkeiten bei Zugrundelegung der Grundsätze des BFH-Urteils vom 13.11.1963

Im Folgenden wird der Frage nachgegangen, wie die Verpachtung eines Betriebes zu behandeln ist, wenn der Verpächter zum Zeitpunkt der Verpachtung bereits beschränkt steuerpflichtig ist oder nach erfolgter Verpachtung zu einem späteren Zeitpunkt beschränkt steuerpflichtig wird. Legt man die Grundsätze des Urteils des Großen Senats vom 13.11.1963 zugrunde, wäre die Verpachtung steuerlich wie folgt zu behandeln: Solange eine Betriebsaufgabe nicht ausdrücklich durch den Steuerpflichtigen erklärt wird, besteht der Gewerbebetrieb fort. In der Verpachtung ist eine vorübergehende Betriebsunterbrechung zu sehen. Dem Tatbestand der Betriebsaufgabe gemäß § 16 Abs. 3 dEStG kann nicht entnommen werden, dass nur bei Verpachtung durch einen unbeschränkt Steuerpflichtigen eine vorübergehende Betriebsunterbrechung in Frage kommt. Ebenso wenig kann eine Betriebsaufgabe in dem Zeitpunkt angenommen werden, in dem der Verpächter, der zuvor von seinem Wahlrecht zur Fortführung des Betriebs Gebrauch gemacht hat, seine unbeschränkte Steuerpflicht aufgibt. Einschränkungen dieser Sichtweise könnten sich nur aus der neueren Rechtsprechung ergeben, wonach objektiv die Möglichkeit zur Betriebsfortführung gegeben sein muss. Das Vorliegen bzw. spätere Eintreten der beschränkten Steuerpflicht könnte der Annahme einer späteren Weiterführung des Betriebes entgegenstehen. Allerdings wäre auch in diesen Fällen eine Ungleichbehandlung zwischen unbeschränkt und beschränkt Steuerpflichtigen nicht zu rechtfertigen. Wenn bei unbeschränkt Steuerpflichtigen auf die freie Rechtsfindung verzichtet wird und die Weiterführung des Betriebs ausschließlich von der Betriebsaufgabeerklärung des Steuerpflichtigen abhängig gemacht wird, muss dieses Recht auch beschränkt Steuerpflichtigen zustehen.

Wird die Gewährung des Verpächterwahlrechts als gerechtfertigt erachtet, ergeben sich aus der soeben geschilderten Sichtweise folgende Probleme für den deutschen Fiskus: Unterliegt der Verpächter nicht mehr der unbeschränkten Steuerpflicht, können seine Einkünfte nur besteuert werden, wenn sie inländische Einkünfte im Sinne des § 49 dEStG sind. Einkünfte aus Gewerbebetrieb liegen aber gemäß § 49 Abs. 1 Nr. 2 lit. a dEStG nur vor, wenn für den Gewerbebetrieb im Inland eine Betriebsstätte unterhalten wird oder ein ständiger Vertreter bestellt ist. Das Vorliegen einer Betriebsstätte des Verpächters im Inland wird grundsätzlich verneint[1228]. Begründet wird diese Ansicht mit der Aufgabe der Verfügungsgewalt über die betrieblichen Anlagen und mit dem nicht über seine eigene gewerbliche Tätigkeit hinausgehenden Handeln des Pächters für den Verpächter. Regelmäßig handelt es sich bei dem Pächter auch nicht um einen ständigen Vertreter im Sinne des § 13 dAO, da dieser demzufolge nachhaltig die Geschäfte des Verpächters besorgen müsste und zudem dessen Sachweisungen zu folgen hätte[1229].

Hieraus könnte sich folgende Gestaltungsmöglichkeit ergeben: Der Steuerpflichtige verpachtet seinen Betrieb zu einem Zeitpunkt, in dem er noch unbeschränkt steuerpflichtig ist. Er erklärt keine Betriebsaufgabe, so dass die zukünftigen Einkünfte weiterhin als solche aus Gewerbebetrieb qualifiziert werden. Im Anschluss an die Verlegung seines Wohnsitzes können die Einkünfte aus der Verpachtung mangels einer inländischen Betriebsstätte oder eines ständigen Vertreters nicht in Deutschland besteuert werden. Auch wenn die Absicht besteht, den Betrieb zu veräußern, ist der Umweg über eine Verpachtung zu empfehlen. Wird im Anschluss an die Wohnsitzverlegung der Betrieb veräußert, sind die hieraus erzielten Einkünfte ebenfalls solche aus Gewerbebetrieb und in Deutschland wegen des Fehlens einer Betriebsstätte oder eines ständigen Vertreters nicht steuerpflichtig. Die Realisation der stillen Reserven erfolgt damit außerhalb der deutschen Steuerhoheit. Wegen des Fehlens eines allgemeinen Entstrickungsgrundsatzes können die in dem Betrieb gebildeten stillen Reserven dem deutschen Fiskus entzogen werden. Das gleiche Ergebnis wird erzielt, wenn der Betrieb erst im Anschluss an die Wohnsitzverlegung verpachtet wird. Wie bereits dargelegt wurde, kann die Inanspruchnahme des Verpächterwahlrechts nicht von der Reichweite der Steuerpflicht des Verpächters abhängig gemacht werden, da eine derartige Differenzierung dem Tatbestand der Betriebsaufgabe nicht entnommen werden kann.

2.2.3.2.2 Einschränkung des Verpächterwahlrechts durch das BFH-Urteil vom 12.4.1978

Der aufgrund der Einräumung des Verpächterwahlrechts drohende Entzug der stillen Reserven bei beschränkter Steuerpflicht des Verpächters hat den Bundesfinanzhof zu einem stark kritisierten Urteil veranlasst[1230]. In diesem beschloss das Gericht, dass ein beschränkt steuerpflichtig gewordener Verpächter eines Gewerbebetriebs nur dann weiterhin Einkünfte aus Gewerbebetrieb bezieht, solange er für seinen Gewerbebetrieb im Inland einen ständigen Vertreter bestellt hat und während dieser Zeit weder eine Betriebsaufgabe erklärt noch den Be-

---

[1228] Vgl. Streck/Lagemann (1976), S. 14.
[1229] Vgl. BFH-Urteil v. 12.4.1978 – I R 136/77, BStBl II 1978, S. 494.
[1230] Vgl. BFH-Urteil v. 12.4.1978 – I R 136/77, BStBl II 1978, S. 494.

trieb veräußert hat. Sofern ein ständiger Vertreter nicht bestellt worden ist, soll mit dem Beginn der beschränkten Steuerpflicht eine Umqualifizierung der gewerblichen Einkünfte in solche aus Vermietung und Verpachtung erfolgen[1231]. Regelmäßig soll die Aufdeckung und Besteuerung der stillen Reserven nach den Grundsätzen über die Betriebsaufgabe die Folge sein.

Begründet wurde ein derartiges Vorgehen mit der isolierenden Betrachtungsweise. Bei deren Anwendung bleiben gemäß § 49 Abs. 2 dEStG im Ausland gegebene Besteuerungsmerkmale außer Betracht, soweit bei ihrer Berücksichtigung inländische Einkünfte im Sinne des § 49 Abs. 1 dEStG nicht angenommen werden könnten. Der Bezugnahme auf die isolierende Betrachtungsweise kann nicht gefolgt werden. Bei Inanspruchnahme des Verpächterwahlrechts werden gewerbliche Einkünfte deswegen unterstellt, weil die Verpachtung als vorübergehende Betriebsunterbrechung angesehen wird. An der Betriebsunterbrechung und damit an dem Fortbestand des Gewerbebetriebs ändert sich aber nichts durch den Wegzug des Steuerpflichtigen. Im Ausland gegebene Besteuerungsmerkmale, die außer Betracht bleiben könnten, liegen nicht vor[1232]. Allein der Umstand des drohenden Entzugs der stillen Reserven rechtfertigt nicht die Umqualifikation der Einkünfte[1233]. Dieser Ansicht ist aber der Bundesfinanzhof gewesen: Da bei Betriebsverpachtung der Verpächter grundsätzlich keine inländische Betriebsstätte in dem verpachteten Betriebsvermögen unterhält[1234], können spätere Gewinne aus der Veräußerung des verpachteten Betriebsvermögens demnach bei beschränkt steuerpflichtigen Einkünften aus Vermietung und Verpachtung nicht mehr erfasst werden. „Dieser Umstand führt dazu, in der Auswanderung eine Betriebsaufgabe im Sinne des § 16 Abs. 3 [d]EStG (Aufgabe der Verpachtung als gewerbliche Tätigkeit) zu sehen mit der Folge, da[ss] die stillen Reserven versteuert werden müssen."

Der dieser Argumentation folgende Hinweis, dass eine Umqualifikation der Einkünfte durch die Bestellung eines ständigen Vertreters vermieden werden kann, macht deutlich, dass der Bundesfinanzhof – zumindest unbewusst – ein allgemeines Entstrickungsprinzip zugrunde gelegt hat. Bekräftigt wird dieser Eindruck, wenn betrachtet wird, welche früheren höchstrichterlichen Urteile der Bundesfinanzhof zur Bestätigung seiner Sichtweise angeführt hat. Die Urteile, in denen eine Betriebsaufgabe bereits dann angenommen wird, wenn der Betrieb als wirtschaftlicher Organismus zwar bestehen bleibt, aber durch eine Handlung

---

[1231] Vgl. Horlemann (1984), S. 589
[1232] Vgl. Göttsche (1997), S. 53.
[1233] So auch Streck/Lagemann (1976), S. 14 und Diebold (1984), S. 509, RZ 891.
[1234] A.A. FG München, Urteil v. 24.9.1990 – 13 K 13707/85, EFG 1991, S. 328, wonach die Verpachtung eines Gewerbebetriebs im Ganzen durch eine Gesellschaft bürgerlichen Rechts eine inländische Betriebsstätte begründet.

des Steuerpflichtigen in seiner ertragsteuerlichen Einordnung so verändert wird, dass die Erfassung der stillen Reserven nicht mehr gewährleistet ist, und das so genannte Erfinder-Urteil sind ebenfalls im Hinblick auf die Tatbestandsmäßigkeit der Besteuerung umstritten[1235]. Vielmehr erwecken auch diese Urteile den Eindruck, dass ein allgemeiner Entstrickungsgrundsatz über Umwege Eingang in das deutsche Steuerrecht finden soll.

Eine Betriebsaufgabe kann nicht allein mit dem Hinweis auf den vermeintlichen Zweck des § 16 Abs. 3 dEStG – die Erfassung der stillen Reserven – angenommen werden, da der Betrieb trotz der Wohnsitzverlegung unverändert fortbesteht. Einkünfte aus Gewerbebetrieb liegen gemäß § 15 Abs. 2 dEStG vor, wenn „eine selbständige nachhaltige Betätigung, die mit der Absicht, Gewinn zu erzielen, unternommen wird und [diese] sich als Beteiligung am allgemeinen wirtschaftlichen Verkehr darstellt" und die Einkünfte zudem nicht solche aus Land- und Forstwirtschaft oder aus selbständiger Arbeit sind. Die Abhängigkeit von der Existenz einer Betriebsstätte oder der Einsetzung eines ständigen Vertreters ist dem Wortlaut des § 15 dEStG nicht zu entnehmen. Vielmehr bekräftigt gerade die ausdrückliche Erwähnung dieser beiden Merkmale in § 49 Abs. 1 Nr. 2 lit. a dEStG, dass es auf sie bei den Einkünften aus Gewerbebetrieb bei unbeschränkter Steuerpflicht nicht ankommt, da deren Erwähnung im Zusammenhang mit der beschränkten Steuerpflicht dann nur eine Tautologie darstellen würde[1236]. In der Wohnsitzverlegung eine die ertragsteuerliche Einordnung verändernde Handlung zu sehen, geht ebenfalls zu weit, da einer solchen privat veranlassten Handlung der betriebliche Bezug fehlt. Dass aufgrund der Bindung des Betriebs „Verpachtung" an den Verpächter mit der Wohnsitzverlegung auch der Betrieb ins Ausland verlegt wird, stellt nicht in ausreichender Form den geforderten betrieblichen Bezug her, da der Betrieb in gleicher Weise ausgeübt wird wie zuvor. Die Tatsache, dass regelmäßig keine Betriebsstätte in Deutschland aufrechterhalten wird, ist für den Tatbestand der gewerblichen Tätigkeit unerheblich.

Im Rahmen der Steuerplanung bieten sich unter Berücksichtigung der bisherigen Rechtsprechung zwei mögliche Wege an. Zum einen kann bei einem bereits verpachteten Gewerbebetrieb die zwangsläufige Betriebsaufgabe im Zeitpunkt der Aufgabe der unbeschränkten Steuerpflicht durch die Bestellung eines ständigen Vertreters oder die Begründung einer Betriebsstätte verhindert werden. Die gleichen Maßnahmen sind erforderlich für den Fall, dass der Betrieb erst nach der Wohnsitzverlegung verpachtet und eine Aufdeckung der stillen Reserven verhindert werden soll. Zum anderen kann der Betrieb ohne die Abgabe ei-

---

[1235] Vgl. Teil 3, Kap. 2.2.5.1.1.
[1236] Vgl. Göttsche (1997), S. 51.

ner Betriebsaufgabeerklärung verpachtet werden. Anschließend verlegt der Verpächter seinen Wohnsitz ins Ausland und veräußert – sofern dies gewollt ist – seinen Betrieb. In Deutschland wird keine Betriebsstätte begründet und kein ständiger Vertreter bestellt. Da die Finanzverwaltung mit großer Wahrscheinlichkeit eine Umqualifikation der Einkünfte vornehmen wird, muss auf dem Klageweg unter Zuhilfenahme der soeben angeführten Argumentation versucht werden, eine Besteuerung der aus dem verpachteten Betrieb erzielten Einkünfte zu verhindern. Es muss jedoch darauf hingewiesen werden, dass die Beschreitung des Klageweges einen großen Unsicherheitsfaktor mit womöglich hohen ungewollten Steuerbelastungen darstellt.

2.2.3.2.3 Das Verpächterwahlrecht als teleologische Reduktion des Betriebsaufgabetatbestandes

Soll die Möglichkeit einer Klage in Betracht gezogen werden, ist zuvor zu prüfen, ob die Besteuerung der stillen Reserven bei Aufgabe der unbeschränkten Steuerpflicht nicht auch mittels einer anderen Argumentation erreicht werden kann. Grundlage hierfür könnte die Sichtweise sein, dass das Verpächterwahlrecht nur aufgrund einer teleologischen Reduktion des Betriebsaufgabetatbestandes gewährt wird. Voraussetzung wäre, dass eine verdeckte Gesetzeslücke gegeben ist. Hierzu ist es erforderlich, dass ein bestimmter Sachverhalt zwar vom Gesetzeswortlaut erfasst wird, der Gesetzeszweck aber eine zweckgerechte Einengung über den Wortlaut hinaus erfordert[1237]. Konkret bedeutet dies, dass mit der Einstellung der eigenen gewerblichen Tätigkeit und der Verpachtung des Betriebes eine Betriebsaufgabe anzunehmen ist. Unter alleiniger Berücksichtigung des Leistungsfähigkeitsprinzips müsste eine Besteuerung im Zeitpunkt der Verpachtung erfolgen. Wird dem Verhältnismäßigkeitsgebot jedoch eine das Leistungsfähigkeitsprinzip einschränkende Funktion zugewiesen, könnte auf eine Besteuerung der stillen Reserven verzichtet werden[1238]. Voraussetzung ist, dass die Erfassung der stillen Reserven sichergestellt ist, da das Verhältnismäßigkeitsgebot zwar eine Steuerstundung, nicht aber einen endgültigen Steuerverzicht rechtfertigt. Die Steuerstundung dürfte nur bis zu dem Zeitpunkt erfolgen, in dem der endgültige Entzug der stillen Reserven droht.

[1237] Vgl. Tipke (1998), S. 158, RZ 75.
[1238] Die sofortige Besteuerung von Wertsteigerungen ohne den Zufluss liquider Mittel, die zur Zahlung der Steuerschuld befähigen, wird grundsätzlich als nicht vereinbar mit dem Verhältnismäßigkeitsgebot und der Eigentumsgarantie gemäß Art. 14 Abs. 1 dGG angesehen. Vgl. hierzu die bereits im Zusammenhang mit der Frage nach der Existenz eines allgemeinen Entstrickungsgrundsatzes gemachten Ausführungen in Teil 3, Kap. 1.3.2.

In der Literatur wurde das durch die höchstrichterliche Rechtsprechung eingeführte Verpächterwahlrecht als teleologische Reduktion angesehen[1239]. Dabei wird jedoch außer Acht gelassen, dass der Bundesfinanzhof eine Betriebsaufgabe erst zu dem Zeitpunkt annimmt, in dem der Verpächter die Aufgabe des Betriebes erklärt. Mit der damit einhergehenden Überführung der Wirtschaftsgüter ins Privatvermögen sind alle bis zu diesem Zeitpunkt angesammelten stillen Reserven aufzudecken und zu versteuern. Eine zutreffende Anwendung einer teleologischen Reduktion müsste hingegen zur Folge haben, dass von einer zu Beginn der Verpachtung vorliegenden Betriebsaufgabe ausgegangen wird. Die bis zu diesem Zeitpunkt angesammelten stillen Reserven müssten in einer Zwischenrechnung gespeichert werden und wären bei einer späteren Veräußerung des Betriebs oder einem drohenden Entzug der stillen Reserven zu versteuern. Die stillen Reserven jedoch, die erst im Anschluss an die durch die Verpachtung ausgelöste Betriebsaufgabe gebildet werden, dürften nicht besteuert werden. Unter Zugrundelegung dieser Argumentation wäre die Abhängigkeit der Besteuerung der stillen Reserven von der Begründung einer Betriebsstätte oder der Bestellung eines ständigen Vertreters ebenso zu rechtfertigen wie die Befreiung von der Gewerbesteuer.

Unter Berücksichtigung der höchstrichterlichen Rechtfertigung des Verpächterwahlrechts kann nicht davon ausgegangen werden, dass eine teleologische Reduktion vorliegt. Dennoch soll untersucht werden, ob die Möglichkeit dafür gegeben wäre. Zentrale Bedeutung kommt dabei der Frage zu, ob zum Zeitpunkt des Beginns der Verpachtung zwingend von einer Betriebsaufgabe auszugehen ist. Grundsätzlich liegt eine Betriebsaufgabe vor, wenn aufgrund eines Entschlusses des Steuerpflichtigen, den Betrieb aufzugeben, die bisher in diesem Betrieb entfaltete gewerbliche Tätigkeit endgültig eingestellt wird, alle wesentlichen Betriebsgrundlagen in einem einheitlichen Vorgang insgesamt klar und eindeutig, äußerlich erkennbar in das Privatvermögen überführt werden und dadurch der Betrieb als selbständiger Organismus des Wirtschaftslebens zu bestehen aufhört[1240]. Entscheidend für die Annahme einer Betriebsaufgabe ist, ob durch die Verpachtung des Betriebes eine endgültige Einstellung der bisher in diesem Betrieb entfalteten gewerblichen Tätigkeit erfolgt. Aufgrund des Umstandes, dass der Pächter in die vom Verpächter geschlossenen laufenden Verträge eintritt, dieser den Betrieb auf eigene Rechnung und Gefahr weiterbetreibt und der Verpächter eine neue, von der bisherigen Tätigkeit unabhängige Erwerbsstrategie in Form der Verpachtung betreibt, sprechen viele Gründe für die Annahme einer Betriebsaufgabe. So hat auch der Bundesfinanzhof in der Be-

---

[1239] Vgl. Streck/Lagemann (1976), S. 15, Diebold (1984), S. 506 - 507, RZ 884, Knobbe-Keuk (1993), S. 794 und Geissler (1999), S. 309 - 310.
[1240] Vgl. Wacker, R. (2002), S. 1411, RZ 173.

gründung seines Urteils vom 27.2.1985[1241] in der insgesamt erfolgenden Verpachtung der wesentlichen Wirtschaftsgüter eines Betriebes grundsätzlich die Einstellung der gewerblichen Tätigkeit des bisherigen Betriebsinhabers gesehen. In der folgenden Argumentation nahm das Gericht jedoch wiederum Bezug auf das Verpächterwahlrecht und verneinte bei einer fehlenden Erklärung des Verpächters die Betriebsaufgabe.

Sollte die Rechtsprechung daher an dem in der bisherigen Form geltenden Verpächterwahlrecht festhalten, bestehen aufgrund der soeben nachgewiesenen Unstimmigkeiten in der Argumentation im Fall des Eintritts der beschränkten Steuerpflicht Erfolgsaussichten bei einer Klageerhebung. Es sollte jedoch bedacht werden, dass die Bestrebungen für eine Steuerstundung bzw. für einen endgültigen Entzug der stillen Reserven über den Weg einer teleologischen Reduktion des Betriebsaufgabetatbestandes zunichte gemacht werden können. In diesem Zusammenhang ist auch auf die in dem Bericht zur Fortentwicklung des Steuerrechts gemachten Äußerungen zum Verpächterwahlrecht hinzuweisen. In dem Textteil über die geplante Einführung eines allgemeinen Entstrickungsgrundsatzes wird gefordert, dass eine Regelung zu treffen sei für den Fall, dass es an der ernsthaften Möglichkeit oder Absicht der Wiederaufnahme des Betriebes fehlt[1242]. Mögliche Änderungen seitens des Gesetzgebers sind daher bei der Steuerplanung in Betracht zu ziehen.

2.2.4 Unterstützung der Beendigung eines unternehmerischen Engagements durch eine beendigungsorientierte Steuerbilanzpolitik

Der Betriebsveräußerungs- bzw. Betriebsaufgabevorgang kann in drei verschiedene Phasen unterteilt werden[1243]. Die erste Phase, die so genannte Vorbereitungsphase, reicht von der Verfestigung der Veräußerungs- und Aufgabeabsicht bis zum tatsächlichen Beginn der Veräußerungs- und Aufgabehandlungen. Die in dieser Zeit anfallenden Ergebnisse sind grundsätzlich laufende Gewinne bzw. Verluste, die nach den § 4 Abs. 1 dEStG bzw. § 5 dEStG zu ermitteln sind. In der zweiten Phase, die auch als Kernphase bezeichnet wird, erfolgt die Verwertung der Unternehmenssubstanz bzw. der Anteilsrechte. Resultat dieser Phase ist das Veräußerungs-, Aufgabe- bzw. Liquidationsergebnis. Bei Veräußerungshandlungen wird dieser Zeitraum häufig auf einen Zeitpunkt reduziert. In der dritten Phase, der Abschlussphase, werden die aus der Betriebsveräußerung bzw. Betriebsaufgabe resultierenden Folgewirkungen bewältigt. Die Behandlung zu-

---

[1241] Vgl. BFH-Urteil v. 27.2.1985 – I R 235/80, BStBl II 1985, S. 456.
[1242] Vgl. den Bericht zur Fortentwicklung des Unternehmenssteuerrechts, S. 35, www.bundesfinanzministerium.de/Anlage6154/Bericht-zur-Fortentwicklung-des-Unternehmenssteuerrechts.pdf.
[1243] Vgl. Herzig (1980b), S. 240 - 241.

rückbehaltener Wirtschaftsgüter und nachträglicher Betriebseinnahmen bzw. Betriebsausgaben fällt in diese Phase.

Während Steuerbilanzpolitik unter normalen Umständen nur das Ziel verfolgt, die laufenden steuerlichen Gewinne auf die Wirtschaftsjahre des Planungszeitraums zieladäquat zu verteilen, kommt der beendigungsorientierten Steuerbilanzpolitik ergänzend die Aufgabe zu, die laufenden Gewinne mit den begünstigten Gewinnen abzustimmen[1244]. Gewinnverlagerungen zwischen der ersten und der zweiten Phase des Betriebsveräußerungs- bzw. Betriebsaufgabevorgangs stehen im Mittelpunkt einer derartigen Steuerbilanzpolitik[1245].

Bei Einzelunternehmen und Personengesellschaften hat die Abgrenzung der Veräußerungs- bzw. Aufgabegewinne von den laufenden Gewinnen größere Bedeutung als bei Kapitalgesellschaften[1246]. Veräußerungsgewinne im Sinne des § 16 dEStG bzw. des § 18 dEStG stellen außerordentliche Einkünfte dar, die grundsätzlich gemäß § 34 Abs. 1 dEStG ermäßigt besteuert werden. Da die Steuerminderung durch die Ermäßigung gemäß § 34 Abs. 1 dEStG nur als geringfügig bezeichnet werden kann, ist die auf Antrag vorzunehmende Steuerermäßigung gemäß § 34 Abs. 3 dEStG von größerer Relevanz. Sie kann jedoch nur geltend gemacht werden, wenn der Steuerpflichtige das 55. Lebensjahr vollendet hat oder wenn er im sozialversicherungsrechtlichen Sinne dauernd berufsunfähig ist. Zudem kann die Ermäßigung, die in der Anwendung des halben durchschnittlichen Steuersatzes auf den Veräußerungsgewinn besteht, nur einmal im Leben und nur für einen Veräußerungs- bzw. Aufgabegewinn in Anspruch genommen werden.

Die gleichen persönlichen Voraussetzungen – Vollendung des 55. Lebensjahrs bzw. dauernde Berufsunfähigkeit – sind für die Inanspruchnahme des Freibetrags gemäß § 16 Abs. 4 dEStG erforderlich. Danach wird ein Veräußerungsgewinn auf Antrag zur Einkommensteuer nur herangezogen, soweit er 45.000,- Euro übersteigt. Ermäßigt wird der Freibetrag um den Betrag, um den der Veräußerungsgewinn 136.000,- Euro übersteigt. Er ist dem Steuerpflichtigen ebenfalls nur einmal zu gewähren. Aufgrund der Ober- und Untergrenzen für die Freibetragsregelung können vier Abschnitte gebildet werden[1247]. Im ersten Ab-

---

[1244] Vgl. Kaminski (1996a), S. 164.

[1245] Vgl. Herzig (1981), S. 566.

[1246] Bindeglied zwischen dem laufenden Gewinn und dem Veräußerungs- bzw. Aufgabegewinn ist das Betriebsvermögen am Ende des letzten laufenden Wirtschaftsjahrs. Der Gewinn der Veräußerungsperiode wird in Abhängigkeit von der Höhe dieses Betriebsvermögens in einen laufenden und einen begünstigten Gewinnanteil aufgespalten. Vgl. Herzig (1980b), S. 239.

[1247] Vgl. Herzig (1980b), S. 242.

schnitt, der von 0,- bis 45.000,- Euro reicht, fällt ein steuerpflichtiger Veräußerungsgewinn nicht an. Der 2. Abschnitt wird gebildet von Veräußerungsgewinnen, die über 45.000,- Euro liegen und maximal 136.000,- Euro betragen. In diesem Bereich kommt der Freibetrag in voller Höhe zum Tragen. Im dritten Abschnitt, der von mehr als 136.000,- Euro bis 181.000,- Euro reicht, sinkt der Freibetrag von 45.000,- Euro auf 0,- Euro. Bei einem Veräußerungsgewinn von mehr als 181.000,- Euro (4. Abschnitt) kommt ein Freibetrag gemäß § 16 Abs. 4 dEStG nicht mehr zum Tragen. In den Abschnitten 2 und 4 besteht Substitutionsneutralität zwischen laufenden und begünstigten Gewinnen. Bei einem Veräußerungsgewinn bis zur Grenze von 45.000,- Euro ist eine Substitution von laufenden Gewinnen durch Veräußerungsgewinne zu empfehlen. Befindet sich der voraussichtliche Veräußerungsgewinn jedoch im dritten Abschnittsbereich, sollten Veräußerungsgewinne durch laufende Gewinne ersetzt werden. Sofern der Steuerpflichtige plant, vor der Wohnsitzverlegung mehrere Betriebe zu veräußern bzw. aufzugeben, und sofern für einen der hierbei erzielten Gewinne der volle Freibetrag in Anspruch genommen werden kann, müssen Substitutionsüberlegungen hinsichtlich der Freibetragsregelung nicht angestellt werden.

Relevant ist die Abgrenzung der laufenden Gewinne von den Veräußerungs- bzw. Aufgabegewinnen auch im Hinblick auf die Gewerbesteuer. Gegenstand der Gewerbesteuer ist nur der durch den laufenden Betrieb anfallende Gewinn[1248]. Vorgänge aus Anlass der Gründung und der Veräußerung eines Betriebs oder Teilbetriebs werden grundsätzlich nicht erfasst[1249]. Ein Aufgabegewinn ist auch in dieser Hinsicht einem Veräußerungsgewinn gleichzustellen[1250]. Im Rahmen der Aufgabe eines Gewerbebetriebs erzielte Gewinne bleiben beim laufenden Gewerbeertrag außer Ansatz, wenn sie einkommensteuerlich dem Ergebnis im Sinne des § 16 dEStG zuzurechnen sind[1251]. Eine Substitution laufender Gewinne durch einen begünstigten Veräußerungsgewinn ist daher zu empfehlen. Etwas anderes gilt, wenn ein Gewinn aus der Veräußerung oder Aufgabe des Betriebs oder eines Teilbetriebs einer Mitunternehmerschaft, eines Mitunternehmeranteils oder des Anteils eines persönlich haftenden Gesellschafters einer Kommanditgesellschaft auf Aktien erzielt wird, soweit er nicht auf eine natürliche Person als unmittelbar beteiligter Mitunternehmer entfällt. Ein derartiger Gewinn gehört gemäß § 7 Satz 2 dGewStG zum steuerpflichtigen Gewerbeertrag[1252]. Bei der Liquidation von Kapitalgesellschaften ist eine Substitution

---

[1248] Vgl. BFH-Urteil v. 13.11.1963 – GrS 1/63 S, BStBl III 1964, S. 124.
[1249] Vgl. BFH-Urteil v. 23.11.1988 – X R 1/86, BStBl II 1989, S. 376.
[1250] Vgl. BFH-Urteil v. 8.5.1991 – I R 33/90, BStBl II 1992, S. 437.
[1251] Vgl. BFH-Urteil v. 11.3.1982 – IV R 25/79, BStBl II 1982, S. 707.
[1252] Hintergrund dieser durch das Unternehmenssteuerfortentwicklungs-Gesetz eingefügten Regelung ist die Vermeidung von missbräuchlichen Gestaltungen in der Form, dass Kapitalgesellschaften Einzelwirtschaftsgüter, die bei ihrer Veräußerung der Gewerbesteuer unterlie-

unter dem Gesichtspunkt der Gewerbesteuerersparnis nicht erforderlich. Da gemäß § 2 Abs. 2 dGewStG als Gewerbebetrieb stets und in vollem Umfang die Tätigkeit der Kapitalgesellschaften gilt, entfällt die Gewerbesteuerpflicht nicht schon mit dem Beginn, sondern erst mit der Beendigung der Liquidation.

Auch im Hinblick auf die Körperschaftsteuer ist die Bedeutung einer beendigungsorientierten Steuerbilanzpolitik für Kapitalgesellschaften von untergeordneter Relevanz. Bei der Liquidation kann weder ein Freibetrag noch aufgrund des linearen Körperschaftsteuertarifs ein ermäßigter Steuersatz in Anspruch genommen werden. Eine Verlagerung von Gewinnen führt allenfalls zu Zinswirkungen aufgrund nachgelagerter Steuerzahlungen. Etwas anderes kann gelten, wenn ein Gesellschafter entscheidenden Einfluss auf die Verteilung der Gewinne hat. Er sollte dann versuchen, die laufenden Gewinne und die Liquidationsauskehrungen auf seine sonstige steuerliche Situation abzustimmen[1253]. Eine Ballung von Einkünften zum Ende des Liquidationszeitraums wird häufig eine progressive Wirkung auf den Steuersatz haben. In diesen Fällen ist es sinnvoll, das Gewicht der Liquidationsraten durch verstärkte Gewinnausschüttungen in den Veranlagungszeiträumen der Vorbereitungsphase zu mildern[1254].

Sollen laufende Gewinne durch begünstigte Gewinne substituiert werden, müssen in der Vorbereitungsphase stille Reserven gebildet werden, die später zugunsten des Veräußerungsgewinns aufzulösen sind. Ist hingegen beabsichtigt, begünstigte Gewinne zu vermeiden und stattdessen laufende Gewinne zu erzielen, muss die Ansammlung stiller Reserven vermieden werden. Für derartige Substitutionsprozesse stehen sämtliche bilanzpolitischen Instrumente zur Verfügung[1255]. Ohne Anspruch auf Vollständigkeit sind hier nur die Bildung von Rücklagen zur Übertragung von Veräußerungsgewinnen gemäß § 6 b Abs. 3 dEStG, die Bildung von Rücklagen für Ersatzbeschaffungen gemäß R35 dEStR, die Bildung von Rückstellungen, die Ausübung bzw. Nichtausübung von Aktivierungswahlrechten und die Wahl der Abschreibungsmethode zu nennen. Dabei muss jedoch der über die Maßgeblichkeit der Handelsbilanz auch für die Steuerbilanz geltende Stetigkeitsgrundsatz gemäß § 252 Abs. 1 Nr. 6 dEStG beachtet werden. Neben allen steuerlichen Überlegungen müssen bei der Vornah-

---

gen würden, gemäß § 6 Abs. 5 Satz 3 dEStG steuerneutral auf eine Personengesellschaft übertragen, um anschließend die Beteiligung an dieser Gesellschaft steuerfrei zu veräußern. Vgl. Füger/Rieger (2002), S. 934 m.w.N.

[1253] Da sowohl auf die laufenden Gewinnausschüttungen als auch auf die Liquidationsauskehrungen das Halbeinkünfteverfahren angewendet wird, unterliegen die Einkünfte beim Gesellschafter der gleichen steuerlichen Belastung.

[1254] Vgl. Herzig (1980a), S. 24 - 25, der dieses Vorgehen als Nivellierungsstrategie bezeichnet hat.

[1255] Vgl. Kaminski (1996a), S. 166.

me von Gewinnsubstitutionen auch die Auswirkungen auf die Höhe des Veräußerungspreises und unter Umständen auf den Gewinnauszahlungsanspruch des Veräußerers bedacht werden[1256].

2.2.5 Betriebsverlegung

2.2.5.1 Verlegung eines Einzelunternehmens oder einer Personengesellschaft

2.2.5.1.1 Rechtsprechung des Bundesfinanzhofs

Zu einer im Zusammenhang mit einer Wohnsitzverlegung stehenden Betriebsverlegung hat sich der Bundesfinanzhof in bisher zwei Urteilen geäußert. In dem zweiten Urteil wurde auf den so genannten Strukturwandelbeschluss des Großen Senats vom 7.10.1974 Bezug genommen. Die Erläuterung der zwei Urteile sowie des Beschlusses bildet die Grundlage für eine kritische Untersuchung des in diesen Fällen vom Bundesfinanzhof zugrunde gelegten Tatbestandes der Betriebsaufgabe.

In dem Urteil vom 28.4.1971 stellte der Bundesfinanzhof fest, dass die Verlegung eines Gewerbebetriebes aus dem Inland in das Ausland als Aufgabe des Gewerbebetriebs nach § 16 Abs. 3 dEStG zu beurteilen sei, wenn der Gewinn aus dem in das Ausland verlegten Gewerbebetrieb aufgrund eines Doppelbesteuerungsabkommens nicht der inländischen Besteuerung unterliegt[1257]. Dem Urteil lag die Wohnsitz- und Betriebsverlegung eines Binnenschifffahrtsunternehmers von Deutschland in die Schweiz zugrunde. Vorübergehend behielt der Steuerpflichtige eine Zweigniederlassung in Deutschland bei. Dem wurde jedoch keine Bedeutung beigemessen, da nach Art. 3 Abs. 5 des Doppelbesteuerungsabkommens Deutschland-Schweiz Betriebe der Binnenschifffahrt nur in dem Staat besteuert werden, in dem sich der Ort der Leitung des Unternehmens befindet. Aufgrund des neuen Lebensmittelpunkts des Unternehmers befand sich dieser in der Schweiz. Mit der Begründung, dass die Erfassung aller im Inland gebildeter stiller Reserven der Zweck des Betriebsaufgabetatbestandes sei, wurde eine Betriebsaufgabe angenommen. Das Urteil schließt mit der Bemerkung, dass bei dieser Rechtslage nicht geprüft werden müsse, ob eine Betriebsverlegung oder eine Betriebsaufgabe vorliegt.

In dem Beschluss vom 7.10.1974 befasste sich der Große Senat des Bundesfinanzhofs mit dem Strukturwandel einer Gärtnerei vom Gewerbebetrieb mit Gewinnermittlung nach § 5 dEStG zum landwirtschaftlichen Betrieb mit Gewinnermittlung nach § 4 Abs. 1 dEStG[1258,1259]. Bedeutung hat dieses Urteil für die

---

[1256] Vgl. Herzig (1980b), S. 241.
[1257] Vgl. BFH-Urteil v. 28.4.1971 – I R 55/66, BStBl II 1971, S. 630.
[1258] Vgl. BFH-Beschluss v. 7.10.1974 – GrS 1/73, BStBl II 1975, S. 168.

Betriebsverlegung aufgrund der dort getroffenen Aussagen zur Betriebsaufgabe. Zunächst wurde auf die anfängliche Auffassung des Bundesfinanzhofs verwiesen, wonach unter einer Betriebsaufgabe ein Ereignis zu verstehen ist, bei dem nach dem Entschluss des Steuerpflichtigen, den Betrieb aufzugeben, in einem einheitlichen Vorgang innerhalb kurzer Zeit die wesentlichen Grundlagen des Betriebs an verschiedene Arbeitnehmer veräußert oder ganz oder teilweise in das Privatvermögen überführt werden. Bei der Betriebsaufgabe hört im Gegensatz zur Betriebsverlegung, bei der der Betrieb mit seinen wesentlichen Grundlagen an anderer Stelle fortgeführt wird, der Betrieb als selbständiger Organismus des Wirtschaftslebens zu bestehen auf[1260]. Mit dem Hinweis unter anderem auf das Schifffahrtsunternehmer-Urteil konstatierte der Große Senat, dass eine Betriebsaufgabe auch dann gegeben sei, wenn der Betrieb als wirtschaftlicher Organismus zwar bestehen bleibt, aber durch eine Handlung bzw. einen Rechtsvorgang in seiner ertragsteuerlichen Einordnung so verändert wird, dass die Erfassung der stillen Reserven nicht gewährleistet sei. Begründet wurde diese Sichtweise wiederum mit dem Zweck des Betriebsaufgabetatbestandes. Dieser wurde nicht nur darin gesehen, eine Grenze zwischen dem laufenden Gewinn und dem Aufgabegewinn zu ziehen, sondern auch darin, die Versteuerung der stillen Reserven sicherzustellen.

Das Urteil des Bundesfinanzhofs vom 13.10.1976 befasste sich mit dem Fall eines Textilchemikers, der für seine in Deutschland entwickelten Erfindungen Lizenzen an Fabriken in Deutschland vergeben hatte[1261]. Die hieraus erzielten Einkünfte wurden als solche aus freiberuflicher Tätigkeit qualifiziert. Einige Zeit später verlegte der Erfinder seinen Wohnsitz nach Italien. Das Besteuerungsrecht für die Einkünfte aus den Lizenzen wurde aufgrund Art. 7 des Doppelbesteuerungsabkommens Deutschland-Italien dem italienischen Staat zugewiesen. Die Verwertung der Einkünfte im Inland gemäß § 49 Abs. 1 Nr. 3 dEStG spielte keine Rolle. Der Bundesfinanzhof beschloss, dass die Verlegung des Wohnsitzes eines freiberuflich tätigen Erfinders in das Ausland dann zur Auflösung der in den Patenten ruhenden stillen Reserven wegen Betriebsaufgabe führe, wenn durch die Wohnsitzverlegung das inländische Besteuerungsrecht entfällt. Begründet wurde diese Auffassung mit dem Hinweis auf die vorangegangene Rechtsprechung, wonach es der Annahme einer Betriebsaufgabe nicht entgegenstehe, wenn der Gewerbebetrieb nunmehr im Ausland fortgesetzt wird. Diese für Einkünfte aus Gewerbebetrieb ausgesprochenen Grundsätze sollen

---

[1259] Die Unterscheidung hatte für die Behandlung stiller Reserven insofern Bedeutung, als dass nach der damaligen Rechtslage der Grund und Boden bei der Gewinnermittlung eines land- und forstwirtschaftlichen Betriebes außer Ansatz blieb. Vgl. auch BFH-Urteil v. 9.2.1972 – I R 205/66, BStBl II 1972, S. 455.
[1260] So auch Franke (1974), S. 34.
[1261] Vgl. BFH-Urteil v. 13.10.1976 – I R 261/70, BStBl II 1977, S. 76.

auch für Einkünfte aus selbständiger Arbeit sinngemäß gelten. Voraussetzung für die Annahme einer Betriebsaufgabe sei jedoch, dass das Besteuerungsrecht der Bundesrepublik Deutschland entzogen ist. Dabei erkannte das Gericht, dass der Steuerpflichtige aufgrund der Verwertung im Inland grundsätzlich beschränkt einkommensteuerpflichtig war und der Entzug der stillen Reserven nur aufgrund der Bestimmung des anzuwendenden Doppelbesteuerungsabkommens zustande kam. Dem Einwand des Steuerpflichtigen, dass eine Besteuerung der stillen Reserven unbillig wäre und zu einer ungleichmäßigen Besteuerung führe, weil er neben der deutschen Besteuerung der stillen Reserven zusätzlich die vereinnahmten Lizenzgebühren der italienischen Besteuerung unterwerfen müsse, entgegnete der Bundesfinanzhof, dass diese Härte zum einen durch die Gewährung des ermäßigten Steuersatzes abgemildert und zum anderen der gemeine Wert durch die Berücksichtigung des mit dem Patentbesitz verbundenen Risikos gemindert werde. Der Versuch, die für den Steuerpflichtigen eintretende Härte mit dem Hinweis auf den ermäßigten Steuersatz und einen geminderten gemeinen Wert zu berücksichtigen, schlägt fehl. Ein nicht vorhandener Besteuerungstatbestand kann dadurch nicht ersetzt werden[1262]. Zudem wird der Eindruck erweckt, als gäbe es zwei unterschiedliche gemeine Werte[1263].

Diese, zudem recht alten Urteile bzw. Beschlüsse sind die einzige höchstrichterliche Rechtsprechung, die im Zusammenhang mit der Verlegung eines Betriebes ins Ausland ergangen ist. Darüber hinaus sind andere Fälle denkbar, in denen ein Entzug der stillen Reserven bei einer Betriebsverlegung im Zusammenhang mit einer Wohnsitzverlegung droht. Für die Steuerplanung stellt daher die Verlegung des Betriebes insbesondere wegen der nur unzureichenden Begründung der bisher ergangenen Urteile einen hohen Unsicherheitsfaktor dar. Das Schifffahrtsunternehmer- und das Erfinderurteil lassen die Annahme gerechtfertigt erscheinen, dass vom Bundesfinanzhof immer dann eine Betriebsaufgabe angenommen wird, wenn ein Entzug der stillen Reserven droht. Ob eine derartige Sichtweise vom Wortlaut des Betriebsaufgabetatbestandes gedeckt ist, bildet den Untersuchungsgegenstand der folgenden Ausführungen.

2.2.5.1.2 Abgrenzung der Betriebsverlegung von der Betriebsaufgabe

Das Einkommensteuergesetz bestimmt in § 16 Abs. 3 Satz 1 dEStG lediglich, dass als Veräußerung auch die Aufgabe des Gewerbebetriebs gilt. Gemäß § 14 Satz 2 dEStG gilt dies auch für Gewinne aus der Veräußerung eines land- und forstwirtschaftlichen Betriebes und gemäß § 18 Abs. 3 Satz 2 dEStG für Gewinne aus der Veräußerung des einer selbständigen Arbeit dienenden Vermögens. Grundsätzlich ist die Aufgabe eines Betriebes zu unterscheiden von der allmäh-

---

[1262] Vgl. Diebold (1984), S. 521, RZ 918.
[1263] So auch Felix (1980), S. 160.

lichen Abwicklung, der vorübergehenden Betriebsunterbrechung[1264] und von einer innerbetrieblichen Strukturänderung oder Betriebsverlegung[1265]. Die Abgrenzung der Betriebsverlegung von der Betriebsaufgabe hat für die Frage der Entstrickung zentrale Bedeutung. In einem – zeitlich der im vorherigen Kapitel aufgeführten Rechtsprechung nachgelagerten – Urteil[1266] hat der Bundesfinanzhof festgestellt, dass eine Aufgabe des ganzen Betriebs im Sinne von § 16 Abs. 3 dEStG vorliegt, wenn der Inhaber des Betriebs seine gewerbliche Tätigkeit einstellt und die dem Betrieb gewidmeten Wirtschaftsgüter in einem einheitlichen Vorgang innerhalb eines kurzen Zeitraums entweder veräußert oder in das Privatvermögen überführt und dadurch die stillen Reserven in einem Zug aufdeckt. Die Verlegung eines Betriebs an einen neuen Standort kann steuerlich entweder als Aufgabe des bisherigen Betriebs und Eröffnung eines neuen Betriebs oder als steuerlich unbeachtliche Betriebsverlegung gesehen werden[1267]. Abhängig ist die Entscheidung im Wesentlichen davon, ob der „stillgelegte" und der „wieder aufgenommene" Betrieb bei wirtschaftlicher Betrachtungsweise identisch sind[1268]. In dem konkret zu entscheidenden Urteil hat das Finanzgericht als Vorinstanz die wirtschaftliche Identität aus der fortlaufend und artgleich ausgeübten gewerblichen Tätigkeit, aus der buchmäßigen Behandlung durch den Kläger, aus der geringen räumlichen Entfernung zwischen dem alten und dem neuen Standort und aus der nicht rückläufigen Umsatzentwicklung des Betriebes geschlossen. Der Bundesfinanzhof hat aufgrund von § 118 dFGO keine Prüfung dieser tatsächlichen Feststellungen vorgenommen. Er erklärte jedoch ergänzend, dass die praktisch ohne Unterbrechung ausgeübte Tätigkeit auf die wirtschaftliche Identität zwischen dem „alten" und dem „neuen" Betrieb hindeutet, weil eine bloße Betriebsunterbrechung voraussetzt, dass schon im Zeitpunkt der Einstellung der werbenden gewerblichen Tätigkeit es nach den äußerlich erkennbaren Umständen wahrscheinlich ist, dass die Betätigung innerhalb eines überschaubaren Zeitraums in gleichartiger und ähnlicher Weise wieder aufgenommen wird. Die nur für die Dauer des Umzugs unterbrochene Tätigkeit spricht bei vorher und nachher gleichartig ausgeübter Tätigkeit für die Annahme einer bloßen Betriebsunterbrechung. Strukturveränderungen wie im hier zugrunde gelegten Fall die Veränderung des Kundenstamms schließen die Annahme einer Betriebsverlegung nicht aus.

Im Folgenden wird untersucht, ob die wirtschaftliche Identität auch dann aufrechterhalten werden kann, wenn der Betrieb vom Inland ins Ausland verlegt wird. Sollten die Voraussetzungen dafür gegeben sein, stellt sich die Frage, ob

---

[1264] Vgl. Teil 3, Kap. 2.2.3.1.
[1265] Vgl. Wacker, R. (2002), S. 1410, RZ 170.
[1266] Vgl. BFH-Urteil v. 3.10.1984 – I R 116/81, BStBl II 1985, S. 131.
[1267] Vgl. Biergans (1992), S. 728.
[1268] So bereits Schmitz/Schmitz (1970), S. 322.

unter diesen Umständen die vom Bundesfinanzhof vertretene Annahme einer Betriebsaufgabe bei drohendem Entzug der stillen Reserven zutreffend ist. Werden die in dem Urteil vom 3.10.1984 aufgeführten Gründe für die Annahme einer wirtschaftlichen Identität im Hinblick darauf untersucht, ob sie der Möglichkeit einer Betriebsverlegung ins Ausland entgegen stehen, so könnte nur der Hinweis auf die geringe räumliche Entfernung Probleme bereiten. Regelmäßig wird die Betriebsverlegung von Deutschland nach Österreich zu einer größeren räumlichen Entfernung von „altem" und „neuem" Betrieb führen als die 200 bis 300 Meter, die in dem dem Urteil zugrunde liegenden Fall gegeben waren. Der Bundesfinanzhof führte zwar aus, dass eine wesentliche Veränderung des Kundenstamms noch nicht die zwingende Annahme einer Betriebsaufgabe zur Folge hat. Allerdings verwies er in einem Nachsatz darauf, dass es auf den guten Ruf des Unternehmens ankomme. Daraus kann geschlossen werden, dass eine Betriebsverlegung immer dann noch angenommen werden kann, wenn die räumliche Entfernung nicht so groß ist, dass das Unternehmen dem neuen Kundenstamm vollkommen unbekannt ist. Je bekannter und regelmäßig auch größer ein Unternehmen ist, umso eher kann von der Annahme einer „bloßen" Betriebsverlegung ausgegangen werden. Grundsätzlich ist kein Anhaltspunkt dafür gegeben, dass eine Betriebsverlegung nicht auch über die Grenze erfolgen kann.

In den vom Bundesfinanzhof entschiedenen Fällen stellt sich ergänzend die Frage, ob überhaupt eine Betriebsverlegung gegeben ist. Der Schifffahrtsunternehmer behielt mehrere Jahre nach seiner Wohnsitzverlegung eine Zweigniederlassung in Deutschland bei und der Erfinder verwertete seine Patente durch die Vergabe von Lizenzen an inländische Fabriken in der gleichen Weise wie vor seiner Wohnsitzverlegung. Zumindest in dem Fall des Erfinders kann eindeutig festgestellt werden, dass eine Betriebsverlegung nicht stattgefunden hat. Die Annahme einer Betriebsaufgabe wurde ausschließlich vom Schicksal der stillen Reserven abhängig gemacht. Unter diesen Umständen ist es äußerst schwierig, eine Prognose darüber abzugeben, wie der Bundesfinanzhof eine tatsächliche Betriebsverlegung vom Inland ins Ausland behandeln würde.

Gelegentlich wird die Ansicht vertreten, dass es sich bei der Betriebsaufgabe um eine Totalentnahme handelt[1269]. Dadurch und durch den Verweis auf die – allerdings ebenfalls umstrittene – finale Entnahmerechtsprechung[1270] soll die Aufdeckung und Versteuerung der stillen Reserven gerechtfertigt werden. Gegen diese Annahme sprechen jedoch die jeweiligen Bewertungsbestimmungen. Während bei der Betriebsaufgabe gemäß § 16 Abs. 3 Satz 4 und 5 dEStG die Veräußerungspreise bzw. die gemeinen Werte anzusetzen sind, muss eine Entnahme ge-

---

[1269] So auch der BFH in seinem Beschluss v. 7.10.1974 – GrS 1/73, BStBl II 1975, S. 168.
[1270] Vgl. Teil 3, Kap. 3.3.5.1.

mäß § 6 Abs. 1 Nr. 4 Satz 1 dEStG mit dem Teilwert bewertet werden. Im Gegensatz zum gemeinen Wert geht eine Teilwertbestimmung gemäß § 10 Satz 3 dBewG von der Fortführung des Unternehmens aus. Unter dieser Voraussetzung kann jedoch bei einer Orientierung am Wortlaut nicht mehr von einer Betriebsaufgabe ausgegangen werden.

2.2.5.1.3 Der Strukturwandelbeschluss des Bundesfinanzhofs

Die Annahme einer Betriebsaufgabe könnte demnach nur auf die zentrale Aussage des Strukturwandelbeschlusses gestützt werden, wonach eine Betriebsaufgabe auch dann gegeben sei, wenn der Betrieb zwar als wirtschaftlicher Organismus bestehen bleibt, aber durch eine Handlung bzw. einen Rechtsvorgang in seiner ertragsteuerlichen Einordnung so verändert wird, dass die Erfassung der stillen Reserven nicht gewährleistet ist. Es stellt sich die Frage, ob diese Auslegung des Betriebsaufgabetatbestandes noch vom Wortlaut gedeckt ist. Problematisch ist bereits die Aussage, dass ein Betrieb aufgegeben sein könne, obwohl er weiterhin besteht. Darüber hinaus erweckt die Bezugnahme auf die ertragsteuerliche Einordnung den Eindruck, dass einem allgemeinen Entstrickungsgrundsatz durch eine unzulässige Subsumption unter den Betriebsaufgabetatbestand doch Eingang in das deutsche Steuerrecht verschafft werden soll. Dem Wortlaut kann nicht entnommen werden, dass eine Betriebsverlegung innerhalb Deutschlands bzw. vom Inland in ein Nicht-DBA-Land anders zu behandeln sei als eine Betriebsverlegung in ein Land, mit dem Deutschland in einem Doppelbesteuerungsabkommen für die betrieblichen Einkünfte die Freistellungsmethode vereinbart hat. Allein die Tatsache, dass ein Entzug der stillen Reserven aufgrund eines Doppelbesteuerungsabkommens droht, entbindet nicht von der Verpflichtung zur Prüfung der sich allein aus nationalem Recht ergebenden Tatbestandsvoraussetzungen[1271]. Wenn bei einer Betriebsverlegung mangels drohenden Entzugs der stillen Reserven keine Betriebsaufgabe angenommen wird, so darf diese auch dann nicht unterstellt werden, wenn stille Reserven künftig nicht mehr vom deutschen Fiskus erfasst werden können. Dem Betriebsbegriff des § 16 dEStG ist die nationale Belegenheit des Betriebssitzes im Gegensatz zum Körperschaftsteuerrecht fremd[1272].

Rechtsunsicherheit in besonders hohem Maße wird durch den Hinweis auf die Veränderung der ertragsteuerlichen Einordnung durch eine Handlung bzw. durch einen Rechtsvorgang erzeugt[1273]. Nach der Rechtsprechung des Bundesfinanzhofs handelt es sich bei Rechtsvorgängen „um das Einwirken außersteuerlicher Normen auf den steuerlich relevanten Sachverhalt, wie z.B. erbrechtliche

---

[1271] So auch Geissler (1999), S. 280 - 281.
[1272] Vgl. § 12 dKStG und Diebold (1984), S. 913.
[1273] So auch Wassermeyer (1986), S. 81 und Knobbe-Keuk (1993), S. 281.

Folgen, Enteignungen usw."[1274],[1275] Nicht als Rechtsvorgang gilt eine geänderte steuerrechtliche Beurteilung bestimmter Sachverhalte[1276]. Während es bereits Schwierigkeiten bereitet, in der Verlegung des Betriebes bei gegebener wirtschaftlicher Identität des „alten" und des „neuen" Betriebs eine Betriebsaufgabe entdecken zu wollen, kann der Annahme einer Betriebsaufgabe bei alleiniger Verlegung des Wohnsitzes unter keinen Umständen mehr gefolgt werden. Durch den Begriff „Betriebsaufgabe" wird klargestellt, dass eine betriebsbezogene Handlung oder ein betriebsbezogener Rechtsvorgang vorliegen muss. Die von dem Steuerpflichtigen vorgenommene Handlung des Wegzugs weist jedoch keinerlei Verbindung zum Betrieb im Sinne einer Einwirkung auf den Betrieb auf[1277]. Etwas anderes könnte nur gelten, wenn der Betriebsbegriff beinhalten würde, dass der Betrieb von einem unbeschränkt Steuerpflichtigen gehalten werden müsste. Dies kann jedoch aufgrund der eindeutigen Verweise in § 49 Abs. 1 dEStG unter anderem auf die §§ 13 - 18 dEStG nicht zutreffen. Es ist kein Anzeichen dafür erkennbar, dass im Rahmen der beschränkten Steuerpflicht ein anderer Betriebsbegriff als bei unbeschränkter Steuerpflicht gelten soll[1278]. Im Hinblick auf das Erfinderurteil muss dennoch im Rahmen der Steuerplanung davon ausgegangen werden, dass der Bundesfinanzhof in jedem Fall, in dem der Entzug sämtlicher stiller Reserven eines Betriebes droht, eine Betriebsaufgabe unterstellen wird.

2.2.5.1.4 Wohnsitzverlegung des Mitunternehmers einer Personengesellschaft

Schwierigkeiten bereitet auch eine Prognose darüber, wie der Bundesfinanzhof im Fall der Wohnsitzverlegung eines Mitunternehmers einer Personengesellschaft entscheiden würde, wenn dadurch der Bundesrepublik Deutschland das Besteuerungsrecht an den stillen Reserven innerhalb des Mitunternehmeranteils verloren ginge. Weder die Annahme einer Anteilsveräußerung noch die einer Anteilsaufgabe ist im Fall einer Wohnsitzverlegung vom Wortlaut gedeckt[1279]. Eine Rechtsgrundlage für eine vom Bundesfinanzhof möglicherweise angestrebte Gewinnrealisierung kann nicht entdeckt werden. Es ist jedoch nicht unwahr-

---

[1274] Vgl. BFH-Urteil v. 29.10.1981 – IV R 138/78, BStBl II 1982, S. 381 und BFH-Urteil v. 13.12.1983 – VIII R 90/81, BStBl II 1984, S. 474.
[1275] Hellwig (1976), S. 129 sieht den Rechtsvorgang „als ein „weniger" gegenüber der Handlung" an. „Denn er kann „in besonders gelagerten Fällen genügen". Die genaue Abgrenzung des Rechtsvorgangs liegt jedoch ziemlich im Dunkeln. Der als Beispiel [im Strukturwandelbeschluss] genannte Todesfall deutet darauf hin, dass vorwiegend Ereignisse, die in der Person des Steuerpflichtigen eintreten, als Rechtsvorgänge in Betracht kommen sollen."
[1276] Vgl. BFH-Beschluss v. 25.6.1984 – GrS 4/82, BStBl II 1984, S. 751.
[1277] Vgl. Diebold (1984), S. 492, RZ 852 und S. 519, RZ 914.
[1278] Vgl. Diebold (1984), S. 492 - 493, RZ 853.
[1279] So auch Wassermeyer (1997), S. 19.

scheinlich, dass die Aufgabe des Mitunternehmeranteils ebenfalls mit dem Hinweis auf die veränderte ertragsteuerliche Einordnung durch die Vornahme einer Handlung oder eines Rechtsvorgangs unterstellt wird. Dass diese Begründung nicht ausreichend ist, wurde bereits im Zusammenhang mit der Behandlung eines Einzelunternehmens aufgezeigt.

2.2.5.1.5 Sicherstellung der stillen Reserven

Soll nicht versucht werden, auf dem Klageweg die Annahme einer Betriebsaufgabe zu widerlegen, muss der Steuerpflichtige Kenntnis darüber haben, wann vom Bundesfinanzhof die Sicherstellung der stillen Reserven noch als gegeben angesehen wird. Vor der Untersuchung der diesbezüglichen höchstrichterlichen Rechtsprechung soll jedoch die Sicherstellungsprämisse aus den Grundprinzipien der steuerlichen Gewinnermittlung abgeleitet werden[1280]. Da das Leistungsfähigkeitsprinzip erfordert, dass die Besteuerung entsprechend der individuellen Leistungsfähigkeit eines jeden Steuerpflichtigen zu erfolgen hat, kann von einer Sicherstellung der stillen Reserven dann nicht mehr ausgegangen werden, wenn deren spätere Erfassung bei dem Steuersubjekt, bei dem sie entstanden sind, nicht gegeben ist.

Für die Fälle der Betriebs- und Wohnsitzverlegung interessiert aber neben dieser steuersubjektbezogenen Sichtweise vor allem die Frage, wann eine steuerobjektbezogene Sicherstellung der stillen Reserven nicht mehr angenommen werden kann. Hierunter ist die Besteuerungskompetenz des inländischen Fiskus zu verstehen. Diese kann sowohl durch rein nationale als auch durch grenzüberschreitende Vorgänge eingeschränkt werden. Für den Fall der grenzüberschreitenden Tatbestände muss zwischen dem Begriff der Besteuerungshoheit und demjenigen des Besteuerungsbereichs unterschieden werden. Unter Steuerhoheit wird das Recht eines Staates verstanden, gesetzlich normierte und vom Steuerpflichtigen verwirklichte Tatbestände zu besteuern. Ausgedrückt wird hierdurch jedoch nur die Steuerbarkeit dem Grunde nach.

Für die Frage der Besteuerung der Höhe nach bietet sich zur Systematisierung die Unterteilung in einen uneingeschränkten und in einen eingeschränkten Besteuerungsbereich an. Im uneingeschränkten Besteuerungsbereich befinden sich nur die Wirtschaftsgüter, die der inländischen Steuerhoheit unterliegen und dessen Gewinn im Inland in voller Höhe besteuert werden kann. Eine Verminderung des inländischen Steueranspruchs durch Anwendung eines Anrechnungs- oder Freistellungsverfahrens führt hingegen zu einem eingeschränkten inländischen Besteuerungsanspruch. Eine systemgerechte Sicherstellung der stillen Re-

---

[1280] Vgl. Kempka (1995), S. 40 - 49.

serven würde erfordern, dass stille Reserven nicht den uneingeschränkten Besteuerungsbereich verlassen dürfen.

Werden die im Rahmen der Entstrickungsrechtsprechung vom Bundesfinanzhof entschiedenen Fälle betrachtet, kann davon ausgegangen werden, dass ein drohender Entzug der stillen Reserven jedoch nur dann angenommen wird, wenn eine Besteuerung der stillen Reserven aufgrund der in einem Doppelbesteuerungsabkommen vereinbarten Freistellungsmethode nicht mehr gewährleistet ist. Obwohl bei Anwendung der Anrechnungsmethode der deutsche Besteuerungsanspruch ebenfalls bis auf Null reduziert werden kann, existiert kein Urteil, in dem der Bundesfinanzhof in einem solchen Fall eine Entstrickung angeordnet hat.

Einschränkende Bemerkungen zu dieser Einschätzung der höchstrichterlichen Sichtweise finden sich lediglich in dem Urteil des Bundesfinanzhofs vom 30.4.1975[1281]. Darin heißt es hinsichtlich der Sicherstellung der stillen Reserven, dass nicht jeweils danach unterschieden werden kann, ob im Einzelfall ein Doppelbesteuerungsabkommen mit dem Wohnsitzstaat des beschränkt Steuerpflichtigen überhaupt besteht, ob ein Doppelbesteuerungsabkommen das Besteuerungsrecht Deutschlands unangetastet lässt oder ob Aussicht besteht, in einem Verständigungsverfahren dem Besteuerungsrecht des Wohnsitzstaates mit Erfolg entgegenzutreten. In jedem dieser Fälle wird die Besteuerung der stillen Reserven schon deshalb als gefährdet angesehen, weil selbst bei einer für Deutschland günstigen Rechts- oder Vertragslage nicht damit gerechnet werden kann, dass diese auch künftig fortbesteht, oder weil der Steuerpflichtige seinen Wohnsitz möglicherweise in einen anderen Staat mit anderer Vertragslage verlegt.

Im Hinblick auf dieses Urteil ist jedoch zu beachten, dass dort der Fall der Einbringung einer Personengesellschaft gegen Gewährung von Gesellschaftsrechten in eine Kapitalgesellschaft durch einen beschränkt steuerpflichtigen Gesellschafter behandelt wurde. Die Einbringung führt grundsätzlich zu einer Realisation der stillen Reserven. Der Aufschub der Besteuerung stellt wegen des mangelnden Zuflusses liquider Mittel nur eine Billigkeitsmaßnahme dar[1282]. In den Fällen, in denen der Bundesfinanzhof eine Entstrickung nur bei Anwendbarkeit der Freistellungsmethode angeordnet hat, ist nach der hier vertretenen Auffassung weder ein Realisations- noch ein Ersatzrealisationstatbestand gegeben. Dadurch entsteht der Eindruck, dass der Bundesfinanzhof durchaus erkennt, wann ein gesetzlicher Realisations- bzw. Ersatzrealisationstatbestand erfüllt ist und wann nicht. Die Anforderungen an die Sicherstellungsprämisse scheinen dann höher

---

[1281] Vgl. BFH-Urteil v. 30.4.1975 – I R 41/73, BStBl II 1975, S. 706.
[1282] Vgl. Knobbe-Keuk (1993), S. 271 - 272.

zu sein, wenn grundsätzlich eine tatsächliche Realisation vorliegt. Hierdurch wird die Auffassung bekräftigt, dass der Bundesfinanzhof bei der Auslegung der Ersatzrealisationstatbestände den Wortlaut bewusst verlässt.

2.2.5.1.6 Entstrickung aufgrund einer teleologischen Reduktion des Betriebsaufgabetatbestandes

Wird das Beschreiten des Klagewegs in Betracht gezogen, muss zuvor geprüft werden, ob eine Entstrickung nicht auch mittels einer anderen, systemgerechten Argumentation erreicht werden kann. So könnte beispielsweise angenommen werden, dass jede Betriebsverlegung – unabhängig davon, ob sie im Inland oder grenzüberschreitend erfolgt – eine Betriebsaufgabe auslöst. Die Nichtauflösung der stillen Reserven bei inländischen Betriebsverlegungen könnte mit einer teleologischen Reduktion des Betriebsaufgabetatbestandes begründet werden[1283]. Eine derartige Steuerstundung ist gerechtfertigt, da bei einer Betriebsverlegung keine liquiden Mittel zufließen. Das hierin zum Ausdruck kommende Übermaßverbot rechtfertigt jedoch nicht einen endgültigen Entzug der stillen Reserven. Sofern dieser droht, muss die Aufdeckung der stillen Reserven nachgeholt werden. Dabei darf jedoch das Prinzip der Tatbestandsmäßigkeit der Besteuerung nicht verletzt werden. Da die bisher vertretene Ablehnung der Annahme einer Betriebsaufgabe zu großen Teilen auf die Aussagen des Bundesfinanzhofs zur Betriebsverlegung gestützt wurde, sind die zuvor aufgeführten Argumente nicht zu nutzen für die Prüfung, ob jede Betriebsverlegung eine Betriebsaufgabe darstellt.

Da der Gesetzestext lediglich aussagt, dass als Veräußerung auch die Aufgabe des Betriebs gilt und somit die Auslegung des Betriebsaufgabetatbestandes weitestgehend der Rechtsprechung überlassen wird, wäre die Annahme einer Betriebsaufgabe bei jeder Betriebsverlegung vom Wortlaut gedeckt. Keine Betriebsaufgabe kann jedoch angenommen werden, wenn lediglich der Wohnsitz verlegt wird und damit die im Betrieb enthaltenen stillen Reserven der deutschen Besteuerung entzogen werden. Die Wohnsitzverlegung stellt keine betriebsbezogene Handlung dar. Wird die Möglichkeit einer Klage bei der Steuerplanung nicht grundsätzlich ausgeschlossen, könnte es sich in derartigen Fällen anbieten, zunächst den Wohnsitz und anschließend den Betrieb ins Ausland zu verlegen.

[1283] Vgl. Biergans (1992), S. 732.

2.2.5.1.7 Unentgeltliche Übertragung des Betriebs auf einen beschränkt Steuerpflichtigen

Eine Umgehung des Betriebsaufgabetatbestandes könnte auch erreicht werden, indem der Betrieb von einem unbeschränkt Steuerpflichtigen auf einen beschränkt Steuerpflichtigen unentgeltlich übertragen wird. Hierzu könnte der Ehepartner bzw. ein anderer Angehöriger zunächst seinen Wohnsitz nach Österreich verlegen. Er würde damit aus der unbeschränkten Steuerpflicht ausscheiden. Im Anschluss überträgt der unbeschränkt Steuerpflichtige den Betrieb auf seinen Angehörigen. Gemäß § 6 Abs. 3 dEStG sind bei der Ermittlung des Gewinns des bisherigen Betriebsinhabers die Wirtschaftsgüter mit den Werten anzusetzen, die sich nach den Vorschriften über die Gewinnermittlung ergeben. Der Rechtsnachfolger ist an diese Werte gebunden. Da auf Seiten des Schenkers die unentgeltliche Übertragung des Betriebs weder zu einer Betriebsveräußerung gemäß § 16 Abs. 1 Nr. 1 dEStG noch zu einer Betriebsaufgabe gemäß § 16 Abs. 3 dEStG[1284] führt, sind die Buchwerte anzusetzen[1285]. Voraussetzung einer unentgeltlichen Betriebsübertragung ist, dass alle wesentlichen Betriebsgrundlagen des Betriebs durch einen einheitlichen Vorgang und unter Aufrechterhaltung des geschäftlichen Organismus auf einen Erwerber übergehen[1286]. Nachteilig bei einer derartigen Vorgehensweise ist die Belastung mit Schenkungsteuer sowohl in Deutschland als auch in Österreich.

§ 6 Abs. 3 dEStG kann nicht entnommen werden, dass die Übertragung auf einen beschränkt Steuerpflichtigen anders zu behandeln ist. Im Hinblick auf die am Schicksal der stillen Reserven orientierte Rechtsprechung des Bundesfinanzhofs ist jedoch zu erwarten, dass die Entstrickung der stillen Reserven angeordnet wird. Begründet werden könnte ein derartiges Vorgehen damit, dass der Wertansatz nach den Vorschriften über die Gewinnermittlung zu erfolgen hat. Da auch der Betriebsaufgabetatbestand zu den Vorschriften über die Gewinnermittlung gehört, könnte der Gerichtshof mit einem erneuten Verweis auf den vermeintlichen Zweck des § 16 Abs. 3 dEStG eine Betriebsaufgabe unterstellen. Dass das Vorliegen einer Betriebsaufgabe aber nicht von der Reichweite der persönlichen Steuerpflicht des Betriebsinhabers abhängig ist, wurde bereits dargelegt.

2.2.5.2 Grenzüberschreitender Umzug von Kapitalgesellschaften

Gemäß § 1 Abs. 1 dKStG sind Kapitalgesellschaften, die ihre Geschäftsleitung oder ihren Sitz im Inland haben, unbeschränkt körperschaftsteuerpflichtig. Im Folgenden soll untersucht werden, welche steuerlichen Folgen durch die Verle-

---

[1284] Vgl. BFH-Urteil v. 14.7.1993 – X R 74-75/90, BStBl II 1994, S. 15.
[1285] Vgl. Cattelaens (1999), S. 1083.
[1286] So auch das BFH-Urteil v. 14.7.1993 – X R 74-75/90, BStBl II 1994, S. 15.

gung von Geschäftsleitung und Sitz bzw. nur von einem der beiden Anknüpfungsmerkmale ins Ausland eintreten. Neben dem Steuerrecht müssen die Bestimmungen des internationalen Privatrechts und des materiellen Zivilrechts beachtet werden. Kein Untersuchungsgegenstand dieses Kapitels ist die Verbringung von zum Betriebsvermögen einer Kapitalgesellschaft gehörenden Wirtschaftsgütern ins Ausland[1287].

2.2.5.2.1 Zivilrechtliche Bestimmungen

Ausdrücklich geregelt wird die Sitzverlegung von Kapitalgesellschaften nur für Inlandssachverhalte. Gemäß § 13 h Abs. 1 dHGB ist eine inländische Verlegung beim Gericht der bisherigen Hauptniederlassung oder des bisherigen Sitzes anzumelden. Ähnliches schreibt § 45 Abs. 1 dAktG vor: „Wird der Sitz der Gesellschaft im Inland verlegt, so ist die Verlegung beim Gericht des bisherigen Sitzes anzumelden". Die Sitzverlegung innerhalb Deutschlands hat keinen Einfluss auf die Identität und Rechtsfähigkeit der Gesellschaft. Keine Bestimmung ist im deutschen Handelsrecht hingegen für den Fall der grenzüberschreitenden Sitzverlegung enthalten.

Der Begriff der Sitzverlegung wird sowohl für den Fall der Verlegung des Satzungssitzes als auch für denjenigen der Verlegung des Verwaltungssitzes verwendet. Da praktisch alle Rechtsordnungen die Belegenheit des Satzungssitzes in ihrem Land fordern, kommt dieser Form der Sitzverlegung im Rahmen der Steuergestaltung keine besondere Bedeutung zu[1288]. Untersucht wird daher im Folgenden nur der Fall, dass der Satzungssitz gleichzeitig mit dem Verwaltungssitz verlegt wird. Der Verlagerung des Verwaltungssitzes ist besondere Aufmerksamkeit zu schenken. Neben der bewussten Verlegung ins Ausland ist es im Rahmen einer Wohnsitzverlegung nicht unwahrscheinlich, dass der Verwaltungssitz unbeabsichtigt ins Ausland verlegt wird. Die möglichen zivil- und steuerrechtlichen Konsequenzen werden dabei häufig übersehen.

Inwieweit eine Verlegung des Verwaltungssitzes vom Inland ins Ausland unter Aufrechterhaltung der Identität der Gesellschaft möglich ist, hängt davon ab, ob die Rechtsordnungen beider beteiligter Staaten dies ermöglichen. Entscheidend ist, ob das Kollisionsrecht des Zuzugsstaats dem fremden Sachenrecht, auf dem die Rechtsfähigkeit der juristischen Person beruht, Geltungskraft für das Inland verleiht. Sollte die Rechtsfähigkeit der Gesellschaft verloren gehen, hätte dies beispielsweise zur Konsequenz, dass die Gesellschafter persönlich haftbar werden und dass die Gesellschaft die Parteifähigkeit in Prozessen verliert und nicht

---

[1287] Vgl. aber Teil 3, Kap. 3.3.5.2.3.4.
[1288] § 5 dAktG und § 4 a dGmbHG setzen einen inländischen Satzungssitz voraus, so dass eine Verlegung des Satzungssitzes die zwingende Liquidation der Gesellschaft auslöst.

mehr Träger von Rechten und Pflichten sein kann. Welches Recht für die Existenz der Gesellschaft maßgeblich ist, beruht darauf, welche kollisionsrechtliche Theorie zugrunde gelegt wird[1289].

2.2.5.2.1.1 Sitztheorie

Nach der Sitztheorie richtet sich der Gesellschaftsstatus einer juristischen Person nach der Rechtsordnung des Staates, in dem die Gesellschaft ihren tatsächlichen Verwaltungssitz hat. Bei Anwendung dieser Theorie sowohl auf Zuzugs- als auch auf Wegzugsfälle ist es nicht möglich, eine Gesellschaft in einem Staat mit niedrigeren Gründungsanforderungen zu errichten und anschließend identitätswahrend in ein anderes Land zu verlegen. Die Anwendung der Sitztheorie hat in diesem Fall jedoch nicht die Auflösung der Gesellschaft zur Folge. Die Verlegung des Verwaltungssitzes führt lediglich zu einer zivilrechtlichen Neueinordnung der Gesellschaftsform[1290]. Die Registrierung der Gesellschaft hat immer in dem Land zu erfolgen, in dem sich der tatsächliche Verwaltungssitz der Gesellschaft befindet.

2.2.5.2.1.2 Gründungstheorie

Wird hingegen die Gründungstheorie als die für das Gesellschaftsstatut maßgebliche Theorie angesehen, unterliegt eine Gesellschaft auch dann weiterhin dem Recht des Gründungsstaates, wenn sie ihre tatsächliche Verwaltung in einen anderen Staat verlegt. Den Gesellschaftern obliegt demzufolge die Wahl des für die Gesellschaft maßgeblichen Rechts. Die Registrierung der Gesellschaft im Gründungsstaat ist ausreichend. Gesellschaftsrechtliche Bedenken gegen diese Theorie bestehen aufgrund der Möglichkeiten zur Umgehung des Gesellschafter- und des Gläubigerschutzes und der Vorschriften zur Mitbestimmung[1291].

2.2.5.2.1.3 Differenzierender Lösungsansatz

Neben diesen beiden Theorien existiert noch ein differenzierender Lösungsansatz[1292]. Danach sollen die Rechtsverhältnisse einer Gesellschaft nicht nur nach einer einzigen Rechtsordnung beurteilt werden. Für die Fragen der Existenz und der Rechtsfähigkeit der Gesellschaft sowie für die Rechtsbeziehungen der Gesellschafter untereinander soll das Recht des Gründungsstaates maßgebend sein,

---

[1289] Vgl. Dötsch (1989), S. 2296 - 2297, Knobbe-Keuk (1990b), S. 372 - 373, Debatin (1991), S. 164, Behrens (1994), S. 4 - 9, Ebenroth/Auer (1994), S. 16 - 19, Crezelius (1997), S. 1714 und Hügel (1999), S. 73 - 74.

[1290] Vgl. Krug (2001), S. 155, der beispielhaft die GbR, die OHG oder den nichtrechtfähigen Verein als mögliche neue Gesellschaftsform aufzählt.

[1291] Göttsche (1999), S. 1406 - 1407 zeigt auf, wie wenig das deutsche Gesellschaftsrecht auf einen gegebenenfalls durch Gemeinschaftsrecht bedingten Verlust der Schutzfunktion der Sitztheorie vorbereitet ist.

[1292] Vgl. o.V. (2000b), S. 278 - 279.

für die Betätigung der Gesellschaft und den Schutz ihrer Gläubiger das Recht des Sitzstaates. Eine derartige Differenzierung in ein Innen- und Außenverhältnis führt jedoch zu einer Rechtsunsicherheit, weil eine eindeutige Abgrenzung der einzelnen Regelungsbereiche nicht möglich ist. Hinzu kommen unlösbare Anpassungsprobleme, die sich aus der Vermischung von Normen unterschiedlicher Rechtsordnungen ergeben. Im Folgenden wird daher nur auf die Rechtsfolgen eingegangen, die sich aus der Zugrundelegung einer der beiden Grundtheorien ergeben.

2.2.5.2.1.4 Herrschende Meinung in Deutschland und Österreich

Die derzeit wohl trotz der jüngsten EuGH-Rechtsprechung noch herrschende Meinung sowohl in Deutschland als auch in Österreich geht von der Gültigkeit der Sitztheorie aus[1293]. Beachtet werden muss jedoch in diesem Zusammenhang der Beschluss des österreichischen OGH vom 15.7.1999[1294]. Danach gibt Österreich die Sitztheorie zumindest im Rahmen der sekundären Niederlassungsfreiheit auf[1295,1296]. Selbst wenn in Deutschland die Sitztheorie vertreten wird, ist die im Zuzugsstaat befürwortete Theorie insofern wichtig, als dass die Sitztheorie als Kollisionsnorm durch die Regeln über die Rück- und Weiterverweisung gemäß Art. 4 dEGBGB ergänzt wird. Wenn die tatsächliche Verwaltung in einen Staat verlegt wird, der der Gründungstheorie folgt, so geht danach auch nach der Sitztheorie die Rechtsfähigkeit nicht verloren. Durch die Rückverweisung gilt für die Gesellschaft weiterhin deutsches Gesellschaftsrecht[1297]. Voraussetzung hierfür ist jedoch, dass weiterhin eine Beziehung der Gesellschaft zum Satzungssitz besteht. Diese kann durch eine Betriebsstätte oder eine sonstige Geschäftstätigkeit im Inland zum Ausdruck kommen[1298].

[1293] Vgl. Ebenroth/Auer (1994), S. 16 und Göttsche (1999), S. 1403.
[1294] Vgl. Krug (2001), S. 162.
[1295] Die Unterscheidung zwischen primärer und sekundärer Niederlassungsfreiheit erfolgt danach, ob entweder keine gewerbliche Niederlassung oder nur eine solche von untergeordneter Bedeutung im Herkunftsland verbleibt und der Betriebsmittelpunkt des Gesamtunternehmens in den Zuzugsstaat verlagert wird oder ob das Gesamtunternehmen seinen Standpunkt nicht verändert, sondern lediglich um im Zuzugsstaat neu errichtete Hilfsstützpunkte erweitert, die entweder rechtlich von der Hauptniederlassung abhängig oder juristisch selbständig sind. Niederlassungen der erstgenannten Art fallen in den Schutzbereich der primären, diejenigen der letztgenannten Art in der der sekundären Niederlassungsfreiheit. Vgl. Ebenroth/Eyles (1989a), S. 364.
[1296] Der EuGH hat im Centros-Urteil v. 9.3.1999, C-212/97, Slg. 1999 I 1459 festgestellt, dass die Sitztheorie zu der durch Art. 48 Abs. 1 EG i.V.m. Art. 43 EG eingeräumten sekundären Niederlassungsfreiheit im Widerspruch steht. Der österreichische OGH beschloss in der Folge, dass der die Sitztheorie festschreibende § 10 öIPRG daher zumindest teilweise unvereinbar ist mit der europäischen Niederlassungsfreiheit. Vgl. o.V. (2000a), S. 380.
[1297] Vgl. Krug (2001), S. 151 - 152.
[1298] Vgl. Dreissig (2000), S. 893.

Für die primäre Niederlassungsfreiheit muss zum derzeitigen Zeitpunkt aber in beiden Staaten noch von der Sitztheorie ausgegangen werden. Die Verlegung des tatsächlichen Verwaltungssitzes und das damit einhergehende Auseinanderfallen von Verwaltungs- und Satzungssitz führen in diesem Fall zum Verlust der Rechtspersönlichkeit der Gesellschaft. Diese Konsequenz könnte eventuell nur vermieden werden, wenn die Gesellschaft gleichzeitig mit der Verlegung der tatsächlichen Verwaltung die rechtlichen Voraussetzungen erfüllt, die der Zuzugsstaat für die Gewährung der Rechtsfähigkeit fordert[1299]. Das bedeutet, dass zeitgleich mit der Verlegung des Verwaltungssitzes die Handelsregistereintragung im Wegzugsstaat gelöscht werden und eine entsprechende Registereintragung im Zuzugsstaat erfolgen muss[1300]. Die Belegenheit des Satzungssitzes und des Verwaltungssitzes darf nicht für eine logische Sekunde auseinander fallen. Praktisch durchführbar wäre eine solche Sitzverlegung mittels eines doppelten Bedingungszusammenhangs. Die Aufhebung des bisherigen Satzungssitzes müsste von der Begründung des neuen Satzungssitzes abhängig gemacht werden. Zugleich muss ein Bedingungszusammenhang zwischen der Verlegung des Satzungssitzes und des Verwaltungssitzes hergestellt werden. Problematisch in diesem Zusammenhang ist der Umstand, dass die Verlegung der tatsächlichen Verwaltung häufig ein zeitlich gestreckter Vorgang ist. Zudem ist die Zulässigkeit einer identitätswahrenden Sitzverlegung äußerst umstritten. Im Rahmen der Steuerplanung sollte von der herrschenden Meinung ausgegangen werden, die bei der Verlegung des Satzungssitzes einer Gesellschaft ins Ausland wegen der konstitutiv wirkenden Sitzbestimmung gemäß § 5 dAktG und § 4 a dGmbHG immer die Liquidation der Gesellschaft annimmt.

Dieser Sichtweise steht auch nicht die europarechtlich garantierte Niederlassungsfreiheit entgegen. Während die europarechtlichen Implikationen einer Verlegung des tatsächlichen Verwaltungssitzes noch zu untersuchen sind[1301], kann festgestellt werden, dass der Wechsel beider Anknüpfungsmerkmale nicht in den Schutzbereich des EG-Vertrages fällt. Die Verlegung des Satzungssitzes einer Gesellschaft kann aufgrund der Gleichstellung der Gesellschaften mit natürlichen Personen gemäß Art. 48 EG mit dem Wechsel der Staatsbürgerschaft einer natürlichen Person verglichen werden. Da ein derartiger Staatsangehörigkeitswechsel vom EG-Vertrag nicht geschützt wird, kann auch für Gesellschaften davon ausgegangen werden, dass die die Liquidation vorschreibenden Vorschriften nicht im Widerspruch zur Niederlassungsfreiheit stehen[1302].

[1299] Vgl. Knobbe-Keuk (1990b), S. 374.
[1300] Vgl. Behrens (1994), S. 8 - 9.
[1301] Siehe Teil 3, Kap. 3.5.2.
[1302] So auch Krug (2001), S. 157 - 159.

2.2.5.2.2 Steuerrechtliche Bestimmungen
2.2.5.2.2.1 Die Anwendung der §§ 11 und 12 dKStG

Die steuerrechtlichen Konsequenzen der Sitzverlegung einer Kapitalgesellschaft ins Ausland richten sich nach den §§ 11 und 12 dKStG. § 11 dKStG schreibt eine Liquidationsbesteuerung bei Auflösung und Abwicklung der Gesellschaft vor, während § 12 dKStG die entsprechende Anwendung von § 11 dKStG vorsieht, wenn eine unbeschränkt steuerpflichtige Körperschaft oder Vermögensmasse ihre Geschäftsleitung und ihren Sitz oder eines von beiden ins Ausland verlegt und dadurch aus der unbeschränkten Steuerpflicht ausscheidet[1303]. In der Literatur ist es scheinbar umstritten, welcher der beiden Paragraphen bei der Schlussbesteuerung als Rechtsgrundlage dienen soll. Tatsächlich geht es bei dieser Meinungsverschiedenheit aber nicht darum, auf der Grundlage welches Paragraphen die Schlussbesteuerung erfolgen soll, da die Rechtsfolgen bei einer Besteuerung nach § 11 dKStG und bei einer Besteuerung nach § 12 dKStG identisch sind. Vielmehr entzündet sich der Streit daran, ob der Verlust der Rechtsfähigkeit aufgrund der Sitztheorie die unmittelbare Anwendung des § 11 dKStG zur Folge hat.

Es wird die Auffassung vertreten, dass die Verlegung des tatsächlichen Verwaltungssitzes als zivilrechtlicher Auflösungsbeschluss zu werten ist, der zu einer unmittelbaren Anwendung der Liquidationsbesteuerung gemäß § 11 dKStG führt[1304]. Dabei wird verkannt, dass die Gesellschaft weiterhin ihren Satzungssitz in Deutschland behält und damit unbeschränkt steuerpflichtig bleibt[1305]. Es würde einen systematischen Bruch darstellen, wenn eine Gesellschaft auf der einen Seite wegen der Verlegung des tatsächlichen Verwaltungssitzes der Schlussbesteuerung unterworfen werden würde und auf der anderen Seite wegen des inländischen Satzungssitzes weiterhin unbeschränkt steuerpflichtig sein soll. Zudem ist der Auffassung, dass die Liquidationsbesteuerung unmittelbar anzuwenden ist, entgegenzuhalten, dass § 11 dKStG sowohl die Auflösung als auch die Abwicklung der Gesellschaft vorsieht. Eine Abwicklung der Gesellschaft findet aber bei einer Verlegung der Gesellschaft ins Ausland und dortiger weite-

---

[1303] Das österreichische Steuerrecht enthielt bis 1988 eine dem § 12 dKStG vergleichbare Regelung. Anschließend wurde die Vorschrift gestrichen, da in den Erläuterungen zur Regierungsvorlage zum öKStG 1988 davon ausgegangen wurde, dass die Verlegung der Geschäftsleitung einer Kapitalgesellschaft ins Ausland unter § 6 Nr. 6 öEStG subsumierbar sei. Danach sind stille Reserven aufzudecken, wenn ein Betrieb vom Inland ins Ausland verlegt wird. Vgl. Toifl (1997).

[1304] So auch Boochs (1989), S. 296 - 297, Dötsch (1989), S. 2297, Ebenroth/Eyles (1989a), S. 369 und Kaminski (1996a), S. 61 - 62, 74 - 76.

[1305] Wird zugleich der Satzungssitz ins Ausland verlegt, greift direkt die Liquidationsbesteuerung gemäß § 11 dKStG, da die materiellrechtlichen Vorschriften einen inländischen Satzungssitz voraussetzen.

rer Aktivität nicht statt[1306]. Eine Abwicklung kann auch nicht mit dem Hinweis angenommen werden, dass auf der Grundlage der Sitztheorie eine Liquidation im Inland und eine anschließende Neugründung erfolgt. Wie bereits weiter oben dargelegt wurde, hat die Anwendung der Sitztheorie nach der hier vertretenen Ansicht nicht die Liquidation der Gesellschaft, sondern nur einen Wechsel der Rechtsform zur Folge[1307].

Gegen die Ansicht, dass § 11 dKStG bei der Verlegung des tatsächlichen Verwaltungssitzes unmittelbar anzuwenden sei, spricht auch die Existenz des § 12 dKStG. Würde § 11 dKStG sowohl bei der Verlegung des Satzungssitzes als auch bei der Verlegung des tatsächlichen Verwaltungssitzes zur Anwendung gelangen, wäre der Anwendungsbereich des § 12 dKStG auf die wenigen Fälle beschränkt, in denen eine Körperschaft oder Vermögensmasse ihren Sitz verlegt, die nicht Kapitalgesellschaft, Erwerbs- oder Wirtschaftsgenossenschaft oder Versicherungsverein auf Gegenseitigkeit ist. Der Unterschied zwischen den §§ 11 und 12 dKStG liegt vielmehr darin, dass bei der Liquidation das Körperschaftsteuersubjekt als Einheit zerschlagen wird, während bei einer Anwendung des § 12 dKStG das Steuersubjekt bestehen bleibt und lediglich aus der deutschen unbeschränkten Steuerpflicht ausscheidet[1308].

Es bleibt festzuhalten, dass die Verlegung des Satzungssitzes die unmittelbare Anwendung von § 11 dKStG auslöst[1309]. Wird hingegen die Geschäftsleitung ins Ausland verlegt, ist § 11 dKStG nicht einschlägig. Die Verlegung der tatsächlichen Verwaltung führt zwar aufgrund der Sitztheorie zum Verlust der Rechtsfähigkeit, schließt aber nicht die unbeschränkte Steuerpflicht aus[1310]. Darauf wies der Bundesfinanzhof in seinem Urteil vom 23.6.1992 hin[1311]. Eine Körperschaftsteuerpflicht kommt nach seiner Ansicht sowohl gemäß § 1 Abs. 1 Nr. 5 dKStG als auch gemäß § 3 Abs. 1 dKStG in Frage[1312]. Der Umstand, dass in dem zugrunde liegenden Fall eine ausländische Kapitalgesellschaft betrachtet wurde, die ihre Geschäftsleitung im Inland hatte, spielt keine Rolle. Eine Gesellschaft, die ihren Satzungssitz in Deutschland hat und ihre Geschäftsleitung ins Ausland verlegt, ist hinsichtlich der Rechtsfähigkeit durchaus mit einer auslän-

---

[1306] Vgl. Hügel (1999), S. 97 - 98 und Dreissig (2000), S. 894.
[1307] Vgl. Krug (2001), S. 154 - 155.
[1308] Vgl. Krug (2001), S. 176.
[1309] So auch Debatin (1991), S. 167. Krug (2001), S. 166 - 167 will hingegen auch bei der Verlegung des Satzungssitzes § 12 dKStG als Rechtsgrundlage heranziehen.
[1310] So auch Dötsch (1999), S. 263, RZ 7.
[1311] Vgl. BFH-Urteil v. 23.6.1992 – IX R 182/87, BStBl II 1992, S. 972 und Ebenroth/Auer (1994), S. 24.
[1312] So bereits Knobbe-Keuk (1990b), S. 375 und Debatin (1991), S. 166.

dischen Gesellschaft mit inländischer Geschäftsleitung vergleichbar[1313]. Eine Schlussbesteuerung kann demnach bei der Verlegung der Geschäftsleitung nur dann eintreten, wenn die Tatbestandsvoraussetzungen des § 12 dKStG erfüllt sind. Danach ist § 11 dKStG entsprechend anzuwenden, wenn eine unbeschränkt steuerpflichtige Körperschaft oder Vermögensmasse ihre Geschäftsleitung und ihren Sitz oder eines von beiden ins Ausland verlegt und dadurch aus der unbeschränkten Steuerpflicht ausscheidet. Ein Ausscheiden aus der deutschen unbeschränkten Steuerpflicht findet aber nicht statt, sofern ein inländischer Sitz beibehalten wird.

2.2.5.2.2.2 Definition der Geschäftsleitung und des Sitzes

Für die Definition der Geschäftsleitung und des Sitzes greift das deutsche Steuerrecht auf die Abgabenordnung zurück. Bezüglich der Abgrenzung des Begriffs der tatsächlichen Verwaltung im Rahmen der Sitztheorie von dem Begriff der Geschäftsleitung im Sinne des Steuerrechts vertritt die herrschende Meinung die Ansicht, dass diese identisch sind[1314]. Gleiches gilt für den Begriff des Satzungssitzes im Sinne des Kollisionsrechts und den Begriff des Sitzes im Sinne des Steuerrechts. Gemäß § 10 dAO ist Geschäftsleitung der Mittelpunkt der geschäftlichen Oberleitung[1315]. Er befindet sich dort, wo der für die Geschäftsführung maßgebende Wille gebildet wird. Die Willensbildung erfolgt an dem Ort, wo dauernd die für die Geschäftsführung notwendigen Maßnahmen von einiger Wichtigkeit getroffen werden[1316]. Zu berücksichtigen sind Art und Umfang, Struktur und Eigenart des Unternehmens. Der Begriff der Oberleitung erfordert nicht, dass die die Oberleitung innehabende Person die für das Schicksal bzw. die Existenz des Unternehmens bestimmenden Entscheidungen trifft. Ausschlaggebend ist vielmehr die Befugnis zum Treffen wichtiger Entscheidungen für den normalen, laufenden Geschäftsablauf.

Insofern ist es nicht zwingend, dass ein beherrschender Gesellschafter als Oberleiter der Gesellschaft zu qualifizieren ist[1317]. Verlegt jedoch ein beherrschender Gesellschafter einer inländischen Kapitalgesellschaft seinen Wohnsitz ins Ausland ohne dass die Verlegung der Geschäftsleitung beabsichtigt ist, muss genau festgestellt werden, unter welchen Umständen er zum Oberleiter der Gesellschaft wird[1318]. Dies ist dann der Fall, wenn der Gesellschafter nicht nur den ihm

---

[1313] A. A. Dreissig (2000), die wegen der Loslösung des Steuerrechts vom Zivilrecht weiterhin eine Besteuerung auf der Grundlage des § 1 Abs. 1 Nr. 1 dKStG annimmt.
[1314] Vgl. Birk/Stolze (1994), S. 16 - 17, RZ 37.
[1315] Seibold (2003), S. 45 weist darauf hin, dass es im Einzelfall schwierig sein kann, den Ort der Geschäftsleitung zu bestimmen.
[1316] Vgl. Birk/Stolze (1994), S. 7, RZ 14.
[1317] So auch Lechner (1990), S. 399.
[1318] Vgl. Roser/Hamminger (2000), S. 1017.

aus den Gesellschafterrechten zustehenden Einfluss auf die Geschäftsführung ausübt, sondern auch die Geschäftsführung übernimmt. Davon wird ausgegangen, wenn er sich dauernd über die einzelnen Geschäfte informiert und die Abwicklung laufender Geschäfte durch seine Entscheidung maßgeblich beeinflusst. Unschädliche Tätigkeiten des Gesellschafters, die nicht zum Ort der Geschäftsleitung der beherrschten Gesellschaft am Ort der Geschäftsleitung des Gesellschafters führen, sind hingegen die nur fallweise Beeinflussung des Geschäftsgangs, die Zustimmung zu außergewöhnlichen Geschäften, die Vorgabe von Richtlinien, die Vornahme von Revisionshandlungen oder eine allgemeine Beratungstätigkeit[1319]. Als Ort, von dem aus die tatsächliche Oberleitung ausgeübt wird, gilt der Ort, von dem aus die Willenserklärungen abgegeben werden. Nicht entscheidend ist, wo die Willenserklärungen der geschäftlichen Oberleitung bzw. die angeordneten Maßnahmen wirksam werden[1320]. In der Regel werden die Willenserklärungen an dem Ort abgegeben, an dem die Büroräume des Oberleiters der Gesellschaft liegen[1321]. Existieren derartige Räume nicht, wird häufig auf den Wohnsitz des Geschäftsführers abgestellt[1322].

Den Sitz hat gemäß § 11 dAO eine Körperschaft, Personenvereinigung oder Vermögensmasse an dem Ort, der durch Gesetz, Gesellschaftsvertrag, Satzung, Stiftungsgeschäft oder dergleichen bestimmt ist. In der Regel ist die Bestimmung des Sitzes in der Satzung oder dem Gesellschaftsvertrag gesetzlich zwingend vorgeschrieben[1323]. Dem deutschen Recht vergleichbare Bestimmungen finden sich in der österreichischen Bundesabgabenordnung. Gemäß § 27 Abs. 1 öBAO haben Körperschaften, Personenvereinigungen sowie Vermögensmassen ihren Sitz im Sinn der Abgabenvorschriften an dem Ort, der durch Gesetz, Vertrag, Satzung, Stiftungsbrief und dergleichen bestimmt ist. Fehlt es an einer solchen Bestimmung, so gilt als Sitz der Ort der Geschäftsleitung. Dieser ist gemäß § 27 Abs. 2 öBAO dort anzunehmen, wo sich der Mittelpunkt der geschäftlichen Oberleitung befindet. Während im deutschen Steuerrecht der Sitz und die Geschäftsleitung gleichbedeutend nebeneinander stehen, behandelt die österreichische Bundesabgabenordnung den Sitz vorrangig vor dem Ort der Geschäftsleitung.

2.2.5.2.2.3 Schlussbesteuerung und Abkommensrecht

Umstritten ist, in welcher Form das Abkommensrecht die Anwendbarkeit von § 12 dKStG beeinflusst. Gemäß Art. 1 Abs. 3 ErtSt-DBA 1954/92 gilt bei einer juristischen Person als Wohnsitz im Sinne des Abkommens der Ort ihrer Ge-

---
[1319] Vgl. Lechner (1990), S. 400.
[1320] Vgl. Birk/Stolze (1994), S. 13, RZ 31.
[1321] Vgl. Lechner (1990), S. 398.
[1322] Vgl. Birk/Stolze (1994), S. 15, RZ 33.
[1323] Vgl. § 57 Abs. 1 dBGB, § 23 Abs. 3 Nr. 1 dAktG und § 3 Abs. 1 Nr. 1 dGmbHG.

schäftsleitung oder, wenn sie in keinem der Vertragsstaaten den Ort ihrer Geschäftsleitung hat, der Ort ihres Sitzes. In ähnlicher Weise bestimmt Art. 4 Abs. 3 ErtSt-DBA 2003, dass eine andere als eine natürliche Person, die in beiden Vertragsstaaten ansässig ist, in dem Staat als ansässig gilt, in dem sich der Ort ihrer tatsächlichen Geschäftsleitung befindet. Ein Großteil des Schrifttums vertritt die Auffassung, dass die Schlussbesteuerung gemäß § 12 dKStG erfolgen soll, wenn die abkommensrechtliche Ansässigkeit im Anschluss an die Verlegung der Geschäftsleitung im Ausland angenommen wird[1324]. Dies widerspricht jedoch dem eindeutigen Wortlaut des § 12 dKStG[1325]. Darin wird das Ausscheiden aus der unbeschränkten Steuerpflicht, nicht hingegen der Verlust des Besteuerungsrechts an den im Inland gebildeten stillen Reserven gefordert. Wird demnach der Satzungssitz in Deutschland beibehalten, ist die Gesellschaft in Deutschland weiterhin unbeschränkt steuerpflichtig. Eine Besteuerung gemäß § 12 dKStG scheidet aus.

Es stellt sich jedoch die Frage, inwieweit nach dem Ansässigkeitswechsel erzielte Gewinne weiterhin dem deutschen Staat zustehen können[1326]. Grundsätzlich hat der neue Ansässigkeitsstaat umfassende Besteuerungsrechte. Art. 13 Abs. 1 ErtSt-DBA 1954/92 bestimmt, dass der Ansässigkeitsstaat das Besteuerungsrecht für die Einkünfte hat, für die in den anderen Artikeln des Abkommens keine Regelung getroffen worden ist. Inhaltlich vergleichbar ist Art. 21 Abs. 1 ErtSt-DBA 2003, wonach Einkünfte einer in einem Vertragsstaat ansässigen Person, die in den vorherstehenden Artikeln des Abkommens nicht behandelt wurden, ohne Rücksicht auf ihre Herkunft nur in diesem Staat besteuert werden dürfen. Für die Einkünfte eines Unternehmens sind jedoch die Art. 4 ErtSt-DBA 1954/92 und die Art. 7 und 13 ErtSt-DBA 2003 einschlägig. Darin wird sowohl für die laufenden Gewinne als auch für die Veräußerungsgewinne das Betriebsstättenprinzip festgeschrieben. Es wird die Auffassung vertreten, dass dieses Prinzip auch eine zeitliche Abgrenzung der Besteuerungsrechte zwischen Stammhaus- und Betriebsstättenstaat zulässt. Das Besteuerungsrecht an Gewinnen, die aus der Auflösung stiller Reserven entstehen, die unter der deutschen Steuerhoheit gebildet wurden, soll demnach dem deutschen Staat zugewiesen werden. Dieser Meinung ist zu widersprechen. Sowohl dem Wortlaut des Art. 4 Abs. 1 ErtSt-DBA 1954/92 als auch demjenigen der Art. 7 Abs. 1 und Art. 13 Abs. 3 ErtSt-DBA 2003 kann eine zeitliche Abgrenzung der Besteuerungsrechte nicht entnommen werden. Vielmehr geht das Betriebsstättenprinzip von einem statischen Verhältnis von Stammhaus und Betriebsstätte aus. Gestützt wird diese Auffassung von dem Umstand, dass nicht in jedem Fall eine Betriebsstätte in

---

[1324] So auch Knobbe-Keuk (1990b), S. 378.
[1325] So auch Krug (2001), S. 172 - 174.
[1326] Vgl. Krug (2001), S. 178 - 180.

Deutschland zurückbleiben muss. Bleibt keine Betriebsstätte in Deutschland zurück bzw. besteht diese nicht mehr bei der Realisierung von Gewinnen, scheidet eine Aufteilung der Besteuerungsrechte nach dem Betriebsstättenprinzip aus. Es wäre nicht zu erklären, warum Deutschland nur bei einer weiter bestehenden inländischen Betriebsstätte das Besteuerungsrecht an den unter der deutschen Steuerhoheit gebildeten stillen Reserven haben soll. Dem deutschen Staat gehen demnach bei einer Verlegung der Geschäftsleitung bei gleichzeitiger Beibehaltung des inländischen Satzungssitzes Besteuerungsrechte verloren.

Nach der hier vertretenen Auffassung kommt eine Schlussbesteuerung nach § 12 dKStG bei der Verlegung einer Kapitalgesellschaft von Deutschland nach Österreich nur in wenigen Fällen in Frage. Wird ausschließlich der Sitz bzw. der Sitz gleichzeitig mit der Geschäftsleitung nach Österreich verlegt, greift unmittelbar die Liquidationsbesteuerung gemäß § 11 dKStG. Die Verlegung der Geschäftsleitung unter Beibehaltung des inländischen Sitzes führt – wie soeben gezeigt – nicht zur Beendigung der unbeschränkten Steuerpflicht und damit auch nicht zu einer Besteuerung gemäß § 12 dKStG. Als einzige Anwendungsmöglichkeit verbleibt der Fall, dass eine Gesellschaft ihre Geschäftsleitung ins Ausland verlegt und damit aus der unbeschränkten Steuerpflicht ausscheidet. Dies ist nur dann möglich, wenn sich der Sitz der Gesellschaft bereits vorher im Ausland befunden hat. Da die Verlegung des Satzungssitzes von Deutschland nach Österreich zivilrechtlich nicht möglich ist, verbleibt als einziger Anwendungsfall die Verlegung der Geschäftsleitung einer in Österreich gegründeten und registrierten Gesellschaft. Auch wenn angenommen wird, dass es zivilrechtlich möglich ist, eine Gesellschaft in Österreich zu gründen und von Deutschland aus zunächst zu leiten, ist dieser Fall in der Rechtspraxis sehr unwahrscheinlich.

2.2.5.2.2.4 Von der Schlussbesteuerung erfasstes Vermögen

Dennoch soll trotz des nach der hier vertretenen Ansicht eingeschränkten Anwendungsbereichs des § 12 dKStG auf ein viel diskutiertes Problem eingegangen werden. Ein solches Vorgehen ist insofern gerechtfertigt, als dass im Rahmen der Steuerplanung davon ausgegangen werden muss, dass die Finanzverwaltung den Anwendungsbereich des § 12 dKStG zumindest auch auf die Fälle ausdehnt, in denen dem deutschen Staat ein Verlust der Besteuerungsrechte aufgrund abkommensrechtlicher Bestimmungen droht. Es stellt sich die Frage, ob die Schlussbesteuerung gemäß § 12 dKStG auch im Inland belegenes Vermögen umfasst, welches eine Betriebsstätte bildet[1327]. In diesem Vermögen enthaltene stille Reserven bleiben sowohl nach deutschem nationalen Steuerrecht als auch nach Abkommensrecht wegen des Betriebsstättenprinzips steuerverhaftet. Wegen des klaren Wortlauts vertritt ein Teil der Literatur und wohl auch die Fi-

---

[1327] Vgl. Thiel (1994), S. 278 und Krug (2001), S. 167 - 172.

nanzverwaltung die Auffassung, dass die Schlussbesteuerung sich unabhängig vom Verlust von Besteuerungsrechten auf sämtliches Vermögen der Gesellschaft bezieht[1328].

Der andere Teil der Literatur will eine Beschränkung des § 12 dKStG auf die Fälle vornehmen, in denen dem deutschen Staat Besteuerungsrechte verloren gehen[1329]. Eine historische Auslegung des § 12 Abs. 1 dKStG ist für die Beantwortung dieser Frage nicht hilfreich. Die nahezu identische Vorgängervorschrift § 19 dKStG 1920 enthielt einen zusätzlichen Satz 3, der ausdrücklich inländisches Vermögen ausnahm. Danach blieb der auf das letzte Betriebsergebnis entfallende Teil der Steuer zu dem Betrag unerhoben, der dem Verhältnis des im Inland verbleibenden Vermögens zu dem gesamten Vermögen der Gesellschaft entsprach. In § 16 dKStG 1934 wurden die ersten beiden Sätze des § 19 dKStG 1920 im Wesentlichen übernommen, während die vormals in Satz 3 enthaltene Bestimmung ohne Begründung weggelassen wurde. Da aus dem Fortlassen dieser Bestimmung sowohl geschlossen werden kann, dass ein Nichteinbezug von inländischem Vermögen dem Sinn und Zweck der Vorschrift klar zugrunde liegt, als auch, dass alles Vermögen mangels einer expliziten Ausnahme erfasst werden soll, kann hieraus keine Antwort auf die Frage nach der Einbeziehung inländischen Vermögens abgeleitet werden. Deswegen schlagen Teile der Literatur vor, die Besteuerung der weiterhin steuerverhafteten stillen Reserven mittels einer teleologischen Reduktion zu verhindern. Der Sinn und Zweck der Vorschrift des § 12 dKStG liegt darin, sicherzustellen, dass stille Reserven, die durch den Wegzug einer Körperschaft der deutschen Besteuerungshoheit entgehen, im letztmöglichen Zeitpunkt erfasst werden[1330]. Da der Wortlaut des § 12 dKStG über diesen Zweck hinaus geht, ist eine teleologische Reduktion geboten. Im Rahmen der Steuerplanung sollte davon jedoch nicht ausgegangen werden.

2.3 Beibehaltung bzw. Veräußerung unbeweglichen Inlandsvermögens

Sofern sich im Vermögen des wegzugswilligen Steuerpflichtigen Grundstücke befinden, sollte die Entscheidung zugunsten eines Verkaufs bzw. der Beibehaltung eines Grundstücks nur unter Berücksichtigung von § 23 dEStG getroffen werden. Gemäß § 23 Abs. 1 Satz 1 Nr. 1 dEStG sind Veräußerungsgeschäfte bei Grundstücken und Rechten, die den Vorschriften des bürgerlichen Rechts über

---

[1328] So auch Dötsch (1989), S. 2299, Debatin (1991), S. 167 - 168, Baranowski (1999), S. 401 – 402 und Dötsch (1999), S. 264/1 - 264/3, RZ 16 - 16a. Seibold (2003), S. 49 hingegen vertritt die Auffassung, dass auf eine Aufdeckung der stillen Reserven verzichtet werden kann, wenn Wirtschaftsgüter in einer inländischen Betriebsstätte verbleiben, mit der die Körperschaft weiterhin der beschränkten Steuerpflicht unterliegt.

[1329] Vgl. Knobbe-Keuk (1990b), S. 378 - 379, Knobbe-Keuk (1991a), S. 300 und Hügel (1999), S. 100 und 106.

[1330] Vgl. Dötsch (1999), S. 261, RZ 1 und 2.

Grundstücke unterliegen, bei denen der Zeitraum zwischen Anschaffung und Veräußerung nicht mehr als zehn Jahre beträgt, private Veräußerungsgeschäfte[1331]. Die Differenz zwischen Veräußerungspreis und Anschaffungskosten der diesen Geschäften zugrunde liegenden Grundstücke gehört gemäß § 22 Nr. 2 dEStG zu den sonstigen Einkünften. Da Einkünfte aus derartigen Geschäften bei Inlandsgrundstücken gemäß § 49 Abs. 1 Nr. 8 dEStG der beschränkten Steuerpflicht unterliegen und zudem gemäß Art. 3 Abs. 1 und 2 ErtSt-DBA 1954/92 bzw. gemäß Art. 13 Abs. 1 ErtSt-DBA 2003 das Besteuerungsrecht an inländischen Grundstücken dem deutschen Staat zugewiesen wird, kann unter steuerlichen Aspekten die Entscheidung über den Verkauf eines Grundstücks allein von der Zehnjahresfrist des § 23 Abs. 1 Satz 1 Nr. 1 dEStG abhängig gemacht werden.

3. Gestaltung der Einkommens- und Vermögensstruktur in Österreich
3.1 Erwerb von endbesteuertem Vermögen bzw. von mit einem besonderen Steuersatz besteuerten Vermögen

Der Begriff der Endbesteuerung beinhaltet den Umstand, dass die Einkommensteuer und zum Teil auch die Erbschaftsteuer mit dem Kapitalertragsteuerabzug abgegolten ist. Durch Erlass des Bundesverfassungsgesetzes über eine Steuerabgeltung bei Einkünften aus Kapitalvermögen durch Abzug einer Kapitalertragsteuer (Endbesteuerungsgesetz) wurde der einfache Gesetzgeber ermächtigt, bei bestimmten Kapitalerträgen eine derartige Endbesteuerung einzuführen. Der verfassungsrechtliche Eingriff wurde trotz massiver Kritik für notwendig gehalten, da befürchtet wurde, dass eine nicht verfassungsrechtlich abgesicherte Endbesteuerung wegen der Begünstigung gegenüber anderen, nicht endbesteuerten Einkünften bzw. Vermögensgegenständen keinen dauerhaften Bestand haben würde[1332].

Vor Einführung der Endbesteuerung wurde eine Kapitalertragsteuer erhoben, die auf die individuelle Einkommensteuer anzurechnen war. Diese 10%ige Steuer wurde 1988 mit dem Ziel eingeführt, all jene Kapitaleinkünfte zu erfassen, die geschützt durch das Bankgeheimnis[1333] der österreichischen Besteuerung fak-

---
[1331] Keine Besteuerung erfolgt gemäß § 23 Abs. 1 Satz 1 Nr. 1 Satz 3 d EStG, wenn die Grundstücke bzw. Gebäude zwischen Anschaffung oder Fertigstellung und Veräußerung ausschließlich zu eigenen Wohnzwecken oder im Jahr der Veräußerung und in den beiden vorangegangenen Jahren zu eigenen Wohnzwecken genutzt wurden.
[1332] Vgl. die Kritik bei Fellner (1994) und Fraberger (1998), S. 308 zur grundsätzlichen Verletzung des Leistungsfähigkeitsprinzips bei der Erbschaftssteuer.
[1333] Vgl. zum österreichischen Bankgeheimnis und zur damals möglichen Führung anonymer Konten Carl/Klos (1994), S. 609 - 611. Zur Abschaffung der Sparbuchanonymität in Österreich vgl. Scholtissek (2000b).

tisch entzogen waren[1334]. Ab 1993 wurde die Kapitalertragsteuer auf 22 % erhöht und für bestimmte Einkünfte zu einer Abgeltungssteuer umgestaltet[1335]. Zugleich wurde verfassungsrechtlich für die Jahre vor 1993 eine umfangreiche Steueramnestie verankert[1336]. Seit dem 1.1.1994 erstreckt sich die Endbesteuerung bei natürlichen Personen auch auf die Betriebssphäre[1337]. Zum 1.7.1996 erfolgte eine weitere Erhöhung auf 25 %. Als Begründung für die Einführung einer Abgeltungssteuer wurde die Inflationssicherung des Kapitaleinkommens angeführt[1338]. Mit Verabschiedung des Budgetbegleitgesetzes 2003 wurde die Besteuerung mit Abgeltungswirkung wegen europarechtlicher Bedenken auf ausländische Kapitalerträge ausgedehnt. Bei den ausländischen Kapitalerträgen, die nicht dem Kapitalertragsteuerabzug unterliegen, wird die Veranlagung mit einem besonderen Steuersatz von 25 % durchgeführt.

Gemäß § 97 Abs. 1 öEStG gilt die Einkommensteuer für die nachfolgend aufgeführten Kapitalerträge[1339] durch den Steuerabzug als abgegolten, sofern es sich um inländische Erträge[1340] handelt bzw. sofern die Erträge im Inland bezogen[1341] wurden:

- Zinserträge aus Geldeinlagen bei Kreditinstituten,
- Zinserträge aus sonstigen Forderungen gegenüber Kreditinstituten, denen ein Bankgeschäft zugrunde liegt,
- Kapitalerträge aus Wertpapieren, die ein Forderungsrecht verbriefen und nach dem 31.12.1983 in „Schilling" oder „Euro" begeben wurden,

---

[1334] Der Erfassungsgrad der steuerpflichtigen Einkünfte betrug bis zu diesem Zeitpunkt nur etwa 10 %. Vgl. Achatz/Leitner (1993), S. 273.
[1335] Vgl. Achatz (1994), S. 130.
[1336] Vgl. Achatz/Leitner (1993), S. 274 - 276.
[1337] Hintergrund einer derartigen Einbeziehung betrieblicher Einkünfte in die Endbesteuerung war der drohende Liquiditätsentzug und die damit einhergehende Verschlechterung der Eigenkapitalbasis in den Unternehmen. Da sich die verfassungsrechtliche Ermächtigung gemäß § 1 Abs. 3 öEBG jedoch nicht auf die Erbschaftssteuer erstreckt, wurde der steuerliche Anreiz zur Entnahme von Mitteln aus den Unternehmen nur gemildert, nicht aber vollständig beseitigt. Vgl. Beiser (1994), S. 146.
[1338] Vgl. Gassner (1993), S. 4 - 5 und Achatz (1994), S. 137.
[1339] Vgl. § 93 Abs. 2 Nr. 3 und Abs. 3 Nr. 1 - 8 öEStG.
[1340] Inländische Kapitalerträge liegen gemäß § 93 Abs. 2 öEStG vor, wenn der Schuldner der Kapitalerträge Wohnsitz, Geschäftsleitung oder Sitz im Inland hat oder Zweigstelle im Inland eines Kreditinstituts ist.
[1341] Kapitalerträge sind gemäß § 93 Abs. 3 Satz 2 öEStG im Inland bezogen, wenn sich die kuponauszahlende Stelle im Inland befindet. Kuponauszahlende Stelle kann das Kreditinstitut, das an den Kuponinhaber Kapitalerträge im Zeitpunkt der Fälligkeit und anteilige Kapitalerträge anlässlich der Veräußerung des Wertpapiers auszahlt, oder der inländische Emittent, der an den Kuponinhaber solche Kapitalerträge auszahlt, sein.

- Kapitalerträge aus Wertpapieren, die ein Forderungsrecht verbriefen und nach dem 31.12.1988 in anderer Währung als „Schilling" oder „Euro" begeben wurden,
- Kapitalerträge aus Wandel- und Gewinnschuldverschreibungen und
- Kapitalerträge aus Anteilsscheinen an Kapitalanlagefonds- oder Immobilienfonds.

Gänzlich von der Endbesteuerung ausgeschlossen sind Einkünfte aus Privatdarlehen[1342]. Anfechtungen aufgrund einer Verletzung des Gleichheitssatzes sind wegen der verfassungsrechtlichen Absicherung durch das Endbesteuerungsgesetz nicht möglich. Die Forderungswertpapiere fallen gemäß § 97 Abs. 1 Satz 3 öEStG nur unter die Steuerabgeltung, wenn sie bei ihrer Begebung sowohl in rechtlicher als auch in tatsächlicher Hinsicht einem unbestimmten Personenkreis angeboten wurden. Mit dieser Maßnahme sollen zusätzliche Anreize zum Ersatz von Eigenkapital durch Fremdkapital verhindert werden. Ohne eine derartige Regelung wäre es möglich, an die Gesellschafter ein Forderungswertpapier zu einem übermäßig hohen Zinssatz zu begeben. Da auf Ebene der Gesellschaft die Fremdkapitalzinsen den dem vollen Steuersatz unterliegenden Gewinn mindern, während auf Ebene der Gesellschafter die Erträge aus dem Wertpapier nur der Abgeltungssteuer unterliegen, würde ein über dem Kapitalmarktzins liegender Zinssatz den für den Fiskus negativen Einnahmeeffekt noch verstärken[1343].

Sofern die Einkünfte von einer natürlichen Person bezogen werden, gilt die Steuerabgeltung auch für die folgenden Kapitalerträge, sofern der Schuldner der Kapitalerträge Wohnsitz, Geschäftsleitung oder Sitz im Inland hat oder Zweigstelle im Inland eines Kreditinstituts ist[1344]:

[1342] Eine Möglichkeit, in den Genuss der Endbesteuerung zu kommen, ist die Abtretung der Forderung an eine Bank und die Wiederanlage des erhaltenen Geldes in eine endbesteuerte Kapitalanlage. So auch Achatz (1994), S. 141. Gassner (1993), S. 6 und Heidinger (1993a), S. 139 weisen zutreffend darauf hin, dass der Ausschluss der Endbesteuerung bei Zinserträgen aus Forderungen gegenüber Nichtbanken sich nicht rechtfertigen lässt, wenn als Begründung für die Endbesteuerung die Inflationsabgeltung angeführt wird. Matthiesen (1999), S. 252 gibt zu Bedenken, dass der Einsatz des Produktionsfaktors Kapital je nach Einsatzart und rechtlicher Gestaltung der Investition unterschiedlich behandelt wird; dieses gilt nicht nur für die unterschiedliche Behandlung innerhalb der Einkünfte aus Kapitalvermögen, sondern auch für die abweichende Behandlung der kapitalbasierten Einkunftsart „Einkünfte aus Vermietung und Verpachtung".
[1343] Vgl. Wagner (1999), S. 1528. Darüber hinaus soll durch diese Bestimmung die frühzeitig in der Literatur vorgeschlagene Umwandlung eines Privatdarlehens in ein Forderungswertpapier verhindert werden. Vgl. Achatz (1994), S. 141 - 143.
[1344] Vgl. § 97 Abs. 1 Satz 2 öEStG.

- Gewinnanteile (Dividenden), Zinsen und sonstige Bezüge aus Aktien oder Anteilen an Gesellschaften mit beschränkter Haftung[1345,1346],
- gleichartige Bezüge und Rückvergütungen aus Anteilen an Erwerbs- und Wirtschaftsgenossenschaften,
- gleichartige Bezüge aus Genussrechten und aus Partizipationskapital,
- ausländische Kapitalerträge im Sinne der unter den ersten drei Spiegelstrichen genannten Erträge, die von einer inländischen Stelle ausbezahlt werden und
- Zuwendungen von Privatstiftungen, die nicht gemeinnützigen, mildtätigen oder kirchlichen Zwecken dienen.

Gemäß § 97 Abs. 3 öEStG sind die endbesteuerten Kapitalerträge weder beim Gesamtbetrag der Einkünfte noch beim Einkommen zu berücksichtigen. Dies gilt nur bei der Berechnung der Einkommensteuer des Steuerpflichtigen, so dass die endbesteuerten Einkünfte bei der Berechnung des Anspruchs auf den Alleinverdienerabsetzbetrag und auf die Familienbeihilfe einzubeziehen sind[1347].

Die ausländischen Kapitalerträge, die mit inländischen kapitalertragsteuerpflichtigen und endbesteuerungsfähigen Kapitalerträgen vergleichbar sind, sind gemäß § 37 Abs. 8 öEStG zu veranlagen, wenn die Kapitalerträge nach dem 31.3.2003 zufließen[1348]. Die Besteuerung erfolgt mit einem besonderen Steuersatz von 25 %. Zudem erhöhen diese Einkünfte im Rahmen der Veranlagung weder den Gesamtbetrag der Einkünfte noch das Einkommen.

Bei der Ermittlung der Einkünfte dürfen gemäß § 20 Abs. 2 öEStG Aufwendungen und Ausgaben, soweit sie mit endbesteuerten oder mit nach § 37 Abs. 8

[1345] Die Steuererleichterung bei grundsätzlich dem Halbsatzverfahren unterliegenden Einkünften ist deutlich geringer als bei den Einkünften, für die der durchschnittliche halbe Steuersatz in keinem Fall in Anspruch genommen werden kann. Während die Gesamtsteuerbelastung von ausgeschütteten Gewinnen mit 43,75 % (25 % Körperschaftsteuer + 18,75 % Kapitalertragsteuer auf der Basis des Gewinns vor Steuern) nicht weit unter dem maximalen Grenzsteuersatz von 50 % liegt, stellt die Endbesteuerung von Bankeinlagen und Forderungswertpapieren eine deutliche Steuerersparnis dar: Statt einer vom individuellen Steuersatz abhängigen Besteuerung bis zu 50 % erfolgt eine einheitliche Besteuerung mit 25 % Kapitalertragsteuer.
[1346] Bei Erträgen aus inländischen Kapitalgesellschaften kommt der Vorteil der Endbesteuerung gegenüber dem Halbsatzverfahren erst bei hohen Einkommen zum Tragen, da die der Endbesteuerung unterliegenden Einkünfte bei der Bestimmung des Steuersatzes für die übrigen Einkünfte nicht einbezogen werden. Vgl. zum sogenannten Schatteneffekt die Beispiele bei Achatz (1994), S. 134 und Beiser (1994), S. 149 - 150.
[1347] Vgl. Doralt/Ruppe (2000), S. 283.
[1348] Vgl. Ehrke/Heinrich (2003), S. 839.

öEStG mit einem besonderen Steuersatz besteuerten Kapitalerträgen in unmittelbarem wirtschaftlichen Zusammenhang stehen, nicht abgezogen werden.

Für Bezieher niedriger Einkommen besteht die Möglichkeit der Einbeziehung der grundsätzlich endbesteuerten oder nach § 37 Abs. 8 öEStG mit einem besonderen Steuersatz besteuerten Kapitaleinkünfte in die Einkommensteuerveranlagung. Gemäß § 97 Abs. 4 öEStG ist die Kapitalertragsteuer auf die zu erhebende Einkommensteuer anzurechnen und in Höhe des übersteigenden Betrags zu erstatten[1349], wenn die nach dem Steuertarif für Kapitalerträge zu erhebende Einkommensteuer geringer ist[1350]. Das Abzugsverbot für Aufwendungen und Ausgaben, die im unmittelbaren Zusammenhang mit Kapitalerträgen im Sinne des § 97 öEStG bzw. des § 37 Abs. 8 öEStG stehen, gilt gemäß § 20 Abs. 2 öEStG auch bei Inanspruchnahme der Optionsmöglichkeit. Ausgeschlossen ist eine Anrechnung betraglich insoweit, als der Steuerpflichtige den Anspruch auf einen Alleinverdienerabsetzbetrag oder einen Kinderabsetzbetrag vermittelt[1351]. Des Weiteren ist eine Anrechnung insoweit ausgeschlossen, als Geldeinlagen bei Kreditinstituten und sonstige Forderungen gegenüber Kreditinstituten, denen ein Bankgeschäft zugrunde liegt, beim Empfänger der aus diesen Vermögensgegenständen bezogenen Kapitalerträge Gegenstand einer von der Erbschaftssteuer befreiten Zuwendung waren.

Darüber hinaus gilt die Steuerabgeltung auch für bestimmte Erwerbe von Todes wegen[1352]. Erbschaftssteuerfrei ist das nachfolgend aufgeführte Vermögen[1353]:

- Kapitalvermögen, dessen Erträge im Zeitpunkt des Todes des Erblassers der Steuerabgeltung gemäß § 97 Abs. 1 Satz 1 sowie § 97 Abs. 2 Satz 1 - 3 des österreichischen Einkommensteuergesetzes in der Fassung des Bundesgesetzes BGBl Nr. 12/1993 unterliegen[1354], sowie von vergleichbarem Kapitalvermögen, soweit dessen Erträge im Zeitpunkt des Todes des Erblassers der besonderen Einkommensteuer gemäß § 37 Abs. 8 öEStG unterliegen; für

---

[1349] Zum Erstattungsverfahren vgl. Quantschnigg (1994), S. 209 - 211.
[1350] Dazu wird die Einkommensteuer errechnet, die auf die Einkünfte des Steuerpflichtigen einschließlich der endbesteuerten Einkünfte entfällt. Diese fiktive Einkommensteuer wird mit der tatsächlich gezahlten Einkommensteuer einschließlich der einbehaltenen Kapitalertragsteuern verglichen. Das Halbsatzverfahren wird im Rahmen der Berechnung der fiktiven Einkommensteuer berücksichtigt. Vgl. Achatz (1994), S. 131 - 132.
[1351] Vgl. § 97 Abs. 4 Nr. 2 öEStG.
[1352] Schenkungen unter Lebenden sind gemäß § 3 Nr. 2 öEBG von der Endbesteuerung ausgeschlossen.
[1353] Vgl. § 15 Abs. 1 Nr. 17 öErbStG.
[1354] Demzufolge unterliegen Geldeinlagen bei Kreditinstituten, sonstige Forderungen gegenüber Kreditinstituten, denen ein Bankgeschäft zugrunde liegt, und Forderungswertpapiere nicht der Erbschaftssteuer.

Forderungswertpapiere gilt dies nur dann, wenn sie bei ihrer Begebung sowohl in rechtlicher als auch in tatsächlicher Hinsicht einem unbestimmten Personenkreis angeboten werden,
- Anteilscheine an Pensionsinvestmentfonds, die durch Personen der Steuerklasse I erworben werden, und
- Anteile an in- und ausländischen Kapitalgesellschaften, wenn der Steuerpflichtige nachweist, dass der Erblasser im Zeitpunkt des Entstehens der Steuerschuld unter 1 % am Nennkapital der Gesellschaft beteiligt war[1355].

Lange Zeit umstritten war, ob die Endbesteuerung nur für unmittelbar oder auch für mittelbar erworbenes Vermögen gilt[1356]. Nach der Auffassung des österreichischen Verwaltungsgerichtshofs durfte nur der Steuerpflichtige die Endbesteuerung in Anspruch nehmen, der unmittelbar von Todes wegen endbesteuertes Kapitalvermögen erhalten hat, das im Todeszeitpunkt dem Erblasser zuzurechnen war. Bei Zugrundelegung dieses Standpunktes hätten Pflichtteilsberechtigte die Endbesteuerung in keinem Fall und Vermächtnisnehmer nur bei Bezug des endbesteuerten Vermögens durch eine erbrechtliche Verfügung in Anspruch nehmen können[1357]. Diese Auffassung wurde vom österreichischen Verfassungsgerichtshof verworfen: Der Erwerb eines Vermögensgegenstandes bleibt auch dann ein erbrechtlicher, wenn er nicht allein auf Testament, Erbvertrag oder gesetzlicher Erbfolge beruht, sondern auch auf ein Erb- oder Pflichtteilsübereinkommen zurückzuführen ist. Es gilt der Grundsatz der Einmalwirksamkeit der Steuerbefreiung des § 15 Abs. 1 Nr. 17 öErbStG. Endbesteuertes Vermögen darf nicht mehr, aber auch nicht weniger als einmal von der Steuer befreit werden. Die Anrechnung der Kapitalertragsteuer gemäß § 97 Abs. 4 öEStG bei niedrigen Einkommen führt nicht zur Aufhebung der Abgeltungswirkung für die Erbschaftssteuer[1358].

Gemäß § 20 Abs. 5 Satz 1 öErbStG sind Schulden und Lasten, die in wirtschaftlicher Beziehung zu nicht steuerbaren Teilen des Erwerbes stehen, nicht abzuziehen. Bei einer strengen Orientierung am Wortlaut müssten Schulden und Lasten, die in wirtschaftlichem Zusammenhang mit endbesteuertem Vermögen stehen, abzugsfähig sein, da das endbesteuerte Vermögen steuerbar ist. Die Steuer-

---

[1355] Die Steuerbefreiung für Anteile an Kapitalgesellschaften wurde erst mit dem Kapitalmarktoffensive-Gesetz eingefügt. Vgl. Teil 1, Kap. 3.3.6. Einer Abgeltung unabhängig von der Beteiligungshöhe wurde eine Absage erteilt, weil andernfalls der unentgeltliche Erwerb von Einzelunternehmen und Mitunternehmeranteilen erbschaftssteuerlich diskriminiert gewesen wäre.
[1356] Vgl. zu den unterschiedlichen Rechtsauffassungen Fraberger (1999), S. 631 - 635 (S349 - S353) m.w.N.
[1357] Vgl. Heinrich (1996b), S. 453 - 454.
[1358] Vgl. Ruppe/Gallob (1993), S. 164.

befreiung ist nicht gleichzusetzen mit einer fehlenden Steuerbarkeit. Die österreichische Finanzverwaltung vertritt jedoch die Ansicht, dass § 20 Abs. 5 öErbStG auch auf Schulden in wirtschaftlichem Zusammenhang mit endbesteuertem Vermögen anzuwenden sei[1359].

3.2 Erwerb von unbeweglichem Vermögen

Beabsichtigt der Steuerpflichtige nach dem Wegzug aus Deutschland den Erwerb unbeweglichen Vermögens in Österreich, muss er die zivilrechtlichen Voraussetzungen, die in den landesgesetzlichen Grundverkehrsgesetzen festgeschrieben sind, beachten. Es existieren entsprechend der Anzahl der österreichischen Bundesländer folgende 9 Grundverkehrsgesetze:

- Burgenländisches Grundverkehrsgesetz vom 29.1.1996 (öGVG-B)
- Kärnter Grundverkehrsgesetz vom 13.10.1994 (öGVG-K)
- Niederösterreichisches Grundverkehrsgesetz vom 30.6.1989 (öGVG-NÖ)
- Oberösterreichisches Grundverkehrsgesetz vom 7.7.1994 (öGVG-OÖ)
- Salzburger Grundverkehrsgesetz vom 12.12.2001 (öGVG-S)
- Steiermärkisches Grundverkehrsgesetz vom 28.9.1993 (öGVG-St)
- Tiroler Grundverkehrsgesetz vom 3.7.1996 (öGVG-T)
- Vorarlberger Grundverkehrsgesetz vom 23.11.1993 (öGVG-V)
- Gesetz betreffend den Grunderwerb durch Ausländer in Wien (öAuslGrErwG-W)

In der Regel sind die Gesetze in mindestens drei verschiedene Abschnitte unterteilt[1360]. Im ersten Abschnitt wird der Erwerb von Rechten an land- oder forstwirtschaftlichen Grundstücken, im zweiten Abschnitt der Erwerb von Rechten an Baugrundstücken und im letzen Abschnitt der Erwerb von Rechten an Grundstücken durch Ausländer geregelt. Von besonderem Interesse dürfte grundsätzlich für einen zugezogenen Steuerpflichtigen der dritte Abschnitt sein. Als Ausländer im Sinne der Grundverkehrsgesetze werden von den meisten Gesetzen die folgenden Personen qualifiziert[1361]:

- natürliche Personen, die nicht die österreichische Staatsbürgerschaft besitzen,
- juristische Personen, die ihren Sitz im Ausland haben und deren Gesellschaftskapital oder Anteile am Vermögen mindestens zur Hälfte Ausländern gehören,

---

[1359] Vgl. Heinrich/Moritz (1995), S. 327 m.w.N.
[1360] Vgl. § 1 Abs. 2 öGVG-B, § 2 öGVG-K und § 1 Abs. 1 öGVG-T.
[1361] Vgl. § 2 Abs. 3 öGVG-B (ohne Vereine), § 7 öGVG-K, § 1 Nr. 4 öGVG-NÖ (ohne Stiftungen und Fonds), § 2 Abs. 4 öGVG-OÖ, § 9 Abs. 1 öGVG-S, § 22 Abs. 1 öGVG-St, § 2 Abs. 5 öGVG-T, 2 Abs. 4 öGVG-V (ohne Vereine) und § 2 öAuslGrErwG-W (ohne Stiftungen und Fonds).

- Personengesellschaften des Handelsrechts, die ihren Sitz im Ausland haben oder deren Gesellschafter mindestens zur Hälfte nicht die österreichische Staatsbürgerschaft besitzen oder deren Gesellschaftsvermögen mindestens zur Hälfte Ausländern gehört,
- Stiftungen und Fonds, die zwar ihren Sitz im Inland haben, deren Vermögen oder Erträgnisse nach dem Stiftungs- und Fondszweck jedoch mindestens zur Hälfte Ausländern zukommen und
- Vereine, die zwar ihren Sitz im Inland haben, deren Mitglieder jedoch mindestens zur Hälfte nicht die österreichische Staatsbürgerschaft besitzen.

Als Zielsetzung wird in der Mehrzahl der Grundverkehrsgesetze die Beschränkung des Erwerbs von Rechten an Grundstücken durch Ausländer genannt[1362]. Die Beschränkung erfolgt regelmäßig dadurch, dass eine Genehmigung des Erwerbs durch die zuständige Grundverkehrsbehörde erforderlich ist. Voraussetzung für eine Genehmigung ist, dass der Rechtserwerb den staatspolitischen Interessen nicht widerspricht und ein öffentliches Interesse am Rechtserwerb durch den Ausländer insbesondere in wirtschaftlicher, kultureller oder sozialer Hinsicht besteht[1363]. Unter Umständen sind bei einem Immobilienerwerb die – regelmäßig auch für Inländer geltenden – Beschränkungen für den Erwerb von Freizeitwohnsitzen zu beachten. Ein Freizeitwohnsitz wird in einem Gebäude begründet, in dem sich eine Person in der Absicht niederlässt, ihn nicht zur Deckung eines ganzjährig gegebenen Wohnbedarfs, sondern zum Aufenthalt während des Wochenendes, des Urlaubs, der Ferien oder sonst nur zeitweilig zu Erholungszwecken zu verwenden[1364]. Nicht selbst genutzte, fremdvermietete Immobilien sind von diesen Beschränkungen nicht betroffen.

Im Rahmen des EU-Beitritts Österreichs im Jahr 1995 wurden die meisten Grundverkehrsgesetze um einen Passus ergänzt, wonach natürliche Personen, die Staatsangehörige eines EU- bzw. eines EWR-Staates sind, für den Geltungsbereich der Grundverkehrsgesetze bei Ausübung der Grundfreiheiten oder des allgemeinen Freizügigkeitsrechts österreichischen Staatsbürgern gleichgestellt sind[1365]. Daneben werden ausländische Gesellschaften, die in Österreich im

---

[1362] Vgl. § 1 Abs. 1 Nr. 3 öGVG-B, § 1 Abs. 1 lit. e öGVG-K, § 1 Abs. 1 Nr. 7 öGVG-OÖ, § 8 Abs. 2 öGVG-S und § 1 Abs. 3 lit. d öGVG-V.
[1363] Vgl. § 12 Abs. 2 öGVG-B, § 5 öGVG-NÖ, § 13 Abs. 3 Nr. 2 und öGVG-OÖ, § 8 Abs. 2 öGVG-S, § 28 öGVG-St, § 13 Abs. 1 lit. c öGVG-T, § 10 Abs. 1 lit. b und c öGVG-V und § 4 Abs. 1 öAuslGrErwG-W.
[1364] Vgl. § 2 Abs. 4 öGVG-B, § 6 öGVG-K, § 2 Abs. 6 öGVG-OÖ, § 19 öGVG-St, § 2 Abs. 6 öGVG-T und § 2 Abs. 6 öGVG-V.
[1365] Vgl. § 3 Abs. 1 öGVG-B, § 8 Abs. 1 öGVG-K, § 14 Abs. 1 öGVG-OÖ, § 10 Abs. 1 öGVG-S, §§ 4 Abs. 2 und 15 Abs. 2 öGVG-St, § 3 Abs. 1 öGVG-T, § 3 Abs. 1 öGVG-V und § 3 Nr. 2 öAuslGrErwG-W.

Rahmen der europarechtlich garantierten Grundfreiheiten tätig werden, den österreichischen Gesellschaften gleichgestellt. Sollte ein Wegzugswilliger weder die deutsche noch eine andere EU- bzw. EWR-Staatsbürgerschaft besitzen, muss bedacht werden, dass Immobilieninvestitionen in Österreich nur unter schwierigen Umständen möglich sind. Dass mit dem EU-Beitritt Österreichs in Art. 70 der Beitrittsakte festgeschrieben wurde, dass die zum Zeitpunkt des Beitritts bestehenden Rechtsvorschriften während eines Zeitraums von fünf Jahren ab dem EU-Beitritt beibehalten werden dürfen, spielt zum heutigen Zeitpunkt keine Rolle mehr.

Aufgrund seiner grundlegenden Aussagen zum Immobilienerwerb in Österreich ist das Urteil des Europäischen Gerichtshofs vom 1.6.1999 in der Rechtssache Konle[1366] für in der Zukunft gelegene Immobilienerwerbe von Bedeutung[1367]. Danach müssen sich innerstaatliche Regelungen des Grundstückserwerbs im Rahmen der Bestimmungen des EG-Vertrags über die Niederlassungsfreiheit und über den freien Kapitalverkehr halten[1368]. Der Erwerb, die Nutzung und die Verfügung über Grundstücke in einem anderen Mitgliedstaat stellt eine notwendige Ergänzung der Niederlassungsfreiheit dar. Darüber hinaus schützt die Kapitalverkehrsfreiheit die Vornahme von Immobilieninvestitionen in einem anderen Mitgliedstaat.

Das Erfordernis der Einholung einer behördlichen Genehmigung führt grundsätzlich zu einer Beschränkung des freien Kapitalverkehrs. Der Hinweis der österreichischen Regierung, dass nach Art. 295 EG der EG-Vertrag die Eigentumsordnung in den verschiedenen Mitgliedstaaten unberührt zu lassen habe[1369], wurde als Rechtfertigungsgrund für ein Genehmigungserfordernis vom Europäischen Gerichtshof nicht anerkannt. Nach dessen Ansicht ist Art. 295 EG nicht den Grundprinzipien des EG-Vertrages entzogen[1370]. Daher kann eine derartige beschränkende Maßnahme aus im Allgemeininteresse liegenden raumplanerischen Zielen wie der Erhaltung einer dauerhaft ansässigen Bevölkerung und einer in einigen Gebieten vom Tourismus unabhängigen Wirtschaftstätigkeit nur

---

[1366] Vgl. EuGH-Urteil v. 1.6.1999 – C-302/97 (Konle), Slg. 1999 I 3099.
[1367] Der dem Urteil zugrundeliegende Sachverhalt bezog sich auf den am 31.12.1999 endenden Zeitraum, in dem die Übergangsbestimmungen zum EU-Beitritt gegolten haben. Da der Grundstückserwerb jedoch in Tirol stattgefunden hat und das neue Tiroler Grundverkehrsgesetz erst 1996 erlassen wurde, erklärte der Europäische Gerichtshof die Übergangsbestimmungen in dem zugrundeliegenden Sachverhalt wegen des Nichtbestehens der entsprechenden Rechtsvorschriften zum Zeitpunkt des EU-Beitritts für nicht einschlägig. Insofern gelten die in dem EuGH-Urteil gemachten Aussagen uneingeschränkt auch für den jetzigen Zeitpunkt.
[1368] Vgl. EuGH-Urteil v. 1.6.1999 – C-302/97 (Konle), LS 1 und RZ 22, Slg. 1999 I 3099.
[1369] Vgl. EuGH-Urteil v. 1.6.1999 – C-302/97 (Konle), RZ 37, Slg. 1999 I 3099.
[1370] Vgl. EuGH-Urteil v. 1.6.1999 – C-302/97 (Konle), RZ 38, Slg. 1999 I 3099.

gerechtfertigt sein, wenn sie nicht diskriminierend angewandt wird und keine anderen, weniger einschneidenden Verfahren erlauben, das gleiche Ergebnis zu erreichen[1371]. Angesichts der Gefahr einer Diskriminierung, die mit der vorherigen Genehmigung des Grundstückserwerbs verbunden ist, und angesichts der anderen raumpianerischen Möglichkeiten, stellt ein Genehmigungsverfahren für den Grundstückserwerb durch Ausländer eine nicht zu rechtfertigende Beschränkung der Kapitalverkehrsfreiheit dar[1372].

Auswirkungen hat diese Rechtsprechung insbesondere auf den Immobilienerwerb in Niederösterreich. Da das entsprechende Grundverkehrsgesetz in seiner Grundfassung bereits 1989 verabschiedet und in der Zwischenzeit auch nicht in der Weise ergänzt wurde, dass EU- bzw. EWR-Bürger in Ausübung der Grundfreiheiten oder des allgemeinen Freizügigkeitsrechts Inländern gleichgestellt werden, verstößt das Genehmigungsverfahren eindeutig gegen die Bestimmungen des EG-Vertrags. Europarechtlich problematisch ist auch die Formulierung in § 3 Abs. 2 öGVG-V, wonach sich beim Erwerb von Immobilien zu Ferienzwecken aus der Kapitalverkehrsfreiheit keine Ausnahmen von den Regelungen über den Grundverkehr durch Ausländer ergeben. Wenn jedoch – wie der Europäische Gerichtshof festgestellt hat – Immobilieninvestitionen durch die Kapitalverkehrsfreiheit geschützt sind, kann es nicht auf den Verwendungszweck ankommen. Im Hinblick auf eine erwartete Wertsteigerung kann sowohl eine fremdgenutzte als auch eine eigengenutzte Immobilie als Immobilieninvestition angesehen werden.

Sind die zivilrechtlichen Voraussetzungen für einen Immobilienerwerb grundsätzlich erfüllt, müssen sowohl die aus einem Immobilienerwerb resultierenden einmaligen als auch die laufenden Belastungen in eine Kaufentscheidung einbezogen werden.

Der Erwerb inländischer Grundstücke unterliegt – ähnlich wie in Deutschland – der Grunderwerbsteuer. Die Steuer ist gemäß § 4 Abs. 1 öGrEStG vom Wert der Gegenleistung zu berechnen[1373]. Grundsätzlich beträgt der Steuersatz 3,5 %. Er kann aber beim Erwerb durch nahe Verwandte auf 2 % abgesenkt werden[1374]. Eine vergleichbare Absenkung des Steuersatzes kennt das deutsche Grunder-

---

[1371] Vgl. EuGH-Urteil v. 1.6.1999 – C-302/97 (Konle), LS 4 und RZ 40, Slg. 1999 I 3099.

[1372] Vgl. EuGH-Urteil v. 1.6.1999 – C-302/97 (Konle), RZ 49, Slg. 1999 I 3099.

[1373] Ausgenommen von der Besteuerung ist gemäß § 3 Abs. 1 Nr. 1 öGrEStG der Erwerb eines Grundstücks, wenn der für die Berechnung maßgebende Wert 1.100,- Euro nicht übersteigt. In Deutschland ist ein Grunderwerb gemäß § 3 Nr. 1 dGrEStG erst steuerpflichtig, wenn der maßgebende Wert 2.500,- Euro übersteigt.

[1374] Vgl. § 7 öGrEStG.

werbsteuerrecht nicht[1375]. Als weiterer Kostenfaktor sind bei der Kaufentscheidung die Nebenkosten des Erwerbs zu berücksichtigen. Hierzu gehören im wesentlichen Makler-, Grundbuch- und Notariatsgebühren.

Bei den laufenden Belastungen ist das Grundsteuergesetz zu beachten. Der österreichischen Grundsteuer unterliegt gemäß § 1 Abs. 1 öGrEStG der inländische Grundbesitz. Besteuerungsgrundlage ist der für den Veranlagungszeitpunkt maßgebende Einheitswert des Steuergegenstandes[1376]. Die Steuerbelastung ergibt sich gemäß § 18 Abs. 1 öGrStG, indem zunächst die Steuermesszahl auf den Einheitswert angewandt wird. Auf den hieraus resultierenden Steuermessbetrag wird ein von der jeweiligen Gemeinde festzulegender Hebesatz angewendet[1377]. Die Steuermesszahl beträgt grundsätzlich 2 ‰ und wird durch verschiedene Einschleifregelungen geringfügig vermindert[1378].

Ergänzend zu der auch in Deutschland erhobenen Grundsteuer wird in Österreich eine Bodenwertabgabe von unbebauten Grundstücken einschließlich der Betriebsgrundstücke erhoben[1379]. Bemessungsgrundlage ist gemäß § 2 öBWA der für den Beginn des jeweiligen Kalenderjahres maßgebende Einheitswert. Gemäß § 3 Abs. 2 Nr. 1 öBWA entfällt die Bodenwertabgabe für unbebaute Grundstücke mit einem Einheitswert bis einschließlich 14.600,- Euro. Soweit dieser Betrag überstiegen wird, beträgt die Abgabe 1 % des maßgebenden Einheitswerts[1380]. Für land- und forstwirtschaftliche Betriebe existiert eine vergleichbare Abgabe[1381].

Sollen Immobilien erworben werden, deren Veräußerung nach einer bestimmten Zeit zur Disposition steht, sind die auch im deutschen Einkommensteuerrecht[1382] bekannten Fristen zu beachten. Gemäß § 30 Abs. 1 Nr. 1 lit. a öEStG sind Spekulationsgeschäfte Veräußerungsgeschäfte, bei denen der Zeitraum zwischen Anschaffung und Veräußerung von Grundstücken nicht mehr als zehn Jahre beträgt. Bei der Vornahme bestimmter Abschreibungen kann sich diese Frist auf fünfzehn Jahre verlängern. Ausgenommen von der Besteuerung sind gemäß § 30 Abs. 2 Nr. 2 öEStG die Einkünfte aus der Veräußerung von selbst hergestellten Gebäuden. Der Grund und Boden, auf dem sich diese Gebäude befinden, ist je-

---

[1375] Gemäß § 11 dGrEStG beträgt der Steuersatz in Deutschland in allen Fällen 3,5 %.
[1376] Vgl. § 12 öGrStG sowie vergleichend § 13 dGrStG.
[1377] Vgl. § 27 Abs. 1 öGrStG. Die Hebesätze der Gemeinde können bis zu 500 % betragen.
[1378] Vgl. § 19 öGrStG.
[1379] Vgl. § 1 öBWA.
[1380] Vgl. § 4 Abs. 2 öBWA.
[1381] Vgl. das Bundesgesetz v. 14.7.1960 über eine Abgabe von land- und forstwirtschaftlichen Betrieben.
[1382] Vgl. § 23 Abs. 1 Nr. 1 dEStG.

doch nicht steuerbefreit[1383]. Wird unbebauter Grund und Boden veräußert, vermindern sich gemäß § 30 Abs. 4 Satz 3 öEStG die Einkünfte nach Ablauf von fünf Jahren seit seiner Anschaffung um jährlich 10 %.

Einfluss auf eine Entscheidung zugunsten eines Immobilienerwerbs in Österreich kann auch die Behandlung des Vermögens im Erbfall haben. Gemäß § 19 Abs. 2 öErbStG ist für inländisches Grundvermögen grundsätzlich das Dreifache des Einheitswerts maßgebend[1384]. Wird von dem Steuerschuldner hingegen nachgewiesen, dass der gemeine Wert dieser Vermögenswerte im Zeitpunkt des Entstehens der Steuerschuld geringer ist als das Dreifache des Einheitswerts, ist der nachgewiesene gemeine Wert maßgebend. Da gemäß § 19 Abs. 1 öErbStG i.V.m. § 10 öBewG ausländisches Grundvermögen – ebenso wie in Deutschland – mit dem gemeinen Wert zu bewerten ist, könnte auch in Österreich die Verfassungswidrigkeit wegen der Ungleichbehandlung von inländischem und ausländischem Vermögen zu einer Änderung der Bewertung von Immobilien führen[1385].

3.3 Begründung eines unternehmerischen Engagements

Sollte für den Steuerpflichtigen die Begründung eines unternehmerischen Engagements in Österreich in Frage kommen, müssen verschiedene Gestaltungsalternativen hinsichtlich ihrer steuerlichen Auswirkungen untersucht werden. Maßgeblich wird in einer Vielzahl der Fälle die laufende ertragsteuerliche Belastung sein, die sich in Deutschland und Österreich durch die deutsche Unternehmenssteuerreform erheblich angenähert hat. Unterschiede bestehen aber insbesondere durch die ab 2005 geltende Absenkung des österreichischen Körperschaftsteuertarifs auf 25 % auch zukünftig. Im Hinblick auf die Einkommensteuer kann trotz des selbst unter Einbeziehung des Solidaritätszuschlages niedrigeren Tarifs in Deutschland die Begründung eines unternehmerischen Engagements in Österreich auch aus ausschließlich steuerlichen Gründen erwägenswert sein. Durch die vollständige Abschaffung der Gewerbesteuer in Österreich ist die Gesamtertragsteuerbelastung – abhängig von den zugrundegelegten Gewerbesteuerhebesätzen der Gemeinden – vielfach niedriger als in Deutschland. Das Gleiche gilt für die Körperschaftsteuer.

Sofern die Begründung eines unternehmerischen Engagements in Österreich im unmittelbaren Zusammenhang mit der Beendigung eines entsprechenden Enga-

---

[1383] Vgl. § 30 Abs. 2 Nr. 2 öEStG.
[1384] Die Einheitsbewertung richtet sich nach den §§ 19 - 28 öBewG.
[1385] Vgl. BFH-Urteil v. 22.5.2002 – II R 61/99, ZEV 2002, S. 372 und „Die Welt" v. 5.7.2002: „Erbschaftsteuer erneut auf dem Prüfstand: Experten raten: Immobilien rechtzeitig übertragen – Bundesfinanzhof hält Gesetz für verfassungswidrig". Tumpel (2000), S. 34 - 35 gibt eine mögliche Verletzung der Kapitalverkehrsfreiheit zu bedenken.

gements in Deutschland steht, sind in den Entscheidungsprozess über eine Standortverlagerung zusätzlich die Kosten der Entstrickung in Deutschland einzubeziehen. Nicht entscheidungserheblich sind diese Kosten dagegen, wenn das in Deutschland ausgeübte unternehmerische Engagement bereits durch den Wohnsitzwechsel des Steuerpflichtigen als aufgegeben gilt. Neben allen steuerlichen Überlegungen muss bedacht werden, dass eine unternehmerische Standortentscheidung niemals ausschließlich aufgrund steuerlicher Überlegungen erfolgen sollte. Vielfach wird es beispielsweise erforderlich sein, bereits vor der Wohnsitzverlegung ein unternehmerisches Engagement in Österreich zu begründen, um rechtzeitig eine Einkunftsquelle für die Zeit nach dem Wohnsitzwechsel zu erschließen. Die unterschiedlichen steuerlichen Auswirkungen der Begründung eines unternehmerischen Engagements vor und nach der Verlegung des Mittelpunkts der Lebensinteressen werden in den folgenden Kapiteln dargestellt. Ebenfalls nicht steuerlich veranlasst wird die Überführung von Wirtschaftsgütern aus einem deutschen in ein österreichisches Betriebsvermögen sein. Da mit einer Wohnsitzverlegung des Betriebsinhabers häufig aber eine Verlagerung des unternehmerischen Schwerpunktes einhergeht, können Überführungen aus nichtsteuerlichen Gründen unvermeidbar sein. Die hierbei auftretenden Entstrickungskosten müssen im Zusammenhang mit der Begründung bzw. dem Ausbau eines unternehmerischen Engagements in Österreich berücksichtigt werden.

3.3.1 Direktgeschäft

Ein Direktgeschäft liegt vor, wenn ein gewerblicher Leistungsaustausch über die Grenze ohne festen Stützpunkt im Abnehmerland erfolgt[1386]. Im Gegensatz hierzu erfolgt bei einer Direktinvestition der Leistungsaustausch über eine im Ausland errichtete Betriebsstätte, Personengesellschaft oder Kapitalgesellschaft. Insbesondere zur Erkundung des österreichischen Marktes vor der Wohnsitzverlegung können sich Direktgeschäfte anbieten, da sie im Unterschied zu Direktinvestitionen keine Anlaufkosten verursachen. Die aus den Direktgeschäften erzielten Einkünfte unterliegen sowohl vor als auch nach der Wohnsitzverlegung des Betriebsinhabers der deutschen Steuer. Eine Besteuerung der Einkünfte aus Gewerbebetrieb in Österreich kommt nach nationalem Recht grundsätzlich nur bei Unterhaltung einer Betriebsstätte oder Bestellung eines ständigen Vertreters in Frage[1387]. Wegen des in den Doppelbesteuerungsabkommen verankerten Be-

---

[1386] Vgl. Jacobs/Endres/Spengel (2002), S. 461 und Kluge (2000), S. 220, RZ 2.
[1387] Gemäß § 98 Nr. 3 öEStG unterliegen der beschränkten Einkommensteuerpflicht die Einkünfte aus Gewerbebetrieb, für den in Österreich eine Betriebsstätte unterhalten wird oder ein ständiger Vertreter bestellt ist. Die Voraussetzung einer Betriebsstätte bzw. eines ständigen Vertreters muss jedoch nicht erfüllt sein, wenn die Einkünfte aus kaufmännischer oder technischer Beratung in Österreich, aus der Gestellung von Arbeitskräften zur Arbeitsausübung in

triebsstättenprinzips scheidet bei Bestellung eines ständigen Vertreters eine Besteuerung in Österreich aus[1388]. Wird das Geschäft hingegen über eine Betriebsstätte abgewickelt, liegt statt eines Direktgeschäftes eine Direktinvestition vor. Die Errichtung eines Verbindungsbüros zur Erkundung des Marktes für die Tragfähigkeit einer eigenen Vertriebsorganisation, zur Leistung von Öffentlichkeitsarbeit und zur Entfaltung anderer vorbereitender Hilfsmaßnahmen führt jedoch noch nicht zur Begründung einer Betriebsstätte[1389]. Bei der Einkünftequalifikation muss bedacht werden, dass Einkünfte, die in Deutschland im Rahmen eines Gewerbebetriebes erzielt werden, in Österreich nicht zwangsläufig Einkünfte aus Gewerbebetrieb darstellen[1390]. Stattdessen können Einkünfte verschiedenster Einkunftsarten anfallen. Beispielhaft zu erwähnen sind Dividendeneinkünfte, Zinseinkünfte, Einkünfte aus Lizenzen, Mieteinkünfte und Spekulationseinkünfte[1391].

3.3.2 Errichtung einer Betriebsstätte

Für die Begründung eines intensiven unternehmerischen Engagements in Österreich reichen Direktgeschäfte nicht aus. Stattdessen sollte zumindest die Errichtung einer Betriebsstätte in Betracht gezogen werden. Eine solche liegt grundsätzlich vor, wenn eine feste Geschäftseinrichtung im Ausland besteht, die zwar wirtschaftlich, nicht aber rechtlich verselbständigt ist[1392]. Besteht keine unbeschränkte Steuerpflicht des Stammunternehmens in Österreich, sind die Einkünfte der Betriebsstätte gemäß § 98 Nr. 3 öEStG beschränkt steuerpflichtig. Wegen der fehlenden Steuersubjektivität der Betriebsstätte fällt in Österreich Einkommensteuer an, sofern es sich bei dem Stammunternehmen um einen Einzelunternehmer oder eine Personengesellschaft handelt[1393]. Liegt dagegen eine Kapitalgesellschaft vor, fällt Körperschaftsteuer an. In Deutschland unterliegen

---

Österreich oder aus der gewerblichen Tätigkeit als Sportler, Artist oder als Mitwirkender an Unterhaltungsdarbietungen in Österreich stammen.
[1388] Vgl. Art. 4 Abs. 1 ErtSt-DBA 1954/92 bzw. Art. 7 Abs. 1 ErtSt-DBA 2003.
[1389] Die in Art. 5 ErtSt-DBA 2003 enthaltene Definition schließt derartige Einrichtungen vom Betriebsstättenbegriff aus. Weniger eindeutig sind die Aussagen im ErtSt-DBA 1954/92. Eine ständige Geschäftseinrichtung des gewerblichen Unternehmens, in der die Tätigkeit dieses Unternehmens ganz oder teilweise ausgeübt wird, stellt gemäß Art. 4 Abs. 3 ErtSt-DBA 1954/92 eine Betriebsstätte dar. Weitergehende Ausführungen finden sich weder im Abkommen noch in dem zugehörigen Schlussprotokoll. Dennoch entspricht es allgemeiner Ansicht, dass auch bei Zugrundelegung des alten Abkommens Verbindungsbüros nicht zur Betriebsstättenbesteuerung führen. Vgl. Müller/Schaden (1997), S. 198 - 199 und Schwenke (1998), S. 2606.
[1390] Vgl. Kluge (2000), S. 221, RZ 4.
[1391] Vgl. § 98 öEStG, in dem die der beschränkten Steuerpflicht unterliegenden Einkünfte aufgezählt werden.
[1392] Vgl. Jacobs/Endres/Spengel (2002), S. 479.
[1393] Vgl. Jacobs/Endres/Spengel (2002), S. 482.

die Betriebsstättengewinne aufgrund des in Art. 4 Abs. 1 ErtSt-DBA 1954/92 bzw. in Art. 7 Abs. 1 ErtSt-DBA 2003 verankerten Betriebsstättenprinzips nicht der Besteuerung.

Wird die Betriebsstätte vor der Wohnsitzverlegung des Betriebsinhabers gegründet und unterstellt der Bundesfinanzhof bei Wegzug des Steuerpflichtigen eine Aufgabe des Gesamtbetriebes, unterliegen die in der Betriebsstätte gespeicherten stillen Reserven grundsätzlich der deutschen Aufgabebesteuerung. Da das abkommensrechtliche Betriebsstättenprinzip aber auch hinsichtlich der Veräußerung des gewerblichen Vermögens greift[1394], hat Österreich das alleinige Besteuerungsrecht. Von diesem Recht macht Österreich jedoch keinen Gebrauch, weil eine Betriebsaufgabe bei einem Zuzug nach Österreich nicht unterstellt wird. Ein Besteuerungstatbestand liegt nach österreichischem Recht nicht vor, so dass die in der Betriebsstätte gebildeten stillen Reserven zunächst nicht aufgelöst werden.

Nach der Verlegung des Wohnsitzes ist der Steuerpflichtige, sofern er nicht einen Nebenwohnsitz behält, beschränkt steuerpflichtig in Deutschland. Ist das Stammhaus ein Einzelunternehmen oder eine Personengesellschaft, scheidet eine Besteuerung der Betriebsstätte wegen der Beschränkung der Besteuerung auf das inländische Stammhaus aus. Behält hingegen der Einzelunternehmer bzw. Mitunternehmer einen deutschen Nebenwohnsitz bei, ist er unbeschränkt steuerpflichtig in Deutschland. In diesem Fall erfolgt die Befreiung von der deutschen Steuer aufgrund des abkommensrechtlichen Betriebsstättenprinzips.

Wird das unternehmerische Engagement in Österreich durch die Betriebsstätte einer in Deutschland ansässigen Kapitalgesellschaft ausgeübt, hat die Wohnsitzverlegung des Anteilseigners zunächst keinen Einfluss. Die Betriebsstätte der Kapitalgesellschaft ist sowohl vor als auch nach der Wohnsitzverlegung des Anteilseigners beschränkt körperschaftsteuerpflichtig. Auswirkungen hat die Ansässigkeit des Anteilseigners jedoch, wenn der auch das Ergebnis der Betriebsstätte enthaltende Gewinn der Kapitalgesellschaft ausgeschüttet werden soll. Sofern der Steuerpflichtige seinen Hauptwohnsitz noch nicht verlegt hat, stellt die Ausschüttung des Gewinns einen rein nationalen Sachverhalt dar. Die Dividenden unterliegen ausschließlich dem deutschen Halbeinkünfteverfahren gemäß § 3 Nr. 40 Satz 1 lit. d dEStG. Nach der Wohnsitzverlegung bezieht der Steuerpflichtige hingegen – aus der Sicht Österreichs – ausländische Kapitalgesellschaftseinkünfte.

[1394] Vgl. Art. 4 Abs. 4 ErtSt-DBA 1954/92 und Art. 13 Abs. 3 ErtSt-DBA 2003.

Im Folgenden wird zunächst unterstellt, dass der Steuerpflichtige zu mehr als 10 % an der deutschen Kapitalgesellschaft beteiligt ist und die Anteile an dieser Gesellschaft in seinem Privatvermögen hält[1395]. Wird die Betriebsstätte vor der Wohnsitzverlegung des Steuerpflichtigen errichtet und bilden sich bis zum Wegzugszeitpunkt des Anteilseigners stille Reserven in der Betriebsstätte, erhöht sich der gemeine Wert der Kapitalgesellschaftsanteile. Eine solche Erhöhung sollte im Hinblick auf die Wegzugsbesteuerung gemäß § 6 dAStG vermieden werden. Da den Anschaffungskosten der Anteile deren gemeiner Wert im Wegzugszeitpunkt gegenüber zu stellen ist, erhöht sich der zu besteuernde Vermögenszuwachs.

Werden nach der Wohnsitzverlegung des Anteilseigners die Gewinne der deutschen Kapitalgesellschaft ausgeschüttet, bezieht der nun in Österreich unbeschränkt Steuerpflichtige Einkünfte aus Kapitalvermögen gemäß § 27 Abs. 1 Nr. 1 lit. a öEStG, die der besonderen Besteuerung gemäß § 37 Abs. 8 öEStG bzw. der Endbesteuerung mit einer Steuerbelastung von 25 % unterliegen[1396]. In Deutschland sind die Einkünfte, sofern mit der Verlegung des Wohnsitzes die dortige unbeschränkte Steuerpflicht aufgegeben wurde, beschränkt steuerpflichtig gemäß § 49 Abs. 1 Nr. 5 lit. a dEStG. Von den Kapitalerträgen wird gemäß § 43 Abs. 1 Satz 1 Nr. 1 dEStG eine Kapitalertragsteuer einbehalten[1397]. Durch die Kapitalertragsteuer in Höhe von 20 % des Kapitalertrags gilt die Einkommensteuer für diese Einkünfte als abgegolten[1398]. Auf der Grundlage der zwischen Deutschland und Österreich abgeschlossenen Doppelbesteuerungsabkommen wird die Quellensteuer auf 15 % reduziert[1399]. Die Beseitigung der Doppelbesteuerung erfolgt durch Anrechnung der deutschen Steuer auf die österreichische Steuer, die auf die zugrunde liegenden Einkünfte entfällt[1400]. Die Gesamtsteuerbelastung beläuft sich daher auf 25 %.

Ferner bleibt noch zu prüfen, ob bei der Begründung eines unternehmerischen Engagements vor der Wohnsitzverlegung eine Betriebsstätte Vorteile gegenüber anderen Investitionsformen hat. Dies könnte der Fall sein, wenn die insbesondere in der Anfangsphase eines unternehmerischen Engagements anfallenden Verluste in Deutschland als Ansässigkeitsstaat verwertbar sind. Durch die mit einer Wohnsitzverlegung einhergehende Vermögensumstrukturierung werden regel-

---

[1395] Bei einer niedrigeren Beteiligung ist es sehr unwahrscheinlich, dass ein Anteilseigner Einfluss auf die Form der Begründung eines unternehmerischen Engagements in Österreich hat.
[1396] Vgl. § 93 Abs. 2 Nr. 1 lit. e öEStG i.V.m. § 97 Abs. 1 Satz 2 öEStG.
[1397] Vgl. auch Sparfeld/Chebounov (2002), S. 44.
[1398] Vgl. § 43 a Abs. 1 Nr. 1 dEStG und § 50 Abs. 5 Satz 1 dEStG.
[1399] Vgl. Art. 10 a Abs. 2 lit. b ErtSt-DBA 1954/92 bzw. Art. 10 Abs. 2 lit. b ErtSt-DBA 2003.
[1400] Vgl. Art. 15 Abs. 2 Satz 2 ErtSt-DBA 1954/92 bzw. Art. 23 Abs. 2 lit. b ErtSt-DBA 2003.

mäßig stille Reserven aufgedeckt, so dass ein entsprechendes Verlustausgleichspotential in einer Vielzahl der Fälle gegeben sein dürfte.

Grundsätzlich dürfen gemäß § 2 a Abs. 1 Nr. 2 dEStG negative Einkünfte aus einer in einem ausländischen Staat belegenen gewerblichen Betriebsstätte nur mit positiven Einkünften der jeweils selben Art und aus demselben Staat ausgeglichen werden. Ein Verlustabzug nach § 10 d dEStG ist ausgeschlossen. Soweit die negativen Einkünfte nicht ausgeglichen werden können, mindern sie die positiven Einkünfte der jeweils selben Art, die der Steuerpflichtige in den folgenden Veranlagungszeiträumen aus demselben Staat erzielt. Diese Einschränkungen gelten gemäß § 2 a Abs. 2 dEStG nicht, wenn der Steuerpflichtige nachweist, dass die negativen Einkünfte aus einer Betriebsstätte im Ausland stammen, die ausschließlich oder fast ausschließlich aktive Tätigkeiten zum Gegenstand hat.

Nach Auffassung der deutschen Finanzverwaltung und der deutschen Rechtsprechung werden aber durch das abkommensrechtliche Betriebsstättenprinzip[1401] und die Freistellung der Einkünfte[1402] nicht nur die positiven, sondern auch die negativen Einkünfte der deutschen Steuerhoheit entzogen, so dass die in der österreichischen Betriebsstätte verursachten Verluste in Deutschland nicht berücksichtigt werden können. Eine andere Auffassung hierzu vertrat der österreichische Verwaltungsgerichtshof[1403]. Er stellte in seinem den umgekehrten Fall betreffenden Urteil vom 25.9.2001 fest, dass Verluste einer in Deutschland befindlichen Betriebsstätte trotz einer abkommensrechtlichen Freistellungsbestimmung bei der Ermittlung des österreichischen Einkommens zu berücksichtigen sind. Als Begründung wurde Art. 1 Abs. 1 ErtSt-DBA 1954/92 angeführt, wonach der Zweck des Abkommens darin besteht, dass Personen nicht doppelt zu Steuern herangezogen werden. Dies ist bei einer Verlustberücksichtigung im Ansässigkeitsstaat nicht der Fall. Da der Abkommenszweck in dieser Weise nicht in den dem OECD-MA nachempfundenen Doppelbesteuerungsabkommen enthalten ist, führte der Verwaltungsgerichtshof ergänzend als Begründung an, dass Doppelbesteuerungsabkommen bloß eine Schrankenwirkung entfalten, die nicht zu einer Erweiterung der Steuerpflicht führen können. Mit dieser zweiten Begründung wollte das Gericht augenscheinlich die Allgemeingültigkeit seiner Aussagen manifestieren[1404]. Im Rahmen des Steuerreformgesetzes 2005 ist die vom österreichischen Verwaltungsgerichtshof erkannte Rechtslage gesetzlich in § 2 Abs. 8 öEStG verankert worden. Sollten jedoch Verluste zunächst in Öster-

---

[1401] Vgl. Art. 4 Abs. 1 ErtSt-DBA 1954/92 bzw. Art. 7 Abs. 1 ErtSt-DBA 2003.
[1402] Vgl. Art. 15 Abs. 1 ErtSt-DBA 1954/92 bzw. Art. 23 Abs. 1 lit. a ErtSt-DBA 2003.
[1403] Vgl. VwGH-Urteil v. 25.9.2001 – 99/14/0217, IStR 2001, S. 754 - 755, o.V. (2001), S. 755 - 756 und Urtz (2001), S. 505 - 506.
[1404] Vgl. Trenkwalder/Firlinger (2001), S. 515.

reich berücksichtigt worden sein und werden sie nochmals im Ausland berücksichtigt, erhöhen die angesetzten ausländischen Verluste in jenem Kalenderjahr den Gesamtbetrag der Einkünfte[1405].

Nicht mehr möglich ist die eingeschränkte Verlustberücksichtigung gemäß § 2 a Abs. 3 dEStG, die steuerliche Anreize für „aktive" Auslandsinvestitionen bieten sollte. Die Regelung wurde mit Verabschiedung des Steuerentlastungsgesetzes 1999/2000/2002 ersatzlos gestrichen. Zuvor war es auf Antrag trotz der abkommensrechtlichen Freistellung möglich, einen Verlust der Betriebsstätte bei der Ermittlung des Gesamtbetrags der Einkünfte abzuziehen, soweit er vom Steuerpflichtigen ausgeglichen oder abgezogen hätte werden können, wenn die Einkünfte nicht von der Einkommensteuer zu befreien gewesen wären, und soweit der Verlust nach diesem Abkommen zu befreiende positive Einkünfte aus gewerblicher Tätigkeit aus anderen in diesem ausländischen Staat belegenen Betriebsstätten überstiegen hätte. Bei positiven Einkünften der Betriebsstätte in den folgenden Veranlagungszeiträumen konnte es unter bestimmten Bedingungen zu einer Hinzurechnung des zuvor abgezogenen Betrags kommen. Zum jetzigen Zeitpunkt erfolgt nach deutschem Recht eine Verlustberücksichtigung aber nur noch im Rahmen des negativen Progressionsvorbehalts[1406].

Ebenfalls problematisch ist die Verlustberücksichtigung im Betriebsstättenstaat. Gemäß § 102 Abs. 2 Nr. 2 öEStG kann ein Verlustabzug nur insoweit vorgenommen werden, als er die nicht der beschränkten Steuerpflicht unterliegenden Einkünfte überstiegen hat. Diese Regelung bringt zum Ausdruck, dass Österreich die Verlustberücksichtigung primär als Aufgabe des Ansässigkeitsstaats ansieht. Der Verlustabzug soll in Österreich nur zustehen, wenn die außerhalb Österreichs erzielten Einkünfte nicht ausreichen, um die in der österreichischen Betriebsstätte erlittenen Verluste damit verrechnen zu können. Da die österreichische Finanzverwaltung die Ansicht vertritt, dass ein Verlustabzug in Österreich auch dann nicht möglich ist, wenn die Einkünfte im Ausland zwar ausreichen, aber durch die abkommensrechtliche Freistellung keine Verlustberücksichtigung im Ansässigkeitsstaat erfolgt[1407], wird die doppelte Nichtberücksichtigung der in der Betriebsstätte erlittenen Verluste häufiger der Fall sein[1408].

Während bei Zugrundelegung des ErtSt-DBA´s 1954/92 eine Berücksichtigung der Verluste allenfalls unter Heranziehung europarechtlicher Vorschriften herbeigeführt werden kann[1409], eröffnet das im ErtSt-DBA 2003 enthaltene Be-

---

[1405] Vgl. Göttsche/Stangl (2004c).
[1406] Vgl. § 32 b Abs. 1 Nr. 3 dEStG.
[1407] Vgl. Konezny (1999a), S. 297.
[1408] Vgl. Damböck (1998), S. 315.
[1409] Vgl. Damböck (1998), S. 314 und Konezny (1999a), S. 299 - 302.

triebsstättendiskriminierungsverbot einen weiteren Spielraum. Gemäß Art. 24 Abs. 3 ErtSt-DBA 2003 darf die Besteuerung einer Betriebsstätte, die ein Unternehmen eines Vertragsstaats im anderen Vertragsstaat hat, im anderen Staat nicht ungünstiger sein als die Besteuerung von Unternehmen des anderen Staates, die die gleiche Tätigkeit ausüben. Hierzu stellte die österreichische Finanzverwaltung in einem Erlass fest, dass auf der Grundlage des Betriebsstättendiskriminierungsverbots bei einer abkommensrechtlichen Freistellung der Verlustabzug Österreich zusteht[1410]. Erfolgt jedoch eine Verlustverwertung im Ansässigkeitsstaat – und sei es nur im Rahmen des negativen Progressionsvorbehalts – entfalle das Recht zum Verlustvortrag in Österreich. An dieser Sichtweise wird umfangreiche Kritik geübt. Die Betriebsstätte muss vielmehr mit einem Unternehmen verglichen werden, das ausschließlich inländische Einkünfte erzielt. Im Ausland verwertbare Verluste können bei einem solchen Unternehmen nicht auftreten, so dass auch für die zum Vergleich herangezogene Betriebsstätte im Ausland verwirklichte Tatbestände nicht zur Versagung des Verlustabzugs führen dürfen.

Wegen der umstrittenen Sichtweise der Finanzverwaltung und der hieraus drohenden Gefahr einer doppelten Nichtberücksichtigung der Verluste wurde in Abs. 12 lit. b Satz 4 und 5 des Schlussprotokolls zum ErtSt-DBA 2003 eine Vereinbarung getroffen, die die Einmalberücksichtigung der Verluste sicherstellen soll. Danach sind ab dem Wirtschaftsjahr 1998 (1997/98) entstehende Verluste auf der Grundlage der Gegenseitigkeit[1411] im Betriebsstättenstaat zu berücksichtigen. Diese Regelung ist nur insoweit wirksam, als dies nicht zu einer Doppelberücksichtigung der Verluste führt. Durch diese abkommensrechtliche Bestimmung wird die Schranke des § 102 Abs. 2 Nr. 2 öEStG aufgehoben. Sie tritt erst dann wieder in Kraft, wenn es in Deutschland als Ansässigkeitsstaat möglich ist, die österreichischen Verluste zu verwerten. Durch die Abschaffung von § 2 a Abs. 3 dEStG ist dies derzeit nicht der Fall. Fraglich könnte nur sein, ob bereits die Berücksichtigung im Rahmen des negativen Progressionsvorbehalts zur Annahme einer Doppelberücksichtigung der Verluste führt. Wäre diese Sichtweise zutreffend, hätte es jedoch einer Regelung im Schlussprotokoll nicht bedurft. Eine Verwertung der Verluste im Betriebsstättenstaat wäre bei allen der Einkommensteuer unterliegenden Personen ausgeschlossen. Insofern kann nach der hier vertretenen Auffassung von einer Doppelberücksichtigung der Verluste nur gesprochen werden, wenn in beiden Staaten die Bemessungsgrundlage ge-

---

[1410] Vgl. Konezny (1999a), S. 303.
[1411] Die Verankerung der Gegenseitigkeit ist nur eine Betonung der Pflicht beider Staaten, die Betriebsstättenverluste beschränkt Steuerpflichtiger zum Abzug zuzulassen. Vgl. Konezny (1999b), S. 353.

mindert wird[1412]. Abschließend kann festgestellt werden, dass die Errichtung einer Betriebsstätte in Österreich vor der Wohnsitzverlegung zwar nicht die Verlustverwertung im Ansässigkeitsstaat ermöglicht, andererseits die in der Betriebsstätte entstandenen Verluste – zumindest bei Anwendung des neuen Doppelbesteuerungsabkommens – nicht unberücksichtigt bleiben.

3.3.3 Gründung eines Einzelunternehmens oder einer Personengesellschaft

Wird vor der Wohnsitzverlegung ein Einzelunternehmen in Österreich gegründet und wird dort für dieses Unternehmen eine Betriebsstätte im Sinne des Abkommensrechts unterhalten, werden die Einkünfte der Betriebsstätte in Deutschland von der Steuer freigestellt[1413]. Es erfolgt eine ausschließliche Besteuerung in Österreich[1414]. Lediglich durch die Berücksichtigung im Rahmen des Progressionsvorbehalts kann der Steuertarif in Deutschland beeinflusst werden. Anlaufverluste, die das Unternehmen erzielt, können in Deutschland ebenso wie bei einer Betriebsstätte nicht verwertet werden. Sie gehen jedoch durch die Möglichkeit des Verlustvortrags nicht endgültig verloren[1415]. Nach der Wohnsitzverlegung handelt es sich um einen rein nationalen Sachverhalt. Die Einkünfte des Betriebes unterliegen gemäß § 1 Abs. 2 öEStG i.V.m. § 23 Nr. 1 öEStG der unbeschränkten Steuerpflicht.

Auch zu den betrieblichen Einkünften zählen gemäß § 23 Nr. 2 öEStG die Gewinnanteile der Gesellschafter von Gesellschaften, bei denen die Gesellschafter als Mitunternehmer anzusehen sind, sowie die Vergütungen, die die Gesellschafter von der Gesellschaft für ihre Tätigkeit im Dienste der Gesellschaft, für die Hingabe von Darlehen oder für die Überlassung von Wirtschaftsgütern bezogen haben. Das Ergebnis wird den Mitunternehmern in dem Zeitpunkt zugerechnet, in dem das Wirtschaftsjahr der Gesellschaft endet. Als Mitunternehmerschaften kommen neben der im Gesetz ausdrücklich genannten offenen Handelsgesellschaft und Kommanditgesellschaft, die offene Erwerbsgesellschaft, die Kommanditerwerbsgesellschaft, die Gesellschaft bürgerlichen Rechts und die atypisch stille Gesellschaft in Betracht[1416].

Die Erwerbsgesellschaften sind eine Besonderheit des österreichischen Rechts. Sie wurden für jene Personen geschaffen, die sich zu einem gemeinschaftlichen

---

[1412] Die OFD München/Nürnberg geht hingegen davon aus, dass eine Berücksichtigung der Verluste bereits dann nicht mehr in Betracht kommt, wenn sich die Verluste in Deutschland im Wege des negativen Progressionsvorbehalts ausgewirkt haben. Vgl. Verfügung der OFD München v. 10.10.2003 – S 1301 Öst – 18 St 41/42, IStR 2003, S. 824.
[1413] Vgl. Art. 4 Abs. 1 ErtSt-DBA 1954/92 bzw. Art. 7 Abs. 1 ErtSt-DBA 2003.
[1414] Vgl. § 98 Nr. 3 öEStG.
[1415] Vgl. § 18 Abs. 6 öEStG.
[1416] Vgl. Doralt/Ruppe (2000), S. 203

nicht- oder minderkaufmännischen Erwerb zusammenschließen wollen. Da ihnen die OHG und die KG als Gesellschaftsform verschlossen bleiben, wurde 1990 das Erwerbsgesellschaftengesetz erlassen, um die Lücke zwischen der Gesellschaft bürgerlichen Rechts einerseits und der AG und GmbH andererseits zu schließen. Nach § 1 öEGG ist eine Gesellschaft, die auf einen gemeinschaftlichen Erwerb unter gemeinsamer Firma gerichtet ist, zu deren Zweck jedoch eine OHG oder eine KG nicht gegründet werden kann, eine offene Erwerbsgesellschaft (OEG), wenn bei keinem der Gesellschafter die Haftung gegenüber den Gesellschaftsgläubigern beschränkt ist. Ist hingegen bei einem oder bei einigen der Gesellschafter die Haftung gegenüber den Gesellschaftsgläubigern auf den Betrag einer bestimmten Vermögenseinlage beschränkt, während bei dem anderen Teil der Gesellschafter eine Beschränkung der Haftung nicht stattfindet, liegt eine Kommandit-Erwerbsgesellschaft (KEG) vor[1417]. In Frage kommen eingetragene Erwerbsgesellschaften insbesondere für Kleingewerbe und freiberufliche Tätigkeiten. Deren steuerliche Behandlung ist genauso wie bei der OHG und der KG. Der Erfolg der Mitunternehmerschaft wird wie in Deutschland nicht bei der Gesellschaft besteuert, sondern unmittelbar den Gesellschaftern zugerechnet. Daher wird ein beschränkt steuerpflichtiger Mitunternehmer wie ein beschränkt steuerpflichtiger Einzelunternehmer und ein unbeschränkt steuerpflichtiger Mitunternehmer wie ein unbeschränkt steuerpflichtiger Einzelunternehmer behandelt[1418]. Ohne Einfluss ist, ob die anderen Mitunternehmer in Österreich oder in einem anderen Staat ansässig sind.

3.3.4 Gründung einer Kapitalgesellschaft

Soll eine Kapitalgesellschaft in Österreich gegründet werden, ist hinsichtlich der steuerlichen Auswirkungen zwischen der unbeschränkten Steuerpflicht der Kapitalgesellschaft und der vor der Wohnsitzverlegung beschränkten und nach der Wohnsitzverlegung unbeschränkten Steuerpflicht der Anteilseigner zu unterscheiden. Vor der Wohnsitzverlegung bzw. bei Beibehaltung eines deutschen Nebenwohnsitzes auch nach der Verlegung des Hauptwohnsitzes sollte die Begründung einer Basisgesellschaft im Sinne der §§ 7 - 14 dAStG vermieden werden. Da eine Qualifikation als Basisgesellschaft aber nur in Frage kommt, wenn die Einkünfte der ausländischen Gesellschaft einer Belastung durch Ertragsteuern von weniger als 25 % unterliegen[1419], ist dieser Problematik bei einem österreichischen Körperschaftsteuersatz von 25 % derzeit keine Aufmerksamkeit zu schenken.

[1417] Vgl. Holzhammer/Roth (1997), S. 109 - 110.
[1418] Vgl. Müller/Schaden (1997), S. 200.
[1419] Vgl. § 8 Abs. 3 dAStG.

Sofern die Kapitalgesellschaft nicht als Basisgesellschaft qualifiziert wird, ist deren Besteuerung vor und nach der Wohnsitzverlegung des Anteilseigners identisch. Wird von dem Steuerpflichtigen die Mehrheit der Anteile gehalten, muss bis zum Zeitpunkt der Wohnsitzverlegung aber darauf geachtet werden, dass sich die geschäftliche Oberleitung der in Österreich gegründeten Gesellschaft nicht in Deutschland befindet, da ansonsten ein Verlust der Rechtspersönlichkeit der Gesellschaft droht[1420]. Zudem muss bei Gründung einer Kapitalgesellschaft das Kapitalverkehrsteuergesetz beachtet werden[1421]. Gemäß § 2 Nr. 1 öKVG unterliegt der Erwerb von Gesellschaftsrechten an einer inländischen Kapitalgesellschaft durch den ersten Erwerber der Gesellschaftsteuer. Die Steuer beträgt 1 % vom Wert der Gesellschaftsrechte, wenn keine Gegenleistung zu bewirken ist[1422]. Als Wert der Gesellschaftsrechte ist gemäß § 7 Abs. 2 öKVG mindestens der Nennwert abzüglich der darauf ausstehenden Einlagen anzusetzen. Verluste einer Auslandsgesellschaft können wegen der eigenständigen Steuersubjekteigenschaft nicht berücksichtigt werden[1423]. Es besteht aber die Möglichkeit des Verlustvortrags in Österreich.

Sind Ausschüttungen aus der Kapitalgesellschaft beabsichtigt, muss untersucht werden, ob sich die steuerliche Gesamtbelastung in Abhängigkeit von der Ansässigkeit des Anteilseigners verändert. Vor der Wohnsitzverlegung des Steuerpflichtigen unterliegen die Ausschüttungen dem deutschen Halbeinkünfteverfahren. Die Dividenden werden zu 50 % freigestellt, während die Werbungskosten nur zur Hälfte abgezogen werden dürfen[1424]. In Österreich als Quellenstaat wird grundsätzlich eine Quellensteuer in Höhe von 25 % einbehalten[1425]. Durch die deutsch-österreichischen Doppelbesteuerungsabkommen wird diese Steuer auf 15 % reduziert und die Doppelbesteuerung wird – in einer Vielzahl der Fälle nur teilweise – durch das Anrechnungsverfahren beseitigt[1426]. Nach der Wohnsitzverlegung unterliegt der Ausschüttungsvorgang allein österreichischem Recht[1427]. Sofern der Steuerpflichtige nicht zum Halbsatzverfahren optiert, werden die Dividenden in Höhe von 25 % endbesteuert. Da im Zusammenhang mit endbesteuerten Einkünften stehende Aufwendungen nicht abgezogen werden dürfen, kann es bei sehr hohen Aufwendungen vorteilhaft sein, Ausschüttungen vor der Wohnsitzverlegung vorzunehmen, da Deutschland den hälftigen Abzug

---

[1420] Vgl. auch Teil 3, Kap. 2.2.5.2.1.
[1421] Vgl. zu den Grundlagen des Kapitalverkehrsteuergesetzes und zu den Möglichkeiten einer Umgehung der Gesellschaftsteuer Schneider (2000).
[1422] Vgl. § 8 öKVG i.V.m. § 7 Nr. 1 lit. b öKVG.
[1423] Vgl. Jacobs/Endres/Spengel (2002), S. 536.
[1424] Vgl. § 3 Nr. 40 lit. d dEStG i.V.m. § 3 c Abs. 2 dEStG.
[1425] Vgl. § 93 Abs. 2 Nr. 1 lit. a öEStG i.V.m. § 95 Abs. 1 öEStG.
[1426] Vgl. Art. 10 a ErtSt-DBA 1954/92 und Art. 10 ErtSt-DBA 2003.
[1427] Vgl. Teil 1, Kap. 3.3.3.

der Werbungskosten zulässt. In allen anderen Fällen sollte mit den Ausschüttungen aber bis nach der Wohnsitzverlegung gewartet werden.

3.3.5 Überführung von Wirtschaftsgütern

Mit der Verlegung des Wohnsitzes des Betriebsinhabers erfolgt häufig eine Verlagerung der unternehmerischen Aktivitäten in den neuen Ansässigkeitsstaat. Sollen diese Aktivitäten in Deutschland nicht vollständig eingestellt werden, kommt statt einer Betriebsveräußerung oder einer Betriebsaufgabe die Überführung von Wirtschaftsgütern aus einem auch nach der Wohnsitzverlegung weiterbestehenden Betriebsvermögen in Frage. Welche steuerlichen Folgen bei einer derartigen Überführung einzelner Wirtschaftsgüter ins Ausland zu erwarten sind, bildet den Gegenstand der folgenden Ausführungen.

3.3.5.1 Bisherige Rechtsprechung

Erstmalig nahm der Bundesfinanzhof zur Überführung von Wirtschaftsgütern bei drohendem Entzug stiller Reserven in einem Urteil vom 16.7.1969[1428] Stellung[1429]. Er verkündete in dem dortigen Leitsatz, dass die Überführung von Wirtschaftsgütern aus dem inländischen Betrieb einer OHG in deren ausländische Betriebsstätte eine mit dem Teilwert zu bewertende Entnahme sei, wenn der Gewinn der ausländischen Betriebsstätte aufgrund eines Doppelbesteuerungsabkommens nicht der inländischen Besteuerung unterliegt. Dem Urteil lag die Überführung von Wirtschaftsgütern des beweglichen Anlagevermögens in eine in Österreich belegene Betriebsstätte zugrunde. Der in Deutschland befindliche Hauptbetrieb und die Betriebsstätte hatten eine jeweils eigene Buchführung und gesonderte Bilanzen. Der Bundesfinanzhof vertrat die Meinung, dass die in den Wirtschaftsgütern enthaltenen stillen Reserven mit der Überführung aus dem steuerlich erheblichen Bereich ausscheiden, sofern durch ein Doppelbesteuerungsabkommen das Besteuerungsrecht für die Einkünfte der Betriebsstätte dem Belegenheitsstaat zugewiesen wird. Um eine Erfassung der stillen Reserven zu gewährleisten, wurde der Begriff der Entnahme in der Weise ausgelegt, dass diese immer dann anzunehmen sei, wenn stille Reserven andernfalls endgültig der deutschen Besteuerung entgehen würden. Eine Realisation der stillen Reserven wurde im Zeitpunkt der Überführung der Wirtschaftsgüter unterstellt[1430].

[1428] Vgl. BFH-Urteil v. 16.7.1969 – I 266/65, BStBl II 1970, S. 175.

[1429] Vgl. auch Oswald (1972), S. 14.

[1430] Mit dieser Rechtsprechung widersprach der BFH dem Grundsatz, der mit dem BFH-Urteil v. 30.9.1960 – VI 137/59 U, BStBl III 1960, S. 489 aufgestellt wurde, wonach keine Entnahme zu unterstellen ist, wenn ein Wirtschaftsgut nicht in das Privatvermögen des Unternehmers überführt, sondern in das Vermögen eines anderen Betriebs desselben Unternehmers eingebracht wird. Abstand von diesem Grundsatz nahm der BFH jedoch bereits mit dem Urteil v. 16.3.1967 – IV 72/65, BStBl III 1967, S. 318. Danach liegt bei der Überführung von Wirtschaftsgütern aus gewerblichem Betriebsvermögen in einen Betrieb der Land- und Forstwirt-

Bestätigt wurde diese Auffassung mit dem Urteil des Bundesfinanzhofs vom 30.5.1972[1431]. Dem Urteil lag ebenfalls die Überführung von beweglichen Wirtschaftsgütern des Anlagevermögens von einem deutschen Betrieb in eine österreichische Betriebsstätte zugrunde. Im Unterschied zur ersten diesbezüglichen Entscheidung des Bundesfinanzhofs stimmten die Buch- und Teilwerte der überführten Maschinen unstreitig überein. Trotz des Fehlens von stillen Reserven spielte die Frage, ob in der Überführung der Wirtschaftsgüter eine Entnahme zu sehen sei, für die Inanspruchnahme einer Steuervergünstigung eine entscheidende Rolle. Der urteilende Senat entschied, dass die Annahme einer Entnahme nicht schon deshalb ausgeschlossen sei, weil stille Reserven in den überführten Wirtschaftsgütern nicht enthalten sind. In dem möglichen Ausscheiden der stillen Reserven aus der Bemessungsgrundlage für die Einkommensteuer infolge des Eintritts in einen fremdstaatlichen Besteuerungskreis wurde ein betriebsfremder Zweck gesehen und in Folge dessen die Annahme einer Entnahme als gerechtfertigt erachtet.

In der Folge hat sich auch der Große Senat des Bundesfinanzhofs der Ansicht angeschlossen, dass beim Übergang eines Wirtschaftsguts von einem Betrieb oder Betriebsteil in einen anderen eine Entnahme anzunehmen sei, sofern eine spätere steuerliche Erfassung der im Buchansatz des Wirtschaftsguts enthaltenen stillen Reserven nicht gewährleistet ist[1432]. Obwohl dem Urteil der Strukturwandel einer Gärtnerei vom Gewerbebetrieb zum landwirtschaftlichen Betrieb zugrunde lag, enthält es doch wichtige Aussagen für die Auslegung des im Rahmen der Überführung von Wirtschaftsgütern herangezogenen Entnahmebegriffs. Da eine Entnahme im Sinne des Einkommensteuergesetzes vorliegt, wenn ein Wirtschaftsgut für betriebsfremde Zwecke entnommen wird, kommt der Reichweite des Betriebsbegriffes zentrale Bedeutung zu. Hierzu führte der Bundesfinanzhof aus, dass unter „Betrieb" je nach dem Zusammenhang das gesamte betriebliche Vermögen oder nur die jeweilige wirtschaftliche Einheit eines betrieblichen Organismus zu sehen sei. Bei der entsprechenden Mehrdeutigkeit des Ausdrucks „für betriebsfremde Zwecke" sei es demzufolge ebenso gerechtfertigt, das Wort „betriebsfremd" auf das gesamte betriebliche Vermögen oder nur auf die jeweilige wirtschaftliche Einheit zu beziehen.

Erstmalig und bisher wohl auch einmalig hat sich das Hessische Finanzgericht mit der Überführung von Wirtschaftsgütern des Umlaufvermögens beschäf-

---

schaft eine mit dem Teilwert zu bewertende Entnahme vor. Begründet wurde diese Auffassung mit dem Gesetzeszweck der Entnahmevorschrift, der darin bestehe, die steuerliche Erfassung der stillen Reserven zu gewährleisten.

[1431] Vgl. BFH-Urteil v. 30.5.1972 – VIII R 111/69, BStBl II 1972, S. 760.

[1432] Vgl. BFH-Beschluss v. 7.10.1974 – GrS 1/73, BStBl II 1975, S. 168.

tigt[1433]. Es stellte fest, dass zum Verkauf bestimmte Waren, die in eine ausländische Betriebsstätte überführt werden und am Bilanzstichtag noch nicht verkauft sind, in der Steuerbilanz auch dann mit den Anschaffungs- oder Herstellungskosten anzusetzen sind, wenn der Gewinn der Betriebsstätte aufgrund eines Doppelbesteuerungsabkommens nicht der inländischen Besteuerung unterliegt. Begründet wurde diese Auffassung damit, dass das geltende Steuerrecht keine Rechtsgrundlage dafür enthält, die am Bilanzstichtag noch nicht verkauften Waren mit den einen Gewinnaufschlag enthaltenden Verrechnungspreisen oder Marktpreisen zu bewerten und damit die noch nicht realisierten Gewinne der Besteuerung zu unterwerfen. Die Realisierung der Gewinne im Zeitpunkt der Überführung wurde vom Finanzgericht abgelehnt, da ansonsten im Ergebnis ein im Gesetz nicht vorgesehener steuerpflichtiger Tatbestand fingiert werde. Es wurde darauf hingewiesen, dass die Fiktion der Selbständigkeit der Betriebsstätte im Rahmen des Abkommensrechts ausschließlich der Aufteilung der bereits erzielten Gewinne dient. Um den Einklang mit der zuvor erwähnten Rechtsprechung des Bundesfinanzhofs zu wahren, stellte das Finanzgericht abschließend fest, dass es im vorliegenden Fall nicht zu der Frage Stellung nehmen müsse, wie im Bereich des Umlaufvermögens bei Vorhandensein stiller Reserven zu entscheiden ist[1434].

3.3.5.2 Verwaltungsauffassung

Das Schreiben des Bundesministers der Finanzen vom 12.2.1990[1435] zur Überführung von Wirtschaftsgütern in eine ausländische Betriebsstätte, deren Einkünfte durch ein Doppelbesteuerungsabkommen freigestellt sind, hat zu einer entscheidenden Änderung der Rechtspraxis und damit zu einem Versiegen der höchstrichterlichen Rechtsprechung zu dieser Thematik geführt[1436]. Demnach war bei der Überführung von Wirtschaftsgütern in eine ausländische Betriebsstätte eine Einkunftsabgrenzung nach dem Fremdvergleichsgrundsatz zum Zeitpunkt der Überführung vorzunehmen. Der Fremdvergleichspreis ist der Preis, den unabhängige Dritte unter gleichen oder ähnlichen Bedingungen vereinbart hätten. Die Gewinn- bzw. Verlustrealisierung hatte nach den allgemeinen Grundsätzen zu erfolgen.

Bei Wirtschaftsgütern des Anlagevermögens war als Gewinn bzw. Verlust der Unterschiedsbetrag zwischen dem Fremdvergleichspreis des Wirtschaftsguts

---

[1433] Vgl. Hessisches FG, Urteil v. 12.7.1977 – IV 111/75, EFG 1977, S. 608.
[1434] Es wurde darauf verwiesen, dass stille Reserven die Differenz zwischen Anschaffungs- und Herstellungskosten und Wiederbeschaffungskosten sind. Sie entsprechen nicht dem von der Finanzverwaltung geforderten Gewinnaufschlag.
[1435] Vgl. dBMF-Schreiben v. 12.2.1990 – IV B 2 – S 2135 – 4/90/ IV C 5 – S 1300 – 21/90, BStBl I 1990, S. 72.
[1436] Vgl. Kramer (1991), S. 160.

und dem Buchwert im Zeitpunkt seiner Überführung zu erfassen. Im Zeitpunkt der Überführung war dieser Unterschiedsbetrag nicht zu besteuern, sondern zunächst durch einen passiven bzw. aktiven Ausgleichsposten in der Steuerbilanz zu neutralisieren. Wenn das Wirtschaftsgut aus der ausländischen Betriebsstätte ausschied, war der Ausgleichsposten erfolgswirksam aufzulösen. Bei abnutzbaren Anlagegütern war der Ausgleichsposten bereits vorher zeitanteilig aufzulösen. Dem Steuerpflichtigen wurde jedoch auch das Recht zugestanden, den Unterschiedsbetrag bereits im Zeitpunkt der Überführung erfolgswirksam zu berücksichtigen.

In gleicher Weise wurde auch die Überführung von Wirtschaftsgütern des Umlaufvermögens behandelt. Sofern die überführten Wirtschaftsgüter am Bilanzstichtag noch nachweisbar in der ausländischen Betriebsstätte vorhanden waren, konnte im Zeitpunkt der Überführung wahlweise ein Ausgleichsposten gebildet oder eine sofortige Besteuerung der stillen Reserven vorgenommen werden. Diese Grundsätze sollten ausdrücklich auch Anwendung auf selbstgeschaffene immaterielle Wirtschaftsgüter finden[1437]. Das Recht auf Wahl der sofortigen Gewinnverwirklichung durfte nur jeweils einheitlich für alle in ausländische Betriebsstätten überführten Wirtschaftsgüter ausgeübt werden.

Auf die Frage, ob diese Grundsätze auch auf die Überführung von Wirtschaftsgütern aus einer der beschränkten Steuerpflicht unterliegenden Betriebsstätte in das ausländische Stammhaus ausgedehnt werden können, antwortete der Bundesfinanzminister mit Schreiben vom 3.6.1992[1438]. Danach galt die Regelung im Schreiben vom 12.2.1990 nur in den Fällen, in denen ein Wirtschaftsgut aus einer inländischen Betriebsstätte eines unbeschränkt steuerpflichtigen Unternehmens in dessen ausländische Betriebsstätte überführt wurde. Wurde hingegen ein Wirtschaftsgut aus einer inländischen Betriebsstätte in ein ausländisches Stammhaus überführt, verließ das Wirtschaftsgut den Unternehmensbereich, der der deutschen Steuerhoheit unterliegt, aufgrund der beschränkten Steuerpflicht endgültig. Daher mussten im Zeitpunkt der Überführung die stillen Reserven aufgedeckt und besteuert werden.

In Tz. 6.3 des Betriebsstättenerlasses vom 24.12.1999 wird bestimmt, dass die beiden vorstehend genannten Schreiben des Bundesministers der Finanzen ab dem Veranlagungszeitraum 2000 nicht mehr anzuwenden sind. Inhaltlich enthält der Betriebsstättenerlass aber nur einzelne Änderungen und Ergänzungen zu den bisherigen Verwaltungsgrundsätzen zur Überführung von Wirtschaftsgütern in

---

[1437] Vgl. auch das BFH-Urteil v. 24.11.1982 – I R 123/78, BStBl II 1983, S. 113.
[1438] Vgl. dBMF-Schreiben v. 3.6.1992 – IV B 2 – S 2135 – 4/92, DB 1992, S. 1655.

Betriebsstätten[1439]. Im Folgenden wird daher lediglich auf die Abweichungen zur bisherigen Verwaltungsauffassung eingegangen. Neu ist der Hinweis, dass der Aufschub der Besteuerung der stillen Reserven nur aus Billigkeitsgründen gewährt wird. Zudem hat die Bildung eines Merk- bzw. Ausgleichpostens nicht mehr in der Steuerbilanz sondern in einer Nebenrechnung zu erfolgen. Neu ist auch, dass ein Merkposten, der noch zehn Jahre nach der Überführung des Wirtschaftsgutes im inländischen Stammhaus vorhanden ist, ohne Rücksicht auf die Art des Wirtschaftsguts erfolgswirksam aufzulösen ist. Änderungen ergeben sich weiterhin in Bezug auf die Ausübung des Rechts auf Wahl der sofortigen Gewinnverwirklichung. Nach den neuen Verwaltungsgrundsätzen kann der Steuerpflichtige das Wahlrecht für jedes Wirtschaftsjahr und jede Betriebsstätte getrennt ausüben. Die Wahl für die Wirtschaftsgüter des Anlage- und des Umlaufvermögens kann jeweils unterschiedlich, jedoch nur einheitlich für jede dieser Vermögensarten getroffen werden. An der sofortigen Besteuerung bei Überführungen zwischen inländischer Betriebsstätte und ausländischem Stammhaus ändert sich nichts. Ergänzend wird noch darauf hingewiesen, dass Überführungen in eine ausländische Personengesellschaft stets die Auflösung und Besteuerung der stillen Reserven im Überführungszeitpunkt zur Folge haben.

3.3.5.3 Systematische Untersuchung der Übertragungsfälle

Obwohl sich die Verwaltung bei der Überführung von Wirtschaftsgütern in eine ausländische Betriebsstätte von der Rechtsprechung des Bundesfinanzhofs distanziert hat, ist es mangels anders lautender Urteile und auch wegen inhaltlicher Schwächen der Verwaltungsauffassung erforderlich, sich mit der höchstrichterlichen Rechtsprechung zu dieser Thematik auseinander zu setzen.

3.3.5.3.1 Der Entnahmebegriff

Im Mittelpunkt der bisherigen Rechtsprechung stand der Begriff der Entnahme im Sinne des § 4 Abs. 1 Satz 2 dEStG. Danach sind Entnahmen alle Wirtschaftsgüter, die der Steuerpflichtige dem Betrieb für sich, für seinen Haushalt oder für andere betriebsfremde Zwecke im Laufe des Wirtschaftsjahrs entnommen hat. Gemäß § 6 Abs. 1 Nr. 4 dEStG sind Entnahmen mit dem Teilwert anzusetzen. Im Folgenden soll der Begriff der Entnahme ausgelegt werden. Auf der Grundlage des für richtig gehaltenen Auslegungsergebnisses werden verschiedene Überführungsfälle untersucht. In diesem Zusammenhang werden sowohl die Urteile der Finanzgerichte als auch die Verwaltungsgrundsätze einer kritischen Prüfung unterzogen.

Wegen des Grundsatzes der Tatbestandsmäßigkeit der Besteuerung hat sich die Auslegung der Entnahmevorschrift am Wortlaut zu orientieren. Da die Wirt-

---

[1439] Vgl. Tz. 2.6 des Betriebsstättenerlasses v. 24.12.1999.

schaftsgüter bei ihrer Überführung weder für den Steuerpflichtigen noch für dessen Haushalt entnommen werden, kommt eine Entnahme nur aufgrund betriebsfremder Zwecke in Frage. Welcher Zweck betriebsfremd ist, hängt entscheidend von der Definition des Begriffes „Betrieb" ab. Da für diesen Begriff eine Legaldefinition nicht existiert, haben sich in der Literatur verschiedene Auffassungen zur Reichweite des Betriebsbegriffes herausgebildet[1440]. Nach dem weiten Betriebsbegriff werden sämtliche Einzelbetriebe und Betriebsstätten eines Steuerpflichtigen unabhängig von der Einkunftsart zu einem einheitlichen Betrieb zusammengefasst. Bei Anwendung des mittleren Betriebsbegriffs bilden sämtliche Einzelbetriebe derselben Einkunftsart einen Betrieb. Es können aber auch Betriebe verschiedener Einkunftsarten zu einem Betrieb zusammengefasst werden, wenn diese Betriebe die gleiche Art der Gewinnermittlung anwenden. Die Befürworter des engen Betriebsbegriffs sehen jeden Einzelbetrieb als selbständigen Betrieb an.

In Abweichung von diesen in der Literatur vertretenen Betriebsdefinitionen hat der Bundesfinanzhof einen variablen bzw. finalen Betriebsbegriff geprägt[1441]. Danach wird die Reichweite des Betriebsbegriffes abhängig gemacht von der Sicherstellung der Besteuerung der stillen Reserven. Obwohl damit ein wünschenswertes Ergebnis erreicht wird, weil mit einem weiten Betriebsbegriff einer Übermaßbesteuerung entgegengewirkt und durch einen engen Betriebsbegriff die Durchsetzung des Leistungsfähigkeitsprinzips bei drohendem Entzug der stillen Reserven gesichert wird, muss eine fallweise Differenzierung des Betriebsbegriffes wegen der Verletzung des Grundsatzes der Tatbestandsmäßigkeit der Besteuerung abgelehnt werden[1442]. Ein allgemeines Entstrickungsprinzip existiert nicht und darf daher auch nicht der Auslegung des Entnahmebegriffs zugrunde gelegt werden. Vielmehr muss der Inhalt des Entnahmetatbestandes einheitlich und unabhängig vom Schicksal der stillen Reserven bestimmt werden. Hierzu ist die Festlegung eines fixen Betriebsbegriffs erforderlich.

Die herrschende Meinung vertritt einen engen Betriebsbegriff[1443]. Danach ist jeder Betrieb, für den eine Gewinnermittlung durchgeführt wird, als Betrieb im

---

[1440] Vgl. Burmester (1986), S. 96 - 109, Kempka (1995), S. 65 - 66 und Kaminski (1996a), S. 124 - 125.
[1441] Vgl. Costede (1996), S. 22.
[1442] Das Leistungsfähigkeitsprinzip ist wegen des mangelnden Verfassungsrangs dem Grundsatz der Tatbestandsmäßigkeit der Besteuerung unterzuordnen. Vgl. auch Teil 3, Kap. 1.3 zur Frage der Existenz eines allgemeinen Entstrickungsgrundsatzes. So auch Burmester (1986), S. 123 - 127 und Kempka (1995), S. 68.
[1443] Vgl. Friauf (1976), S. 373, Halfar (1985), S. 282 und Kaminski (1996a), S. 125.

Sinne des Steuerrechts anzusehen[1444]. Diese Ansicht deckt sich auch mit der handelsrechtlichen Auffassung vom Umfang des Betriebes. Ebenfalls ein enges Betriebsverständnis wird der Buchführungspflicht gemäß § 141 dAO zugrunde gelegt. Die Befürwortung eines engen Betriebsbegriffs hat zur Folge, dass jede Überführung eines Wirtschaftsguts von einem Betrieb in einen anderen Betrieb die Auflösung und Besteuerung der in diesem Wirtschaftsgut enthaltenen stillen Reserven nach sich zieht. Da es sich bei der Entnahmevorschrift aber um einen Ersatzrealisationstatbestand handelt und demzufolge keine liquiden Mittel im Überführungszeitpunkt zufließen, muss das Verhältnismäßigkeitsgebot beachtet werden. Danach muss bis zu dem Zeitpunkt, bis zu dem die Besteuerung der stillen Reserven sichergestellt ist, ein Besteuerungsaufschub gewährt werden. Im Unterschied zur Rechtsprechung des Bundesfinanzhofs wird ein Besteuerungsaufschub nicht durch eine Verneinung des Entnahmetatbestandes durch Zugrundelegung eines weiten Betriebsbegriffs sondern durch eine teleologische Reduktion der Entnahmebewertungsvorschrift erreicht[1445]. Wird der Zweck der Entnahmevorschrift in der Erfassung der stillen Reserven gesehen[1446], ist dieses Vorgehen gerechtfertigt. Die Entnahmebewertungsvorschrift ist dann in den Fällen zu weit gefasst, in denen Überführungen unter den Entnahmetatbestand subsumiert werden, ohne dass stille Reserven der Besteuerung zu entgehen drohen. Das in seinem Wortsinn zu weit gefasste Gesetz wird durch die teleologische Reduktion auf den Anwendungsbereich zurückgeführt, der ihm nach dem Zweck des Gesetzes zukommt[1447]. Bei dieser Vorgehensweise bleibt auf den Umstand hinzuweisen, dass der Frage der Sicherstellung der Besteuerung der stillen Reserven nur auf der Rechtsfolgenseite, nicht aber auf der Tatbestandsseite Bedeutung zukommt[1448].

3.3.5.3.2 Die Vorschrift des § 6 Abs. 5 Satz 1 dEStG

Umstritten ist, welche Bedeutung dem durch das Steuerentlastungsgesetz 1999/2000/2002 eingeführten § 6 Abs. 5 Satz 1 dEStG zukommt. Danach ist bei der Überführung eines einzelnen Wirtschaftsguts von einem Betriebsvermögen in ein anderes Betriebsvermögen desselben Steuerpflichtigen der Wert anzusetzen, der sich nach den Vorschriften über die Gewinnermittlung ergibt, sofern die Besteuerung der stillen Reserven sichergestellt ist. In der Gesetzesbegründung heisst es, dass die Übertragung in ein anderes Betriebsvermögen desselben Steu-

---

[1444] Der Begriff des Betriebes ist bei der steuerlichen Gewinnermittlung einheitlich für die Bereiche Betriebsvermögen, Betriebsausgaben und -einnahmen, Betriebsveräußerung und -aufgabe sowie Entnahmen und Einlagen zu verwenden. Vgl. Kempka (1995), S. 69.
[1445] Vgl. Hellwig (1976), S. 130, Felix (1980), S. 149, Knobbe-Keuk (1993), S. 273 - 274, Kempka (1995), S. 78 - 79 und Costede (1996), S. 21.
[1446] Vgl. Burmester (1986), S. 132 und Kempka (1995), S. 58 - 59.
[1447] Vgl. Burmester (1986), S. 140 und Kempka (1995), S. 79.
[1448] So auch Kempka (1995), S. 83.

erpflichtigen zum Buchwert vorzunehmen ist, es sei denn, die Besteuerung der stillen Reserven sei zum Beispiel infolge der Überführung in eine ausländische Betriebsstätte nicht gesichert. Es stellt sich die Frage, ob der in der Gesetzesbegründung angeführte Beispielsfall der Überführung in eine Betriebsstätte vom Wortlaut der Vorschrift gedeckt ist. Sowohl die Auffassung von der Betriebsstätte als eigenständiger Betrieb als auch der Verlust des Besteuerungsrechts an den in Deutschland gebildeten stillen Reserven ist zweifelhaft. Ob die neu eingefügte Vorschrift einen erweiterten Anwendungsbereich eröffnet, wird im Zusammenhang mit den im Folgenden zu untersuchenden Überführungsfällen geprüft.

3.3.5.3.3 Überführung eines Wirtschaftsguts bei unbeschränkter Steuerpflicht

3.3.5.3.3.1 Überführung eines Wirtschaftsguts aus einer inländischen Personengesellschaft in eine ausländische Betriebsstätte

Wird ein Wirtschaftsgut aus einer inländischen Personengesellschaft in eine ausländische Betriebsstätte überführt, stellt sich die Frage, ob eine Entnahme aus der inländischen Personengesellschaft vorliegt. Dies kann nach dem herausgearbeiteten Inhalt des Entnahmetatbestandes nur der Fall sein, wenn in der Überführung des Wirtschaftsguts ein betriebsfremder Zweck gesehen wird. Ein betriebsfremder Zweck liegt aber nicht vor, da selbst bei Zugrundelegung des engen Betriebsbegriffs der inländische Betrieb und die ausländische Betriebsstätte einen einheitlichen Betrieb bilden[1449]. Eine Gewinnermittlung wird sowohl nach Handelsrecht als auch nach Steuerrecht nur für die Einheit aus inländischem Betrieb und ausländischer Betriebsstätte vorgenommen. Gesonderte Buchführungen dienen ausschließlich der steuerlichen Erfolgsabgrenzung und internen Zwecken. Sie können nicht als Argument für eine Eigenständigkeit der Betriebsstätte herangezogen werden. Eine Entnahme des Wirtschaftsguts liegt demzufolge nicht vor, so dass die diesbezügliche Rechtsprechung des Bundesfinanzhofs abzulehnen ist. In diesem Zusammenhang ist auch der in der Regierungsbegründung für § 6 Abs. 5 Satz 1 dEStG angeführte Beispielsfall der Überführung eines Wirtschaftsguts in eine ausländische Betriebsstätte unpassend. Da ein Wirtschaftsgut gerade nicht von einem Betriebsvermögen in ein anderes Betriebsvermögen überführt wird, ist § 6 Abs. 5 Satz 1 dEStG nicht einschlägig für die Überführung von Wirtschaftsgütern in Betriebsstätten[1450].

[1449] Vgl. Hellwig (1969), S. 162, Hillert (1972), S. 57, Kohlenbach (1972), S. 361, Halfar (1985), S. 285, Burmester (1986), S. 67, Kramer (1991), S. 156, Knobbe-Keuk (1993), S. 275 und Kaminski (2001), S. 130.
[1450] So auch Buciek (2000), S. 637.

Die Rechtsprechung des Bundesfinanzhofs geht davon aus, dass das Besteuerungsrecht an den bis zum Überführungszeitpunkt gebildeten stillen Reserven verloren geht, wenn das Wirtschaftgut in eine Betriebsstätte in einem Staat überführt wird, mit dem Deutschland ein Doppelbesteuerungsabkommen abgeschlossen hat und dieses für die Betriebsstätteneinkünfte die Freistellungsmethode vorsieht. Dieser Meinung scheint sich neuerdings auch wieder die Finanzverwaltung anzuschließen. Der Hinweis, dass die Besteuerung im Zeitpunkt der Überführung nur aus Billigkeitsgründen nicht zu erfolgen habe, war in der vorherigen Verwaltungsanweisung nicht enthalten. Dieselbe Sichtweise hat der Gesetzgeber bei der Begründung von § 6 Abs. 5 Satz 1 dEStG vertreten. Eine Sicherstellung der Besteuerung der stillen Reserven wurde bei der Überführung eines Wirtschaftsguts in eine Auslandsbetriebsstätte unabhängig vom Bestehen eines Doppelbesteuerungsabkommens als nicht mehr gegeben angesehen.

Bei einer korrekten Anwendung des auch in den deutsch-österreichischen Doppelbesteuerungsabkommen enthaltenen Betriebsstättenprinzips[1451] ist diese Sichtweise jedoch falsch[1452]. Danach sind im Belegenheitsstaat der Betriebsstätte nur die Gewinne zu versteuern, die der Betriebsstätte zuzurechnen sind. Im Umkehrschluss bedeutet dies, dass die Gewinne, die nicht der Betriebsstätte zuzurechen sind, ausschließlich im Staat des Stammhauses besteuert werden dürfen. Stille Reserven, die bis zum Zeitpunkt der Überführung entstanden sind, unterliegen demzufolge dem Besteuerungsrecht des Inlandes[1453]. Die Aufteilung der Besteuerungsrechte an den stillen Reserven ist somit eine Frage der Erfolgsabgrenzung. Eine Abgrenzung des Erfolgs ist jedoch nur möglich, wenn ein Erfolg realisiert worden ist. Erst wenn eine Erfolgsrealisierung stattgefunden hat, kann eine Aufteilung des Erfolges auf das inländische Stammhaus und die ausländische Betriebsstätte erfolgen. Aus diesem Grunde ist es erforderlich, die im Zeitpunkt der Überführung vorhandenen stillen Reserven in einer Nebenrechnung festzuhalten.

Zur Abgrenzung des von der Betriebsstätte erwirtschafteten Erfolgs existieren zwei Methoden[1454]. Bei der direkten Methode wird fingiert, dass die Betriebsstätte wie ein selbständiger Gewerbebetrieb behandelt und ihr Erfolg dementsprechend aus einer gesonderten Buchführung der Betriebsstätte ermittelt wird. Nachteilig an dieser Methode ist, dass sich für die Betriebsstätte ein steuerlicher Gewinn ergeben kann, obwohl das aus Stammhaus und Betriebsstätte bestehen-

---

[1451] Vgl. Art. 4 Abs. 2 ErtSt-DBA 1954/92 und Art. 7 Abs. 2 ErtSt-DBA 2003.
[1452] So auch Haiß (2000), S. 192 - 193.
[1453] Vgl. Debatin (1990), S. 826 - 827, Pach-Hanssenheimb (1992), S. 2121, Knobbe-Keuk (1993), S. 275 - 276 und Kaminski (1996a), S. 118.
[1454] Vgl. Kramer (1991), S. 152 - 155 und Schwenke (1998), S. 2608.

de Gesamtunternehmen einen Verlust erlitten hat[1455]. Dieser Nachteil wird bei Anwendung der indirekten Methode vermieden[1456]. Danach wird der Gesamterfolg des Unternehmens nach bestimmten Verteilungsschlüsseln auf Betriebsstätte und Stammhaus aufgeteilt. Die Problematik dieser Methode liegt in der Wahl eines zutreffenden Verteilungsschlüssels.

Auch wenn die neuen Verwaltungsgrundsätze die Bildung eines Merkpostens nur noch als Billigkeitsmaßnahme bezeichnen, so scheint den Verfassern des Betriebsstättenerlasses doch eine Form der Erfolgsabgrenzung vorgeschwebt zu haben. Sollte dies der Fall sein, so fehlt ein Hinweis, dass die Bildung eines Merkpostens nur dann erforderlich ist, wenn die direkte Gewinnabgrenzungsmethode angewendet wird. Sofern bei Anwendung der indirekten Methode dem Verteilungsschlüssel nicht das der Betriebsstätte zugeordnete Betriebsvermögen zugrunde liegt, ist die Überführung von Wirtschaftsgütern in eine im Ausland belegene Betriebsstätte nicht zu beachten[1457].

Kritisch wird von einigen Autoren die Aufdeckung der stillen Reserven zum Fremdvergleichspreis gesehen, da bei Zugrundelegung eines derartigen Preises unterstellt wird, dass sich Stammhaus und Betriebsstätte wie getrennte Vertragspartner gegenüberstehen. Obwohl dies nicht der Realität entspricht, da eine Betriebsstätte rechtlich unselbständig ist[1458], existieren zum Fremdvergleichsgrundsatz keine Alternativen[1459]. Der Vorschlag, die Erfolgsabgrenzung stattdessen nach dem Erwirtschaftungsprinzip vorzunehmen[1460], wonach der Betriebsstätte und dem Stammhaus jeweils der Gewinn zuzuordnen ist, den sie als unselbständige Unternehmensteile im Rahmen der Erwirtschaftung des Unternehmensgesamtergebnisses erwirtschaftet haben, steht dem Fremdvergleichsgrundsatz nicht entgegen. Dieser lässt eine Aufteilung des Erfolges sowohl nach der direkten als auch nach der indirekten Methode zu[1461]. Selbst wenn es bei Anwendung der direkten Methode zu dem unzutreffenden Ergebnis kommen sollte, dass das Stammhaus einen Gewinn trotz eines Verlustes aus Sicht des Gesamtunternehmens ausweist, wird damit nicht das Erwirtschaftungsprinzip verletzt[1462]. Ein späterer Verlust nach Überführung des Wirtschaftsgutes ist auch nach dem Er-

---

[1455] Vgl. Pfaar (2000), S. 45.
[1456] Vgl. Kraft (2001), S. 212 - 214, der darauf hinweist, dass zur Anwendung der indirekten Methode die Funktions- und innere Strukturgleichheit von Stammhaus und Betriebsstätte gegeben sein und ein sachgerechter Verteilungsschlüssel vorliegen muss.
[1457] Vgl. Kramer (2000), S. 450.
[1458] Vgl. Göttsche/Stangl (2000), S. 502.
[1459] Vgl. Roth, A. (2000), S. 83 und Kraft (2001), S. 210.
[1460] Vgl. Debatin (1990), S. 827 - 828 und Knobbe-Keuk (1993), S. 277.
[1461] Vgl. Kraft (2001), S. 211.
[1462] Vgl. Haiß (2000), S. 194 - 196, die für diesen Fall eine Korrektur des vom Stammhaus zu versteuernden Gewinns ablehnt.

wirtschaftungsprinzip voll der Betriebsstätte zuzurechnen. Der unrichtige Gewinnausweis des Gesamtunternehmens ist nicht auf den Fremdvergleichsgrundsatz sondern auf die Selbständigkeitsfiktion der Betriebsstätte zurückzuführen.

Kritisch zu beurteilen ist das in den Verwaltungsgrundsätzen gewährte Recht auf Wahl der sofortigen Gewinnverwirklichung. Auch wenn hierdurch keine Nachteile für den Steuerpflichtigen entstehen, muss doch darauf hingewiesen werden, dass für ein derartiges Wahlrecht keine Rechtsgrundlage besteht[1463]. Da ein Gewinn zum Überführungszeitpunkt noch nicht realisiert worden ist, kann dieser auch nicht vorzeitig ausgewiesen werden. Ebenfalls nicht im Gesetz verankert ist die zwangsweise, erfolgswirksame Auflösung eines Merkpostens nach zehn Jahren[1464]. Eine Verbesserung zu den vorherigen Verwaltungsgrundsätzen stellt das Festhalten der stillen Reserven außerhalb der Steuerbilanz dar, da es für die Bildung eines Ausgleichspostens innerhalb der Bilanz an einer Rechtsgrundlage fehlte[1465].

3.3.5.3.3.2 Überführung eines Wirtschaftsguts aus einer inländischen Kapitalgesellschaft in eine ausländische Betriebsstätte

Für die Überführung eines Wirtschaftsguts aus einer inländischen Kapitalgesellschaft in eine ausländische Betriebsstätte gelten dieselben Grundsätze wie für die Überführung aus einer Personengesellschaft in eine Auslandsbetriebsstätte. Insofern kann auf die Ausführungen zur Erfolgsabgrenzung im vorherigen Kapitel verwiesen werden. Es bleibt lediglich auf den Umstand hinzuweisen, dass die von der Rechtsprechung vorgenommene Erfassung der stillen Reserven mittels einer Ausdehnung des Entnahmetatbestandes bei einer Kapitalgesellschaft nicht möglich ist, da Kapitalgesellschaften eine Unterscheidung zwischen Betriebsvermögen und Privatvermögen und somit einen Entnahmetatbestand nicht kennen[1466]. Da alle bisher ergangenen Urteile zur Überführung von Wirtschaftsgütern das Vorliegen einer Entnahme befürworten, ist nicht vorhersehbar, wie ein Gericht im Fall der Überführung eines Wirtschaftsguts von einer Kapitalgesellschaft in eine Auslandsbetriebsstätte entscheiden würde.

3.3.5.3.3.3 Überführung eines Wirtschaftsguts aus einer inländischen Personengesellschaft in eine ausländische Personengesellschaft

Wird ein Wirtschaftsgut aus einer inländischen Personengesellschaft in eine ausländische Personengesellschaft überführt, ist zu prüfen, ob die Voraussetzungen

---

[1463] Vgl. Kempka (1995), S. 119, Geissler (1999), S. 278 und Scheffler (2000), S. 569.
[1464] Vgl. Kramer (2000), S. 453 - 454, Pfaar (2000), S. 45 und Strunk/Kaminski (2000), S. 37.
[1465] Vgl. Kramer (1991), S. 160.
[1466] Vgl. Vogel, K. (1974), Kaminski (1996a), S. 117, Haiß (2000), S. 182, FN 635 und Kroppen (2000), S. 159.

für eine Entnahme gegeben sind. Bei Zugrundelegung eines engen Betriebsbegriffs liegt eine Entnahme sowohl bei Überführungen innerhalb des Inlandes als auch bei Überführungen vom Inland ins Ausland vor[1467]. Während die Rechtsprechung bei Inlandsüberführungen eine Entnahme verneint, stimmt die hier vertretene Auffassung hinsichtlich der Überführungen ins Ausland zumindest im Ergebnis mit derjenigen der Rechtsprechung überein.

Im Folgenden wird geprüft, ob aufgrund des Vorliegens einer Entnahme im Überführungszeitpunkt die stillen Reserven aufzulösen und zu besteuern sind oder ob ein Besteuerungsaufschub erfolgen kann. Zentrale Bedeutung kommt hierbei der Bestimmung des § 6 Abs. 5 Satz 1 dEStG zu. Danach kann ein einzelnes Wirtschaftsgut, das von einem Betriebsvermögen in ein anderes Betriebsvermögen desselben Steuerpflichtigen überführt wird, bei der Überführung mit dem Wert angesetzt werden, der sich nach den Vorschriften über die Gewinnermittlung ergibt, sofern die Besteuerung der stillen Reserven sichergestellt ist. Wird das Wirtschaftsgut von einer Personengesellschaft in eine andere Personengesellschaft überführt, liegen bei Zugrundelegung des engen Betriebsbegriffs zwei unterschiedliche Betriebsvermögen vor, so dass die erste Voraussetzung der Vorschrift im Unterschied zu den Überführungen in Betriebsstätten erfüllt ist.

Es stellt sich daher im Folgenden die Frage, ob die Besteuerung der stillen Reserven sichergestellt ist. Sowohl Art. 4 Abs. 1 ErtSt-DBA 1954/92 als auch Art. 7 Abs. 1 ErtSt-DBA 2003 weisen das Besteuerungsrecht an den Gewinnen eines Unternehmens grundsätzlich dem Ansässigkeitsstaat des Unternehmens zu. Nur wenn eine Tätigkeit im anderen Vertragsstaat durch eine dort belegene Betriebsstätte ausgeübt wird, hat der Betriebsstättenstaat das Besteuerungsrecht. Da die Überführung des Wirtschaftsgutes regelmäßig in das in Österreich belegene Stammhaus der Personengesellschaft erfolgen wird, ist das Besteuerungsrecht Deutschlands ausgeschlossen. Im Unterschied zu dem Fall der Überführung in eine Betriebsstätte ist eine Erfolgsabgrenzung nicht möglich, da die ausländische Personengesellschaft nicht als Betriebsstätte der inländischen Personengesellschaft angesehen werden kann. Die Besteuerung der in Deutschland gebildeten stillen Reserven ist damit nicht sichergestellt. Das Wirtschaftsgut darf daher im Überführungszeitpunkt nicht mit dem Wert angesetzt werden, der sich nach den Vorschriften über die Gewinnermittlung ergibt. Vielmehr müssen im Umkehrschluss die stillen Reserven unter Ansatz des Fremdvergleichspreises aufgelöst und besteuert werden. Diese Auffassung vertritt auch die Finanzverwaltung[1468]. Ergänzend bleibt anzumerken, dass bei inländischen Überführungen die Besteu-

---

[1467] Vgl. Kempka (1995), S. 96.
[1468] Vgl. Tz. 2.6.4 des Betriebsstättenerlasses v. 24.12.1999.

erung der stillen Reserven sichergestellt ist und somit ein Ansatz des Buchwertes zwingend ist. Eine teleologische Reduktion ist in diesen Fällen nicht erforderlich.

3.3.5.3.3.4 Überführung eines Wirtschaftsguts ins Ausland unter Beteiligung einer Kapitalgesellschaft

Wird ein Wirtschaftsgut von einer inländischen Kapitalgesellschaft in eine ausländische Kapitalgesellschaft überführt, lässt sich eine Auflösung und Besteuerung der stillen Reserven nicht verhindern. Sollen Wirtschaftsgüter in der Weise überführt werden, dass sie von der inländischen Gesellschaft an die ausländische Gesellschaft verkauft werden, ist eine Beeinflussung der Höhe der aufgedeckten stillen Reserven nur beschränkt möglich. Ursache hierfür sind die Vorschriften über verdeckte Gewinnausschüttungen und verdeckte Einlagen sowie die Vorschrift zur Berichtigung von Einkünften gemäß § 1 dAStG[1469].

3.3.5.3.4 Überführung eines Wirtschaftsguts bei beschränkter Steuerpflicht
3.3.5.3.4.1 Überführung eines Wirtschaftsguts aus einer inländischen Betriebsstätte in das ausländische Stammhaus

Im Folgenden soll untersucht werden, wie die Überführung eines Wirtschaftsguts aus einer rechtlich unselbständigen Inlandsbetriebsstätte in das im Ausland belegene Stammhaus zu behandeln ist. Zunächst könnte angenommen werden, dass analog zu der Überführung aus einem Inlandsstammhaus in eine Auslandsbetriebsstätte wegen des Vorliegens eines einheitlichen Betriebes keine Entnahme angenommen werden kann[1470]. Eine derartige Analogie verbietet sich jedoch, da gemäß § 49 Abs. 1 Nr. 2 lit. a dEStG ausschließlich die Einkünfte der Inlandsbetriebsstätte der beschränkten Steuerpflicht unterliegen[1471]. Bei der beschränkten Steuerpflicht sind die Einkünfte, die der ausländischen Einheit zuzurechnen sind, aufgrund des Territorialitätsprinzips nicht steuerbar[1472], während bei der unbeschränkten Steuerpflicht sowohl inländische als auch ausländische Einkünfte aufgrund des Welteinkommensprinzips steuerbar sind. Dass die ausländischen Einkünfte aufgrund einer Maßnahme zur Vermeidung der Doppelbesteuerung steuerbefreit sein können, spielt keine Rolle.

Aufgrund dieser Unterschiede zwischen beschränkter und unbeschränkter Steuerpflicht stellt sich die Frage, ob die inländische Betriebsstätte eines beschränkt Steuerpflichtigen einen Betrieb darstellt und somit in der Überführung eines

---

[1469] Vgl. Burmester (1986), S. 52 und Kaminski (1996a), S. 128 - 129.
[1470] So aber Kramer (2000), S. 456 und Scheffler (2000), S. 570.
[1471] A. A. Roth, A. (2000), S. 88 und Kraft (2001), S. 222 - 223.
[1472] Vgl. Boochs (1987a), S. 137.

Wirtschaftsguts ein betriebsfremder Zweck gesehen werden kann[1473]. Nach dem engen Betriebsbegriff wird unter einem Betrieb diejenige Einheit verstanden, für die eine Gewinnermittlung vorzunehmen ist[1474]. Die Abgrenzung erfolgt durch das zu dieser Einheit gehörende Betriebsvermögen. Da sich im Rahmen der beschränkten Steuerpflicht die Gewinnermittlung ausschließlich auf die inländische Betriebsstätte und nicht wie bei der unbeschränkten Steuerpflicht auf das gesamte Unternehmen bezieht[1475], liegt bei der Überführung eines Wirtschaftsguts aus einer Inlandsbetriebsstätte in ein Auslandsstammhaus ein betriebsfremder Zweck und somit eine Entnahme vor[1476]. Ein Besteuerungsaufschub mittels einer teleologischen Reduktion kann nicht gewährt werden, da das Wirtschaftsgut die deutsche Steuerhoheit verlässt und die Erfassung der stillen Reserven demzufolge nicht sichergestellt ist. Im Ergebnis folgt auch die Finanzverwaltung dieser Auffassung, indem sie die Auflösung der stillen Reserven im Überführungszeitpunkt fordert[1477].

3.3.5.3.4.2 Auflösung der inländischen Betriebsstätte und Überführung aller Wirtschaftsgüter ins Ausland

Sollen alle Wirtschaftsgüter einer Betriebsstätte ins Ausland überführt werden, ist zunächst zu unterscheiden, ob es sich bei dem im Ausland befindlichen Stammhaus um eine Personengesellschaft oder um eine Kapitalgesellschaft handelt. § 12 Abs. 2 dKStG schreibt eine entsprechende Anwendung von § 12 Abs. 1 dKStG vor, wenn die inländische Betriebsstätte einer beschränkt steuerpflichtigen Körperschaft aufgelöst oder ins Ausland verlegt wird. Wird hingegen das im Ausland befindliche Stammhaus in Form eines Einzelunternehmens bzw. einer Personengesellschaft geführt, muss auf die allgemeinen Ersatzrealisationstatbestände zurückgegriffen werden.

Für den Fall, dass alle Wirtschaftsgüter aus einer Inlandsbetriebsstätte einer ausländischen Kapitalgesellschaft ins Ausland überführt werden sollen, macht es keinen Unterschied, ob die Betriebsstätte im Ausland unverändert weitergeführt

---

[1473] Vgl. Kempka (1995), S. 153 - 156.
[1474] Vgl. Burmester (1986), S. 147.
[1475] Vgl. Burmester (1986), S. 70 - 71.
[1476] Die Annahme der Selbständigkeit der Betriebsstätte eines beschränkt Steuerpflichtigen ist aufgrund der deutschen Buchführungsvorschriften gerechtfertigt. Führt ein ausländischer Kaufmann im Inland eine Zweigniederlassung, so besteht eine Buchführungspflicht gemäß § 238 dHGB ausschließlich für diese Zweigniederlassung. Gemäß § 140 dAO gilt diese Verpflichtung auch für steuerliche Zwecke. Wenn die inländische Betriebsstätte keine Zweigniederlassung darstellt, kann sich eine Buchführungspflicht aus § 141 dAO ergeben. Dazu müssen die dort genannten Größenmerkmale von der Betriebsstätte und nicht wie bei der unbeschränkten Steuerpflicht von dem gesamten Unternehmen überschritten werden.
[1477] Vgl. Tz. 2.6.3 des Betriebsstättenerlasses v. 24.12.1999 und Beisse (1978), S. 8.

wird oder ob die Wirtschaftsgüter nach der Überführung im Stammhaus der Gesellschaft verwendet werden. In jedem dieser Fälle erfolgt eine Schlussbesteuerung gemäß § 12 dKStG i.V.m. § 11 dKStG[1478]. Des Weiteren wird eine Anwendung des § 12 Abs. 2 dKStG bereits dann für notwendig erachtet, wenn nur die wesentlichen Grundlagen der Betriebsstätte ins Ausland überführt werden[1479]. In diesem Fall ist es umstritten, ob durch die Schlussbesteuerung auch die stillen Reserven der Wirtschaftsgüter aufgedeckt werden müssen, die im Inland verbleiben[1480].

Sollen hingegen alle Wirtschaftsgüter aus einer im Inland belegenen Betriebsstätte eines ausländischen Einzelunternehmens bzw. einer ausländischen Personengesellschaft überführt werden, ist die zukünftige Verwendung der Wirtschaftsgüter von entscheidender Bedeutung. Werden sämtliche Wirtschaftsgüter ins Ausland überführt, endet damit die Existenz der inländischen Betriebsstätte in Deutschland. Fraglich ist nur, ob die Betriebsstätte durch die Überführungen aufgegeben oder verlegt wurde. Da im vorhergehenden Kapitel aufgezeigt wurde, dass eine Betriebsstätte bei beschränkter Steuerpflicht als Betrieb im Sinne des Steuerrechts anzusehen ist, könnte eine Besteuerung gemäß § 16 Abs. 3 dEStG in Frage kommen. Wird die Betriebsstätte hingegen nur verlegt, gelten für die Annahme einer Verlegung dieselben Grundsätze wie für die Verlegung eines Einzelunternehmens oder einer Personengesellschaft[1481]. Sofern die Betriebsstätte demzufolge nach der Überführung aller Wirtschaftsgüter in wirtschaftlich identischer Weise fortgeführt wird, liegt eine steuerlich unbeachtliche Betriebsverlegung vor. Werden die Wirtschaftsgüter jedoch nach der Überführung im Stammhaus verwendet, kann von einer wirtschaftlichen Identität der Betriebsstätte nicht mehr ausgegangen werden. Eine Aufgabebesteuerung gemäß § 16 Abs. 3 dEStG ist die Folge.

Nach der hier vertretenen Ansicht wäre es demnach möglich, die Besteuerung der stillen Reserven in Deutschland zu vermeiden, indem die gesamte Betriebsstätte ins Ausland überführt wird und dort in wirtschaftlich identischer Weise fortgeführt wird. Bei der Steuerplanung muss jedoch davon ausgegangen werden, dass der deutsche Fiskus eine Besteuerung der stillen Reserven durch Anwendung eines finalen Entnahme- oder Betriebsaufgabebegriffs sicherstellt[1482].

[1478] Vgl. Boochs (1989), S. 298 und Kaminski (1996a), S. 106 - 107.
[1479] Vgl. Dötsch (1999), S. 264/9, RZ 39.
[1480] Vgl. Kaminski (1996a), S. 154 - 155.
[1481] Kaminski (1996a), S. 107 - 109 fordert hingegen in jedem Fall eine Betriebsaufgabebesteuerung. Seine Begründung, dass andernfalls stille Reserven der deutschen Besteuerung entgehen könnten, reicht jedoch nicht aus. Vielmehr muss geprüft werden, ob die Tatbestandsvoraussetzungen des Betriebsaufgabetatbestandes erfüllt sind.
[1482] Vgl. zur finalen Theorie Hellwig (1979), S. 337 - 339.

3.4 Einbringung des Vermögens in eine Privatstiftung

Die Einbringung von Vermögen in eine österreichische Privatstiftung stellt aufgrund der in Österreich gewährten steuerlichen Vergünstigungen eine der Gestaltungsmaßnahmen dar, die nach einer Wohnsitzverlegung nach Österreich in besonderem Maße in Betracht gezogen werden sollte. Insbesondere bei der Absicht, Vermögen steuersparend auf die nachfolgenden Generationen zu übertragen, kann sich der Einsatz einer Privatstiftung als sinnvoll erweisen. Im Folgenden werden daher ausführlich die zivilrechtlichen Grundlagen und die steuerlichen Auswirkungen in Österreich und Deutschland erläutert.

Ermöglicht wird die Errichtung eigennütziger Stiftungen seit dem In-Kraft-Treten des Privatstiftungsgesetzes am 1.9.1993[1483]. Gemäß § 1 Abs. 1 öPSG ist eine Privatstiftung ein Rechtsträger, dem vom Stifter ein Vermögen gewidmet ist, um durch dessen Nutzung, Verwaltung und Verwertung der Erfüllung eines erlaubten, vom Stifter bestimmten Zwecks zu dienen[1484]. Verboten ist der Privatstiftung eine gewerbsmäßige Tätigkeit, die über eine bloße Nebentätigkeit hinausgeht, die Übernahme der Geschäftsführung einer Handelsgesellschaft und die Funktion eines persönlich haftenden Gesellschafters einer Personengesellschaft des Handelsrechts oder einer eingetragenen Erwerbsgesellschaft[1485]. Die Stellung einer Privatstiftung als Kommanditist einer gewerblich tätigen Kommanditgesellschaft oder Kommanditerwerbsgesellschaft[1486] sowie als stiller Gesellschafter an einem gewerblichen Unternehmen ist hingegen ebenso zulässig wie das Halten von Beteiligungen an gewerbsmäßig tätigen Kapitalgesellschaften unabhängig vom Beteiligungsausmaß. Die Ausübung unternehmerischer Betätigungen, die nicht als gewerbsmäßig gelten – wie z.B. das Betreiben einer Land- und Forstwirtschaft – als auch die Verpachtung von Betrieben wider-

---

[1483] Gemeinnützige Stiftungen, die sowohl nach dem Privatstiftungsgesetz als auch nach dem bereits vor Erlass des Privatstiftungsgesetzes geltenden Bundesstiftungs- und Fondsgesetz und den darauf aufbauenden Landesgesetzen errichtet werden konnten, werden im Folgenden nicht behandelt. Vgl. aber Lang, M. (1990a), Lang, M. (1990b) und Boochs (1996), S. 47 - 48.

[1484] Die Wesensmerkmale der österreichischen Privatstiftung entsprechen damit dem deutschen Stiftungsrecht, wonach eine Stiftung einen Stiftungszweck, ein Stiftungsvermögen und eine Stiftungsorganisation erfordert. So auch von Löwe (1999), S. 67 - 69.

[1485] Vgl. § 1 Abs. 2 öPSG

[1486] Im Gegensatz zu Deutschland gibt es in Österreich neben den Personengesellschaften des HGB auch nichtgewerbliche Personengesellschaften. Die Rechtsform der Kommanditerwerbsgesellschaft (KEG) und der offenen Erwerbsgesellschaft (OEG) wurde mit dem Erwerbsgesellschaftengesetz 1990 geschaffen. Dem Wesen nach ist dieses Gesetz ein Partnerschaftsgesetz. Die eingetragene Erwerbsgesellschaft (Oberbegriff für KEG und OEG) ist in erster Linie als Gesellschaftsform für die gemeinschaftliche Ausübung freier Berufe gedacht. Vgl. Holzhammer/Roth (1997), S. 109.

spricht nicht den stiftungsrechtlichen Voraussetzungen[1487]. Einigkeit besteht auch darüber, dass eine selbständige, auf Dauer und auf Gewinnerzielung ausgerichtete Vermögensverwaltung trotz einer Einordnung als gewerbliche Tätigkeit zulässig sein muss, da ansonsten die Erfüllung des Stiftungszwecks gemäß § 1 Abs. 1 Halbsatz 1 öPSG nicht gewährleistet wäre[1488].

Nicht gemeinnützige Privatstiftungen sind zu unterscheiden in solche, deren ausschließlicher Zweck darin besteht, dem Betriebszweck des stiftenden Unternehmers oder mehrerer finanziell verbundener Unternehmen zu dienen und solchen, die keinem oder nicht ausschließlich einem Betriebszweck dienen[1489]. Die Qualifikation als eine ausschließlich einem Betriebszweck dienende Privatstiftung hat die Erfassung aller Einkünfte als Einkünfte aus Gewerbebetrieb und damit die Nichtanwendbarkeit zahlreicher steuerlicher Vergünstigungen zur Folge[1490].

Motiv zum Erlass des Privatstiftungsgesetzes war für den österreichischen Gesetzgeber sowohl der Wille, aus Österreich aufgrund der fehlenden Errichtbarkeit eigennütziger Stiftungen abgeflossenes Vermögen zur Stärkung der eigenen Volkswirtschaft zurückzuholen als auch Anreize zur Verlagerung von ausländischem Kapital nach Österreich zu schaffen[1491]. Ferner sollte die Stabilität und Kontinuität von Familienvermögen und Familienunternehmen gefördert werden[1492]. Im Folgenden sollen die steuerlichen Auswirkungen der Einbringung von Vermögen in eine österreichische Privatstiftung mit und ohne Wohnsitzverlegung von Stiftern und/oder Begünstigten untersucht werden. Ein Vergleich mit der Errichtung einer deutschen, eigennützigen Stiftung wird aufgrund der steuerlichen Unattraktivität deutscher Stiftungen unter anderem aufgrund der Erbersatzsteuer[1493] nicht angestellt[1494].

3.4.1 Die Entstehung der Privatstiftung
3.4.1.1 Zivilrechtliche Grundlagen

Die Privatstiftung ist gemäß § 1 Abs. 1 öPSG eine juristische Person, die ihren Sitz in Österreich haben muss. Durch die Errichtung einer Privatstiftung wird das Vermögen verselbständigt und zugleich dessen Verwendung an den einmal

---

[1487] Vgl. Helbich (1994), S. 33 und Lechner (1995), S. 282 - 285, der einen Überblick über die Umgestaltung von einer Stiftung untersagten gewerbsmäßigen in zulässige Tätigkeiten gibt.
[1488] Vgl. von Löwe (1999), S. 70 - 71.
[1489] Vgl. § 4 Abs. 11 Nr. 1 öEStG.
[1490] Vgl. Leitner (1997), S. 908 - 909 und Doralt/Ruppe (2000), S. 316.
[1491] Vgl. Lang, M. (1994), S. 49, Gassner (1995), S. 410 und von Löwe (1999), S. 66.
[1492] Vgl. Helbich (1994), S. 33.
[1493] Vgl. § 1 Abs. 1 Nr. 4 dErbStG.
[1494] Vgl. aber Boochs (1996), S. 48 und von Oertzen (1997).

erklärten Willen des Stifters gebunden[1495]. Unzulässig sind Stiftungen, die keinen Zweck erfüllen[1496]. Die eigene Vermögensverwaltung reicht als Zweck nicht aus. Eine Privatstiftung kann unter Lebenden oder von Todes wegen errichtet werden[1497]. Bei einer Errichtung von Todes wegen kann es per Definition nur einen Stifter geben[1498]. Jede weitere Zuwendung von anderen Personen stellt eine Zustiftung dar, die steuerlich bedeutend ungünstiger behandelt wird. Diesem Aspekt ist bei der Stiftungsplanung erhöhte Aufmerksamkeit zu schenken, wenn Vermögen von verschiedenen Personen in die Stiftung eingebracht werden soll.

Die Privatstiftung entsteht durch Eintragung in das Firmenbuch[1499,1500]. Neben der zwingend erforderlichen Stiftungsurkunde kann eine Stiftungszusatzurkunde verfasst werden, in der weitere Bestimmungen festgelegt werden. Die Zusatzurkunde ist dem Firmenbuchgericht nicht vorzulegen, so dass ihr Inhalt der Publizität entzogen bleibt[1501]. Durch das Strukturanpassungsgesetz 1996 wurde jedoch eine zwingende Vorlage von Stiftungsurkunde und Stiftungszusatzurkunde beim Finanzamt vorgeschrieben[1502]. Die Nichtbefolgung dieser Vorlagepflicht führt zum Verlust der abgabenrechtlichen Begünstigungen nach § 13 Abs. 2 und 3 öKStG. Das Verbergen deutscher Begünstigter in der Stiftungszusatzurkunde mit dem Ziel einer Umgehung der Zurechnung nach § 15 dAStG ist aufgrund des bestehenden Amtshilfeverfahrens zwischen den EU-Staaten[1503] damit nicht mehr erfolgversprechend.

Vor der Entstehung der Privatstiftung kann der Stifter die Stiftungserklärung gemäß § 33 Abs. 1 öPSG widerrufen oder abändern. Einschränkungen bestehen nur, wenn einer von mehreren Stiftern weggefallen ist[1504]. Nach Entstehung der Privatstiftung ist der Stifter nur dann zur uneingeschränkten Änderung der Stiftungserklärung befugt, wenn er sich diese Änderungen vorbehalten hat[1505].

[1495] Vgl. Gassner (1996), S. 11.
[1496] Zulässig sind neben eigennützigen und gemeinnützigen Privatstiftungen auch solche, die sowohl eigen- als auch gemeinnützige Zwecke verfolgen. Vgl. von Löwe (1999), S. 67 - 68.
[1497] Die Stiftungserklärung ist eine einseitige Willenserklärung, die durch einen Notar beurkundet werden muss. Für den Fall einer Stiftungserklärung von Todes wegen müssen die Formerfordernisse der letztwilligen Anordnung erfüllt sein. Vgl. § 39 Abs. 1 öPSG.
[1498] Vgl. Binder (1995), S. 206.
[1499] Das österreichische Firmenbuch ist vergleichbar mit dem deutschen Handelsregister.
[1500] Vgl. § 7 Abs. 1 öPSG. Für die Eintragung der Privatstiftung ins Firmenbuch ist eine pauschale Gerichtsgebühr und für jeden Bogen der Stiftungsurkunde eine Stempelgebühr zu entrichten. Vgl. Lechner (1993), S. 772 und Rief (1995a), S. 508 - 509, RZ 9.
[1501] Vgl. Binder (1995), S. 206.
[1502] Vgl. Rief (1995b), S. 3 - 4, RZ 5 - 9.
[1503] Vgl. ABl. EU v. 19.12.1977, L 336/15.
[1504] Vgl. Möhrle (1995), S. 134.
[1505] Vgl. § 32 Abs. 2 öPSG.

Ebenso ist der Widerruf einer bereits entstandenen Privatstiftung gemäß § 34 Abs. 1 öPSG zulässig, wenn in der Stiftungserklärung ein entsprechender Vorbehalt verankert wurde[1506].

Privatstiftungen können auf unbestimmte oder bestimmte Zeit errichtet werden[1507]. Nicht gemeinnützige Privatstiftungen, deren überwiegender Zweck in der Versorgung natürlicher Personen besteht, dürfen höchstens 100 Jahre bestehen. Den Letztbegünstigten steht es zu, eine Verlängerung um weitere 100 Jahre zu beschließen[1508]. Die zeitliche Beschränkung soll dem Umstand Rechnung tragen, dass zu weit entfernten Nachkommen des Stifters keine Beziehung mehr besteht[1509].

Das Vermögen einer Privatstiftung muss gemäß § 4 öPSG mindestens 70.000,- Euro betragen. Es kann auch durch Sacheinlagen aufgebracht werden. In solchen Fällen ist eine Gründungsprüfung erforderlich[1510]. Zustiftungen von dritter Seite sind möglich. Sie werden aber nicht auf das Mindeststiftungsvermögen angerechnet[1511]. Zulässig sind nach österreichischem Recht sowohl selbsterhaltende als auch verbrauchende Stiftungen[1512]. Die Ausschüttung der Substanz des Vermögens darf allerdings nur erfolgen, wenn Ansprüche von Gläubigern hierdurch nicht geschmälert werden[1513]. In Deutschland hingegen darf nur in Ausnahmefällen von dem Grundsatz der Vermögenserhaltung abgewichen werden[1514].

Da es sich bei einer Privatstiftung um eine eigentümer- und mitgliederlose Vermögensmasse handelt[1515], ist eine effiziente und sich selbst kontrollierende Organisation erforderlich. Gesetzlich vorgeschrieben sind gemäß § 14 Abs. 1 öPSG als Organe der Stiftungsvorstand, der Stiftungsprüfer und gegebenenfalls ein Aufsichtsrat. Weitere Organe können vom Stifter gemäß § 14 Abs. 2 öPSG zur Wahrung des Stiftungszwecks vorgesehen werden. Diese zusätzlichen Organe dürfen lediglich Kontroll- und Beratungsfunktionen und nicht die Aufgaben

---

[1506] Vgl. Müller/Rief (1995a), S. 2 - 4. Nach deutschem Recht ist ein derartiger Widerruf nicht zulässig. Vgl. Stengel (1993), S. 820.
[1507] Vgl. § 9 Abs. 1 Nr. 6 öPSG.
[1508] Vgl. § 35 Abs. 2 Nr. 3 öPSG.
[1509] Vgl. Stengel (1993), S. 820.
[1510] Vgl. § 11 Abs. 1 öPSG, wonach auch die Einbringung von Vermögen in Geld ausländischer Währung eine Gründungsprüfung erforderlich macht.
[1511] Vgl. Möhrle (1995), S. 133.
[1512] Vgl. Stengel (1993), S. 820, Helbich (1994), S. 33 und von Löwe (1999), S. 68.
[1513] Vgl. § 17 Abs. 2 Satz 2 öPSG.
[1514] Vgl. von Löwe (1999), S. 69 m.w.N.
[1515] Vgl. Binder (1995), S. 205.

der zwingend vorgeschriebenen Organe wahrnehmen[1516]. Einer staatlichen Aufsicht sind Privatstiftungen nicht unterstellt[1517].

Der Vorstand einer Privatstiftung muss gemäß § 15 Abs. 1 öPSG aus mindestens drei Mitgliedern bestehen, von denen zwei ihren gewöhnlichen Aufenthalt in Österreich haben müssen. Begünstigte und deren Verwandte dürfen nicht dem Stiftungsvorstand angehören[1518]. Wenn der Stifter einen direkten Einfluss auf die Stiftung behalten möchte, darf er sich demnach nicht selbst als Begünstigten einsetzen. Er kann aber ebenso wie andere Begünstigte den Vertretungs- und Geschäftsführungsorganen der von der Stiftung beherrschten Beteiligungsunternehmen angehören. In diesen Fällen kann es sinnvoll sein, in der Stiftungserklärung Mitglieder des Stiftungsvorstandes von der Ausübung solcher Funktionen auszuschließen[1519]. Der Stiftungsvorstand ist gemäß § 17 Abs. 1 öPSG Verwaltungs- und Vertretungsorgan und muss für die Erfüllung des Stiftungszwecks sorgen. Ihm obliegt die Verpflichtung zur Rechnungslegung[1520]. Diese ist nach den Vorschriften des österreichischen Handelsgesetzbuchs zu erstellen.

Der Stiftungsprüfer hat den Jahresabschluss einschließlich der Buchführung und den Lagebericht zu prüfen. Er wird vom Gericht bzw. von einem gegebenenfalls vorhandenen Aufsichtsrat bestellt. Als Stiftungsprüfer dürfen nur Wirtschaftsprüfer, vereidigte Buchprüfer oder Steuerberater eingesetzt werden[1521]. Die Prüfung des Lageberichts hat insbesondere im Hinblick auf die Erfüllung des Stiftungszwecks zu erfolgen[1522]. Bestimmte nahe stehende Personen dürfen nicht als Stiftungsprüfer eingesetzt werden.

Einen Aufsichtsrat müssen gemäß § 22 Abs. 1 öPSG nur Privatstiftungen haben, die mehr als dreihundert Arbeitnehmer beschäftigen oder die inländische Kapitalgesellschaften und Genossenschaften einheitlich leiten oder unmittelbar beherrschen, sofern die durchschnittliche Arbeitnehmerzahl dieser Töchter dreihundert übersteigt. Dem Aufsichtsrat müssen mindestens drei natürliche Personen angehören.

Zuwendungsempfänger einer Privatstiftung sind die Begünstigten und Letztbegünstigten. Während die Begünstigten aufgrund der Erfüllung des Stiftungszwecks regelmäßige oder unregelmäßige unentgeltliche Leistungen empfangen,

---

[1516] Vgl. Binder (1995), S. 208, Leitner (1997), S. 918 und von Löwe (1999), S. 69.
[1517] Vgl. Stengel (1993), S. 819 und von Löwe (1999), S. 74 - 75.
[1518] Vgl. § 15 Abs. 2 öPSG.
[1519] Vgl. Leitner (1997), S. 919.
[1520] Vgl. § 18 öPSG.
[1521] Vgl. § 20 Abs. 1 und 2 öPSG.
[1522] Vgl. Helbich (1994), S. 35.

stellen die Letztbegünstigten diejenigen dar, die Anspruch auf das Vermögen der Stiftung nach dessen Auflösung haben[1523]. Den Begünstigten steht im Gegensatz zu den Letztbegünstigten ein gesetzlicher Auskunftsanspruch zu[1524].

3.4.1.2 Steuerliche Behandlung von Zuwendungen an die Privatstiftung

Die Zuwendungen an eine Privatstiftung stellen aus der Sicht der Stiftung einen unentgeltlichen Erwerb dar. Die Übertragung des Vermögens auf die Stiftung ist erbschafts-[1525] bzw. schenkungssteuerpflichtig[1526]. Um die Attraktivität von Privatstiftungen zu gewährleisten, wurde für Zuwendungen ein allgemeiner Erbschafts- und Schenkungssteuersatz von 2,5 % festgelegt. Dieser Satz wurde durch das Budgetbegleitgesetz 2001 für nicht gemeinnützige Privatstiftungen auf 5 % erhöht[1527]. Für Zuwendungen des Stifters an eine Familienstiftung wurde eine Wahlmöglichkeit eingeräumt, wonach die Besteuerung entweder mit dem 5%igen Steuersatz oder mit dem Steuersatz, der sich aufgrund des Verwandtschaftsverhältnisses ergibt, erfolgen kann. Diese Wahlmöglichkeit ist ausschließlich bei Erwerben der Steuerklasse I bis 73.000,- Euro und der Steuerklasse II bis 14.600,- Euro von Bedeutung, da bei den anderen Erwerben der Steuersatz 5 % übersteigt.

Bei der Zuwendung von Grundstücken erhöht sich der Steuersatz um 3,5 %[1528]. Die Erhöhung soll die entfallende Grunderwerbsteuer ausgleichen. Grunderwerbsteuer kann jedoch auch bei der Einbringung aller Anteile an einer grundstücksbesitzenden Gesellschaft anfallen[1529]. Der Stifter sollte dann einen Zwerganteil zur Vermeidung der Grunderwerbsteuer zurückbehalten[1530]. Die Erbschaftssteuerbefreiung bei Erwerb von Kapitalvermögen, dessen Erträge im Zeitpunkt des Todes des Erblassers der Steuerabgeltung gemäß § 97 öEStG oder der besonderen Besteuerung nach § 37 Abs. 8 öEStG unterliegen, gilt gemäß § 15 Abs. 1 Nr. 17 öErbStG auch für Stiftungen. Demnach können insbesondere Guthaben bei österreichischen Kreditinstituten und Forderungswertpapiere ohne Erbschaftssteuerbelastung auf eine von Todes wegen errichtete Privatstiftung

---

[1523] Vgl. Binder (1995), S. 207.
[1524] Vgl. Möhrle (1995), S. 137 - 138.
[1525] Vgl. § 2 Abs. 2 Nr. 1 öErbStG.
[1526] Vgl. § 3 Abs. 1 Nr. 7 öErbStG.
[1527] Vgl. § 8 Abs. 3 lit. b öErbStG
[1528] Vor der Verabschiedung des Budgetbegleitgesetzes 2001 betrug das sogenannte Grunderwerbsteueräquivalent 4 %. Die vorgenommene tarifliche Begünstigung wird aber regelmäßig überkompensiert durch den neu eingeführten Ansatz des dreifachen Einheitswertes bei der Bewertung von Grundstücken.
[1529] Vgl. § 1 Abs. 3 öGrEStG. Ein gleichzeitiger Anfall von Grunderwerbsteuer und Erbschafts- bzw. Schenkungsteuer kann dann nicht verhindert werden. Vgl. Rief (1995a), S. 508, RZ 7.
[1530] Vgl. Lechner (1995), S. 286.

übertragen werden[1531]. Die Steuerbefreiungen der §§ 14 und 15 öErbStG können von einer Privatstiftung ebenfalls in Anspruch genommen werden[1532]. Aufgrund der niedrigen Entlastungen im Verhältnis zu den mit der Gründung einer Privatstiftung entstehenden Kosten wird auf diese Steuerbefreiungen im Weiteren nicht eingegangen.

Zustiftungen von dritter Seite unterliegen im Gegensatz zu Nachstiftungen[1533] nicht dem ermäßigten Steuersatz, sondern werden nach den Steuersätzen der Steuerklasse V besteuert[1534]. Es sollte daher bereits bei Erstellung der Stiftungserklärung bedacht werden, wer der Stiftung zu späteren Zeitpunkten Vermögen zuführen soll[1535]. Um beispielsweise auch den Kindern des Stifters eine Stiftereigenschaft einzuräumen, sollten diese bei Errichtung der Stiftung durch die Zuwendung kleiner Geldbeträge als zusätzliche Stifter auftreten[1536]. In diesem Zusammenhang ist zu beachten, dass von Todes wegen errichtete Privatstiftungen nur einen Stifter haben können[1537]. Für Zustiftungen an Familienstiftungen ist gemäß § 7 Abs. 2 Halbsatz 2 öErbStG für die Bestimmung der Steuerklasse das Verwandtschaftsverhältnis zwischen dem Stifter und dem entferntest Begünstigten maßgebend.

Gemäß § 19 Abs. 1 öErbStG richtet sich die Bewertung nach den allgemeinen Vorschriften des Bewertungsgesetzes, soweit in § 19 Abs. 2 öErbStG nicht etwas Besonderes vorgeschrieben ist[1538]. Grundsätzlich ist der gemeine Wert gemäß § 10 öBewG[1539] und für Wirtschaftsgüter, die einem Betrieb dienen, der Teilwert gemäß § 12 öBewG heranzuziehen. Bis zum Ende des Jahres 2000 schrieb § 19 Abs. 2 öErbStG eine Bewertung inländischen land- und forstwirtschaftlichen Vermögens, inländischen Grundvermögens und inländischer Be-

---

[1531] Vgl. Heinhold (1999a), S. 1558. Aktien oder GmbH-Anteile werden hingegen nach der durch das Abgabenänderungsgesetz 1994 geänderten Fassung des § 15 Abs. 1 Nr. 17 öEStG nicht von der Steuerbefreiung erfasst. Vgl. Rief (1995a), S. 507, RZ 4.
[1532] Vgl. Wachter (2000), S. 1038.
[1533] Nachstiftungen sind Zuwendungen, die von den Stiftern nach der Stiftungserrichtung zugewendet werden. Für sie gilt ebenfalls der ermäßigte Steuersatz. Vgl. von Löwe (1999), S. 83.
[1534] Vgl. Binder (1995), S. 210 und Heinhold (1999a), S. 1558.
[1535] So auch Binder (1995), S. 211 und Lang, M. (1996b), S. 35.
[1536] Vgl. von Löwe (1999), S. 84 und Wachter (2000), S. 1038.
[1537] Vgl. Möhrle (1995), S. 133.
[1538] Vgl. Lang, M. (1995), S. 572.
[1539] Bei der Bestimmung des gemeinen Werts von Kapitalgesellschafts- und typisch stillen Beteiligungen sind gemäß § 13 Abs. 2 öBewG die Ertragsaussichten einzubeziehen. Lechner (1995), S. 286 schlägt daher vor, nach Möglichkeit zunächst einen ausschließlich substanzorientierten Kommanditanteil in die Privatstiftung einzubringen und diesen erst nach der Einbringung in einen Kapitalgesellschaftsanteil steuerneutral umzuwandeln.

triebsgrundstücke mit dem Einheitswert vor[1540]. Seit der Verabschiedung des Budgetbegleitgesetzes 2001 sind diese Vermögenswerte nunmehr mit dem Dreifachen des Einheitswertes anzusetzen. Um Härten zu vermeiden, kann der Steuerschuldner den gemeinen Wert zugrunde legen, wenn er nachweist, dass dieser niedriger ist als der dreifache Einheitswert[1541].

Die Zuwendung von nicht betrieblich genutzten Wirtschaftsgütern führt beim Stifter zu keinen einkommensteuerlichen Auswirkungen[1542]. Aufgrund der fehlenden Entgeltlichkeit der Zuwendung kann weder ein Tatbestand des § 31 öEStG noch ein Spekulationsgeschäft gemäß § 30 öEStG vorliegen[1543]. Stattdessen läuft eine Spekulationsfrist gegebenenfalls weiter. Wenn einzelne Wirtschaftsgüter aus einem Betriebsvermögen auf die Privatstiftung übertragen werden, liegt zunächst eine Entnahme in die Privatsphäre des Stifters vor[1544]. Gemäß § 6 Nr. 4 öEStG sind Entnahmen mit dem Teilwert im Zeitpunkt der Entnahme anzusetzen. Es kommt zu einer Gewinn- bzw. Verlustrealisierung in Höhe der Differenz zwischen Buchwert und Teilwert[1545]. Bei der Übertragung von Betrieben, Teilbetrieben und Mitunternehmeranteilen müssen hingegen die Buchwerte fortgeführt werden[1546].

Auf Stiftungsebene werden die Zuwendungen zwar steuerneutral vereinnahmt[1547], müssen aber für die Bemessung von Abschreibungen und möglichen Veräußerungsgewinnen bewertet werden[1548]. Die Bewertung ist abhängig davon, ob die Zuwendung in den betrieblichen oder in den außerbetrieblichen Bereich der Stiftung erfolgt. Bei Zuwendungen in den außerbetrieblichen Bereich ist gemäß § 15 Abs. 3 Nr. 1 öEStG für die zugewendeten Wirtschaftsgüter der Betrag anzusetzen, der für die Ermittlung der Einkünfte beim Stifter im Zeitpunkt der Zuwendung maßgeblich war oder maßgeblich gewesen wäre[1549]. Stammt das Wirtschaftsgut aus dem Privatvermögen des Stifters, sind die um die bisher gel-

---

[1540] Vgl. Kohlhauser (1994), S. 163.
[1541] Vgl. 19 Abs. 2 Satz 2 öErbStG.
[1542] Vgl. Lechner (1993), S. 772.
[1543] So auch Kohlhauser (1994), S. 163 und Lang, M. (1994), S. 52.
[1544] Vgl. § 4 Abs. 1 Satz 3 öEStG.
[1545] Vgl. Lechner (1995), S. 286 - 288, der Vorschläge unterbreitet, wie im Betriebsvermögen gehaltene Kapitalgesellschaftsbeteiligungen steuerneutral mit Hilfe des Umwandlungssteuerrechts in das Privatvermögen überführt werden können.
[1546] Vgl. § 6 Nr. 9 lit. a öEStG.
[1547] Vgl. Rief (1995a), S. 512, RZ 19.
[1548] Vgl. Binder (1995), S. 211. Bedeutung erlangen die Stiftungseingangswerte auch für den Widerruf der Privatstiftung. In diesem Fall sind die Einkünfte des Stifters um die im Zeitpunkt der seinerzeitigen Zuwendung an die Privatstiftung steuerlich maßgebenden Werte zu kürzen. Vgl. Lechner (1993), S. 773.
[1549] Vgl. Kohlhauser (1994), S. 164.

tend gemachte AfA geminderten Anschaffungskosten des Stifters fortzusetzen[1550]. Erfolgt hingegen eine Zuwendung aus dem Betriebsvermögen des Stifters in den außerbetrieblichen Bereich der Stiftung, muss der Entnahmeteilwert angesetzt werden.

Bei einer Zuwendung in das Betriebsvermögen der Privatstiftung gelten die allgemeinen Bewertungsbestimmungen. Wenn die Zuwendung nicht aufgrund eines betrieblichen Anlasses erfolgte, ist diese gemäß § 6 Nr. 9 lit. b Satz 2 öEStG als Einlage zu bewerten. Nach § 6 Nr. 5 Halbsatz 1 öEStG sind Einlagen grundsätzlich mit dem Teilwert anzusetzen. Wirtschaftsgüter, deren Spekulationsfrist noch nicht abgelaufen ist, sind gemäß § 6 Nr. 5 Halbsatz 2 öEStG höchstens mit den tatsächlichen Anschaffungskosten des Stifters zu bewerten. Damit soll sichergestellt werden, dass Spekulationseinkünfte nicht durch Einbringung in eine Privatstiftung umgangen werden können[1551].

Bei einer betrieblich veranlassten[1552] Zuwendung in das Betriebsvermögen der Stiftung gilt für die Stiftung als Anschaffungskosten der Betrag, den sie für das einzelne Wirtschaftsgut im Zeitpunkt des Empfangs hätte aufwenden müssen[1553]. Es entstehen dadurch bei der Privatstiftung steuerpflichtige Erträge. Im Betriebsvermögen des Stifters wirkt sich der Wertabgang gewinnmindernd aus[1554]. Betriebe, Teilbetriebe und Mitunternehmeranteile sind gemäß § 6 Nr. 9 lit. a öEStG bei der Stiftung mit den Buchwerten des bisherigen Betriebs- bzw. Anteilsinhabers anzusetzen. Werden jedoch im Anschluss an die Betriebszuwendung einzelne Wirtschaftsgüter in den außerbetrieblichen Bereich der Privatstiftung überführt, kommt es zu einer Entnahme und damit zur Aufdeckung stiller Reserven[1555]. Aufgrund des grundsätzlichen Verbots der Ausübung einer gewerblichen Tätigkeit müssen Betriebe, Teilbetriebe und Mitunternehmeranteile regelmäßig in eine Gesellschaft ausgegliedert werden.

Eine Änderung hinsichtlich der Zuwendungen an Privatstiftungen ergab sich durch das Strukturanpassungsgesetz 1996. Als Einkünfte aus Kapitalvermögen sind beim Stifter gemäß § 27 Abs. 1 Nr. 7 Satz 2 öEStG auch Einnahmen ein-

---

[1550] Vgl. Schreder/Schmidt (1998), S. 654.
[1551] Vgl. Kohlhauser (1994), S. 164 und Wachter (2000), S. 1039.
[1552] Eine betriebliche Veranlassung liegt erst vor, wenn die Privatstiftung ausschließlich eine betriebliche Ergänzungs- oder Hilfsfunktion auszuüben hat. Sie liegt hingegen dann noch nicht vor, wenn ein Unternehmer von der Stiftung unmittelbar oder mittelbar gewisse Vorteile erwartet. Vgl. Rief (1995a), S. 513, RZ 22.
[1553] Vgl. § 6 Nr. 9 lit. b Satz 1 öEStG.
[1554] Vgl. § 4 Abs. 11 Nr. 1 öEStG, Kohlhauser (1994), S. 163, Binder (1995), S. 211 und Heinhold (1999a), S. 1558.
[1555] Vgl. Rief (1995a), S. 512, RZ 20.

schließlich sonstiger Vorteile zu versteuern, die anlässlich der unentgeltlichen Übertragung eines Wirtschaftsguts an die Privatstiftung vom Stifter erzielt werden[1556]. Belastungen, die im Rahmen einer gemischten Schenkung bei der Zuwendung an die Privatstiftung mitgegeben werden, werden daher beim Stifter als steuerpflichtiger Vorteil erfasst[1557]. Belastungen eines Grundstücks, die mit diesem in unmittelbaren wirtschaftlichen Zusammenhang stehen, sind von dieser Besteuerung ausgenommen[1558]. Das Gleiche gilt für die Stiftung von Betrieben und den damit zusammenhängenden Verbindlichkeiten, da in diesem Fall die Belastungen Teil einer wirtschaftlichen Einheit sind[1559]. Eine Einschränkung besteht insofern, dass belastetes Vermögen nur zugewendet werden darf, sofern dessen Verkehrswert nicht negativ ist[1560]. Zudem muss bei Belastungen, die in unmittelbarem wirtschaftlichen Zusammenhang mit dem zugewendeten Wirtschaftsgut stehen, beachtet werden, dass die Höhe der Belastung die Hälfte des Verkehrswertes des Wirtschaftsguts nicht übersteigen darf, da ansonsten ein entgeltliches Rechtsgeschäft zwischen der Privatstiftung und dem Stifter zustande kommt[1561].

3.4.1.3 In Deutschland entstehende Steuerpflichten bei Zuwendungen an eine Privatstiftung

In einem ersten Schritt wird im Hinblick auf das Entstehen deutscher Steuerpflichten untersucht, ob es sinnvoll sein kann, eine Privatstiftung in Österreich bereits vor der Wohnsitzverlegung des Stifters zu errichten und mit Vermögen auszustatten oder ob damit bis zu einem späteren Zeitpunkt gewartet werden sollte. In einem zweiten Schritt wird – wiederum im Hinblick auf das Entstehen deutscher Steuerpflichten – festgestellt, welches Vermögen sich für die Einbringung in eine österreichische Privatstiftung eignet. Ergänzend wird geprüft, ob die Errichtung einer Privatstiftung unter Lebenden oder von Todes wegen erfolgen sollte. Bedeutung erlangt in diesem Zusammenhang das Doppelbesteuerungsabkommen zwischen Deutschland und Österreich auf dem Gebiet der Erbschaftsteuer[1562]. Es sei noch einmal ausdrücklich darauf hingewiesen, dass sich

---

[1556] Diese Einkünfte unterliegen gemäß § 93 Abs. 2 Nr. 1 lit. d öEStG dem Kapitalertragsteuerabzug.
[1557] Ziel war die Verhinderung des sogenannten „Beteiligungskarussells", das die Steuerfreiheit für Veräußerungsgewinne im Sinne des § 31 öEStG nutzte. Vgl. Rief (1995b), S. 9, RZ 25 - 26.
[1558] Vgl. § 27 Abs. 1 Nr. 7 Satz 3 öEStG. Diese Regelung trat aufgrund des Abgabenänderungsgesetzes 1996 rückwirkend zum 1.1.1996 in Kraft. Vgl. Schreder/Schmidt (1998), S. 655.
[1559] Vgl. Leitner (1997), S. 908.
[1560] Vgl. Schreder/Schmidt (1998), S. 654.
[1561] Vgl. Schreder/Schmidt (1998), S. 655.
[1562] Vgl. BStBl I 1955, S. 375 - 378.

der Anwendungsbereich des Abkommens ausschließlich auf die Erbschaftsteuer und nicht auf die Schenkungsteuer erstreckt.

Befindet sich der Wohnsitz des Stifters zum Zeitpunkt der Stiftungserrichtung noch in Deutschland, besteht gemäß § 2 Abs. 1 Nr. 1 Satz 1 dErbStG unbeschränkte Steuerpflicht in Deutschland. Die Vermögenszuwendung ist gemäß § 1 Abs. 1 Nr. 1 dErbStG i.V.m. § 3 Abs. 2 Nr. 1 dErbStG erbschaftsteuer- bzw. gemäß § 1 Abs. 1 Nr. 2 dErbStG i.V.m. § 7 Abs. 1 Nr. 8 dErbStG schenkungsteuerpflichtig[1563]. Sofern ein weiterer, nicht in Deutschland unbeschränkt steuerpflichtiger Stifter existiert, unterliegt nur das von dem in Deutschland ansässigen Stifter zugewendete Vermögen der unbeschränkten Steuerpflicht[1564]. Für die Zuwendung an eine österreichische Privatstiftung durch einen in Deutschland ansässigen Stifter kommt die ungünstigste Steuerklasse III mit Tarifen zwischen 17 % und 50 % zur Anwendung[1565]. Eine Unterscheidung zwischen Stiftungen und Zustiftungen wird in Deutschland nicht getroffen[1566]. Das Steuerklassenprivileg gemäß § 19a dErbStG beim Erwerb von Betriebsvermögen, von Betrieben der Land- und Forstwirtschaft und von Anteilen an Kapitalgesellschaften kommt aufgrund der Beschränkung auf natürliche Personen als Erwerber[1567] ebenso wenig zur Anwendung wie das Steuerklassenprivileg für Familienstiftungen gemäß § 15 Abs. 2 Satz 1 dErbStG[1568,1569] aufgrund des Erfordernisses der Stiftungserrichtung in Deutschland[1570]. Einschlägig ist jedoch § 13 a dErbStG, wonach Betriebsvermögen, land- und forstwirtschaftliches Vermögen und Anteile an Kapitalgesellschaften bei der Wertermittlung bis zu 225.000,- Euro außer Ansatz bleiben und darüber hinausgehendes Vermögen nur mit 65 % anzusetzen ist, und § 16 Abs. 1 Nr. 5 dErbStG, wonach ein Freibetrag von 5.200,- Euro gewährt wird[1571].

[1563] Vgl. Wassermeyer (1994), S. 279.
[1564] Befindet sich die Geschäftsleitung der österreichischen Privatstiftung in Deutschland, unterliegt der gesamte Vermögenserwerb gemäß § 2 Abs. 1 Nr. 1 lit. d dErbStG der deutschen Erbschaft- bzw. Schenkungsteuer.
[1565] Vgl. § 19 Abs. 1 dErbStG und Möhrle (1995), S. 141 - 142.
[1566] Vgl. Boochs (1996), S. 49.
[1567] Vgl. Piltz (2000), S. 379.
[1568] Vgl. Werkmüller (1999), S. 139.
[1569] Thömmes/Stockmann (1999) zeigen in einer umfangreichen Untersuchung die Verletzung sowohl der Niederlassungsfreiheit als auch der Kapitalverkehrsfreiheit durch die steuerliche Begünstigung von ausschließlich im Inland errichteten Stiftungen. Eine Klage gegen die Ungleichbehandlung von inländischen und ausländischen Stiftungen ist jedoch nicht anzuraten, da eine Beseitigung der Europarechtswidrigkeit auch durch eine Versagung der bisherigen Begünstigung für inländische Stiftungen erreicht werden könnte.
[1570] Vgl. von Löwe (1999), S. 203 und Wachter (2000), S. 1042.
[1571] Vgl. von Löwe (1999), S. 203.

Wenn die Privatstiftung von Todes wegen errichtet wird und der Stifter zum Zeitpunkt seines Todes seinen ausschließlichen Wohnsitz bzw. den Mittelpunkt seiner Lebensinteressen in Deutschland hat, wird aufgrund des Erbschaftsteuer-Doppelbesteuerungsabkommens nur in Österreich belegenes unbewegliches Nachlassvermögen[1572] und Betriebsstättenvermögen[1573] ausschließlich dort besteuert. Das restliche Vermögen unterliegt der deutschen Erbschaftsteuer[1574]. Die Errichtung einer Privatstiftung in Österreich durch einen in Deutschland ansässigen Stifter ist nur dann zu empfehlen, wenn die Privatstiftung von Todes wegen errichtet wird und lediglich in Österreich belegenes unbewegliches Nachlassvermögen oder Betriebsstättenvermögen in die Stiftung eingebracht werden soll. Des Weiteren ist die Übertragung von in Deutschland belegenem Betriebsvermögen innerhalb des Freibetrages und die Übertragung von sehr hoch belastetem Vermögen nicht steuerschädlich, sofern in letztem Fall die Besteuerungsgrundlage nahezu bei Null liegt[1575]. Ansonsten empfiehlt sich die Wohnsitzverlegung des Stifters vor der Stiftungserrichtung[1576].

Nach einer erfolgten Wohnsitzverlegung ist die Fünfjahresfrist im Rahmen der erweiterten unbeschränkten Erbschaftsteuerpflicht gemäß § 2 Abs. 1 Nr. 1 lit. b dErbStG zu beachten[1577]. Eine Stiftungserrichtung unter Lebenden sollte daher innerhalb des Fünfjahreszeitraums nur für den Fall einer abgelegten deutschen Staatsangehörigkeit erfolgen[1578,1579]. Um die Errichtung einer Privatstiftung auch für den Fall des Todes des vorgesehenen Stifters innerhalb der Frist zu gewährleisten, bietet sich das Abfassen einer mit einem Widerrufsvorbehalt versehenen Stiftungserklärung von Todes wegen an[1580]. Nach Ablauf der Frist kann die alte Stiftungserklärung widerrufen werden und durch eine Stiftungserklärung unter Lebenden ersetzt werden. Neben der sofortigen Errichtung der Privatstiftung ist im Hinblick auf die unterschiedliche Besteuerung in Österreich als weiterer Vorteil die Möglichkeit des Einsetzens mehrerer Stifter anzusehen.

[1572] Vgl. Art. 3 ErbSt-DBA.
[1573] Vgl. Art. 4 ErbSt-DBA.
[1574] Vgl. Art. 5 ErbSt-DBA.
[1575] Vgl. Piltz (2000), S. 379.
[1576] Vgl. Thömmes (1996), S. 235 - 236, Heinhold (1999a), S. 1561 und Wachter (2000), S. 1043. Bei Bestehen eines Wohnsitzes sowohl in Deutschland als auch in Österreich ist es aufgrund der Zuweisung der Besteuerungsrechte gemäß Art. 5 Nr. 2 ErbSt-DBA ausreichend, wenn der Mittelpunkt der Lebensinteressen nach Österreich verlegt wird.
[1577] Vgl. Wassermeyer (1994), S. 280.
[1578] Vgl. Teil 2, Kap. 1.8.
[1579] Vgl. von Löwe (1999), S. 243 - 244.
[1580] In diesen Fällen greift wieder das Erbschaftsteuer-Doppelbesteuerungsabkommen ein. Da sich nach einer Wohnsitzverlegung nach Österreich der Mittelpunkt der Lebensinteressen auch dort befindet, wird lediglich in Deutschland befindliches unbewegliches Vermögen und Betriebsstättenvermögen in Deutschland der Steuerpflicht unterworfen.

Neben den unbeschränkten Erbschaftsteuerpflichten unterliegen in Ausnahmefällen Vermögensübertragungen an eine Privatstiftung der erweitert beschränkten Erbschaftsteuerpflicht gemäß § 4 dAStG[1581], durch die der Gestaltungsspielraum für einen Zeitraum von zehn Jahren eingeengt wird[1582]. Da Österreich nur in Ausnahmefällen als Niedrigsteuerland angesehen wird, wird im Folgenden auf diese Variante nicht weiter eingegangen[1583]. Nicht zu umgehen ist die beschränkte Erbschaftsteuerpflicht gemäß § 2 Abs. 1 Nr. 3 dErbStG, wonach der Vermögensanfall der deutschen Erbschaftsteuer unterliegt, der in Inlandsvermögen im Sinne des § 121 des deutschen Bewertungsgesetzes besteht[1584].

Zu beachten ist, dass für die Bemessung der deutschen Erbschaft- und Schenkungsteuer das deutsche Bewertungsgesetz heranzuziehen ist[1585]. Insbesondere die Vorschrift des § 12 Abs. 6 dErbStG i.V.m. § 31 dBewG, wonach ausländischer Grundbesitz und ausländisches Betriebsvermögen mit dem gemeinen Wert anzusetzen ist, verdient bei einer Errichtung der Privatstiftung zu Lebzeiten besondere Aufmerksamkeit, da derartige Vermögensgegenstände häufig Gegenstand einer Vermögenseinbringung sein werden.

Soweit die Stiftung von Todes wegen errichtet wird und somit das ErbSt-DBA zur Anwendung gelangt, wird die Doppelbesteuerung durch die Freistellung des Vermögens in einem der beiden Staaten vermieden. Gemäß Art. 7 ErbSt-DBA unterliegt die Freistellung einem Progressionsvorbehalt. Wird der Stiftung Vermögen im Wege einer Schenkung zugewendet, gilt das ErbSt-DBA nicht. Ist der Stifter in Deutschland unbeschränkt steuerpflichtig, kann die österreichische Schenkungssteuer auf die deutsche Schenkungsteuer gemäß § 21 dErbStG angerechnet werden[1586]. Da alle Vermögenszuwendungen unter Lebenden für den Fall der unbeschränkten Steuerpflicht in Deutschland auf das hohe deutsche Steuerniveau hinaufgeschleust werden, sollte diese Variante vermieden wer-

---

[1581] Nach dem dBMF-Schreiben v. 15.3.1996 – IV C 6 – S 1343 – 1/96, RIW 1996, S. 451 gehört Österreich nicht zu den niedrig besteuernden Ländern im Sinne des § 2 dAStG. Eine niedrige Besteuerung kann nur noch vorliegen bei Zuzüglern, die der stark eingeschränkten Zuzugsbegünstigung in Österreich unterliegen. Ansonsten kommt die Anwendung des § 4 dAStG nur in jenen Fällen in Frage, in denen ein ehemals in Deutschland ansässiger Stifter in einem als Niedrigsteuerland geltenden Drittstaat ansässig ist und in Österreich eine Privatstiftung errichtet. Vgl. Hopf/Gaigg (1999a), S. 403, FN 2.
[1582] Vgl. Heinhold (1999a), S. 1559.
[1583] Vgl. Teil 2, Kap. 1.6.1.1.1.
[1584] Dies gilt wiederum nur in vollem Umfang bei der Errichtung einer Stiftung unter Lebenden. Bei einer Errichtung der Privatstiftung von Todes wegen unterliegt bei einer Ansässigkeit des Stifters in Österreich gemäß Art. 3 und 4 ErbSt-DBA nur das deutsche unbewegliche Vermögen und das deutsche Betriebsvermögen der deutschen Erbschaftsteuer.
[1585] Vgl. Piltz (2000), S. 379.
[1586] Vgl. Wachter (2000), S. 1044.

den[1587]. Wenn der Stifter in Österreich unbeschränkt schenkungssteuerpflichtig ist, beschränkt sich die österreichische Doppelbesteuerungsvermeidung auf den Abzug der ausländischen Steuer als Nachlassverbindlichkeit[1588]. Allerdings kann das österreichische Bundesministerium der Finanzen gemäß § 48 öBAO auch die Anrechnungs- oder Freistellungsmethode zur Doppelbesteuerungsvermeidung anordnen[1589]. Für Planungsüberlegungen ist zu berücksichtigen, dass § 6 Abs. 3 öErbStG einen Rechtsanspruch auf Entlastung gewährt, während § 48 öBAO lediglich eine Ermessensvorschrift darstellt[1590].

Neben den erbschaftsteuerlichen Konsequenzen müssen bei der Stiftungserrichtung auch die ertragsteuerlichen Folgen in Deutschland berücksichtigt werden[1591]. Werden einzelne Wirtschaftsgüter aus einem deutschen Betriebsvermögen in die Privatstiftung eingebracht, liegt sowohl bei Zugrundelegung des vom Bundesfinanzhof vertretenen variablen Betriebsbegriffs als auch bei Anwendung des in dieser Arbeit vertretenen engen Betriebsbegriffs eine Entnahme im Sinne von § 4 Abs. 1 Satz 2 dEStG vor[1592]. Selbst wenn dem Stifter 100 % des Betriebsvermögens gehören, aus dem das Wirtschaftsgut entnommen wird, und er zugleich der einzige Stifter sein sollte, können der Betrieb und die Privatstiftung nicht als einheitlicher Betrieb angesehen werden. Die bis zum Einbringungszeitpunkt entstandenen stillen Reserven sind demzufolge in Höhe der Differenz zwischen Buchwert und Teilwert erfolgswirksam aufzulösen[1593].

Wird hingegen ein ganzer Betrieb oder ein Teilbetrieb unentgeltlich übertragen, ist § 6 Abs. 3 dEStG zu beachten. Danach sind bei der Ermittlung des Gewinns

---

[1587] So auch Heinhold (1999a), S. 1562.
[1588] Vgl. § 6 Abs. 3 öErbStG.
[1589] Die Rechtsansicht des österreichischen Bundesfinanzministeriums zur Ermessensausübung im Rahmen des § 48 öBAO bei Vermögenszuwendung an eine Privatstiftung durch einen im Ausland ansässigen Stifter lautet wie folgt: „Soweit kein besonderes österreichisches Interesse an einer Entlastungsmaßnahme erkennbar ist, wird i.d.R. auf österreichischer Seite nicht zugunsten von Steuerausländern auf die Besteuerung verzichtet; denn im allgemeinen ist es die Aufgabe des Ansässigkeitsstaates, dafür Sorge zu tragen, dass internationale Doppelbesteuerungen für die in seinem Staatsgebiet lebenden Bürger beseitigt werden. Keine Steuerentlastungsmaßnahme kann im Übrigen dann erwartet werden, wenn bei Bestand eines OECD-konformen Doppelbesteuerungsabkommens der österreichische Besteuerungsanspruch nicht verloren ginge." Vgl. EAS 1244 v. 6.4.1998.
[1590] Vgl. Hopf/Gaigg (1999a), S. 403, von Löwe (1999), S. 206 - 207 und Teil 1, Kap. 3.4.
[1591] Hierbei ist zu beachten, dass eine entrichtete Erbschaftsteuer nicht mehr auf die deutsche Einkommensteuer angerechnet werden kann.Vgl. § 35 dEStG-alt. Die durch eine kumulierte Steuerbelastung ausgelöste Vermögensvernichtung verdeutlicht Piltz (2000), S. 379 - 380 an einem Beispiel.
[1592] Zur Auslegung des Entnahmebegriffs und des damit zusammenhängenden Betriebsbegriffs vgl. Teil 3, Kap. 3.3.5.3.1.
[1593] Vgl. § 6 Abs. 1 Nr. 4 dEStG.

des bisherigen Betriebsinhabers die Wirtschaftsgüter mit den Werten anzusetzen, die sich nach den Vorschriften über die Gewinnermittlung ergeben. Dass die Privatstiftung in Deutschland in aller Regel nur beschränkt körperschaftsteuerpflichtig ist, steht einer Fortführung der Buchwerte nicht entgegen. Der Vorschrift kann nicht entnommen werden, dass in Abhängigkeit von der Reichweite der Steuerpflicht des Empfängers ein unterschiedlicher Ansatz der Wirtschaftsgüter zu erfolgen hat[1594]. Die tatbestandsmäßigen Voraussetzungen einer Betriebsveräußerung bzw. einer Betriebsaufgabe sind ebenfalls nicht gegeben[1595].

Sollen im Privatvermögen gehaltene Anteile an einer Kapitalgesellschaft in die Privatstiftung eingebracht werden, muss zuvor festgestellt werden, ob es sich um Anteile an einer deutschen oder an einer ausländischen Kapitalgesellschaft handelt. Des Weiteren ist die Höhe des durch den Stifter gehaltenen Beteiligungsausmaßes zu beachten. Zentrale Bedeutung kommt in diesem Zusammenhang der Vorschrift des § 6 Abs. 3 Nr. 1 dAStG zu. Danach erfolgt die Wegzugsbesteuerung auch bei Übertragung der Anteile durch unentgeltliches Rechtsgeschäft unter Lebenden auf nicht unbeschränkt steuerpflichtige Personen[1596]. Erfasst werden jedoch wie bei dem Grundtatbestand des § 6 dAStG nur Anteile an inländischen Kapitalgesellschaften, an denen der Stifter zu mindestens 1 % beteiligt ist. Nicht der Wegzugsbesteuerung unterliegt die unentgeltliche Übertragung der Anteile auf eine Privatstiftung, wenn diese von Todes wegen errichtet wird. Bei der Einbringung von Anteilen an ausländischen Kapitalgesellschaften und von Anteilen, an denen der Stifter zu weniger als 1 % beteiligt ist, entstehen keine deutschen Ertragsteuerpflichten. Werden einbringungsgeborene Anteile in die Privatstiftung eingebracht, ist die Differenz zwischen Veräußerungspreis abzüglich der Veräußerungskosten und den Anschaffungskosten als Veräußerungsgewinn anzusetzen[1597]. Keine ertragsteuerlichen Auswirkungen hat die Einbringung von nach § 23 dEStG steuerverhafteten Kapitalgesellschaftsanteilen[1598]. Die unentgeltliche Übertragung der Anteile auf die Privatstiftung stellt keine Veräußerung dar, so dass § 23 Abs. 1 Nr. 2 dEStG nicht einschlägig ist.

Beabsichtigt der Stifter, unbewegliches Vermögen in die Privatstiftung einzubringen, ist hinsichtlich der ertragsteuerlichen Auswirkungen die Zugehörigkeit

---

[1594] Vgl. Wassermeyer (1994), S. 280, dessen Ausführungen sich auf den vom Wortlaut mit § 6 Abs. 3 dAStG identischen § 7 Abs. 1 dEStDV beziehen.
[1595] Vgl. zur unentgeltlichen Übertragung von Betrieben und Teilbetrieben Teil 3, Kap. 2.2.5.1.7.
[1596] Vgl. Teil 3, Kap. 2.1.4.1.4.
[1597] Vgl. § 21 Abs. 2 Nr. 2 dUmwStG i.V.m. Art. 13 ErtSt-DBA 1954/92 bzw. Art. 21 ErtSt-DBA 2003, Wachter (2000), S. 1044 und Teil 3, Kap. 2.1.4.1.4.
[1598] So auch Heinhold (1999a), S. 1559.

des Vermögens zu einem Betriebsvermögen zu beachten. Ist ein Grundstück Bestandteil eines Betriebsvermögens liegt in jedem Fall eine erfolgswirksame Entnahme vor. Wird das Grundstück hingegen im Privatvermögen gehalten, entstehen keine ertragsteuerlichen Pflichten in Deutschland, da mangels Entgeltlichkeit kein privates Veräußerungsgeschäft im Sinne des § 23 Abs. 1 Nr. 1 dEStG vorliegt.

3.4.2 Die laufende Besteuerung der Privatstiftung

3.4.2.1 Die unbeschränkte Körperschaftsteuerpflicht von nicht ausschließlich gemeinnützigen Privatstiftungen

Die österreichische Privatstiftung ist eine juristische Person des privaten Rechts. Sie ist aufgrund des zwingenden Sitzes in Österreich[1599] gemäß § 1 Abs. 2 Satz 2 Nr. 1 öKStG unbeschränkt körperschaftsteuerpflichtig in Österreich[1600]. Grundsätzlich unterliegt das Einkommen gemäß § 22 Abs. 2 öKStG einem Körperschaftsteuertarif von 12,5 %[1601]. Wie auch für die Besteuerung von Kapitalgesellschaften gilt für Privatstiftungen das Trennungsprinzip[1602]. Ein Durchgriff auf hinter der Stiftung stehende Personen erfolgt nicht. Da Privatstiftungen gemäß § 18 öPSG buchführungspflichtig sind, müssten gemäß § 7 Abs. 3 öKStG alle von einer Privatstiftung erzielten Einkünfte den Einkünften aus Gewerbebetrieb zuzurechnen sein. Da der Gesetzgeber aber dem Umstand Rechnung tragen wollte, dass die Privatstiftung zum einen die Persönlichkeitsstruktur des Stifters widerspiegeln soll[1603] und zum anderen aufgrund der Vorschriften in § 1 Abs. 2 öPSG keine über eine Nebentätigkeit hinausgehende gewerbsmäßige Tätigkeit ausüben darf[1604], wurde gemäß § 7 Abs. 4 Nr. 1 öKStG-alt der § 7 Abs. 3 öKStG für Privatstiftungen für unanwendbar erklärt[1605]. Diese Ausnahmevorschrift wurde durch das Strukturanpassungsgesetz 1996 aufgehoben und durch den § 13

[1599] Vgl. § 1 Abs. 1 öPSG.
[1600] Gemeinnützige Privatstiftungen unterliegen gemäß § 1 Abs. 3 Nr. 3 öKStG nur der beschränkten Körperschaftsteuerpflicht. Sie werden im Folgenden aber nicht weiter behandelt, da Ziel der Untersuchung ist, inwieweit der Einsatz einer Privatstiftung zu einer Steuerentlastung im Vergleich zum unmittelbaren Vermögensbesitz und zur unmittelbaren Vermögensübertragung an die Erben führen kann.
[1601] Eine Mindestkörperschaftsteuer, wie sie gemäß § 24 Abs. 4 öKStG von Kapitalgesellschaften zu entrichten ist, wird von Privatstiftungen nicht verlangt. Vgl. Rief (1995a), S. 515, RZ 26.
[1602] Vgl. Leitner (1997), S. 906 - 907.
[1603] Vgl. Kohlhauser (1994), S. 164.
[1604] Vgl. von Löwe (1999), S. 87.
[1605] Vgl. Lechner (1993), S. 773, Lang, M. (1994b), S. 58, Binder (1995), S. 212 und Lang, M. (1995), S. 572. Mit dieser Ausnahme von der Fiktion des § 7 Abs. 3 öKStG sollte verhindert werden, dass die Gewinnermittlung für alle Einkünfte gemäß § 5 öEStG erfolgt, da in diesem Fall auch der Grund und Boden steuerverfangen wäre. Vgl. Rief (1995a), S. 518, RZ 35.

Abs. 1 öKStG ersetzt. Danach ist § 7 Abs. 3 öKStG nur dann nicht anzuwenden, wenn dem zuständigen Finanzamt die Stiftungsurkunde und die Stiftungszusatzurkunde vorliegen[1606]. Folge der Nichtanwendbarkeit des § 7 Abs. 3 öKStG ist die Möglichkeit des Auftretens sämtlicher Einkunftsarten mit Ausnahme der Einkünfte aus nichtselbständiger Arbeit, die definitionsgemäß nicht möglich sind.

Die betrieblichen Einkünfte sind bei Einkünften aus Gewerbebetrieb gemäß § 5 öEStG zu ermitteln[1607]. Da gewerbliche Tätigkeiten, die über eine Nebentätigkeit hinausgehen, durch das Privatstiftungsgesetz verboten werden[1608], stellen die Einkünfte aus Land- und Forstwirtschaft regelmäßig den Schwerpunkt der betrieblichen Einkünfte dar[1609]. Die Gewinnermittlung hat für diese Einkünfte gemäß § 4 Abs. 1 öEStG zu erfolgen[1610]. Eine Gewinnermittlung nach § 4 Abs. 3 öEStG scheidet aufgrund der Verpflichtung zur Buchführung gemäß § 18 öPSG aus[1611]. Für die außerbetrieblichen Einkünfte wird der Überschuss der Einnahmen über die Werbungskosten ermittelt. Es müssen daher bei Vorliegen von sowohl betrieblichen als auch außerbetrieblichen Einkünften zwei Rechnungen durchgeführt werden[1612].

Gemäß § 5 Nr. 11 öKStG sind eigennützige Privatstiftungen nach Maßgabe des § 13 öKStG von der unbeschränkten Körperschaftsteuerpflicht befreit[1613]. Vor der Verabschiedung des Budgetbegleitgesetzes 2001 wurde eine Vielzahl von Einkünften auf Stiftungsebene steuerfrei gestellt[1614]. Die langfristige Thesaurierung der steuerfrei gestellten Einkünfte in der Stiftung führte zu einem Steuerstundungseffekt. Mit dem Budgetbegleitgesetz 2001 wollte der Gesetzgeber die hierdurch hervorgerufene Ungleichbehandlung gegenüber der Vermögensveran-

---

[1606] Lediglich bei ausschließlich betrieblich veranlassten Privatstiftungen werden alle Einkünfte als solche aus Gewerbebetrieb qualifiziert. Um in den Genuss der steuerlichen Begünstigungen insbesondere im Bereich der Einkünfte aus Kapitalvermögen zu gelangen, sollte eine ausschließlich betrieblich veranlasste Privatstiftung vermieden werden. So auch Leitner (1997), S. 909.
[1607] Vgl. § 13 Abs. 1 Nr. 3 öKStG.
[1608] Weiterhin können gewerbliche Einkünfte aus Kommanditbeteiligungen, atypischen stillen Gesellschaften und Gesellschaften des bürgerlichen Rechts stammen. Vgl. Heinhold (1999b), S. 1575. Zur Umgestaltung von einer Stiftung untersagten gewerbsmäßigen Tätigkeiten in zulässige Tätigkeiten vgl. Lechner (1995), S. 283 - 285 und Rief (1995a), S. 516, RZ 30.
[1609] Vgl. Lechner (1993), S. 773 und Möhrle (1995), S. 141.
[1610] Vgl. Rief (1995a), S. 518 - 519, RZ 37.
[1611] Vgl. Kohlhauser (1994), S. 164 und Lang, M. (1994b), S. 59.
[1612] Der damit verbundene Verwaltungsaufwand wird in erheblichem Maße kritisiert. Vgl. Heinhold (1999b), S. 1575.
[1613] Vgl. Lechner (1993), S. 773.
[1614] Vgl. § 13 Abs. 2 öKStG-alt und Heinhold (1999b), S. 1575 - 1576.

lagung natürlicher Personen – zumindest teilweise – beseitigen[1615]. Ein Großteil der bisher steuerfrei gestellten Einkünfte wird nun gemäß § 13 Abs. 3 und 4 öKStG i.V.m. § 22 Abs. 2 öKStG einer Körperschaftsteuer in Höhe von 12,5 % unterworfen[1616].

Diese Besteuerung unterbleibt gemäß § 13 Abs. 3 letzter Satz öKStG insoweit, als im Veranlagungszeitraum Zuwendungen an Begünstigte oder Letztbegünstigte getätigt worden sind, davon Kapitalertragsteuer einbehalten worden ist und keine Entlastung von der Kapitalertragsteuer aufgrund eines Doppelbesteuerungsabkommens erfolgte. Durch diese Vorschrift soll dem Umstand Rechnung getragen werden, dass ein Thesaurierungsvorteil durch die unmittelbare Weiterleitung der Erträge und Einkünfte der Privatstiftung an die Zuwendungsempfänger nicht entstehen kann[1617].

Darüber hinaus wird, um auf der Ebene der Begünstigten die Gesamtsteuerbelastung weiterhin bei 25 % zu belassen, die Körperschaftsteuer, die auf die der so genannten Zwischenbesteuerung unterliegenden Kapitalerträge und Einkünfte entfällt, im Zeitpunkt der Vornahme von Zuwendungen an die Begünstigten gutgeschrieben[1618]. Gemäß § 24 Abs. 5 Nr. 3 öKStG beträgt die Gutschrift 12,5 % der für Zwecke der Einbehaltung der Kapitalertragsteuer maßgeblichen Bemessungsgrundlage der Zuwendungen. Voraussetzung für die Erteilung einer Gutschrift ist gemäß § 24 Abs. 5 Nr. 2 öKStG, dass die Privatstiftung Zuwendungen tätigt, die nicht zu einem Unterbleiben der Besteuerung gemäß § 13 Abs. 3 letzter Satz öKStG geführt haben. Die Zwischensteuer hat den Charakter einer Vorauszahlung zur Hälfte auf die endgültige Steuerbelastung. Ein Steuerstundungseffekt bleibt weiterhin – allerdings in geringerem Ausmaß – bestehen.

Zu beachten ist, dass der Umfang der der Zwischenbesteuerung unterliegenden Einkünfte und Erträge nicht in vollem Maße deckungsgleich mit den ursprünglich gemäß § 13 Abs. 2 öKStG-alt steuerbefreiten Erträgen und Einkünften ist[1619]. Weiterhin steuerfrei vereinnahmt werden können gemäß § 13 Abs. 2 öKStG ausländische Beteiligungserträge, wenn sie den in § 10 Abs. 1 öKStG genannten inländischen Beteiligungserträgen vergleichbar sind und wenn für sie keine Steuerentlastung aufgrund von Doppelbesteuerungsabkommen erfolgt. Vor der Verabschiedung des Budgetbegleitgesetzes 2001 waren ausländische

---

[1615] Vgl. Nowotny (2001a), S. 307.
[1616] Die sogenannte Zwischenbesteuerung ist gemäß § 26 a Abs. 10 öKStG erstmals bei der Veranlagung für das Kalenderjahr 2001 anzuwenden.
[1617] Vgl. Nowotny (2001a), S. 308.
[1618] Vgl. § 24 Abs. 5 öKStG. Zu den verfahrensrechtlichen Problemen vgl. Nowotny (2001b).
[1619] Eine Übersicht über die ursprünglich steuerbefreiten Einkünfte und Erträge findet sich bei Lechner (1993), S. 774.

Kapitalerträge gemäß § 13 Abs. 2 Nr. 2 öKStG-alt nur dann von der Steuer befreit, wenn für sie keine Steuerentlastung aufgrund von Doppelbesteuerungsabkommen erfolgt ist[1620]. Die Zwischenbesteuerung wird nun gemäß § 13 Abs. 3 Nr. 1 öKStG unabhängig von einer DBA-Entlastung durchgeführt. Ebenso unterlagen Kapitalerträge aus Anteilsrechten an ausländischen Kapitalanlagefonds im Sinne von § 93 Abs. 3 Nr. 5 öEStG der damals noch 34%igen Körperschaftsteuer. Da diese Erträge gemäß § 13 Abs. 3 Nr. 1 Spiegelstrich 3 öKStG in den Katalog der der Zwischenbesteuerung zu unterwerfenden Einkünfte aufgenommen wurden, ist für die Besteuerung derartiger Einkünfte eine Verbesserung eingetreten.

Die der Zwischenbesteuerung zu unterwerfenden und damit noch immer begünstigten Einkünfte sind:

- in- und ausländische Kapitalerträge aus Geldeinlagen und sonstigen Forderungen bei Kreditinstituten (§ 13 Abs. 3 Nr. 1 Spiegelstrich 1 öKStG),
- in- und ausländische Kapitalerträge aus Forderungswertpapieren, wenn sie bei ihrer Begebung sowohl in rechtlicher als auch in tatsächlicher Hinsicht einem unbestimmten Personenkreis angeboten werden (§ 13 Abs. 3 Nr. 1 Spiegelstrich 2 öKStG)[1621],
- in- und ausländische Kapitalerträge, die aus bestimmten Investmentfonds stammen (§ 13 Abs. 3 Nr. 1 Spiegelstriche 3 – 5 öKStG) und
- Einkünfte aus der Veräußerung von Beteiligungen im Sinne des § 31 öEStG an in- und ausländischen Kapitalgesellschaften (§ 13 Abs. 3 Nr. 2 öKStG).

Gänzlich von der Körperschaftsteuer befreit sind – wie bereits erwähnt – die ausländischen Beteiligungserträge, wenn sie den inländischen Beteiligungserträgen[1622] vergleichbar sind und wenn für sie keine Steuerentlastung aufgrund von

---

[1620] Wenn deutsche Zinserträge bereits aufgrund des innerstaatlichen deutschen Steuerrechts nicht der Zinsabschlagsteuer unterworfen wurden, berührte dies nicht die Steuerfreistellung in Österreich. Vgl. EAS v. 21.4.1995.

[1621] Das sogenannte Public-Placement-Erfordernis wurde mit dem Strukturanpassungsgesetz 1996 eingeführt. Anlass war die vorher gängige Praxis, dass Privatstiftungen hoch verzinste Darlehen an von ihnen gehaltene Tochtergesellschaften ausgegeben haben. Die Zinsen konnten bei den Tochtergesellschaften als Betriebsausgaben abgesetzt und bei den Privatstiftungen steuerfrei vereinnahmt werden. Umstritten ist, ob es ausreicht, dass die Papiere einem unbestimmten Personenkreis angeboten werden oder ob eine tatsächliche Zeichnung der Papiere durch einen unbestimmten Personenkreis erfolgen muss. Vgl. Doralt (1995a), S. 394, Leitner (1997), S. 912 - 913 und Heinhold (1999b), S. 1576.

[1622] Wie bei allen anderen Körperschaften sind inländische Beteiligungserträge gemäß § 10 Abs. 1 öKStG von der Körperschaftsteuer befreit. Die Befreiung gilt unabhängig davon, ob

Doppelbesteuerungsabkommen erfolgt (§ 13 Abs. 2 öKStG)[1623]. Da bei Inanspruchnahme des Doppelbesteuerungsabkommens in der Privatstiftung eine Besteuerung zum Regelsteuersatz von 25 % erfolgt, wird die Meinung vertreten, dass die Stiftung freiwillig auf die Entlastungen durch das Doppelbesteuerungsabkommen verzichten kann, um in den Genuss der Steuerbefreiung auf Stiftungsebene zu gelangen. Das Bestehen eines derartigen Wahlrechtes ist aber umstritten[1624], so dass als Alternative folgende Gestaltung in Betracht gezogen werden sollte: Zwischen die Privatstiftung und die ausländischen Beteiligungen wird eine österreichische GmbH geschaltet, die bei mindestens 25%iger Beteiligung gemäß § 10 Abs. 2 öKStG in den Genuss des internationalen Schachtelprivilegs gelangt[1625]. Die österreichische GmbH wiederum kann die Erträge steuerfrei aufgrund des nationalen Schachtelprivilegs gemäß § 10 Abs. 1 Nr. 1 an die Privatstiftung weiterleiten[1626]. Der Vorteil dieser Gestaltung ist, dass die Privatstiftung eine Steuerentlastung aufgrund eines Doppelbesteuerungsabkommens in Anspruch nehmen kann und zugleich die Erträge in der Privatstiftung steuerfrei vereinnahmt werden können.

In der Privatstiftung unbeschränkt steuerpflichtige Einkünfte sind die betrieblichen Einkünfte, die Einkünfte aus Vermietung und Verpachtung und einzelne sonstige Einkünfte[1627]. Als nicht steuerbefreite sonstige Einkünfte kommen gemäß § 29 öEStG insbesondere Spekulationseinkünfte, wiederkehrende Bezüge und Einkünfte aus Leistungen in Betracht. Ebenfalls der unbeschränkten Körperschaftsteuerpflicht unterliegen vereinnahmte Zinsen aus Privatdarlehen[1628]. Eine Erbschaftsbesteuerung in Form der deutschen Erbersatzsteuer gemäß § 1 Abs. 1 Nr. 4 dErbStG existiert im österreichischen Erbschaftssteuergesetz nicht.

---

die Privatstiftung die Beteiligung im betrieblichen oder im außerbetrieblichen Vermögen hält. Vgl. Wachter (2000), S. 1039.

[1623] Besonders interessant erscheint unter diesem Gesichtspunkt der Bezug ausländischer Beteiligungserträge aus Ländern, in denen die Dividenden nicht besteuert werden. Mit derartigen Ländern hat Österreich regelmäßig keine Doppelbesteuerungsabkommen abgeschlossen, so dass es zu einer doppelten Nichtbesteuerung kommt. Vgl. Rief (1993), S. 319.

[1624] Vgl. Rief (1993), S. 316 - 317, Lang, M. (1994b), S. 61 - 62, Rief (1995a), S. 523 - 524, RZ 40 und Wachter (2000), S. 1040.

[1625] Für die Gründung einer derartigen Zwischenholding müssen auch außersteuerliche Gründe vorliegen, da ansonsten gemäß § 10 Abs. 3 öKStG keine Befreiung von der Körperschaftsteuer erfolgt. Vgl. Wachter (2000), S. 1040.

[1626] Vgl. Lechner (1993), S. 774, Lang, M. (1995), S. 573, Rief (1995a), S. 526, RZ 56a und Heinhold (1999b), S. 1576 - 1577.

[1627] Vgl. Kohlhauser (1994), S. 164.

[1628] Vgl. Lechner (1993), S. 774.

3.4.2.2 Deutsche Steuerpflichten bei Bestehen einer als Familienstiftung anzusehenden Privatstiftung

Unbeschränkte Körperschaftsteuerpflicht wird in Deutschland bei einer Belegenheit der Geschäftsleitung oder des Sitzes einer Körperschaft im Inland begründet. Da gemäß § 1 Abs. 1 öPSG eine Privatstiftung ihren Sitz zwingend in Österreich haben muss, kommt als Anknüpfungsmerkmal zur Begründung einer unbeschränkten Körperschaftsteuerpflicht nur noch die von Deutschland aus ausgeübte Geschäftsleitung in Frage. Gemäß § 15 öPSG muss der Vorstand einer österreichischen Privatstiftung aus mindestens drei Mitgliedern bestehen, von denen mindestens zwei ihren gewöhnlichen Aufenthalt in Österreich haben müssen. In aller Regel liegt daher in Deutschland keine unbeschränkte Körperschaftsteuerpflicht vor. Eine Ausnahme besteht dann, wenn sich die faktische Geschäftsleitung weiterhin in Deutschland befindet[1629].

Sofern die Geschäftsleitung der Privatstiftung in Deutschland gelegen ist[1630] und die Stiftung wesentlich im Interesse einer Familie oder bestimmter Familien errichtet ist[1631], unterliegt die Privatstiftung in Zeitabständen von jeweils 30 Jahren der so genannten Erbersatzsteuer gemäß § 1 Abs. 1 Nr. 4 dErbStG[1632]. Die Steuer wird gemäß § 15 Abs. 2 Satz 3 dErbStG nach dem für die Steuerklasse I geltenden Steuersatz berechnet, der für die Hälfte des steuerpflichtigen Vermögens gelten würde. Zudem wird ein Freibetrag in Höhe von 410.000,- Euro gewährt[1633].

Die weitreichenden steuerlichen Folgen einer unbeschränkten Körperschaftsteuerpflicht und der Erbersatzbesteuerung erfordern hinsichtlich der Belegenheit der Geschäftsleitung besondere Aufmerksamkeit bei der Steuerplanung. Sofern die unbeschränkte Körperschaftsteuerpflicht in Deutschland vermieden wird, ist eine Privatstiftung zunächst ausschließlich mit ihren inländischen Einkünften im Sinne des § 49 dEStG steuerpflichtig[1634]. Eine gewichtige Ausnahme besteht, wenn die Privatstiftung als Familienstiftung im Sinne des § 15 dAStG[1635] quali-

---

[1629] Vgl. Heinhold (1999b), S. 1579. Werkmüller (1999), S. 141 rät dazu, die Zusammenkünfte des Stiftungsvorstandes in Österreich regelmäßig zu protokollieren und im Rahmen dieser Zusammenkünfte auch die wesentlichen Geschäftsvorgaben zu besprechen und verbindlich niederzulegen.
[1630] Vgl. § 2 Abs. 1 Nr. 2 dErbStG.
[1631] Dieser Umstand dürfte häufig bei einem Einsatz der Privatstiftung als Instrument zur Steueroptimierung gegeben sein.
[1632] Vgl. Wassermeyer (1994), S. 281.
[1633] Vgl. § 15 Abs. 2 Satz 3 i.V.m. § 16 Abs. 1 Nr. 2 dErbStG.
[1634] Vgl. § 8 Abs. 1 dKStG i.V.m. § 49 dEStG.
[1635] Der Begriff der Familienstiftung im Sinne des § 15 dAStG ist enger als derjenige des § 1 Abs. 1 Nr. 4 dErbStG. Nach Ansicht der Finanzverwaltung kann eine Familienstiftung im Sinne des Erbschaftsteuer- und Schenkungsteuerrechts auch dann vorliegen, wenn eine Fami-

fiziert wird. Voraussetzung ist gemäß § 15 Abs. 2 dAStG, dass der Stifter, seine Angehörigen und deren Abkömmlinge[1636] zu mehr als der Hälfte bezugs- oder anfallsberechtigt[1637, 1638] sind. Das Einkommen einer derartigen Familienstiftung wird gemäß § 15 Abs. 1 dAStG dem Stifter[1639], wenn er unbeschränkt steuerpflichtig und ansonsten den unbeschränkt steuerpflichtigen Personen[1640], die bezugs- oder anfallsberechtigt sind, entsprechend ihrem Anteil[1641] zugerechnet, sofern die Stiftung in Deutschland weder ihren Sitz noch ihre Geschäftsleitung hat[1642]. Das einer Privatstiftung zugrunde liegende Trennungsprinzip wird durch das deutsche Außensteuergesetz folglich durchbrochen[1643]. Es wird fingiert, dass das Einkommen der Stiftung direkt bei den Stiftern bzw. subsidiär bei den Anfalls- oder Bezugsberechtigten entstanden ist[1644]. Problematisch ist der Umstand, dass das der Zurechnungsbesteuerung zugrunde liegende Einkommen in der Weise ermittelt wird, als wäre die Privatstiftung in Deutschland unbeschränkt

---

lie nur zu mehr als 25 % bezugs- oder anfallsberechtigt ist und zusätzliche Merkmale ein wesentliches Familieninteresse belegen. Ein derartiges Interesse kann zum Beispiel vorliegen, wenn die Familie wesentlichen Einfluss auf die Geschäftsführung der Stiftung hat. Vgl. Flick/Piltz (1999), S. 367 - 368, RZ 1563.

[1636] Angehörige sind die in § 15 dAO und Abkömmlinge die in § 1589 dBGB genannten Personen.

[1637] Bezugsberechtigte sind die Personen, die einen Anspruch auf die laufenden Zuwendungen der Stiftung haben. Anfallsberechtigte erhalten das Vermögen der Stiftung bei deren Auflösung. Vgl. Piltz (1997), S. 108. Im österreichischen Privatstiftungsgesetz werden die Bezugsberechtigten als Begünstigte und die Anfallsberechtigten als Letztbegünstigte bezeichnet. Vgl. Heinhold (1999b), S. 1581.

[1638] Die Anfalls- bzw. Bezugsberechtigung setzt nicht voraus, dass ein einklagbarer Rechtsanspruch besteht. Erforderlich ist jedoch eine „gesicherte Rechtsposition", so dass es nicht als ausreichend angesehen werden kann, wenn die Umstände lediglich dafür sprechen, dass bei typischem Geschehensablauf das Stiftungsvermögen der Person zufallen wird. Vgl. Maier, J. (2001), S. 594 - 595 m.w.N.

[1639] Die Zurechnung gegenüber einem unbeschränkt steuerpflichtigen Stifter wird auch dann vorgenommen, wenn der Stifter selbst nicht zum Kreis der Bezugs- oder Anfallsberechtigten gehört. Vgl. Wassermeyer (1994), S. 282 und Werkmüller (1999), S. 139 - 140.

[1640] Durch den Verweis in § 15 Abs. 5 dAStG auf § 5 dAStG werden auch erweitert beschränkt steuerpflichtige Stifter bzw. Bezugs- oder Anfallsberechtigte von der Zurechnungsbesteuerung erfasst. Die Privatstiftung wird als zwischengeschaltete Gesellschaft im Sinne des § 5 dAStG qualifiziert. Vgl. Hopf/Gaigg (1999b), S. 495, FN 6 und von Löwe (1999), S. 253 und S. 279

[1641] Schaumburg (1998), S. 581, RZ 11.26 vertritt die Auffassung, dass bei Vorhandensein von Steuerausländern als Bezugs- oder Anfallsberechtigten eine Zurechnung nur nach Maßgabe ihrer Quote an der Gesamtberechtigung erfolgen darf.

[1642] Vgl. Wassermeyer (2001), S. 31, RZ 26.

[1643] Vgl. Schaumburg (1998), S. 570 - 571, RZ 11.2 und von Löwe (1999), S. 225.

[1644] Diese Zurechnung widerspricht regelmäßig dem Prinzip der Besteuerung nach der Leistungsfähigkeit. Vgl. Schaumburg (1998), S. 571 - 572, RZ 11.5, Hopf/Gaigg (1999b), S. 497 und Wachter (2000), S. 1046.

steuerpflichtig[1645]. Da sich die Ermittlung des Einkommens nach den Grundsätzen des deutschen Steuerrechts bestimmt, kommen die in Österreich eingeräumten Begünstigungen nicht zur Anwendung. Eine beschränkte Körperschaftsteuerpflicht wird durch die als lex specialis geltende Zurechnungsbesteuerung verdrängt[1646].

Das Verhältnis des § 15 dAStG zu den von Deutschland abgeschlossenen Doppelbesteuerungsabkommen ist umstritten[1647]. Da die Finanzverwaltung den Standpunkt vertritt, dass die Vorschriften der Doppelbesteuerungsabkommen einer Zurechnungsbesteuerung nicht entgegen stehen[1648], muss unter steuerplanerischen Gesichtspunkten von einem Vorrang des § 15 dAStG vor den Doppelbesteuerungsabkommen ausgegangen werden[1649]. Die österreichische Körperschaftsteuer kann jedoch gemäß § 15 Abs. 5 dAStG i.V.m. § 12 dAStG anteilsmäßig auf die deutsche Einkommensteuerschuld des Stifters bzw. der Bezugs- oder Anfallsberechtigten angerechnet werden[1650]. Wenn die Zurechnungsbesteuerung den Doppelbesteuerungsabkommen vorgeht, hat dies zur Folge, dass bei einer Wohnsitzverlegung des Stifters und der Destinatäre die Beibehaltung eines in Deutschland belegenen Nebenwohnsitzes die Zurechnungsbesteuerung auslösen kann[1651].

[1645] Vgl. Tz. 15.1.1 des dBMF-Schreibens v. 14.5.2004 – IV B 4 – S 1340 – 11/04, BStBl I 2004, Sondernummer 1, S. 3 und Wassermeyer (2001), S. 28, RZ 22.
[1646] Vgl. Piltz (1997), S. 107, Schaumburg (1998), S. 572, RZ 11.6, von Löwe (1999), S. 226, Piltz (2000), S. 380 und Wassermeyer (2001), S. 51 - 52, RZ 61.
[1647] Zu den Argumenten für die unterschiedlichen Auffassungen vgl. Hopf/Gaigg (1999b), S. 496 und von Löwe (1999), S. 213 - 215.
[1648] Vgl. BFH-Urteil v. 2.2.1994 – I R 66/92, BStBl II 1994, S. 727 sowie Tz. 15.1.1 des dBMF-Schreibens v. 14.5.2004 – IV B 4 – S 1340 – 11/04, BStBl I 2004, Sondernummer 1, S. 3. Gestützt wird diese Auffassung durch § 20 Abs. 1 dAStG, wonach unter anderem § 15 dAStG durch die Abkommen zur Vermeidung der Doppelbesteuerung nicht berührt wird.
[1649] Allerdings hat das österreichische Bundesfinanzministerium gemäß EAS v. 10.6.1994 verlauten lassen, dass „falls es sich bei dem Stiftungsvermögen um österreichisches Vermögen handelt, [...] in besonders gelagerten Fällen (z.B. ein Begünstigter verlegt seinen Wohnsitz aus Österreich nach Deutschland) im Rahmen eines Verständigungsverfahrens eine Prüfung dahingehend angestellt werden [kann], ob und in welchem Umfang eine Zurechnungsbesteuerung in Deutschland auf der Grundlage der Prinzipien der DBA unterbleiben kann". Mit dem EAS 1591 v. 24.1.2000 wurde diese Aussage konkretisiert durch die Erwähnung eines Falls, in dem eine österreichische Privatstiftung von den Eltern und deren drei Töchtern errichtet wurde. Der Stiftung wurden ausschließlich österreichische Vermögenswerte zugeführt. Später hat eine der Töchter anlässlich ihrer beruflichen Entsendung nach Deutschland dort einen deutschen Staatsbürger kennengelernt und diesen in der Folge geheiratet. Das österreichische Finanzministerium vertritt die Ansicht, dass Deutschland unter Berücksichtigung des Doppelbesteuerungsabkommens lediglich den tatsächlichen Zufluss der Stiftungszuwendungen besteuern darf.
[1650] Vgl. Hopf/Gaigg (1999b), S. 496 und von Löwe (1999), S. 226 - 227.
[1651] Vgl. Ostendorf/Lechner (1996), S. 806.

Mit der Qualifikation einer Privatstiftung als Stiftung im Sinne des § 15 dAStG werden alle auf eine Steuerminimierung zielenden Anstrengungen zunichte gemacht, so dass eine derartige Qualifikation vermieden werden muss. Eine Besteuerung nach § 15 dAStG erfolgt nicht, wenn sich alle beteiligten Personen der unbeschränkten Einkommensteuerpflicht in Deutschland entziehen[1652]. Ein weiterer Weg zur Vermeidung der Qualifikation als Familienstiftung führt über die Gestaltung der Bezugs- und Anfallsquote[1653]. Wenn weder bei den laufenden Gewinnen noch bei der Auskehrung des Vermögens der Privatstiftung eine Familie zu mehr als der Hälfte begünstigt ist, erfolgt keine Besteuerung nach § 15 dAStG. Eine Verwendung von 50 % der Bezugs- und Anfallsquote für gemeinnützige Zwecke verhindert zwar die deutsche Zurechnungsbesteuerung, bedeutet jedoch auch den Verzicht auf einen Großteil des Vermögens. Wenn eine solche Verwendung nicht den Präferenzen des Stifters entspricht[1654], bietet sich die Gründung einer Stiftung unter Beteiligung von zwei oder mehr Familien an. Damit geht jedoch regelmäßig ein Verlust des Einflusses auf die Besetzung der Organe der Privatstiftung einher[1655]. Eine vorübergehende Umgehung der Besteuerung nach § 15 dAStG kann erreicht werden, indem die Bezugs- und Anfallsberechtigten in der Stiftungssatzung vorerst nicht explizit genannt werden[1656]. Die Konkretisierung des begünstigten Personenkreises kann beispielsweise durch den zum Zeitpunkt der Zuwendung bzw. Auflösung amtierenden Vorstand vorgenommen werden[1657]. Inwiefern eine Zurechnungsbesteuerung erfolgt, wenn sich der Stifter in der Stiftungsurkunde eine Änderung des Begünstigtenkreises vorbehalten hat[1658], ist von der Rechtsprechung noch nicht entschieden worden. Um unerwünschte steuerliche Folgen auszuschließen, sollte versucht werden, die Zurechnungsbesteuerung auf andere Weise zu vermeiden. Keine Verhinderung des Eingreifens des § 15 dAStG kann durch eine in der

---

[1652] Vgl. von Löwe (1999), S. 258.
[1653] Vgl. Heinhold (1999b), S. 1580 - 1581.
[1654] Vgl. Hopf/Gaigg (1999b), S. 497.
[1655] So auch Piltz (2000), S. 380.
[1656] Vgl. Tz. 15.2.1 des dBMF-Schreibens v. 14.5.2004 – IV B 4 – S 1340 – 11/04, BStBl I 2004, Sondernummer 1, S. 3, wonach bei Zufallsdestinatären eine Zurechnung entfällt.
[1657] Schaumburg (1998), S. 574, RZ 11.9 schlägt vor, dass in der Satzung als Zweck die Versorgung der bedürftigen Abkömmlinge des Stifters und anderer Menschen verankert werden sollte, um eine Quantifizierung der Bezugs- bzw. Anfallsberechtigung unmöglich zu machen. Vgl. auch Wassermeyer (1994), S. 282 und Wachter (2000), S. 1045. Kritisch hingegen von Löwe (1999), S. 224 - 225.
[1658] Eine Missachtung des Bestehens eines Widerrufsvorbehalts könnte zu dem widersinnigen Ergebnis führen, dass eine Zurechnung bei Personen erfolgt, die niemals eine Zuwendung erhalten. Vgl. Ostendorf/Lechner (1996), S. 806. Schaumburg (1998), S. 579 - 580, RZ 11.23 vertritt die Auffassung, dass nur derjenige Bezugs- bzw. Anfallsberechtigter sein kann, der einen Rechtsanspruch oder eine rechtliche Anwartschaft auf den Bezug von Gütern in Geld oder Geldeswert hat.

Satzung verankerte Thesaurierungsverpflichtung von mindestens der Hälfte der Einkünfte erreicht werden[1659].

Sofern eine direkte Zurechnung des Einkommens gemäß § 15 dAStG verhindert werden kann, ist alternativ die beschränkte Körperschaftsteuerpflicht der Privatstiftung gemäß § 2 Nr. 1 dKStG zu beachten. § 8 Abs. 1 dKStG schreibt für Körperschaften die entsprechende Anwendung des Einkommensteuergesetzes vor, so dass der Katalog der beschränkt steuerpflichtigen Einkünfte gemäß § 49 dEStG auch für Privatstiftungen gilt. Danach unterliegen unter anderem Beteiligungen an deutschen Kapitalgesellschaften gemäß § 49 Abs. 1 Nr. 5 lit. a dEStG der beschränkten Steuerpflicht. Wird das Doppelbesteuerungsabkommen in Anspruch genommen, ist die Quellensteuer in Deutschland auf 15 % bzw. bei einer mindestens 10%igen Beteiligung auf 5 % beschränkt[1660]. Die Quellensteuerreduktion hat jedoch zur Folge, dass die Erträge in Österreich voll körperschaftsteuerpflichtig gemäß § 13 Abs. 2 Nr. 3 öKStG sind.

Bezieht die Privatstiftung Einkünfte aus in Deutschland befindlichem Kapitalvermögen, das nicht unter Art. 10 a ErtSt-DBA 1954/92 bzw. unter Art. 10 ErtSt-DBA 2003 fällt, wird das Quellenbesteuerungsrecht durch das ErtSt-DBA 1954/92 in keiner Weise beschränkt[1661]. Das ErtSt-DBA 2003 weist hingegen dem Ansässigkeitsstaat das alleinige Besteuerungsrecht zu[1662]. Seit der Verabschiedung des Budgetbegleitgesetzes 2001 unterliegen derartige Einkünfte in Österreich unabhängig von der Inanspruchnahme eines Doppelbesteuerungsabkommens immer der Zwischenbesteuerung. Mit In-Kraft-Treten des neuen Doppelbesteuerungsabkommens verringert sich die Gesamtsteuerbelastung um die Höhe der in Deutschland erhobenen Quellensteuer.

3.4.3 Zuwendungen einer Privatstiftung an Begünstigte und Letztbegünstigte

3.4.3.1 Die Behandlung der Zuwendungen einer Privatstiftung in Österreich

Die Begünstigten werden gemäß § 9 Abs. 1 Nr. 3 öPSG durch die Stiftungserklärung bestimmt. Alternativ werden sie durch eine vom Stifter berufene Stelle oder gemäß § 5 öPSG vom Stiftungsvorstand berufen. Auf der Ebene der Privatstiftung stellen die Zuwendungen Einkommensverwendung dar, so dass das körperschaftsteuerpflichtige Einkommen der Privatstiftung durch sie nicht gemin-

---

[1659] So auch Thömmes (1996), S. 237, a.A. Wassermeyer (1994), S. 282.
[1660] Vgl. § 43 a Abs. 1 Nr. 1 dEStG i.V.m. Art. 10 a Abs. 2 lit. a und b ErtSt-DBA 1954/92 bzw. Art. 10 Abs. 2 lit. a und b ErtSt-DBA 2003.
[1661] Vgl. Art. 11 Abs. 2 ErtSt-DBA 1954/92.
[1662] Vgl. Art. 11 Abs. 1 ErtSt-DBA 2003.

dert werden kann[1663]. Nicht betrieblich veranlasste Zuwendungen von Einzelwirtschaftsgütern aus dem betrieblichen Bereich der Stiftung werden gemäß § 6 Nr. 4 öEStG als mit dem Teilwert zu bewertende Entnahme in den privaten Bereich gedeutet[1664]. Bei der Übertragung von Betrieben, Teilbetrieben oder Mitunternehmeranteilen dürfen auf der Ebene der Stiftung gemäß § 6 Nr. 9 lit. a öEStG die stillen Reserven nicht aufgedeckt werden. Zuwendungen aus dem außerbetrieblichen Bereich der Stiftung lösen auf der Ebene der Privatstiftung keine Besteuerung aus, sofern die Wirtschaftsgüter nach Ablauf einer gegebenenfalls bestehenden Spekulationsfrist zugewendet werden[1665].

Bei den Begünstigten werden die Zuwendungen gemäß § 27 Abs. 1 Nr. 7 öEStG als Einkünfte aus Kapitalvermögen qualifiziert, sofern sie in das Privatvermögen der Begünstigten erfolgen. Gemäß § 15 Abs. 3 Nr. 2 lit. b öEStG sind sie mit dem Betrag anzusetzen, der für das einzelne Wirtschaftsgut oder für sonstiges Vermögen im Zeitpunkt der Zuwendung hätte aufgewendet werden müssen. Bei der Ausschüttung von Sachwerten umfasst die Besteuerung somit die stillen Reserven[1666]. Da gemäß § 15 Abs. 3 Nr. 2 lit. a öEStG die zugewendeten Wirtschaftsgüter zum Zeitpunkt der Zuwendung als angeschafft gelten, beginnt mit der Zuwendung der Lauf der Spekulationsfrist[1667].

Zuwendungen in das Betriebsvermögen eines Begünstigten sind im Rahmen der betrieblichen Einkünfte zu erfassen. Gemäß § 4 Abs. 11 Nr. 2 lit. a öEStG sind sie ebenfalls mit den fiktiven Anschaffungskosten im Zeitpunkt der Zuwendung anzusetzen. Im Regelfall erfolgt hierdurch eine Gewinnrealisierung. Die für die unentgeltliche Übertragung von Betrieben, Teilbetrieben und Mitunternehmeranteilen gemäß § 6 Nr. 9 lit. a öEStG vorgeschriebene Buchwertfortführung wird auf der Ebene der Begünstigten durch die speziell für Privatstiftungen geltende Anschaffungsfiktion verdrängt[1668]. Besteuert wird der volle Wert einschließlich der stillen Reserven.

Eine Unterscheidung, ob die Zuwendungen aus der Vermögenssubstanz der Privatstiftung oder aus deren Erträgen bestritten werden, wird nicht getroffen[1669].

[1663] Vgl. Rief (1995a), S. 531, RZ 68.
[1664] Vgl. Lang, M. (1994), S. 63.
[1665] Vgl. von Löwe (1999), S. 95.
[1666] Vgl. Kohlhauser (1994), S. 165.
[1667] Vgl. Lang, M. (1994), S. 64 - 65 und Rief (1995a), S. 535, RZ 80.
[1668] Vgl. von Löwe (1999), S. 96 und Wachter (2000), S. 1041.
[1669] Vgl. Lang, M. (1995), S. 574. Die Zuwendungen werden folglich auch dann der Ertragsteuerpflicht unterworfen, wenn sie aus dem ursprünglich gestifteten Vermögen erfolgen.

Die Zuwendungen unterliegen der Endbesteuerung in Höhe von 25 %[1670]. Alternativ kann eine Besteuerung mit dem halben Durchschnittsteuersatz gemäß § 97 Abs. 4 öEStG i.V.m. § 37 Abs. 4 lit. f öEStG beantragt werden[1671]. In diesem Fall ist ein Ausgleich mit Verlusten eines Begünstigten aus anderen Einkunftsquellen möglich, so dass Zuwendungen nach Möglichkeit in den Jahren erfolgen sollten, in denen beim Begünstigten hohe Verluste angefallen sind[1672]. Die als Zuwendungen zu qualifizierenden Einnahmen einschließlich sonstiger Vorteile, die anlässlich der unentgeltlichen Übertragung eines Wirtschaftsguts an die Privatstiftung vom Zuwendenden erzielt werden[1673], unterliegen der gleichen Besteuerung wie die tatsächlichen Zuwendungen an die Begünstigten.

Das Budgetbegleitgesetz 2001 führte die bereits erwähnte Zwischenbesteuerung ein. Damit die Gesamtsteuerbelastung der zuvor steuerbefreiten Erträge und Einkünfte weiterhin bei 25 % bleibt, kann gemäß § 24 Abs. 5 öKStG zum Zeitpunkt der Zuwendung die bescheidmäßig festgesetzte und tatsächlich entrichtete Körperschaftsteuer auf zwischenbesteuerte Kapitalerträge und Einkünfte im Wege der Veranlagung gutgeschrieben werden. Voraussetzung für die Erteilung einer Gutschrift ist die Vornahme von Zuwendungen, die nicht zu einem Unterbleiben der Besteuerung gemäß § 13 Abs. 3 letzter Satz öKStG geführt haben. Danach unterbleibt die Zwischenbesteuerung dann, wenn im Veranlagungszeitraum des Zuflusses von Kapitalerträgen und Einkünften bei der Stiftung Zuwendungen im Sinne des § 27 Abs. 1 Nr. 7 öEStG vorgenommen werden, von welchen Kapitalertragsteuer einbehalten worden ist sowie keine Entlastung aufgrund eines Doppelbesteuerungsabkommens erfolgt ist.

Bei Zuwendungen an unbeschränkt steuerpflichtige Körperschaften unterliegen die Zuwendungen dem Körperschaftsteuersatz in Höhe von 25 %[1674,1675]. Hinzu kommt die grundsätzliche Besteuerung auf der Ebene der Privatstiftung mit ebenfalls 25 %. Es tritt damit eine im österreichischen Steuerrecht einmalige Doppelbelastung mit Körperschaftsteuer ein[1676].

[1670] Die Kapitalertragsteuer ist gemäß § 93 Abs. 2 Nr. 1 lit. d öEStG von der Stiftung für Rechnung des Begünstigten abzuführen.
[1671] Vgl. Lechner (1993), S. 775 und Leitner (1997), S. 910. Eine Unterscheidung, ob die Zuwendungen in das Privat- oder in das Betriebsvermögen des Begünstigten erfolgen, wird nicht getroffen. Vgl. Lang, M. (1994), S. 65.
[1672] Vgl. Lechner (1995), S. 289.
[1673] Vgl. § 27 Abs. 1 Nr. 7 Satz 2 öEStG.
[1674] Der ermäßigte Steuersatz gemäß § 37 öEStG ist ausschließlich auf natürliche Personen anzuwenden. Vgl. Lang, M. (1994), S. 65.
[1675] Die gemäß § 93 Abs. 2 Nr. 1 lit. d öEStG zu entrichtende Kapitalertragsteuer wird auf die im Wege der Veranlagung zu ermittelnde Körperschaftsteuer angerechnet. Vgl. von Löwe (1999), S. 97 - 98.
[1676] Vgl. Leitner (1997), S. 910.

Zur Vermeidung einer weiteren Doppelbelastung unterliegen die Zuwendungen gemäß § 15 Abs. 1 Nr. 18 öErbStG weder der Schenkungssteuer[1677] noch im Fall der Zuwendung von Grundstücken gemäß § 3 Abs. 1 Nr. 2 öGrEStG der Grunderwerbsteuer. Eine Schenkungssteuerbelastung kann nur dann ausgelöst werden, wenn die Vermögenssubstanz innerhalb von zehn Jahren seit der Zuwendung an die Stiftung an eine vom Stifter verschiedene Person ausgeschüttet wird[1678]. Die Regelung soll bewirken, dass Privatstiftungen nicht zur Vermeidung eines höheren Erbschaftssteuertarifs zwischengeschaltet werden[1679]. Die Nachversteuerung erfolgt in Höhe der Differenz zwischen dem begünstigten Tarif von 5 % und dem regulären Schenkungssteuertarif gemäß § 8 Abs. 1 öErbStG. Bemessungsgrundlage sind die zum Zeitpunkt der ursprünglichen Zuwendung maßgebenden Werte. Ausgenommen von der Nachversteuerung ist gemäß § 8 Abs. 3 lit. b öErbStG die satzungsgemäße Erfüllung von angemessenen Unterhaltsleistungen. Ansonsten ist der Grund für die Herausgabe des Vermögens für die Erfüllung des Nachversteuerungstatbestands irrelevant[1680]. Die zehnjährige Frist gilt für jede Zuwendung gesondert ab dem Zeitpunkt der Widmung[1681]. Werden Vermögenswerte innerhalb der Frist entgeltlich veräußert, so setzt das Entgelt als Surrogat die Eigenschaft der ursprünglich zugewendeten Vermögenswerte fort[1682]. Umgangen werden kann die Nachversteuerung, indem die Privatstiftung Fremdkapital aufnimmt und die Zuwendung an die Begünstigten nachweislich durch dieses Fremdkapital finanziert[1683]. Die Zuwendung von in der Privatstiftung verwirklichten Wertzuwächsen ist unschädlich[1684]. Sollte es zu einer Nachversteuerung kommen, so wird gemäß § 32 Nr. 4 lit. a öEStG die nacherhobene Schenkungssteuer auf die Einkommensteuer bzw. auf die Schenkungssteuer angerechnet[1685]. Bei der Nachversteuerung kann die Begünstigung von Familienstiftungen gemäß § 7 Abs. 2 öErbStG Bedeutung erlangen[1686].

Nicht in Österreich ansässige Begünstigte unterliegen mit den Zuwendungen der Privatstiftung der beschränkten Einkommensteuerpflicht gemäß § 98 Nr. 5 lit. a

---

[1677] Vgl. von Löwe (1999), S. 99.
[1678] Vgl. Rief (1995a), S. 533, RZ 73.
[1679] Vgl. Lang, M. (1994), S. 53 und Rief (1995a), S. 537, RZ 85.
[1680] Eine zeitliche Befristung der Stiftung, ein Auflösungsbeschluss des Stiftungsvorstands oder eine gerichtliche Auflösung lösen daher innerhalb der Zehnjahresfrist die Nachversteuerung aus. Vgl. Müller/Rief (1995b), S. 51 und Rief (1995a), S. 538, RZ 86.
[1681] Vgl. Binder (1995), S. 211.
[1682] Zur Problematik der dinglichen Surrogation bei der Rechtsanwendung vgl. Lang, M. (1994), S. 54, Müller/Rief (1995b), S. 51 - 52 und Rief (1995a), S. 539 - 540.
[1683] Diese Umgehung ist auch nach Auffassung des österreichischen Bundesfinanzministeriums zulässig. Vgl. Lang, M. (1996b), S. 36 m.w.N.
[1684] Vgl. Müller/Rief (1995b), S. 51.
[1685] Vgl. Binder (1995), S. 213.
[1686] Vgl. Wachter (2000), S. 1038.

öEStG. Mit dem Kapitalertragsteuerabzug in Höhe von 25 % ist die Steuer abgegolten. Bei Bestehen von Doppelbesteuerungsabkommen kann sich unter Umständen eine Reduktion der Kapitalertragsteuer ergeben[1687].

3.4.3.2 Die Beendigung der Privatstiftung

Die Beendigung der Privatstiftung kann entweder mittels eines Widerrufs oder durch Auflösung erfolgen. Die Auflösungsgründe werden abschließend in § 35 Abs. 1 öPSG genannt. Danach wird die Privatstiftung aufgelöst, wenn die in der Stiftungserklärung vorgesehene Dauer abgelaufen ist, über das Vermögen der Stiftung der Konkurs eröffnet wurde, der Konkurs mangels Masse abgelehnt wurde, der Stiftungsvorstand einen einstimmigen Auflösungsbeschluss gefasst hat oder das Gericht die Auflösung beschlossen hat. Ein einstimmiger Auflösungsbeschluss ist vom Vorstand der Stiftung zu fällen, wenn ihm ein Widerruf des Stifters zugegangen ist, der Stiftungszweck erreicht wurde bzw. nicht mehr erreichbar ist, eine Versorgungsstiftung 100 Jahre gedauert hat und keine Fortsetzung beschlossen wurde oder andere in der Stiftungserklärung enthaltene Gründe eingetreten sind[1688]. Mit der Auflösung beginnt die Abwicklung gemäß § 36 öPSG. Sie endet mit der Löschung der Privatstiftung im Firmenbuch[1689]. Nach Erfüllung der Gläubigeransprüche ist das verbleibende Vermögen an die Letztbegünstigten zu übertragen[1690].

Wird die Privatstiftung infolge eines Widerrufs aufgelöst, ist gemäß § 36 Abs. 4 öPSG der Stifter Letztbegünstigter, sofern die Stiftungserklärung nichts anderes vorsieht[1691]. Der Widerruf einer Privatstiftung ist nur möglich, wenn sich der Stifter, der in diesem Fall eine natürliche Person sein muss[1692], diesen in der Stiftungserklärung vorbehalten hat[1693]. Der Widerruf ist ein höchstpersönliches Recht, das nicht auf einen Rechtsnachfolger übergeht[1694].

Auf der Ebene der Stiftung werden für den Fall der Beendigung der Privatstiftung keine Steuerpflichten ausgelöst; eine Liquidationsbesteuerung gemäß § 19 öKStG ist nicht vorgesehen[1695]. Bei der steuerlichen Behandlung der Zuwen-

---

[1687] Vgl. von Löwe (1999), S. 98.
[1688] Vgl. Möhrle (1995), S. 138 - 139 und Rief (1995a), S. 541, RZ 96.
[1689] Vgl. von Löwe (1999), S. 76.
[1690] Vgl. § 36 Abs. 2 öPSG.
[1691] Zu den zivilrechtlichen Voraussetzungen des Widerrufs vgl. Müller/Rief (1995a), S. 2 - 4.
[1692] Vgl. § 34 Satz 2 öPSG.
[1693] Der Widerrufsvorbehalt ist gemäß § 9 Abs. 2 Nr. 8 öPSG fakultativer Inhalt der Stiftungserklärung.
[1694] Vgl. Binder (1995), S. 209 und Müller/Rief (1995a), S. 3.
[1695] Vgl. Rief (1995a), S. 541 - 542, RZ 97, von Löwe (1999), S. 102, Hopf/Gaigg (2000), S. 73 und Wachter (2000), S. 1041.

dungen auf der Ebene der Empfänger wird grundsätzlich nicht unterschieden, ob die Zuwendungen an Begünstigte oder an Letztbegünstigte erfolgen. Insofern kann auf die Ausführungen im vorhergehenden Kapitel verwiesen werden. Gemäß § 3 Abs. 1 Nr. 8 öErbStG gilt als Schenkung, was bei Aufhebung einer Stiftung erworben wird. Zuwendungen von einer Privatstiftung werden aber bei Herausgabe des Vermögens oder bei deren Aufhebung gemäß § 15 Abs. 1 Nr. 18 öErbStG von der Steuer befreit. Eine gesonderte steuerliche Behandlung erfolgt bei der Rückübertragung des Vermögens infolge eines Widerrufs. Gemäß § 32 Nr. 4 lit. b öEStG wird der Stifter im Falle des Widerrufs als Begünstigter behandelt. Allerdings kann dieser auf Antrag die Einkünfte um die im Zeitpunkt der seinerzeitigen Zuwendung an die Privatstiftung steuerlich maßgebenden Werte kürzen, sofern er diese nachweist[1696]. Im Ergebnis wird nur der in der Privatstiftung erzielte Wertzuwachs besteuert[1697]. Die anlässlich der Zuwendung von Vermögenswerten an die Stiftung entrichtete Erbschaftssteuer wird im Fall des Widerrufs gemäß § 33 lit. a öErbStG erstattet[1698,1699].

3.4.3.3 In Deutschland entstehende Steuerpflichten bei Zuwendungen von einer Privatstiftung

Steuerpflichten können in Deutschland entstehen, wenn die Destinatäre in Deutschland ansässig sind oder wenn inländisches Vermögen zugewendet wird. Zu unterscheiden ist, ob es sich um Zuwendungen zur Erfüllung des Stiftungszwecks oder um Zuwendungen des Vermögens bei Auflösung bzw. bei Widerruf der Privatstiftung handelt. Sofern die Zuwendungen in regelmäßigen Abständen erfolgen, stellen diese in Deutschland sonstige Einkünfte aus wiederkehrenden Bezügen gemäß § 21 Nr. 1 dEStG dar. Österreich hingegen qualifiziert sämtliche Zuwendungen einer Privatstiftung als Einkünfte aus Kapitalvermögen[1700]. Durch die unterschiedliche innerstaatliche Behandlung entstand der Eindruck eines internationalen Qualifikationskonfliktes. Während Deutschland die Verteilungsnorm für sonstige Einkünfte[1701] für einschlägig erachtete, war Österreich zunächst der Ansicht, dass der Dividendenartikel[1702] als Grundlage

---

[1696] Zur Kürzung um die Stiftungseingangswerte vgl. Müller/Rief (1995b), S. 49 - 50 und Rief (1995a), S. 543 - 545, RZ 101 - 107. Vgl. auch die Kritik an der Besteuerung der stillen Reserven von ursprünglich nicht steuerverhaftetem Privatvermögen bei von Löwe (1999), S. 104 - 105.
[1697] Vgl. Lang, M. (1994), S. 67 und von Löwe (1999), S. 104.
[1698] Vgl. Lang, M. (1994), S. 57.
[1699] Wenn der Stifter zugleich Letztbegünstigter ist und die Zuwendungen aufgrund anderer Beendigungsgründe erfolgen, ist eine Erstattung der bei der Zuwendung an die Stiftung entrichteten Erbschaftssteuer nicht möglich. Vgl. Hopf/Gaigg (2000), S. 73.
[1700] Vgl. § 98 Nr. 5 lit. a öEStG i.V.m. § 93 Abs. 2 Nr. 1 lit. d öEStG und § 27 Abs. 1 Nr. 7 öEStG.
[1701] Vgl. Art. 13 ErtSt-DBA 1954/92 bzw. Art. 21 ErtSt-DBA 2003.
[1702] Vgl. Art. 10 a ErtSt-DBA 1954/92 bzw. Art. 10 ErtSt-DBA 2003.

dienen sollte. Die Anwendung des Dividendenartikels hätte zur Folge gehabt, das Österreich ein beschränktes Quellenbesteuerungsrecht gehabt hätte. Bei Heranziehung der Verteilungsnorm für sonstige Einkünfte steht hingegen dem Ansässigkeitsstaat des Destinatärs das alleinige Besteuerungsrecht zu. Bei Zugrundelegung der österreichischen Sichtweise wird jedoch außer Acht gelassen, dass Doppelbesteuerungsabkommen zunächst aus sich selbst heraus auszulegen sind. Zuwendungen einer Privatstiftung entsprechen weder der Dividendendefinition des Art. 10 a Abs. 3 ErtSt-DBA 1954/92 noch derjenigen des Art. 10 Abs. 3 ErtSt-DBA 2003, da eine Privatstiftung weder eine Gewinnbeteiligung vermittelt noch eine Gesellschaft darstellt[1703]. Insofern stellt der einseitige Erlass des österreichischen Bundesfinanzministeriums zugunsten des deutschen Fiskus nur eine Bestätigung dieser Auffassung dar. Danach verzichtet die österreichische Finanzverwaltung auf die Anwendung des Dividendenartikels und erklärt den Artikel für sonstige Einkünfte für einschlägig[1704].

Wird die Privatstiftung aufgelöst und deren Vermögen an die Letztbegünstigten übertragen, liegt bei deren Ansässigkeit in Deutschland eine Schenkung unter Lebenden gemäß § 7 Abs. 1 Nr. 9 dErbStG vor[1705]. In diesem Fall legt § 15 Abs. 2 Satz 2 dErbStG fest, dass als Schenker der Stifter gilt. Dadurch erfolgt in Abhängigkeit vom Verwandtschaftsverhältnis zwischen Stifter und Letztbegünstigtem gegebenenfalls die Einordnung in eine günstigere Steuerklasse[1706]. Eine Rechtsänderung bei der Auslegung dieser Norm trat für den Fall des Widerrufs einer Stiftung ein. Zunächst sah der Bundesfinanzhof in dem Rückfall des Vermögens an den Stifter keinen steuerpflichtigen Tatbestand[1707]. In einem Urteil aus dem Jahre 1993 wurde dann aber entschieden, dass § 15 Abs. 2 dErbStG nur die Steuerklasse bestimmt und nicht eine Aussage über die Person des Schenkers trifft[1708]. Daraus folgt, dass der Rückfall des Vermögens an den Stifter nach der Steuerklasse III zu besteuern ist. Aus diesem Grund sollte sich der Stifter anlässlich der Stiftungsgründung immer ein Rückforderungsrecht für das an die Stiftung übertragene Vermögen vorbehalten[1709]. Wird von diesem Recht Gebrauch gemacht, erfolgt die Rückübertragung des Vermögens nicht freigebig. Ein schenkungsteuerbarer Tatbestand liegt demzufolge nicht vor. Zugleich

---
[1703] Vgl. Lang, M. (1990a), S. 204 - 210, Lang, M. (1990b), S. 177 - 178, Lang, M. (1993a) und von Löwe (1999), S. 222 - 223.
[1704] Vgl. Heinhold (1999b), S. 1582 m.w.N und Wachter (2000), S. 1041.
[1705] Vgl. Boochs (1996), S. 50.
[1706] Die Auffassung, dass diese Bestimmung nicht für ausländische Stiftungen gelte, weil diese nicht einer Erbersatzsteuer unterliegen, ist wegen des eindeutigen Wortlauts abzulehnen. Vgl. auch von Löwe (1999), S. 240 - 241 m.w.N.
[1707] Vgl. Hopf/Gaigg (2000), S. 75.
[1708] Vgl. BFH-Urteil v. 25.11.1992 – II R 77/90, BStBl II 1993, S. 238 und Arlt (2001), S. 324.
[1709] Vgl. von Oertzen (2000a), S. 324.

erlischt gemäß § 29 Abs. 1 Nr. 1 dErbStG die anlässlich der Vermögensdotation gezahlte Schenkungsteuer mit Wirkung für die Vergangenheit. Nach zum Teil vertretener Meinung bezieht sich die Steuerfreiheit nur auf die Übertragung mit der ursprünglichen Bemessungsgrundlage[1710]. Bei einem gestiegenen Steuerwert des Vermögens ist nach dieser Ansicht der überschießende Betrag steuerpflichtig.

Ertragsteuerlich hat die Auflösung bzw. der Widerruf einer Privatstiftung keine Auswirkungen, solange die Vermögenszuwendung in einem einmaligen Akt erfolgt[1711]. Eine Besteuerung gemäß § 22 Nr. 1 dEStG kommt wegen der mangelnden Wiederkehr der Bezüge nicht in Frage. Da Österreich aufgrund der anzuwendenden Verteilungsnorm für sonstige Einkünfte[1712] auf den Abzug der Kapitalertragsteuer verzichten muss, kommt es zu einer doppelten Nichtbesteuerung.

Ist eine Besteuerung gemäß § 15 dAStG bereits erfolgt, unterliegen die Zuwendungen der Privatstiftung an einen in Deutschland ansässigen Begünstigten keiner weiteren Einkommensbesteuerung[1713]. Ein Kapitalertragsteuerabzug in Österreich erfolgt aufgrund der Verteilungsnorm für sonstige Einkünfte ebenfalls nicht[1714]. Etwas anderes gilt, wenn der Stifter in Deutschland unbeschränkt steuerpflichtig ist und nur die Begünstigten ihren Wohnsitz nach Österreich verlegt haben. In diesem Fall unterliegt der Stifter der Zurechnungsbesteuerung gemäß § 15 dAStG und die Destinatäre unterliegen der österreichischen Kapitalertragsteuer.

3.5 Europarechtliche Fragen bei der Vermögensumstrukturierung

Im Folgenden werden die mit der Vermögensumstrukturierung im Zusammenhang stehenden Vorschriften systematisch untersucht, bei denen ein Verstoß gegen Europarecht in Frage kommt. Hierbei werden zunächst diejenigen Normen einer Prüfung unterzogen, die der deutsche Gesetzgeber verankert hat, um die Besteuerung der unter seiner Steuerhoheit gebildeten stillen Reserven sicherzustellen. Anschließend werden Bestimmungen des deutschen und des österreichischen Steuerrechts untersucht, die Einfluss auf die Wahl der Vermögensanlage haben könnten.

[1710] Vgl. Piltz (2000), S. 381.
[1711] Vgl. Hopf/Gaigg (1999b), S. 1585.
[1712] Vgl. Art. 13 Abs. 1 ErtSt-DBA 1954/92 bzw. Art. 21 Abs. 1 ErtSt-DBA 2003.
[1713] Vgl. Tz. 15.1.5 des dBMF-Schreibens v. 14.5.2004 – IV B 4 – S 1340 – 11/04, BStBl I 2004, Sondernummer 1, S. 3 und Flick/Piltz (1999), S. 369, RZ 1570.
[1714] Vgl. von Löwe (1999), S. 227 - 228 und EAS 1000 v. 20.1.1997.

3.5.1 Wegzugsbesteuerung gemäß § 6 dAStG
3.5.1.1 Der BFH-Beschluss vom 17.12.1997

Zur Vereinbarkeit der deutschen Wegzugsbesteuerung mit Europarecht hat sich der Bundesfinanzhof bisher nur einmalig geäußert. Dem Beschluss vom 17.12.1997 lag die Wohnsitzverlegung eines deutschen Staatsangehörigen von Deutschland nach Belgien zugrunde[1715]. Zum Zeitpunkt der Wohnsitzverlegung war der Steuerpflichtige zu 100 % an einer deutschen GmbH beteiligt und war zugleich deren Geschäftsführer. Die in den Anteilen enthaltenen stillen Reserven wurden der Wegzugsbesteuerung gemäß § 6 dAStG unterworfen. Eine Vorlagepflicht an den Europäischen Gerichtshof wurde vom BFH unter anderem mit dem Hinweis auf das Werner-Urteil[1716] verneint. Danach kann sich ein Deutscher nicht gegenüber Deutschland auf die Verletzung der Niederlassungsfreiheit berufen, wenn der einzige Bezugspunkt zum Ausland in einem ausländischen Wohnsitz besteht. In der folgenden Argumentation bemerkte der Bundesfinanzhof, dass diese Rechtslage noch immer gelte und die Ausführungen von Herzig und Dautzenberg[1717] falsch seien. Entgegen der Ansicht des Bundesfinanzhofs gehen jedoch auch Herzig und Dautzenberg davon aus, dass eine Verletzung der Grundfreiheiten nur bei einer wirtschaftlich motivierten Wohnsitzverlegung vorliegen kann.

Ergänzend führen die beiden Autoren zutreffend aus, dass durch die Einfügung des allgemeinen Freizügigkeitsrechts gemäß Art. 18 EG eine Änderung der Rechtslage eingetreten ist[1718]. Danach fällt auch die privat motivierte Wohnsitzverlegung in den Anwendungsbereich des EG-Vertrages. Der Bundesfinanzhof sah es jedoch als fraglich an, ob Art. 18 EG das Recht auf freie Wohnsitznahme beinhaltet. Stattdessen wollte das Gericht im allgemeinen Freizügigkeitsrecht nur ein Recht auf freie Bewegung und freien Aufenthalt entdecken. Aber selbst bei Unterstellung eines Rechts auf freie Wohnsitznahme dürfe nach Ansicht des Bundesfinanzhofs die Garantie der Freizügigkeit nur unter gleichzeitiger Wahrung der finanziellen Interessen des bisherigen Ansässigkeitsstaates gewährt werden.

Der BFH-Beschluss wurde in der Literatur heftig kritisiert[1719]. Daher soll im Folgenden systematisch untersucht werden, aufgrund welcher Normen die Wegzugsbesteuerung gemäß § 6 dAStG einen Verstoß gegen Europarecht darstellen könnte. Dies geschieht unter anderem unter Heranziehung des zur französischen

---
[1715] Vgl. BFH-Beschluss v. 17.12.1997 – I B 108/97, BStBl II 1998, S. 558 und Kaefer/Leenders/Toifl (1998), S. 228 - 229.
[1716] Vgl. EuGH-Urteil v. 26.1.1993 – C-112/91 (Werner), Slg. 1993 I 429.
[1717] Verwiesen wurde auf Herzig/Dautzenberg (1997), S. 10.
[1718] Vgl. Herzig/Dautzenberg (1997), S. 11.
[1719] Vgl. Dautzenberg (1998) und Lausterer (1998).

Wegzugsbesteuerung ergangenen EuGH-Urteils „Hughes de Lasteyrie Saillant", wonach eine Regelung gegen den Grundsatz der Niederlassungsfreiheit verstößt, wenn zur Vorbeugung gegen die Steuerflucht latente Wertsteigerungen besteuert werden, sofern ein Steuerpflichtiger seinen steuerlichen Wohnsitz ins Ausland verlegt"[1720].

3.5.1.2 Von der Wegzugsbesteuerung betroffene Normen

Nicht berührt werden von der Wegzugsbesteuerung die Warenverkehrsfreiheit und die Dienstleistungsfreiheit. Es findet weder eine Verbringung von Waren über die Grenze statt, noch wird eine Dienstleistung erbracht[1721]. Ebenfalls nicht einschlägig ist das Diskriminierungsverbot gemäß Art. 12 EG, wonach jede Diskriminierung aufgrund der Staatsangehörigkeit verboten ist. Bei Erfüllung der übrigen Voraussetzungen wird § 6 dAStG unabhängig von der Staatsangehörigkeit des Anteilseigners angewendet. Der Unvereinbarkeitsprüfung der deutschen Wegzugsbesteuerung mit Europarecht sollen daher die Grundfreiheiten des Personen- und des Kapitalverkehrs und das allgemeine Freizügigkeitsrecht zugrunde liegen[1722].

3.5.1.2.1 Wegzugsbesteuerung und Personenverkehrsfreiheiten

Freiheit des Personenverkehrs liegt vor, wenn die Arbeitnehmerfreizügigkeit gemäß Art. 39 EG und die Niederlassungsfreiheit gemäß Art. 43 EG gewährleistet sind. Wird die Aufnahme einer unselbständigen bzw. einer selbständigen Tätigkeit behindert, ist die Freiheit des Personenverkehrs verletzt[1723]. Die Besteuerungsfolgen des § 6 dAStG können den Wegzugswilligen zum Verbleib in Deutschland zwingen. Eine Verletzung der Arbeitnehmerfreizügigkeit liegt unabhängig davon vor, ob der Steuerpflichtige von der Gesellschaft, deren Anteile der Wegzugsbesteuerung unterliegen, oder von einer anderen Gesellschaft beschäftigt wird. Fraglich ist, ob das Halten einer Beteiligung im Sinne des § 17 dEStG bereits als selbständige Erwerbstätigkeit qualifiziert werden kann, so dass eine Verletzung der Niederlassungsfreiheit die Folge wäre[1724]. Diese Frage wurde auch vom Europäischen Gerichtshof in der Rechtssache „Hughes de Lastey-

---

[1720] Vgl. EuGH-Urteil v. 11.3.2004 – C-9/02 (Hughes de Lasteyrie du Saillant), FR 2004, S. 659, Kraft/Müller (2004), Fischer, P. (2004), Schindler (2004), Lausterer (2004), Kleinert/Probst (2004), Körner (2004), Deininger (2004), Thömmes (2004a) und Schnitger (2004a).
[1721] Vgl. Dautzenberg (1997a), S. 180.
[1722] Vgl. Schaumburg (1998), S. 284 - 285, RZ 5.398.
[1723] Vgl. Tumpel (1992), S. 73 und Dautzenberg (1997a), S. 181. Kaiser (1991), S. 2057 - 2058 weist darauf hin, dass der Europäische Gerichtshof im daily mail-Urteil grundsätzlich das Wegzugsrecht als Konsequenz der Niederlassungsfreiheit anerkannt hat. Vgl. EuGH-Urteil v. 27.9.1988 – 81/87 (Daily Mail), RZ 16, Slg. 1988, 5505.
[1724] Vgl. Krug (2001), S. 127.

rie du Saillant" mit dem Hinweis, dass die konkrete Sachverhaltswürdigung den nationalen Gerichten obliege, unbeantwortet gelassen[1725]. Nicht verneint werden kann ein Verstoß gegen die Personenverkehrsfreiheiten mit dem Hinweis, dass die Verlegung der beruflichen Tätigkeit alleine noch nicht die Wegzugsbesteuerung auslöse, sondern vielmehr die Aufgabe der unbeschränkten Steuerpflicht hinzutreten müsse. Die Annahme, dass eine Tätigkeit im Ausland angenommen werden könne ohne – zumindest in den meisten Fällen – zugleich den Wohnsitz zu verlegen, ist unrealistisch. Für die Verletzung einer Personenverkehrsfreiheit ist es ausreichend, wenn eine Belastung zumindest mittelbare Auswirkungen auf den beruflichen Bereich hat[1726]. Aus diesen Gründen ist auch der Europäische Gerichtshof in seinem Urteil vom 11.3.2004 zu dem Schluss gekommen, dass die der deutschen Wegzugssteuer ähnelnde französische Regelung einen Verstoß gegen die Niederlassungsfreiheit darstellt[1727].

Eine zulässige, vom Europäischen Gerichtshof aber ungeprüfte Beschränkung der Niederlassungsfreiheit könnte sich aus dem in Art. 43 EG enthaltenen Verweis auf das Kapitel über den Kapitalverkehr ergeben. Gemäß Art. 56 Abs. 1 EG sind grundsätzlich alle Beschränkungen des Kapitalverkehrs zwischen den Mitgliedstaaten verboten. Davon wird jedoch gemäß Art. 58 Abs. 1 lit. a EG nicht das Recht der Mitgliedstaaten berührt, die einschlägigen Vorschriften ihres Steuerrechts anzuwenden, die Steuerpflichtige mit unterschiedlichem Wohnort oder Kapitalanlageort unterschiedlich behandeln. Diese Maßnahmen und Verfahren dürfen allerdings weder ein Mittel zur willkürlichen Diskriminierung noch eine verschleierte Beschränkung des freien Kapitalverkehrs darstellen[1728]. Eine Definition des Begriffes „Kapitalverkehr" findet sich im EG-Vertrag nicht. Es ist jedoch allgemein anerkannt, darunter jede einseitige Übertragung eines Werts in Form von Geld- oder Sachkapital aus einem Mitgliedstaat in einen anderen Mitgliedstaat zu verstehen[1729]. Unerheblich ist, wenn beim Wegzug des Steuerpflichtigen kein körperlicher Transfer der Beteiligung ins Ausland stattfindet. Eine nur zurechnungsbedingte Überführung von Wirtschaftsgütern ist einer tatsächlichen Überführung gleichzustellen[1730].

[1725] Vgl . EuGH-Urteil v. 11.3.2004 – C-9/02 (Hughes de Lasteyrie du Saillant), FR 2004, S. 659, RZ 41.
[1726] So auch Krug (2001), S. 132.
[1727] Den Nachweis, dass die deutsche Wegzugsbesteuerung gemäß § 6 dAStG einschneidender ist als die dem EuGH-Urteil zugrunde liegende französische Vorschrift führen Kraft/ Müller (2004), S. 367 – 368, Körner (2004), S. 427 – 428 und Lausterer (2004), S. 299 – 301.
[1728] Vgl. Art. 58 Abs. 3 EG.
[1729] Vgl. Birk (1999), S. 172 m.w.N.
[1730] Vgl. Dautzenberg (1997a), S. 181, Matzka (1998), S. 120 - 122 und Lechner (2000), S. 169. Krug (2001), S. 133 - 134 weist darauf hin, dass sich die Zuordnung nur auf abkommensrechtlicher Ebene ändert, da trotz Aufgabe der unbeschränkten Steuerpflicht das Besteuerungsrecht Deutschlands nach innerstaatlichem Recht erhalten bleibt.

3.5.1.2.2 Wegzugsbesteuerung und Kapitalverkehrsfreiheit

Die deutsche Wegzugsbesteuerung führt zu einer Beschränkung der Kapitalverkehrsfreiheit, da die Wohnsitzverlegung eines Steuerpflichtigen ins Ausland schlechter gestellt wird als eine vergleichbare Verlegung innerhalb Deutschlands[1731]. Die Argumentation, dass eine vergleichbare Situation und somit eine Beschränkung der Kapitalverkehrsfreiheit nicht vorliege, weil es einen zurechnungsbedingten Kapitalverkehr innerhalb Deutschlands nicht gibt, ist abzulehnen. Dem Vergleich ist der Lebenssachverhalt, d.h. die Verlegung des Wohnsitzes, und nicht die steuerliche Behandlung zugrunde zu legen[1732]. Eine Beeinträchtigung der Kapitalverkehrsfreiheit erfolgt nicht nur durch die Behinderung des Wegzugs, sondern auch im Hinblick auf die Anlageentscheidung. Der Erwerb einer inländischen Beteiligung wird gegenüber einer ausländischen Beteiligung unattraktiver, sofern in die Anlageentscheidung die Möglichkeit eines späteren Wegzugs einbezogen wird[1733]. Die Beschränkung der Wegzugsbesteuerung auf Anteile an inländischen Kapitalgesellschaften stellt eine Diskriminierung auf Kapitalschuldnerseite dar[1734]. Aus den soeben genannten Gründen ist es nicht ersichtlich, warum der Bundesfinanzhof in seinem Beschluss vom 17.12.1997 noch nicht einmal die Frage nach der Vereinbarkeit von § 6 dAStG mit der Kapitalverkehrsfreiheit gestellt hat. Im Übrigen ist darauf hinzuweisen, dass sich auch der Europäische Gerichtshof in der Rechtssache „Hughes de Lasteyrie du Saillant" nicht mit der Frage der Vereinbarkeit der französischen Wegzugsteuer mit der Kapitalverkehrsfreiheit beschäftigt hat.

Im Folgenden wird trotz der bisherigen Nichtberücksichtigung dieser Fragestellung in der Rechtsprechung untersucht, ob die Beschränkung des Kapitalverkehrs aufgrund der Bestimmungen in Art. 58 EG zulässig ist. Gemäß Art. 58 Abs. 1 lit. a EG dürfen die einschlägigen Vorschriften des Steuerrechts der Mitgliedstaaten angewendet werden, die Steuerpflichtige mit unterschiedlichem Wohnort oder Kapitalanlageort unterschiedlich behandeln. Von dieser Bestimmung werden nicht nur Differenzierungen bei bereits bestehendem ausländischen Wohn- oder Kapitalanlageort erfasst, sondern auch Beschränkungen, die die Folge der Begründung eines solchen Ortes sind[1735]. Da § 6 dAStG danach unterscheidet, wohin der Wohnsitz verlegt wird, und eine Besteuerung nur bei einer Verlegung ins Ausland vorgenommen wird, ist die Differenzierung eine

---

[1731] Vgl. Dautzenberg (1997a), S. 181, Dautzenberg (1998), S. 306 - 307, Lechner (2000), S. 169 und Krug (2001), S. 134 - 135.
[1732] So auch Krug (2001), S. 135.
[1733] Vgl. Lechner (2000), S. 169 und Kaminski/Strunk (2001), S. 1649.
[1734] Vgl. Lechner (2000), S. 171, der auf den Umstand hinweist, dass diese Problematik der österreichischen Wegzugsbesteuerung fremd ist, da gemäß § 31 öEStG sowohl Anteile an inländischen als auch an ausländischen Anteilen erfasst werden.
[1735] Vgl. Krug (2001), S. 111 - 112.

grundsätzlich zulässige Maßnahme. Einschränkend schreibt jedoch Art. 58 Abs. 3 EG vor, dass es hierdurch nicht zu einer willkürlichen Diskriminierung oder einer verschleierten Beschränkung des Kapitalverkehrs kommen darf. Eine Beschränkung der Kapitalverkehrsfreiheit ist demnach nur vertragskonform, wenn es hierfür einen sachlichen Grund gibt[1736]. Für die Unterscheidung zwischen Anteilen an inländischen und solchen an ausländischen Kapitalgesellschaften ist kein sachlicher Grund ersichtlich.

Als Rechtfertigungsgrund kann nicht angeführt werden, dass Auslandsbeteiligungen nicht unter die beschränkte Steuerpflicht fallen[1737], da es in § 6 dAStG um die Sicherstellung der während des Zeitraums der unbeschränkten Steuerpflicht gebildeten stillen Reserven geht[1738]. Im Rahmen der unbeschränkten Steuerpflicht spielt es aber keine Rolle, ob das Kapital im Inland oder im Ausland angelegt wurde. Vor dem Hintergrund der Rechtsprechung in der Rechtssache „Hughes de Lasteyrie Saillant" ist es aber unwahrscheinlich, dass die deutsche Wegzugsbesteuerung bei einer Ausdehnung der Besteuerung auch auf Anteile an ausländischen Kapitalgesellschaften als europarechtskonform angesehen werden würde.

3.5.1.2.3 Wegzugsbesteuerung und allgemeines Freizügigkeitsrecht

Fraglich ist, ob das Kapitel über den Kapitalverkehr heranzuziehen ist, wenn der Steuerpflichtige seinen Wohnsitz aus privaten Motiven ins Ausland verlegen möchte[1739]. Im Rahmen der Steuerplanung kann mangels diesbezüglicher Rechtsprechung nicht zuverlässig prognostiziert werden, wie der Europäische Gerichtshof in dieser Frage entscheiden würde. Die Antwort darauf ist jedoch insofern wichtig, als dass das allgemeine Freizügigkeitsrecht bei einer Nichtanwendung der Vorschriften zur Kapitalverkehrsfreiheit durch deren zulässige Beschränkungen nicht beeinträchtigt wäre. Wird hingegen die Kapitalverkehrsfreiheit für einschlägig gehalten, können die sich aus Art. 58 EG ergebenden Beschränkungen nicht durch Hinweis auf das allgemeine Freizügigkeitsrecht für vertragswidrig erklärt werden.

Obwohl hier davon ausgegangen wird, dass die zurechnungsbedingte Überführung der Beteiligung ins Ausland unter den Schutzbereich der Kapitalverkehrsfreiheit fällt, soll dennoch untersucht werden, wie die deutsche Wegzugsbesteuerung im Verhältnis zum allgemeinen Freizügigkeitsrecht gemäß Art. 18 EG zu

---

[1736] Vgl. Birk (1999), S. 173 - 174 und Krug (2001), S. 141.
[1737] Diese Auffassung vertrat der BFH in seinem Beschluss v. 17.12.1997 – I B 108/97, BStBl II 1998, S. 558 im Rahmen der Prüfung der Vereinbarkeit der deutschen Wegzugsbesteuerung mit Art. 3 dGG.
[1738] Vgl. Birk (1999), S. 174 - 175.
[1739] Vgl. Krug (2001), S. 135 - 136.

beurteilen ist. Der Argumentation des Bundesfinanzhofs, dass kein Verstoß gegen das allgemeine Freizügigkeitsrecht vorliegt, weil die Freizügigkeit nur unter gleichzeitiger Wahrung der finanziellen Interessen des bisherigen Ansässigkeitsstaates zu gewähren sei, kann nicht gefolgt werden. Vielmehr muss in einem ersten Schritt geprüft werden, ob das allgemeine Freizügigkeitsrecht verletzt ist. Erst in einem zweiten Schritt ist die Frage zu stellen, ob für die Beschränkung ein Rechtfertigungsgrund existiert. Da nach der hier vertretenen Ansicht das allgemeine Freizügigkeitsrecht die privat veranlasste, freie Wohnsitzwahl innerhalb der Gemeinschaft schützt[1740], verletzt die deutsche Wegzugsbesteuerung dieses Recht[1741].

3.5.1.3 Rechtfertigungsprüfung

Eine Unvereinbarkeit der deutschen Wegzugsbesteuerung mit dem Gemeinschaftsrecht liegt nur vor, wenn Beschränkungen der Grundfreiheiten oder des allgemeinen Freizügigkeitsrechts nicht gerechtfertigt sind. Als Rechtfertigungsgrund für Beschränkungen werden zwingende Gründe des Allgemeininteresses des jeweiligen Mitgliedsstaates anerkannt. Nach der herrschenden Meinung hat Deutschland ein berechtigtes Interesse, die im Inland gebildeten stillen Reserven zu besteuern[1742]. Dieser Auffassung muss jedoch entgegengehalten werden, dass nach nationalem Recht die Besteuerung der von § 6 dAStG erfassten stillen Reserven durch § 49 Abs. 1 Nr. 2 lit. e dEStG gesichert ist. Dieser Steueranspruch geht nur verloren, wenn der Steuerpflichtige in einen Staat zieht, mit dem Deutschland ein Doppelbesteuerungsabkommen abgeschlossen hat, in dem das ausschließliche Besteuerungsrecht für Veräußerungsgewinne dem neuen Ansässigkeitsstaat zugewiesen wird. Wenn der Wegzugsstaat aber durch den Abschluss des Doppelbesteuerungsabkommens freiwillig auf das Besteuerungsrecht verzichtet hat, kann nicht mehr von einem zwingenden Grund des Allgemeininteresses ausgegangen werden[1743].

Für den Fall, dass bei einem Wegzug nach Österreich das für Veranlagungszeiträume bis Ende 2002 geltende Ertragsteuerdoppelbesteuerungsabkommen zur Anwendung gelangt, können demzufolge Beschränkungen nicht gerechtfertigt werden, weil Art. 7 Abs. 1 ErtSt-DBA 1954/92 dem Wohnsitzstaat das Besteuerungsrecht für Einkünfte aus der Veräußerung einer wesentlichen Beteiligung an einer Kapitalgesellschaft zuweist. Etwas anderes gilt, wenn das ErtSt-DBA 2003 zugrunde gelegt wird. Zwar dürfen gemäß Art. 13 Abs. 5 ErtSt-DBA 2003 Gewinne aus der Veräußerung von Vermögen grundsätzlich nur im Ansässigkeits-

---

[1740] Vgl. Teil 1, Kap. 5.6.
[1741] So auch Krug (2001), S. 138 - 140.
[1742] Vgl. Dautzenberg (1997a), S. 182, Novacek (1998), S. 127, Staringer (1999a), S. 115 und Lechner (2000), S. 172.
[1743] Vgl. Birk (1999), S. 171 - 172 und Teil 1, Kap. 5.8.

staat des Veräußerers besteuert werden. Art. 13 Abs. 6 ErtSt-DBA 2003 erklärt jedoch ausdrücklich die innerstaatlichen Vorschriften zur Wegzugsbesteuerung für zulässig. Europarechtlich bedeutet dies aber nur, dass von einem zwingenden Interesse an der Erfassung der stillen Reserven ausgegangen werden kann. Das ausdrückliche Erklären der Zulässigkeit der Wegzugsbesteuerung in einem Doppelbesteuerungsabkommen muss nicht bedeuten, dass die konkrete Ausgestaltung der Wegzugbesteuerung europarechtlich unbedenklich ist[1744].

Bei der Rechtfertigungsprüfung muss ergänzend der Anerkennungsgrundsatz beachtet werden. Danach kann eine Beschränkung dann nicht mehr gerechtfertigt werden, wenn ein anderer, in sachlicher Hinsicht gleich gelagerter Fall günstiger behandelt wird als der von der zu prüfenden Vorschrift erfasste Fall[1745]. Obwohl die Anteile eines Wegzugswilligen an einer ausländischen Kapitalgesellschaft vor dem Wegzug ebenfalls in die unbeschränkte Steuerpflicht einbezogen werden und sich somit in derselben steuerlichen Situation wie inländische Anteile befinden, werden sie nicht der Besteuerung gemäß § 6 dAStG unterworfen. Wenn der Gesetzgeber die Erfassung der stillen Reserven bei ausländischen Anteilen nicht für zwingend hält, kann er dies auch nicht bei inländischen Anteilen für erforderlich halten. Um das zwingende Interesse an der Erfassung der stillen Reserven zu verdeutlichen, müsste der deutsche Gesetzgeber die Wegzugsbesteuerung auch auf Anteile an ausländischen Gesellschaften ausdehnen.

Des Weiteren muss im Rahmen der Rechtfertigungsprüfung untersucht werden, ob die Vorschrift den Verhältnismäßigkeitsgrundsatz berücksichtigt. Es ist zu prüfen, ob die sofortige Besteuerung im Zeitpunkt des Wegzugs nicht unverhältnismäßig ist und ob die Besteuerung der bis zu diesem Zeitpunkt gebildeten stillen Reserven nicht auch durch weniger belastende Maßnahmen sichergestellt werden kann[1746]. Der Bundesfinanzhof stellte hierzu fest, dass der Zeitpunkt der Aufgabe der unbeschränkten Steuerpflicht der letzte sei, in dem die stillen Reserven innerhalb einer wesentlichen Beteiligung an einer inländischen Kapitalgesellschaft berechtigterweise noch besteuert werden können[1747]. Diese Aussage wird aber bereits durch die Regelung des § 6 Abs. 5 dAStG widerlegt. Danach kann die Wegzugssteuer für den Fall, dass deren alsbaldige Einziehung mit erheblichen Härten für den Steuerpflichtigen verbunden wäre, für einen Zeitraum von höchstens fünf Jahren gegen Sicherheitsleistung gestundet werden. Eine sofortige Besteuerung ist demzufolge nicht zwingend. Da von Gesetzes wegen ei-

---

[1744] Vgl. Staringer (1999a), S. 114 - 115.
[1745] Vgl. Dautzenberg (1997a), S. 182. Krug (2001), S. 142 verneint die Existenz eines Anerkennungsgrundsatzes und lehnt daher die Verneinung eines zwingenden Allgemeininteresses ab.
[1746] So auch Lechner (2000), S. 173.
[1747] Vgl. BFH-Beschluss v. 17.12.1997 – I B 108/97, BStBl II 1998, S. 558.

ne Steuerstundung nur bei erheblichen Härten vorgesehen ist, stellt sich die Frage, ob der Verhältnismäßigkeitsgrundsatz[1748] nicht eine generelle Stundung der Wegzugssteuer erfordert.

Die Besteuerung der stillen Reserven zum Wegzugszeitpunkt kann zu einem erheblichen Liquiditätsproblem führen, da eine tatsächliche Gewinnrealisierung bis zu diesem Zeitpunkt noch nicht stattgefunden hat[1749]. Unter Berücksichtigung des Verhältnismäßigkeitsgrundsatzes darf eine Besteuerung erst im Zeitpunkt der tatsächlichen Veräußerung der Anteile durchgeführt werden. Von der Mehrzahl der Autoren wird eine grundsätzliche, über § 6 Abs. 5 dAStG hinausgehende Steuerstundung bis zum Realisationszeitpunkt vorgeschlagen[1750,1751]. Hierbei muss vor dem Hintergrund des Urteils in der Rechtssache „Hughes de Lasteyrie Saillant" noch berücksichtigt werden, dass auch etwaige Sicherungsmaßnahmen bzw. Auflagen dem Verhältnismäßigkeitsgrundsatz genügen müssen.

Eine dem Verhältnismäßigkeitsgrundsatz genügende Auflage könnte beispielsweise darin bestehen, jährlich dem deutschen Fiskus formlose Mitteilungen über den unveränderten Fortbestand der Beteiligung zu machen. Bei begründeten Zweifeln an der Richtigkeit dieser Mitteilungen könnte von der Amtshilfe-Richtlinie[1752] Gebrauch gemacht werden. Die Richtlinie reicht nach Ansicht des Europäischen Gerichtshofs aus, um dem Aufklärungsbedürfnis in der Gemeinschaft Rechnung zu tragen. Nicht gefolgt werden kann der Auffassung von Krug[1753]. Mit dem Hinweis, dass es dem Wegzugsstaat nicht zuzumuten sei, einen zeitlich unbegrenzten Steueraufschub, verbunden mit einer jährlichen Informationseinholung und der Verwaltung einer eventuellen Sicherheitsleistung, zu gewähren, lehnt er eine über den § 6 Abs. 5 dAStG hinausgehende Steuerstundung ab. Der Verhältnismäßigkeitsgrundsatz erfordert es jedoch, dass eine Besteuerung erst zum Zeitpunkt der tatsächlichen Gewinnrealisierung stattfin-

---

[1748] Vgl. Kaefer/Leenders/Toifl (1998), S. 231 m.w.N und Staringer (1999a), S. 115.
[1749] Vgl. Kaiser (1991), S. 2059 und Tumpel (1992), S. 73.
[1750] Vgl. Tumpel (1994a), S. 390 - 391, Dautzenberg (1997a), S. 183, Birk (1999), S. 172, Krüger (2001), S. 104 und Pohl (2001), S. 463. Toifl (1996a), S. 163 hält hingegen die sofortige Besteuerung im Wegzugszeitpunkt als vereinbar mit dem europarechtlichen Verhältnismäßigkeitsgrundsatz, weil die Amtshilfe-Richtlinie nach seiner Ansicht bei der Durchsetzung des Steueranspruchs nicht helfe.
[1751] Pohl (2002b), S. 542 verweist auf die europarechtskonforme Regelung in den Niederlanden. Dort wird unter der Voraussetzung der Leistung ausreichender Sicherheiten nur eine vorläufige Veranlagung für einen Zehnjahreszeitraum ohne Berechnung von Zinsen vorgenommen. Sofern die Aktien zehn Jahre nach dem Wegzug immer noch gehalten werden, wird die Veranlagung aufgehoben.
[1752] Vgl. ABl. EU v. 19.12.1977, L 336/15.
[1753] Vgl. Krug (2001), S. 146 - 147.

det. Der zeitlich unbegrenzte Steueraufschub kann nicht als Argument für die Ablehnung einer Stundungsregelung herangezogen werden, da für den Fall, dass der Wohnsitz nicht verlegt wird, eine Besteuerung ebenfalls erst im Realisationszeitpunkt erfolgt. Die europarechtlich gebotene Steuerstundung kann auch nicht durch eine Erklärung wie im neuen Doppelbesteuerungsabkommen[1754] ausgehebelt werden, wonach bei Anteilen an Gesellschaften die Besteuerung des Vermögenszuwachses bis zum Ansässigkeitswechsel nach innerstaatlichen Rechtsvorschriften zu erfolgen hat[1755].

3.5.1.4 Einleitung eines Vertragsverletzungsverfahrens gegen Deutschland

Im Anschluss an das Urteil des Europäischen Gerichtshofs in der Rechtssache „Hughes de Lasteyrie Saillant" hat die Europäische Kommission am 19.4.2004 Deutschland förmlich aufgefordert, die Rechtsvorschriften über die Wegzugsbesteuerung gemäß § 6 dAStG aufzuheben. Die förmliche Aufforderung erging im Wege einer mit Gründen versehenen Stellungnahme im Rahmen des Vertragsverletzungsverfahrens gemäß Art. 226 EG. Sofern innerhalb von zwei Monaten nach der Aufforderung keine zufriedenstellende Reaktion vonseiten Deutschlands erfolgt, behält sich die Europäische Kommission das Recht vor, den Europäischen Gerichtshof anzurufen. Dies ist derzeit aber noch nicht geschehen.

Die Oberfinanzdirektion Berlin hat aufgrund der Einleitung eines Vertragsverletzungsverfahrens angeordnet, dass § 6 dAStG voerst weiterhin anzuwenden ist. Bei Rechtsbehelfen in Wegzugsfällen in einen anderen EU- bzw. EWR-Staat ist jedoch die Aussetzung der Vollziehung zu gewähren[1756].

3.5.2 Sitzverlegung und Europarecht

Im Folgenden wird untersucht, inwiefern die nationalen Vorschriften zur Sitzverlegung im Einklang mit europarechtlichen Vorgaben stehen. Am 29.2.1968 haben die damaligen Staaten der Europäischen Gemeinschaft ein „Übereinkommen über die gegenseitige Anerkennung von Gesellschaften und juristischen Personen" vereinbart. Danach sollten juristische Personen ihre Rechtsfähigkeit behalten, wenn sie nach dem Recht eines Vertragsstaats gegründet worden sind und ihren satzungsmäßigen Sitz innerhalb der Gemeinschaft haben. Die Gründungstheorie wurde damit für das Gebiet der Europäischen Union grundsätzlich für maßgeblich erklärt. Allerdings bestimmte Art. 4 des Abkommens, dass jeder Vertragsstaat die von ihm als zwingend angesehenen Vorschriften seines eigenen Rechts auf diejenigen Gesellschaften anwenden kann, die nach

---

[1754] Vgl. Art. 13 Abs. 6 ErtSt-DBA 2003.
[1755] Vgl. Staringer (1999a), S. 115 - 116.
[1756] Vgl. Verfügung der OFD Berlin v. 30.7.2004 – St 127 – S 1348 – 1/04, IStR 2004, S. 762 sowie Mueller (2004).

dem Recht eines anderen Vertragsstaats gegründet worden sind, aber ihren tatsächlichen Sitz im Hoheitsgebiet dieses Vertragsstaates haben. Das Abkommen wurde 1972 von der Bundesrepublik Deutschland ratifiziert. Durch die mangelnde Zustimmung der Niederlande ist es jedoch nie in Kraft getreten. Da der zwischenzeitliche Beitritt einer Vielzahl von neuen Mitgliedern zur Gemeinschaft eine Anpassung des Abkommens erforderlich machte, wurden die Verhandlungen über den Vertrag unterbrochen. Zum heutigen Zeitpunkt kann davon ausgegangen werden, dass es nicht mehr in Kraft treten wird. Möglichkeiten können sich jedoch zukünftig aus dem Vorschlag der Europäischen Kommission ergeben, wonach besondere steuerliche Regelungen für die Sitzverlegung Europäischer Aktiengesellschaften geschaffen werden sollen[1757].

3.5.2.1 Die Sitzverlegungs-Richtlinie

Ergebnis der jüngsten Verhandlungen ist die noch nicht erlassene 14. EU-Richtlinie zur Koordinierung des Gesellschaftsrechts, die auch als Sitzverlegungs-Richtlinie bezeichnet wird[1758]. Sie ist das Ergebnis des Verhandlungsauftrags gemäß Art. 293 EG. Danach sollen, soweit erforderlich, die Mitgliedstaaten untereinander Verhandlungen einleiten, um unter anderem die gegenseitige Anerkennung der Gesellschaften im Sinne des Art. 48 Abs. 2 EG und die Beibehaltung der Rechtspersönlichkeit bei Verlegung des Sitzes von einem Staat in einen anderen sicherzustellen. Ziel der Richtlinie ist es, die Verlegung des satzungsmäßigen und tatsächlichen Sitzes einer Gesellschaft unter Wahrung ihrer Rechtspersönlichkeit bei gleichzeitigem Wechsel des für die Gesellschaft maßgebenden Rechts zu ermöglichen[1759]. Die Sitzverlegung soll in der Weise erfolgen, dass sich die Gesellschaft im Gesellschaftsregister des Zuzugsstaats eintragen und zugleich ihre Eintragung im Register des Wegzugsstaats löschen lässt. Die Gesellschaft muss ihre Satzung dem Recht des Zuzugsstaats anpassen und in Ländern, die als Anknüpfungspunkt den tatsächlichen Sitz ansehen, ihre Hauptverwaltung dorthin verlegen, bevor sie sich ins Register eintragen lassen kann[1760]. Problematisch an dieser Vorgehensweise ist, dass die Verlegung der Hauptverwaltung bereits abgeschlossen sein muss, bevor der neue Satzungssitz eingetragen werden kann[1761]. Folgen sowohl der Wegzugsstaat als auch der Zuzugsstaat der Sitztheorie, führt die Verlegung der Hauptverwaltung bereits zum Verlust der Rechtspersönlichkeit. Eine identitätswahrende Sitzverlegung ist dann nicht mehr möglich.

Nicht von der Richtlinie erfasst wird der Fall der Verlegung des tatsächlichen Verwaltungssitzes unter Beibehaltung des bisherigen inländischen Satzungssit-

---

[1757] Vgl. Kessler/Huck/Obser/Schmalz (2004), S. 858.- 861.
[1758] Vgl. als Vorläufer der Richtlinie die Studie von Bentley (1993).
[1759] Vgl. o.V. (1999), S. 160.
[1760] Vgl. Art. 9 und 10 der 14. EU-Richtlinie zur Koordinierung des Gesellschaftsrechts.
[1761] Vgl. Meilicke (1998), S. 1055 - 1056.

zes[1762]. Inwieweit der durch Anwendung der Sitztheorie hervorgerufene Verlust der Rechtspersönlichkeit gegen Europarecht verstößt, kann daher nur an den Grundfreiheiten gemessen werden. Art. 48 EG stellt für die Anwendung der Niederlassungsfreiheit die nach den Rechtsvorschriften eines Mitgliedstaats gegründeten Gesellschaften, die ihren satzungsmäßigen Sitz, ihre Hauptverwaltung oder ihre Hauptniederlassung innerhalb der Gemeinschaft haben, den natürlichen Personen gleich, die Angehörige der Mitgliedstaaten sind[1763]. Damit gilt die den natürlichen Personen gemäß Art. 43 EG eingeräumte Niederlassungsfreiheit auch für Gesellschaften.

3.5.2.2 Das EuGH-Urteil vom 27.9.1988 (daily mail)

Erstmalig Stellung genommen hat der Europäische Gerichtshof zur primären Niederlassungsfreiheit der Gesellschaften im daily mail-Urteil vom 27.9.1988[1764]. Der Entscheidung lag der Wunsch einer englischen Gesellschaft zugrunde, aus steuerlichen Gründen unter Aufrechterhaltung ihres Status als englische Gesellschaft ihren Geschäftssitz von England in die Niederlande zu verlegen. Dabei ging es nicht um gesellschaftsrechtliche Bestimmungen, da England kollisionsrechtlich die Gründungstheorie vertritt, sondern um eine steuerrechtliche Regelung. Das britische Einkommen- und Körperschaftsteuergesetz 1970 verbat Gesellschaften mit steuerlichem Sitz im Vereinigten Königreich, diesen Sitz ohne Zustimmung des Finanzministeriums aufzugeben[1765]. Obwohl der Europäische Gerichtshof nur über die Vereinbarkeit des steuerrechtlichen Zustimmungsvorbehalts zu entscheiden hatte, machte er ergänzend wichtige Anmerkungen zur Niederlassungsfreiheit von Gesellschaften. Er stellte fest, dass im Gegensatz zu natürlichen Personen Gesellschaften beim damaligen Stand des Gemeinschaftsrechts aufgrund einer nationalen Rechtsordnung gegründet werden; jenseits der jeweiligen nationalen Rechtsordnung, die ihre Gründung und ihre Existenz regelt, haben sie keine Realität[1766]. Die Art. 43 und 48 EG gewähren somit den Gesellschaften nationalen Rechts kein Recht, den Sitz ihrer Geschäftsleitung unter Bewahrung ihrer Eigenschaft als Gesellschaften des Mitgliedstaats ihrer Gründung in einen anderen Mitgliedstaat zu verlegen[1767]. Die

---

[1762] Vgl. Hügel (1999), S. 75.
[1763] Ebenroth/Eyles (1989b), S. 415 weisen auf die Problematik der Gleichstellung hin: „Während sich bei natürlichen Personen jegliche Differenzierungsmöglichkeiten wegen der absoluten Gleichbehandlungspflicht und mit Rücksicht auf die Würde des Menschen verbietet, ist bei Gesellschaften eine Differenzierung nach Typen jeder nationalen Rechtsordnung immanent."
[1764] Vgl. EuGH-Urteil v. 27.9.1988 – 81/87 (Daily Mail), Slg. 1988, 5505.
[1765] Dieser steuerrechtliche Zustimmungsvorbehalt ist mittlerweile aufgegeben worden. Vgl. Ebenroth/Auer (1994), S. 19.
[1766] Vgl. EuGH-Urteil v. 27.9.1988 – 81/87 (Daily Mail), RZ 19, Slg. 1988, 5505.
[1767] Vgl. EuGH-Urteil v. 27.9.1988 – 81/87 (Daily Mail), RZ 24, Slg. 1988, 5505.

hieraus resultierenden Probleme bedürfen nach Ansicht des Gerichtshofs einer Lösung im Wege der Rechtssetzung oder des Vertragsschlusses[1768]. Als gemeinschaftsrechtlich gesichert wird nur das Recht auf Sekundärniederlassung angesehen: „Eine Gesellschaft macht vom Niederlassungsrecht im allgemeinen durch die Gründung von Agenturen, Zweigniederlassungen und Tochtergesellschaften Gebrauch ..."[1769].

3.5.2.3 Das EuGH-Urteil vom 9.3.1999 (Centros)

Die Aussagen des daily mail-Urteils hatten über viele Jahre hinweg Bestand, obwohl sie in der Literatur zum Teil heftig kritisiert wurden[1770]. Erst mit dem Centros-Urteil vom 9.3.1999[1771] kam wieder Bewegung in die Diskussion um die europarechtliche Zulässigkeit der Sitztheorie[1772]. Dem Urteil lag folgender Sachverhalt zugrunde: Die in Großbritannien von dänischen Staatsbürgern gegründete Centros Ltd. wollte eine Zweigniederlassung in Dänemark errichten. Die dänische Zentralverwaltung lehnte die Eintragung der Zweigniederlassung mit der Argumentation ab, dass die Gesellschaft in Großbritannien seit ihrer Errichtung keine Geschäftstätigkeit entfaltet hat und mit der Begründung einer Zweigniederlassung nur die für dänische Gesellschaften vorgesehenen Vorschriften zum Mindestbeteiligungskapital umgangen werden sollen. In den Gerichtsverhandlungen wies die dänische Verwaltung darauf hin, dass sie die Eintragung der Zweigniederlassung zugelassen hätte, wenn die Gesellschaft auch in Großbritannien eine Geschäftstätigkeit entfaltet hätte.[1773] Ohne die Ausübung einer Tätigkeit im Sitzstaat sahen die dänischen Behörden hingegen in der Berufung auf Europarecht eine missbräuchliche Ausnutzung des Niederlassungsrechts[1774]. Dem entgegnete der Europäische Gerichtshof, dass es keine missbräuchliche Ausnutzung des Niederlassungsrechts darstellt, wenn ein Staatsangehöriger eines Mitgliedstaats, der eine Gesellschaft gründen möchte, diese in dem Mitgliedstaat errichtet, dessen gesellschaftsrechtliche Vorschriften ihm die größte Freiheit lassen, und in anderen Mitgliedstaaten Zweigniederlassungen gründet[1775]. In der weiteren Begründung des Urteils stellte der Gerichtshof fest, dass die mit einem Mindestbeteiligungskapital verfolgten Ziele auch mit milde-

---

[1768] Vgl. EuGH-Urteil v. 27.9.1988 – 81/87 (Daily Mail), RZ 23, Slg. 1988, 5505.
[1769] Vgl. EuGH-Urteil v. 27.9.1988 – 81/87 (Daily Mail), RZ 17, Slg. 1988, 5505.
[1770] So auch Behrens (1994), S. 18 - 22, zustimmend hingegen Ebenroth/Auer (1994), S. 22 - 23.
[1771] Vgl. EuGH-Urteil v. 9.3.1999 – C-212/97 (Centros), Slg. 1999 I 1459.
[1772] Vgl. Dreissig (2000), S. 893.
[1773] Vgl. EuGH-Urteil v. 9.3.1999 – C-212/97 (Centros), RZ 15, Slg. 1999 I 1459.
[1774] Vgl. EuGH-Urteil v. 9.3.1999 – C-212/97 (Centros), RZ 23, Slg. 1999 I 1459.
[1775] Vgl. EuGH-Urteil v. 9.3.1999 – C-212/97 (Centros), RZ 27, Slg. 1999 I 1459.

ren Mitteln erreicht werden könnten[1776]. Es existieren daher keine Rechtfertigungsgründe für eine Beschränkung der Niederlassungsfreiheit.

Inwieweit aufgrund der Aussagen des Europäischen Gerichtshofs im Centros-Urteil Rückschlüsse auf die Reichweite der primären Niederlassungsfreiheit gezogen werden können, ist umstritten[1777]. Zum einen wird die Meinung vertreten, dass das Gericht nur zur Frage der Errichtung einer Zweigniederlassung und damit zum Inhalt der sekundären Niederlassungsfreiheit Stellung genommen hat[1778]. Zum anderen ist die Annahme gerechtfertigt, dass es sich bei der wirtschaftlichen Aktivität der Centros Ltd. um einen Fall der primären Niederlassungsfreiheit gehandelt hat. Die ausschließliche Tätigkeit der Gesellschaft in Dänemark lässt diesen Schluss zu. Hinzu kommt, dass Gesellschafter der Centros Ltd. zwei dänische Staatsbürger gewesen sind. Obwohl es dem Urteil nicht entnommen werden kann, ist anzunehmen, dass die dänische Zweigniederlassung von Dänemark aus geleitet wird[1779]. Da die einzige wirtschaftliche Aktivität in Dänemark erfolgt, kann davon ausgegangen werden, dass sich der tatsächliche Sitz der Gesellschaft in Dänemark befindet. In diesem Fall stellt sich jedoch die Frage nach der primären Niederlassungsfreiheit. Es darf aus der gemeinschaftsrechtlichen Perspektive heraus keinen Unterschied machen, ob eine Gesellschaft ihren Sitz der tatsächlichen Verwaltung ins Ausland verlegt oder nur ihre ausländische Zweigniederlassung unter Beibehaltung ihres Satzungssitzes zum eigentlichen Geschäftsbetrieb umfunktioniert[1780].

3.5.2.4 Das EuGH-Urteil vom 5.11.2002 (Überseering)

Da auch der deutsche Bundesgerichtshof dem Centros-Urteil keine eindeutigen Aussagen zur primären Niederlassungsfreiheit entnehmen konnte[1781], hat er am 30.3.2000 beschlossen, den Europäischen Gerichtshof um eine Vorabentscheidung zum Inhalt der Niederlassungsfreiheit von Gesellschaften zu ersuchen[1782]. Dem Beschluss lag ein Rechtsstreit über Gewährleistungsansprüche aufgrund von Baumängeln zugrunde. Klägerin in dem Verfahren war eine niederländische

---

[1776] Vgl. EuGH-Urteil v. 9.3.1999 – C-212/97 (Centros), RZ 31 - 38, Slg. 1999 I 1459.

[1777] Vgl. Zimmer (2000), S. 1364 – 1365 und Krug (2001), S. 161.

[1778] Ebenso wie in der Centros-Entscheidung wurde in dem nachfolgenden EuGH-Urteil v. 30.09.2003 – C-167/01 (Inspire Art), DB 2003, S. 2219 nur die Frage nach der Ausübung der Niederlassungsfreiheit durch Begründung sekundärer Niederlassungen gestellt, so dass Rückschlüsse auf Wegzugsfälle nur begrenzt möglich sind.

[1779] Göttsche (1999), S. 1404 erwähnt in seiner Urteilsbeschreibung, dass die beiden Gesellschafter in Dänemark ansässige dänische Staatsangehörige sind und Direktor der Centros Ltd. einer der beiden Gesellschafter ist.

[1780] So auch Göttsche (1999), S. 1406.

[1781] So auch Kluge (2000), S. 132, RZ 40.

[1782] Vgl. Behrens (2000a), Luttermann (2000), o.V. (2000b) und Zimmer (2000), S. 1363 - 1364.

Gesellschaft, die in einer der deutschen GmbH vergleichbaren Rechtsform organisiert gewesen ist. Nach Abschluss eines Vertrages zur Sanierung von zwei in Deutschland belegenen Gebäuden, aber vor der Klageerhebung verlegte die Gesellschaft ihren tatsächlichen Verwaltungssitz aus den Niederlanden nach Deutschland. Der Bundesgerichtshof war der Auffassung, dass die Gesellschaft infolge der Sitztheorie ihre Rechts- und somit auch ihre Parteifähigkeit verloren hat. Wegen der in der Literatur geäußerten Zweifel an der Zulässigkeit der Sitztheorie innerhalb der Europäischen Union legte er dem Europäischen Gerichtshof folgende Fragen vor: „1. Sind Art. 43 und Art. 48 EG dahin auszulegen, dass es im Widerspruch zur Niederlassungsfreiheit für Gesellschaften steht, wenn die Rechtsfähigkeit und die Parteifähigkeit einer Gesellschaft, die nach dem Recht eines Mitgliedstaates wirksam gegründet worden ist, nach dem Recht des Staates beurteilt werden, in den die Gesellschaft ihren tatsächlichen Verwaltungssitz verlegt hat, und wenn sich aus dessen Recht ergibt, dass sie vertraglich begründete Ansprüche dort nicht mehr gerichtlich geltend machen kann? 2. Sollte der EuGH diese Frage bejahen: Gebietet es die Niederlassungsfreiheit für Gesellschaften (Art. 43 und Art. 48 EG), die Rechtsfähigkeit und die Parteifähigkeit nach dem Recht des Gründungsstaates zu beurteilen?"[1783]

Für das Steuerrecht hätte die Beantwortung dieser Fragen insbesondere im Hinblick auf die Anwendbarkeit von § 11 dKStG von Bedeutung sein können. Der Ansicht, dass der Verlust der Rechtsfähigkeit zur Auflösung der Gesellschaft und damit zur Anwendung der Liquidationsbesteuerung gemäß § 11 dKStG führe, wäre bei vollständiger Ablehnung der Sitztheorie jegliche Grundlage entzogen gewesen. Dies hätte zu einem höheren Maß an Rechtssicherheit geführt, da trotz der hier vertretenen Ansicht, dass eine Besteuerung nach § 11 dKStG mangels Abwicklung nicht in Frage kommt, eine Schlussbesteuerung bei Aufrechterhaltung eines inländischen Satzungssitzes noch immer nicht ausgeschlossen werden kann.

Für die im Zusammenhang mit der Besteuerung im Wegzugsstaat interessierenden Fragen können dem mittlerweile vorliegenden Urteil im Fall „Überseering" keine eindeutigen Aussagen entnommen werden[1784]. Vielmehr stellte der Europäische Gerichtshof fest, dass die Aussagen im daily mail-Urteil nicht übertragbar sind auf den Sachverhalt im Fall „Überseering"[1785]. Während es im ersten

---

[1783] Vgl. Behrens (2000b), S. 412.
[1784] A.A. Sedemund (2002), S. 816, der die Sitztheorie für Historie hält.
[1785] Großerichter (2003), S. 164 weist darauf hin, dass der Gerichtshof keinen inhaltlichen, aus dem Europarecht ableitbaren Grund nennt, warum Beschränkungen des Wegzugs anders als Zuzugsbeschränkungen europarechtskonform sein sollten. Leible/Hoffmann (2002), S. 928 sehen als Gründe für die Privilegierung des Wegzugsstaates die längere Eingliederung der Gesellschaft in die Wirtschaft des Wegzugsstaates und die mit einem Wegzug einhergehende

Urteil um die Prüfung der Frage ging, welche Rechtsfolgen im Mitgliedstaat der Gründung einer Gesellschaft die Verlegung des tatsächlichen Verwaltungssitzes dieser Gesellschaft in einen anderen Mitgliedstaat habe, ging es im vorliegenden Sachverhalt um die Rechtsfolgen einer solchen Verlegung im Aufnahmemitgliedstaat[1786]. Im Ergebnis kam der Europäische Gerichtshof zu dem Schluss, dass die Beschränkung der Niederlassungsfreiheit in der Weise, dass einer Gesellschaft, die in einem anderen Mitgliedstaat ordnungsgemäß gegründet worden ist und dort ihren satzungsmäßigen Sitz hat, die Rechtsfähigkeit und damit die Parteifähigkeit abgesprochen werde, nicht gerechtfertigt werden kann[1787]. Allerdings stellte er auch ergänzend fest, dass es sich nicht ausschließen läßt, dass zwingende Gründe des Gemeinwohls, wie der Schutz der Interessen der Gläubiger, der Minderheitsgesellschafter, der Arbeitnehmer oder auch des Fiskus, unter bestimmten Umständen und unter Beachtung bestimmter Voraussetzungen Beschränkungen der Niederlassungsfreiheit rechtfertigen können[1788,1789].

Da im Gegensatz zum Urteil im Fall „Überseering" der dem Urteil vorangegangene Schlussantrag des Generalanwalts Colomer vom 4.12.2001[1790] keine Unterscheidung zwischen Wegzugsstaat und Zuzugsstaat enthält, ist die dortige Argumentation hilfreicher für eine Prognose der Rechtsprechung des Europäischen Gerichtshofs für den Fall der Behandlung der Gesellschaft im Wegzugsstaat[1791]. Der Generalanwalt wies zunächst auf die Rechtsprechung des Europäischen Gerichtshofs im daily mail-Urteil hin. Danach gewährten die Art. 43 und 48 EG beim damaligen Stand des Gemeinschaftsrechts einer Gesellschaft nicht das Recht, den Sitz ihrer Geschäftsleitung in einen anderen Mitgliedstaat zu verlegen. Ergänzend bestimmte der Europäische Gerichtshof zum damaligen Zeitpunkt, dass die Modalitäten der Sitzverlegung im Wege der Rechtssetzung oder

---

empfindliche Berührung des Vertrauens der Arbeitnehmer, der Handelspartner, der Kreditgeber, der Anteilseigner und der nationalen Verwaltungen.

[1786] Vgl. EuGH-Urteil v. 5.11.2002 – C-208/00 (Überseering), RZ 62, Deutsches Steuerrecht, 40. Jg. (2002), S. 809 – 816.

[1787] Vgl. EuGH-Urteil v. 5.11.2002 – C-208/00 (Überseering), RZ 93, Deutsches Steuerrecht, 40. Jg. (2002), S. 809 – 816.

[1788] Vgl. EuGH-Urteil v. 5.11.2002 – C-208/00 (Überseering), RZ 92, Deutsches Steuerrecht, 40. Jg. (2002), S. 809 – 816.

[1789] Krug (2001), S. 163 vertritt die Auffassung, dass die Gründungstheorie zeige, dass es ein milderes Mittel zum Erhalt der Rechte der Gläubiger, Mitarbeiter etc. gibt; er verneint daher ein zwingendes Allgemeininteresse an der Auflösung der Gesellschaft. Ebenso Knobbe-Keuk (1990b), S. 375.

[1790] Vgl. den EuGH-Schlussantrag v. 4.12.2001 – C-208/00 (Überseering), www.gmbhr.de/heft/01_02/ausl_gmbh.htm.

[1791] So auch Schnitger (2002c), S. 824.

des Vertragsschlusses gelöst werden müssen[1792]. Kodifiziert wurde dieser Auftrag in Art. 293 EG, wonach die Mitgliedstaaten untereinander Verhandlungen einzuleiten haben, um die gegenseitige Anerkennung der Gesellschaften im Sinne des Art. 48 Abs. 2 EG und die Beibehaltung der Rechtspersönlichkeit bei Verlegung des Sitzes von einem Staat in einen anderen sicherzustellen. Der Generalanwalt stellte hierzu fest, dass die bei der Angleichung der gesellschaftsrechtlichen Vorschriften erzielten Fortschritte nicht die mit der grenzüberschreitenden Verlegung des satzungsmäßigen oder wahren Sitzes einer juristischen Person verbundenen Probleme betreffen[1793]. Anderseits betonte er, dass diese Aufgabe vom Europäischen Gerichtshof übernommen wurde und verwies insbesondere auf das Centros-Urteil[1794].

Eine dynamische Weiterentwicklung des Europarechts durch das Centros-Urteil sah er darin, dass die Gewährung einer so umfangreichen Freiheit zur Errichtung von Zweigstellen es ermöglicht, sich über die Rechtsvorschriften über die grenzüberschreitende Verlegung des satzungsmäßigen oder wahren Sitzes einer Gesellschaft hinwegzusetzen[1795]. Eine Gesellschaft, die ihren tatsächlichen Verwaltungssitz in einem anderen Mitgliedstaat errichten will, bräuchte nur die Eintragung einer Zweigniederlassung beantragen. Insofern hält der Generalanwalt mittlerweile auch bei der primären Niederlassungsfreiheit eine Prüfung anhand des Schemas des Centros-Urteils für erforderlich[1796]. Danach dürfen die Beschränkungen als solche nicht diskriminierend sein und sie müssen aus zwingenden Gründen des Allgemeininteresses gerechtfertigt sowie im Hinblick auf das angestrebte Ziel geeignet und verhältnismäßig sein.

3.5.3 Zurechnungsbesteuerung gemäß § 15 dAStG

Da die Errichtung einer Privatstiftung zu den Instrumenten gehört, aufgrund derer ein Wohnsitzwechsel nach Österreich empfehlenswert sein kann, stellt sich in besonderem Maße die Frage, ob bei einer Wohnsitzverlegung nur des Stifters und weiterhin in Deutschland unbeschränkt steuerpflichtigen Bezugs- oder Anfallsberechtigten die Zurechnungsbesteuerung gemäß § 15 dAStG wegen einer

---

[1792] Vgl. den EuGH-Schlussantrag v. 4.12.2001 – C-208/00 (Überseering), RZ 21 - 25, www.gmbhr.de/heft/01_02/ausl_gmbh.htm.
[1793] Nach Ansicht des Generalanwalts ist Art. 293 EG nicht mit einem wirklichen Gesetzesvorbehalt vergleichbar, sondern soll eher wie eine Mahnung an die Mitgliedstaaten wirken, die Probleme zu beseitigen. Vgl. den EuGH-Schlussantrag v. 4.12.2001 – C-208/00 (Überseering), RZ 42, www.gmbhr.de/heft/01_02/ausl_gmbh.htm.
[1794] Vgl. den EuGH-Schlussantrag v. 4.12.2001 – C-208/00 (Überseering), RZ 31, www.gmbhr.de/heft/01_02/ausl_gmbh.htm.
[1795] Vgl. den EuGH-Schlussantrag v. 4.12.2001 – C-208/00 (Überseering), RZ 36, www.gmbhr.de/heft/01_02/ausl_gmbh.htm.
[1796] Vgl. den EuGH-Schlussantrag v. 4.12.2001 – C-208/00 (Überseering), RZ 43, www.gmbhr.de/heft/01_02/ausl_gmbh.htm.

Verletzung von Europarecht zu unterbleiben hat. Ein Verstoß könnte sowohl gegen die Niederlassungsfreiheit gemäß Art. 43 EG als auch gegen die Kapitalverkehrsfreiheit gemäß Art. 56 EG vorliegen.

3.5.3.1 Zurechnungsbesteuerung und Niederlassungsfreiheit

Gemäß Art. 43 Abs. 1 EG sind Beschränkungen der freien Niederlassung von Staatsangehörigen eines Mitgliedstaats im Hoheitsgebiet eines anderen Mitgliedstaats nach Maßgabe der Bestimmungen des Kapitels über das Niederlassungsrecht verboten. Zu diesen Bestimmungen zählt auch Art. 48 EG, wonach die nach den Rechtsvorschriften eines Mitgliedstaats gegründeten Gesellschaften, die ihren satzungsmäßigen Sitz, ihre Hauptverwaltung oder ihre Hauptniederlassung innerhalb der Gemeinschaft haben, den natürlichen Personen gleichgestellt sind, die Angehörige der Mitgliedstaaten sind. Nicht als Gesellschaften im Sinne des Art. 48 gelten diejenigen, die keinen Erwerbszweck verfolgen.

Fraglich ist, ob Privatstiftungen Gesellschaften im Sinne des Art. 48 EG darstellen. Der Begriff der Gesellschaften in Art. 48 EG wird in einer verwirrenden Weise verwendet. Während Art. 48 Abs. 1 EG den Begriff der Gesellschaft gebraucht, spricht Art. 48 Abs. 2 von juristischen Personen. Aufgrund der Formulierung in Art. 48 Abs. 2 EG „Als Gesellschaften gelten ... die sonstigen juristischen Personen ..." ist von einer Identität des Begriffs der Gesellschaft und dem der juristischen Person auszugehen. Der Begriff der juristischen Person erfasst alle juristischen Personen des nationalen Rechts. Daher können sich auch Stiftungen auf Art. 48 EG berufen, sofern sie nach ihrem nationalen Recht juristische Personen darstellen[1797]. Gemäß § 1 Abs. 1 öPSG ist die Privatstiftung eine juristische Person, so dass der Anwendungsbereich der Niederlassungsfreiheit grundsätzlich eröffnet ist.

Ergänzend bleibt zu prüfen, ob der von Art. 48 Abs. 2 EG geforderte Erwerbszweck von einer Privatstiftung erfüllt wird. Mit diesem zusätzlichen Tatbestandsmerkmal sollen Wettbewerbsverzerrungen vermieden werden, die daraus resultieren könnten, dass gemeinnützige Einrichtungen im Wirtschaftsleben mit privatnützigen Marktteilnehmern konkurrieren[1798]. Da Familienstiftungen im Sinne des § 15 dAStG stets eigennützige Stiftungen darstellen, kann eine Überprüfung der Absicht des Erwerbszwecks unterbleiben. Wegen der Bezugnahme auf Art. 43 EG und der dort geforderten Aufnahme und Ausübung selbständiger Erwerbstätigkeiten sowie der Gründung und Leitung von Unternehmen muss aber untersucht werden, ob diese Voraussetzungen vorliegen. Obwohl gemäß § 1 Abs. 2 öPSG der Privatstiftung eine gewerbsmäßige Tätigkeit verboten ist,

---

[1797] Vgl. Randelzhofer/Forsthoff (2001b), S. 10, RZ 7.
[1798] Vgl. Randelzhofer/Forsthoff (2001b), S. 10, RZ 8.

die über eine bloße Nebentätigkeit hinausgeht, wird dadurch die Anwendbarkeit von Art. 43 EG i.V.m. Art. 48 EG nicht grundsätzlich ausgeschlossen. Der Begriff der Erwerbstätigkeit ist weit zu fassen und kann potentiell alle Lebensbereiche erfassen[1799]. Eine Tätigkeit ist bereits dann als Erwerbstätigkeit einzuordnen, wenn sie dem wirtschaftlichen Fortkommen dient[1800].

Sofern die in den Art. 43 und 48 EG genannten Voraussetzungen erfüllt sind, ist die Gründung von Privatstiftungen durch die Besteuerung des Stifters bzw. der Bezugs- oder Anfallsberechtigten beeinträchtigt[1801]. Bevor untersucht wird, ob eine Rechtfertigung der Rechtsfolgen des § 15 dAStG in Frage kommt, soll geprüft werden, ob ergänzend als Rechtsgrundlage die Kapitalverkehrsfreiheit gemäß Art. 56 Abs. 1 EG herangezogen werden kann. Die Rechtfertigungsprüfung ist bei beiden Anspruchsgrundlagen identisch.

3.5.3.2 Zurechnungsbesteuerung und Kapitalverkehrsfreiheit

Gemäß Art. 56 Abs. 1 EG sind alle Beschränkungen des Kapitalverkehrs zwischen den Mitgliedstaaten verboten. Es stellt sich die Frage, ob hinsichtlich der Zurechnungsbesteuerung ein von der Kapitalverkehrsfreiheit geschützter grenzüberschreitender Kapitalverkehr anzunehmen ist. Ein grenzüberschreitender Kapitalzufluss kann nur bei der Vermögenszuwendung an die Privatstiftung festgestellt werden. Die spätere Zurechnung des Einkommens der Privatstiftung beim Stifter bzw. bei den Bezugs- oder Anfallsberechtigten wird nur fingiert. Es könnte daher die Ansicht vertreten werden, dass der Anwendungsbereich der Kapitalverkehrsfreiheit nicht eröffnet ist. Aufgrund der prophylaktischen Wirkung des § 15 dAStG[1802] wird ein grenzüberschreitender Kapitalverkehr verhindert. Da aber auch mittelbare und potentielle Behinderungen des Kapitalverkehrs von Art. 56 EG geschützt werden[1803], wird auch der Kapitalverkehr zwischen den Mitgliedstaaten beeinträchtigt. Bei einem gerichtlichen Vorgehen gegen § 15 dAStG kann daher sowohl auf die Niederlassungsfreiheit als auch auf die Kapitalverkehrsfreiheit als Anspruchsgrundlage zurückgegriffen werden.

[1799] Vgl. Randelzhofer/Forsthoff (2001a), S. 5, RZ 16.
[1800] Vgl. Randelzhofer/Forsthoff (2001a), S. 6, RZ 18.
[1801] Wassermeyer (2001), S. 26, RZ 19.2 sieht in der Behinderung der Gründung von Familienstiftungen in einem anderen EG-Mitgliedstaat durch die Besteuerung des Stifters bzw. der Bezugsberechtigten eine potentielle Verletzung von EG-Recht. Dies gilt insbesondere dann, wenn die Familienstiftung unternehmerisch tätig sein sollte. Da insoweit die Bedenken so nachhaltig sind, sollte der Bundesfinanzhof um eine Vorlage an den EuGH nicht herumkommen.
[1802] Vgl. Wassermeyer (2001), S. 21, RZ 12.
[1803] Vgl. Ress/Ukrow (1995), S. 7, RZ 11.

3.5.3.3 Rechtfertigungsprüfung

Hinsichtlich der Rechtfertigung der Zurechnungsbesteuerung ist eine Prognose darüber, welche Argumente die deutsche Regierung zur Verteidigung des § 15 dAStG vorbringen könnte, nur schwer möglich. Anhaltspunkte bieten die Regierungsbegründungen zu den bisherigen Zurechnungsvorschriften bei Familienstiftungen und die Argumente des Bundesfinanzhofs zur Verfassungsmäßigkeit des § 15 dAStG.

§ 15 dAStG ist eng dem § 12 dStAnpG nachgebildet, dessen Tatbestand aber ausgedehnt wurde. Die Erweiterung besteht darin, dass mit § 15 dAStG nun auch Fälle erfasst werden, in denen beschränkt Steuerpflichtige eine Familienstiftung im Ausland errichten[1804]. Der Rechtsvorgänger sowohl von § 12 dStAnpG als auch von § 15 dAStG ist die „Verordnung über steuerliche Erfassung bisher nicht versteuerter Werte und über Steueramnestie" vom 23.8.1931[1805]. In deren Begründung hieß es lediglich, dass deutsches Vermögen in großem Umfang in ausländischen Familienstiftungen angelegt worden ist und deswegen ein erhebliches Interesse daran besteht, an diese Stiftungsvermögen heranzukommen, d.h. sie nicht nur steuerlich richtig zu erfassen, sondern sie auch wieder ins Inland zurückzuführen. In der Regierungsbegründung zu § 15 dAStG wird erwähnt, dass der bis zum In-Kraft-Treten der Neuregelung geltende § 12 dStAnpG eine in der Praxis bewährte Regelung darstelle, die ausgedehnt werde auf Familienstiftungen, deren Stifter im Zeitpunkt der Errichtung im Ausland ansässig war[1806]. Mit Ausnahme des Bestrebens, eine Kapitalflucht zu verhindern, finden sich in den Regierungsbegründungen keine möglichen Rechtfertigungsgründe.

Zur Verfassungsmäßigkeit des § 15 dAStG stellte der BFH bisher lediglich fest, dass kein Verfassungsverstoß vorliegt, wenn das Einkommen der ausländischen Familienstiftung dem unbeschränkt steuerpflichtigen Stifter zugerechnet wird[1807]. Begründet wurde dies damit, dass der Stifter derjenige ist, der die Gestaltung wählte und durchführte und der deswegen auch derjenige sei, dem das Einkommen zuzurechnen ist[1808]. Außer der Verhinderung der Kapitalflucht kann auch bei der verfassungsrechtlichen Prüfung des § 15 dAStG kein Grund für eine Rechtfertigung der Zurechnungsbesteuerung bei Familienstiftungen gefunden werden. Da der freie Kapitalverkehr innerhalb der Gemeinschaft aber gerade den Regelungsinhalt des Art. 56 EG darstellt, kann die Verhinderung von Kapi-

---

[1804] Vgl. Wassermeyer (2001), S. 15, RZ 1.
[1805] Vgl. Wassermeyer (2001), S. 16 - 17, RZ 5.
[1806] Vgl. Wassermeyer (2001), S. 5 - 6, Nr. 119 und 120.
[1807] Vgl. BFH-Urteil v. 5.11.1992 – I R 39/92, BStBl II 1993, S. 388 - 391.
[1808] Ein Verfassungsverstoß könnte dagegen in Frage kommen, wenn die Zurechnung bei den Bezugs- bzw. Anfallsberechtigten erfolgt. Vgl. Wassermeyer (2001), S. 22, RZ 13.

talflucht kein Rechtfertigungsgrund für eine Beschränkung des Kapitalverkehrs sein. Mangels anderer ersichtlicher Rechtfertigungsgründe ist die Zurechnungsbesteuerung gemäß § 15 dAStG als europarechtlich zumindest höchst bedenklich einzustufen.

Teil 4: Exemplarische Darstellung typischer Entscheidungssituationen
1. Grundlagen
1.1 Entscheidungstheoretische Grundlagen

Bei der Grundlagenbildung ist zwischen der präskriptiven und der deskriptiven Entscheidungstheorie zu unterscheiden[1809]. Während die erstgenannte Theorie versucht, Regeln zur Bewertung von Aktionsresultaten unter dem Postulat rationalen Verhaltens zu entwickeln, ist Untersuchungsgegenstand der deskriptiven Entscheidungstheorie das tatsächliche Zustandekommen von Entscheidungen. Die in der Realität zu beobachtenden und empirisch nachgewiesenen Beschränkungen des rationalen Verhaltens werden in die Aussagen der deskriptiven Theorie einbezogen. Ursache für das eingeschränkte rationale Verhalten der Entscheidungsträger ist die begrenzte Informationsgewinnungs- und Informationsverarbeitungskapazität.

Im Folgenden werden die Aussagen auf der Grundlage einer präskriptiven Entscheidungstheorie getroffen. Da ein komplexes Entscheidungsproblem wie ein steuerlich veranlasster Wohnsitzwechsel vermutlich in einer Vielzahl der Fälle unter irrationalen Annahmen gelöst wird, soll mittels der Darstellung exemplarischer Fallkonstallationen ein Zugewinn an Rationalität erreicht werden. Durch die Einbeziehung empirischer Daten würde hingegen eine Vielzahl außersteuerlicher und damit zumeist irrationaler Faktoren Einfluss auf die Aussage über die Vorteilhaftigkeit einer Wohnsitzverlegung haben. Hinzu kommt, dass derartige empirische Daten für einen Wohnsitzwechsel und insbesondere für die damit im Zusammenhang stehende Vermögensstrukturierung nicht zu erhalten sind.

Bevor mit der Analyse einer Entscheidungssituation begonnen werden kann, ist das Entscheidungsfeld zu definieren. Es beinhaltet zum einen die Menge und Art der Personen und Sachen, die durch Aktionen des Entscheidungsträgers direkt oder indirekt beeinflusst werden können, und zum anderen die Zustände, die die Ergebnisse der Aktionen beeinflussen, selbst aber von den Aktionen des Entscheidungsträgers unabhängig sind. Vollständig beschrieben wird ein Entscheidungsfeld durch den Aktionenraum, den Zustandsraum und die Ergebnisfunktion.

Der Aktionenraum besteht aus den verschiedenen möglichen Aktionen bzw. Handlungsalternativen. Bei deren Definition muss das Prinzip der vollkommenen Alternativenstellung berücksichtigt werden[1810]. Danach ist der Entscheidende gezwungen, eine der betrachteten Alternativen zu ergreifen. Zum anderen ist es dem Entscheidenden aber auch nur möglich, eine einzige der Alternativen zu

---
[1809] Vgl. Bamberg/Coenenberg (2000), S. 3 - 5.
[1810] Vgl. Bamberg/Coenenberg (2000), S. 16 - 18.

realisieren. Da Unterlassungsalternativen gleichfalls Bestandteil des Aktionenraumes sein können, stellt auch die Entscheidung zur Beibehaltung des deutschen Hauptwohnsitzes eine Handlungsalternative dar. Der Zustandsraum liefert Informationen über das für die Entscheidung maßgebliche Umfeld. Dabei repräsentiert jeder Zustand eine Wertkombination aller relevanten Umfelddaten. Durch die Einbeziehung zusätzlicher Umfelddaten und deren Kombinierbarkeit steigt die Zahl der möglichen Zustände in erheblichem Maße an. Die Ergebnisfunktion schließlich gibt für jede Aktion und jeden Zustand die Konsequenzen an.

Ergänzt wird das Entscheidungsfeld durch die Zielfunktion des Entscheidungsträgers. Diese stellt eine formale Abbildung der Entscheidungsregel dar und setzt sich aus einer die Handlungsalternativen bewertenden Präferenzfunktion und einem Optimierungs- bzw. Satisfizierungskriterium zusammen[1811]. Gelangt ein Optimierungskriterium zur Anwendung, erfolgt entweder eine Maximierung oder Minimierung des Präferenzwertes. Das Satisfizierungskriterium erfordert hingegen nur das Erreichen eines ganz bestimmten Präferenzwertes oder Anspruchsniveaus. Mittels der Zielfunktion muss es möglich sein, eine Rangordnung unter den zur Auswahl stehenden Aktionen herzustellen. Hierzu müssen Präferenzrelationen bezüglich der Ausprägungen aller Ergebnismerkmale verankert werden[1812]. Voraussetzung für eine hinreichend definierte Zielfunktion ist, dass alle verfolgten Zielgrößen explizit erfasst werden und die Ziele so präzise formuliert sind, dass überprüft werden kann, bis zu welchem Grad sie erreicht werden.

1.2 Der Aktionen- und Zustandsraum ohne Berücksichtigung eines möglichen Wohnsitzwechsels

Um einen konkreten Aktionen- und Zustandsraum für die Entscheidung bezüglich einer Wohnsitzverlegung nach Österreich zu definieren, ist es ratsam, das Entscheidungsfeld zunächst ausschließlich für die Unterlassungsalternative „Beibehaltung des deutschen Hauptwohnsitzes" zu bilden. Ein solches Vorgehen hat den Vorteil, dass dann bei der Hinzunahme der verschiedenen, die Wohnsitzverlegung einbeziehenden Alternativen die Abweichungen besonders deutlich zum Ausdruck kommen.

Wird die Verlegung des Wohnsitzes des Steuerpflichtigen nicht explizit im Aktionenraum erfasst, existiert nur die eine Grundalternative „Beibehaltung des deutschen Hauptwohnsitzes". Aufgrund einer zunächst als fix unterstellten Einkünfte- und Vermögensstruktur ergibt sich eine bestimmte Steuerbelastung und

---

[1811] Vgl. Meyer, R. (2000), S. 17.
[1812] Vgl. Bamberg/Coenenberg (2000), S. 29 - 30.

bei der nachfolgend gewählten Betrachtungsweise ein bestimmter Vermögensendwert am Ende des Betrachtungszeitraumes. Wird die Möglichkeit der Vermögensumstrukturierung in das Entscheidungsfeld einbezogen, erweitert sich der Aktionenraum regelmäßig um eine Vielzahl von Alternativen. Des Weiteren wird durch die Berücksichtigung von unentgeltlichen Vermögensübertragungen die Anzahl der zur Verfügung stehenden Alternativen erhöht[1813].

Die den Zustandsraum bildenden Zustände ergeben sich aus der Kombination einzelner Umfelddaten. Um den Zustandsraum zu definieren, müssen die Kriterien, nach denen die Umfelddaten gegliedert werden sollen, bestimmt werden. Durch die Hinzunahme zusätzlicher Kriterien und aufgrund der Anzahl der verschiedenen Ausprägungen eines Kriteriums steigt aufgrund der Kombinierbarkeit die Anzahl der möglichen Zustände überproportional an. Die wichtigsten dieser im Rahmen einer steuerlich motivierten Wohnsitzverlegung anfallenden Kriterien ergeben sich aus der Steuergesetzgebung[1814], der Auffassung der Finanzverwaltung, der Steuerrechtsprechung, der Vermögensentwicklung, der Arbeitssituation, des Familienstandes und bei der Berücksichtigung von Erbschaftsteuerbelastungen auch aus dem Auftreten von Todesfällen. Beinhalten einzelne Handlungsalternativen auch die Durchführung von Vermögensumstrukturierungen, muss sich auch die Rentabilität einzelner Vermögensanlagen in der Definition der Zustände widerspiegeln.

1.3 Der Aktionen- und Zustandsraum unter Berücksichtigung eines möglichen Wohnsitzwechsels

Wird die Möglichkeit eines Wechsels des Hauptwohnsitzes des Steuerpflichtigen nach Österreich als mögliche Aktion nicht ausgeschlossen, existieren mindestens zwei Grundalternativen. Die eine Alternative besteht darin, dass der Steuerpflichtige seinen Hauptwohnsitz in Deutschland belässt, während bei einer Entscheidung für die andere Alternative, der Steuerpflichtige seinen Hauptwohnsitz von Deutschland nach Österreich verlegt. Die letzte Handlungsalternative sollte noch aufgespalten werden in die Alternativen „Verlegung des Hauptwohnsitzes nach Österreich unter Beibehaltung der deutschen unbeschränkten Steuerpflicht" und „Verlegung des Hauptwohnsitzes nach Österreich unter Aufgabe der deutschen unbeschränkten Steuerpflicht". Eine zusätzliche Erweiterung des Aktionenraumes erfolgt wie in dem im vorherigen Kapitel definierten Fall der Beibehaltung des deutschen Hauptwohnsitzes durch die Einbeziehung von

---

[1813] In diesem Fall müssen die Steuerbelastungen von mindestens zwei Personen dem Entscheidungsmodell zugrunde liegen.

[1814] Vgl. auch Sieben/Schildbach (1994), S. 144, die die Änderung der Zustände bei der Jahresabschlussrechnung durch eine Veränderung der rechtlichen Grundlagen als Beispiel anführen.

Vermögensumstrukturierungen. Die Wohnsitzverlegung sollte darüber hinaus zu einer Ergänzung des Entscheidungsfeldes um Aktionen betreffend die Aufgabe bzw. Beibehaltung der deutschen Staatsbürgerschaft[1815] und betreffend die Einbringung von Vermögensgegenständen in eine österreichische Privatstiftung[1816] führen.

Die Anzahl der Zustände wird im Vergleich zu dem im vorherigen Kapitel beschriebenen Zustandsraum noch durch die Einbeziehung des österreichischen Rechts, der deutsch-österreichischen Doppelbesteuerungsabkommen, der österreichischen Rechtsprechung und Auffassung der Finanzverwaltung und durch die mögliche Einschlägigkeit des Europarechts erhöht. Bei der Einbeziehung von unentgeltlichen Vermögensübertragungen sollten die Wohnsitze bzw. gewöhnlichen Aufenthalte der Erben bzw. Beschenkten nicht als Zustand definiert werden. Deren Ansässigkeit ist vielmehr in den Aktionenraum zu integrieren. Kommt für diesen Personenkreis eine Wohnsitzverlegung aus nichtsteuerlichen Gründen nicht in Frage, besteht eben nur die Unterlassungsalternative „Beibehaltung des deutschen Hauptwohnsitzes".

Die für jede Aktion und jeden Zustand die Konsequenzen angebende Ergebnisfunktion wird mit zunehmender Anzahl der Aktionen und Zustände komplexer. Hinzu kommt, dass Aussagen hinsichtlich einzelner Konsequenzen nur unter Ungewissheit getroffen werden können. Durch die Einbeziehung der Handlungsalternative „Wohnsitzverlegung" wird der Umfang an Ungewissheiten regelmäßig aufgrund der zu berücksichtigenden Entstrickungstatbestände und der grenzüberschreitenden Sachverhalte zunehmen.

Zudem müssen bei der Definition der Zielfunktion neben der relativen Minimierung der Steuerzahlungen auch die übrigen Ziele des Steuerpflichtigen berücksichtigt werden. Da eine absolute Steuerminimierung ein Einkommen von Null zur Folge hätte, wird als Zielgröße im Folgenden die Maximierung des Vermögens nach Steuern gewählt. In diesem Zusammenhang sind Informationen zu sammeln bzw. Annahmen zu treffen über die Vermögensstruktur, über die Rentabilität der Vermögensanlagen, über den gewünschten Grad der Vermögensdi-

---

[1815] Die Definition derartiger Handlungsalternativen ist selbstverständlich nur sinnvoll, wenn der Steuerpflichtige zum Entscheidungszeitpunkt die deutsche Staatsangehörigkeit besitzt. Vgl. hierzu Teil 2, Kap. 1.8.
[1816] Grundsätzlich besteht die Handlungsalternative „Einbringung von Vermögensgegenständen in eine österreichische Privatstiftung" auch schon für den Fall, dass der Steuerpflichtige lediglich die Unterlassungsalternative „Beibehaltung des deutschen Hauptwohnsitzes" in Betracht zieht. Wie in Teil 3, Kap. 3.4 jedoch aufgezeigt wurde, bietet sich ein derartiges Vorgehen ohne vorherige oder zumindest geplante Wohnsitzverlegung der beteiligten Personen nicht an, so dass eine Definition als Handlungsalternative ausgeschlossen werden sollte.

versifizierung, über die Höhe der jährlichen Entnahmen und über die Risikoneigung des Steuerpflichtigen. Bei der Einbeziehung von unentgeltlichen Vermögensübertragungen in die Betrachtung muss ergänzend unterstellt werden können, dass – unabhängig von der Entscheidung über den Wohnsitzwechsel – das gleiche Ergebnis gewünscht ist, d.h., dass die Vermögensübertragung an dieselbe Person in derselben Höhe erfolgen soll. Die Einbeziehung der Vermögenseinbringung in eine Privatstiftung steht dem nicht entgegen. Zwar wird in diesem Fall das Vermögen zunächst auf eine juristische Person übertragen, im wirtschaftlichen Ergebnis ist jedoch ebenfalls die steuerminimierende Vermögensübertragung an eine begünstigte natürliche Person beabsichtigt.

Da die Entscheidung über einen steuerlich motivierten Wohnsitzwechsel ein äußerst komplexes Entscheidungsproblem darstellt, werden im Folgenden mehrere, die Höhe des Vermögensendwerts beeinflussende Größen gesondert untersucht und erläutert.

1.4 Der Vermögensendwert als Zielgröße
1.4.1 Determinanten des Vermögensendwerts

Der Vermögensendwert kann sowohl durch Steuerbelastungen als auch durch außersteuerliche Kosten gemindert werden. Hinsichtlich der durch Steuerbelastungen hervorgerufenen Zahlungsabflüsse wird im Folgenden noch unterschieden zwischen laufenden Kosten und Entstrickungskosten. Diese Unterscheidung hat folgenden Nutzen: Wenn vereinfacht unterstellt wird, dass durch die Verlegung des Hauptwohnsitzes jedes Jahr eine Steuerersparnis aufgrund einer niedrigeren Gesamtsteuerbelastung eintritt, dieser Entlastung aber einmalig anfallende Entstrickungskosten in einer bestimmten Höhe gegenüberstehen, ist die Vorteilhaftigkeit der Wohnsitzverlegung maßgeblich abhängig von der Länge des Betrachtungszeitraums. Ab dem das Ende eines Betrachtungszeitraums bestimmenden Zeitpunkt, in dem die diskontierten Steuerersparnisse identisch sind mit den Entstrickungskosten, kann eine Wohnsitzverlegung empfohlen werden[1817]. Dabei sollte jedoch bei der Wahl des Betrachtungszeitraums das Lebensalter des Steuerpflichtigen beachtet werden. Sollen unentgeltliche Vermögensübertragungen und damit mehrere Generationen in die Steuerplanung einbezogen werden, empfiehlt sich eine Verlängerung des Zeitraums.

[1817] Wenn ein unendlich langer Betrachtungszeitraum unterstellt wird, kann bei gleichbleibenden jährlichen Steuerersparnissen der Barwert dieser Beträge mittels folgender Formel errechnet werden: (jährliche Steuerersparnis)/(Kalkulationszinssatz). Sofern die einmalig anfallenden Entstrickungskosten höher sind als dieser Barwert, ist die Entscheidung zugunsten eines Wohnsitzwechsels nicht mehr von der Länge des Betrachtungszeitraums abhängig. In einem solchen Fall sollte der Wohnsitz in Deutschland beibehalten werden.

Hinsichtlich der Entstrickungskosten wird im Folgenden noch unterschieden zwischen so genannten zwangsläufigen und gewillkürten Entstrickungskosten. Die zwangsläufigen Entstrickungskosten fallen bei einer Entscheidung zugunsten eines Wohnsitzwechsels in jedem Fall an. Gewillkürte Entstrickungskosten sind hingegen nur zu berücksichtigen, wenn im Wegzugszeitpunkt bewusst eine Auflösung stiller Reserven vorgenommen wird, um liquide Mittel in anderer Form anlegen zu können. Die Unterscheidung zwischen zwangsläufigen und gewillkürten Entstrickungskosten hat ebenfalls zwei Vorteile. Zum einen werden die Kosten einer Vermögensumstrukturierung explizit ausgewiesen. Zum anderen kann bei der Untersuchung konkreter Teilentscheidungskomplexe die Annahme getroffen werden, dass keine Vermögensumstrukturierungen vorgenommen werden. In die Betrachtung gehen dann nur die zwangsläufigen Entstrickungskosten ein.

1.4.2 Berücksichtigung von Unsicherheiten und Risiken

Die Berücksichtigung von Unsicherheiten und Risiken ist insbesondere bei der Bestimmung der zwangsläufigen und gewillkürten Entstrickungskosten erforderlich. Das Schicksal der im Wegzugszeitpunkt vorhandenen stillen Reserven lässt sich drei verschiedenen Zuständen zuordnen:

1. Die Entstrickungskosten fallen im Wegzugszeitpunkt an, d.h. die Auflösung und Besteuerung der stillen Reserven erfolgt mit dem Wegzug.
2. Die Entstrickungskosten fallen zu einem späteren Zeitpunkt an. Dieses Ergebnis kommt regelmäßig dadurch zustande, dass die stillen Reserven erst nach dem Wegzugszeitpunkt – meist bei der tatsächlichen Realisation – aufgedeckt werden. Entstrickungskosten können aber auch in einem späteren Zeitpunkt anfallen, wenn die Auflösung der stillen Reserven zwar im Wegzugszeitpunkt erfolgt, die daraus resultierende Steuerzahlung jedoch gestundet wird.
3. Die stillen Reserven werden endgültig der Besteuerung entzogen. Hierbei sind zwei Fälle zu unterscheiden: Zum einen kann der Verlust des Besteuerungsrechts an den stillen Reserven nur aus Sicht der deutschen Steuerhoheit eintreten. In Österreich sind die stillen Reserven wegen der Zugrundelegung der historischen Anschaffungs- oder Herstellungskosten weiterhin steuerverhaftet. Zum anderen können stille Reserven auch endgültig der Besteuerung entzogen werden. Dies ist der Fall, wenn Deutschland keine Entstrickung vornimmt und Österreich als fiktive Anschaffungskosten den Wert zum Zuzugszeitpunkt zugrunde legt.

Grundsätzlich werden Auffassungsunterschiede zwischen der Finanzverwaltung und dem Steuerpflichtigen darin bestehen, dass der Steuerpflichtige hinsichtlich seiner stillen Reserven eine Behandlung entsprechend den Punkten 2 und 3 anstrebt, während die Finanzverwaltung ein Interesse an der sofortigen Besteuerung im Wegzugszeitpunkt hat. In welcher Art und Weise die stillen Reserven im Wegzugsfall tatsächlich aufgedeckt werden, hängt in Zweifelsfällen insbesondere von der Bereitschaft des Steuerpflichtigen zum Beschreiten des Klageweges ab. Im dritten Teil dieser Arbeit ist deutlich geworden, dass die Auffassung der deutschen Finanzverwaltung und der deutschen Finanzgerichte nicht immer einer kritischen Prüfung standhält. Die Auseinandersetzung mit dem Europarecht hat gezeigt, dass in einer Vielzahl der Fälle die bisherige Handhabung gegen geltendes Recht verstößt. Geht der Steuerpflichtige im Zeitpunkt der Entscheidung über einen möglichen Wohnsitzwechsel davon aus, dass er in Zweifelsfällen auch den Gang vor ein deutsches Gericht nicht ausschließt, müssen bei der Entscheidungsfindung die möglichen Verfahrensausgänge berücksichtigt werden. Bei einer möglichen Verletzung von Europarecht kann ein Gerichtsverfahren unter Umständen durch eine vorherige formlose Beschwerde bei der EU-Kommission vermieden werden.

Eine verbindliche Aussage über den Ausgang eines Gerichtsverfahrens kann nicht getroffen werden. Grundsätzlich handelt es sich um eine Ungewissheitssituation im engeren Sinne, da im Gegensatz zu einer Risikosituation Wahrscheinlichkeiten für das Eintreten bestimmter Zustände nicht bekannt sind. Um jedoch eine Quantifizierung zu ermöglichen, sollte der Steuerpflichtige Wahrscheinlichkeiten für das Eintreten bestimmter Verfahrensausgänge schätzen. Aus der Multiplikation der jeweiligen Wahrscheinlichkeiten mit den Steuerbelastungen bei den verschiedenen möglichen Verfahrensausgängen ergibt sich ein Erwartungswert für die Steuerbelastung aus der Entstrickung. Dieser Erwartungswert wäre dann anstelle der Entstrickungskosten anzusetzen, die bei Zugrundelegung der Auffassung der Finanzverwaltung anzusetzen wären[1818,1819]. Es muss jedoch bedacht werden, dass derartige Schätzungen, denen so genannte subjektive Wahrscheinlichkeiten zugrunde liegen[1820], häufig sehr ungenau sind.

[1818] Bei der Zugrundelegung des Erwartungswertes wird unterstellt, dass der Steuerpflichtige risikoneutral ist.
[1819] Da die Schätzung der subjektiven Wahrscheinlichkeiten hinsichtlich der Verfahrensausgänge mit hoher Ungewissheit verbunden ist, wird auf die Zinseffekte, die sich aus der Möglichkeit des Antrags auf Aussetzung der Vollziehung gemäß § 361 dAO bzw. gemäß § 69 dFGO ergeben können, nicht weiter eingegangen.
[1820] Vgl. Bamberg/Coenenberg (2000), S. 77 - 78. Meyer, R. (2000), S. 19 definiert subjektive Wahrscheinlichkeiten als auf persönlicher Erfahrung und Intuition beruhende Glaubwürdigkeitsvorstellungen über die Umweltzustände, die die subjektive Einschätzung eines ganz bestimmten Entscheidungsträgers abbilden. Objektive Wahrscheinlichkeiten sind hingegen aufgrund mathematischer Gesetzmäßigkeiten berechenbar und daher für jeden Entscheidungsträger gleich.

Daneben ist die voraussichtliche Höhe der zukünftigen Einkommen der beteiligten Steuerpflichtigen zu schätzen.

1.4.3 Auswirkungen von Steuerstundungen

Berücksichtigung finden muss im Rahmen einer allgemeinen Entscheidungsformel auch die Möglichkeit der Stundung von Steuerzahlungen. Gemäß § 222 dAO können die Finanzbehörden Ansprüche aus dem Steuerschuldverhältnis ganz oder teilweise stunden, wenn die Einziehung bei Fälligkeit eine erhebliche Härte[1821] für den Schuldner bedeuten würde und der Anspruch durch die Stundung nicht gefährdet erscheint. Die Stundung soll regelmäßig nur auf Antrag und gegen Sicherheitsleistung gewährt werden. Grundsätzlich werden gemäß § 234 Abs. 1 dAO für die Dauer einer gewährten Stundung von Ansprüchen aus dem Steuerschuldverhältnis Zinsen erhoben. Die Zinsen betragen für jeden Monat 0,5 %[1822]. Mit der Festlegung eines festen Zinssatzes hat der Gesetzgeber im Interesse der Praktikabilität den auszugleichenden Zinsvorteil und -nachteil typisierend festgelegt. Damit ist es grundsätzlich unerheblich, ob und in welcher Höhe im Einzelfall tatsächlich ein Zinsvorteil oder -nachteil entsteht. Allerdings kann auf die Zinsen gemäß § 234 Abs. 2 dAO ganz oder teilweise verzichtet werden, wenn ihre Erhebung nach Lage des einzelnen Falles unbillig wäre. Wann die Erhebung von Stundungszinsen unbillig ist, lässt sich nur unter Berücksichtigung der gesamten Umstände und der besonderen Verhältnisse des Einzelfalls beurteilen[1823]. Die Billigkeitsgründe können sowohl persönlicher als auch sachlicher Natur sein.

1.4.4 Entstrickungskosten

Entstrickungskosten in dem hier verstandenen Sinne stellen die durch die Auflösung der stillen Reserven tatsächlich gezahlten Steuern dar, die im Zusammenhang mit der Wohnsitzverlegung und der dadurch veranlassten Vermögensumstrukturierung entstehen. Sie ergeben sich aus der Multiplikation der aufgelösten

---

[1821] Der Begriff der erheblichen Härte ist ein unbestimmter Rechtsbegriff, der mit der Befugnis zur Ermessensausübung verknüpft ist und nur nach Gesichtspunkten der Einzelfallgerechtigkeit konkretisiert werden darf. Hierbei müssen die Interessen des Steuerschuldners und des Steuergläubigers gegeneinander abgewogen werden. Begründet sein kann die erhebliche Härte in der Person des Steuerschuldners oder in der Sache. Vgl. von Groll (1999), S. 19 - 20, RZ 122 - 123.
[1822] Vgl. § 238 dAO, der ergänzend festschreibt, dass die Zinsen von dem Tag an, an dem der Zinslauf beginnt, nur für volle Monate zu zahlen sind. Angefangene Monate bleiben außer Ansatz. Zudem ist der zu verzinsende Betrag jeder Steuerart auf den nächsten durch fünfzig Euro teilbaren Betrag abzurunden. Hinsichtlich der Festsetzung der Zinsen bestimmt § 239 Abs. 2 dAO, dass die Zinsen auf volle Euro zum Vorteil des Steuerpflichtigen gerundet festzusetzen sind. Eine Festsetzung erfolgt dann nicht, wenn die Zinsen weniger als zehn Euro betragen.
[1823] Vgl. von Wallis (1989), S. 4, RZ 6.

stillen Reserven mit dem zur Anwendung gelangenden Steuersatz[1824]. In diesem Zusammenhang ist jedoch zu berücksichtigen, dass durch eine Auflösung von stillen Reserven ggf. zusätzliches Abschreibungspotential geschaffen wird, das verteilt über den verbleibenden Abschreibungszeitraum zu einer Minderung der Bemessungsgrundlagen und damit der Steuerbelastungen führen kann.

Wie stark die Auswirkungen der Entstrickungskosten auf die Entscheidung über den Wohnsitzwechsel sind, ist davon abhängig, ob während des Betrachtungszeitraums auch für den Fall der Beibehaltung des deutschen Hauptwohnsitzes eine Entstrickung geplant ist. Wird im Entscheidungszeitpunkt davon ausgegangen, dass während des Betrachtungszeitraums unabhängig von der Wohnsitzentscheidung eine Auflösung der stillen Reserven aufgrund eines Realisations- oder Ersatzrealisationstatbestandes erfolgt, wirkt sich als Nachteil der vorzeitigen Steuerentstrickung nur der Zinsnachteil aus. Ist hingegen eine von der Wohnsitzverlegung unabhängige Steuerentstrickung im Betrachtungszeitraum nicht geplant, wirken sich die durch die Wohnsitzverlegung ausgelösten Entstrickungskosten in voller Höhe auf die Entscheidung über den Wohnsitzwechsel aus.

1.4.4.1 Zwangsläufige Entstrickungskosten

Von Bedeutung hinsichtlich der Unterscheidung zwischen zwangsläufigen und gewillkürten Entstrickungskosten ist die Frage, ob ein allgemeiner Entstrickungsgrundsatz existiert. Wäre dies der Fall, müssten alle unter deutscher Steuerhoheit gebildeten stillen Reserven im Wegzugszeitpunkt aufgelöst werden. So genannte gewillkürte Entstrickungskosten wären dann nicht mehr möglich. Da die bisher gemachten Ausführungen gezeigt haben, dass ein allgemeiner Entstrickungsgrundsatz zwar bei Zugrundelegung des Leistungsfähigkeitsprinzips und des Verhältnismäßigkeitsgebots zu befürworten, wegen der Verletzung des Grundsatzes der Rechtssicherheit aber abzulehnen ist[1825], ist die Unterscheidung zwischen zwangsläufigen und gewillkürten Entstrickungskosten zum derzeitigen Zeitpunkt noch zweckmäßig. Dies kann sich ändern, wenn – wie geplant – ein allgemeiner Entstrickungsgrundsatz Eingang in das deutsche Recht findet. In diesem Fall wird es voraussichtlich zu einer Meinungsverschiedenheit zwischen der Finanzverwaltung und einem der hier vertretenen Meinung folgendem Steuerpflichtigen kommen[1826]. Ob in einem gerichtlichen Verfahren die Auffassung von der Unzulässigkeit eines allgemeinen Entstrickungsgrundsatzes durchge-

---

[1824] Gelangt das Halbeinkünfteverfahren zur Anwendung, wird die Hälfte der stillen Reserven von der Bemessungsgrundlage ausgenommen.
[1825] Vgl. Teil 3, Kap. 1.3.
[1826] Es wird die Auffassung vertreten, dass ein allgemeiner Entstrickungsgrundsatz auch bei einer ausdrücklichen Kodifizierung abzulehnen ist, weil andernfalls der Grundsatz der Tatbestandsmäßigkeit der Besteuerung verletzt wird.

setzt werden kann, hängt in entscheidendem Maße von der gesetzlichen Ausformulierung eines solchen Tatbestandes ab. Die Bestimmung von subjektiven Wahrscheinlichkeiten zur Bildung eines die zukünftigen Steuerzahlungen abbildenden Erwartungswertes ist infolgedessen mit erheblichen Unsicherheiten verbunden. In den weiteren Ausführungen wird daher von dem derzeitigen Rechtsstand ausgegangen, der eine Entstrickung nur bei den gesetzlich verankerten Entstrickungstatbeständen vorsieht. Desto länger jedoch der Betrachtungszeitraum gewählt wird, umso wahrscheinlicher ist eine in diesen Zeitraum fallende Verankerung eines allgemeinen Entstrickungsgrundsatzes. Die Diskussion hinsichtlich der Einführung eines solchen Tatbestandes muss daher aufmerksam verfolgt werden.

Die wichtigsten gesetzlich kodifizierten zwangsläufigen Entstrickungskosten resultieren aus der Wegzugsbesteuerung gemäß § 6 dAStG[1827]. Dieser unterliegen die Anteile an einer inländischen Kapitalgesellschaft im Sinne des § 17 dEStG in Höhe der Differenz zwischen Anschaffungskosten und gemeinem Wert im Wegzugszeitpunkt. Auf den so ermittelten, fiktiven Veräußerungsgewinn ist das Halbeinkünfteverfahren gemäß § 3 Nr. 40 Satz 1 lit. c dEStG anzuwenden. Ist die alsbaldige Einziehung der Einkommensteuer mit erheblichen Härten für den Steuerpflichtigen verbunden, kann diese auf Antrag in regelmäßigen Teilbeträgen für einen Zeitraum von höchstens fünf Jahren gestundet werden. Die Stundung hat nach Ansicht des BFH jedoch nicht zinslos, sondern zum gesetzlichen Zinssatz von 0,5 % pro Monat zu erfolgen. Beabsichtigt der Steuerpflichtige, gegen die in der derzeitigen Form angewendete Wegzugsbesteuerung gerichtlich vorzugehen, müssen subjektive Wahrscheinlichkeiten für die möglichen Ausgänge eines Verfahrens festgelegt werden. Durch die Multiplikation der subjektiven Wahrscheinlichkeiten mit den zugrunde liegenden Steuerzahlungen und deren nachfolgende Addition ergibt sich ein Erwartungswert für die Steuerbelastung, der in die Entscheidungsformel einzugehen hat. Ein endgültiger Entzug stiller Reserven wäre möglich, wenn konstatiert würde, dass bei Beibehaltung eines Nebenwohnsitzes Abkommensrecht verletzt wird. Dies ist nach hier vertretener Ansicht bei Anwendung des ErtSt-DBA's 2003 der Fall, da die abkommensrechtliche Zulässigkeit explizit nur für den Grundtatbestand verankert wurde und deswegen auch nicht von einem treaty overriding ausgegangen werden kann[1828]. Beabsichtigt der Steuerpflichtige, in einem Gerichtsverfahren auf die europarechtliche Unvereinbarkeit der Wegzugsbesteuerung hinzuweisen, könnte sowohl ein endgültiger Entzug stiller Reserven als auch die Stundung bis zum tatsächlichen Realisationszeitpunkt die Folge sein[1829]. Wird bei der Recht-

---

[1827] Vgl. Teil 3, Kap. 2.1.4.1.
[1828] Vgl. Teil 3, Kap. 2.1.4.1.2.2.
[1829] Vgl. Teil 3, Kap. 3.5.1.

fertigungsprüfung eine Verletzung des Anerkennungsgrundsatzes festgestellt, weil sich die Wegzugsbesteuerung nicht auch auf ausländische Anteile erstreckt, könnte die Wegzugsbesteuerung vom Europäischen Gerichtshof als unzulässig angesehen werden. Eine Ausdehnung auch auf ausländische Anteile und damit die Heilung der Verletzung des Anerkennungsgrundsatzes würde erst in die Zukunft wirken. Wird hingegen die Verletzung des Verhältnismäßigkeitsgrundsatzes beanstandet, käme eine Steuerstundung bis zum Zeitpunkt der tatsächlichen Realisation in Frage.

Besitzt der Steuerpflichtige einbringungsgeborene Anteile, kommt er um eine Auflösung der in diesen Anteilen gebundenen stillen Reserven grundsätzlich nicht herum[1830]. Gemäß § 21 Abs. 1 i.V.m. Abs. 2 Nr. 2 dUmwStG ist bei einem Ausschluss des Besteuerungsrechts der Bundesrepublik Deutschland der Betrag, um den der gemeine Wert im Wegzugszeitpunkt nach Abzug der Veräußerungskosten die Anschaffungskosten der Anteile übersteigt, der Besteuerung zu unterwerfen. Als Anschaffungskosten der Anteile gilt der Wert, mit dem die Kapitalgesellschaft das eingebrachte Betriebsvermögen angesetzt hat. Erfolgte die Einbringung mindestens sieben Jahre vor dem Wegzugszeitpunkt, unterliegt der fiktive Veräußerungsgewinn gemäß § 3 Nr. 40 Satz 1 lit. b dEStG dem Halbeinkünfteverfahren. Andernfalls ist der gesamte Gewinn der Steuer zu unterwerfen. § 21 Abs. 2 Satz 3 dUmwStG gestattet die Entrichtung der Steuer in jährlichen Teilbeträgen von mindestens je einem Fünftel. Stundungszinsen werden dabei nicht erhoben, so dass unabhängig vom persönlichen Kalkulationszinssatz eine Stundung in jedem Fall erfolgen sollte. Wird die Möglichkeit der Klage in Betracht gezogen, muss die Verletzung des Verhältnismäßigkeitsgrundsatzes hinsichtlich der stillen Reserven, die nach der Einbringung des Betriebsvermögens entstanden sind, berücksichtigt werden[1831]. Der sich hieraus ergebende Zinsvorteil dürfte jedoch in einer Vielzahl der Fälle gering ausfallen, da eine Befürwortung der Verletzung des Verhältnismäßigkeitsgrundsatzes nicht mit der gesetzlichen Stundung in Fünftelbeträgen in Einklang stünde. Würde die Besteuerung unter Berücksichtigung des Verhältnismäßigkeitsgrundsatzes erfolgen, wären die bei der Einbringung bereits vorhandenen stillen Reserven zum Wegzugszeitpunkt in voller Höhe zu besteuern. Lediglich die stillen Reserven, die nach der Einbringung entstanden sind, müssten bis zum tatsächlichen Zeitpunkt gestundet werden.

Weiterhin werden bei den zwangsläufigen Entstrickungskosten die Tatbestände erfasst, in denen der BFH wegen der Wohnsitzverlegung eines Betriebsinhabers eine Betriebsaufgabe unterstellt hat. Im so genannten Schifffahrtsunternehmer-

---

[1830] Vgl. Teil 3, Kap. 2.1.4.2.
[1831] Vgl. Teil 3, Kap. 2.1.4.2.2.

Urteil[1832] hatte die Wohnsitzverlegung des Unternehmers die abkommensrechtliche Verlegung des Betriebs zur Folge. Der BFH hatte eine Betriebsaufgabe gemäß § 16 Abs. 3 dEStG angenommen, weil der Gewinn aus dem in das Ausland verlegten Gewerbebetrieb aufgrund eines Doppelbesteuerungsabkommens nicht mehr der deutschen Besteuerung unterlag. Bestätigt wurde die Abhängigkeit der Annahme einer Betriebsaufgabe von der Erfassbarkeit der stillen Reserven durch den so genannten Strukturwandelbeschluss[1833]. In diesem stellte der BFH fest, dass eine Betriebsaufgabe auch dann gegeben sei, wenn der Betrieb zwar als wirtschaftlicher Organismus bestehen bleibt, aber durch eine Handlung bzw. einen Rechtsvorgang in seiner ertragsteuerlichen Einordnung so verändert wird, dass die Erfassung der stillen Reserven nicht gewährleistet sei. Durch das so genannte Erfinder-Urteil[1834] wurde die Rechtsprechung auch auf freiberuflich tätige Steuerpflichtige übertragen. Nach Ansicht des BFH führt die Verlegung des Wohnsitzes eines freiberuflich tätigen Erfinders in das Ausland zur Auflösung der in den Patenten ruhenden stillen Reserven wegen Betriebsaufgabe, wenn durch die Wohnsitzverlegung das inländische Besteuerungsrecht entfällt. Die soeben genannte Rechtsprechung lässt den Schluss zu, dass grundsätzlich von einer Auflösung der stillen Reserven ausgegangen werden muss, sofern bei der Wohnsitzverlegung eines Betriebsinhabers der Entzug stiller Reserven droht. Verhindert werden kann diese Rechtsfolge unter Umständen nur, indem entweder gegen die Annahme einer Betriebsaufgabe gerichtlich vorgegangen wird oder indem – wie auch vom BFH vorgeschlagen[1835] – die Voraussetzungen für eine zukünftige Erfassung der stillen Reserven geschaffen werden[1836]. Im Gegensatz zu der vom BFH empfohlenen Bestellung eines ständigen Vertreters sollte hierbei aufgrund des deutsch-österreichischen Abkommensrechts die Erfassbarkeit der stillen Reserven durch die Begründung einer Betriebsstätte sichergestellt werden.

Wird das Beschreiten des Klageweges von dem Steuerpflichtigen in Betracht gezogen, müssen wiederum subjektive Wahrscheinlichkeiten für die möglichen Verfahrensausgänge gebildet werden. Eine Klage sollte in zwei Fällen erwogen

---

[1832] Vgl. BFH-Urteil v. 28.4.1971 – I R 55/66, BStBl II 1971, S. 630 und Teil 3, Kap. 2.2.5.1.1.
[1833] Vgl. BFH-Beschluss v. 7.10.1974 – GrS 1/73, BStBl II 1975, S. 168 und Teil 3, Kap. 2.2.5.1.1 und 2.2.5.1.3.
[1834] Vgl. BFH-Urteil v. 13.10.1976 – I R 261/70, BStBl II 1977, S. 76 und Teil 3, Kap. 2.2.5.1.1.
[1835] Vgl. BFH-Urteil v. 12.4.1978 – I R 100/75, BStBl II 1978, S. 425 und Teil 3, Kap. 2.2.3.2.2.
[1836] Derartige Gestaltungsmöglichkeiten werden nicht im Rahmen der Entscheidungsformel berücksichtigt. Sollen hierdurch zwangsläufige Entstrickungskosten vermieden werden, muss von dem Steuerpflichtigen vor Anwendung der Formel eine diesbezügliche Entscheidung getroffen werden.

werden[1837]. Zum einen ist die Behauptung einer Betriebsaufgabe abzulehnen, wenn eine tatsächliche Betriebsverlegung überhaupt nicht stattfindet, sondern der Entzug der stillen Reserven nur aufgrund abkommensrechtlicher Bestimmungen erfolgt. Zum anderen ist die Annahme einer Betriebsaufgabe dann zweifelhaft, wenn mit der Wohnsitzverlegung des Betriebsinhabers zwar der Betrieb verlegt wird, dieser aber in wirtschaftlich identischer Weise im Ausland fortgeführt wird[1838]. Für eine geringe Wahrscheinlichkeit hinsichtlich eines Urteilsspruchs im Sinne der in dieser Arbeit vertretenen Ansichten sprechen die verschiedenen bereits ergangenen und weiter oben angeführten Urteile. Es muss allerdings auch berücksichtigt werden, dass diese Urteile schon sehr alt sind. Für den Fall, dass der Annahme einer Betriebsaufgabe durch die Finanzgerichte widersprochen wird, kommt es – aus Sicht des Steuerpflichtigen, nicht aber aus der Sicht des Wegzugsstaates – zu keinem endgültigen Entzug der stillen Reserven. Vielmehr ist bei der tatsächlichen Realisation das Betriebsstättenprinzip zu berücksichtigen. Technisch erfolgt die Berücksichtigung eines positiven Verfahrensausgangs in der Weise, dass die Wahrscheinlichkeit hierfür mit einer Steuerbelastung von Null multipliziert wird und dieses Ergebnis in den Erwartungswert eingeht.

Ebenfalls bei den zwangsläufigen Entstrickungskosten werden die Kosten berücksichtigt, die aus der durch die Wohnsitzverlegung des Gesellschafters ausgelösten Liquidationsbesteuerung einer Gesellschaft resultieren können[1839]. § 11 dKStG bzw. § 12 dKStG gelangt zur Anwendung, wenn der Gesellschafter, der seinen Wohnsitz verlegt, zugleich als Oberleiter der Gesellschaft zu qualifizieren ist. Nach Auffassung der Finanzverwaltung und des Bundesfinanzhofs unterliegt – unabhängig vom Verlust an Besteuerungsrechten – sämtliches Vermögen der Gesellschaft bei der Verlegung der Geschäftsleitung ins Ausland der Schlussbesteuerung. Nach der hier vertretenen Ansicht kann aber weder § 11 dKStG noch § 12 dKStG angewendet werden. Für eine Besteuerung auf der Grundlage von § 11 dKStG fehlt es an der Abwicklung der Gesellschaft und für die Anwendung von § 12 dKStG ist das Tatbestandsmerkmal des Ausscheidens aus der unbeschränkten Steuerpflicht bei Vorliegen eines inländischen Satzungssitzes nicht erfüllt. Die Änderung der abkommensrechtlichen Ansässigkeit ist kein Tatbestandsmerkmal von § 12 dKStG. Ist der Steuerpflichtige bei einer durch die Wohnsitzverlegung ausgelösten Liquidationsbesteuerung der Gesellschaft gewillt, den Klageweg zu beschreiten, sind von ihm wiederum subjektive Wahrscheinlichkeiten für die möglichen Verfahrensausgänge zu bestimmen und mit den damit jeweils verbundenen Entstrickungskosten zu multiplizieren.

[1837] Vgl. Teil 3, Kap. 2.2.5.1.2.
[1838] Beachte diesbezüglich aber die Möglichkeit der teleologischen Reduktion des Betriebsaufgabetatbestandes. Vgl. Teil 3, Kap. 2.2.5.1.6.
[1839] Vgl. Teil 3, Kap. 2.2.5.2.

1.4.4.2 Gewillkürte Entstrickungskosten

Gewillkürte Entstrickungskosten entstehen, wenn im Wegzugszeitpunkt bewusst die Auflösung stiller Reserven betrieben wird. In erster Linie geschieht dies, um liquide Mittel zu erhalten, die in anderer Form in Österreich angelegt werden können. Allerdings sollen zu den gewillkürten Entstrickungskosten auch die Kosten zählen, die beispielsweise aus einer tatsächlichen Betriebsaufgabe resultieren. Eine solche kann aus außersteuerlichen Gründen notwendig werden, wenn der Betriebsinhaber durch die Wohnsitzverlegung nicht mehr in der Lage ist, den Betrieb weiterzuführen, und auch nicht gewillt ist, einer dritten Person die Geschäftsführung zu übertragen. Im Unterschied zu den zwangsläufigen Entstrickungskosten ist eine Aufdeckung der stillen Reserven aber nicht zwingend, sondern liegt stattdessen in der Entscheidungsmacht des Steuerpflichtigen. In diesem Zusammenhang kann es häufig sinnvoll sein, die Auflösung der stillen Reserven – sofern möglich – auf mehrere Jahre zu verteilen[1840]. Unterstützend sollte der Steuerpflichtige eine beendigungsorientierte Steuerbilanzpolitik betreiben[1841].

Regelmäßig resultiert ein maßgeblicher Anteil der gewillkürten Entstrickungskosten aus der Besteuerung der Gewinne, die aus der Veräußerung eines Einzelunternehmens, eines Teilbetriebs oder eines Mitunternehmeranteils erzielt werden[1842]. Der Besteuerung liegt der Betrag zugrunde, um den der Veräußerungspreis nach Abzug der Veräußerungskosten den Wert des Betriebsvermögens oder den Wert des Anteils am Betriebsvermögen übersteigt[1843]. Grundsätzlich ist auf den Veräußerungsgewinn die Tarifermäßigung gemäß § 34 Abs. 1 dEStG anzuwenden. Danach beträgt die für den Veräußerungsgewinn anzusetzende Einkommensteuer das Fünffache des Unterschiedsbetrags zwischen der Einkommensteuer für das um den Veräußerungsgewinn verminderte zu versteuernde Einkommen und der Einkommensteuer für das verbleibende zu versteuernde Einkommen zuzüglich eines Fünftels des Veräußerungsgewinns. Hat der Steuerpflichtige hingegen das 55. Lebensjahr vollendet oder ist er dauernd berufsunfähig, unterliegt gemäß § 34 Abs. 3 dEStG der Veräußerungsgewinn, der den Betrag von insgesamt 5 Millionen Euro nicht übersteigt, einem ermäßigten Steuersatz in Höhe der Hälfte des durchschnittlichen Steuersatzes, der aber nach unten auf 15 % begrenzt ist. Diese Begünstigung kann nur einmal im Leben und auch nur für einen Veräußerungs- bzw. Aufgabegewinn in Anspruch genommen werden. Unter Umständen wird dem Steuerpflichtigen auf Antrag auch noch ein Freibetrag gemäß § 16 Abs. 4 dEStG gewährt. Sofern zum Vermögen des ver-

---

[1840] Eine derartige Entstrickung kann sowohl in den Jahren vor als auch in den Jahren nach der Wohnsitzverlegung erfolgen.
[1841] Vgl. Teil 3, Kap. 2.2.4.
[1842] Vgl. Teil 3, Kap. 2.2.1.1 und 2.2.1.2.
[1843] Vgl. § 16 Abs. 2 dEStG.

äußerten Betriebs Beteiligungen an Kapitalgesellschaften gehören, ist gemäß § 3 Nr. 40 Satz 1 lit. b dEStG das Halbeinkünfteverfahren anteilig anzuwenden. Vorbehaltlich der allgemeinen Bestimmungen der Abgabenordnung ist eine Stundung der Steuerzahlungen nicht möglich.

Wird ein Einzelunternehmen oder ein Mitunternehmeranteil aufgegeben, greift die Betriebsaufgabebesteuerung gemäß § 16 Abs. 3 dEStG[1844]. Dabei sollten bei der Position „gewillkürte Entstrickungskosten" nur die Steuerzahlungen erfasst werden, die aus einer tatsächlichen Aufgabe eines Betriebs oder Mitunternehmeranteils resultieren. Kosten, die durch die vom Bundesfinanzhof unterstellte Annahme einer Betriebsaufgabe wegen der mangelnden Sicherstellung der Besteuerung der unter der deutschen Steuerhoheit gebildeten stillen Reserven hervorgerufen werden, sollten bereits bei der Position „zwangsläufige Entstrickungskosten" erfasst werden. Der Veräußerungspreis im Rahmen der Gewinnermittlung wird in der Weise ermittelt, dass die veräußerten Wirtschaftsgüter mit den Veräußerungspreisen und die nicht veräußerten Wirtschaftsgüter mit dem gemeinen Wert im Zeitpunkt der Aufgabe anzusetzen sind. Die Tarifermäßigungsvorschriften sind identisch mit denen bei einer Betriebsveräußerung. Stundungen sind ebenfalls nur möglich, wenn die Voraussetzungen für die allgemeinen Bestimmungen der Abgabenordnung erfüllt sind. Wegen des mangelnden bzw. nur geringen Zuflusses liquider Mittel könnte einer Stundung unter Umständen leichter zugestimmt werden.

Soll die Beteiligung an einer Kapitalgesellschaft veräußert werden[1845], unterliegt der Betrag, um den der Veräußerungspreis nach Abzug der Veräußerungskosten die Anschaffungskosten übersteigt, der Besteuerung. Nach derzeitigem Rechtsstand ist ein derartiger Veräußerungsgewinn nur steuerpflichtig, wenn die Beteiligung im Betriebsvermögen gehalten wird oder wenn die Beteiligung mehr als 1 % beträgt und im Privatvermögen gehalten wird. Hinsichtlich der im Privatvermögen gehaltenen Beteiligungen ist aber zu berücksichtigen, dass bei Erfüllung der besonderen Voraussetzungen des § 6 dAStG bereits eine zwangsläufige Entstrickung der stillen Reserven vorgenommen wird. Greift die Wegzugsbesteuerung gemäß § 6 dAStG hingegen nicht – beispielsweise weil es sich um Anteile an einer ausländischen Gesellschaft handelt – sollte auf eine Veräußerung vor dem oder im Wegzugszeitpunkt unter allen Umständen verzichtet werden. Stattdessen sollte mit der Veräußerung bis nach dem Wohnsitzwechsel gewartet werden, weil dann bei der Besteuerung in Österreich dem Veräußerungserlös der gemeine Wert im Zuzugszeitpunkt gegenübergestellt wird[1846]. Dadurch

---

[1844] Vgl. Teil 3, Kap. 2.2.2.1.
[1845] Vgl. Teil 3, Kap. 2.2.1.3.
[1846] Vgl. § 31 Abs. 3 Satz 2 öEStG.

findet ein endgültiger Entzug der unter der deutschen Steuerhoheit gebildeten stillen Reserven statt. Wird eine Beteiligung dennoch vor dem Wegzug veräußert, unterliegt ein Veräußerungsgewinn dem Halbeinkünfteverfahren[1847].

Wird zur Gewinnung liquider Mittel eine Kapitalgesellschaft aufgelöst und abgewickelt, ist der hierbei erzielte Gewinn gemäß § 11 Abs. 2 dKStG durch Gegenüberstellung von Abwicklungs-Anfangsvermögen und Abwicklungs-Endvermögen zu ermitteln. Bei einer Beteiligung von mehr als 1 %, die bei einem Gesellschafter, der einen Auflösungsbeschluss herbeiführen kann, der Regelfall ist, ist der Liquidationserlös nach den Regelungen des § 17 dEStG wie ein Veräußerungserlös zu behandeln. Dabei ergibt die Differenz zwischen dem ausgekehrten Liquidationserlös und den Anschaffungskosten den zu den Einkünften aus Gewerbebetrieb gehörenden Gewinn bzw. Verlust aus der Beteiligung. Ein Gewinn unterliegt nach Abzug des Freibetrages gemäß § 17 Abs. 3 dEStG dem Halbeinkünfteverfahren. Eine Stundung von Steuerzahlungen ist bei der Auflösung und Abwicklung einer Kapitalgesellschaft grundsätzlich nicht vorgesehen. Allerdings kann ein Stundungseffekt zum einen durch die Ausdehnung des Liquidationszeitraums auf drei Jahre erfolgen. Zum anderen kann eine Stundungswirkung durch die Inanspruchnahme des Wahlrechts der Finanzverwaltung erzielt werden, wonach der Abwicklungszeitraum auch am Anfang des Wirtschaftsjahrs beginnen kann, in das die Auflösung fällt.

1.4.5 Außersteuerliche Kosten der Wohnsitzverlegung

Neben den steuerlichen Auswirkungen müssen auch die unmittelbar mit der Wohnsitzverlegung zusammenhängenden außersteuerlichen Kosten Berücksichtigung finden. Hierunter fallen in erster Linie die originären Umzugskosten, d.h. die Kosten, die beispielsweise aus der Beauftragung eines Umzugsunternehmens, der Anmietung eines Umzugswagens oder der Beschäftigung von Umzugshelfern resultieren. Hinzu kommen einmalige Gebühren wie zum Beispiel Ummelde- und Notariatsgebühren. Ebenfalls unter der Position „außersteuerliche Kosten der Wohnsitzverlegung" sollten zwischenzeitliche Einkunftseinbußen erfasst werden, die beispielsweise durch einen zwischenzeitlichen Arbeitsplatzverlust oder durch eine längere Anlaufphase zum Aufbau eines neuen Kundenstamms erwartet werden.

[1847] Vgl. bei einer im Privatvermögen gehaltenen Beteiligung § 3 Nr. 40 Satz 1 lit. c dEStG und bei einer im Betriebsvermögen gehaltenen Beteiligung § 3 Nr. 40 Satz 1 lit. a dEStG bzw. bei einer 100%igen Beteiligung § 3 Nr. 40 Satz 1 lit. b dEStG (jeweils immer i.V.m. § 3 c Abs. 2 dEStG).

2. Untersuchung konkreter Teilentscheidungskomplexe

Für die nachfolgenden Berechnungsbeispiele wird von den ab 2005 jeweils geltenden Grenzsteuersätzen der obersten Progressionszone ausgegangen. Ab dem Jahr 2005 beträgt dieser in Deutschland 42 %. Da der Solidaritätszuschlag direkt aus der Einkommensteuerbelastung abgeleitet wird, ist dessen Einbeziehung in den Grenzsteuersatz ratsam. Der Solidaritätszuschlag beträgt 5,5 % der Einkommensteuerschuld. Der Grenzsteuersatz unter Einbeziehung des Solidaritätszuschlages beläuft sich demnach auf 44,31 %. In Österreich beträgt der einkommensteuerliche Grenzsteuersatz in der obersten Progressionszone 50 %. Die Kirchensteuer bleibt unberücksichtigt, da sie nur von Steuerpflichtigen zu entrichten ist, die einer öffentlich rechtlichen Religionsgemeinschaft angehören, die zudem die Erhebung der Kirchensteuer der staatlichen Finanzverwaltung übertragen hat.

2.1 Vermögensumstrukturierung bei Wohnsitzwechsel

Im Folgenden wird untersucht, inwieweit die Vorteilhaftigkeit einer Wohnsitzverlegung nach Österreich von der Umstrukturierung des Vermögens abhängt bzw. wann bei einem Wohnsitzwechsel eine Vermögensumstrukturierung sinnvoll ist. Wegen der besonderen Abhängigkeit der Vermögensumstrukturierung von der Rentabilität der jeweiligen Anlage sind einige allgemeine Aussagen erforderlich. Grundsätzlich weist eine Anlage immer dann eine höhere Rentabilität auf, wenn diese auch mit einem höheren Risiko verbunden ist. In welche Anlage ein Steuerpflichtiger investiert, hängt demzufolge auch von dessen Risikoverhalten ab. Allgemein gültige Aussagen sind daher nicht möglich. Im konkreten Einzelfall sollte eine Entscheidung aber immer unter Berücksichtigung der Risikoneigung des Steuerpflichtigen erfolgen.

Hinsichtlich des Risikoverhaltens eines Steuerpflichtigen wird zwischen risikoneutralen, risikofreudigen und risikoaversen Personen unterschieden. Zur Quantifizierung dieser Verhaltensmuster hat sich der Begriff des Sicherheitsäquivalents durchgesetzt. Als Sicherheitsäquivalent eines zufallsabhängigen Ergebnisses wird der Zustand bezeichnet, in dem ein Entscheidungsträger zwischen diesem zufallsabhängigen Ergebnis und einem sicheren Ergebnis indifferent ist[1848]. Stimmt das Sicherheitsäquivalent des Steuerpflichtigen mit dem Erwartungswert der zu erzielenden Rentabilität überein, bezeichnet man dessen Verhalten als risikoneutral. Risikofreudig ist eine Person, wenn deren Sicherheitsäquivalent größer als der Erwartungswert ist. Ist es hingegen kleiner als der Erwartungswert, wird die Person als risikoavers bezeichnet[1849].

[1848] Vgl. Bamberg/Coenenberg (2000), S. 89.
[1849] Vgl. zum unterschiedlichen Risikoverhalten Bamberg/Coenenberg (2000), S. 94 - 96. Dort wird auch das jeweilige Aussehen der Nutzenfunktionen ausführlich erläutert. Ein Ver-

Für die Untersuchung des Teilentscheidungskomplexes „Vermögensumstrukturierung" wird unterstellt, dass alle Anlageformen die gleiche Rentabilität aufweisen. Des Weiteren wird zunächst davon ausgegangen, dass der Steuerpflichtige vor der Entscheidung über die Wohnsitzverlegung nur in Deutschland belegenes Vermögen besitzt. Dieses Vermögen ist in optimaler Weise und entsprechend den Vorstellungen des Steuerpflichtigen strukturiert, so dass die Frage nach der Vermögensumstrukturierung nur für den Fall der Wohnsitzverlegung relevant ist. Unter Vermögensumstrukturierung im Sinne des hier untersuchten Teilentscheidungskomplexes ist die Liquidation des ganzen oder von Teilen des deutschen Vermögens und die anschließende Anlage in Österreich gemeint.

Maßgeblich beeinflusst werden von einer Vermögensumstrukturierung die „gewillkürten Entstrickungskosten". Allerdings kann auch eine Interdependenz zwischen der eigentlichen Wohnsitzverlegung und der Vorteilhaftigkeit einer Vermögensumstrukturierung bestehen. Wird der Wohnsitz bzw. der Mittelpunkt der Lebensinteressen ins Ausland verlegt, können regelmäßig „zwangsläufige Entstrickungskosten" die Folge sein. Dadurch, dass die stillen Reserven bereits durch den Wegzug aufgelöst sind, kann die Frage nach der Vorteilhaftigkeit einer Vermögensumstrukturierung unabhängig von dem Bestehen stiller Reserven beantwortet werden. Dies setzt jedoch voraus, dass der Zuzugsstaat als Anschaffungskosten der Anlage den Wert im Wegzugszeitpunkt zugrunde legt[1850].

Für die Untersuchung des Teilentscheidungskomplexes „Vermögensumstrukturierung" werden folgende drei Handlungsalternativen definiert:

1. Beibehaltung des deutsches Hauptwohnsitzes und Beibehaltung der bisherigen Vermögensstruktur,
2. Verlegung des Hauptwohnsitzes nach Österreich und Beibehaltung der bisherigen Vermögensstruktur und
3. Verlegung des Hauptwohnsitzes nach Österreich und Umstrukturierung des Vermögens[1851].

---

halten, das einer linearen Nutzenfunktion entspricht, wird als risikoneutral bezeichnet. Eine konvexe Nutzenfunktion bildet hingegen ab, dass die Möglichkeit großer Gewinne besonders hoch bewertet wird, so dass dieses Verhalten als risikofreudig zu bezeichnen ist. Charakteristisch für risikoaverse Personen ist eine konkave Nutzenfunktion, die durch die überproportionale Gewichtung möglicher hoher Verluste entsteht.

[1850] Vgl. beispielsweise § 31 Abs. 3 Satz 2 öEStG, wonach im Fall des Eintritts in das Besteuerungsrecht der Republik Österreich im Verhältnis zu anderen Staaten der gemeine Wert als Anschaffungskosten gilt.

[1851] Zwischen der zweiten und der dritten Alternative sind vielfältige Abstufungen möglich. In der Realität wird es den Regelfall darstellen, dass nur einzelne Vermögensanlagen in Deutschland liquidiert und die Zuflüsse hieraus in Österreich angelegt werden. Insbesondere die Ver-

Die Inanspruchnahme der dritten Alternative kommt in zwei Fällen in Frage. Zum einen wird ein Steuerpflichtiger die dritte Alternative verwirklichen, sofern eine Wohnsitzverlegung nur vorteilhaft gegenüber der Beibehaltung des deutschen Hauptwohnsitzes ist, wenn gleichzeitig eine Vermögensumstrukturierung vorgenommen wird. Zum anderen ist die dritte Handlungsalternative aber auch dann zu wählen, wenn ein Wohnsitzwechsel bereits ohne Vermögensumstrukturierung empfohlen werden kann, die Kosten einer Umstrukturierung aber niedriger sind als die dadurch zu erzielende Steuerersparnis.

Einfluss haben bei der Vermögensumstrukturierung neben der niedrigeren Besteuerung einzelner Vermögensanlagen in Österreich unter anderem auch die Berücksichtigung von Einmalsteuern wie zum Beispiel der Grunderwerbsteuer und der Gesellschaftsteuer oder die bei Doppelansässigkeit mögliche zweifache Inanspruchnahme von sachlichen und persönlichen Freibeträgen bei der Erbschaftsteuer. Nicht im Rahmen des Teilentscheidungskomplexes „Vermögensumstrukturierung" werden die Steuerbelastungen behandelt, die aus der Überführung von Wirtschaftsgütern von Deutschland nach Österreich resultieren. Grundsätzlich handelt es sich zwar um eine Form der Veränderung der Vermögensstruktur. Die Überführung findet jedoch nicht mit dem Ziel statt, eine günstigere Besteuerung in Österreich zu erreichen. Vielmehr sind außersteuerliche, betriebliche Gründe die Ursache für die Überführung. Dass einer dieser Gründe auch darin liegen kann, dass mit der Wohnsitzverlegung des Betriebsinhabers gleichermaßen der betriebliche Schwerpunkt verlagert werden muss, soll dabei unerheblich sein.

Der Darstellung der einzelnen Entscheidungssituationen wird überwiegend eine einheitliche Grundstruktur zugrunde gelegt. Danach ist die Entscheidung über einen Wohnsitzwechsel von einem 63-jährigen Steuerpflichtigen zu treffen, der einzeln veranlagt wird. Vor dem Wohnsitzwechsel besitzt der Steuerpflichtige ein Vermögen mit einem Verkehrswert von 5 Mio. Euro. Das Vermögen soll beim Tod des Steuerpflichtigen an seinen einzigen Sohn vererbt werden. Die Untersuchung soll beginnend mit dem Jahr 2005 für einen Betrachtungszeitraum von 15 Jahren erfolgen. Da die mittlere Lebenserwartung eines 63-jährigen deutschen Mannes nach den Sterbetafeln für die Bundesrepublik Deutschland 15 Jahre beträgt[1852], fällt in das letzte Jahr des Betrachtungszeitraums die Vererbung des Vermögens an den Sohn.

---

mögensanlagen, in denen sich bis zum Wegzugszeitpunkt hohe stille Reserven gebildet haben, sind vielfach für eine Liquidation nicht geeignet.
[1852] Vgl. Tabelle 6 zum Erl. betr. Bewertung von Kapitalforderungen und Kapitalschulden sowie von Ansprüchen/Lasten bei wiederkehrenden Nutzungen und Leistungen nach dem 31.12.1995 für Zwecke der Erbschaft- und Schenkungsteuer.

2.1.1 Wohnsitzwechsel und Erwerb endbesteuerten Vermögens

Einer der besonderen Vorteile des österreichischen Steuerrechts liegt in der Endbesteuerung bestimmter Kapitaleinkünfte. Im Folgenden wird daher exemplarisch untersucht, ob eine Wohnsitzverlegung empfehlenswert sein kann, wenn der Steuerpflichtige im Anschluss an die Wohnsitzverlegung sein Vermögen in Vermögensgegenständen anlegt, deren hieraus erzielte Einkünfte endbesteuert sind. Dargestellt wird zum einen die Anlage in Form von Geldeinlagen bei Kreditinstituten und zum anderen die Anlage in Anteilen an Aktiengesellschaften. Im letztgenannten Fall wird noch unterschieden, ob der Steuerpflichtige mehr als 25 % der Anteile, mindestens 1 %, aber nicht mehr als 25 % der Anteile oder weniger als 1 % der Anteile besitzt bzw. erwirbt. Diese Differenzierung ist erforderlich, weil die Endbesteuerungswirkung für die Erbschaftssteuer nur für die Anteile gilt, an denen der Erblasser im Zeitpunkt des Entstehens der Steuerschuld unter 1 % beteiligt war. Die Unterscheidung hinsichtlich des mehr als 25 %igen Besitzes der Anteile ist wegen der erbschaftsteuerlichen Qualifikation als Betriebsvermögen von Bedeutung[1853].

Nicht behandelt wird die Anlage in Forderungswertpapieren, die bei ihrer Begebung sowohl in rechtlicher als auch in tatsächlicher Hinsicht einem unbestimmten Personenkreis angeboten wurden, da die Besteuerung der hieraus erzielten Einkünfte vergleichbar ist mit derjenigen der Einkünfte aus Geldeinlagen bei Kreditinstituten. Gleiches gilt für die Besteuerung der Einkünfte aus Gesellschaften mit beschränkter Haftung im Verhältnis zur Besteuerung der Einkünfte aus Aktiengesellschaften.

Im Folgenden wird unterstellt, dass der Steuerpflichtige neben den Einkünften aus dem endbesteuerten Vermögen weitere Einkünfte hat. Diese Einkünfte führen bereits zu einer Besteuerung in Höhe des Grenzsteuersatzes. Eine derartige vereinfachende Annahme ermöglicht es, die sich aus § 97 Abs. 3 öEStG ergebenden Vorteile unberücksichtigt zu lassen. Danach sind die endbesteuerten Kapitalerträge weder beim Gesamtbetrag der Einkünfte noch beim Einkommen zu berücksichtigen. Des Weiteren wird unterstellt, dass keine Aufwendungen und Ausgaben existieren, die mit den endbesteuerten Kapitalerträgen in unmittelbarem wirtschaftlichen Zusammenhang stehen. Andernfalls müsste für diese das Abzugsverbot gemäß § 20 Abs. 2 öEStG beachtet werden. Vernachlässigt werden im Hinblick auf die Erbschaftssteuer Schulden und Lasten, die in wirtschaftlicher Beziehung zu den endbesteuerten Vermögensgegenständen stehen. Diese wären nach Ansicht der österreichischen Finanzverwaltung gemäß § 20 Abs. 5 Satz 1 öErbStG nicht abziehbar.

[1853] Vgl. § 13 a Abs. 4 Nr. 3 dErbStG und § 15 a Abs. 2 Nr. 3 öErbStG.

Da Geldeinlagen bei Kreditinstituten mit einem geringeren Risiko des Verlustes der Einlage verbunden sind als Anteile an Aktiengesellschaften, wird eine höhere Verzinsung des eingesetzten Kapitals bei einer Investition in Kapitalgesellschaftsanteile als bei einer Einlage auf einem Bankkonto unterstellt. Unberücksichtigt bleibt jedoch das Kursänderungsrisiko von Kapitalgesellschaftsanteilen. Der Wert der Anteile soll unabhängig von der Nachfrage anderer Marktteilnehmer sein. Stattdessen wird davon ausgegangen, dass die Kapitalerträge nach Steuern in die Kapitalgesellschaft eingebracht werden und dort eine Ausschüttung in derselben prozentualen Höhe wie beim anfangs angelegten Betrag ermöglichen. Für den Fall einer mehr als 25%igen Beteiligung an der Gesellschaft wird unterstellt, dass der Steuerpflichtige Einfluss auf die Ausschüttungspolitik der Gesellschaft hat, den er in der Weise ausübt, dass das Einkommen der Gesellschaft thesauriert wird.

Da nicht davon auszugehen ist, dass der Steuerpflichtige mit dem Wohnsitzwechsel sein Risikoverhalten ändert, wird ferner angenommen, dass die Anlage in Österreich in derselben Form erfolgt wie zuvor in Deutschland. War beispielsweise vor dem Wohnsitzwechsel Geld auf einem Konto eingezahlt, wird der Steuerpflichtige sein Vermögen auch nach dem Wohnsitzwechsel bei einer Bank halten wollen. Diese Annahme ermöglicht den Vergleich einer Geldinvestition in Deutschland mit einer Geldinvestition in Österreich einerseits und den Vergleich einer Beteiligungsinvestition in Deutschland mit einer Beteiligungsinvestition in Österreich andererseits. Dabei wird immer vorausgesetzt, dass eine Anlage in Österreich nur dann erfolgt, wenn der Mittelpunkt der Lebensinteressen nach Österreich verlegt wird.

Da in dem gewählten Beispiel im Jahr 2019 die Vererbung des Vermögens an den Sohn des Steuerpflichtigen erfolgen soll, müssen Annahmen über die Steuerbemessungsgrundlage des zu vererbenden Vermögens getroffen werden. Keine Probleme bestehen hinsichtlich der Geldeinlagen bei Kreditinstituten. Deren Nominalwert am Ende des Betrachtungszeitraums stellt auch die erbschaftsteuerliche Bemessungsgrundlage dar. Bei den Anteilen an Aktiengesellschaften existieren hingegen verschiedene bewertungsrechtliche Vorschriften. Daher wird vereinfachend unterstellt, dass der sich durch die Wiederanlage der Kapitalerträge ergebende rechnerische Wert die Ausgangsbasis für die Bestimmung der erbschaftsteuerlichen Bemessungsgrundlage bildet. Diese wird anschließend durch den Abzug der eventuell zur Anwendung gelangenden sachlichen und persönlichen Freibeträge ermittelt.

2.1.1.1 Wohnsitzverlegung und Geldeinlage bei einem österreichischen Kreditinstitut

Für den Vergleich der Auswirkungen einer Geldeinlage zum einen in Deutschland (siehe Tab. 5) und zum anderen in Österreich (siehe Tab. 6) wird eine Verzinsung des eingezahlten Betrages von 6 % angenommen. Unberücksichtigt bleiben wegen der gewählten Grenzbetrachtung der Sparerfreibetrag gemäß § 20 Abs. 4 Satz 1 dEStG sowie der Werbungskostenpauschbetrag für Einnahmen aus Kapitalvermögen[1854]. Hinsichtlich der Bestimmung der erbschaftsteuerlichen Bemessungsgrundlage im Jahr 2019 ist ein persönlicher Freibetrag gemäß § 16 Abs. 1 Nr. 2 dErbStG in Höhe von 205.000,- Euro zum Abzug zu bringen. Gemäß § 19 Abs. 1 dErbStG beträgt der Erbschaftsteuersatz bei einer Bemessungsgrundlage von 7.981.252,- Euro 23 %. Der Härteausgleich gemäß § 19 Abs. 3 dErbStG gelangt nicht zur Anwendung.

Jahr	2005	2006	2007	2008	2009	2010	2011	2012
Anfangsvermögen	5.000.000	5.167.070	5.339.722	5.518.144	5.702.527	5.893.071	6.089.983	6.293.473
Kapitalerträge vor Steuern (6 %)	300.000	310.024	320.383	331.089	342.152	353.584	365.399	377.608
Steuer (44,31 %)	132.930	137.372	141.962	146.705	151.607	156.673	161.908	167.318
Kapitalerträge nach Steuern	167.070	172.652	178.421	184.383	190.544	196.911	203.491	210.290
Ausgangswert Erbschaftsteuer								
sachliche Freibeträge								
persönliche Freibeträge								
Bemessungsgrundlage Erbschaftsteuer								
Erbschaftsteuer								
Endvermögen	5.167.070	5.339.722	5.518.144	5.702.527	5.893.071	6.089.983	6.293.473	6.503.763

Jahr	2013	2014	2015	2016	2017	2018	2019
Anfangsvermögen	6.503.763	6.721.080	6.945.658	7.177.740	7.417.578	7.665.428	7.921.561
Kapitalerträge vor Steuern (6 %)	390.226	403.265	416.739	430.664	445.055	459.926	475.294
Steuer (44,31 %)	172.909	178.687	184.657	190.827	197.204	203.793	210.603
Kapitalerträge nach Steuern	217.317	224.578	232.082	239.837	247.851	256.133	264.691
Ausgangswert Erbschaftsteuer							8.186.252
sachliche Freibeträge							0
persönliche Freibeträge							205.000
Bemessungsgrundlage Erbschaftsteuer							7.981.252
Erbschaftsteuer							1.835.688
Endvermögen	6.721.080	6.945.658	7.177.740	7.417.578	7.665.428	7.921.561	6.350.564

Tab. 5: Geldeinlage bei deutschem Kreditinstitut und Hauptwohnsitz in Deutschland

---

[1854] Vgl. § 9 a Satz 1 Nr. 3 dEStG.

Jahr	2005	2006	2007	2008	2009	2010	2011	2012
transferiertes Vermögen	5.000.000							
aufgelöste stille Reserven	0							
Steuern auf aufgelöste stille Reserven	0							
Anfangsvermögen	5.000.000	5.225.000	5.460.125	5.705.831	5.962.593	6.230.910	6.511.301	6.804.309
Kapitalerträge vor Steuern (6 %)	300.000	313.500	327.608	342.350	357.756	373.855	390.678	408.259
Steuer (25 %)	75.000	78.375	81.902	85.587	89.439	93.464	97.670	102.065
Kapitalerträge nach Steuern	225.000	235.125	245.706	256.762	268.317	280.391	293.009	306.194
Bemessungsgrundlage Erbschaftssteuer								
Erbschaftssteuer								
Endvermögen	5.225.000	5.460.125	5.705.831	5.962.593	6.230.910	6.511.301	6.804.309	7.110.503

Jahr	2013	2014	2015	2016	2017	2018	2019
transferiertes Vermögen							
aufgelöste stille Reserven							
Steuern auf aufgelöste stille Reserven							
Anfangsvermögen	7.110.503	7.430.476	7.764.847	8.114.265	8.479.407	8.860.980	9.259.725
Kapitalerträge vor Steuern (6 %)	426.630	445.829	465.891	486.856	508.764	531.659	555.583
Steuer (25 %)	106.658	111.457	116.473	121.714	127.191	132.915	138.896
Kapitalerträge nach Steuern	319.973	334.371	349.418	365.142	381.573	398.744	416.688
Bemessungsgrundlage Erbschaftssteuer							0
Erbschaftssteuer							0
Endvermögen	7.430.476	7.764.847	8.114.265	8.479.407	8.860.980	9.259.725	9.676.412

Tab. 6: Geldeinlage bei österreichischem Kreditinstitut und Hauptwohnsitz in Österreich

Wird der Wohnsitz nach Österreich verlegt, entstehen keine Entstrickungskosten durch die Entnahme der Geldeinlage in Deutschland. Insofern kann der volle Betrag in Höhe von 5 Mio. Euro bei einem Kreditinstitut in Österreich eingezahlt werden. Die hieraus erzielten Kapitalerträge unterliegen der Endbesteuerung in Höhe von 25 %[1855]. Mit der Endbesteuerung ist auch die österreichische Erbschaftssteuer abgegolten, so dass bei der Vererbung des Vermögens an den

---

[1855] Durch die Einführung der Besteuerung bestimmter ausländischer Kapitaleinkünfte mit einem besonderen Steuersatz von 25 % gemäß § 37 Abs. 8 öEStG ist ein Transfer des Geldes nach Österreich nicht mehr zwingend notwendig. Die Beibehaltung der Geldeinlage bei einem deutschen Kreditinstitut bei gleichzeitigem Wohnsitzwechsel führt zu derselben Steuerbelastung wie die Einzahlung der Geldeinlage bei einem Kreditinstitut in Österreich. Ertragsteuerlich beträgt die Gesamtsteuerbelastung aufgrund abkommensrechtlicher Bestimmungen weiterhin 25 %, während Erbschaftssteuer gemäß § 15 Abs. 1 Nr. 17 öErbStG i.V.m. Art. 5 ErbSt-DBA auch in diesem Fall nicht erhoben wird. Aufgrund der Diskussionen um eine Revision des Erbschaftsteuer-Doppelbesteuerungsabkommens wird jedoch ein Transfer des Geldes nach Österreich empfohlen, zumal hierdurch keine Entstrickungskosten hervorgerufen werden.

Sohn im Jahr 2019 keine zusätzlichen Belastungen anfallen[1856]. Insbesondere dieser Umstand führt zu der großen Differenz der Endvermögenswerte im Jahr 2019 in Höhe von 3.325.848,- Euro. In dem Beispielsfall kann daher eine Wohnsitzverlegung empfohlen werden.

2.1.1.2 Wohnsitzverlegung und Erwerb von Anteilen an einer österreichischen Aktiengesellschaft

Beabsichtigt der Steuerpflichtige die Verlegung des Hauptwohnsitzes nach Österreich und den anschließenden Erwerb von Anteilen an einer österreichischen Kapitalgesellschaft, sind ebenfalls für die Verdeutlichung der grundsätzlichen Wirkungen verschiedene Annahmen zu treffen. Aufgrund des mit einer Investition in Kapitalgesellschaftsanteilen verbundenen höheren Risikos wird von einer Verzinsung des eingesetzten Kapitals in Höhe von 15 % ausgegangen. Für die Bestimmung der Steuerbelastung einer deutschen Kapitalgesellschaft wird von einem Gewerbesteuerhebesatz von 400 ausgegangen, so dass die Gesamtsteuerbelastung unter Berücksichtigung von Gewerbesteuer, Körperschaftsteuer und Solidaritätszuschlag 38,65 % beträgt. Die Steuerbelastung einer österreichischen Kapitalgesellschaft ist aufgrund der Absenkung des Körperschaftsteuertarifs von 34 % auf 25 % deutlich niedriger. Des Weiteren wird angenommen, dass die Anteile unbegrenzt teilbar sind. Nach der Besteuerung der vom Steuerpflichtigen bezogenen Dividenden wird der verbleibende Geldbetrag wiederum der Kapitalgesellschaft zur Verfügung gestellt. Das derartig eingebrachte Vermögen führt ebenfalls zu einer Verzinsung des eingesetzten Kapitals in Höhe von 15 %.

Die Besteuerung der Kapitaleinkünfte in Deutschland erfolgt unter Berücksichtigung des Halbeinkünfteverfahrens. Aus diesem Grund bildet nur die Hälfte der Kapitalerträge vor Steuern die Steuerbemessungsgrundlage. Die Besteuerung vollzieht sich – wie bei der Geldeinlage – unter Anwendung des Grenzsteuersatzes in Höhe von 44,31 %. Bei der Vererbung des Vermögens ist wiederum der persönliche Freibetrag in Höhe von 205.000,- Euro zum Abzug zu bringen. Beträgt die Beteiligungsquote des Steuerpflichtigen an der Gesellschaft weniger als 1 %, ist auf die erbschaftsteuerliche Bemessungsgrundlage von 13.910.123,- Euro grundsätzlich ein Steuersatz von 27 % anzuwenden. Durch den Härteausgleich gemäß § 19 Abs. 3 dErbStG beträgt die deutsche Erbschaftsteuer jedoch nur 3.503.561,- Euro.

[1856] Zur Vermeidung der Berücksichtigung von grenzüberschreitenden Tatbeständen wird davon ausgegangen, dass der Sohn die Entscheidung über die Verlegung seines Wohnsitzes von der entsprechenden Entscheidung seines Vaters abhängig macht.

Jahr	2005	2006	2007	2008	2009	2010	2011	2012
Anfangsvermögen	5.000.000	5.358.184	5.742.028	6.153.369	6.594.177	7.066.563	7.572.789	8.115.280
Zu versteuerndes Einkommen der Gesellschaft (15 %)	750.000	803.728	861.304	923.005	989.127	1.059.984	1.135.918	1.217.292
Gesamtsteuerbelastung der Gesellschaft (38,65 %)	289.875	310.641	332.894	356.742	382.297	409.684	439.032	470.483
Kapitalerträge vor Steuern	460.125	493.087	528.410	566.264	606.829	650.300	696.886	746.809
Steuerbemessungsgrundlage	230.063	246.543	264.205	283.132	303.415	325.150	348.443	373.404
Steuer (44,31 %)	101.941	109.243	117.069	125.456	134.443	144.074	154.395	165.455
Kapitalerträge nach Steuern	358.184	383.844	411.341	440.808	472.386	506.226	542.491	581.353
Ausgangswert Erbschaftsteuer								
sachliche Freibeträge								
persönliche Freibeträge								
Bemessungsgrundlage Erbschaftsteuer								
Erbschaftsteuer								
Endvermögen		5.358.184	5.742.028	6.153.369	6.594.177	7.066.563	7.572.789	8.115.280	8.696.633

Jahr	2013	2014	2015	2016	2017	2018	2019
Anfangsvermögen	8.696.633	9.319.633	9.987.262	10.702.718	11.469.427	12.291.061	13.171.554
Zu versteuerndes Einkommen der Gesellschaft (15 %)	1.304.495	1.397.945	1.498.089	1.605.408	1.720.414	1.843.659	1.975.733
Gesamtsteuerbelastung der Gesellschaft (38,65 %)	504.187	540.306	579.012	620.490	664.940	712.574	763.621
Kapitalerträge vor Steuern	800.308	857.639	919.078	984.918	1.055.474	1.131.085	1.212.112
Steuerbemessungsgrundlage	400.154	428.820	459.539	492.459	527.737	565.542	606.056
Steuer (44,31 %)	177.308	190.010	203.622	218.209	233.840	250.592	268.543
Kapitalerträge nach Steuern	623.000	667.629	715.456	766.709	821.634	880.493	943.569
Ausgangswert Erbschaftsteuer						14.115.123	
sachliche Freibeträge						0	
persönliche Freibeträge						205.000	
Bemessungsgrundlage Erbschaftsteuer						13.910.123	
Erbschaftsteuer						3.503.561	
Endvermögen	9.319.633	9.987.262	10.702.718	11.469.427	12.291.061	13.171.554	10.611.561

Tab. 7: Deutsche Kapitalgesellschaftsanteile mit einer Beteiligungsquote von weniger als 1 % und Hauptwohnsitz in Deutschland

Wird der Wohnsitz nach Österreich verlegt und wird zugleich unterstellt, dass der Steuerpflichtige zuvor an einer deutschen Aktiengesellschaft mit einer Quote von weniger als 1 % beteiligt war, fallen keine Entstrickungskosten an. Sowohl die Besteuerung gemäß § 17 dEStG als auch die Wegzugsbesteuerung gemäß § 6 dAStG greift erst ein, wenn der Steuerpflichtige zu mindestens 1 % beteiligt war (siehe Tab. 7). Für die Anlage in Anteilen an einer österreichischen Kapitalgesellschaft (siehe Tab. 8) steht demzufolge wiederum der gesamte Betrag in

Höhe von 5 Mio. Euro zur Verfügung. Die Dividenden unterliegen der Endbesteuerung in Höhe von 25 %. Aufgrund der Beteiligungsquote von weniger als 1 % ist mit der Endbesteuerung auch die Erbschaftssteuer abgegolten. Insbesondere dieser Umstand führt dazu, dass in dem betrachteten Beispielsfall der Endvermögenswert im Jahr 2019 um 6.240.866,- Euro höher ist als der entsprechende Wert bei einem in Deutschland beibehaltenem Hauptwohnsitz.

Jahr	2005	2006	2007	2008	2009	2010	2011	2012
transferiertes Vermögen	5.000.000							
aufgelöste stille Reserven	0							
Steuern auf aufgelöste stille Reserven	0							
Anfangsvermögen	5.000.000	5.421.875	5.879.346	6.375.415	6.913.341	7.496.654	8.129.185	8.815.084
zu versteuerndes Einkommen der Gesellschaft (15 %)	750.000	813.281	881.902	956.312	1.037.001	1.124.498	1.219.378	1.322.263
Gesamtsteuerbelastung der Gesellschaft (25 %)	187.500	203.320	220.475	239.078	259.250	281.125	304.844	330.566
Kapitalerträge vor Steuern	562.500	609.961	661.426	717.234	777.751	843.374	914.533	991.697
Steuer (25 %)	140.625	152.490	165.357	179.309	194.438	210.843	228.633	247.924
Kapitalerträge nach Steuern	421.875	457.471	496.070	537.926	583.313	632.530	685.900	743.773
Bemessungsgrundlage Erbschaftssteuer								
Erbschaftssteuer								
Endvermögen	5.421.875	5.879.346	6.375.415	6.913.341	7.496.654	8.129.185	8.815.084	9.558.857

Jahr	2013	2014	2015	2016	2017	2018	2019
transferiertes Vermögen							
aufgelöste stille Reserven							
Steuern auf aufgelöste stille Reserven							
Anfangsvermögen	9.558.857	10.365.386	11.239.965	12.188.337	13.216.728	14.331.890	15.541.143
zu versteuerndes Einkommen der Gesellschaft (15 %)	1.433.829	1.554.808	1.685.995	1.828.251	1.982.509	2.149.783	2.331.171
Gesamtsteuerbelastung der Gesellschaft (25 %)	358.457	388.702	421.499	457.063	495.627	537.446	582.793
Kapitalerträge vor Steuern	1.075.371	1.166.106	1.264.496	1.371.188	1.486.882	1.612.338	1.748.379
Steuer (25 %)	268.843	291.526	316.124	342.797	371.720	403.084	437.095
Kapitalerträge nach Steuern	806.529	874.579	948.372	1.028.391	1.115.161	1.209.253	1.311.284
Bemessungsgrundlage Erbschaftssteuer							0
Erbschaftssteuer							0
Endvermögen	10.365.386	11.239.965	12.188.337	13.216.728	14.331.890	15.541.143	16.852.427

Tab. 8: Österreichische Kapitalgesellschaftsanteile mit einer Beteiligungsquote von weniger als 1 % und Hauptwohnsitz in Österreich

Die deutlich niedrigere Steuerbelastung einer österreichischen Kapitalgesellschaft sowie die Befreiung von der Erbschaftssteuer machen einen Wohnsitzwechsel empfehlenswert.

Jahr	2005	2006	2007	2008	2009	2010	2011	2012
Anfangsvermögen	5.000.000	5.358.184	5.742.028	6.153.369	6.594.177	7.066.563	7.572.789	8.115.280
Zu versteuerndes Einkommen der Gesellschaft (15 %)	750.000	803.728	861.304	923.005	989.127	1.059.984	1.135.918	1.217.292
Gesamtsteuerbelastung der Gesellschaft (38,65 %)	289.875	310.641	332.894	356.742	382.297	409.684	439.032	470.483
Kapitalerträge vor Steuern	460.125	493.087	528.410	566.264	606.829	650.300	696.886	746.809
Steuerbemessungsgrundlage	230.063	246.543	264.205	283.132	303.415	325.150	348.443	373.404
Steuer (44,31 %)	101.941	109.243	117.069	125.456	134.443	144.074	154.395	165.455
Kapitalerträge nach Steuern	358.184	383.844	411.341	440.808	472.386	506.226	542.491	581.353
Ausgangswert Erbschaftsteuer								
sachliche Freibeträge								
persönliche Freibeträge								
Bemessungsgrundlage Erbschaftsteuer								
Erbschaftsteuer								
Endvermögen	5.358.184	5.742.028	6.153.369	6.594.177	7.066.563	7.572.789	8.115.280	8.696.633

Jahr	2013	2014	2015	2016	2017	2018	2019
Anfangsvermögen	8.696.633	9.319.633	9.987.262	10.702.718	11.469.427	12.291.061	13.171.554
Zu versteuerndes Einkommen der Gesellschaft (15 %)	1.304.495	1.397.945	1.498.089	1.605.408	1.720.414	1.843.659	1.975.733
Gesamtsteuerbelastung der Gesellschaft (38,65 %)	504.187	540.306	579.012	620.490	664.940	712.574	763.621
Kapitalerträge vor Steuern	800.308	857.639	919.078	984.918	1.055.474	1.131.085	1.212.112
Steuerbemessungsgrundlage	400.154	428.820	459.539	492.459	527.737	565.542	606.056
Steuer (44,31 %)	177.308	190.010	203.622	218.209	233.840	250.592	268.543
Kapitalerträge nach Steuern	623.000	667.629	715.456	766.709	821.634	880.493	943.569
Ausgangswert Erbschaftsteuer							14.115.123
sachliche Freibeträge							0
persönliche Freibeträge							205.000
Bemessungsgrundlage Erbschaftsteuer							13.910.123
Erbschaftsteuer							3.503.561
Endvermögen	9.319.633	9.987.262	10.702.718	11.469.427	12.291.061	13.171.554	10.611.561

Tab. 9: Deutsche Kapitalgesellschaftsanteile mit einer Beteiligungsquote von mindestens 1 %, aber höchstens 25 % und Hauptwohnsitz in Deutschland

Besitzt der Steuerpflichtige Anteile an einer deutschen Kapitalgesellschaft, an der er zwar mindestens zu 1 %, aber höchstens zu 25 % beteiligt ist, kommt er hinsichtlich der Ermittlung der erbschaftsteuerlichen Bemessungsgrundlage nicht in den Genuss der Begünstigungen gemäß § 13 a dErbStG. Die Besteuerung entspricht daher sowohl in ertrag- als auch in erbschaftsteuerlicher Hinsicht exakt dem Fall, bei dem von dem Steuerpflichtigen eine Beteiligung mit einer Quote von weniger als 1 % gehalten wird (siehe Tab. 9).

Unterschiede ergeben sich hingegen im Fall des Wegzugs nach Österreich (siehe Tab. 10). Wird wiederum unterstellt, dass der Steuerpflichtige vor dem Wegzug an einer deutschen Kapitalgesellschaft in der Höhe beteiligt gewesen ist, in der er sich auch in Österreich engagieren möchte, greift die Besteuerung gemäß § 17 dEStG bzw. die Wegzugsbesteuerung gemäß § 6 dAStG. Es wird im Folgenden angenommen, dass die Anschaffungskosten der Anteile an der deutschen Kapitalgesellschaft 2,5 Mio. Euro betrugen, so dass bei der Besteuerung stille Reserven in Höhe von 2,5 Mio. Euro aufgedeckt werden. Da sowohl § 17 dEStG als auch § 6 dAStG die Anwendung des Halbeinkünfteverfahrens vorschreiben, ist nur auf einen Betrag von 1,25 Mio. Euro der Steuersatz in Höhe von 44,31 % anzuwenden.Im Jahr 2019 ist die Vererbung der Anteile an den Sohn erbschaftssteuerpflichtig, weil die Abgeltung der Erbschaftssteuer durch die Endbesteuerung nur bei einer Beteiligungsquote von weniger als 1 % erfolgt. Ein persönlicher Freibetrag bei der Erbschaftsteuer kann nur in Höhe von 2.200,- Euro in Anspruch genommen werden. Dafür liegt der Erbschaftsteuersatz mit 15 % deutlich unter dem deutschen Steuersatz. Die Abweichungen in den Endvermögenswerten sind wesentlich geringer als in den vorherigen Fällen. Dies hängt insbesondere mit der Besteuerung der stillen Reserven beim Wegzug bzw. bei Veräußerung der deutschen Kapitalgesellschaftsanteile zusammen.

Jahr	2005	2006	2007	2008	2009	2010	2011	2012
transferiertes Vermögen	5.000.000							
aufgelöste stille Reserven	2.500.000							
Steuern auf aufgelöste stille Reserven (44,31 %, Halbeinkünfteverfahren)	553.875							
Anfangsvermögen	4.446.125	4.821.267	5.228.061	5.669.179	6.147.516	6.666.212	7.228.674	7.838.594
Zu versteuerndes Einkommen der Gesellschaft (15 %)	666.919	723.190	784.209	850.377	922.127	999.932	1.084.301	1.175.789
Gesamtsteuerbelastung der Gesellschaft (25 %)	166.730	180.798	196.052	212.594	230.532	249.983	271.075	293.947
Kapitalerträge vor Steuern	500.189	542.393	588.157	637.783	691.596	749.949	813.226	881.842
Steuer (25 %)	125.047	135.598	147.039	159.446	172.899	187.487	203.306	220.460
Kapitalerträge nach Steuern	375.142	406.794	441.118	478.337	518.697	562.462	609.919	661.381
Ausgangswert Erbschaftsteuer								

sachliche Freibeträge								
persönliche Freibeträge								
Bemessungsgrundlage Erbschaftssteuer								
Erbschaftssteuer								
Endvermögen	4.821.267	5.228.061	5.669.179	6.147.516	6.666.212	7.228.674	7.838.594	8.499.975

Jahr	2013	2014	2015	2016	2017	2018	2019	
transferiertes Vermögen								
aufgelöste stille Reserven								
Steuern auf aufgelöste stille Reserven (44,31 %, Halbeinkünfteverfahren)								
Anfangsvermögen	8.499.975	9.217.160	9.994.858	10.838.174	11.752.645	12.744.275	13.819.573	
Zu versteuerndes Einkommen der Gesellschaft (15 %)	1.274.996	1.382.574	1.499.229	1.625.726	1.762.897	1.911.641	2.072.936	
Gesamtsteuerbelastung der Gesellschaft (25 %)	318.749	345.644	374.807	406.432	440.724	477.910	518.234	
Kapitalerträge vor Steuern	956.247	1.036.931	1.124.422	1.219.295	1.322.173	1.433.731	1.554.702	
Steuer (25 %)	239.062	259.233	281.105	304.824	330.543	358.433	388.675	
Kapitalerträge nach Steuern	717.185	777.698	843.316	914.471	991.629	1.075.298	1.166.026	
Ausgangswert Erbschaftssteuer							14.985.599	
sachliche Freibeträge							0	
persönliche Freibeträge							2.200	
Bemessungsgrundlage Erbschaftssteuer							14.983.399	
Erbschaftssteuer							2.247.510	
Endvermögen	9.217.160	9.994.858	10.838.174	11.752.645	12.744.275	13.819.573	12.738.089	

Tab. 10: Österreichische Kapitalgesellschaftsanteile mit einer Beteiligungsquote von mindestens 1 %, aber höchstens 25 % und Hauptwohnsitz in Österreich

Besitzt der Steuerpflichtige mehr als 25 % der Anteile an einer deutschen Kapitalgesellschaft (siehe Tab. 11), kann er im Erbfall die Begünstigungen des § 13 a dErbStG in Anspruch nehmen. Danach bleiben die Anteile an der Kapitalgesellschaft bis zu einem Wert von 225.000,- Euro außer Ansatz. Der danach verbleibende Wert des Vermögens ist mit 65 % anzusetzen. Von diesem Wert ist wiederum der persönliche Freibetrag in Höhe von 205.000,- Euro zum Abzug zu bringen. Auf die dann ermittelte Steuerbemessungsgrundlage von 11.821.034,-

Euro ist ein Steuersatz von 23 % anzuwenden. Der Härteausgleich gemäß § 19 Abs. 3 dErbStG kommt nicht zur Anwendung.

Jahr	2005	2006	2007	2008	2009	2010	2011	2012
Anfangsvermögen	5.000.000	5.460.125	5.962.593	6.511.301	7.110.503	7.764.847	8.479.407	9.259.725
Zu versteuerndes Einkommen der Gesellschaft (15 %)	750.000	819.019	894.389	976.695	1.066.575	1.164.727	1.271.911	1.388.959
Gesamtsteuerbelastung der Gesellschaft (38,65 %)	289.875	316.551	345.681	377.493	412.231	450.167	491.594	536.833
Zu thesaurierendes Vermögen	5.460.125	5.962.593	6.511.301	7.110.503	7.764.847	8.479.407	9.259.725	10.111.851
Ausgangswert Erbschaftsteuer								
sachliche Freibeträge								
persönliche Freibeträge								
Bemessungsgrundlage Erbschaftsteuer								
Erbschaftsteuer								
Endvermögen	5.460.125	5.962.593	6.511.301	7.110.503	7.764.847	8.479.407	9.259.725	10.111.851

Jahr	2013	2014	2015	2016	2017	2018	2019
Anfangsvermögen	10.111.851	11.042.394	12.058.570	13.168.260	14.380.069	15.703.395	17.148.500
Zu versteuerndes Einkommen der Gesellschaft (15 %)	1.516.778	1.656.359	1.808.786	1.975.239	2.157.010	2.355.509	2.572.275
Gesamtsteuerbelastung der Gesellschaft (38,65 %)	586.235	640.183	699.096	763.430	833.685	910.404	994.184
Zu thesaurierendes Vermögen	11.042.394	12.058.570	13.168.260	14.380.069	15.703.395	17.148.500	18.726.591
Ausgangswert Erbschaftsteuer							18.726.591
sachliche Freibeträge							225.000
persönliche Freibeträge							205.000
Bemessungsgrundlage Erbschaftsteuer							11.821.034
Erbschaftsteuer							4.307.116
Endvermögen	11.042.394	12.058.570	13.168.260	14.380.069	15.703.395	17.148.500	14.419.475

Tab. 11: Deutsche Kapitalgesellschaftsanteile mit einer Beteiligungsquote von mehr als 25 % und Hauptwohnsitz in Deutschland

Wird der Wohnsitz nach Österreich verlegt (siehe Tab. 12), sind wiederum die aufgelösten stillen Reserven in Höhe von 2,5 Mio. Euro zu besteuern. Hinsichtlich der erbschaftsteuerlichen Begünstigungen existiert in Österreich eine vergleichbare Regelung wie in Deutschland. Besitzt der Steuerpflichtige mindestens 25 % der Anteile an einer inländischen Kapitalgesellschaft, bleibt gemäß § 15 a Abs. 1 öErbStG ein Wert von 365.000,- Euro steuerfrei. Der verbleibende

Betrag ist jedoch mit 100 % statt mit 65 % anzusetzen. Nach Abzug des persönlichen Freibetrags von 2.200,- Euro ist auf die Bemessungsgrundlage ein Steuersatz von 15 % anzuwenden.

Jahr	2005	2006	2007	2008	2009	2010	2011	2012
transferiertes Vermögen	5.000.000							
aufgelöste stille Reserven	2.500.000							
Steuern auf aufgelöste stille Reserven (44,31 %, Halbeinkünfteverfahren)	553.875							
Anfangsvermögen	4.446.125	4.946.314	5.502.774	6.121.837	6.810.543	7.576.729	8.429.111	9.377.386
Zu versteuerndes Einkommen der Gesellschaft (15 %)	666.919	741.947	825.416	918.275	1.021.581	1.136.509	1.264.367	1.406.608
Gesamtsteuerbelastung der Gesellschaft (25 %)	166.730	185.487	206.354	229.569	255.395	284.127	316.092	351.652
Zu thesaurierendes Vermögen	4.946.314	5.502.774	6.121.837	6.810.543	7.576.729	8.429.111	9.377.386	10.432.342
Ausgangswert Erbschaftssteuer								
sachliche Freibeträge								
persönliche Freibeträge								
Bemessungsgrundlage Erbschaftssteuer								
Erbschaftssteuer								
Endvermögen	4.946.314	5.502.774	6.121.837	6.810.543	7.576.729	8.429.111	9.377.386	10.432.342

Jahr	2013	2014	2015	2016	2017	2018	2019
transferiertes Vermögen							
aufgelöste stille Reserven							
Steuern auf aufgelöste stille Reserven (44,31 %, Halbeinkünfteverfahren)							
Anfangsvermögen	10.432.342	11.605.981	12.911.654	14.364.215	15.980.189	17.777.960	19.777.980
Zu versteuerndes Einkommen der Gesellschaft (15 %)	1.564.851	1.740.897	1.936.748	2.154.632	2.397.028	2.666.694	2.966.697
Gesamtsteuerbelastung der Gesellschaft (25 %)	391.213	435.224	484.187	538.658	599.257	666.673	741.674
Zu thesaurierendes Vermögen	11.605.981	12.911.654	14.364.215	15.980.189	17.777.960	19.777.980	22.003.003
Ausgangswert Erbschaftssteuer							22.003.003
sachliche Freibeträge							365.000
persönliche Freibeträge							2.200
Bemessungsgrundlage Erbschaftssteuer							21.635.803
Erbschaftssteuer							3.245.370
Endvermögen	11.605.981	12.911.654	14.364.215	15.980.189	17.777.960	19.777.980	18.757.633

Tab. 12: Österreichische Kapitalgesellschaftsanteile mit einer Beteiligungsquote von mehr als 25 % und Hauptwohnsitz in Österreich

Werden die Endvermögenswerte bei beibehaltenem und verlegtem Hauptwohnsitz verglichen, fällt auf, dass durch die unterstellte Einflussnahme auf die Möglichkeit der Thesaurierung der absolute Endvermögenswert höher ist als in den vorherigen Beispielen. Aufgrund der niedrigeren Gesamtsteuerbelastung der österreichischen Kapitalgesellschaft sowie der niedrigeren Erbschaftsteuerbelastung ist auch in diesem Beispielsfall eine Wohnsitzverlegung nach Österreich empfehlenswert.

2.1.2 Wohnsitzwechsel und Erwerb unbeweglichen Vermögens in Österreich

Im Folgenden wird der Fall betrachtet, dass ein Steuerpflichtiger unbewegliches Vermögen in Deutschland besitzt (siehe Tab. 13) und beabsichtigt, seinen Hauptwohnsitz nach Österreich zu verlegen. Es wird unterstellt, dass bei einer Wohnsitzverlegung der Steuerpflichtige sein in Deutschland belegenes unbewegliches Vermögen veräußert und den Erlös hieraus in unbeweglichem Vermögen in Österreich anlegt. Ergänzend wird angenommen, dass bei der Veräußerung des deutschen unbeweglichen Vermögens keine Entstrickungskosten anfallen. Dies ist der Fall, wenn das unbewegliche Vermögen außerhalb der zehnjährigen Frist für private Veräußerungsgeschäfte veräußert wird oder wenn bei der Veräußerung kein Gewinn erzielt wird.

Um die Auswirkungen eines Immobilienerwerbs in Österreich (siehe Tab. 14) zu verdeutlichen, wird für die Darstellung anhand eines Beispiels der weiter oben angeführte Grundfall verwendet. Der Verkehrswert des in Deutschland befindlichen Grundstücks soll zum Zeitpunkt des Wegzugs 5 Mio. Euro betragen. Die Mieteinnahmen werden im Jahr 2005 sowohl in Deutschland als auch in Österreich mit 6 % dieses Wertes, d.h. mit 300.000,- Euro angenommen. In den Folgejahren sollen die Mieteinnahmen 6 % der getätigten Immobilieninvestitionen betragen. Die Einkünfte stellen solche aus Vermietung und Verpachtung dar, so dass Gewerbesteuerbelastungen nicht zu berücksichtigen sind.

Die jährliche Grundsteuerbelastung in Deutschland wird durch Anwendung der Steuermesszahl von 3,5 ‰ und eines unterstellten Hebesatzes von 400 auf eine typisierte Bemessungsgrundlage in Höhe von einem Drittel des Verkehrswertes der getätigten Immobilieninvestitionen errechnet. In Österreich hingegen beträgt die Steuermesszahl nur 2,5 ‰. Da der Hebesatz durchschnittlich höher ist als in Deutschland, wird für den Fall des Immobilienerwerbs in Österreich ein Hebesatz von 500 unterstellt. Als Bemessungsgrundlage werden für die in Österreich getätigten Immobilieninvestitionen 10 % der Immobilieninvestitionen herangezogen. Die um zwei Drittel bzw. um 90 % reduzierten Bemessungsgrundlagen spiegeln die durchschnittlichen Verhältnisse von Verkehrswerten zu Einheitswerten in den jeweiligen Ländern wider.

Jahr	2005	2006	2007	2008	2009	2010	2011	2012
Anfangsvermögen	5.000.000	5.042.696	5.084.228	5.126.083	5.168.263	5.210.770	5.253.607	5.296.776
Reinvestition		42.696	43.027	43.361	43.697	44.036	44.378	44.722
Grunderwerbsteuer	0	1.494	1.506	1.518	1.529	1.541	1.553	1.565
Mieteinnahmen	300.000	302.562	305.143	307.745	310.367	313.009	315.672	318.355
Grundsteuer	23.333	23.533	23.733	23.936	24.140	24.345	24.552	24.761
Gebäudeabschreibungen	100.000	100.884	101.774	102.672	103.577	104.488	105.407	106.332
Erhaltungsaufwand	100.000	100.884	101.774	102.672	103.577	104.488	105.407	106.332
Einkünfte vor Ertragsteuern	76.667	77.262	77.861	78.465	79.074	79.688	80.306	80.929
Steuer (44,31 %)	33.971	34.235	34.500	34.768	35.038	35.310	35.584	35.860
Einkünfte nach Steuern	42.696	43.027	43.361	43.697	44.036	44.378	44.722	45.069
Ausgangswert Erbschaftsteuer								
sachliche Freibeträge								
persönliche Freibeträge								
Bemessungsgrundlage Erbschaftsteuer								
Erbschaftsteuer								
Endvermögen	5.042.696	5.084.228	5.126.083	5.168.263	5.210.770	5.253.607	5.296.776	5.340.280

Jahr	2013	2014	2015	2016	2017	2018	2019
Anfangsvermögen	5.340.280	5.384.122	5.428.303	5.472.828	5.517.698	5.562.917	5.608.486
Reinvestition	45.069	45.419	45.772	46.127	46.485	46.845	47.209
Grunderwerbsteuer	1.577	1.590	1.602	1.614	1.627	1.640	1.652
Mieteinnahmen	321.059	323.784	326.531	329.298	332.087	334.898	337.731
Grundsteuer	24.971	25.183	25.397	25.612	25.829	26.048	26.268
Gebäudeabschreibungen	107.265	108.206	109.153	110.108	111.070	112.040	113.017
Erhaltungsaufwand	107.265	108.206	109.153	110.108	111.070	112.040	113.017
Einkünfte vor Ertragsteuern	81.557	82.190	82.828	83.470	84.118	84.771	85.429
Steuer (44,31 %)	36.138	36.418	36.701	36.986	37.273	37.562	37.853
Einkünfte nach Steuern	45.419	45.772	46.127	46.485	46.845	47.209	47.575
Ausgangswert Erbschaftsteuer							3.767.685
sachliche Freibeträge							0
persönliche Freibeträge							205.000
Bemessungsgrundlage Erbschaftsteuer							3.562.685
Erbschaftsteuer							676.910
Endvermögen	5.384.122	5.428.303	5.472.828	5.517.698	5.562.917	5.608.486	4.977.499

Tab. 13: Deutsches unbewegliches Vermögen und Hauptwohnsitz in Deutschland

Die Gebäudeabschreibungen erfolgen sowohl in Deutschland als auch in Österreich in Höhe von 2 % der getätigten Immobilieninvestitionen. Die unter Umständen bestehende Möglichkeit der degressiven Gebäudeabschreibung wird aus Vereinfachungsgründen ebenso wenig berücksichtigt wie die Nebenkosten des Erwerbs, die im Wesentlichen aus Makler-, Grundbuch- und Notariatsgebühren bestehen. Zudem wird angenommen, dass in Höhe der in Deutschland getätigten

Abschreibungen der tatsächliche Wertverlust sowohl in Deutschland als auch in Österreich widergegeben wird, so dass in entsprechender Höhe sofort abzugsfähiger Erhaltungsaufwand vorliegt. Die Übernahme des in Deutschland entstehenden Erhaltungsaufwands auch für die in Österreich getätigten Immobilieninvestitionen erfolgt vor dem Hintergrund der Vermeidung von Verzerrungen hinsichtlich der in Österreich im Jahr 2005 gezahlten und im Rahmen der Abschreibungen berücksichtigten Grunderwerbsteuer. Die nach Abzug aller Steuern verbleibenden Einkünfte werden für weitere Immobilieninvestitionen verwendet.

Hinsichtlich der Immobilien wird ergänzend davon ausgegangen, dass es sich um bebaute Grundstücke handelt. Die österreichische Bodenwertabgabe von unbebauten Grundstücken ist demzufolge nicht zu entrichten. Würde hingegen ein unbebautes Grundstück erworben werden, betrüge die Abgabe jährlich 1 % des maßgebenden Einheitswerts. Da die österreichischen Einheitswerte durchschnittlich nur 10 % der Verkehrswerte ausmachen, müssten in diesem Fall jährlich etwa 5.000,- Euro Bodenwertabgabe entrichtet werden.

Bei der Feststellung der Bewertungsgrundlagen für die Erbschaftsteuer muss bei einer Planung zum jetzigen Zeitpunkt von der derzeitigen Rechtslage ausgegangen werden. In Deutschland ist für Erbschaftsteuerzwecke gemäß § 146 Abs. 2 dBewG als Wert eines bebauten Grundstücks das 12,5fache der für dieses Grundstück im Durchschnitt der letzten drei Jahre vor dem Besteuerungszeitpunkt erzielten Jahresmiete, vermindert um einen Alterswertabschlag anzusetzen. Für das nachfolgende Beispiel wird davon ausgegangen, dass das Grundstück 1999 bezugsfertig gewesen ist, so dass ein Alterswertabschlag von 10 % vorzunehmen ist. In Österreich hingegen wird als erbschaftsteuerliche Bemessungsgrundlage das Dreifache des Einheitswerts zugrunde gelegt. Da die österreichischen Einheitswerte durchschnittlich nur etwa 10 % des Verkehrswertes ausmachen, liegt der österreichischen Erbschaftssteuer nur ein Wert von 30 % des derzeitigen Verkehrswertes zugrunde[1857]. Da zum jetzigen Zeitpunkt keine konkreten Aussagen möglich sind, ob die Bewertungsbestimmungen geändert werden und wenn ja in welcher Form, ist auch für das Jahr 2019 – dem wahrscheinlichsten Zeitpunkt der Vermögensübertragung – von der derzeitigen Rechtslage auszugehen[1858].

Im Fall der Beibehaltung des deutschen Hauptwohnsitzes ist von dem nach § 146 dBewG ermittelten Wert bei einer Vererbung an den Sohn noch der per-

---

[1857] Vgl. Teil 1, Kap. 3.2.3.
[1858] Es muss jedoch darauf hingewiesen werden, dass im konkreten Einzelfall erhebliche Abweichungen von den durchschnittlichen Werten möglich sind.

sönliche Freibetrag in Höhe von 205.000,- Euro abzuziehen. Auf die endgültige Steuerbemessungsgrundlage ist ein Steuersatz von 19 % anzuwenden, so dass die deutsche Erbschaftsteuerbelastung 676.910,- Euro beträgt.

Jahr	2005	2006	2007	2008	2009	2010	2011	2012
Anfangsvermögen	5.000.000	4.870.125	4.914.087	4.958.456	5.003.236	5.048.431	5.094.046	5.140.085
Reinvestition	5.000.000	45.125	45.542	45.963	46.388	46.819	47.254	47.693
Grunderwerbsteuer	175.000	1.579	1.594	1.609	1.624	1.639	1.654	1.669
Mieteinnahmen	300.000	302.708	305.440	308.198	310.981	313.790	316.625	319.487
Grundsteuer	6.250	6.306	6.363	6.421	6.479	6.537	6.596	6.656
Gebäudeabschreibungen	103.500	104.434	105.377	106.328	107.288	108.258	109.236	110.223
Erhaltungsaufwand	100.000	100.884	101.774	102.672	103.577	104.488	105.407	106.332
Einkünfte vor Ertragsteuern	90.250	91.083	91.925	92.777	93.637	94.507	95.387	96.276
Steuer (50 %)	45.125	45.542	45.963	46.388	46.819	47.254	47.693	48.138
Einkünfte nach Steuern	45.125	45.542	45.963	46.388	46.819	47.254	47.693	48.138
Ausgangswert Erbschaftsteuer								
sachliche Freibeträge								
persönliche Freibeträge								
Bemessungsgrundlage Erbschaftsteuer								
Erbschaftsteuer								
Endvermögen	4.870.125	4.914.087	4.958.456	5.003.236	5.048.431	5.094.046	5.140.085	5.186.553

Jahr	2013	2014	2015	2016	2017	2018	2019
Anfangsvermögen	5.186.553	5.233.456	5.280.797	5.328.581	5.376.813	5.425.499	5.474.643
Reinvestition	48.138	48.587	49.041	49.501	49.965	50.434	50.909
Grunderwerbsteuer	1.685	1.701	1.716	1.733	1.749	1.765	1.782
Mieteinnahmen	322.375	325.290	328.233	331.203	334.201	337.227	340.282
Grundsteuer	6.716	6.777	6.838	6.900	6.963	7.026	7.089
Gebäudeabschreibungen	111.219	112.225	113.240	114.265	115.299	116.343	117.397
Erhaltungsaufwand	107.265	108.206	109.153	110.108	111.070	112.040	113.017
Einkünfte vor Ertragsteuern	97.174	98.083	99.001	99.930	100.869	101.818	102.778
Steuer (50 %)	48.587	49.041	49.501	49.965	50.434	50.909	51.389
Einkünfte nach Steuern	48.587	49.041	49.501	49.965	50.434	50.909	51.389
Ausgangswert Erbschaftsteuer							1.701.408
sachliche Freibeträge							0
persönliche Freibeträge							2.200
Bemessungsgrundlage Erbschaftsteuer							1.699.208
Erbschaftsteuer							220.897
Endvermögen	5.233.456	5.280.797	5.328.581	5.376.813	5.425.499	5.474.643	5.303.353

Tab. 14: Österreichisches unbewegliches Vermögen und Hauptwohnsitz in Österreich

In Österreich hingegen wird die Erbschaftssteuer nur auf der Grundlage des dreifachen Einheitswertes ermittelt. Da die Einheitswerte durchschnittlich nur

10 % des Verkehrswertes ausmachen und dieses Verhältnis auch im Beispielsfall zugrunde gelegt wird, muss die Erbschaftssteuer auf der Basis einer steuerlichen Bemessungsgrundlage von 30 % des Verkehrswertes errechnet werden. Diese beträgt bei getätigten Immobilieninvestitionen von 5.671.359,- Euro dann 1.701.408,- Euro. Von diesem Betrag ist noch der persönliche Freibetrag in Höhe von 2.200,- Euro abzuziehen. Auf den so ermittelten Wert in Höhe von 1.699.208,- Euro ist ein Steuersatz von 13 % anzuwenden, so dass die Erbschaftssteuerbelastung bei Verlegung des Wohnsitzes nach Österreich und Erwerb dortiger Immobilien nur 220.897,- Euro beträgt.

Der Endvermögenswert ist mit 5.303.353,- nur geringfügig höher als der Endvermögenswert in Deutschland mit 4.977.499,- Euro. Der höhere Endvermögenswert ist insbesondere auf die niedrigere Erbschaftssteuer und die niedrigere Grundsteuer aufgrund der sehr niedrigen Einheitswerte in Österreich zurückzuführen. Diesen Vorteilen stehen jedoch eine höhere Einkommensteuer und die zusätzlich anfallende Grunderwerbsteuer gegenüber. Auch wenn die konkreten Bedingungen des Einzelfalls zu prüfen sind, wird sich regelmäßig eine Wohnsitzverlegung mit dem ausschließlichen Ziel des Erwerbs unbeweglichen Vermögens aus steuerlichen Gründen nicht lohnen.

2.2 Wohnsitzwechsel von Personen, die der österreichischen Zuzugsbegünstigung unterliegen

Im Folgenden wird untersucht, unter welchen Umständen eine Wohnsitzverlegung von Personen empfohlen werden kann, die die österreichische Zuzugsbegünstigung gemäß § 103 öEStG in Anspruch nehmen können. Nach der genannten Vorschrift kann der Bundesminister der Finanzen bei Personen, deren Zuzug aus dem Ausland der Förderung von Wissenschaft, Forschung, Kunst oder Sport dient und aus diesem Grunde im öffentlichen Interesse gelegen ist, für die Dauer des im öffentlichen Interesse gelegenen Wirkens dieser Personen steuerliche Mehrbelastungen bei nicht unter § 98 öEStG fallenden Einkünften beseitigen, die durch die Begründung eines inländischen Wohnsitzes eintreten.

Zunächst wird der Frage nachgegangen, welche Auswirkungen eine Freistellung von Einkünften von der österreichischen Besteuerung auf die Höhe der deutschen Besteuerung haben kann. Grundsätzlich sind durch eine Zuzugsbegünstigung in der von Österreich praktizierten Form erweiterte Steuerpflichten möglich. Gemäß § 2 Abs. 2 Nr. 1 dAStG liegt eine Niedrigbesteuerung vor, wenn die Belastung einer Person durch die in dem ausländischen Gebiet erhobene Einkommensteuer aufgrund einer gegenüber der allgemeinen Besteuerung eingeräumten Vorzugsbesteuerung erheblich gemindert ist. Der Steuerpflichtige kann die Annahme einer Niedrigbesteuerung im Sinne des Außensteuergesetzes jedoch widerlegen, indem er nachweist, dass die insgesamt entrichtete Steuer mindestens 2/3 der Einkommensteuer beträgt, die er bei unbeschränkter Steuerpflicht zu entrichten hätte. Selbst wenn aber die insgesamt entrichtete Einkommensteuer weniger als 2/3 beträgt, ist die Ausdehnung der Steuerpflicht in den meisten Fällen nicht weiter relevant. Sofern – wie bereits weiter oben dargestellt[1859] – die durch die Beibehaltung eines deutschen Nebenwohnsitzes verursachte unbeschränkte Steuerpflicht aufgrund des Abkommensrechts zu keiner Erweiterung der deutschen Steuerpflichten führt, kann auch aus der in ihrem Ausmaß geringeren erweitert beschränkten Steuerpflicht kein erhöhter Besteuerungsumfang abgeleitet werden. Die einzige Ausnahme hinsichtlich der Relevanz der Niedrigbesteuerung besteht, wenn während des Betrachtungszeitraums unentgeltliche Vermögensübertragungen unter Lebenden vorgenommen werden sollen. Dieser Aspekt wird jedoch im Folgenden aus Vereinfachungsgründen vernachlässigt.

Hinsichtlich der in Österreich begünstigten Einkünfte stellt sich die Frage, welche Einkünfte dies sind. § 98 öEStG zählt die der beschränkten Steuerpflicht unterliegenden Einkünfte auf. Wie in Deutschland werden dabei vornehmlich die Einkünfte erfasst, die einen besonderen Inlandsbezug aufweisen. Begünstigt von § 103 öEStG sind demzufolge nur die Einkünfte, die einen geringen bzw. überhaupt keinen Bezug zu Österreich haben. Bei derartigen Einkünften besteht aber die Gefahr, dass sie in einem anderen Staat einer Besteuerung unterzogen werden. Eine Wohnsitzverlegung aufgrund der Inanspruchnahme der Zuzugsbegünstigung kann daher nur in Frage kommen, wenn der Steuerpflichtige Einkünfte erzielt, die weder von § 98 öEStG erfasst noch in einem anderen Staat einer vergleichsweise hohen Besteuerung unterzogen werden.

Einkünfte, deren Ursprung in Österreich liegt, werden nur in wenigen Fällen von der Zuzugsbegünstigung erfasst. Der Katalog dieser Einkünfte ist vergleichbar mit demjenigen, der sich aus dem unterschiedlich hohen Besteuerungsumfang von deutscher beschränkter und deutscher erweitert beschränkter Steuerpflicht ergibt. Anders sieht es hingegen hinsichtlich der aus Deutschland stammenden Einkünfte aus. Vorteile ergeben sich aus der Zuzugsbegünstigung, wenn der Steuerpflichtige deutsche Einkünfte erzielt, für die nach dem deutsch-österreichischen Abkommensrecht Österreich das ausschließliche Besteuerungsrecht hat bzw. für die das Besteuerungsrecht Deutschlands eingeschränkt ist. Hierzu zählen insbesondere aus Deutschland stammende Zinsen und Lizenzgebühren. Sie dürfen jeweils nur in Österreich besteuert werden[1860]. Abweichend vom allgemeinen Artikel für Lizenzgebühren besteht jedoch eine Ausnahme

---
[1859] Vgl. Teil 2, Kap. 3.
[1860] Vgl. Art. 11 Abs. 1 ErtSt-DBA 2003 und Art. 12 Abs. 1 ErtSt-DBA 2003.

hinsichtlich der von Künstlern und Sportlern bezogenen Vergütungen jeder Art, die für die Benutzung oder das Recht auf Benutzung des Namens, des Bildes oder sonstiger Persönlichkeitsrechte dieser Personen gezahlt werden. Sie dürfen im Quellenstaat auch dann besteuert werden, wenn dort keine persönliche Tätigkeit ausgeübt wird. Entsprechendes gilt für Einkünfte aus der Duldung von Aufzeichnungen und Übertragungen von künstlerischen und sportlichen Darbietungen durch Rundfunk und Fernsehen[1861]. Des Weiteren dürfen ausschließlich in Österreich als Ansässigkeitsstaat die Gewinne aus der Veräußerung des nicht explizit genannten Vermögens besteuert werden[1862]. In gleicher Weise sind Einkünfte einer in einem Vertragsstaat ansässigen Person, die in den anderen Artikeln des ErtSt-DBA 2003 nicht behandelt werden, ohne Rücksicht auf ihre Herkunft nur in diesem Staat zu besteuern[1863]. Vorteile ergeben sich auch hinsichtlich der von in Deutschland ansässigen Gesellschaften gezahlten Dividenden. Die auf 5 % bzw. 15 % reduzierte Quellensteuer stellt die Gesamtsteuerbelastung der Dividendenzahlung dar, da die Einkünfte in Österreich aufgrund der Zuzugsbegünstigung nicht besteuert werden[1864].

Bezieht der Steuerpflichtige Einkünfte aus Drittstaaten, sind zwei Fälle zu unterscheiden. Zum einen ergeben sich Vorteile aus der Zuzugsbegünstigung, wenn der Steuerpflichtige Einkünfte erzielt, die im Herkunftsstaat keiner bzw. nur einer niedrigen Besteuerung unterliegen. Mit derartigen Staaten werden regelmäßig weder von Deutschland noch von Österreich Doppelbesteuerungsabkommen abgeschlossen. In Deutschland erfolgt die Doppelbesteuerungsvermeidung daher auf unilaterale Weise durch Anwendung des Anrechnungsverfahrens[1865]. Dadurch wird die Steuerbelastung jedoch auf das hohe deutsche Niveau hinaufgeschleust. Verlegt der Steuerpflichtige dann seinen Wohnsitz, werden die Einkünfte aufgrund der Zuzugsbegünstigung von der österreichischen Steuer befreit. Ebenfalls vorteilhaft ist die Zuzugsbegünstigung hinsichtlich der Einkünfte, die aus einem Drittstaat stammen, mit dem sowohl Deutschland als auch Österreich ein Doppelbesteuerungsabkommen abgeschlossen haben, und für die nach dem jeweiligen Abkommen der Ansässigkeitsstaat das Besteuerungsrecht hat. Vor der Wohnsitzverlegung nimmt Deutschland sein Besteuerungsrecht wahr, während nach der Wohnsitzverlegung Österreich als neuer Ansässigkeitsstaat von seinem Besteuerungsrecht aufgrund der Zuzugsbegünstigung keinen Gebrauch macht.

[1861] Vgl. Art. 17 Abs. 1 Satz 2 und 3 ErtSt-DBA 2003. Im Unterschied zu den sonstigen Einkünften von Künstlern und Sportlern wendet Österreich gemäß Art. 23 Abs. 2 lit. b ErtSt-DBA 2003 für diese Einkünfte die Anrechnungs- statt der Freistellungsmethode an.
[1862] Vgl. Art. 13 Abs. 5 ErtSt-DBA 2003.
[1863] Vgl. Art. 21 Abs. 1 ErtSt-DBA 2003.
[1864] Vgl. Art. 10 Abs. 2 ErtSt-DBA 2003.
[1865] Vgl. § 34 c dEStG.

Neben der Darstellung der begünstigten Einkünfte muss darüber hinaus auch die abkommensrechtliche Behandlung der originären Einkünfte des Steuerpflichtigen aus seiner Tätigkeit als Künstler, Sportler, Wissenschaftler oder Forscher untersucht werden, da die Zuzugsbegünstigung nur bei einer aktiven Tätigkeit des Steuerpflichtigen gewährt wird. Erforderlich ist dies aber nur dann, wenn der Steuerpflichtige nach der Wohnsitzverlegung seine Einkünfte weiterhin aus Deutschland oder einem Drittstaat bezieht. Bei einer gleichzeitigen Verlegung der Einkunftsbasis nach Österreich sind die Bestimmungen des Doppelbesteuerungsabkommens nicht zu beachten. In allen anderen Fällen wird wegen der abkommensrechtlichen Besonderheiten zwischen drei verschiedenen Personengruppen unterschieden:

- Künstler und Sportler
- selbständig tätige Forscher und Wissenschaftler und
- unselbständig tätige Forscher und Wissenschaftler.

Einkünfte, die eine in einem Vertragsstaat ansässige Person als Künstler oder Sportler aus ihrer im anderen Vertragsstaat persönlich ausgeübten Tätigkeit bezieht, dürfen gemäß Art. 17 ErtSt-DBA 2003 im anderen Staat besteuert werden. Dabei gilt zu beachten, dass diese Verteilungsnorm nur für öffentlich auftretende und nicht für werkherstellende Künstler anzuwenden ist. Die Einkünfte der letztgenannten Personengruppe sind grundsätzlich nach den Verteilungsnormen für Einkünfte aus selbständiger Arbeit bzw. für Unternehmensgewinne zu behandeln. Während Deutschland für alle Einkünfte im Sinne des Art. 17 ErtSt-DBA 2003 die Anrechnungsmethode zur Vermeidung der Doppelbesteuerung vorschreibt[1866], vermeidet Österreich als Ansässigkeitsstaat die Doppelbesteuerung grundsätzlich durch Freistellung. Neben den abkommensrechtlichen Bestimmungen ist bei der Künstlerbesteuerung § 37 Abs. 9 öEStG zu beachten. Danach sind bei der erstmaligen Veranlagung für ein Kalenderjahr auf Antrag positive Einkünfte aus selbständiger künstlerischer Tätigkeit im Sinne des § 10 Abs. 2 Nr. 5 des Umsatzsteuergesetzes 1994 und aus schriftstellerischer Tätigkeit beginnend mit dem Veranlagungsjahr, das zwei Jahre vor dem Kalenderjahr liegt, dem die Einkünfte zuzurechnen sind, gleichmäßig auf drei Jahre zu verteilen. Da in den folgenden Beispielen der Besteuerung der Grenzsteuersatz zugrunde gelegt wird und somit eine Verteilung der Einkünfte auf drei Jahre keine Veränderung des Steuersatzes bewirken würde, bleibt diese Vorschrift unberücksichtigt.

Die Zuteilung der Besteuerungsrechte an den Einkünften selbständig tätiger Forscher und Wissenschaftler erfolgt nach Art. 14 Abs. 1 ErtSt-DBA 2003. Danach

---

[1866] Vgl. Art. 23 Abs. 1 lit. b sublit. gg ErtSt-DBA 2003.

dürfen Einkünfte, die eine in einem Vertragsstaat ansässige Person aus einem freien Beruf oder aus sonstiger selbständiger Tätigkeit bezieht, nur in diesem Staat besteuert werden, es sei denn, dass der Person im anderen Vertragsstaat für die Ausübung ihrer Tätigkeit gewöhnlich eine feste Einrichtung zur Verfügung steht. Die dieser festen Einrichtung zuzurechnenden Einkünfte dürfen im anderen Staat besteuert werden.

Einkünfte unselbständig tätiger Forscher und Wissenschaftler werden nach Art. 15 Abs. 1 ErtSt-DBA 2003 behandelt. Die Gehälter, Löhne und ähnlichen Vergütungen dieser in einem Vertragsstaat ansässigen Personen dürfen nur in diesem Staat besteuert werden, es sei denn, die Arbeit wird im anderen Vertragsstaat ausgeübt. In diesem Fall dürfen die dafür bezogenen Einkünfte im anderen Staat besteuert werden.

Im Folgenden werden einige Beispiele angeführt, die die typische Einkunftsstruktur der verschiedenen Personengruppen widerspiegeln. Hinsichtlich der Einkünfte aus der originären Tätigkeit werden unterschiedliche Annahmen getroffen, wobei die Höhe der Einkünfte aus der jeweiligen Tätigkeit in allen Fällen 500.000,- Euro betragen soll. Die Einkünfte, die bei der österreichischen Besteuerung aufgrund der Zuzugsbegünstigung nicht erfasst werden, werden bei allen Beispielen in identischer Höhe unterstellt. Der Steuerpflichtige soll zum einen Zinsen aus in Deutschland angelegten Festgeldern in Höhe von 250.000,- Euro und zum anderen Einkünfte aus einem Niedrigsteuergebiet in Höhe von ebenfalls 250.000,- Euro beziehen. Für das Niedrigsteuergebiet wird vereinfachend unterstellt, dass die Einkünfte dort keiner Besteuerung unterliegen.

Im ersten Beispielsfall bezieht ein als Künstler bzw. Sportler tätiger Steuerpflichtiger 250.000,- Euro aus seiner Tätigkeit in Deutschland und 250.000,- Euro aus seiner Tätigkeit in Österreich. Durch die Wohnsitzverlegung ändert sich die Herkunft der Einkünfte nicht. Dies spiegelt den Umstand wider, dass die Herkunft der Einkünfte nicht vom Wohnsitz eines Künstlers bzw. Sportlers abhängt, sondern in erheblichem Maße von den jeweiligen Veranstaltungsorten.

Der zweite Fall stellt ein Beispiel für die Situation eines selbständig tätigen Forschers bzw. Wissenschaftlers dar. Vor der Wohnsitzverlegung bezieht der Steuerpflichtige 500.000,- Euro aus seiner in Deutschland ausgeübten Tätigkeit. Verlegt er seinen Wohnsitz nach Österreich, verändert sich die Herkunftsstruktur der Einkünfte. 250.000,- Euro werden mittels einer in Deutschland befindlichen festen Einrichtung erzielt, während 250.000,- Euro aus seiner Tätigkeit in Österreich stammen. Damit wird der Umstand widergegeben, dass eine komplette Verlagerung der Forschungseinrichtung gleichzeitig mit dem Wohnsitz aus praktischen Gründen nicht immer möglich ist.

Mit dem dritten Beispielsfall schließlich soll typisierend die Einkunftssituation eines unselbständig tätigen Forschers bzw. Wissenschaftlers abgebildet werden. Vor der Wohnsitzverlegung stammen 500.000,- Euro aus einer in Deutschland ausgeübten Tätigkeit, während nach der Wohnsitzverlegung ein Betrag in Höhe von ebenfalls 500.000,- Euro aus einer in Österreich ausgeübten Tätigkeit bezogen wird. Die vollständige Änderung der Herkunft der Einkünfte spiegelt die Tatsache wider, dass durch den Wohnsitzwechsel regelmäßig der Arbeitgeber und damit auch der Arbeitsort gewechselt werden.

1. Beispiel (Künstler bzw. Sportler):
a) zu entrichtende Steuern vor der Wohnsitzverlegung:
250.000,- Euro aus Tätigkeit in Deutschland: 110.775,- Euro (250.000 * 44,31 %)
250.000,- Euro aus Tätigkeit in Österreich: 125.000,- Euro (250.000 * 50 %)
250.000,- Euro aus der Festgeldanlage in Deutschland: 110.775,- Euro (250.000 * 44,31 %)
250.000,- Euro aus Drittstaatseinkünften: 110.775,- Euro (250.000 * 44,31 %)
Gesamtsteuerbelastung: 457.325,- Euro
b) zu entrichtende Steuern nach der Wohnsitzverlegung:
250.000,- Euro aus Tätigkeit in Deutschland: 110.775,- Euro (250.000 * 44,31 %)
250.000,- Euro aus Tätigkeit in Österreich: 125.000,- Euro (250.000 * 50 %)
250.000,- Euro aus der Festgeldanlage in Deutschland: 0,- Euro (Zuzugsbegünstigung)
250.000,- Euro aus Drittstaatseinkünften: 0,- Euro (Zuzugsbegünstigung)
Gesamtsteuerbelastung: 235.775,- Euro

2. Beispiel (selbständig tätiger Forscher bzw. Wissenschaftler):
a) zu entrichtende Steuern vor der Wohnsitzverlegung:
500.000,- Euro aus Tätigkeit in Deutschland: 221.550,- (500.000 * 44,31 %)
250.000,- Euro aus der Festgeldanlage in Deutschland: 110.775,- Euro (250.000 * 44,31 %)
250.000,- Euro aus Drittstaatseinkünften: 110.775,- Euro (250.000 * 44,31 %)
Gesamtsteuerbelastung: 443.100,- Euro
b) zu entrichtende Steuern nach der Wohnsitzverlegung:
250.000,- Euro aus Tätigkeit in Deutschland: 110.775,- Euro (250.000 * 44,31 %)
250.000,- Euro aus Tätigkeit in Österreich: 125.000,- Euro (250.000 * 50 %)
250.000,- Euro aus der Festgeldanlage in Deutschland: 0,- Euro (Zuzugsbegünstigung)
250.000,- Euro aus Drittstaatseinkünften: 0,- Euro (Zuzugsbegünstigung)
Gesamtsteuerbelastung: 235.775,- Euro

3. Beispiel (unselbständig tätiger Forscher bzw. Wissenschaftler):
a) zu entrichtende Steuern vor der Wohnsitzverlegung:
500.000,- Euro aus Tätigkeit in Deutschland: 221.550,- Euro
(500.000 * 44,31 %)
250.000,- Euro aus der Festgeldanlage in Deutschland: 110.775,- Euro
(250.000 * 44,31 %)
250.000,- Euro aus Drittstaatseinkünften: 110.775,- Euro (250.000 * 44,31 %)
Gesamtsteuerbelastung: 443.100,- Euro
b) zu entrichtende Steuern nach der Wohnsitzverlegung:
500.000,- Euro aus Tätigkeit in Österreich: 250.000,- Euro (500.000 * 50 %)
250.000,- Euro aus der Festgeldanlage in Deutschland: 0,- Euro (Zuzugsbegünstigung)
250.000,- Euro aus Drittstaatseinkünften: 0,- Euro (Zuzugsbegünstigung)
Gesamtsteuerbelastung: 250.000,- Euro

In den aufgeführten Beispielen wurde die Steuerbelastung für ein Jahr dargestellt. Wird ein mehrjähriger Betrachtungszeitraum gewählt, müssen die einzelnen Steuerzahlungen dynamisiert werden. Sofern zwangsläufige Entstrickungskosten bei einem Wohnsitzwechsel entstehen, kann eine Untersuchung angestellt werden, wie viele Jahre die Zuzugsbegünstigung mindestens gewährt werden muss, um die Verlagerung des Wohnsitzes aus steuerlicher Sicht empfehlenswert werden zu lassen[1867]. Des Weiteren sollten die subjektiven Wahrscheinlichkeiten für eine Abschaffung bzw. Beibehaltung der Zuzugsbegünstigung aus europarechtlichen Gründen bestimmt werden. Wegen der Zweifel an der Unzulässigkeit einer umgekehrten Diskriminierung ist die Wahrscheinlichkeit für eine Streichung des § 103 öEStG eher gering.

2.3 Wohnsitzwechsel und unentgeltliche Vermögensübertragung

Im Rahmen dieses Kapitels wird der Frage nachgegangen, ob sich der Wohnsitzwechsel eines bzw. mehrerer Steuerpflichtiger unter steuerlichen Gesichtspunkten lohnen kann, wenn die Übertragung des Vermögens im Wege der Schenkung oder Erbschaft geplant ist. Grundsätzlich kann die mit der Vermögensübertragung im Zusammenhang stehende Steuerbelastung mittels verschiedener Gestaltungsinstrumente beeinflusst werden. Diese Instrumente lassen sich verschiedenen Bereichen zuordnen. Neben der Gestaltung der Übertragungsform, der Familienverhältnisse und der Vermögensstruktur stellt die Veränderung der räumlichen Verhältnisse einen dieser Gestaltungsbereiche dar[1868]. Die folgende Untersuchung konzentriert sich allein auf den letztgenannten Bereich.

[1867] Dabei ist zu beachten, dass über die Zuzugsbegünstigung jedes Jahr neu entschieden wird.
[1868] Vgl. Trompeter (2000), S. 1389, der tabellarisch auch die Gestaltungsinstrumente der anderen Gestaltungsbereiche aufführt.

Die den anderen Gestaltungsbereichen zuzuordnenden Zustände werden als fix unterstellt. Gestaltungsinstrumente zur Veränderung der räumlichen Verhältnisse sind zum einen die Verlegung des Wohnsitzes und zum anderen die Veränderung der Vermögensbelegenheit. Die steuerlichen Auswirkungen der verschiedenen Kombinationen von Wohnsitz des Erblassers bzw. Schenkers, Wohnsitz des Erben bzw. Beschenkten und Belegenheit des Vermögens werden im Folgenden anhand eines Beispiels dargestellt.

Dazu werden zunächst einige Annahmen getroffen. Das zu vererbende bzw. zu verschenkende Vermögen besteht zunächst nur aus deutschem Vermögen mit einer erbschaftsteuerlichen Bemessungsgrundlage in Höhe von 5 Mio. Euro. Wird eine Wohnsitzverlegung in Betracht gezogen, werden die steuerlichen Auswirkungen zum einen bei weiterhin in Deutschland belegenem Vermögen und zum anderen bei nach Österreich transferiertem Vermögen dargestellt. Der Transfer des Vermögens führt zu gewillkürten Entstrickungskosten in Höhe von 500.000,- Euro. Durch deren Zahlung ist die Investition in Vermögen in Österreich nicht in derselben Höhe wie zuvor in Deutschland möglich. Es wird daher unterstellt, dass die steuerliche Bemessungsgrundlage des nach Österreich transferierten Vermögens nur noch 4,5 Mio. Euro beträgt. Hinsichtlich des vor der Wohnsitzverlegung in Deutschland befindlichen Vermögens wird unterstellt, dass das Besteuerungsrecht an diesem bei der Verlegung des Wohnsitzes des Erblassers aufgrund des ErbSt-DBA's Deutschland zugewiesen wird. Andernfalls wäre ein Vermögenstransfer nicht erforderlich, und die gewillkürten Entstrickungskosten könnten vermieden werden. Zwangsläufige Entstrickungskosten fallen nicht an. Differenzen in der erbschaftsteuerlichen Belastung in Deutschland und Österreich, die sich aus einem unterschiedlichen Verhältnis von Verkehrswert zu steuerlichem Wert ergeben, bleiben unberücksichtigt. Es muss aber im konkreten Einzelfall bedacht werden, dass sich insbesondere bei Betriebsvermögen und bei unbeweglichem Vermögen erhebliche Abweichungen in der Höhe der Bewertung ergeben können[1869]. Des Weiteren wird unterstellt, dass der Steuerpflichtige sein Geld nicht in endbesteuertem Vermögen investiert. Die Besonderheiten dieser Investitionsform wurden bereits in einem der vorhergehenden Kapitel dargestellt[1870].

Da Beteiligte an einer unentgeltlichen Vermögensübertragung immer mindestens zwei Personen sind, existieren bei nur einem in Frage kommendem Zuzugsland vier mögliche Kombinationen hinsichtlich des Wohnsitzes. Der Wohnsitz kann sowohl vom Erblasser als auch vom Erben in Deutschland belassen werden. Des Weiteren können auch beide Personen ihren Wohnsitz ins Ausland ver-

---

[1869] Vgl. hierzu Teil 1, Kap. 3.2.3.
[1870] Vgl. Teil 4, Kap. 2.1.1.

legen. Wenn nur eine der beiden beteiligten Personen ihren Wohnsitz verlegt, werden in dem folgenden Beispiel nur die steuerlichen Auswirkungen bei Verlegung des Wohnsitzes des Erblassers und gleichzeitiger Beibehaltung des Wohnsitzes des Erben betrachtet. Der umgekehrte Fall – Wohnsitzverlegung nur des Erben – ist wegen der Anknüpfung des Doppelbesteuerungsabkommens an den Wohnsitz des Erblassers von untergeordneter Relevanz.

Wird im Fall der Wohnsitzverlegung Vermögen in Deutschland belassen, für das nach dem ErbSt-DBA Deutschland das Besteuerungsrecht hat, ist eine Unterscheidung zwischen Schenkungen und Erbschaften erforderlich, weil das Doppelbesteuerungsabkommen nur für unentgeltliche Vermögensübertragungen von Todes wegen gilt. Neben der ausschließlich unilateralen Doppelbesteuerungsvermeidung greifen bei Schenkungen außerdem in vollem Maße die Vorschriften der erweitert unbeschränkten und der erweitert beschränkten Steuerpflicht. Der hieraus resultierende erweiterte Besteuerungsumfang wird im Beispielsfall aber nicht berücksichtigt, zumal die Anknüpfung der Vorschriften an die Staatsbürgerschaft europarechtlich höchst bedenklich ist.

Hinsichtlich des Empfängers der unentgeltlichen Vermögensübertragung wird zwischen drei verschiedenen Personen unterschieden. Die steuerlichen Auswirkungen der Vererbung bzw. Schenkung werden für den Ehegatten, für ein Kind und für einen familienfremden Dritten untersucht. Begründet liegt diese Differenzierung in den unterschiedlichen zur Anwendung kommenden Steuerklassen und den verschiedenen persönlichen Freibeträgen.

Wegen der besonderen Komplexität der steuerlichen Auswirkungen von unentgeltlichen Vermögensübertragungen wird auf eine Zeitraumbetrachtung verzichtet[1871]. Eine solche Annahme ist aber nur möglich, wenn laufende ertragsteuerliche Belastungen unberücksichtigt bleiben. Des Weiteren dürfen keine zwangsläufigen Entstrickungskosten anfallen, da in diesem Fall die durch die Wohnsitzverlegung ausgelösten Entstrickungskosten und die nach der Wohnsitzverlegung erfolgende Vermögensübertragung in aller Regel zeitlich auseinander fallen. Wird eine Vermögensumstrukturierung vorgenommen, wird unterstellt, dass die gewillkürten Entstrickungskosten in dem Zeitpunkt entstehen, in dem die Vermögensübertragung vorgenommen wird. Dies stellt insbesondere eine Vereinfachung bei den Vermögensübertragungen von Todes wegen dar, da der genaue Todeszeitpunkt des Erblassers nicht vorhergesagt werden kann. In der Rea-

---

[1871] Heininger (1988), S. 186 weist auf die Probleme einer Zeitraumbetrachtung bei der Erbschaftsteuerplanung hin. Die Notwendigkeit, Annahmen über die Entwicklung der erbschaftsteuerlichen Parameter zu treffen, führt zu Unsicherheiten, die mit zunehmender Länge des Betrachtungszeitraums größer werden.

lität hat die Vermögensumstrukturierung bereits zu einem früheren Zeitpunkt stattzufinden.

1. Beibehaltung der deutschen Wohnsitze von Erblasser bzw. Schenker und Erben bzw. Beschenktem:
- Vererbung bzw. Schenkung an den Ehegatten:
  (5.000.000 – 307.000 – 256.000) * 19 % = 843.030,- Euro
  (Gesamtsteuerbelastung)
- Vererbung bzw. Schenkung an den Sohn:
  (5.000.000 – 205.000) * 19 % = 911.050,- Euro (Gesamtsteuerbelastung)
- Vererbung bzw. Schenkung an einen familienfremden Dritten:
  (5.000.000 – 5.200) * 35 % = 1.748.180,- Euro (Gesamtsteuerbelastung)

2. Wohnsitzwechsel des Erblassers bzw. Schenkers und Beibehaltung des deutschen Wohnsitzes des Erben bzw. Beschenkten:
a) ohne Vermögenstransfer
- Schenkung an den Ehegatten:
  (5.000.000 – 307.000 – 256.000) * 19 % = 843.030,- Euro
  (vorläufige deutsche Steuer)
  (5.000.000 – 2.200 – 7.300) * 15 % = 748.575,- Euro
  (vorläufige österreichische Steuer)
  843.030,- Euro
  (Gesamtsteuerbelastung; Anrechnung gemäß § 6 Abs. 3 öErbStG)
- Vererbung an den Ehegatten (Deutschland hat nach dem ErbSt-DBA das Besteuerungsrecht):
  (5.000.000 – 307.000 – 256.000) * 19 % = 843.030,- Euro
  (Gesamtsteuerbelastung)
- Schenkung an den Sohn:
  (5.000.000 – 205.000) * 19 % = 911.050,- Euro
  (vorläufige deutsche Steuer)
  (5.000.000 – 2.200) * 15 % = 749.670,- Euro
  (vorläufige österreichische Steuer)
  911.050,- Euro
  (Gesamtsteuerbelastung; Anrechnung gemäß § 6 Abs. 3 öErbStG)
- Vererbung an den Sohn (Deutschland hat nach dem ErbSt-DBA das Besteuerungsrecht):
  (5.000.000 – 205.000) * 19 % = 911.050,- Euro
  (Gesamtsteuerbelastung)
- Schenkung an einen familienfremden Dritten:
  (5.000.000 – 5.200) * 35 % = 1.748.180,- Euro
  (vorläufige deutsche Steuer)
  (5.000.000 – 110) * 57 % = 2.849.937,- Euro

(vorläufige österreichische Steuer)
1.748.180 + 1.101.757 = 2.849.937,- Euro
(Gesamtsteuerbelastung; Anrechnung gemäß § 6 Abs. 3 öErbStG)
- Vererbung an einen familienfremden Dritten:
(5.000.000 – 5.200) * 35 % = 1.748.180,- Euro
(Gesamtsteuerbelastung)
b) mit Vermögenstransfer (Entstrickungskosten in Höhe von 500.000,- Euro fallen an)
- Schenkung an den Ehegatten:
500.000 (Entstrickungskosten)
(4.500.000 – 307.000 – 256.000) * 19 % = 748.030,- Euro
(vorläufige deutsche Steuer)
(4.500.000 – 2.200 – 7.300) * 15 % = 1.173.575,- Euro
(vorläufige österreichische Steuer)
500.000 + 1.173.575 = 1.673.575,- Euro
(Gesamtsteuerbelastung; Anrechnung gemäß § 21 dErbStG)
- Vererbung an den Ehegatten:
500.000 + (4.500.000 – 2.200) * 15 % = 1.174.670,- Euro
(Gesamtsteuerbelastung)
- Schenkung an den Sohn:
500.000 (Entstrickungskosten)
(4.500.000 – 205.000) * 19 % = 816.050,- Euro
(vorläufige deutsche Steuer)
(4.500.000 – 2.200) * 15 % = 1.174.670,- Euro
(vorläufige österreichische Steuer)
500.000 + 1.174.670 = 1.674.670,- Euro
(Gesamtsteuerbelastung; Anrechnung gemäß § 21 dErbStG)
- Vererbung an den Sohn:
500.000 + (4.500.000 – 2.200) * 15 % = 1.174.670,- Euro
(Gesamtsteuerbelastung)
- Schenkung an einen familienfremden Dritten:
500.000 (Entstrickungskosten)
(4.500.000 – 5.200) * 35 % = 1.573.180,- Euro
(vorläufige deutsche Steuer)
(4.500.000 – 110) * 57 % = 3.064.937,- Euro
(vorläufige österreichische Steuer)
500.000 + 3.064.937 = 3.564.937,- Euro
(Gesamtsteuerbelastung; Anrechnung gemäß § 21 dErbStG)
- Vererbung an einen familienfremden Dritten:
500.000 + (4.500.000 – 110) * 57 % = 3.064.937,- Euro
(Gesamtsteuerbelastung)

3. Wohnsitzwechsel des Erblassers bzw. Schenkers und des Erben bzw. Beschenkten:
a) ohne Vermögenstransfer (beschränkte Steuerpflicht in Deutschland bei deutschem abkommensrechtlichen Besteuerungsrecht)
- Schenkung an den Ehegatten:
(5.000.000 − 1.100) * 19 % = 949.791,- Euro
(vorläufige deutsche Steuer)
(5.000.000 − 2.200 − 7.300) * 15 % = 748.575,- Euro
(vorläufige österreichische Steuer)
949.791,- Euro
(Gesamtsteuerbelastung; Anrechnung gemäß § 6 Abs. 3 öErbStG)
- Vererbung an den Ehegatten:
(5.000.000 − 1.100) * 19 % = 949.791,- Euro
(Gesamtsteuerbelastung)
- Schenkung an den Sohn:
(5.000.000 − 1.100) * 19 % = 949.791,- Euro
(vorläufige deutsche Steuer)
(5.000.000 − 2.200) * 15 % = 749.670,- Euro
(vorläufige österreichische Steuer)
949.791,- Euro
(Gesamtsteuerbelastung; Anrechnung gemäß § 6 Abs. 3 öErbStG)
- Vererbung an den Sohn:
(5.000.000 − 1.100) * 19 % = 949.791,- Euro
(Gesamtsteuerbelastung)
- Schenkung an einen familienfremden Dritten:
(5.000.000 − 1.100) * 19 % = 949.791,- Euro
(vorläufige deutsche Steuer)
(5.000.000 − 110) * 57 % = 2.849.937,- Euro
(vorläufige österreichische Steuer)
2.849.937,- Euro
(Gesamtsteuerbelastung; Anrechnung gemäß § 6 Abs. 3 öErbStG)
- Vererbung an einen familienfremden Dritten:
(5.000.000 − 1.100) * 19 % = 949.791,- Euro
(Gesamtsteuerbelastung)

b) mit Vermögenstransfer (Entstrickungskosten in Höhe von 500.000,- Euro fallen an)
- Schenkung an den Ehegatten:
500.000 + (4.500.000 − 2.200 − 7.300) * 15 % = 1.173.575,- Euro
(Gesamtsteuerbelastung)
- Vererbung an den Ehegatten
500.000 + (4.500.000 − 2.200) * 15 % = 1.174.670,- Euro
(Gesamtsteuerbelastung)

- Vererbung bzw. Schenkung an den Sohn:
  500.000 + (4.500.000 − 2.200) * 15 % = 1.174.670,- Euro
  (Gesamtsteuerbelastung)
- Vererbung bzw. Schenkung an einen familienfremden Dritten:
  500.000 + (4.500.000 − 110) * 57 % = 3.064.937,- Euro
  (Gesamtsteuerbelastung)

Der Vergleich der unterschiedlichen Fallkonstellationen zeigt, dass eine Wohnsitzverlegung nach Österreich zur Verringerung der Erbschaft- bzw. Schenkungsteuerschuld bei ursprünglich in Deutschland belegenem, steuerverhaftetem Vermögen nur in besonderen Ausnahmefällen sinnvoll sein kann. Grenzüberschreitende Schenkungen sollten vermieden werden, weil die Doppelbesteuerungsvermeidung nur unilateral erfolgt.

Im Folgenden wird noch anhand eines Beispiels die Vorteilhaftigkeit der Beibehaltung eines bzw. mehrerer Nebenwohnsitze bei der unentgeltlichen Vermögensübertragung dargestellt. Dem Beispiel liegt der Fall eines Steuerpflichtigen zugrunde, der aus ertragsteuerlichen Gründen gemeinsam mit seiner Ehefrau den Wohnsitz nach Österreich verlegen will. Er besitzt ein Vermögen in Höhe von 1.000.000,- Euro, dessen möglicher Transfer nach Österreich keine gewillkürten Entstrickungskosten auslöst. Es wird unterstellt, dass der Steuerpflichtige einige Jahre nach der Entscheidung über den Wohnsitzwechsel verstirbt und sämtliches Vermögen seiner Frau hinterlässt. Im Folgenden werden vier verschiedene Handlungsalternativen betrachtet:

1. Der Steuerpflichtige und seine Frau behalten ihre Wohnsitze in Deutschland bei. Das Vermögen wird ebenfalls in Deutschland belassen.
2. Das Ehepaar verlegt unter Aufgabe der deutschen unbeschränkten Steuerpflicht ihre Hauptwohnsitze nach Österreich. Vermögen in Höhe von 563.000,- Euro wird in Deutschland belassen, während das verbleibende Vermögen in Höhe von 437.000,- Euro nach Österreich transferiert wird.
3. Das Ehepaar verlegt ihre Hauptwohnsitze nach Österreich und behält jeweils einen Nebenwohnsitz in Deutschland bei. Vermögen in Höhe von 563.000,- Euro wird in Deutschland belassen, während das verbleibende Vermögen in Höhe von 437.000,- Euro nach Österreich transferiert wird.
4. Das Ehepaar verlegt unter Aufgabe der deutschen unbeschränkten Steuerpflicht ihre Hauptwohnsitze nach Österreich. Das gesamte Vermögen in Höhe von 1.000.000,- Euro wird nach Österreich transferiert.

Die Steuerbelastungen stellen sich wie folgt dar:

1. Alternative:
(1.000.000 – 307.000 – 256.000) * 11 % = 48.070,- Euro
(Gesamtsteuerbelastung)
2. Alternative:
(563.000 – 1.100) * 15 % + (561.900 – 512.000) * 0,5 = 101.750,- Euro
(deutsche Steuer)
(437.000 – 2.200) * 10 % = 43.480,- Euro
(österreichische Steuer)
145.230,- Euro
(Gesamtsteuerbelastung)
3. Alternative:
(563.000 – 307.000 – 256.000) * 7 % = 0,- Euro
(deutsche Steuer)
(437.000 – 2.200) * 10 % = 43.480,- Euro
(österreichische Steuer)
43.480,- Euro
(Gesamtsteuerbelastung)
4. Alternative:
(1.000.0000 – 2.200) * 11 % = 109.758,- Euro
(Gesamtsteuerbelastung)

Der Vergleich der Alternativen macht deutlich, dass die bewusste Beibehaltung eines Nebenwohnsitzes zu einer Steuerersparnis gegenüber dem Fall führt, in dem die unbeschränkte Erbschaftsteuerpflicht im Wegzugsstaat aufgegeben wird. Die Beibehaltung bzw. Begründung der unbeschränkten Steuerpflicht in beiden Staaten bringt eine Erbschaftsteuerersparnis gegenüber den vergleichbaren nationalen Sachverhalten.

5. Teil: Zusammenfassung der Untersuchungsergebnisse

- Die zunehmende Mobilität natürlicher Personen innerhalb der Europäischen Union sowie das internationale Gefälle zwischen den periodisch und aperiodisch anfallenden nationalen Steuern erfordern eine systematische Untersuchung der Vorteilhaftigkeit einer Wohnsitzverlegung aus steuerlichen Gründen.
- Der rechtliche Rahmen einer Wohnsitzverlegung natürlicher Personen von Deutschland nach Österreich wird vornehmlich durch das jeweilige nationale deutsche bzw. österreichische Steuerrecht, durch die zwischen Deutschland und Österreich abgeschlossenen Abkommen zur Vermeidung der Doppelbesteuerung sowohl auf dem Gebiet der Einkommensteuer als auch der Erbschaftsteuer sowie durch den EG-Vertrag abgesteckt.
- Der Steuerrechtsvergleich zwischen Deutschland und Österreich wird durch den Umstand erleichtert, dass Österreich 1938 nach seinem Anschluss an das Deutsche Reich das deutsche materielle und formelle Steuerrecht übernehmen musste und dieses nach Beendigung des Zweiten Weltkrieges in Geltung belassen wurde. Ab dem Ende der achtziger Jahre wurden von Österreich jedoch zahlreiche Steuerreformen durchgeführt, die dem österreichischen Steuerrecht zu Recht den Ruf eines modernen und fortschrittlichen Steuerrechts eingebracht haben.
- Vorteile des österreichischen Steuerrechts gegenüber dem deutschen Steuerrecht sind insbesondere die Endbesteuerung von Erträgen aus Bankeinlagen und Forderungswertpapieren mit einem festen Steuersatz von 25 %, die Nichtexistenz einer Gewerbesteuer, die Erbschaftssteuerbefreiung von Forderungswertpapieren sowie von Anteilen an in- und ausländischen Kapitalgesellschaften, wenn der Steuerpflichtige nachweist, dass der Erblasser im Zeitpunkt des Entstehens der Steuerschuld unter 1 % am Nennkapital der Gesellschaft beteiligt war, der niedrigere Erbschaftsteuertarif (vor allem bei nahen Angehörigen), die Möglichkeit der Errichtung von steuerlich begünstigten Privatstiftungen sowie die Zuzugsbegünstigung, mit der bestimmte steuerliche Mehrbelastungen bei Personen erlassen werden können, deren Zuzug aus dem Ausland der Förderung von Wissenschaft, Forschung, Kunst oder Sport dient und aus diesem Grunde im öffentlichen Interesse gelegen ist.
- Nachteilig sind hingegen aus österreichischer Sicht insbesondere die auch unter Einbeziehung des in Deutschland erhobenen Solidaritätszuschlages höheren Einkommensteuertarife, die fehlende Möglichkeit einer Zusammenveranlagung bei Ehepaaren, der Ansatz von Teilwerten anstelle von Steuerbilanzwerten bei der unentgeltlichen Übertragung von Betriebsvermögen sowie die deutlich niedrigeren Freibeträge bei der Erbschaftsteuer.
- Das ab dem 1.1.2003 anzuwendende Doppelbesteuerungsabkommen auf dem Gebiet der Steuern vom Einkommen und Vermögen hat das aus dem Jahr 1954 stammende und 1992 überarbeitete Doppelbesteuerungsabkommen er-

setzt. Das neue Abkommen orientiert sich nunmehr weitestgehend am OECD-Musterabkommen.
- Aufgrund der im Doppelbesteuerungsabkommen auf dem Gebiet der Steuern vom Einkommen und Vermögen getroffenen Zuweisung der Besteuerungsrechte ist es bei einer unterstellten Vorteilhaftigkeit einer Wohnsitzverlegung in den meisten Fällen nicht erforderlich, dass die Ansässigkeit in Deutschland vollständig aufgegeben wird. Erforderlich ist nur die Verlegung des abkommensrechtlich definierten Mittelpunkts der Lebensinteressen nach Österreich. Ergänzend hat die Untersuchung gezeigt, dass in einer Vielzahl der Fälle die bewusste Beibehaltung eines Nebenwohnsitzes in Deutschland wegen der doppelten Inanspruchnahme persönlicher Vergünstigungen (beispielsweise hohe persönliche Freibeträge bei der deutschen Erbschaftsteuer) zu einer geringeren Gesamtsteuerbelastung führt.
- Das Doppelbesteuerungsabkommen auf dem Gebiet der Erbschaftsteuern orientiert sich bei der Zuweisung der Besteuerungsrechte in einer Vielzahl der Fälle am Mittelpunkt der Lebensinteressen des Erblassers. Eine Wohnsitzverlegung des Erblassers nach Österreich ist aufgrund der Doppelbesteuerungsvermeidung mittels Freistellungsmethode insbesondere dann von Vorteil, wenn nicht der österreichischen Erbschaftssteuer unterliegendes Vermögen, d.h. bestimmtes endbesteuertes Vermögen, vererbt wird, da in diesen Fällen weder in Deutschland noch in Österreich Erbschaftsteuer erhoben wird.
- Die erweitert beschränkten Steuerpflichten des deutschen Außensteuergesetzes kommen bei einer Wohnsitzverlegung nach Österreich grundsätzlich nicht zur Anwendung. Möglich ist deren Anwendbarkeit aber dann, wenn dem nach Österreich Zugezogenen eine Vorzugsbesteuerung, wie sie die Zuzugsbegünstigung darstellt, gewährt wird. Die Anwendbarkeit der erweitert beschränkten Steuerpflichten führt jedoch – soweit keine grenzüberschreitenden Schenkungen vorgenommen werden – zu keinen materiellen Auswirkungen, da die aus nationaler Sicht erweiterten Besteuerungsrechte Deutschlands durch die mit Österreich abgeschlossenen Doppelbesteuerungsabkommen wieder eingeschränkt werden.
- Das Doppelbesteuerungsabkommen auf dem Gebiet der Erbschaftsteuern gilt nur für Erwerbe von Todes wegen, nicht hingegen für unentgeltliche Vermögensübertragungen unter Lebenden. Aus diesem Grund erfolgt die Doppelbesteuerungsvermeidung bei Schenkungen nur mittels der Anrechnungsmethode anstelle der Freistellungsmethode. Die Untersuchung hat jedoch gezeigt, dass sowohl die erweitert unbeschränkte Schenkungsteuerpflicht als auch die erweitert beschränkte Schenkungsteuerpflicht wegen ihrer Anknüpfung an die deutsche Staatsangehörigkeit eine so genannte offene Diskriminierung darstellen und deswegen gegen Europarecht verstoßen.
- Weiterhin als europarechtswidrig wurden die Regelungen hinsichtlich der Unterscheidung zwischen beschränkter und unbeschränkter Erbschaftsteuer-

pflicht bei mehr als 90 % Inlandsvermögen, die Mindestbesteuerung bestimmter beschränkt Steuerpflichtiger in Höhe von 25 % sowie die Fiktion der schädlichen Verwendung der privaten Altersvorsorge bei Ausscheiden aus der unbeschränkten Steuerpflicht identifiziert.
- Ferner hat die Untersuchung gezeigt, dass ein allgemeiner Entstrickungsgrundsatz, wonach sämtliche zu irgendeinem Zeitpunkt gelegten stillen Reserven bei einem Ausscheiden aus der deutschen Steuerhoheit im letztmöglichen Zeitpunkt ohne Rücksicht auf tatbestandsmäßige Grenzen erfasst und besteuert werden müssen, nicht existiert, da andernfalls der das Rechtsstaatsprinzip konkretisierende Grundsatz der Rechtssicherheit verletzt wäre.
- Der Bundesfinanzhof hat zwar ebenfalls mehrfach die Nichtexistenz eines Entstrickungsgrundsatzes betont. Es konnte aber nachgewiesen werden, dass durch eine extensive Auslegung des Entnahme- und des Betriebsaufgabebegriffes ein allgemeiner Entstrickungsgrundsatz in einer Vielzahl der Fälle scheinbar doch Eingang in das deutsche Steuerrecht gefunden hat. Diese Feststellung ist von erheblicher Bedeutung, da die steuerliche Vorteilhaftigkeit einer Wohnsitzverlegung maßgeblich von den im Wegzugszeitpunkt aufzulösenden stillen Reserven bestimmt wird.
- Dennoch konnten einige – allerdings mit Risiken behaftete – Wege aufgezeigt werden, wie eine Steuerentstrickung vermieden werden kann. Zur Vermeidung einer unterstellten Betriebsaufgabe kann zum einen von dem höchstrichterlich festgeschriebenen Verpächterwahlrecht Gebrauch gemacht werden. Zum anderen kann eine Umgehung des Betriebsaufgabetatbestandes durch die unentgeltliche Übertragung des Betriebs auf einen beschränkt Steuerpflichtigen erreicht werden.
- Der Erwerb von Vermögen nach erfolgtem Wohnsitzwechsel nach Österreich darf nicht nur von steuerlichen Faktoren bestimmt werden. Vielmehr sind auch Rentabilitätsüberlegungen und Risikoaspekte in die Anlageentscheidung einzubeziehen. Bei Betrachtung ausschließlich der steuerlichen Faktoren ist hingegen insbesondere für Steuerpflichtige mit hohen Einkommen der Erwerb von endbesteuertem Vermögen zu empfehlen. Dies gilt in besonderem Maße, wenn das Vermögen auch noch zu den von der Erbschaftssteuer befreiten Vermögensarten gehört.
- Die Gründung einer Privatstiftung in Österreich stellt insbesondere dann eine lohnenswerte Alternative dar, wenn große Vermögen über mehrere Generationen hinweg thesauriert werden sollen. Die deutschen Regelungen zur Besteuerung von Familienstiftungen machen jedoch grundsätzlich einen Wegzug sowohl des Stifters als auch der Begünstigten bzw. Letztbegünstigten nach Österreich erforderlich. In diesem Zusammenhang ist allerdings zu beachten, dass nach der hier vertretenen Auffassung die deutsche Zurechnungsbesteuerung bei ausländischen Familienstiftungen sowohl gegen die europarechtlich

garantierte Niederlassungsfreiheit als auch gegen die Kapitalverkehrsfreiheit verstößt.
- Ferner ist insbesondere vor dem Hintergrund der vom Europäischen Gerichtshof kürzlich entschiedenen Rechtssache „Hughes de Lasteyrie du Saillant" davon auszugehen, dass die deutsche Regelung zur Wegzugsbesteuerung bei Anteilen an einer deutschen Kapitalgesellschaft, an der der Steuerpflichtige zu mindestens 1 % beteiligt ist, gegen Europarecht verstößt.
- Abschließend wurde anhand exemplarischer Beispiele aufgezeigt, dass eine Wohnsitzverlegung nach Österreich – insbesondere beim Erwerb von endbesteuertem Vermögen – vorteilhaft sein kann. Allgemeingültige Aussagen sind hingegen nur eingeschränkt möglich, da zum einen die Entscheidung von einer Vielzahl von Parametern abhängt und zum anderen die von Fall zu Fall unterschiedliche Höhe der Entstrickungskosten in erheblichem Maße die Vorteilhaftigkeit einer Wohnsitzverlegung beeinflusst. Stattdessen sind bei einer geplanten Wohnsitzverlegung des Steuerpflichtigen Einzelfallbetrachtungen anzustellen. In diesem Zusammenhang muss jedoch berücksichtigt werden, dass eine Wohnsitzverlegung eine stark in die Lebensgestaltung eingreifende Maßnahme darstellt und daher in der Realität nur selten allein von steuerlichen Faktoren abhängig sein wird.

Abkürzungsverzeichnis

a.A.	anderer Ansicht
ABl.	Amtsblatt
Abs.	Absatz
a.F.	alte Fassung
AfA	Absetzung für Abnutzung
Art.	Artikel
Begr.	Begründer
Bem.grdl.	Bemessungsgrundlage
betr.	betreffend
BFH	Bundesfinanzhof
BFH/NV	Sammlung der amtlich nicht veröffentlichten Entscheidungen des Bundesfinanzhofs
BGBl	Bundesgesetzblatt
BStBl	Bundessteuerblatt
BVerfG	Bundesverfassungsgericht
BVerfGE	Sammlung der Entscheidungen des Bundesverfassungsgerichts
bzw.	beziehungsweise
dAEAO	(deutscher) Anwendungserlass zur Abgabenordnung
dAktG	(deutsches) Aktiengesetz
dAO	(deutsche) Abgabenordnung
dAStG	(deutsches) Außensteuergesetz
DB	Der Betrieb
DBA	Doppelbesteuerungsabkommen
dBewG	(deutsches) Bewertungsgesetz
dBGB	(deutsches) Bürgerliches Gesetzbuch
dBMF	(deutsches) Bundesfinanzministerium
dEGBGB	(deutsches) Einführungsgesetz zum Bürgerlichen Gesetzbuch
dEStDV	(deutsche) Einkommensteuer-Durchführungsverordnung
dEStG	(deutsches) Einkommensteuergesetz
dEStR	(deutsche) Einkommensteuer-Richtlinien
dErbStG	(deutsches) Erbschaftsteuer- und Schenkungsteuergesetz
dFGO	(deutsche) Finanzgerichtsordnung
dGewStG	(deutsches) Gewerbesteuergesetz
dGG	(deutsches) Grundgesetz
dGmbHG	(deutsches) Gesetz betreffend die Gesellschaften mit beschränkter Haftung
dGrStG	(deutsches) Grundsteuergesetz

d.h.	das heißt
dHGB	(deutsches) Handelsgesetzbuch
dKStG	(deutsches) Körperschaftsteuergesetz
dKStR	(deutsche) Körperschaftsteuer-Richtlinien
dSGB	(deutsches) Sozialgesetzbuch
dSolZ	(deutscher) Solidaritätszuschlag
dSolZG	(deutsches) Solidaritätszuschlaggesetz
dStAG	(deutsches) Staatsangehörigkeitsgesetz
dStAnpG	(deutsches) Strukturanpassungsgesetz
dUmwStG	(deutsches) Umwandlungssteuergesetz
EAS	Express-Antwort-Service
EDV	elektronische Datenverarbeitung
EFG	Entscheidungen der Finanzgerichte
EG	Europäische Gemeinschaft
EG(V)	EG-Vertrag
ErbSt-DBA	Erbschaftsteuer-Doppelbesteuerungsabkommen
Erg.Lfg.	Ergänzungslieferung
Erl.	Erlass
ErtSt-DBA	Ertragsteuer-Doppelbesteuerungsabkommen
et. al.	et alii
etc.	et cetera
EU	Europäische Union
EWG	Europäische Wirtschaftsgemeinschaft
EWR	Europäischer Wirtschaftsraum
EuGH	Europäischer Gerichtshof
ff.	fortfolgende
FG	Finanzgericht
FN	Fußnote
FR	Finanz-Rundschau
GbR	Gesellschaft bürgerlichen Rechts
GmbH	Gesellschaft mit beschränkter Haftung
GmbHR	GmbH-Rundschau
GrS	Großer Senat
HFR	Höchstrichterliche Finanzrechtsprechung
Hrsg.	Herausgeber
IFA	International Fiscal Association
i.S.	im Sinne
IStR	Internationales Steuerrecht
i.V.m.	in Verbindung mit
Jg.	Jahrgang
Kap.	Kapitel
KEG	Kommandit-Erwerbsgesellschaft

KG	Kommanditgesellschaft
lit.	litera
Ltd.	Limited
MA	Musterabkommen
Mio.	Million
Mrd.	Milliarde
m.w.N.	mit weiteren Nachweisen
Nr.	Nummer
o.V.	ohne Verfasser
OECD	Organisation für wirtschaftliche Zusammenarbeit und Entwicklung
OEG	offene Erwerbsgesellschaft
öAuskG	(österreichisches) Auskunftspflichtgesetz
öAuslGrErwG-W	(österreichisches) Gesetz betreffend den Grunderwerb durch Ausländer in Wien
öAußStrG	(österreichisches) Außerstreitgesetz
öBAO	(österreichische) Bundesabgabenordnung
öBewG	(österreichisches) Bewertungsgesetz
öBGBl	(österreichisches) Bundesgesetzblatt
öBMF	(österreichisches) Bundesfinanzministerium
öBWA	(österreichisches) Bundesgesetz über eine Abgabe von land- und forstwirtschaftlichen Betrieben
öEBG	(österreichisches) Endbesteuerungsgesetz
öEGG	(österreichisches) Erwerbsgesellschaftengesetz
öEheG	(österreichisches) Ehegesetz
öErbStG	(österreichisches) Erbschafts- und Schenkungssteuergesetz
öEStG	(österreichisches) Einkommensteuergesetz
öGrEStG	(österreichisches) Grunderwerbsteuergesetz
öGrStG	(österreichisches) Grundsteuergesetz
öGVG-B	(österreichisches) Burgenländisches Grundverkehrsgesetz
öGVG-K	(österreichisches) Kärntner Grundverkehrsgesetz
öGVG-NÖ	(österreichisches) Niederösterreichisches Grundverkehrsgesetz
öGVG-OÖ	(österreichisches) Oberösterreichisches Grundverkehrsgesetz
öGVG-S	(österreichisches) Salzburger Grundverkehrsgesetz
öGVG-St	(österreichisches) Steiermärkisches Grundverkehrsgesetz
öGVG-T	(österreichisches) Tiroler Grundverkehrsgesetz
öGVG-V	(österreichisches) Vorarlberger Grundverkehrsgesetz

öIPRG	(österreichisches) Internationales Privatrechts-Gesetz
öJN	(österreichische) Jurisdiktionsnorm
öKommStG	(österreichisches) Kommunalsteuergesetz
öKStG	(österreichisches) Körperschaftsteuergesetz
öKVG	(österreichisches) Kapitalverkehrsteuergesetz
öNeuFÖG	(österreichisches) Neugründungs-Förderungsgesetz
öPSG	(österreichisches) Privatstiftungsgesetz
öS	österreichische Schilling
öStbG	(österreichisches) Staatsbürgerschaftsgesetz
öStruktVG	(österreichisches) Strukturverbesserungsgesetz
öStZB	Beilage zur Österreichischen Steuer-Zeitung
öUmgrStG	(österreichisches) Umgründungssteuergesetz
öWEG	(österreichisches) Wohnungseigentumsgesetz
OFD	Oberfinanzdirektion
OGH	Oberster Gerichtshof
OHG	offene Handelsgesellschaft
p.a.	per anno
RFH	Reichsfinanzhof
RIW	Recht der internationalen Wirtschaft
RL	Richtlinie
Rs.	Rechtssache
RStBl	Reichssteuerblatt
RZ	Randziffer
S.	Seite
Slg.	Sammlung der Entscheidungen des Gerichtshofs
StAnpG	Strukturanpassungsgesetz
StGBl	Staatgesetzblatt für die Republik Österreich
sublit.	sub litera
SWI	Steuer & Wirtschaft International
Tz.	Teilziffer
v.	vom
vgl.	vergleiche
Vol.	Volume
VwGH	Verwaltungsgerichtshof
VwSlgNF	Erkenntnisse und Beschlüsse des Verwaltungsgerichtshofs, Neue Folge
VZ	Veranlagungszeitraum
ZEV	Zeitschrift für Erbrecht und Vermögensnachfolge

Rechtsprechungsverzeichnis
Deutsches Bundesverfassungsgericht
24.7.1957, 1 BvL 23/52, BVerfGE 7, S. 89
24.1.1962, 1 BvR 232/60, BverfGE 13, S. 318
9.3.2004, 2 BvL 17/02, http://www.bverfg.de/entscheidungen/ls20040309_2bvl001702.html

Deutscher Reichsfinanzhof
26.11.1930 – VI A 2044/30, RStBl 1931, S. 380
15.12.1932 – III A 302/32, RStBl 1933, S. 92
19.6.1935 – VI A 843/43, RStBl 1935, S. 1191
17.10.1935 – III A 206/35, RStBl 1935, S. 1415
30.10.1935 – VI A 757/35, RStBl 1935, S. 1445
14.11.1935 – III A 272/35, RStBl 1935, S. 1461
24.6.1936 – IV A 79/36, RStBl 1936, S. 797
24.6.1936 – IV A 40/36, RStBl 1936, S. 834
9.7.1936 – III A 62/36, RStBl 1936, S. 859
10.9.1936 – III A 111/36, RStBl 1936, S. 1063
24.9.1936 – III A 143/36, RStBl 1936, S. 997
28.1.1937 – III A 202/36, RStBl 1937, S. 336
18.2.1937 – III A 183/36, RStBl 1937, S. 382
24.6.1937 – III A 155/37, RStBl 1937, S. 822
7.10.1937 – III A 241/37, RStBl 1937, S. 1119
25.11.1937 – III 120/37, RStBl 1937, S. 1247
31.3.1938 – III e 62/37, RStBl 1938, S. 458
17.11.1938 – III 365/37, RStBl 1938, S. 1122
16.11.1939 – III 252/39, RStBl 1939, S. 1209
17.4.1940 – IV B 6/40, RStBl 1940, S. 514
9.5.1940 – IV B 4/40, RStBl 1940, S. 562
14.11.1940 – IV B 32/40, RStBl 1940, S. 972
25.9.1941 – IV B 34/41, RStBl 1941, S. 770
30.7.1942 – III 88/42, RStBl 1942, S. 1094

Deutscher Bundesfinanzhof
16.12.1958 – I D 1/57 S, BStBl III 1959, S. 30
30.9.1960 – VI 137/59 U, BStBl III 1960, S. 489
17.3.1961 – VI 185/60 U, BStBl III 1961, S. 298
6.2.1962 – I 197/61 S, BStBl III 1962, S. 190
27.7.1962 – VI 156/59 U, BStBl III 1962, S. 429
1.3.1963 – VI 119/61 U, BStBl III 1963, S. 212
11.6.1963 – I 420/62, DStR 1963, S. 569
13.11.1963 – GrS 1/63 S, BStBl III 1964, S. 124
18.3.1964 – IV 114/61 S, BStBl III 1964, S. 303
24.4.1964 – VI 236/62 U, BStBl III 1964, S. 462
4.6.1964 – IV 29/64 U, BStBl III 1964, S. 535
13.11.1964 – III 336/61, HFR 1965, S. 449
5.2.1965 – VI 334/63 U, BStBl III 1965, S. 352
13.10.1965 – I 410/61 U, BStBl III 1965, S. 738

13.1.1966 – IV 76/63, BStBl III 1966, S. 168
9.2.1966 – I 244/63, BStBl III 1966, S. 522
11.3.1966 – III 281/62, HFR 1966, S. 401
16.3.1967 – IV 72/65, BStBl III 1967, S. 318
4.8.1967 – VI R 261/66, BStBl III 1967, S. 727
4.10.1967 – I 422/62, BStBl II 1968, S. 101
6.3.1968 – I 38/65, BStBl II 1968, S. 439
16.7.1969 – I 266/65, BStBl II 1970, S. 175
25.6.1970 – IV 350/64, BStBl II 1970, S. 719
16.12.1970 – I R 137/68, BStBl II 1971, S. 200
28.4.1971 – I R 55/66, BStBl II 1971, S. 630
23.7.1971 – III R 60/70, BStBl II 1971, S. 758
9.2.1972 – I R 205/66, BStBl II 1972, S. 455
30.5.1972 – VIII R 111/69, BStBl II 1972, S. 760
21.7.1972 – III R 44/70, BStBl II 1973, S. 3
26.7.1972 – I R 138/70, BStBl II 1972, S. 949
7.10.1974 – GrS 1/73, BStBl II 1975, S. 168
29.10.1974 – I R 126/73, BStBl II 1975, S. 110
30.4.1975 – I R 41/73, BStBl II 1975, S. 706
4.6.1975 – I R 250/73, BStBl II 1975, S. 708
16.12.1975 – VIII R 3/74, BStBl II 1976, S. 246
13.10.1976 – I R 261/70, BStBl II 1977, S. 76
26.1.1977 – VIII R 109/75, BStBl II 1977, S. 283
18.2.1977 – VI R 177/75, BStBl II 1977, S. 524
3.8.1977 – I R 210/75, BStBl II 1978, S. 118
12.4.1978 – I R 100/75, BStBl II 1978, S. 425
12.4.1978 – I R 136/77, BStBl II 1978, S. 494
26.4.1978 – I R 97/76, BStBl II 1978, S. 628
10.11.1978 – VI R 240/74, BStBl II 1979, S. 224
26.4.1979 – IV R 119/76, BStBl II 1979, S. 557
19.3.1981 – IV R 49/77, BStBl II 1981, S. 538
19.8.1981 – I R 51/78, BStBl II 1982, S. 452
29.10.1981 – IV R 138/78, BStBl II 1982, S. 381
11.3.1982 – IV R 25/79, BStBl II 1982, S. 707
24.11.1982 – I R 123/78, BStBl II 1983, S. 113
19.1.1983 – I R 84/79, BStBl II 1983, S. 412
16.3.1983 – IV R 36/79, BStBl II 1983, S. 459
3.8.1983 – II R 20/80, BStBl II 1984, S. 9
10.8.1983 – I R 241/82, BStBl II 1984, S. 11
20.10.1983 – IV R 175/79, BStBl II 1984, S. 221
13.1.1984 – VI R 194/80, BStBl II 1984, S. 315
13.12.1983 – VIII R 90/81, BStBl II 1984, S. 474
11.4.1984 – I R 230/80, juris CD 01V14
25.6.1984 – GrS 4/82, BStBl II 1984, S. 751
3.10.1984 – I R 116/81, BStBl II 1985, S. 131
6.2.1985 – I R 23/82, BStBl II 1985, S. 331
27.2.1985 – I R 235/80, BStBl II 1985, S. 456
23.10.1985 – I R 274/82, BStBl 1986 II S. 133
26.2.1986 – II R 200/82, BFH/NV 1987, S. 301

1.10.1986 – I R 96/83, BStBl II 1987, S. 113
14.11.1986 – VI B 97/86, BFH/NV 1987, S. 262
24.3.1987 – I R 202/83, BStBl II 1987, S. 705
15.10.1987 – IV R 66/86, BStBl II 1988, S. 260
27.1.1988 – I R 241/83, BStBl II 1988, S. 574
24.2.1988 – I R 95/84, BStBl II 1988, S. 663
20.4.1988 – I R 219/82, BStBl II 1990, S. 701
25.5.1988 – I R 225/82, BStBl II 1988, S. 944
14.6.1988 – VIII R 387/83, BStBl II 1989, S. 187
23.11.1988 – II R 139/87, BStBl II 1989, S. 182
23.11.1988 – X R 1/86, BStBl II 1989, S. 376
4.4.1989 – X R 49/87, BStBl II 1989, S. 606
7.4.1989 – III R 9/87, BStBl II 1989, S. 874
20.4.1989 – IV R 95/87, BStBl II 1989, S. 863
30.8.1989 – I R 215/85, BStBl II 1989, S. 956
3.10.1989 – VIII R 142/84, BStBl II 1990, S. 420
28.2.1990 – I R 43/86, BStBl II 1990, S. 615
30.5.1990 – I R 57/89, BStBl II 1990, S. 967
31.10.1990 – I R 24/89, BStBl II 1991, S. 562
18.4.1991 – IV R 7/89, BStBl II 1991, S. 833
8.5.1991 – I R 33/90, BStBl II 1992, S. 437
16.10.1991 – I R 145/90, BStBl II 1992, S. 321
12.3.1992 – IV R 29/91, BStBl II 1993, S. 36
23.6.1992 – IX R 182/87, BStBl II 1992, S. 972
5.11.1992 – I R 39/92, BStBl II 1993, S. 388
25.11.1992 – II R 77/90, BStBl II 1993, S. 238
16.12.1992 – X R 52/90, BStBl II 1994, S. 838
14.4.1993 – I R 29/92, BStBl II 1994, S. 27
29.4.1993 – IV R 107/92, BStBl II 1993, S. 666
26.5.1993 – X R 101/90, BStBl II 1993, S. 710
14.7.1993 – X R 74-75/90, BStBl II 1994, S. 15
28.7.1993 – I R 15/93, BStBl II 1994, S. 148
9.9.1993 – IV R 30/92, BStBl II 1994, S. 105
2.2.1994 – I R 66/92, BStBl II 1994, S. 727
22.4.1994 – III R 22/92, BStBl II 1994, S. 887
13.7.1994 – I R 120/93, BStBl II 1995, S. 129
5.10.1994 – I R 67/93, BStBl II 1995, S. 95
2.11.1994 – I B 110/94, BFH/NV 1995, S. 753
26.4.1995 – I B 166/94, BStBl II 1995, S. 532
27.4.1995 – III R 57/93, BFH/NV 1995, S. 967
17.5.1995 – I R 8/94, BStBl II 1996, S. 2
17.5.1995 – I B 183/94, BStBl II 1995, S. 781
25.10.1995 – II R 45/92, BStBl II 1996, S. 11
17.4.1996 – I R 78/95, BStBl II 1996, S. 571
26.2.1997 – X R 31/95, BStBl II 1997, S. 561
19.3.1997 – I R 69/96, BStBl II 1997, S. 447
17.4.1997 – VIII R 2/95, BStBl II 1998, S. 388
21.5.1997 – I R 79/96, BStBl II 1998, S. 113
17.12.1997 – I R 95/96, BStBl II 1998, S. 260

17.12.1997 – I B 108/97, BStBl II 1998, S. 558
24.1.2001 – I R 100/99, BFH/NV 2001, S. 1402
18.7.2001 – I R 26/01, IStR 2001, S. 653
19.12.2001 – I R 63/00, IStR 2002, S. 239
15.5.2002 – I R 40/01, IStR 2002, S. 635
22.5.2002 – II R 61/99, ZEV 2002, S. 372
19.11.2003 – I R 34/02, FR 2004, S. 664
19.11.2003 – I R 19/03, IStR 2003, S. 87
17.12.2003 – I R 75/03, RIW, S. 559

Deutsche Landesfinanzgerichte
Finanzgericht Baden-Württemberg
23.9.1975 – IV 253/73, EFG 1976, S. 13
3.5.1985 – II (III) 271/82, EFG 1985, S. 485
18.12.1991 – 12 K 270/90, EFG 1992, S. 238
16.2.1999 – 5 V 34/98, IStR 1999, S. 468
4.10.1999 – 12 K 69/97, EFG 2000, S. 72
Finanzgericht Berlin
9.9.2003 – 5 K 5035/02, ZEV 2004, S. 385
Finanzgericht Bremen
27.7.1989 – II 246/85 K, EFG 1990, S. 93
Finanzgericht Düsseldorf
3.7.1996 – 4 K 5910/91 Erb, EFG 1996, S. 1166
Finanzgericht Hamburg
16.4.1959 – II 162-165/58, EFG 1959, S. 241
9.10.1973 – II 70/73, EFG 1974, S. 66
13.4.1981 – II 101/80, EFG 1982, S. 18
15.4.1994 – V 61/92, EFG 1994, S. 730
Finanzgericht Hessen
12.7.1977 – IV 111/75, EFG 1977, S. 608
Finanzgericht Köln
23.5.1982 – V (XII) 271/77 E, EFG 1982, S. 607
11.8.1982 – VIII 391/79 E, RIW 1983, S. 383
12.3.1999 – 8 V 544/99, IStR 1999, S. 469
14.3.2000 – 8 K 543/99, EFG 2000, S. 1006
Finanzgericht München
21.4.1966 – VI 34/66, EFG 1966, S. 503
26.6.1986 – X 118/83 E, 144/82 E, EFG 1987, S. 81
24.9.1990 – 13 K 13707/85, EFG 1991, S. 328
Finanzgericht Nürnberg
17.12.1980 – V 55/77, EFG 1981, S. 331
Finanzgericht Rheinland-Pfalz
10.4.1975 – III 16/75, EFG 1975, S. 446
Finanzgericht Schleswig-Holstein
12.5.1981 – III 388/78, EFG 1982, S. 5

Österreichischer Verwaltungsgerichtshof
12.6.1964 – 0096/64, VwSlgNF 3103 F/1964
11.12.1964 – 1023/63, VwSlgNF 3198 F/1964
5.9.1969 – 0698/69, VwSlgNF 3947 F/1969
25.2.1970 – 1001/69, ÖStZB 1970, S. 122
6.5.1970 – 0408/70, http://www.ris.bka.gv.at/vwgh/
28.2.1973 – 1356/72, VwSlgNF 4509 F/1973
25.9.1973 – 0111/73, http://www.ris.bka.gv.at/vwgh/
12.3.1974 – 1947/73, VwSlgNF 4655 F/1974
26.3.1976 – 1824/75, ÖStZB 1976, S. 176
15.6.1976 – 2303/75, VwSlgNF 4989 F/1976
31.1.1990 – 89/14/0054, ÖStZB 1990, S. 289
21.5.1990 – 89/15/0115, http://www.ris.bka.gv.at/vwgh/
23.5.1990 – 89/13/0015, VwSlgNF 6501 F/1990
20.6.1990 – 89/16/0020, http://www.ris.bka.gv.at/vwgh/
11.12.1990 – 90/14/0183, http://www.ris.bka.gv.at/vwgh/
22.3.1991 – 90/13/0073, ÖStZB 1991, S. 530
26.11.1991 – 91/14/0041, ÖStZB 1992, S. 322
17.6.1992 – 87/13/0157, VwSlgNF 6680 F/1992
16.9.1992 – 90/13/0299, http://www.ris.bka.gv.at/vwgh/
22.2.1995 – 94/13/0089, SWI 1995, S. 199
18.1.1996 – 93/15/0145, VwSlgNF 7061 F/1996, ÖStZB 1996, S. 531 oder SWI 1996, S. 287
24.2.1996 – 95/13/0150, http://www.ris.bka.gv.at/vwgh/
25.9.2001 – 99/14/0217, IStR 2001, S. 754

Europäischer Gerichtshof
15.7.1964 – Rs. 6/64 (Costa/ENEL), Slg. 1964, 1141
11.7.1974 – Rs. 8/74 (Dassonville), Slg. 1974, 837
3.12.1974 – Rs. 33/74 (van Binsbergen), Slg. 1974, 1299
28.1.1986 – 270/83 (Avoir fiscal), Slg. 1986 I 273
27.9.1988 – 81/87 (Daily Mail), Slg. 1988, 5505
8.5.1990 – C-175/88 (Biehl), Slg. 1990 I 1779
28.1.1992 – C-204/90 (Bachmann), Slg. 1992 I 249
26.1.1993 – C-112/91 (Werner), Slg. 1993 I 429
12.4.1994 – C-1/93 (Halliburton), Slg. 1994 I 1137
14.2.1995 – C-279/93 (Schumacker), Slg. 1995 I 225
11.8.1995 – C-80/94 (Wielockx), Slg. 1995 I 2493
27.6.1996 – C-107/94 (Asscher), Slg. 1996 I 3089
12.5.1998 – C-336/96 (Gilly), Slg. 1998 I 2793
28.4.1998 – C-118/96 (Safir), Slg. 1998 I 1897
16.7.1998 – C-264/96 (Imperial Chemical Industries), Slg. 1998 I 4695
9.3.1999 – C-212/97 (Centros), Slg. 1999 I 1459
1.6.1999 – C-302/97 (Konle), Slg. 1999 I 3099
14.9.1999 – C-391/97 (Gschwind), Slg. 1999 I 5451
26.10.1999 – C-294/97 (Eurowings), Slg. 1999 I 7447
13.4.2000 – C-251/98 (Baars), Slg. 2000 I 2787
18.1.2001 – C-113/99 (Herta Schmid), http://www.steuerrecht-competence-center.de/steuerrecht.nsf/2F1F02FEC351F4FDC1256AD50038550B/$File/eugh%20c%20113-99.pdf

5.11.2002 – C-208/00 (Überseering), Deutsches Steuerrecht, 40. Jg. (2002), S. 809
12.12.2002 – C-385/00 (de Groot), Internationale Wirtschaftsbriefe: Zeitschrift für internationales Steuer- und Wirtschaftsrecht; 20. Auflage; Fach 11a, S. 637
12.6.2003 – C-234/01 (Gerritse), BStBl II 2003, S. 859
30.9.2003 – C/167/01 (Inspire Art), DB 2003, S. 2219
11.12.2003 – C-364/01 (Barbier), IStR 2004, S. 18
11.3.2004 – C-9/02 (Hughes de Lasteyrie du Saillant), FR 2004, S. 659
15.07.2004 – C-315/02 (Lenz), HFR 2004, S. 1041

Schlussanträge beim Europäischen Gerichtshof
4.12.2001 – C-208/00 (Überseering), Schlussantrag des Generalanwalts Dámaso Ruiz-Jarabo Colomer, www.gmbhr.de/heft/01_02/ausl_gmbh.htm
13.3.2003 – C-9/02 (Hughes de Lasteyrie du Saillant), Schlussantrag des Generalanwalts Jean Mischo, Internationale Wirtschaftsbriefe: Zeitschrift für internationales Steuer- und Wirtschaftsrecht; 20. Auflage; Fach 11 a, S. 649 – 656

Finanzverwaltung
Schreiben, Erlasse, Verfügungen, Anweisungen
dBMF-Schreiben v. 30.1.1987 – IV C 5 – S 1301 Öst – 1/87, BStBl I 1987, S. 191
dBMF-Schreiben v. 12.2.1990 – IV B 2 – S 2135 – 4/90/ IV C 5 – S 1300 – 21/90, BStBl I 1990, S. 72
dBMF-Schreiben v. 3.6.1992 – IV B 2 – S 2135 – 4/92, DB 1992, S. 1655
dBMF-Schreiben v. 2.12.1994 – IV C 7 – S 1340 – 20/94, BStBl I 1995, Sondernummer 1
dBMF-Schreiben v. 14.5.2004 – IV B 4 – S 1340 – 11/04, BStBl I 2004, Sondernummer 1, S. 3
dBMF-Schreiben v. 15.3.1996 – IV C 6 – S 1343 – 1/96, RIW 1996, S. 451
dBMF-Schreiben v. 29.12.2003 – IV A 4 – S 0430 – 7/03, BStBl I 2003, S. 742
dBMF-Schreiben v. 10.9.2004 – IV A 5 – S 2301 – 10/04, DB 2004, S. 2074
Verfügung der OFD Frankfurt am Main v. 4.9.1996 – S 1301 A – 31.15 – StIII 1a, GmbHR 1996, S. 875
Verfügung der OFD München v. 10.10.2003 – S 1301 Öst – 18 St 41/42, IStR 2003, S. 824
Verfügung der OFD Berlin v. 30.7.2004 – St 127 – S 1348 – 1/04, IStR 2004, S. 762
Verfügung der OFD Düsseldorf und Münster v. 12.10.2004 – S 0127, zu § 26 – Karte 807, DB 2004, S. 2294
Bericht zur Fortentwicklung des Unternehmenssteuerrechts, www.bundesfinanzministerium.de/Anlage6154/Bericht-zur-Fortentwicklung-des-Unternehmenssteuerrechts.pdf
öBMF: Österreichisch-deutsche Verständigung über DBA-Auslegungsfragen. Ergebnisse der gemeinsamen Beratungen der obersten Finanzbehörden. In: SWI 1991, S. 197
öBMF- Schreiben v. 6.5.1996, SWI 1996, S. 328

Rechtsansichten des österreichischen Finanzministeriums (Express-Antwort-Service)
5.11.1992, SWI 1992, S. 360: Keine Zuzugsbegünstigungen für Grenzgänger
10.6.1994, SWI 1994, S. 217: Deutsches Außensteuergesetz und österreichische Privatstiftungen
21.4.1995, SWI 1995, S. 204: Deutsche Zinserträgnisse einer österreichischen Privatstiftung

20.1.1997, EAS 1000, SWI 1997, S. 92: Österreichische Privatstiftung mit deutschen Begünstigten
17.6.1997, EAS 1086, SWI 1997, S. 381: Mittelpunkt der Lebensinteressen
6.4.1998, EAS 1244, SWI 1998, S. 251: Doppelte Schenkungssteuer bei Vermögenstransfer in eine österreichische Privatstiftung
17.12.1998, EAS 1374, SWI 1999, S. 42: Deutsche Wegzugsbesteuerung bei nachträglicher Änderung der deutschen Besteuerungsgrundlage
24.1.2000, EAS 1591, SWI 2000, S. 100: Wohnsitzverlegung einer Stiftungsbegünstigten nach Deutschland
12.12.2000, EAS 1764, SWI 2001, S. 99: Veräußerung einer schweizerischen Kapitalbeteiligung mit Kaufpreiszufluss nach Begründung eines inländischen Wohnsitzes

Literaturverzeichnis

Achatz (1994) = Markus Achatz: Zweifelsfragen der Endbesteuerung. In: Steuerreform 1993: Auswirkungen, Gestaltungsfragen und Rechtsprobleme; Hrsg. Romuald Bertl, Dieter Mandl, Gerwald Mandl und Hans Georg Ruppe; Wien 1994; S. 129 – 152.

Achatz/Leitner (1993) = Markus Achatz und Roman Leitner: Zinsenendbesteuerung in Österreich: Chancen und Risiken für ausländische Kapitalanleger. In: Internationale Wirtschaftsbriefe: Zeitschrift für internationales Steuer- und Wirtschaftsrecht; 20. Auflage; Fach 5, Gruppe 2, S. 273 – 278.

Achter (2002) = Johannes Achter: Zur Vereinbarkeit des Progressionsvorbehalts bei zeitweiser unbeschränkter Steuerpflicht und bei fiktiver unbeschränkter Steuerpflicht gemäß § 1 Abs. 3 EStG mit Verfassungs- und Völkerrecht am Beispiel von Arbeitnehmer-Entsendungen. In: Internationales Steuerrecht, 11. Jg. (2002), S. 73 – 80.

Aigner/Ehrke/Heinrich (1999) = Dietmar Aigner, Tina Ehrke und Johannes Heinrich: Österreich: Steuerreform 2000 liegt im Entwurf vor. In: Internationales Steuerrecht, 8. Jg. (1999), S. 337 – 339.

Aigner/Ehrke/Heinrich (2001) = Dietmar Aigner, Tina Ehrke und Johannes Heinrich: Österreich: Investmentfonds, Sparguthaben, Börsenumsatzsteuer, Einheitswerte von Grundstücken. In: Internationales Steuerrecht, IStR-Länderbericht 3/2001, 10. Jg. (2001), S. 2* - 3*.

Albeseder/Baumgartner/Weiler (1988) = Werner Albeseder, Mathias Baumgartner und Heinrich Weiler: Zur Besteuerung der Grenzgänger zwischen Deutschland/Österreich/Schweiz mit Hinweisen auf andere Länder. In: Deutsches Steuerrecht, 26. Jg. (1988), S. 491 – 495.

Amonn (1999) = Toni Amonn: Zweitwohnungsbesteuerung in Deutschland, Österreich und der Schweiz. In: Steuer und Wirtschaft, 80. (33.) Jg. (1999), S. 175 – 182.

Andresen (2002) = Ulf Andresen: Progressionsvorbehalt nach § 32b Abs. 1 Nr. 3 EStG bei unterjährigem Wechsel der Ansässigkeit und Doppelansässigkeit: Oder die neue Unmaßgeblichkeit des Ansässigkeitsstaates. In: Internationales Steuerrecht, 11. Jg. (2002), S. 627 – 630.

Apel/Oltmanns (1998) = Wolfgang Apel und Martin Oltmanns: Diskriminiert das deutsche Steuerrecht den Zu- und Wegzug? In: Der Betrieb, 51. Jg. (1998), S. 2560 – 2564.

Arlt (2001) = Bernhard Arlt: Internationale Erbschaft- und Schenkungsteuerplanung; Herne, Berlin 2001.

Ax (1999) = Rolf Ax unter Mitarbeit von Thomas Grosse und Jürgen Melchior: Abgabenordnung und Finanzgerichtsordnung; 16. Auflage; Stuttgart 1999.

Bachmann (1993) = Birgit Bachmann: Diskriminierungsverbote im internationalen Steuerrecht: Ein Überblick über den deutschen Landesbericht zu Thema II des IFA-Kongresses 1993. In: Recht der Internationalen Wirtschaft, 39. Jg. (1993), S. 322 – 324.

Bachmann (1994) = Birgit Bachmann: Diskriminierungsverbote bei direkten Steuern im Regelungsbereich des EG-Vertrages. In: Recht der Internationalen Wirtschaft, 40. Jg. (1994), S. 849 – 858.

Bader (1995) = Axel D. Bader: Grenzüberschreitender Erbfall und deutsche Erbschaft- und Schenkungsteuer-Gestaltung. In: Die Information über Steuer und Wirtschaft, 49. Jg. (1995), S. 71 – 74.

Bamberg/Coenenberg (2000) = Günter Bamberg und Adolf Gerhard Coenenberg: Betriebswirtschaftliche Entscheidungslehre; 10. Auflage; München 2000.

Baranowski (1999) = Karl-Heinz Baranowski: Einkommensbesteuerung ausländischer Kapitalgesellschaften bei Zuzug nach und anschließendem Wegzug aus Deutschland. In: Internationale Wirtschaftsbriefe: Zeitschrift für internationales Steuer- und Wirtschaftsrecht; 20. Auflage; Fach 3, Gruppe 4, S. 397 – 402.

Baumgartner/Bertl/Dangel (1993) = Mathias Baumgartner, Johann Bertl und Thomas Dangel: Problembereiche der Besteuerung beschränkt Steuerpflichtiger aus der Sicht Deutschlands, Österreichs und der Schweiz. In: Internationales Steuerrecht, 2. Jg. (1993), S. 561 – 565.

Baumgartner/Gassner/Schick (1989) = Mathias Baumgartner, Wolfgang Gassner und Stefan Schick: Besteuerung von grenzüberschreitenden Schenkungen. In: Deutsches Steuerrecht, 27. Jg. (1989), S. 619 – 623.

Bayer (1983) = Hermann-Wilfried Bayer: Die unbeschränkte und die beschränkte Einkommensteuer – ein Vergleich: Zugleich ein Beitrag zu den Grundlagen des deutschen Internationalen Einkommensteuerrechts. In: Völkerrecht als Rechtsordnung – Internationale Gerichtsbarkeit - Menschenrechte: Festschrift für Hermann Mosler; Hrsg. Rudolf Bernhardt et al.; Berlin, Heidelberg, New York 1983; S. 59 – 73.

Behrens (1994) = Peter Behrens: Die Umstrukturierung von Unternehmen durch Sitzverlegung oder Fusion über die Grenze im Licht der Niederlassungsfreiheit im Europäischen Binnenmarkt (Art. 52 und 58 EWGV). In: Zeitschrift für Unternehmens- und Gesellschaftsrecht, 23. Jg. (1994), S. 1 – 25.

Behrens (2000a) = Peter Behrens: EuGH entscheidet über Sitzverlegung von Gesellschaften. In: Europäische Zeitschrift für Wirtschaftsrecht, 11. Jg. (2000), S. 385.

Behrens (2000b) = Peter Behrens: BGH: Rechtsfähigkeit niederländischer Gesellschaft bei Verwaltungssitzverlagerung. In: Europäische Zeitschrift für Wirtschaftsrecht, 11. Jg. (2000), S. 412 – 414.

Beiser (1989) = Reinhold Beiser: Doppelwohnsitz und Mittelpunkt der Lebensinteressen im zwischenstaatlichen Steuerrecht. In: Österreichische Steuer-Zeitung, 42. Jg. (1989), S. 241 – 245.

Beiser (1994) = Reinhold Beiser: Die erweiterte Endbesteuerung. In: Österreichische Steuer-Zeitung, 47. Jg. (1994), S. 145 - 154.

Beisse (1978) = Heinrich Beisse: Verlagerung von Einkünften ins Ausland: Zur neueren Steuergesetzgebung und –rechtsprechung. In: Die Information über Steuer und Wirtschaft, 32. Jg. (1978), S. 1 – 9.

Bellstedt (1973) = Christoph Bellstedt: Wohnsitzverlegung eines GmbH-Gesellschafters ins Ausland – ein Beitrag zum Außensteuergesetz. In: GmbH-Rundschau, 64. Jg. (1973), S. 126 – 133.

Bellstedt (1996) = Christoph Bellstedt: Doppelbesteuerung bei Erwerbsvorgängen im Erbschaft- und Schenkungsteuerrecht. In: Internationale Wirtschaftsbriefe: Zeitschrift für internationales Steuer- und Wirtschaftsrecht; 20. Auflage; Fach 3, Gruppe 9, S. 91 – 102.

Bendlinger (1993a) = Stefan Bendlinger: Revisionsprotokoll zum deutsch-österreichischen Doppelbesteuerungsabkommen. In: Internationale Wirtschaftsbriefe: Zeitschrift für internationales Steuer- und Wirtschaftsrecht; 20. Auflage; Fach 5, Gruppe 2, S. 279 – 282.

Bendlinger (1993b) = Stefan Bendlinger: Die steuerliche Behandlung nicht wesentlich beteiligter Gesellschafter-Geschäftsführer im zwischenstaatlichen Steuerrecht. In: Steuer & Wirtschaft International, 4. Jg. (1993), S. 284 – 292.

Bentley (1993) = Philip Bentley: Studie über die Verlegung des Sitzes einer Gesellschaft von einem Mitgliedstaat in einen anderen: durchgeführt von K.P.M.G. European Business

Centre, Brüssel für die Kommission der Europäischen Gemeinschaften; Brüssel, Luxemburg 1993.
Berger (1996) = Helmut Berger: Erbschafts- und Schenkungsbesteuerung ausländischer Zweitwohnsitzer. In: Steuer & Wirtschaft International, 7. Jg. (1996), S. 153 – 155.
Bertl, J. (1979) = Johann Bertl: Aspekte der Steuerplanung in Österreich mit Hilfe der Teilsteuerrechnung; Wien 1979.
Bertl, R. (1994) = Romuald Bertl: Der Einfluss der Steuerreform auf die Unternehmensfinanzierung. In: Steuerreform 1993: Auswirkungen, Gestaltungsfragen und Rechtsprobleme; Hrsg. Romuald Bertl, Dieter Mandl, Gerwald Mandl und Hans Georg Ruppe; Wien 1994; S. 9 – 32.
Beul (1997) = Carsten René Beul: Beschränkung europäischer Niederlassungsfreiheit und Art. 220 EGV: Doppelbesteuerung und Meistbegünstigung. In: Internationales Steuerrecht, 6. Jg. (1997), S. 1 - 5.
Biergans (1992) = Enno Biergans: Einkommensteuer: Systematische Darstellung und Kommentar; 6. Auflage; München, Wien 1992.
Binder (1995) = Josef Binder: Die Privatstiftung für mittlere Vermögen und mittelständische Unternehmungen. In: Praxis und Zukunft der Unternehmensbesteuerung: Festschrift für Gerald Heidinger zum 70. Geburtstag; Hrsg. Romuald Bertl; Wien 1995; S. 203 – 221.
Birk (1999) = Dieter Birk: Wegzugsbesteuerung und Europarecht. In: Steuerrechtsprechung – Steuergesetz - Steuerreform: Festschrift für Klaus Offerhaus zum 65. Geburtstag; Hrsg. Paul Kirchhof, Wolfgang Jakob und Albert Beermann; Köln 1999; S. 163 – 175.
Birk/Stolze (1994) = Dieter Birk und Marie-Theres Stolze: Kommentierung § 10 dAO. In: Abgabenordnung - Finanzgerichtsordnung: Kommentar; Begr. Hübschmann, Hepp und Spitaler; Köln 1994; Erg.Lfg. November 1994.
Birkholz (1979) = Hans Birkholz: Der Wohnsitz, seine Begründung, seine Aufgabe und deren Bedeutung im Rahmen des Steuerrechts. In: Deutsche Steuer-Zeitung: Ausgabe A, 67. Jg. (1979), S. 247 – 249.
Blohm/Lüder (1995) = Hans Blohm und Klaus Lüder: Investition: Schwachstellenanalyse des Investitionsbereichs und Investitionsrechnung; 8. Auflage; München 1995.
Bone-Winkel (1993) = Thomas J. Bone-Winkel: Internationale betriebswirtschaftliche Steuerbelastungsvergleiche: Stand, Methoden, Entwicklungsmöglichkeiten; Bielefeld 1994.
Boochs (1987a) = Wolfgang Boochs: Transfer von Wirtschaftsgütern in die inländische oder aus der inländischen Steuerhoheit. In: Deutsche Steuer-Zeitung, 75. Jg. (1987), S. 135 – 140.
Boochs (1987b) = Wolfgang Boochs: Erbschaft- und Schenkungsteuer bei Auslandsbeziehungen. In: Deutsche Verkehrsteuer Rundschau, 73. Jg. (1987), S. 178 – 186.
Boochs (1989) = Wolfgang Boochs: Steuerliche Probleme bei der Liquidation inländischer Körperschaften sowie ausländischer Betriebsstätten und Tochtergesellschaften inländischer Körperschaften. In: Deutsche Steuer-Zeitung, 77. Jg. (1989), S. 296 – 300.
Boochs (1996) = Wolfgang Boochs: Die erbschaftsteuerliche Behandlung von Stiftungen nach deutschem und österreichischem Stiftungsrecht. In: Umsatzsteuer- und Verkehrsteuer-Recht, 82. Jg. (1996), S. 47 – 51.
Braun (1982) = Leander Braun: Besteuerung des Vermögenszuwachses wesentlicher Beteiligungen beim Wohnsitzwechsel ins Ausland: Beschränkung auf den Vermögenszuwachs, der auf die Zeit der inländischen Ansässigkeit entfällt. In: Der Betrieb, 35. Jg. (1982), S. 2111 – 2112.
Briem/Schellmann (1988) = Robert Briem und Gottfried Schellmann: Ausländische Direktinvestitionen nach der Steuerreform in Österreich. In: Recht der Internationalen Wirtschaft, 34. Jg. (1988), S. 637 - 641.

Bröhmer (1999a) = Jürgen Bröhmer: Kommentierung Art. 43 EG. In: Kommentar des Vertrages über die Europäische Union und des Vertrages zur Gründung der Europäischen Gemeinschaft; Hrsg. Christian Calliess und Matthias Ruffert; Neuwied, Kriftel 1999.

Bröhmer (1999b) = Jürgen Bröhmer: Kommentierung Art. 56 EG. In: Kommentar des Vertrages über die Europäische Union und des Vertrages zur Gründung der Europäischen Gemeinschaft; Hrsg. Christian Calliess und Matthias Ruffert; Neuwied, Kriftel 1999.

Broer (2002) = Michael Broer: Zur Diskussion: Internationale Steuerbelastungsvergleiche – Sind die Ergebnisse für Deutschland repräsentativ? In: Deutsche Steuer-Zeitung, 90. Jg. (2002), S. 441 – 445.

Buciek (2000) = Klaus D. Buciek: § 6 Abs. 5 EStG im außensteuerrechtlichen Kontext. In: Deutsche Steuer-Zeitung, 88. Jg. (2000), S. 636 – 639.

Buciek (2001) = Klaus D. Buciek: Auslandseinkünfte in Zuzugs- und Wegzugsfällen. In: Deutsche Steuer-Zeitung, 89. Jg. (2001), S. 819.

Bundessteuerberaterkammer (1994) = Bundessteuerberaterkammer: Eingabe der Bundessteuerberaterkammer zum DBA Deutschland-Österreich. In: Internationales Steuerrecht, 3. Jg. (1994), S. 329 - 330.

Burgstaller/Haslinger (2004) = Eva Burgstaller und Katharina Haslinger: Deutsche Erbschaftsteuer im Spannungsfeld jüngster europäischer Judikaturentwicklungen. In: Internationale Wirtschaftsbriefe: Zeitschrift für internationales Steuer- und Wirtschaftsrecht; 20. Auflage; Fach 3, Gruppe 9, S. 157 – 166.

Burmester (1986) = Gabriele Burmester: Probleme der Gewinn- und Verlustrealisierung: insbesondere bei grenzüberschreitenden Transaktionen zwischen inländischem Stammhaus und ausländischer Betriebsstätte; Schriften des Instituts für Ausländisches und Internationales Finanz- und Steuerwesen der Universität Hamburg: Band 11; Baden-Baden 1986.

Busch (2002a) = Michaela Busch: Deutsches Erbschaftsteuerrecht im Lichte der europäischen Grundfreiheiten – Teil I: Untersuchung der Vereinbarkeit der persönlichen Freibeträge der §§ 16 und 17 ErbStG sowie der sachlichen Steuerbefreiung des § 13 Nr. 4a ErbStG mit dem Europarecht. In: Internationales Steuerrecht, 11. Jg. (2002), S. 448 – 453.

Busch (2002b) = Michaela Busch: Deutsches Erbschaftsteuerrecht im Lichte der europäischen Grundfreiheiten – Teil II: Untersuchung des Betriebsvermögensfreibetrages und Bewertungsabschlages (§ 13 a Abs. 1 u. 2 ErbStG) auf ihre Vereinbarkeit mit dem Europarecht. In: Internationales Steuerrecht, 11. Jg. (2002), S. 475 – 478.

Carl/Klos (1994) = Dieter Carl und Joachim Klos: Kapitalanlagestandort Österreich – Teil I: Vorbildcharakter für eine EU-weite Lösung des Zinsbesteuerungsproblems? In: Die Information über Steuer und Wirtschaft, 48. Jg. (1994), S. 609 – 612.

Cattelaens (1999) = Heiner Cattelaens: Steuerentlastungsgesetz 1999/2000/2002: Neuregelung der Übertragung von Wirtschaftsgütern. In: Der Betrieb, 52. Jg. (1999), S. 1083 - 1084.

Costede (1996) = Jürgen Costede: Gewinn und Gewinnrealisierung im Einkommensteuerrecht. In: Steuer und Wirtschaft, 77. (30.) Jg. (1996), S. 19 – 25.

Crezelius (1997) = Georg Crezelius: Identitätswahrende Sitzverlegung und wesentliche Beteiligung. In: Deutsches Steuerrecht, 35. Jg. (1997), S. 1712 – 1716.

Damböck (1998) = Andreas Damböck: Doppelbesteuerung deutscher Investoren in Österreich. In: Steuer & Wirtschaft International, 9. Jg. (1998), S. 314 – 322.

Dautzenberg (1993) = Norbert Dautzenberg: Der Vertrag von Maastricht, das neue Grundrecht auf allgemeine Freizügigkeit und die beschränkte Steuerpflicht der natürlichen Personen. In: Betriebs-Berater, 48. Jg. (1993), S. 1563 – 1568.

Dautzenberg (1997a) = Norbert Dautzenberg: Die Wegzugssteuer des § 6 AStG im Lichte des EG-Rechts. In: Betriebs-Berater, 52. Jg. (1997), S. 180 – 185.

Dautzenberg (1997b) = Norbert Dautzenberg: Die erweiterte beschränkte Steuerpflicht des AStG und der EG-Vertrag. In: Internationales Steuerrecht, 6. Jg. (1997), S. 39 – 43.

Dautzenberg (1998) = Norbert Dautzenberg: BFH-Entscheidung: § 6 Abs. 1 AstG verstößt weder gegen das GG noch gegen den EGV: 2. Anmerkung. In: Internationales Steuerrecht, 7. Jg. (1998), S. 305 – 307.

Dautzenberg/Brüggemann (1997) = Norbert Dautzenberg und Alexander Brüggemann: EG-Vertrag und deutsche Erbschaftsteuer: Überlegungen zum deutschen Erbschaftsteuergesetz, insbesondere zum Betriebsvermögensfreibetrag. In: Betriebs-Berater, 52. Jg. (1997), S. 123 – 133.

Debatin (1990) = Helmut Debatin: Die sogenannte Steuerentstrickung und ihre Folgen. In: Betriebs-Berater, 45. Jg. (1990), S. 826 – 829.

Debatin (1991) = Helmut Debatin: Die grenzüberschreitende Sitzverlegung von Kapitalgesellschaften. In: GmbH-Rundschau, 82. Jg. (1991), S. 164 – 170.

de Broe (2002) = Luc de Broe: General Report. In: Cahiers de droit fiscal international: Studies on International Fiscal Law: The tax treatment of transfer of residence by individuals – Steuerrechtliche Folgen der Wohnsitzverlegung bei natürlichen Personen; Vol. LXXXVIIb; Oslo 2002; S. 19 – 78.

de Weerth (2003) = Jan de Weerth: EG-Recht und direkte Steuern – Jahresüberblick 2001/2002. In: Recht der Internationalen Wirtschaft, 49. Jg. (2003), S. 131 – 137.

Deininger (2004) = Rainer Deininger: Wegzug natürlicher Personen von Deutschland nach Österreich unter Berücksichtigung der de Lasteyrie-Entscheidung des EuGH. In: Information über Steuer und Wirtschaft, 58. Jg. (2004), S. 460 – 466.

Deppe (1982) = Hans Deppe: Zur Vorhersehbarkeit von Entscheidungen zum „Gewöhnlichen Aufenthalt" (§ 9 AO). In: Steuer und Wirtschaft, 59. (12.) Jg. (1982), S. 332 – 344.

Diebold (1984) = Axel Christian Diebold: Steuerverstrickung und Steuerentstrickung im Normengefüge von Einkommen- und Körperschaftsteuerrecht: Grundsätzliches zur Systematik des Ertragsteuerrechts; Frankfurt am Main, Bern, New York, Nancy 1984.

Djanani/Holzknecht (1990) = Christiana Djanani und Renate Holzknecht: Internationales Steuerrecht: Grundriß der Doppelbesteuerungsabkommen; Wien, Innsbruck 1990.

Dötsch (1989) = Ewald Dötsch: Körperschaftsteuerliche Behandlung der Verlegung des Sitzes bzw. der Geschäftsleitung einer Kapitalgesellschaft über die Grenze. In: Der Betrieb, 42. Jg. (1989), S. 2296 – 2303.

Dötsch (1999) = Ewald Dötsch: Kommentierung § 12 dKStG. In: Die Körperschaftsteuer: Kommentar; Begr. Dötsch, Eversberg, Jost und Witt; Stuttgart 1999; Erg.Lfg. August 1999.

Domann (1994) = Rita Domann: Die zweite Stufe der Steuerreform in Österreich. In: Der Betrieb, 47. Jg. (1994), S. 1692 – 1696.

Doralt (1988) = Werner Doralt: Österreich und die EG: I. Steuerrecht. In: Österreichisches Recht der Wirtschaft, 6. Jg. (1988), S. 109 – 115.

Doralt (1995a) = Werner Doralt: Die Privatstiftung – gewollte und ungewollte Steuervorteile. In: Österreichische Steuer-Zeitung, 48. Jg. (1995), S. 393 – 394.

Doralt (1995b) = Werner Doralt: VwGH: Einheitswerte verfassungswidrig? In: Österreichisches Recht der Wirtschaft, 13. Jg. (1995), S. 195.

Doralt/Ruppe (2000) = Werner Doralt und Hans Georg Ruppe: Grundriß des österreichischen Steuerrechts: Band 1: Einkommensteuer, Körperschaftsteuer, Umgründungssteuergesetz, Umsatzsteuer, Kommunalsteuer; 7. Auflage; Wien 2000.

Dreissig (2000) = Hildegard Dreissig: Verlegung der Geschäftsleitung einer deutschen Kapitalgesellschaft ins Ausland. In: Der Betrieb, 53. Jg. (2000), S. 893 – 899.

Dziadkowski (1976) = Dieter Dziadkowski: Passive Steuerentstrickung für wesentliche Beteiligungen infolge Abschlusses oder Änderung eines Doppelbesteuerungsabkommens. In: Die steuerliche Betriebsprüfung, 16. Jg. (1976), S. 78 – 80.

Ebenroth/Auer (1994) = Carsten Thomas Ebenroth und Thomas Auer: Die Vereinbarkeit der Sitztheorie mit europäischem Recht: Zivil- und steuerrechtliche Aspekte im deutschen Recht. In: GmbH-Rundschau, 85. Jg. (1994), S. 16 – 27.

Ebenroth/Eyles (1989a) = Carsten Thomas Ebenroth und Uwe Eyles: Die innereuropäische Verlegung des Gesellschaftssitzes als Ausfluß der Niederlassungsfreiheit? (Teil I): Die Mobilität von Unternehmen im Spannungsfeld von Harmonisierungsbestrebungen und der Anerkennung divergierender Rechtsstandards. In: Der Betrieb, 42. Jg. (1989), S. 363 – 372.

Ebenroth/Eyles (1989b) = Carsten Thomas Ebenroth und Uwe Eyles: Die innereuropäische Verlegung des Gesellschaftssitzes als Ausfluß der Niederlassungsfreiheit? (Teil II). In: Der Betrieb, 42. Jg. (1989), S. 413 - 417.

Eberhartinger, M. (1997) = Michael Eberhartinger: Konvergenz und Neustrukturierung der Grundfreiheiten. In: Europäisches Wirtschafts- und Steuerrecht: Betriebs-Berater für Europarecht, 8. Jg. (1997), S. 43 – 52.

Eberhartinger, E./Fraberger (2004) = Eva Eberhartinger und Friedrich Fraberger: Zum Seminar C: Erbschaftssteuer in Österreich – quo vadis? In: Internationales Steuerrecht, 13. Jg. (2004), S. 565 – 571.

Ecker (1979) = Robert Ecker: Österreich. In: Cahiers de droit fiscal international: Schriften zum Internationalen Steuerrecht: Die Besteuerung der Übertragung von Familienunternehmen von Todes wegen oder durch Schenkung unter Lebenden; Vol. LXIVa; Kopenhagen 1979; S. 189 – 203.

Ehmcke (1996) = Torsten Ehmcke: Kommentierung § 1 dEStG. In: Blümich: Einkommensteuergesetz – Körperschaftsteuergesetz - Gewerbesteuergesetz: Kommentar; Hrsg. Klaus Ebeling; München 1999; Erg.Lfg. Januar 1996.

Ehrke/Heinrich (2003) = Tina Ehrke und Johannes Heinrich: Österreich: Steuerrechtliche Änderungen durch das Budgetbegleitgesetz. In: Internationales Steuerrecht, 12. Jg. (2003), S. 837 – 844.

Epiney (1999) = Astrid Epiney: Kommentierung Art. 28 EG. In: Kommentar des Vertrages über die Europäische Union und des Vertrages zur Gründung der Europäischen Gemeinschaft; Hrsg. Christian Calliess und Matthias Ruffert; Neuwied, Kriftel 1999.

Erichsen (1985) = Manfred Erichsen: Zur Frage der Schenkung von Auslandsimmobilien bei Dritt-Staaten-Konfiguration. In: Finanz-Rundschau, 40. (67.) Jg. (1994), S. 491 – 494.

Esser (1976) = Winfried Esser: Die Wohnsitzregelung im deutschen Steuerrecht. In: Recht der Internationalen Wirtschaft: Außenwirtschaftsdienst des Betriebs-Beraters, 22. Jg. (1976), S. 513 – 514.

Everling (1997) = Ulrich Everling: Das Niederlassungsrecht in der EG als Beschränkungsverbot: Tragweite und Grenzen. In: Gedächtnisschrift für Brigitte Knobbe-Keuk; Hrsg. Wolfgang Schön; Köln 1997, S. 607 – 625.

Fajen (1997) = Hans-Georg Fajen: Die deutsche Wegzugsbesteuerung. In: Steuer & Wirtschaft International, 8. Jg. (1997), S. 57 – 61.

Farnschläder (1994) = Marion Farnschläder: Einkommens- und Vermögensverlagerungen in Steueroasenländer. In: Die deutsche Unternehmensbesteuerung im europäischen Binnenmarkt: Besteuerungsgrundlagen und grenzüberschreitende Steuerplanung in Deutschland; Hrsg. Michael Maßbaum et al. ; Berlin 1994; S. 137 – 170.

Felix (1980) = Günther Felix: Zur Gewinnrealisierung – insbesondere zur Veräußerung, Aufgabe, Entstrickung und Wechsel der Einkunftsart -. In: Steuerberaterkongreß-Report 1980; S. 129 – 163.

Fellner (1994) = Karl-Werner Fellner: Die Erbschaftssteuer als Ausdruck des Leistungsfähigkeitsprinzips. In: Österreichisches Recht der Wirtschaft, 12. Jg. (1994), S. 412 – 413.

Finkenzeller/Hirschler (2004) = Martin Finkenzeller und Klaus Hirschler: Die Auswirkungen der Steuerreform 2005 auf den Unternehmensstandort Österreich: Ein quantitativer Steuerbelastungsvergleich der Standorte in Österreich, Deutschland und den neuen zentral-osteuropäischen EU-Mitgliedstaaten. In: Recht der Internationalen Wirtschaft, 50. Jg. (2004), S. 561 – 568.

Firlinger (1995) = Robert Firlinger: Die abkommensrechtliche Ansässigkeit und die Methoden zur Vermeidung der Doppelbesteuerung. In: Die Methoden zur Vermeidung der Doppelbesteuerung: Anrechnungs- und Befreiungsmethode; Hrsg. Wolfgang Gassner et al.; Wien 1995; S. 307 - 329.

Fischer, L. (1984) = Lutz Fischer: Erbschaftsteuerplanung bei Auslandsanlagen. In: Betriebs-Berater, 39. Jg. (1984), S. 1033 – 1041.

Fischer, P. (2004) = P. Fischer: Mobilität und (Steuer-)Gerechtigkeit in Europa: Überlegungen aus Anlass des EuGH-Urteils v. 11.3.2004: Rs- C-9/02: Hughes de Lasteyrie du Saillant, FR 2004, 659

Flick (1993) = Hans Flick: Erbschaftsteuerplanung des Unternehmers in der Steuerberatungspraxis. In: Deutsches Steuerrecht, 31. Jg. (1993), S. 929 – 932.

Flick/Flick-Pistorius (1989) = Hans Flick und Etta Flick-Pistorius: Zur Frage des steuerlichen (Studenten-) Wohnsitzes. In: Deutsches Steuerrecht, 27. Jg. (1989), S. 623 – 625.

Flick/Piltz (1999) = Hans Flick und Detlev Jürgen Piltz unter Mitarbeit von Stephan Göckeler, Marc Jülicher, Bernd Noll und Wilhelm Stoffel: Der Internationale Erbfall: Erbrecht – Internationales Privatrecht – Erbschaftsteuerrecht; München 1997.

Flick/von Oertzen (1993) = Hans Flick und Christian von Oertzen: Auslandsvermögen im Erbgang. In: Internationales Steuerrecht, 2. Jg. (1993), S. 82 – 84.

Flick/von Oertzen (1995) = Hans Flick und Christian von Oertzen: Internationales Privatrecht und internationales Steuerrecht in der Praxis der Erbfolgeregelung. In: Internationales Steuerrecht, 4. Jg. (1995), S. 558 – 560.

Flies (1994) = Rolf Flies: Steuerliche Behandlung des verpachteten Gewerbebetriebes. In: Finanz-Rundschau, 49. (76.) Jg. (1994), S. 535 – 538.

Flume (1986) = Werner Flume: Steuerrechtsprechung und Steuerrecht. In: Steuerberater-Jahrbuch 1985/86; S. 277 - 310.

Förster (1999) = Hartmut Förster: Praxis der Besteuerung von Auslandsbeziehungen: typische Fallgestaltungen für Inländer im Ausland und für Ausländer im Inland; Neuwied 1999.

Fraberger (1998) = Friedrich Fraberger: Erbschaftsteuer und Gemeinschaftsrecht. In: Steuer & Wirtschaft International, 9. Jg. (1998), S. 302 – 310.

Fraberger (1999) = Friedrich Fraberger: Die erbschaftssteuerliche Endbesteuerung im Wandel der Rechtsprechung: Bahnbrechendes VfGH-Erkenntnis zu § 15 Abs. 1 Z 17 ErbStG ebnet den Weg zur steueroptimalen Gestaltung der Vermögensnachfolge. In: Steuer- und Wirtschaftskartei, 74. Jg. (1999), S. 631 – 641 (S349 – S359).

Franke (1974) = Michael Franke: Dient § 6 AStG nur der Klarstellung oder füllt er eine gesetzliche Lücke aus? In: Finanz-Rundschau, 29. (56.) Jg. (1974), S. 33 – 35.

Friauf (1976) = Karl Heinrich Friauf: Gewinnrealisierung und Entnahme: Zur neueren Rechtsprechung des Bundesfinanzhofs. In: Steuerberater-Jahrbuch 1975/76; S. 369 - 388.

Fuchs/Schabe (1993) = Rainer G. Fuchs und Torsten Schabe: Steuerersparnis durch Einnahmenverlagerung in das (EG-)Ausland? In: Der Steuerberater, 44. Jg. (1993), S. 45 – 48.

Füger/Rieger (1998) = Rolf Füger und Norbert Rieger: Erbschaftsteuer nach Wegzug in die Schweiz. In: Internationales Steuerrecht, 7. Jg. (1998), S. 460 – 464.

Füger/Rieger (2002) = Rolf Füger und Norbert Rieger: Veräußerung von Mitunternehmeranteilen und Gewerbesteuer. In: Deutsches Steuerrecht, 40. Jg. (2002), S. 933 – 939.

Führer (1995) = Christian Führer: Gewerblichkeit von Vermietungsleistungen im Rahmen einer Betriebsverpachtung. In: Deutsches Steuerrecht, 33. Jg. (1995), S. 785 - 792.

Gahleitner/Moritz (1999) = Gerald Gahleitner und Helmut Moritz: Das Steuerrecht Österreichs. In: Internationale Wirtschaftsbriefe: Zeitschrift für internationales Steuer- und Wirtschaftsrecht; 20. Auflage; Fach 5, Gruppe 2, S. 467 – 484.

Gassner (1993) = Wolfgang Gassner: Die neue Endbesteuerung: Grundkonzept und Mängel. In: Österreichische Steuer-Zeitung, 46. Jg. (1993), S. 4 – 11.

Gassner (1994) = Wolfgang Gassner: Steuerreform 1994 – Würdigung und Kritik. In: Juristische Blätter, 116. Jg. (1994), S. 289 – 301.

Gassner (1995) = Wolfgang Gassner: Zuzugsbegünstigung für Privatstiftungen auch nach dem 31.12.1995? In: Steuer & Wirtschaft International, 6. Jg. (1995), S. 410 – 411.

Gassner (1996) = Wolfgang Gassner: Das Steuersystem Österreichs nach den Steuerreformen. In: Österreich – der steuerrechtliche EU-Nachbar; Hrsg. Wolfgang Gassner, Michael Lang und Eduard Lechner; München 1996; S. 1 – 16.

Gassner (1999) = Wolfgang Gassner: Die Abkommenspolitik Österreichs. In: Steuer & Wirtschaft International, 10. Jg. (1999), S. 195 – 200.

Gassner (2004a) = Wolfgang Gassner: Reform der Konzernbesteuerung in Deutschland und Europa: Österreich ersetzt Organschaft durch Gruppenbesteuerung. In: Finanz-Rundschau, 50. (77.) Jg. (2004), S. 517 – 520.

Gassner (2004b) = Wolfgang Gassner: Europarechtswidrigkeit der Organschaftsbesteuerung: Österreich ersetzt Organschaft durch eine neue Gruppenbesteuerung. In: Der Betrieb, 57. Jg. (2004), S. 841 – 843.

Gassner/Lang/Lechner (2001) = Wolfgang Gassner, Michael Lang und Eduard Lechner: Der Entwurf eines österreichischen Außensteuergesetzes: Grenzen der Gestaltung; Wien 2001.

Geck (1995) = Reinhard Geck: Erbschaft- und schenkungsteuerpflichtige Erwerbe mit Auslandsberührung – der Regelungsbereich des § 2 ErbStG. In: Zeitschrift für Erbrecht und Vermögensnachfolge, 2. Jg. (1995), S. 249 – 252.

Geissler (1999) = Michael Geissler: Gewinnrealisierung am Ende eines Unternehmens: Die § 16 Abs. 1 Nr. 1, Abs. 3 EStG, § 7 Abs. 1 EStDV, §§ 20 ff. UmwStG unter Einbeziehung ausgewählter Rechtsinstitute der BFH-Rechtsprechung; Boorberg Wissenschafts-Forum: Band 8; Stuttgart, München, Hannover, Berlin, Weimar, Dresden 1999.

Gersch (1998) = Eva-Maria Gersch: Kommentierung § 8 dAO. In: Abgabenordnung: einschließlich Steuerstrafrecht; Hrsg. Franz Klein und Gerd Orlopp; München 1998.

Göttsche (1997) = Max Göttsche: Wohnsitzverlegung natürlicher Personen ins Ausland: Einkommensteuerliche Konsequenzen und Gestaltungsmöglichkeiten; Regensburg 1997.

Göttsche (1999) = Max Göttsche: Das Centros-Urteil des EuGH und seine Auswirkungen: Eine Bestandsaufnahme aus gesellschafts-, handels- und steuerrechtlicher Sicht. In: Deutsches Steuerrecht, 37. Jg. (1999), S. 1403 - 1408.

Göttsche/Stangl (2000) = Max Göttsche und Ingo Stangl: Der Betriebsstättenerlass des BMF vom 24.12.1999 – Anmerkungen und Zweifelsfragen. In: Deutsches Steuerrecht, 38. Jg. (2000), S. 498 – 508.

Göttsche/Stangl (2004a) = Max Göttsche und Ingo Stangl: Geplante Gruppenbesteuerung in Österreich. In: Internationale Wirtschaftsbriefe: Zeitschrift für internationales Steuer- und Wirtschaftsrecht; 20. Auflage; Fach 5, Gruppe 2, S. 603 – 606.

Göttsche/Stangl (2004b) = Max Göttsche und Ingo Stangl: Die Besteuerung internationaler Schachtelbeteiligungen in Österreich unter Berücksichtigung der Neuerungen durch das Budgetbegleitgesetz 2003. In: Recht der Internationalen Wirtschaft, 50. Jg. (2004), S. 203 – 216.

Göttsche/Stangl (2004c) = Max Göttsche und Ingo Stangl: Steuerliche Verwertung ausländischer Betriebsstättenverluste in Österreich. In: Internationale Wirtschaftsbriefe: Zeitschrift für internationales Steuer- und Wirtschaftsrecht; 20. Auflage; Fach 5, Gruppe 2, S. 625 – 632.

Götze/Bloech (1995) = Uwe Götze und Jürgen Bloech: Investitionsrechnung: Modelle und Analysen zur Beurteilung von Investitionsvorhaben; 2. Auflage; Berlin et. al. 1995.

Goodman (1985) = Wolfe D. Goodman: Generalbericht. In: Cahiers de droit fiscal international: Schriften zum Internationalen Steuerrecht: Internationale Doppelbesteuerung bei Erbschaften und Schenkungen; Vol. LXXb; London 1985; S. 115 – 171.

Graffe (1999) = Ingo Graffe: Kommentierung § 11 dKStG. In: Die Körperschaftsteuer: Kommentar; Begr. Dötsch, Eversberg, Jost und Witt; Stuttgart 1999; Erg.Lfg. August 1999.

Große/Kudert (1999) = Sandra Große und Stephan Kudert: Beschränkte versus fiktiv unbeschränkte Steuerpflicht: Eine Entscheidungshilfe für die Option nach § 1 Abs. 3 EStG. In: Internationales Steuerrecht, 8. Jg. (1999), S. 737 – 741.

Großerichter (2003) = Helge Großerichter: Ausländische Kapitalgesellschaften im deutschen Rechtsraum: Das deutsche Internationale Gesellschaftsrecht und seine Perspektiven nach der Entscheidung „Überseering". In: Deutsches Steuerrecht, 41. Jg. (2003), S. 159 – 169.

Grund (1972) = Walter Grund: Gibt es bereits de lege lata einen allgemeinen Rechtsgrundsatz der „Steuerentstrickung"? Ein Beitrag zur Frage der Gewinnverwirklichung durch Wegzug ins Ausland, insbesondere bei wesentlichen Beteiligungen an Kapitalgesellschaften. In: Betriebs-Berater, 27. Jg. (1972), S. 365 – 371.

Haas (1981) = Gerhard Haas: Fragen des deutschen Außensteuerrechts und der Doppelbesteuerung im Verhältnis zu Österreich. In: Österreichische Steuer-Zeitung, 34. Jg. (1981), S. 238 – 241.

Haberstock (1984) = Lothar Haberstock: Die steuerliche Planung der internationalen Unternehmung. In: Betriebswirtschaftliche Forschung und Praxis, 36. Jg. (1984), S. 260 – 278.

Hahn (1992) = Hartmut Hahn: Berührungspunkte zwischen europäischem Recht und dem innerstaatlichen Recht der direkten Steuern: Festbeitrag zum 65. Geburtstag von Adalbert Uelner am 27. Oktober 1992. In: Deutsche Steuer-Zeitung, 80. Jg. (1992), S. 663 – 669.

Haiß (2000) = Uta Haiß: Gewinnabgrenzung bei Betriebsstätten im Internationalen Steuerrecht: Vermögens-, Aufwands- und Ertragszuordnung nach OECD-Musterabkommen und neuem Betriebsstättenerlass; Neuwied, Kriftel 2000.

Halfar (1985) = Bernd Halfar: Ein Weg aus der Entstrickungsmisere. In: Finanz-Rundschau, 40. (67.) Jg. (1985), S. 281 – 285.

Haritz/Friederichs (2000) = Detlef Haritz und Karl Friederichs: Kommentierung § 21 dUmwStG. In: Umwandlungssteuergesetz: Kommentar; Hrsg. Detlef Haritz und Manfred Benkert; 2. Auflage; München 2000.

Hartmann (1974) = B. Hartmann: Der gewöhnliche Aufenthalt im Steuerrecht. In: Der Betrieb, 27. Jg. (1974), S. 2427 – 2429.

Hartmann (1975) = B. Hartmann: Die Struktur des Außen-Erbschaftsteuerrechts. In: Finanz-Rundschau, 30. (57.) Jg. (1976), S. 565 – 570.

Haunold (1996) = Peter Haunold: Die Umsetzung der Umsatzsteuerrichtlinien in Österreich. In: Österreich – der steuerrechtliche EU-Nachbar; Hrsg. Wolfgang Gassner, Michael Lang und Eduard Lechner; München 1996; S. 125 - 160.

Hauser (1998) = Hansgeorg Hauser: Steuerpolitik in der EU: Koordinierung oder Wettbewerb? In: Datenverarbeitung, Steuer, Wirtschaft, Recht, 27. Jg. (1998), S. 155 – 158.

Hausleithner (1985) = Annemarie Hausleithner: Vermeidung der Doppelbesteuerung im österreichischen Erbschaftssteuerrecht. In: Österreichische Steuer-Zeitung, 38. Jg. (1985), S. 218 – 224.

Heidinger (1992) = Gerald Heidinger: Steuerreform in Österreich: Halbsatzverfahren und Abgeltungssteuer. In: Deutsche Steuer-Zeitung, 80. Jg. (1992), S. 456 – 459.

Heidinger (1993a) = Gerald Heidinger: Zinsenbesteuerung in Österreich: 22 % Abgeltungssteuer ab 1. Januar 1993. In: Deutsche Steuer-Zeitung, 81. Jg. (1993), S. 137 – 141.

Heidinger (1993b) = Gerald Heidinger: Österreich – Ende der Kumulativbesteuerung am 31. Dezember 1993: 2. Etappe der Steuerreform bringt Aufhebung der Vermögen- und Gewerbesteuer. In: Deutsche Steuer-Zeitung, 81. Jg. (1993), S. 742 – 746.

Heidinger (1994a) = Gerald Heidinger: Der Einfluss der Steuerreform auf die Rechtsformwahl. In: Steuerreform 1993: Auswirkungen, Gestaltungsfragen und Rechtsprobleme; Hrsg. Romuald Bertl, Dieter Mandl, Gerwald Mandl und Hans Georg Ruppe; Wien 1994; S. 33 – 48.

Heidinger (1994b) = Gerald Heidinger: Erbschaftsteuer: Reform oder Aufhebung? In: ecolex, 5. Jg. (1994), S. 496 - 501.

Heidinger (1995a) = Gerald Heidinger: Reformen der Unternehmens- und Kapitalbesteuerung in Österreich: Vom Hochsteuerland mit 2/3 zum Niedrigsteuerland mit 1/3 Gewinnbelastung. In: Deutsche Steuer-Zeitung, 83. Jg. (1995), S. 65 – 71.

Heidinger (1995b) = Gerald Heidinger: Ist die Erbschaftsbesteuerung noch gerechtfertigt? Überlegungen nach den Urteilen des deutschen Bundesverfassungsgerichtes vom 18.8.1995. In: Österreichisches Recht der Wirtschaft, 13. Jg. (1995), S. 444 – 446.

Heidinger (1998) = Gerald Heidinger: Erhöhung der Erbschaftssteuer zur Entlastung der Abgaben auf Löhne? Kritische Stellungnahme zur AK-Studie vom Oktober 1996. In: Steuern in Österreich: Gestern – heute – morgen: Festschrift des Fachsenats für Steuerrecht zum 50-Jahr-Jubiläum der Kammer der Wirtschaftstreuhänder; Hrsg. Gerald Heidinger und Karl E. Bruckner; Wien 1998, S. 149 – 163.

Heinhold (1999a) = Michael Heinhold: Die österreichische Privatstiftung: „Tax-haven" für deutsche Steuerpflichtige? (Teil 1). In: Internationale Wirtschaftsbriefe: Zeitschrift für internationales Steuer- und Wirtschaftsrecht; 20. Auflage; Fach 3, Gruppe 1, S. 1555 – 1574.

Heinhold (1999b) = Michael Heinhold: Die österreichische Privatstiftung: „Tax-haven" für deutsche Steuerpflichtige? (Teil 2). In: Internationale Wirtschaftsbriefe: Zeitschrift für internationales Steuer- und Wirtschaftsrecht; 20. Auflage; Fach 3, Gruppe 1, S. 1575 – 1586.

Heinicke (1998) = Wolfgang Heinicke: Diskriminierung im Ertragsteuerrecht der EG- und EWR-Staaten nach der Rechtsprechung des EuGH. In: Deutsches Steuerrecht, 36. Jg. (1998), S. 1332 – 1339.

Heinicke (2002) = Wolfgang Heinicke: Kommentierung § 49 dEStG. In: Einkommensteuergesetz: Kommentar; Hrsg. Ludwig Schmidt; 21. Auflage; München 2002.

Heininger (1988) = Klaus Heininger: IV. Unternehmensnachfolge und Erbfall: Erbschaftsteuerliche Beurteilung alternativer Nachfolgeregelungen im mittelständischen Unternehmen. In: Probleme der Rechts- und Steuerberatung in mittelständischen Unternehmen; Hrsg. Winfried Gail; Köln 1988; S. 177 – 206.

Heinrich (1996a) = Johannes Heinrich: Österreich: Auslegung von DBA. In: Internationales Steuerrecht, 5. Jg. (1996), Beihefter 3 vom 14.3.1996, S. 4.

Heinrich (1996b) = Johannes Heinrich: Österreich: Anfechtung der Erbschaftsteuerbefreiung für endbesteuertes Kapitalvermögen durch den Verwaltungsgerichtshof. In: Zeitschrift für Erbrecht und Vermögensnachfolge, 3. Jg. (1996), S. 453 – 454.

Heinrich/Moritz (1995) = Johannes Heinrich und Helmut Moritz: Die Abgeltungswirkung der Kapitalertragsteuer für die Erbschaftsteuer in Österreich. In: Zeitschrift für Erbrecht und Vermögensnachfolge, 2. Jg. (1995), S. 325 – 328.

Helbich (1985) = Franz Helbich: Österreich. In: Cahiers de droit fiscal international: Schriften zum Internationalen Steuerrecht: Internationale Doppelbesteuerung bei Erbschaften und Schenkungen; Vol. LXXb; London 1985; S. 253 – 260.

Helbich (1994) = Franz Helbich: Überblick über das neue österreichische Privatstiftungsgesetz. In: Internationales Steuerrecht, 3. Jg. (1994), S. 33 – 36.

Hellwig (1969) = Peter Hellwig: Sind stille Reserven exportfähig? In: Deutsches Steuerrecht, 7. Jg. (1969), S. 161 – 166.

Hellwig (1976) = Peter Hellwig: Die „Steuerentstrickung" in der Rechtsprechung des Bundesfinanzhofs und der Finanzgerichte. In: Finanz-Rundschau, 31. (58.) Jg. (1976), S. 129 – 133.

Hellwig (1979) = Peter Hellwig: Noch immer Ärger mit den stillen Reserven. In: Deutsches Steuerrecht, 17. Jg. (1979), S. 335 – 341.

Hellwig (1991) = Peter Hellwig: Kommentierung § d9 AO. In: Abgabenordnung - Finanzgerichtsordnung: Kommentar; Begr. Hübschmann, Hepp und Spitaler; Köln 1991; Erg.Lfg. November 1991.

Hensel (2004) = Christian Hensel: Das neue Erbschaftsteuer-DBA mit Österreich. In: Internationale Wirtschaftsbriefe: Zeitschrift für internationales Steuer- und Wirtschaftsrecht; 20. Auflage; Fach 5, Gruppe 2, S. 601 – 602.

Herff (2000) = Arnd Herff: Erwünschte und unerwünschte Betriebsaufgaben. In: Kölner Steuerdialog, 33. Jg. (2000), S. 12453 - 12463.

Herrmann (1989) = Hans Joachim Herrmann: Einwirkung der Grundfreiheit der Freizügigkeit im Gemeinsamen Markt auf das deutsche Einkommensteuerrecht: Zugleich eine Stellungnahme zu dem Richtlinienvorschlag der EG-Kommission zur Harmonisierung von Regelungen im Bereich der Einkommensteuer im Hinblick auf die Freizügigkeit der Arbeitnehmer in der Gemeinschaft. In: Finanz-Rundschau, 44. (71.) Jg. (1989), S. 605 – 614.

Herzig (1980a) = Norbert Herzig: Steuerbilanz- und Ausschüttungspolitik einer Kapitalgesellschaft bei geplanter Liquidation unter Berücksichtigung von Anteilsübertragungen. In: Steuer und Wirtschaft, 57. (10.) Jg. (1980), S. 19 – 30.

Herzig (1980b) = Norbert Herzig: Beendigungsorientierte Steuerbilanzpolitik. In: Steuer und Wirtschaft, 57. (10.) Jg. (1980), S. 239 – 251.

Herzig (1981) = Norbert Herzig: Die Beendigung eines unternehmerischen Engagements als Problem der Steuerplanung; Köln 1981.

Herzig (1990) = Norbert Herzig: Die Sicherung der Vermögenskontinuität im Generationenwechsel: Ertragsteuerliche Aspekte. In: Steuerberaterkongreß-Report 1990; S. 71 – 103.

Herzig/Dautzenberg (1997) = Norbert Herzig und Norbert Dautzenberg: Die Einwirkungen des EG-Rechts auf das deutsche Unternehmenssteuerrecht. In: Der Betrieb, 50. Jg. (1997), S. 8 – 17.

Herzig/Dautzenberg (2000) = Norbert Herzig und Norbert Dautzenberg: Die deutsche Steuerreform ab 1999 und ihre Aspekte für das deutsche Außensteuerrecht und das internationale Steuerrecht. In: Der Betrieb, 53. Jg. (2000), S. 12 – 20.

Heydt (2000) = Volker Heydt: Der Einfluss der Grundfreiheiten des EG-Vertrages auf das nationale Steuerrecht der Mitgliedstaaten und ihre Doppelbesteuerungsabkommen. In: Grundfreiheiten im Steuerrecht der EU-Staaten; München 2000, S. 25 – 38.

Hilber (1999) = Klaus H. Hilber: Neue Kategorie der Endbesteuerung durch Spekulationsertragsteuer (SpESt) und Eigenkapitalverzinsung (Sondergewinnbesteuerung). In: ecolex, 10. Jg. (1999), S. 719 – 721.

Hillert (1972) = August Hillert: Steuerliche Entstrickung – Steuerenthaftung: Besprechung von zwei BFH-Urteilen. In: Finanz-Rundschau, 27. (54.) Jg. (1972), S. 56 – 59.

Hirschler/Schindler (2004) = Klaus Hirschler und Clemens Philipp Schindler: Die österreichische Gruppenbesteuerung als Vorbild für Europa? In: Internationales Steuerrecht, 13. Jg. (2004), S. 505 – 512.

Hock/Mück (1993) = Bernhard Hock und Rainer Mück: Besteuerung deutscher Einkunftsquellen nach Wohnsitzverlegung ins Ausland. In: Recht der Internationalen Wirtschaft, 39. Jg. (1993), S. 124 – 131.

Höhn (1996) = Ernst Höhn: Internationale Steuerplanung: Eine Einführung in die Steuerplanung für internationale Unternehmen mit Bezug zur Schweiz; Bern, Stuttgart, Wien 1996.

Hölzer (1988) = Volkmar-Alexander Hölzer: Die Anknüpfung von Abzügen, der Einkünfte- und der Vermögenszurechnung an die unbeschränkte Steuerpflicht; Essen 1988.

Höninger (2004) = Matthias Höninger: Die Bedeutung der Barbier-Entscheidung des EuGH für das deutsche Erbschaftsteuerrecht. In: Die Information über Steuer und Wirtschaft, 58. Jg. (2004), S. 335 – 340.

Holzapfel (2001) = Alfred Holzapfel: Probleme der Besteuerung von Grenzgängern im Verhältnis zu Deutschland. In: Steuer & Wirtschaft International, 12. Jg. (2001), S. 426 – 433.

Holzhammer/Roth (1997) = Richard Holzhammer und Marianne Roth: Gesellschaftsrecht; 2. Auflage; Wien, New York 1997.

Hopf/Gaigg (1999a) = Gerhard Hopf und Thomas Gaigg: Steueroptimierung bei Errichtung einer österreichischen Privatstiftung durch deutsche Stifter. In: Steuer & Wirtschaft International, 10. Jg. (1999), S. 403 - 407.

Hopf/Gaigg (1999b) = Gerhard Hopf und Thomas Gaigg: Die Besteuerung einer österreichischen Privatstiftung mit deutschen Begünstigten aus ertragsteuerlicher Sicht. In: Steuer & Wirtschaft International, 10. Jg. (1999), S. 494 – 498.

Hopf/Gaigg (2000) = Gerhard Hopf und Thomas Gaigg: Auflösung einer österreichischen Privatstiftung aus der Sicht deutscher Begünstigter. In: Steuer & Wirtschaft International, 11. Jg. (2000), S. 72 – 75.

Horlemann (1984) = Heinz-Gerd Horlemann: Gesonderte und einheitliche Feststellung von Besteuerungsgrundlagen einer Personengesellschaft bei beschränkter Steuerpflicht eines Beteiligten: Auswirkungen eines Doppelbesteuerungsabkommens bei Verpachtung eines Gewerbebetriebs ohne Betriebsaufgabeerklärung. In: Deutsche Steuer-Zeitung, 72. Jg. (1984), S. 586 – 589.

Huber (1990) = Paul Huber: Grenzüberschreitende Schenkungen: Referat anläßlich der 42. Österreichischen Betriebswirtschaftlichen Woche am 18.10.1989. In: Finanz-Journal, 30. Jg. (1990), S. 7 – 12.

Hügel (1999) = Hanns F. Hügel: Steuerrechtliche Hindernisse bei der internationalen Sitzverlegung. In: Zeitschrift für Unternehmens- und Gesellschaftsrecht, 28. Jg. (1999), S. 71 – 108.

Huemer (1996) = Edgar Huemer: Die unbeschränkte Steuerpflicht natürlicher Personen: Innerstaatliches Recht und Doppelbesteuerungsabkommen; Schriftenreihe zum Internationalen Steuerrecht: Band 2; Wien 1996.

Intemann (2001) = Jens Intemann: Kommentierung § 3 Nr. 40 dEStG. In: Herrmann/Heuer/Raupach: Steuerreform: Kommentar; Hrsg. Arndt Raupach et al.; Köln; Erg.Lfg. 2001.

Jackstein (1997) = Claus-Dieter Jackstein: Das deutsche Steuerrecht im Wettbewerb mit ausländischen Steuersystemen. In: Außensteuerrecht, Doppelbesteuerungsabkommen und EU-Recht im Spannungsverhältnis: Festschrift für Helmut Debatin zum 70. Geburtstag; Hrsg. Gabriele Burmester und Dieter Endres; München 1997; S. 179 - 206.

Jacobs/Endres/Spengel (2002) = Otto H. Jacobs, Dieter Endres und Christoph Spengel: Internationale Unternehmensbesteuerung: Deutsche Investitionen im Ausland; Ausländische Investitionen im Inland; Hrsg. Otto Jacobs; 5. Auflage; München 2002.

Jann/Toifl (1996) = Martin Jann und Gerald Toifl: Der Fall „Asscher" – Weiterentwicklung der EuGH-Rechtsprechung zum Diskriminierungsverbot. In: Steuer & Wirtschaft International, 7. Jg. (1996), S. 306 – 312.

Jarass (1993) = Hans D. Jarass: Die Niederlassungsfreiheit in der Europäischen Gemeinschaft: Ein Kernelement der Freiheit selbständiger wirtschaftlicher Betätigung. In: Recht der Internationalen Wirtschaft, 39. Jg. (1993), S. 1 – 7.

Jarass (2002) = Lorenz Jarass: Zinsbesteuerung in Europa: Möglichkeiten einer Abgeltungssteuer in Deutschland. In: Internationales Steuerrecht, 11. Jg. (2002), S. 46 – 51.

Jayme (1983) = Erik Jayme: Grundfragen des internationalen Erbrechts – dargestellt an deutsch österreichischen Nachlaßfällen. In: Zeitschrift für Rechtsvergleichung, 24. Jg. (1983), S. 162 – 179.

Jirousek (1985) = Heinz Jirousek: Unilaterale Maßnahmen zur Steuerentlastung gem § 48 BAO. In: Österreichische Steuer-Zeitung, 38. Jg. (1985), S. 44 – 48.

Jirousek (1997) = Heinz Jirousek: Die geänderte Auslegung der „Künstler- und Sportlerklausel" im DBA mit Deutschland. In: Steuer & Wirtschaft International, 8. Jg. (1997), S. 148 – 150.

Jirousek (1998) = Heinz Jirousek: Entwurf eines neuen österreichisch-deutschen Doppelbesteuerungsabkommens. In: Österreichische Steuer-Zeitung, 51. Jg. (1998), S. 500 – 504.

Jülicher (1999) = Marc Jülicher: Kommentierung § 2 dErbStG. In: Erbschaftsteuer- und Schenkungsteuergesetz: Kommentar; Hrsg. Max Troll, Dieter Gebel und Marc Jülicher; München 1999; Erg.Lfg. November 1999.

Jünger (2001) = Paul Jünger: Liquidation und Halbeinkünfteverfahren: Wurde die Liquidation vergessen? – Ein Diskussionsbeitrag. In: Betriebs-Berater, 56. Jg. (2001), S. 69 – 77.

Kaefer (1991) = Wolfgang Kaefer: Steuernachteile für beschränkt steuerpflichtige EG-Bürger nach Rechtsprechung des Europäischen Gerichtshofes verfassungswidrig: Anmerkungen zum Biehl-Urteil und anderen Entscheidungen des EuGH. In: Deutsches Steuerrecht, 29. Jg. (1991), S. 671 – 675.

Kaefer/Leenders/Toifl (1998) = Wolfgang Kaefer, C.H.M. Leenders und Gerald Toifl: Zur verfassungs- und EG-rechtlichen Zulässigkeit der Wegzugsbesteuerung nach § 6 Abs. 1 Außensteuergesetz: BFH-Beschluß vom 17.12.1997 – I B 108/97: Anmerkungen. In: Europäisches Wirtschafts- und Steuerrecht: Betriebs-Berater für Europarecht, 9. Jg. (1998), S. 228 - 232.

Kaefer/Saß (1995) = Wolfgang Kaefer und Gert Saß: Beschränkte Steuerpflicht und Diskriminierungsverbot im Licht des EuGH-Urteils vom 14.2.1995. In: Der Betrieb, 48. Jg. (1995), S. 642 – 650.

Kaiser (1991) = Joseph H. Kaiser: Die „Wegzugssteuer": Verfassungsrechtliche und europarechtliche Beurteilung des § 6 Außensteuergesetz. In: Betriebs-Berater, 46. Jg. (1991), S. 2052 – 2059.

Kaminski (1996a) = Bert Kaminski: Steuerliche Gestaltungsmöglichkeiten und deren Beurteilung bei der Verlagerung eines inländischen unternehmerischen Engagements in das Ausland; Schriften des Instituts für Ausländisches und Internationales Finanz- und Steuerwesen der Universität Hamburg: Band 30; Baden-Baden 1996.

Kaminski (1996b) = Bert Kaminski: Die persönliche Einkommensteuerpflicht: Unter besonderer Berücksichtigung der Neuerungen durch das Jahressteuergesetz 1996. In: Steuer und Studium, 17. Jg. (1996), S. 398 – 410.

Kaminski (2001) = Bert Kaminski: Überführung von Wirtschaftsgütern in eine ausländische DBA-Betriebsstätte als Entnahme i.S. des § 4 Abs. 4a EStG? In: Internationales Steuerrecht, 10. Jg. (2001), S. 129 - 131.

Kaminski/Strunk (2001) = Bert Kaminski und Günther Strunk: Neue Zweifelsfragen und Gestaltungsmöglichkeiten bei der Anwendung von § 6 AStG. In: Recht der Internationalen Wirtschaft, 47. Jg. (2001), S. 810 – 816.

Kaminski/Strunk (2002) = Bert Kaminski und Günther Strunk: Steuerliche Folgen der Wohnsitzverlegung bei natürlichen Personen: Anmerkungen zum Reformbedarf im deutschen internationalen Steuerrecht vor dem Hintergrund des 2. Generalthemas des 56. IFA-Kongresses vom 25. bis 30. August 2002 in Oslo. In: Internationale Wirtschaftsbriefe: Zeitschrift für internationales Steuer- und Wirtschaftsrecht; 20. Auflage; Fach 10, Gruppe 2, S. 1641 - 1650.

Kempka (1995) = Bettina Kempka: Gewinnrealisierung bei der Überführung von Wirtschaftsgütern zwischen Stammhaus und Betriebsstätte: Eine Analyse der systemkonformen steuerlichen Behandlung stiller Reserven; Frankfurt am Main, Berlin, Bern, New York, Paris, Wien 1995.

Kessler/Huck/Obser/Schmalz (2004) = Wolfgang Kessler, Friederike Huck, Ralph Obser und Andrea Schmalz: Wegzug von Kapitalgesellschaften – Teil 2: Gesellschafts- und steuerrechtliche Aspekte der Unternehmensverlagerung ins Ausland nach de Lasteyrie du Saillant. In: Deutsche Steuer-Zeitung, 92. Jg. (2004), S. 855 – 868.

Killius/Borschel (2002) = Jürgen Killius und Christian Borschel: Seminar A: Erbschaft- und vermögensteuerliche Aspekte der Wohnsitzverlegung natürlicher Personen. In: Internationales Steuerrecht, 11. Jg. (2002), S. 544 – 546.

Kiso (1997) = Dirk Kiso: Ein Entwurfskonzept für Modelle der internationalen Steuerplanung: dargestellt am Beispiel der konzerninternen Außenfinanzierung durch Mobilien-Leasing; Schriften zur Konzernsteuerung: Band 7; Hamburg 1997.

Klapdor (2001) = Ralf Klapdor: Veränderte Rahmenbedingungen für internationale Betätigungen nach dem StSenkG. In: Deutsche Steuer-Zeitung, 89. Jg. (2001), S. 24 – 28.

Klein (1996) = Martin Klein: Der freiberuflich tätige Berufssportler – eine deutsch-österreichische Kuriosität. In: Internationales Steuerrecht, 5. Jg. (1996), S. 361 – 366.

Kleinbauer/Lohr (1998) = Franz Kleinbauer und Jörg-Andreas Lohr: Entwurf eines neuen deutsch-österreichischen Doppelbesteuerungsabkommens. In: Internationale Wirtschaftsbriefe: Zeitschrift für internationales Steuer- und Wirtschaftsrecht; 20. Auflage; Fach 5, Gruppe 2, S. 455 – 458.

Kleinert/Probst (2004) = Jens Kleinert und Peter Probst: Endgültiges Aus für steuerliche Wegzugsbeschränkungen bei natürlichen und juritischen Personen: Anmerkung zum EuGH-Urteil vom 11.3.2004 Rs. C-9/02, de Lasteyrie du Saillant. In: Der Betrieb, 57. Jg. (2004), S. 673 – 675.

Kluge (2000) = Volker Kluge: Das Internationale Steuerrecht: Gemeinschaftsrecht, Außensteuerrecht, Abkommensrecht; 4. Auflage; München 2000.

Knobbe-Keuk (1990a) = Brigitte Knobbe-Keuk: Niederlassungsfreiheit: Diskriminierungs- oder Beschränkungsverbot? Zur Dogmatik des Art. 52 EWG-Vertrag – am Beispiel einiger gesellschaftsrechtlicher Beschränkungen. In: Der Betrieb, 43. Jg. (1990), S. 2573 – 2584.

Knobbe-Keuk (1990b) = Brigitte Knobbe-Keuk: Der Wechsel von der beschränkten zur unbeschränkten Körperschaftsteuerpflicht und vice versa. In: Steuer und Wirtschaft, 71. (24.) Jg. (1990), S. 372 – 379.

Knobbe-Keuk (1991a) = Brigitte Knobbe-Keuk: Wegzug und Einbringung von Unternehmen zwischen Niederlassungsfreiheit, Fusionsrichtlinie und nationalem Steuerrecht. In: Der Betrieb, 44. Jg. (1991), S. 298 – 306.

Knobbe-Keuk (1991b) = Brigitte Knobbe-Keuk: Die Einwirkung der Freizügigkeit und der Niederlassungsfreiheit auf die beschränkte Steuerpflicht. In: Europäische Zeitschrift für Wirtschaftsrecht, 2. Jg. (1991), S. 649 – 658.

Knobbe-Keuk (1993) = Brigitte Knobbe-Keuk: Bilanz- und Unternehmenssteuerrecht; 9. Auflage, Köln 1993.

Koblenzer (1997) = Thomas Koblenzer: Die Besteuerung Nichtansässiger – ein historischer Rückblick. In: Internationales Steuerrecht, 6. Jg. (1997), S. 97 – 101.

Koblenzer (1999) = Thomas Koblenzer: Diskriminierung beschränkt Steuerpflichtiger: unter besonderer Berücksichtigung des Jahressteuergesetzes 1996; Frankfurt am Main, Berlin, Bern, Brüssel, New York, Wien 1999.

Köglberger (1995) = Walter Köglberger: Zur Einheitsbewertung des Grundbesitzes: Bei einer Reform der Erbschafts- und Schenkungssteuer sollen nicht „Verkehrswerte" Bemessungsgrundlage sein. In: Steuer- und Wirtschaftskartei, 70. Jg. (1995), S. 29 – 31.

Körner (2004) = Andreas Körner: Europarecht und Wegzugsbesteuerung: das EuGH-Urteil „de Lasteyrie du Saillant". In: Internationales Steuerrecht, 13. Jg. (2004), S. 424 – 432.

Kohlenbach (1972) = Karl Kohlenbach: Gewinnverwirklichung durch Steuerentstrickung? In: Der Betrieb, 25. Jg. (1972), S. 360 – 361.

Kohlhauser (1994) = Richard Kohlhauser: Die steuerlichen Bestimmungen zum österreichischen Privatstiftungsgesetz. In: Internationales Steuerrecht, 3. Jg. (1994), S. 162 – 165.

Kokott (2000) = Juliane Kokott: Die Bedeutung der europarechtlichen Diskriminierungsverbote und Grundfreiheiten für das Steuerrecht der EU-Mitgliedstaaten. In: Grundfreiheiten im Steuerrecht der EU-Staaten; München 2000, S. 1 - 24.

Konezny (1999a) = Gerd Konezny: Die Sonderregelung für in österreichischen Betriebsstätten erlittene Verluste nach dem neuen DBA Österreich-Deutschland. In: Das neue Doppelbesteuerungsabkommen Österreich-Deutschland: Der Entwurf im Lichte der österreichischen und deutschen Abkommenspraxis; Hrsg. Wolfgang Gassner, Michael Lang und Eduard Lechner; Wien 1999; S. 293 – 308.

Konezny (1999b) = Gerd Konezny: Die Sonderregelung für in österreichischen Betriebsstätten erlittene Verluste nach dem Entwurf des DBA Ö-D. In: Steuer & Wirtschaft International, 10. Jg. (1999), S. 350 – 353.

Korn/Stahl (1995) = Klaus Korn und Rudolf Stahl: Steuervorteile durch Wohnsitzverlegung ins Ausland? In: Kölner Steuerdialog, 28. Jg. (1995), S. 10263 – 10272.

Krabbe (1977) = Helmut Krabbe: Zur Steuerentstrickung bei Wohnsitzwechsel ins Ausland. In: Betriebs-Berater, 32. Jg. (1977), S. 431 – 432.

Krabbe (1994) = Helmut Krabbe: Das Grenzpendlergesetz. In: Internationales Steuerrecht, 3. Jg. (1994), S. 377 – 383.

Krabbe (1997) = Helmut Krabbe: Kommentierung § 1 a dEStG. In: Blümich: Einkommensteuergesetz – Körperschaftsteuergesetz - Gewerbesteuergesetz: Kommentar; Hrsg. Klaus Ebeling; München 1999; Erg.Lfg. Februar 1997.

Kraft (1999) = Gerhard Kraft: Betriebswirtschaftliche und steuerplanerische Gestaltungsüberlegungen bei Implementierung und Beendigung internationaler Holdingstrukturen. In: Deutsches Steuerrecht, 37. Jg. (1999), S. 1540 – 1544.

Kraft (2000) = Gerhard Kraft: Teilkommentierung § 49 dEStG. In: Herrmann/Heuer/ Raupach: Einkommensteuer- und Körperschaftsteuergesetz: Kommentar; Hrsg. Arndt Raupach et al.; Köln 1950 ff.; Erg.Lfg. Oktober 2000.

Kraft (2001) = Gerhard Kraft: Erfolgsabgrenzung bei Betriebsstätten nach den Betriebsstätten-Verwaltungsgrundsätzen. In: Steuerberater-Jahrbuch 2000/2001; S. 205 – 236.

Kraft/Müller (2004) = Gerhard Kraft und Marcus Müller: Schlussfolgerungen aus der EuGH-Entscheidung zur französischen Wegzugsbesteuerung (Saillant) für die internationale Steuerberatungspraxis aus deutscher Sicht. In: Recht der Internationalen Wirtschaft, 50. Jg. (2004), S. 366 – 371.

Kramer (1991) = Jörg-Dietrich Kramer: Gewinnabgrenzung und Gewinnermittlung bei Verbringung von Wirtschaftsgütern zwischen Betriebsstätten im Internationalen Steuerrecht. In: Steuer und Wirtschaft, 72. (25.) Jg. (1991), S. 151 – 164.

Kramer (2000) = Jörg-Dietrich Kramer: Verbringung von Wirtschaftsgütern zwischen Betriebsstätten im Internationalen Steuerrecht. In: Internationales Steuerrecht, 9. Jg. (2000), S. 449 – 457.

Kratz (1986) = Peter Kratz: Steuerplanung internationaler Unternehmungen: System und Methode; Bern, Stuttgart 1986.

Kroppen (2000) = Heinz-Klaus Kroppen: Ausgewählte Fragen zum Betriebsstättenerlaß. In: Steuerberater-Jahrbuch 1999/2000; S. 137 – 170.

Kroschel/Wellisch (1998) = Jörg Kroschel und Dietmar Wellisch: Überlegungen zur optimalen Steuerverstrickung aus erbschaftsteuerlicher Sicht. In: Der Betrieb, 51. Jg. (1998), S. 1632 – 1639.

Krüger (2001) = Dirk Krüger: Änderungen und Änderungsnotwendigkeiten im Außensteuergesetz. In: Internationale Aspekte der Unternehmenssteuerreform; Hrsg. Jürgen Lüdicke; Köln 2001; S. 99 – 114.

Krug (2001) = Tobias Krug: Die steuerliche Behandlung des Wegzugs aus Deutschland unter Berücksichtigung des EG-Vertrages; Bonn 2001.

Kühn (1995) = begründet von Rolf Kühn, erläutert von Ruth Hofmann unter Mitarbeit von Gerda Hofmann: Abgabenordnung: Finanzgerichtsordnung: Nebengesetze; 17. Auflage; Stuttgart 1995.

Kumpf/Roth (1996) = Wolfgang Kumpf und Andreas Roth: Wahlbesteuerung für beschränkt Einkommensteuerpflichtige? Zur Besteuerung von nicht im Inland ansässigen natürlichen Personen im System der Einkommensteuer. In: Steuer und Wirtschaft, 50. Jg. (1996), S. 259 – 266.

Lackhoff/Raczinski (1997) = Klaus Lackhoff und Bernd Raczinski: Umgekehrte Diskriminierung. In: Europäisches Wirtschafts- und Steuerrecht: Betriebs-Berater für Europarecht, 8. Jg. (1997), S. 109 – 117.

Land (1980) = Rolf Land: Zur Frage der unbeschränkten Steuerpflicht in Sonderfällen. In: Deutsche Steuer-Zeitung, 68. Jg. (1980), S. 472 – 473.

Lang, J. (1975) = Joachim Lang: Grundsätzliches zur Interpretation völkerrechtlicher Abkommen im Steuerrecht, dargestellt an dem Beispiel der Frage, ob der Diplomat einer ausländischen Mission beschränkt einkommensteuerpflichtig ist. In: Steuer und Wirtschaft, 52. (5.) Jg. (1975), S. 285 – 293.

Lang, J. (1997) = Joachim Lang: Besteuerung in Europa zwischen Harmonisierung und Differenzierung. In: Unternehmen Steuern: Festschrift für Hans Flick zum 70. Geburtstag; Hrsg. Franz Klein et. al.; Köln 1997; S. 873 – 894.

Lang, M. (1987) = Michael Lang: Besteuerung von grenzüberschreitenden Schenkungen. In: Wirtschaftsrechtliche Blätter, 1. Jg. (1987), S. 266 – 268.

Lang, M. (1990a) = Michael Lang: Die Stiftung im internationalen Ertragsteuerrecht. In: Die Stiftung als Unternehmer; Hrsg. Peter Csoklich und Michael Müller; Wien 1990, S. 185 – 211.

Lang, M. (1990b) = Michael Lang: Österreichische Stiftungen im internationalen Ertragsteuerrecht: Zur steuerlichen Behandlung der Einkünfte von und aus Stiftungen. In: Steuer- und Wirtschaftskartei, 65. Jg. (1990), S. 172 – 178.

Lang, M. (1991) = Michael Lang: Die Besteuerung der Einkünfte von Gesellschafter-Geschäftsführern nach dem Doppelbesteuerungsabkommen BRD-Österreich. In: Steuer & Wirtschaft International, 2. Jg. (1991), S. 328 – 332.

Lang, M. (1992a) = Michael Lang: Die Interpretation des Doppelbesteuerungsabkommens zwischen Deutschland und Österreich. In: Recht der Internationalen Wirtschaft, 38. Jg. (1992), S. 573 – 578.

Lang, M. (1992b) = Michael Lang: Probleme des Revisionsprotokolls zum DBA Deutschland-Österreich. In: Steuer & Wirtschaft International, 3. Jg. (1992), S. 40 – 50.

Lang, M. (1992c) = Michael Lang: Die Betriebsstätte nach dem Doppelbesteuerungsabkommen Österreich-Deutschland. In: Steuer & Wirtschaft International, 3. Jg. (1992), S. 361 – 368.

Lang, M. (1993a) = Michael Lang: Einkünfte aus Privatrechtsstiftungen nach den österreichischen Doppelbesteuerungsabkommen. In: Steuer & Wirtschaft International, 4. Jg. (1993), S. 13 – 17.

Lang, M. (1993b) = Michael Lang: Liquidationsgewinne nach dem Doppelbesteuerungsabkommen zwischen Deutschland und Österreich. In: Steuer & Wirtschaft International, 4. Jg. (1993), S. 51 – 54.

Lang, M. (1994) = Michael Lang: Die steuerrechtlichen Vorschriften des Privatstiftungsgesetzes. In: Steuerreform 1993: Auswirkungen, Gestaltungsfragen und Rechtsprobleme; Hrsg. Romuald Bertl, Dieter Mandl, Gerwald Mandl und Hans Georg Ruppe; Wien 1994; S. 49 – 68.

Lang, M. (1995) = Michael Lang: Steuerreformen in Österreich – Wohin führt der Weg? In: Die Steuerrechtsordnung in der Diskussion: Festschrift für Klaus Tipke zum 70. Geburtstag; Hrsg. Joachim Lang; Köln 1995; S. 569 – 582.

Lang, M. (1996a) = Michael Lang: Entwicklungstendenzen in der Abkommenspolitik Deutschlands, der Schweiz und Österreichs. In: Internationales Steuerrecht, 5. Jg. (1996), S. 201 – 208.

Lang, M. (1996b) = Michael Lang: Die Besteuerung von Privatstiftungen. In: Österreich – der steuerrechtliche EU-Nachbar; Hrsg. Wolfgang Gassner, Michael Lang und Eduard Lechner; München 1996; S. 33 – 49.

Lang, M. (1999) = Michael Lang: Die im neuen DBA Österreich-Deutschland enthaltenen Auslegungsregeln. In: Das neue Doppelbesteuerungsabkommen Österreich-Deutschland: Der Entwurf im Lichte der österreichischen und deutschen Abkommenspraxis; Hrsg. Wolfgang Gassner, Michael Lang und Eduard Lechner; Wien 1999; S. 59 – 80.

Lang, M. (2000) = Michael Lang: Die Zuzugsbegünstigung gemäß § 103 EStG im Lichte der jüngsten Rechtsentwicklung. In: Steuer & Wirtschaft International, 11. Jg. (2000), S. 362 – 368.

Lang, M./Stefaner (2003) = Michael Lang und Markus Stefaner: Künstler und Sportler im DBA Deutschland-Österreich. In: Internationales Steuerrecht, 12. Jg. (2003), S. 829 – 837.

Lausterer (1998) = Martin Lausterer: BFH-Entscheidung: § 6 Abs. 1 AstG verstößt weder gegen das GG noch gegen den EGV: 1. Anmerkung. In: Internationales Steuerrecht, 7. Jg. (1998), S. 303 – 305.

Lausterer (2003) = Martin Lausterer: X und Y: Neues zu den Grundfreiheiten des EG-Vertrages. In: Internationales Steuerrecht, 12. Jg. (2003), S. 19 – 22.

Lechner (1990) = Eduard Lechner: Ort der Geschäftsleitung von inländisch beherrschten ausländischen Gesellschaften. In: Steuern im Rechtsstaat: Festschrift für Gerold Stoll zum 65. Geburtstag; Hrsg. Werner Doralt et al., Wien 1990; S. 395 - 405.

Lechner (1992) = Eduard Lechner: Harmonisierung des Steuerrechts in der EG: Rechtsgrundlagen, Entwicklung, gegenwärtiger Stand, Ausblick. In: Österreichisches Steuerrecht und europäische Integration; Hrsg. Wolfgang Gassner und Eduard Lechner; Wien 1992; S. 1 – 28.

Lechner (1993) = Eduard Lechner: Die Privatstiftung als Instrument zur Steueroptimierung. In: ecolex, 4. Jg. (1993), S. 771 – 777.

Lechner (1995) = Eduard Lechner: Die Stiftung als Unternehmensträger: Überlegungen aus steuerrechtlicher Sicht. In: Praxis und Zukunft der Unternehmensbesteuerung: Festschrift für Gerald Heidinger zum 70. Geburtstag; Hrsg. Romuald Bertl; Wien 1995; S. 281 – 293.

Lechner (1998) = Eduard Lechner: Wohnsitz, ständige Wohnstätte und Mittelpunkt der Lebensinteressen. In: Besteuerung und Bilanzierung international tätiger Unternehmen: 30 Jahre Steuerrecht an der Wirtschaftsuniversität Wien; Hrsg. Wolfgang Gassner und Michael Lang; Wien 1998; S. 251 – 263.

Lechner (1999) = Eduard Lechner: Die Behandlung von Dividenden nach dem neuen DBA Österreich-Deutschland. In: Das neue Doppelbesteuerungsabkommen Österreich-Deutschland: Der Entwurf im Lichte der österreichischen und deutschen Abkommenspraxis; Hrsg. Wolfgang Gassner, Michael Lang und Eduard Lechner; Wien 1999; S. 81 – 95.

Lechner (2000) = Eduard Lechner: Private Wohnsitznahme und Kapitalverkehrsfreiheit. In: Kapitalverkehrsfreiheit und Steuerrecht; Hrsg. Eduard Lechner, Claus Staringer und Michael Tumpel; Wien 2000; S. 161 – 179.

Lederer (1981) = Lothar Walter Lederer: Doppelter Wohnsitz natürlicher Personen im internationalen Steuerrecht: Zur Auslegung und Anwendung von Art. 4 Abs. 2 der OECD-Musterabkommen zur Vermeidung der Doppelbesteuerung 1966 und 1977. In: Recht der Internationalen Wirtschaft: Außenwirtschaftsdienst des Betriebs-Beraters, 27. Jg. (1981), S. 463 – 472.

Lehner (1996) = Moris Lehner: Kommentierung Art. 4 OECD-MA. In: Doppelbesteuerungsabkommen der Bundesrepublik Deutschland auf dem Gebiet der Steuern vom Einkommen und Vermögen: Kommentar auf der Grundlage der Musterabkommen; Hrsg. Klaus Vogel; 3. Auflage; München 1996.

Leible/Hoffmann (2002) = Stefan Leible und Jochen Hoffmann: „Überseering und das (vermeintliche) Ende der Sitztheorie: Anmerkung zu EuGH, Urteil vom 5.1.2002 – Rs. C-208/00, RIW 2002, 945 (in diesem Heft) – Überseering. In: Recht der Internationalen Wirtschaft, 48. Jg. (2002), S. 925 - 936.

Leitner (1997) = Reinhard Leitner: Österreichische Privatstiftung aus der Sicht der Unternehmensnachfolge und des Unternehmensrechts. In: Unternehmen Steuern: Festschrift für Hans Flick zum 70. Geburtstag; Hrsg. Franz Klein et al.; Köln 1997; S. 905 – 922.

Ley (2000) = Ursula Ley: Steuer- und sozialversicherungsrechtliche Fragen bei der Entsendung von Arbeitnehmern ins Ausland. In: Handbuch der internationalen Steuerplanung; Hrsg. Siegfried Grotherr; Herne, Berlin 2000; S. 1077 - 1102.

Liedtke (1985) = Helmut Liedtke: „Beschränkte Steuerpflicht" – Ein Grundlagenbegriff oder ein Fremdbegriff (Fremdkörper) im Steuerrecht? In: Der Betrieb, 38. Jg. (1985), S. 671 – 676.

Littmann (1963) = Eberhard Littmann: Analogie oder Umkehrschluss (argumentum e contrario)? Eine Problemskizze – erläutert an zwei Urteilen des Bundesfinanzhofs. In: Finanz-Rundschau, 18. (45.) Jg. (1963), S. 74 – 79.

Lohmeyer (1975) = Heinz Lohmeyer: Wohnsitz und gewöhnlicher Aufenthalt im Steuerrecht. In: Deutsche Verkehrsteuer Rundschau, 61. Jg. (1975), S. 21 – 25.

Loukota (1990a) = Helmut Loukota: Die steuerliche Zuzugsbegünstigung. In: Steuer & Wirtschaft International, 1. Jg. (1990), S. 3 – 8.

Loukota (1990b) = Helmut Loukota: Vermeidung internationaler Doppelbesteuerungen gemäß § 48 BAO. In: Steuern im Rechtsstaat: Festschrift für Gerold Stoll zum 65. Geburtstag; Hrsg. Werner Doralt et al., Wien 1990; S. 407 – 421.

Loukota (1991) = Helmut Loukota: Teilrevision des österreichisch-deutschen Doppelbesteuerungsabkommens in Sicht. In: Steuer & Wirtschaft International, 2. Jg. (1991), S. 283 – 286.

Loukota (1993) = Helmut Loukota: Internationale Aspekte der Steuerreform 1994. In: Steuer & Wirtschaft International, 4. Jg. (1993), S. 345 – 355.

Loukota (1994a) = Helmut Loukota: Aktuelle Entwicklungen im österreichischen DBA-Netzwerk. In: Steuer & Wirtschaft International, 5. Jg. (1994), S. 385 – 393.

Loukota (1994b) = Helmut Loukota: Die neue Durchführungsregelung zum revidierten Doppelbesteuerungsabkommen mit Deutschland. In: Steuer & Wirtschaft International, 5. Jg. (1994), S. 130 – 138.

Loukota (1995a) = Helmut Loukota: Die aktuelle österreichische DBA-Politik. In: Österreichische Steuer-Zeitung, 48. Jg. (1995), S. 249 – 255.

Loukota (1995b) = Helmut Loukota: Eckwerte der österreichischen Doppelbesteuerungsabkommen im Bereich der Unternehmensbesteuerung. In: Steuer & Wirtschaft International, 6. Jg. (1995), S. 244 – 251.

Loukota (1995c) = Helmut Loukota: Die Bedeutung der Änderungen des OECD-Musterabkommens für Österreich. In: Steuer & Wirtschaft International, 6. Jg. (1995), S. 450 – 456.

Loukota (1997) = Helmut Loukota: Abstimmung österreichisch-deutscher Auffassungen über die Anwendung des Doppelbesteuerungsabkommens. In: Steuer & Wirtschaft International, 8. Jg. (1997), S. 204 – 209.

Loukota (1998a) = Helmut Loukota: Österreichisch-deutsche Konsultationen zu Fragen der DBA-Anwendung. In: Steuer & Wirtschaft International, 9. Jg. (1998), S. 58 – 61.

Loukota (1998b) = Helmut Loukota: Neues österreichisch-deutsches Doppelbesteuerungsabkommen in Sicht. In: Steuer & Wirtschaft International, 9. Jg. (1998), S. 255 – 260.

Loukota (1998c) = Helmut Loukota: Die Vermeidung von Besteuerungskonflikten für das international tätige Unternehmen. In: Besteuerung und Bilanzierung international tätiger Unternehmen: 30 Jahre Steuerrecht an der Wirtschaftsuniversität Wien; Hrsg. Wolfgang Gassner und Michael Lang; Wien 1998; S. 265 - 284.

Loukota (1999a) = Helmut Loukota: Das neue DBA Österreich-Deutschland im Lichte der österreichischen Abkommenspolitik. In: Das neue Doppelbesteuerungsabkommen Österreich-Deutschland: Der Entwurf im Lichte der österreichischen und deutschen Abkommenspraxis; Hrsg. Wolfgang Gassner, Michael Lang und Eduard Lechner; Wien 1999; S. 35 – 57.

Loukota (1999b) = Helmut Loukota: Neue österreichisch-deutsche Verständigungen über die Anwendung des Doppelbesteuerungsabkommens. In: Steuer & Wirtschaft International, 10. Jg. (1999), S. 151 – 154.

Loukota (1999c) = Helmut Loukota: Doppelbesteuerungsabkommen mit Deutschland paraphiert. In: Steuer & Wirtschaft International, 10. Jg. (1999), S. 423 – 428.

Loukota (2000) = Helmut Loukota: Österreichisch-deutsche Verständigung vom 3.3.2000 über DBA-Anwendungsfragen. In: Steuer & Wirtschaft International, 11. Jg. (2000), S. 154 – 158.

Loydolt (1996) = Stephan Loydolt: Künstler und Sportler im DBA-Recht. In: Steuer & Wirtschaft International, 7. Jg. (1996), S. 387 – 394.

Lüdicke/Jacob (1996) = Jürgen Lüdicke und Friedrich L. Jacob: Neue Entwicklungen zur beschränkten Steuerpflicht: Einflüsse aus dem EU-Gemeinschaftsrecht und aus den Doppelbesteuerungsabkommen. In: Steuerberaterkongreß-Report 1996; S. 399 – 436.

Luttermann (2000) = Claus Luttermann: Rechts- und Parteifähigkeit: Zur Vereinbarkeit der sog. „Sitztheorie" mit der europäischen Niederlassungsfreiheit: BGH-Beschluß vom 30.3.2000 – VII ZR 370/98: Kommentar. In: Europäisches Wirtschafts- und Steuerrecht: Betriebs-Berater für Europarecht, 11. Jg. (2000), S. 374 – 376.

Maier, H. (1997) = Herbert F. Maier: Ertragsteuerliche Regelungen für Künstler und Sportler in Österreich: (Teil 2). In: Finanz-Journal, 37. Jg. (1997), S. 28 – 33.

Maier, J. (2001) = Jochen Maier: Zurechnung von Vermögen einer Auslandsstiftung nach § 15 AStG. In: Internationales Steuerrecht, 10. Jg. (2001), S. 589 – 595.

Malmer (2002) = Kerstin Malmer: Emigration taxes and EC law. In: Cahiers de droit fiscal international: Studies on International Fiscal Law: The tax treatment of transfer of residence by individuals – Steuerrechtliche Folgen der Wohnsitzverlegung bei natürlichen Personen; Vol. LXXXVIIb; Oslo 2002; S. 79 – 94.

Martiny (1998) = Dieter Martiny: Internationale Schenkungs- und Erbfälle – Zivilrechtliche Aspekte. In: Internationales Steuerrecht, 7. Jg. (1998), S. 56 – 63.

Matthiesen (1999) = Sven Matthiesen: Anwendungsprobleme einer Abgeltungsteuer auf Zinserträge – Bedenken und Lösungsalternativen. In: Finanz-Rundschau, 54. (81.) Jg. (1999), S. 248 – 253.

Matzka (1998) = Bettina Matzka: Das österreichische Steuerrecht im Lichte der Freiheit des Kapitalverkehrs; Wien 1998.

Meilicke (1998) = Wienand Meilicke: Zum Vorschlag der Europäischen Kommission für die 14. EU-Richtlinie zur Koordinierung des Gesellschaftsrechts – Sitzverlegungs-Richtlinie. In: GmbH-Rundschau, 89. Jg. (1998), S. 1053 – 1058.

Meincke (2004) = Jens Peter Meincke: Ist das deutsche Erbschaftsteuerrecht EU-konform? In: Zeitschrift für Erbrecht und Vermögensnachfolge, 11. Jg. (2004), S. 353 – 358.

Menck (1993) = Thomas Menck: Der internationale Wettbewerb der Steuerrechte und der Standort Deutschland. In: Internationales Steuerrecht, 2. Jg. (1993), S. 565 – 567.

Menck (1997) = Thomas Menck: Neuere Grundmodelle grenzüberschreitender Steuerplanung im Blickfeld der Außenprüfung: Teil I. In: Die steuerliche Betriebsprüfung, 37. Jg. (1997), S. 173 – 178.

Menck (2001) = Thomas Menck: Der Wettbewerb der Steuersysteme und Steuerharmonisierung in interdisziplinärer Sicht – zu einer Bielefelder Tagung am 17./18. Oktober 2000. In: Internationales Steuerrecht, 10. Jg. (2001), S. III und VIII.

Meyer, M. (1995) = Martin Meyer: Grundzüge und Besonderheiten des österreichischen Erbrechts. In: Zeitschrift für Erbrecht und Vermögensnachfolge, 2. Jg. (1995), S. 8 – 13.

Meyer, R. (2000) = Roswitha Meyer: Entscheidungstheorie: Ein Lehr- und Arbeitsbuch; 2. Auflage; Wiesbaden 2000.

Mienert (1988) = Karl Mienert: Zur einkommensteuerlichen Behandlung von Verlusten nach Wechsel von unbeschränkter zu beschränkter und von beschränkter zu unbeschränkter Steuerpflicht. In: Der Betrieb, 41. Jg. (1988), S. 2533 – 2536.

Möhrle (1995) = Ulrich Möhrle: Das österreichische Privatstiftungsgesetz. In: Internationale Wirtschaftsbriefe: Zeitschrift für internationales Steuer- und Wirtschaftsrecht; 20. Auflage; Fach 5, Gruppe 3, S. 133 – 142.

Mösbauer (1998) = Heinz Mösbauer: Verlagerung von bestehender oder zukünftiger Steuersubstanz in niedrigbesteuerndes Ausland. In: Deutsche Steuer-Zeitung, 86. Jg. (1998), S. 706 – 711.

Mössner (1991) = Jörg Manfred Mössner: Rechtsprechungs-Report Internationales Steuerrecht: Rechtsprechung der Jahre 1980 – 1989 mit Kommentierung und zusätzlichen Hinweisen auf die Rechtsprechung ab 1925; Herne/Berlin 1991.

Mössner (1997) = Jörg Manfred Mössner: Die Neuregelung der temporären Steuerpflicht durch die Jahressteuergesetze 1996 und 1997. In: Internationales Steuerrecht, 6. Jg. (1997), S. 225 – 228.

Mössner (1998) = Jörg Manfred Mössner: Steuerrecht international tätiger Unternehmen: Handbuch der Besteuerung von Auslandsaktivitäten inländischer Unternehmen und von Inlandsaktivitäten ausländischer Unternehmen; 2. Auflage; Köln 1998.

Mössner (2002a) = Jörg Manfred Mössner: BFH bestätigt Progressionsvorbehalt nach § 32 b Abs. 1 Nr. 2 EStG: 1. Anmerkung. In: Internationales Steuerrecht, 11. Jg. (2002), S. 242 – 243.

Mössner (2002b) = Jörg Manfred Mössner: Rechtsprechung des BFH zu Doppelbesteuerungsabkommen im Jahr 2001. In: Recht der Internationalen Wirtschaft, 48. Jg. (2002), S. 433 – 439.

Mueller (2004) = Jean Mueller: Vertragsverletzungsverfahren der EU-Kommission gegen Deutschland wegen Wegzugsbesteuerung. In: Internationale Wirtschaftsbriefe: Zeitschrift für internationales Steuer- und Wirtschaftsrecht; 20. Auflage; IWB Aktuell, S. 393 – 394.

Müller/Rief (1995a) = Michael Müller und Roland Rief: Der Widerruf der Privatstiftung: aus zivil- und steuerrechtlicher Sicht (Teil 1). In: Finanz-Journal, 35. Jg. (1995), S. 2 – 6.

Müller/Rief (1995b) = Michael Müller und Roland Rief: Der Widerruf der Privatstiftung: aus zivil- und steuerrechtlicher Sicht (Teil 2). In: Finanz-Journal, 35. Jg. (1995), S. 49 – 53.

Müller/Schaden (1997) = Herbert Müller und Michael Schaden: Steuerliche Gestaltungsüberlegungen bei Investitionen deutscher Unternehmen in Österreich. In: Internationales Steuerrecht, 6. Jg. (1997), S. 198 – 203.

Nagel (1998) = Sibylle Nagel: Übersicht über die Erbschaftsteuern in der EU. In: Zeitschrift für Erbrecht und Vermögensnachfolge, 5. Jg. (1998), S. 463 – 469.

Nagler (1995) = Leopold Nagler: Zuteilung des Besteuerungsrechtes in: Österreichische Steuer-Zeitung, 48. Jg. (1995), S. 59 – 61.

Neu (2000) = Norbert Neu: Die Liquidationsbesteuerung der GmbH. In: GmbH-Rundschau, 91. Jg. (2000), S. 57 – 65.

Neyer (2000) = Wolfgang Neyer: Besteuerungsprobleme bei international tätigen Geschäftsführern und Vorstandsmitgliedern. In: Handbuch der internationalen Steuerplanung; Hrsg. Siegfried Grotherr; Herne, Berlin 2000; S. 1061 - 1076.

Neyer (2001) = Wolfgang Neyer: Die zukünftige Besteuerung grenzüberschreitender Geschäftsführertätigkeit – Kritische Anmerkungen zur geplanten Neuregelung durch das StÄndG 2001. In: Internationales Steuerrecht, 10. Jg. (2001), S. 587 – 589.

Noll (1995) = Bernd Noll: Die persönliche Erbschaftsteuerpflicht im Überblick. In: Deutsche Steuer-Zeitung, 83. Jg. (1995), S. 713 – 715.

Novacek (1998) = Erich Novacek: Verlust des inländischen Besteuerungsrechtes gem. § 31 EStG 1988 bzw. Wegzugsbesteuerung – verfassungs- und EG-rechtliche Bedenken. In: Finanz-Journal, 38. Jg. (1998), S. 124 – 128.

Nowack (1994) = Regine Nowack: Vereinbarkeit der Vorschriften über die Besteuerung beschränkt Steuerpflichtiger mit den Personenverkehrsfreiheiten des EWG-Vertrages; Herne, Berlin 1994.

Nowotny (2001a) = Clemens Nowotny: Die Zwischenbesteuerung bei Privatstiftungen mit ausländischen Begünstigten. In: Steuer & Wirtschaft International, 12. Jg. (2001), S. 307 – 311.

Nowotny (2001b) = Clemens Nowotny: Verfahrensrechtliche Fragen der Zwischenbesteuerung von Privatstiftungen. In: Steuer & Wirtschaft International, 12. Jg. (2001), S. 434 – 440.

Offerhaus (1971) = Klaus Offerhaus: Einige Schwerpunktfragen des Entwurfs eines Steueroasengesetzes. In: Finanz-Rundschau, 26. (53.) Jg. (1971), S. 425 – 432.

Oppermann (1999) = Thomas Oppermann: Europarecht: Ein Studienbuch; 2. Auflage; München 1999.

Orth (1983) = Manfred Orth: Verlustausgleich und Verlustabzug beim Wechsel zwischen unbeschränkter und beschränkter Steuerpflicht oder umgekehrt. In: Finanz-Rundschau, 38. (65.) Jg. (1983), S. 1 – 10.

Ost (1991) = Andreas Ost: Die Behandlung in Österreich belegener Nachlässe im österreichischen und deutschen Erbschaftsteuerrecht; Osnabrück 1991.

Ostendorf/Lechner (1996) = Claudia Ostendorf und Eduard Lechner: Wohnsitzverlegung nach Österreich. In: Der Betrieb, 49. Jg. (1996), S. 799 - 807.

Oswald (1972) = Franz Oswald: Überführung von Wirtschaftsgütern aus einer deutschen Betriebsstätte in eine österreichische – Frage des Entnahmegewinnes. In: Österreichische Steuer-Zeitung, 25. Jg. (1972), S. 14 – 15.

o.V. (1989): Aus der steuerlichen Praxis: Progressionsvorbehalt bei Versetzung in das Ausland? In: Österreichische Steuer-Zeitung, 42. Jg. (1989), S. 69 – 70.

o.V. (1999): Vorentwurf eines Richtlinienvorschlags zur Verlegung des Gesellschaftssitzes innerhalb der EU. In: Zeitschrift für Unternehmens- und Gesellschaftsrecht, 28. Jg. (1999), S. 157 – 164.

o.V. (2000a): Österreich gibt Sitztheorie teilweise auf: OGH-Beschluß vom 15.7.1999 – 6 Ob 123/99 b. In: Recht der Internationalen Wirtschaft, 46. Jg. (2000), S. 378 - 381.

o.V. (2000b): Zwingt die Niederlassungsfreiheit zur Aufgabe der Sitztheorie? Grenzüberschreitende Sitzverlegung: BGH-Beschluß vom 30.3.2000 – VII ZR 370/98. In: Europäisches Wirtschafts- und Steuerrecht: Betriebs-Berater für Europarecht, 11. Jg. (2000), S. 278 - 279.

o.V. (2000c): Geplante Änderungen im Steuerrecht: BMF hat zwei Gesetzesentwürfe zur Begutachtung versandt. In: Steuer- und Wirtschaftskartei, 75. Jg. (2000), S. 377 (T27).

o.V. (2000d): Unbeschränkte ESt-Pflicht bei Lebensmittelpunkt im Ausland. In: Beilage zu Heft 2/2000 der Zeitschrift Entscheidungen der Finanzgerichte: Tendenzen – Konsequenzen: Anmerkungen und Hinweise zu wichtigen Entscheidungen der Finanzgerichte, S. 13 – 14.

o.V. (2001): Anmerkung zur Erkenntnis des österreichischen VwGH vom 25.9.2001, 99/14/0217 E: Ausländische Betriebsstättenverluste: DBA-Freistellung. In: Internationales Steuerrecht, 10. Jg. (2001), S. 755 – 756.

o.V. (2002): 1. Anmerkung zum BFH-Urteil vom 15.5.2002 – I R 40/01: Progressionsvorbehalt bei Wegzug in anderen EU-Staat. In: Internationales Steuerrecht, 11. Jg. (2002), S. 637 - 638.

Pach-Hanssenheimb (1992) = Ferdinand Pach-Hanssenheimb: Der Transfer von Wirtschaftsgütern in eine und aus einer ausländischen Betriebsstätte durch unbeschränkt Steuerpflichtige. In: Betriebs-Berater, 47. Jg. (1992), S. 2115 – 2124.

Pfaar (2000) = Michael Pfaar: Keine Besteuerung bei Überführung von Wirtschaftsgütern in ausländische Betriebsstätten. In: Internationales Steuerrecht, 9. Jg. (2000), S. 42 – 46.

Philipp (1964) = Alfred Philipp: Anwendung von Doppelbesteuerungsabkommen auf dem Gebiete der Erbschaftssteuer auf Vorschenkungen. In: Österreichische Steuer-Zeitung, 17. Jg. (1964), S. 230 – 232.

Philipp/Loukota/Jirousek (2001) = Alfred Philipp, Helmut Loukota und Heinz Jirousek: Internationales Steuerrecht: Innerstaatliche Vorschriften und zwischenstaatliche Vereinbarungen: mit Erläuterungen unter Berücksichtigung der Rechtsprechung; 2. Auflage; Wien 2001.

Piltz (1997) = Detlev Jürgen Piltz: Die Besteuerung nach dem Wegzug ins Ausland: Teil B; Hrsg.: Michael Streck und Deutsches Steuerberaterinstitut; Bonn 1997; S. 83 - 111.

Piltz (2000) = Detlev Jürgen Piltz: Die österreichische Privatstiftung in der Nachfolgeplanung – für Steuerinländer tabu? In: Zeitschrift für Erbrecht und Vermögensnachfolge, 7. Jg. (2000), S. 378 – 381.

Plewka/Watrin (2002) = Harald Plewka und Christoph Watrin: Steuerliche Strukturierung internationaler Vermögensnachfolgen. In: Zeitschrift für Erbrecht und Vermögensnachfolge, 9. Jg. (2002), S. 253 – 259.

Pohl (2001) = Dirk Pohl: Zuzug und Wegzug – Aktuelle Rechtsentwicklungen im Ertragsteuerrecht. In: Internationales Steuerrecht, 10. Jg. (2001), S. 460 – 464.

Pohl (2002a) = Dirk Pohl: Deutschland. In: Cahiers de droit fiscal international: Studies on International Fiscal Law: The tax treatment of transfer of residence by individuals – Steuerrechtliche Folgen der Wohnsitzverlegung bei natürlichen Personen; Vol. LXXXVIIb; Oslo 2002; S. 273 – 295.

Pohl (2002b) = Dirk Pohl: Generalthema II: Die steuerliche Behandlung des Wohnsitzwechsels natürlicher Personen. In: Internationales Steuerrecht, 11. Jg. (2002), S. 541 – 544.

Quantschnigg (1994) = Peter Quantschnigg: Erlaßregelungen zur Endbesteuerung. In: Österreichische Steuer-Zeitung, 47. Jg. (1994), S. 205 – 220.

Quast (1972) = Dieter Quast: Gewinnverwirklichung durch Steuerentstrickung: Entwicklungsfälle, Kritik, Lösungsansätze. In: Der Betrieb, 25. Jg. (1972), S. 2226 – 2229.

Randelzhofer/Forsthoff (2001a) = Albrecht Randelzhofer und Ulrich Forsthoff: Kommentierung Art. 43 EG. In: Grabitz/Hilf: Das Recht der Europäischen Union: Kommentar; Hrsg. Eberhard Grabitz und Meinhard Hilf; München 2001; Erg.Lfg. Mai 2001.

Randelzhofer/Forsthoff (2001b) = Albrecht Randelzhofer und Ulrich Forsthoff: Kommentierung Art. 48 EG. In: Grabitz/Hilf: Das Recht der Europäischen Union: Kommentar; Hrsg. Eberhard Grabitz und Meinhard Hilf; München 2001; Erg.Lfg. Mai 2001.

Rattinger (1994) = Ingrid Rattinger: Die Steuerreform 1993 in Österreich. In: Internationales Steuerrecht, 3. Jg. (1994), S. 57 – 62.

Real (1996) = Gustav K. L. Real: International-privatrechtliches zum Erbschaftsteuergesetz. In: Recht der Internationalen Wirtschaft, 42. Jg. (1996), S. 54 – 60.

Reimer (2000) = Ekkehart Reimer: Die Auswirkungen der Grundfreiheiten auf das Ertragsteuerrecht der Bundesrepublik Deutschland: Eine Bestandsaufnahme. In: Grundfreiheiten im Steuerrecht der EU-Staaten; München 2000, S. 39 - 101.

Remberg (1983) = Meinhard Remberg: Steuerbelastungsvergleich Deutschland – Schweiz; Zürich 1983.

Ress/Ukrow (1995) = Georg Ress und Jörg Ukrow: Kommentierung Art. 73 b EGV. In: Grabitz/Hilf: Kommentar zur Europäischen Union; Hrsg. Eberhard Grabitz und Meinhard Hilf; München 1995; Erg.Lfg. Oktober 1995.

Rief (1993) = Ausländische Kapital- und Beteiligungserträge von Privatstiftungen. In: Steuer & Wirtschaft International, 4. Jg. (1993), S. 313 – 319.

Rief (1995a) = Roland Rief: Privatstiftungsgesetz: Kommentar zu den zivilrechtlichen Bestimmungen mit einer allgemeinen Einleitung und einem steuerrechtlichen Anhang; Hrsg. Peter Doralt, Christian Nowotny und Susanne Kalss; Wien 1995.

Rief (1995b) = Roland Rief: Die Privatstiftung im Strukturanpassungsgesetz 1996: Nachtrag zum Privatstiftungsgesetz (PSG). In: Privatstiftungsgesetz: Kommentar zu den zivilrechtlichen Bestimmungen mit einer allgemeinen Einleitung und einem steuerrechtlichen Anhang; Hrsg. Peter Doralt, Christian Nowotny und Susanne Kalss; Wien 1995.

Riering (1995) = Wolfgang Riering: Die Rechtswahl im internationalen Erbrecht. In: Zeitschrift für Erbrecht und Vermögensnachfolge, 2. Jg. (1995), S. 404 – 406.

Rödder (1994) = Thomas Rödder: Gestaltungsalternativen des steuerneutralen grenzüberschreitenden Anteilstauschs. In: Internationales Steuerrecht, 3. Jg. (1994), S. 257 – 262.

Rolfs (1998a) = Wolfgang A. Rolfs: Steuerliche Aspekte einer Wohnsitzverlegung von Deutschland nach Österreich: Teil I: Steuerliche Vorteile in Österreich, steuerlich wirksame Verlegung des Wohnsitzes nach Österreich. In: Internationale Wirtschaftsbriefe: Zeitschrift für internationales Steuer- und Wirtschaftsrecht; 20. Auflage; Fach 5, Gruppe 2, S. 406 – 420.

Rolfs (1998b) = Wolfgang A. Rolfs: Steuerliche Aspekte einer Wohnsitzverlegung von Deutschland nach Österreich: Teil II: Einkommensteuerrechtliche Folgen der Wohnsitzverlegung. In: Internationale Wirtschaftsbriefe: Zeitschrift für internationales Steuer- und Wirtschaftsrecht; 20. Auflage; Fach 5, Gruppe 2, S. 421 – 438.

Rolfs (1998c) = Wolfgang A. Rolfs: Steuerliche Aspekte einer Wohnsitzverlegung von Deutschland nach Österreich: Teil III: Behandlung wesentlicher Beteiligungen, erbschaft- und schenkungsteuerliche Folgen. In: Internationale Wirtschaftsbriefe: Zeitschrift für internationales Steuer- und Wirtschaftsrecht; 20. Auflage; Fach 5, Gruppe 2, S. 439 – 454.

Rose (1989) = Gerd Rose: Steuerplanung. In: Enzyklopädie der Betriebswirtschaftslehre, Band 9: Handwörterbuch der Planung; Stuttgart 1989, Sp. 1866 – 1876.

Rose (1990) = Gerd Rose: Betriebswirtschaftliche Steuerlehre: Eine Einführung für Fortgeschrittene; 2. Auflage; Wiesbaden 1990.

Roser/Hamminger (2000) = Frank Roser und Alexander Hamminger: Wohnsitzverlegung ins Ausland als Instrument der Steuerplanung und damit zusammenhängende Besteuerungsprobleme bei und nach der Wohnsitzverlegung. In: Handbuch der internationalen Steuerplanung; Hrsg. Siegfried Grotherr; Herne, Berlin 2000; S. 999 – 1028.

Roth, A. (2000) = Andreas Roth: Die aufgeschobene Gewinnverwirklichung bei der grenzüberschreitenden Überführung von Wirtschaftsgütern in eine Betriebsstätte unter steuerplanerischen Gesichtspunkten. In: Handbuch der internationalen Steuerplanung; Hrsg. Siegfried Grotherr; Herne, Berlin 2000; S. 77 – 106.

Roth, W.-H. (1997) = Wulf-Hennig Roth: Die Niederlassungsfreiheit zwischen Beschränkungs- und Diskriminierungsverbot. In: Gedächtnisschrift für Brigitte Knobbe-Keuk; Hrsg. Wolfgang Schön; Köln 1997, S. 729 – 742.

Rudolf (1975) = Walter Rudolf: Über territoriale Grenzen der Steuergesetze. In: Recht und Wirtschaft in Geschichte und Gegenwart: Festschrift für Johannes Bärmann zum 70.

Geburtstag; Hrsg. Marcus Lutter, Helmut Kollhosser und Winfried Trusen; München 1975; S. 769 - 786.

Runge (1997a) = Berndt Runge: Entwicklungstendenzen zum DBA Österreich-Deutschland. In: Steuer & Wirtschaft International, 8. Jg. (1997), S. 191 – 203.

Runge (1997b) = Berndt Runge: Wettbewerb nationaler Steuerrechte. In: Unternehmen Steuern: Festschrift für Hans Flick zum 70. Geburtstag; Hrsg. Franz Klein et. al.; Köln 1997; S. 957 – 969.

Runge (1999) = Berndt Runge: Die Revisionsverhandlungen zum DBA Österreich-Deutschland im Lichte der deutschen Abkommenspolitik. In: Das neue Doppelbesteuerungsabkommen Österreich-Deutschland: Der Entwurf im Lichte der österreichischen und deutschen Abkommenspraxis; Hrsg. Wolfgang Gassner, Michael Lang und Eduard Lechner; Wien 1999; S. 15 – 34.

Ruppe (1982) = Hans Georg Ruppe: Wichtige Besonderheiten des österreichischen Steuerrechts: Ein Vergleich mit dem deutschen Steuerrecht. In: Steuer und Wirtschaft, 61. (14.) Jg. (1982), S. 71 – 80.

Ruppe/Gallob (1993) = Hans Georg Ruppe und Klaus Gallob: Die neue Zinsbesteuerung in Österreich. In: Internationales Steuerrecht, 2. Jg. (1993), S. 164 - 166.

Ryda/Kortus (1996) = Wolfgang Ryda und Michael Kortus: Die Bedeutung des Wohnsitzes im Steuerrecht. In: Finanz-Journal, 36. Jg. (1996), S. 22 – 24.

Sabatschus (2002) = Erich Sabatschus: Zweifel an der BFH-Rechtsprechung zum Progressionsvorbehalt. In: Internationales Steuerrecht,11. Jg. (2002), S. 623 – 627.

Salditt (1972) = Franz Salditt: Steuerlast und Wanderlust: Grundsatzprobleme der Wegzugsbesteuerung nach dem Entwurf eines Außensteuergesetzes und nach dem revidierten Abkommen mit der Schweiz. In: Steuer und Wirtschaft, 49. (2.) Jg. (1972), S. 12 – 34.

Saß (1992) = Gert Saß: Zum Einfluss der Rechtsprechung des EuGH auf die beschränkte Einkommen- und Körperschaftsteuerpflicht. In: Der Betrieb, 45. Jg. (1992), S. 857 – 864.

Saß (1993) = Gert Saß: Beschränkte Steuerpflicht – Verstoß der §§ 49 ff. EStG gegen Art. 52 EWGV in den Fällen, in denen der Stpfl. sein gesamtes Welteinkommen nur in der Bundesrepublik versteuert? – Inhalt und Grenzen des Rechts der freien Niederlassung. In: Der Betrieb, 46. Jg. (1993), S. 359 – 361.

Saß (1997) = Gert Saß: Einfluss der EuGH-Rechtsprechung auf die direkten Steuern und Schadensersatzfolgen. In: Aussensteuerrecht, Doppelbesteuerungsabkommen und EU-Recht im Spannungsverhältnis: Festschrift für Helmut Debatin zum 70. Geburtstag; Hrsg. Gabriele Burmester und Dieter Endres; München 1997; S. 381 - 400.

Saß (1998) = Gert Saß: Zur Rechtsprechung des EuGH und einigen Folgerungen für das deutsche Steuerrecht. In: Finanz-Rundschau, 53. (80.) Jg. (1998), S. 1 – 9.

Saß (1999) = Gert Saß: Einfluss des Europarechts auf die deutschen Ertragsteuern in der Währungsunion. In: Steuer und Wirtschaft, 80. (33.) Jg. (1999), S. 164 – 173.

Saß (2000) = Gert Saß: Verbotene Steuerdiskriminierung wesentlicher Beteiligungen in der EU: Anmerkungen zum EuGH-Urteil vom 13.4.2000 Rs. C 251/98, Baars. In: Der Betrieb, 53. Jg. (2000), S. 1252 – 1253.

Sauer (1993) = Andreas Sauer: Der gewöhnliche Aufenthalt im österreichischen Steuerrecht. In: Steuer & Wirtschaft International, 4. Jg. (1993), S. 94 – 97.

Schaumburg (1998) = Harald Schaumburg: Internationales Steuerrecht: Außensteuerrecht, Doppelbesteuerungsrecht; 2. Auflage; Köln 1998

Scheffler (2000) = Wolfram Scheffler: Überführung von Wirtschaftsgütern zwischen inländischem Stammhaus und ausländischer Betriebsstätte: Notwendigkeit der Bildung eines Ausgleichspostens auch bei der Anrechnungsmethode. In: Recht der Internationalen Wirtschaft, 46. Jg. (2000), S. 569 – 577.

Schindhelm (1997) = Malte Schindhelm: Erbfälle mit Auslandsberührung im deutschen Erbschaftsteuerrecht: Grundzüge des deutschen Internationalen Erbschaftsteuerrechts; Osnabrück 1997.

Schindler (2004) = Clemens Philipp Schindler: Hughes de Lasteyrie du Saillant als Ende der (deutschen) Wegzugsbesteuerung? In: Internationales Steuerrecht, 13. Jg. (2004), S. 300 – 310.

Schmidt/Theiss (2004) = Niklas Schmidt und Wolf Theiss: Österreich: Zweitwohnsitze und andere steuerliche Neuerungen. In: Internationales Steuerrecht, IStR-Länderbericht 5/2004, 13. Jg. (2004), S. 1* - 2*.

Schmitz/Schmitz (1970) = Aloysius Schmitz und Bernhard Schmitz: Gewinnverwirklichung durch Wohnsitzverlegung in das Ausland? In: Deutsche Steuer-Zeitung: Ausgabe A, 58. Jg. (1979), S. 321 – 330.

Schneider (2000) = Helmut Schneider: Gesellschaftsteuer bei österreichischen Beteiligungen. In: Internationale Wirtschaftsbriefe: Zeitschrift für internationales Steuer- und Wirtschaftsrecht; 20. Auflage; Fach 5, Gruppe 2, S. 485 – 488.

Schnitger (2002a) = Arne Schnitger: 2. Anmerkung zum BFH-Urteil vom 15.5.2002 – I R 40/01: Progressionsvorbehalt bei Wegzug in anderen EU-Staat. In: Internationales Steuerrecht, 11. Jg. (2002), S. 638.

Schnitger (2002b) = Arne Schnitger: Gemeinschaftsrechtliche Würdigung der privaten Altersvorsorge nach dem AltVermG bei Ausscheiden aus der beschränkten Steuerpflicht: Oder: die deutsche Variante der Rs. Bachmann? In: Deutsches Steuerrecht, 40. Jg. (2002), S. 1197 – 1202.

Schnitger (2002c) = Arne Schnitger: Überseering: Schluss mit der „Gründungstheorie" im Binnenmarkt: 2. Anmerkung. In: Deutsches Steuerrecht, 40. Jg. (2002), S. 818 und 824.

Schnitger (2004a) = Arne Schnitger: Verstoß der Wegzugsbesteuerung (§ 6 AStG) und weiterer Entstrickungsnormen des deutschen Ertragsteuerrechts gegen die Grundfreiheiten des EG-Vertrags: Auswirkungen der Rs. Lasteyrie du Saillant auf den deutschen Rechtskreis. In: Betriebs-Berater, 59. Jg. (2004), S. 804 – 813.

Schnitger (2004b) = Arne Schnitger: Geltung der Grundfreiheiten des EG-Vertrages im deutschen internationalen Erbschaftsteuerrecht: Auswirkungen des EuGH-Urteils in der Rs. Erben von Barbier. In: Finanz-Rundschau, 50. (77.) Jg. (2004), S. 185 – 198.

Schön (1997) = Wolfgang Schön: Europäische Kapitalverkehrsfreiheit und nationales Steuerrecht. In: Gedächtnisschrift für Brigitte Knobbe-Keuk; Hrsg. Wolfgang Schön; Köln 1997, S. 743 - 777.

Schöne (1976) = Wolf-Dieter Schöne: Probleme eines internationalen Steuerbelastungsvergleiches. In: Finanz-Rundschau, 31. (58.) Jg. (1976), S. 399 – 403.

Schöne (1985) = Wolf-Dieter Schöne: Entstrickung – immer noch eine Misere? In: Finanz-Rundschau, 40. (67.) Jg. (1985), S. 582 – 584.

Scholtissek (1994) = Wolfgang Scholtissek: Steuerreform 1994 in Österreich: Ein Überblick. In: Recht der Internationalen Wirtschaft, 40. Jg. (1994), S. 415 – 419.

Scholtissek (2000a) = Wolfgang Scholtissek: Schwerpunkte der österreichischen Steuerreform 2000: Zugleich Besprechung des Leitfadens 2000. In: Deutsche Steuer-Zeitung, 88. Jg. (2000), S. 124 – 127.

Scholtissek (2000b) = Wolfgang Scholtissek: Die Abschaffung der Sparbuchanonymität in Österreich. In: Deutsche Steuer-Zeitung, 88. Jg. (2000), S. 744 – 747.

Scholtissek (2001) = Wolfgang Scholtissek: Steuerliche Vorschriften zur Konsolidierung des österreichischen Budgets 2001 (Überblick). In: Deutsche Steuer-Zeitung, 89. Jg. (2001), S. 546 - 548.

Schoor (1994) = Hans Walter Schoor: Verpächterwahlrecht bei Betriebsverpachtung. In: Finanz-Rundschau, 49. (76.) Jg. (1994), S. 449 – 457.

Schoor (1997) = Hans Walter Schoor: Das Verpächterwahlrecht bei Verpachtung eines ganzen Betriebs. In: Deutsches Steuerrecht, 35. Jg. (1997), S. 1 – 7.

Schreder/Schmidt (1998) = Alfred Schreder und Thomas Schmidt: Ertragsteuerliche Aspekte von Liegenschaften in Privatstiftungen. In: ecolex, 9. Jg. (1998), S. 654 – 658.

Schuch (1996a) = Josef Schuch: Die Doppelbesteuerungsabkommen zwischen Deutschland und Österreich. In: Österreich – der steuerrechtliche EU-Nachbar; Hrsg. Wolfgang Gassner, Michael Lang und Eduard Lechner; München 1996; S. 185 – 212.

Schuch (1996b) = Josef Schuch: Werden die Doppelbesteuerungsabkommen durch EU-Recht zu Meistbegünstigungsklauseln? In: Doppelbesteuerungsabkommen und EU-Recht: Auswirkungen auf die Abkommenspraxis; Hrsg. Wolfgang Gassner et al.; Wien 1996; S. 99 - 137.

Schuhmann (1987) = Helmut Schuhmann: Die Bewertung von ausländischem Grundbesitz/Betriebsvermögen im Erbfall; hier am Beispiel des DBA Österreich. In: Deutsche Verkehrsteuer Rundschau, 73. Jg. (1987), S. 18 – 20.

Schulze-Brachmann (1964) = Arno Schulze-Brachmann: Totalitätsprinzip oder Territorialitätsprinzip?: Ein Beitrag zum Doppelbesteuerungsrecht. In: Steuer und Wirtschaft, 41. Jg. (1964), Sp. 589 – 626.

Schwenke (1998) = Michael Schwenke: Möglichkeiten der Gewinnverlagerung ins Ausland. In: Betriebs-Berater, 53. Jg. (1998), S. 2604 – 2617.

Sedemund (2002) = Jan Sedemund: Überseering: Schluss mit der „Gründungstheorie" im Binnenmarkt?: 1. Anmerkung. In: Deutsches Steuerrecht, 40. Jg. (2002), S. 816 - 817.

Seeger (2002) = Siegbert F. Seeger: Kommentierung § 28 dEStG. In: Einkommensteuergesetz: Kommentar; Hrsg. Ludwig Schmidt; 21. Auflage; München 2002.

Seibold (1997) = Sabine Seibold: Stand und Entwicklung des Doppelbesteuerungsabkommens zwischen Deutschland und Österreich; Göttingen 1997.

Seibold (1998) = Sabine Seibold: Neuere Entwicklungen auf dem Gebiet der deutschen Steuerabkommen. In: Internationales Steuerrecht, 7. Jg. (1998), S. 649 – 657.

Seibold (2003) = Sabine Seibold: Problematik der Doppelansässigkeit von Kapitalgesellschaften. In: Internationales Steuerrecht, 12. Jg. (2003), S. 45 – 51.

Seibt (2000) = Christoph H. Seibt: Unternehmenskauf- und verkauf nach dem Steuersenkungsgesetz. In: Deutsches Steuerrecht, 38. Jg. (2000), S. 2061 – 2076.

Selling (2000) = Heinz-Jürgen Selling: Deutschland im Steuerwettbewerb der Staaten: Einige steuerpolitische Überlegungen. In: Internationales Steuerrecht, 9. Jg. (2000), S. 225 – 232.

Sieben/Schildbach (1994) = Günter Sieben und Thomas Schildbach: Betriebswirtschaftliche Entscheidungstheorie; 4. Auflage; Düsseldorf 1994.

Sparfeld/Chebounov (2002) = Silvia Sparfeld und Anton Chebounov: Neues DBA Deutschland-Österreich: Streitfragen der bevorstehenden Abkommensanwendung. In: Recht der Internationalen Wirtschaft, 48. Jg. (2002), S. 42 – 46.

Spengel/Lammersen (2001) = Christoph Spengel und Lothar Lammersen: Methoden zur Messung und zum Vergleich von internationalen Steuerbelastungen. In: Steuer und Wirtschaft, 55. Jg. (2001), S. 222 – 238.

Stahl-Sura (1996) = Karin Stahl-Sura: Teilkommentierung § 49 dEStG. In: Herrmann/Heuer/Raupach: Einkommensteuer- und Körperschaftsteuergesetz: Kommentar; Hrsg. Arndt Raupach et al.; Köln 1950 ff.; Erg.Lfg. Juli 1996.

Staks (1984) = Hansjoachim Staks: Einfluss der internationalen Besteuerung auf Konzernentscheidungen. In: Schmalenbachs Zeitschrift für betriebswirtschaftliche Forschung, 36. Jg. (1984), Sonderheft 17, S. 191 – 204.

Stapperfend (1997) = Thomas Stapperfend: Vorbemerkungen zu §§ 1, 1a EStG: Die persönliche Steuerpflicht. In: Herrmann/Heuer/Raupach: Einkommensteuer- und Körperschaftsteuergesetz: Kommentar; Hrsg. Arndt Raupach et al.; Köln 1950 ff.; Erg.Lfg. 1997.

Staringer (1994) = Claus Staringer: Der Übergang zur neuen Zuzugsbegünstigung. In: Steuer & Wirtschaft International, 5. Jg. (1994), S. 60 – 64.

Staringer (1996) = Claus Staringer: Die Umsetzung der Fusionsrichtlinie in Österreich. In: Österreich – der steuerrechtliche EU-Nachbar; Hrsg. Wolfgang Gassner, Michael Lang und Eduard Lechner; München 1996; S. 109 – 124.

Staringer (1999a) = Claus Staringer: Veräußerungsgewinne nach dem neuen DBA Österreich-Deutschland. In: Das neue Doppelbesteuerungsabkommen Österreich-Deutschland: Der Entwurf im Lichte der österreichischen und deutschen Abkommenspraxis; Hrsg. Wolfgang Gassner, Michael Lang und Eduard Lechner; Wien 1999; S. 97 – 116.

Staringer (1999b) = Claus Staringer: Doppelwohnsitz und Besteuerung inländischer Kapitaleinkünfte. In: Steuer & Wirtschaft International, 10. Jg. (1999), S. 7 – 14.

Staringer (1999c) = Claus Staringer: Die Wegzugsbesteuerung für Beteiligungen nach dem Entwurf zum neuen DBA Österreich-Deutschland. In: Steuer & Wirtschaft International, 10. Jg. (1999), S. 399 – 401.

Stengel (1993) = Arndt Stengel: Das zukünftige österreichische Privatstiftungsgesetz aus deutscher Sicht. In: Recht der Internationalen Wirtschaft, 39. Jg. (1993), S. 818 – 821.

Stöber (2002) = Birgit Stöber: Steuerliche Gleichbehandlung von Eigen- und Fremdkapital – die Situation in Österreich. In: Internationales Steuerrecht, 11. Jg. (2002), S. 265 – 268.

Streck/Lagemann (1976) = Michael Streck und Folker Lagemann: Verpachteter Gewerbebetrieb und Übergang zur beschränkten Steuerpflicht. In: Deutsches Steuerrecht, 14. Jg. (1976), S. 13 – 15.

Streck/Schwedhelm/Olbing (1994) = Michael Streck, Rolf Schwedhelm und Klaus Olbing: Problemfelder des Erbschaftsteuerrechts (Teil I). In: Deutsches Steuerrecht, 32. Jg. (1994), S. 1441 – 1448.

Strunk (1995) = Günther Strunk: Steuerliche Aspekte beim Wohnsitzwechsel nach Österreich. In: Die Information über Steuer und Wirtschaft, 49. Jg. (1995), S. 390 – 394.

Strunk/Kaminski (2000) = Günther Strunk und Bert Kaminski: Anmerkungen zum Betriebsstättenerlaß. In: Internationales Steuerrecht, 9. Jg. (2000), S. 33 – 42.

Strunz (1986) = Willi Strunz: Erbschaftsteuer in Österreich. In: Deutsche Verkehrsteuer Rundschau, 72. Jg. (1986), S. 50 – 51.

Sturies (1988) = Rainer Sturies: Zur Nachlaßplanung bei Erbfällen mit Auslandsberührung. In: Probleme der Rechts- und Steuerberatung in mittelständischen Unternehmen; Hrsg. Winfried Gail; Köln 1988; S. 207 – 247.

Takacs (1998) = Peter Takacs: Das Steuerrecht der Europäischen Union: unter besonderer Berücksichtigung der Regelungen Österreichs und Deutschlands: Steuerharmonisierung, Umsatzsteuer, Ertragsteuern, Verkehrsteuern, Verbrauchsteuern; Wien 1998.

Taucher (1994) = Otto Taucher: Die Kommunalsteuer: Systemzüge – spezifische Rechtsprobleme. In: Steuerreform 1993: Auswirkungen, Gestaltungsfragen und Rechtsprobleme; Hrsg. Romuald Bertl, Dieter Mandl, Gerwald Mandl und Hans Georg Ruppe; Wien 1994; S. 153 – 180.

ter Horst (2001) = Klaus W. ter Horst: Investition: Klausur-Intensivtraining BWL: Band 6; Stuttgart, Berlin, Köln 2001.

Thiel (1994) = Jochen Thiel: Die grenzüberschreitende Umstrukturierung von Kapitalgesellschaften im Ertragsteuerrecht. In: GmbH-Rundschau, 85. Jg. (1994), S. 277 – 289.

Thömmes (1996) = Otmar Thömmes: Steuerliche Folgen des Wohnsitzwechsels von Deutschland nach Österreich. In: Österreich – der steuerrechtliche EU-Nachbar; Hrsg. Wolfgang Gassner, Michael Lang und Eduard Lechner; München 1996; S. 213 – 237.

Thömmes (1999) = Otmar Thömmes: Stand und Entwicklungstendenzen der EuGH-Rechtsprechung zu den direkten Steuern. In: Steuerberater-Jahrbuch 1998/99; S. 173 - 193.

Thömmes (2003) = Otmar Thömmes: Verlegung des steuerlichen Wohnsitzes: Schlussanträge des Generalanwalts Jean Mischo v. 13.3.2003 in der Rs. C-9/02 Hughes de Lasteyrie du Saillant gegen Ministère de l'Économie, des Finances et de l'Industrie: Anmerkung. In: Internationale Wirtschaftsbriefe: Zeitschrift für internationales Steuer- und Wirtschaftsrecht; 20. Auflage; Fach 11 a, S. 656 – 658.

Thömmes (2004a) = Otmar Thömmes: Verstoß der französischen Wegzugsbesteuerung gegen Grundfreiheiten des EG-Vertrags: Anmerkung. In: Internationale Wirtschaftsbriefe: Zeitschrift für internationales Steuer- und Wirtschaftsrecht; 20. Auflage; Fach 11 a, S. 754 – 756.

Thömmes (2004b) = Otmar Thömmes: EG-Recht und Meistbegünstigung: Schlussanträge in der Rechtssache „D": Anmerkung. In: Internationale Wirtschaftsbriefe: Zeitschrift für internationales Steuer- und Wirtschaftsrecht; 20. Auflage; Fach 11 a, S. 804 – 806.

Thömmes/Stockmann (1999) = Otmar Thömmes und Frank Stockmann: Familienstiftung und Gemeinschaftsrecht: Verstößt § 15 Abs. 2 Satz 1 ErbStG gegen Diskriminierungsverbote des EGV? In: Internationales Steuerrecht, 8. Jg. (1999), S. 261 – 268.

Tiedchen (1992) = Susanne Tiedchen: Der Praxiswert bei der Verpachtung einer freiberuflichen Praxis. In: Finanz-Rundschau, 47. (74.) Jg. (1974), S. 705 – 708.

Tipke (1972) = Klaus Tipke: Über Grenzen der Auslegung und Analogie, behandelt am Beispiel der „Entstrickung": Zugleich Rezension der BFH-Urteile I 266/65 vom 16.7.69, I R 55/66 vom 28.4.71 und I R 205/66 vom 9.2.72. In: Steuer und Wirtschaft, 49. (2.) Jg. (1972), S. 264 – 269.

Tipke (1993) = Klaus Tipke: Die Steuerrechtsordnung: Band 1: Wissenschaftsorganisatorische, systematische und grundrechtlich-rechtsstaatliche Grundlagen; Köln 1993.

Tipke/Lang (1998) = Klaus Tipke und Joachim Lang: Steuerrecht; 16. Auflage; Köln 1998.

Toifl (1995a) = Gerald Toifl: Die Methoden zur Vermeidung der Doppelbesteuerung im Erbschaftssteuerrecht. In: Die Methoden zur Vermeidung der Doppelbesteuerung: Anrechnungs- und Befreiungsmethode; Hrsg. Wolfgang Gassner et al.; Wien 1995; S. 387 - 438.

Toifl (1995b) = Gerald Toifl: Ausländische Schulden und österreichische DBA auf dem Gebiet des Erbschaftssteuerrechts. In: Steuer & Wirtschaft International, 6. Jg. (1995), S. 349 – 351.

Toifl (1995c) = Gerald Toifl: Ist Österreich Niedrigsteuerland im Sinne des deutschen Außensteuerrechts? In: Steuer & Wirtschaft International, 6. Jg. (1995), S. 389 – 391.

Toifl (1996a) = Gerald Toifl: Die Wegzugsbesteuerung: § 31 Abs 2 Z 2 EStG; Schriftenreihe zum Internationalen Steuerrecht: Band 3; Wien 1996.

Toifl (1996b) = Gerald Toifl: Die EU-Grundfreiheiten und die Diskriminierungsverbote der Doppelbesteuerungsabkommen. In: Doppelbesteuerungsabkommen und EU-Recht: Auswirkungen auf die Abkommenspraxis; Hrsg. Wolfgang Gassner et al.; Wien 1996; S. 139 – 180.

Toifl (1996c) = Gerald Toifl: Veräußerung einer Beteiligung im Sinne des § 31 EStG nach einem Zuzug von Deutschland nach Österreich. In: Steuer & Wirtschaft International, 7. Jg. (1996), S. 61 – 68.

Toifl (1996d) = Gerald Toifl: Österreich kein Niedrigsteuerland im Sinne des deutschen Außensteuerrechts. In: Steuer & Wirtschaft International, 7. Jg. (1996), S. 220 – 221.

Toifl (1997) = Gerald Toifl: Steuerliche Folgen der Verlegung des Sitzes und des Ortes der Geschäftsleitung einer Kapitalgesellschaft ins Ausland. In: Steuer & Wirtschaft International, 8. Jg. (1997), S. 248 – 256.

Toifl (1998) = Gerald Toifl: Die Besteuerung von Geschäftsführern, Vorständen und Aufsichtsräten international tätiger Unternehmen. In: Besteuerung und Bilanzierung international tätiger Unternehmen: 30 Jahre Steuerrecht an der Wirtschaftsuniversität Wien; Hrsg. Wolfgang Gassner und Michael Lang; Wien 1998; S. 379 - 395.

Toifl (1999) = Gerald Toifl: Die Einkünfte von Künstlern und Sportlern nach dem neuen DBA zwischen Österreich-Deutschland. In: Das neue Doppelbesteuerungsabkommen Österreich-Deutschland: Der Entwurf im Lichte der österreichischen und deutschen Abkommenspraxis; Hrsg. Wolfgang Gassner, Michael Lang und Eduard Lechner; Wien 1999; S. 161 – 183.

Toifl (2002) = Gerald Toifl: Besteuerung ausländischer Dividendeneinkünfte und Kapitalverkehrsfreiheit. In: Steuer & Wirtschaft International, 13. Jg. (2002), S. 458 – 466.

Trenkwalder/Firlinger (2001) = Verena Trenkwalder und Robert Firlinger: Ausländische Betriebsstättenverluste im Lichte der Vorgaben des EU-Rechts. In: Steuer & Wirtschaft International, 12. Jg. (2001), S. 514 - 522.

Trompeter (2000) = Frank Trompeter: Die Wahl unterschiedlicher Kapitalanlageformen als Instrument der internationalen Erbschaftsteuerplanung. In: Handbuch der internationalen Steuerplanung; Hrsg. Siegfried Grotherr; Herne, Berlin 2000; S. 1383 - 1412.

Tumpel (1992) = Michael Tumpel: Wegzugsbesteuerung für Beteiligungen im Sinne des § 31 EStG. In: Steuer & Wirtschaft International, 3. Jg. (1992), S. 67 – 74.

Tumpel (1994a) = Michael Tumpel: Harmonisierung der direkten Unternehmensbesteuerung in der EU; Wien 1994.

Tumpel (1994b) = Michael Tumpel: Besteuerung von Expatriates. In: Steuer & Wirtschaft International, 5. Jg. (1994), S. 213 – 217.

Tumpel (1999) = Michael Tumpel: Dienstnehmereinkünfte nach dem neuen DBA Österreich-Deutschland. In: Das neue Doppelbesteuerungsabkommen Österreich-Deutschland: Der Entwurf im Lichte der österreichischen und deutschen Abkommenspraxis; Hrsg. Wolfgang Gassner, Michael Lang und Eduard Lechner; Wien 1999; S. 117 – 131.

Tumpel (2000) = Michael Tumpel: Die europarechtlichen Vorgaben für eine Reform der Erbschafts- und Schenkungssteuer. In: Steuer & Wirtschaft International, 11. Jg. (2000), S. 27 – 36.

Urtz (1995) = Christoph Urtz: § 48 BAO und die Methoden zur Vermeidung der Doppelbesteuerung. In: Die Methoden zur Vermeidung der Doppelbesteuerung: Anrechnungs- und Befreiungsmethode; Hrsg. Wolfgang Gassner et al.; Wien 1995; S. 359 - 385.

Urtz (1996) = Christoph Urtz: Das Verhältnis zwischen § 48 BAO und § 6 Abs. 3 ErbStG. In: Steuer & Wirtschaft International, 7. Jg. (1996), S. 539 – 544.

Urtz (1999a) = Christoph Urtz: Geschäftsführervergütungen nach dem neuen DBA Österreich-Deutschland. In: Das neue Doppelbesteuerungsabkommen Österreich-Deutschland: Der Entwurf im Lichte der österreichischen und deutschen Abkommenspraxis; Hrsg. Wolfgang Gassner, Michael Lang und Eduard Lechner; Wien 1999; S. 133 – 159.

Urtz (1999b) = Christoph Urtz: Neues DBA Österreich-Deutschland: Sonderregelung für Geschäftsführervergütungen. In: Steuer & Wirtschaft International, 10. Jg. (1999), S. 429 – 434.

Urtz (2001) = Christoph Urtz: Rechtsprechung zum Internationalen Steuerrecht. In: Steuer & Wirtschaft International, 12. Jg. (2001), S. 505 – 508.

Vetter (1998) = Tobias Vetter: Die Leitlinien der aktuellen deutschen und österreichischen Abkommenspolitik und deren Umsetzung in den Doppelbesteuerungsabkommen. In: Besteuerung und Bilanzierung international tätiger Unternehmen: 30 Jahre Steuerrecht an der Wirtschaftsuniversität Wien; Hrsg. Wolfgang Gassner und Michael Lang; Wien 1998; S. 471 - 484.

Vogel, H. (1977) = Horst Vogel: Wohnsitzverlegung in die Schweiz und Besteuerung stiller Reserven in Anteilen an Kapitalgesellschaften: Zum BFH-Urteil vom 26.1.1977 VIII R 109/75. In: Der Betrieb, 30. Jg. (1977), S. 1717 – 1719.

Vogel, K. (1968) = Klaus Vogel: Theorie und Praxis im Internationalen Steuerrecht. In: Deutsches Steuerrecht, 6. Jg. (1968), S. 427 – 434.

Vogel, K. (1974) = Klaus Vogel: Bemerkungen zur Gewinnverwirklichung und Gewinnberichtigung im deutschen Außensteuerrecht. In: Steuer und Wirtschaft, 51. (4.) Jg. (1974), S. 193 - 203.

Vogel, K. (1994) = Klaus Vogel: Über „Besteuerungsrechte" und über das Leistungsfähigkeitsprinzip im Internationalen Steuerrecht. In: Steuerrecht – Verfassungsrecht - Finanzpolitik: Festschrift für Franz Klein; Hrsg. Paul Kirchhof, Klaus Offerhaus und Horst Schöberle; Köln 1994; S. 361 - 376.

von Bornhaupt (1999) = Kurt Joachim von Bornhaupt: Der örtliche Mittelpunkt der Lebensinteressen – ein Fixpunkt der Rechtsprechung. In: Steuerrechtsprechung – Steuergesetz - Steuerreform: Festschrift für Klaus Offerhaus zum 65. Geburtstag; Hrsg. Paul Kirchhof, Wolfgang Jakob und Albert Beermann; Köln 1999; S. 419 - 432.

von Groll (1999) = Rüdiger von Groll: Kommentierung § 222 dAO. In: Abgabenordnung - Finanzgerichtsordnung: Kommentar; Begr. Hübschmann, Hepp und Spitaler; Köln 1994; Erg.Lfg. September 1999.

von Löwe (1999) = Christian von Löwe: Familienstiftung und Nachfolgegestaltung: Deutschland – Österreich – Schweiz – Liechtenstein; Düsseldorf 1999.

von Oertzen (1995) = Christian von Oertzen: Praktische Handhabung eines Erbrechtsfalls mit Auslandsberührung. In: Zeitschrift für Erbrecht und Vermögensnachfolge, 2. Jg. (1995), S. 167 – 173.

von Oertzen (1997) = Christian von Oertzen: Renaissance der Familienstiftung durch die Erbschaftsteuer-Reform? In: Zeitschrift für Erbrecht und Vermögensnachfolge, 4. Jg. (1997), S. 103 – 105.

von Oertzen (2000a) = Christian von Oertzen: Auflösung einer österreichischen Privatstiftung aus der Sicht deutscher Begünstiger. In: Steuer & Wirtschaft International, 11. Jg. (2000), S. 324.

von Oertzen (2000b) = Christian von Oertzen: Zivilrechtliche Gestaltungsgrenzen und – möglichkeiten internationaler Nachfolgeplanungen. In: Handbuch der internationalen Steuerplanung; Hrsg. Siegfried Grotherr; Herne, Berlin 2000; S. 1367 - 1381.

von Oertzen (2000c) = Christian von Oertzen: Erbschaftsteuerplanung bei beschränkt Steuerpflichtigen. In: Handbuch der internationalen Steuerplanung; Hrsg. Siegfried Grotherr; Herne, Berlin 2000; S. 1497 - 1508.

von Oertzen/Mondl (1997) = Christian von Oertzen und Thomas Mondl: Anwendbares Erbrecht in deutsch-österreichischen Erbfällen. In: Zeitschrift für Erbrecht und Vermögensnachfolge, 4. Jg. (1997), S. 240 – 242.

von Wallis (1989) = Hugo von Wallis: Kommentierung § 234 dAO. In: Abgabenordnung - Finanzgerichtsordnung: Kommentar; Begr. Hübschmann, Hepp und Spitaler; Köln 1994; Erg.Lfg. Juli 1989.

von Wuntsch (1998) = Michael von Wuntsch: Internationale Steuerplanung im Zeitalter der Globalisierung. In: WSI Mitteilungen, 51. Jg. (1998), S. 735 – 746.

Wachter (2000) = Thomas Wachter: Steueroptimale Nachlassplanung mit einer österreichischen Privatstiftung. In: Deutsches Steuerrecht, 38. Jg. (2000), S. 1037 – 1047.

Wachter (2004a) = Thomas Wachter: Freibeträge bei beschränkter Erbschaftsteuerpflicht und europäische Kapitalverkehrsfreiheit. In: Internationales Steuerrecht, 13. Jg. (2004), S. 361 – 367.

Wachter (2004b) = Thomas Wachter: Verfassungsmäßigkeit des Freibetrags nach § 16 Abs. 2 ErbStG: Anmerkung. In: Zeitschrift für Erbrecht und Vermögensnachfolge, 11. Jg. (2004), S. 387 – 388.

Wachter (2004c) = Thomas Wachter: Deutsches Erbschaftsteuerrecht und europäisches Gemeinschaftsrecht: zugleich Anmerkung zum Urteil des BFH vom 5.5.2004, II R 33/02. In: Finanz-Rundschau, 50. (77.) Jg. (2004), S. 1256 – 1268.

Wacker, R. (2002) = Roland Wacker: Kommentierung § 16 dEStG. In: Einkommensteuergesetz: Kommentar; Hrsg. Ludwig Schmidt; 21. Auflage; München 2002.

Wacker, W. (1998) = Wilhelm H. Wacker: Internationale Besteuerung von Schenkungs- und Erbfällen. In: Internationales Steuerrecht, 7. Jg. (1998), S. 33 – 43.

Wacker, W./Dann (1989) = Wilhelm H. Wacker und Wilfried Dann: Grenzüberschreitende Schenkungen und Erbschaften. In: Steuerberaterkongreß-Report 1989; S. 439 – 485.

Wagner (1984) = Franz W. Wagner: Grundfragen und Entwicklungstendenzen der betriebswirtschaftlichen Steuerplanung. In: Betriebswirtschaftliche Forschung und Praxis, 36. Jg. (1984), S. 201 – 222.

Wagner (1999) = Franz W. Wagner: Die Integration einer Abgeltungssteuer in das Steuersystem – Ökonomische Analyse der Kapitaleinkommensbesteuerung in Deutschland und der EU. In: Der Betrieb, 52. Jg. (1999), S. 1520 – 1528.

Wallentin (1985) = Eberhard Wallentin: Besteuerung beim Zuzug aus dem Ausland. In: Österreichisches Recht der Wirtschaft, 3. Jg. (1985), S. 353 – 356.

Wassermeyer (1985) = Franz Wassermeyer: Die beschränkte Steuerpflicht. In: Grundfragen des internationalen Steuerrechts; Hrsg. Klaus Vogel im Auftrag der Deutschen Steuerjuristischen Gesellschaft e.V.; Köln 1985; S. 49 – 77.

Wassermeyer (1986) = Franz Wassermeyer: Neues zum Zeitpunkt der Gewinnrealisierung – Konkretisiert sich die BFH-Rechtsprechung? In: Steuerberaterkongreß-Report 1986; S. 69 – 85.

Wassermeyer (1994) = Franz Wassermeyer: Das österreichische Privatstiftungsgesetz aus der Sicht des deutschen Steuerrechts. In: Steuer & Wirtschaft International, 5. Jg. (1994), S. 279 – 283.

Wassermeyer (1995) = Franz Wassermeyer: Das Fehlen von Erbschaftsteuer-Doppelbesteuerungsabkommen innerhalb der EU. In: Europäische Zeitschrift für Wirtschaftsrecht, 6. Jg. (1995), S. 813.

Wassermeyer (1997) = Franz Wassermeyer: Die Besteuerung nach dem Wegzug ins Ausland: Teil A; Hrsg.: Michael Streck und Deutsches Steuerberaterinstitut; Bonn 1997; S. 7 – 48.

Wassermeyer (1999) = Franz Wassermeyer: Kommentierung § 6 dAStG. In: Außensteuerrecht: Kommentar; Hrsg. Franz Wassermeyer und Detlev J. Piltz; 6. Auflage; Köln 1999.

Wassermeyer (2000) = Franz Wassermeyer: Die Anwendung der Anrechnungs- und Befreiungsmethode im neuen DBA Deutschland-Österreich. In: Steuer & Wirtschaft International, 11. Jg. (2000), S. 150 – 158.

Wassermeyer (2001) = Franz Wassermeyer: Kommentierung § 15 dAStG. In: Außensteuerrecht: Kommentar; Hrsg. Franz Wassermeyer und Detlev J. Piltz; 6. Auflage; Köln 2001; Erg.Lfg. Juli 2001.

Wassermeyer (2002) = Franz Wassermeyer: Der BFH und der Progressionsvorbehalt. In: Internationales Steuerrecht, 11. Jg. (2002), S. 289 – 290.

Waterkamp-Faupel (1995) = Afra Waterkamp-Faupel: Der Einfluss der EuGH-Rechtsprechung auf die Neugestaltung der unbeschränkten und beschränkten Einkommensteuerpflicht durch das Jahressteuergesetz 1996. In: Finanz-Rundschau, 41. (68.) Jg. (1995), S. 766 – 771.

Watrin (1997) = Christoph Watrin: Erbschaftsteuerplanung internationaler Familienunternehmen; Düsseldorf 1997.

Watrin (2004) = Christoph Watrin: Erhöhung der Erbschaftsteuer in Deutschland? In: Der Betrieb, 57. Jg. (2004), S. 1743 – 1746.

Weinzierl (1974a) = Emil Weinzierl: Zum steuerlichen Begriff des „Wohnsitzes". In: Finanz-Journal, 14. Jg. (1974), S. 51 – 53.

Weinzierl (1974b) = Emil Weinzierl: Der gewöhnliche Aufenthalt. In: Finanz-Journal, 14. Jg. (1974), S. 83 – 85.

Werkmüller (1999) = Maximilian A. Werkmüller: Steuerliche Aspekte der ausländischen Familienstiftung. In: Zeitschrift für Erbrecht und Vermögensnachfolge, 6. Jg. (1999), S. 138 – 141.

Werra (2001) = Matthias Werra: Standortwahl für internationale Unternehmen. In: Internationale Aspekte der Unternehmenssteuerreform; Hrsg. Jürgen Lüdicke; Köln 2001; S. 57 – 71.

Widhalm (1996) = Christian Widhalm: Die Umsetzung der Mutter/Tochter-Richtlinie in Österreich. In: Österreich – der steuerrechtliche EU-Nachbar; Hrsg. Wolfgang Gassner, Michael Lang und Eduard Lechner; München 1996; S. 89 – 108.

Winner (2000) = Hannes Winner: Unternehmensbesteuerung in Europa: Eine ökonomische Analyse aus Sicht der österreichischen Steuerpolitik; Baden-Baden 2000.

Winner (2001) = Hannes Winner: Unternehmenssteuern und Kapitalkosten in Europa – Eine empirische Analyse aus der Sicht Österreichs. In: Steuer und Wirtschaft, 82. (35.) Jg. (2001), S. 42 – 56.

Wörndl/Kornberger (2004) = Christof Wörndl und Matthias Kronberger: Seminar F: Österreich als Holdingstandort. In: Internationales Steuerrecht, 13. Jg. (2004), S. 577 – 580.

Wolf (1999) = Erich Wolf: Der neue Freibetrag im Erbschafts- und Schenkungssteuergesetz: Unentgeltliche Betriebsübertragungen werden erleichtert. In: Steuer- und Wirtschaftskartei, 74. Jg. (1999), S. 1150 – 1157 (S672 – S679).

Zacherl (1999) = Peter Zacherl: Der Entwurf des Doppelbesteuerungsabkommens Österreich-Deutschland aus der Sicht der österreichischen Wirtschaft. In: Steuer & Wirtschaft International, 10. Jg. (1999), S. 53 – 58.

Zenthöfer/Schulze zur Wiesche (2001) = Wolfgang Zenthöfer und Dieter Schulze zur Wiesche: Einkommensteuer; 6. Auflage; Stuttgart 2001.

Ziesecke (2003) = Sabine Ziesecke: Minderung der Auswirkung des Progressionsvorbehaltes in Fällen des Zu- und Wegzuges von Steuerpflichtigen durch den Abzug ausländischer Steuern nach § 34 c Abs. 2 EStG. In: Internationales Steuerrecht, 12. Jg. (2003), S. 115 – 120.

Zimmer (2000) = Daniel Zimmer: Internationales Gesellschaftsrecht und Niederlassungsfreiheit: Das Rätsel vor der Lösung? In: Betriebs-Berater, 55. Jg. (2000), S. 1361 - 1366.

Zöchling (1988) = Hans Zöchling: Die Steuerreform 1988 und die Internationalisierung der österreichischen Wirtschaft. In: Finanz-Journal, 28. Jg. (1988), S. 195 – 197.

Zuber (1991) = Barbara Zuber: Anknüpfungsmerkmale und Reichweite der internationalen Besteuerung; Hamburg 1991.

Züger (1999a) = Mario Züger: Das Schiedsverfahren nach dem neuen DBA Österreich-Deutschland. In: Das neue Doppelbesteuerungsabkommen Österreich-Deutschland: Der Entwurf im Lichte der österreichischen und deutschen Abkommenspraxis; Hrsg. Wolfgang Gassner, Michael Lang und Eduard Lechner; Wien 1999; S. 245 – 268.

Züger (1999b) = Mario Züger: Der EuGH als Schiedsgericht im neuen DBA Österreich-Deutschland. In: Steuer & Wirtschaft International, 10. Jg. (1999), S. 19 – 25.

Züger (1999c) = Mario Züger: Die Zuständigkeit des EuGH im neuen DBA Deutschland-Österreich. In: Internationale Wirtschaftsbriefe: Zeitschrift für internationales Steuer- und Wirtschaftsrecht; 20. Auflage; Fach 5, Gruppe 2, S. 463 – 466.

Zugmaier (1998) = Oliver Zugmaier: Das Verpächterwahlrecht bei der Verpachtung gewerblicher, land- und forstwirtschaftlicher sowie freiberuflicher Betriebe. In: Finanz-Rundschau, 53. (80.) Jg. (1998), S. 597 – 600.